Andrea Wagner

Die Entwicklung des Lebensstandards in Deutschland zwischen 1920 und 1960

JAHRBUCH FÜR WIRTSCHAFTSGESCHICHTE
BEIHEFT 12

Im Auftrag der Herausgeber des Jahrbuchs für Wirtschaftsgeschichte
herausgegeben von Reinhard Spree

Andrea Wagner

Die Entwicklung des Lebensstandards in Deutschland zwischen 1920 und 1960

Akademie Verlag

Bibliografische Information der Deutschen Nationalbibliothek

Die Deutsche Nationalbibliothek verzeichnet diese Publikation
in der Deutschen Nationalbibliografie; detaillierte bibliografische Daten
sind im Internet über http://dnb.d-nb.de abrufbar.

ISBN 978-3-05-004332-6

Das eingesetzte Papier ist alterungsbeständig nach DIN/ISO 9706.

Einbandgestaltung: Ingo Scheffler, Berlin
Druck und Bindung: Druckhaus »Thomas Müntzer« GmbH, Bad Langensalza

Printed in the Federal Republic of Germany

INHALT

VORWORT

Der „Lebensstandard in Deutschland von 1920 bis 1960“ war Gegenstand meiner im Wintersemester 2005/06 bei der Fakultät für Volkswirtschaftslehre an der Ludwig-Maximilians-Universität München eingereichten Dissertation. Zur Drucklegung wurde das Manuskript mit geringfügigen Korrekturen und Ergänzungen versehen.

Mein besonderer Dank gilt meinem Doktorvater Prof. Dr. Reinhard Spree, der das Thema anregte, die Entstehung der Arbeit mit steter Aufmerksamkeit und hilfreichen Ratschlägen begleitete und die materiellen Grundlagen zur Verfertigung der Dissertation zu sichern half. Ebenso danke ich ihm für die Aufnahme der Dissertation in die Beihefte des Jahrbuchs für Wirtschaftsgeschichte.

Das Zweitgutachten der Dissertation übernahm Prof. Dr. John Komlos, dem gleichfalls Dank gebührt.

Zum guten Gelingen trugen viele Kolleginnen und Kollegen bei, denen hier herzlich gedankt sei. An erster Stelle ist Prof. Dr. Jörg Baten (Tübingen) zu nennen, der mir zahllose wertvolle Hinweise gab und mich außerdem zu gemeinsamen Konferenzvorträgen einlud. Meine Kollegen am Seminar für Sozial- und Wirtschaftsgeschichte: Dr. Flurin Condrau (Manchester), Dr. Silke Englmaier und Dr. Kilian Steiner (beide München) unterstützten durch eingehende Diskussionen und konstruktive Kritik die Entstehung der Dissertation in ganz erheblichem Maße. Zsuzsanna Szeles, M.A. und Maximilian Schuh, M.A. danke ich für ihre tatkräftige Unterstützung bei der Datenrecherche, -beschaffung und -eingabe.

Der Fritz-Thyssen-Stiftung bin ich für die finanzielle Förderung des Forschungsprojektes sehr verbunden.

Danken möchte ich schließlich meinen Eltern, die mir das Studium ermöglicht und mich stets in meinen Bemühungen unterstützt haben.

Das Buch widme ich Christoph Huth sowie Karl und Michael Wagner, die mich unbeirrt und wacker auf allen meinen Wegen begleiten.

Freiburg im Breisgau, im Januar 2008

1 EINFÜHRUNG

1.1 Themenstellung

Das Thema Lebensstandard berührt alle Menschen. Was jedoch genau darunter zu verstehen ist, ist nicht ohne weiteres klar, weil der Lebensstandard vielerlei unterschiedliche Dinge umfasst, vom Überleben der Menschen bis hin zu schwer messbaren Kategorien wie Glück. Fest steht, dass der Lebensstandard zwischen Menschen, Orten und Zeiten variiert. Es kommt unter anderem darauf an, wo man geboren ist, ob als Mann oder Frau und zu welcher Zeit.

Einen Versuch, ein einfaches Maß für einen Vergleich des Lebensstandards zwischen Ländern bzw. Bevölkerungsgruppen zu schaffen, stellt der Human Development Index (HDI) dar, der drei elementare Bereiche des Lebensstandards, nämlich Bildung, langes Leben und Einkommen umfasst. Im Human Development Report veröffentlichen die Vereinten Nationen seit 1990, neben einer Vielzahl anderer Indikatoren, jährlich auf der Grundlage dieses Indexes eine Rangliste der Länder der Welt nach dem erreichten Lebensstandard. Diese Auflistungen finden in den einzelnen Ländern Beachtung, weil mit der Frage nach dem Lebensstandard auch diejenige nach der „Systemleistung“[1] einer politischen Ordnung verknüpft ist.

Auch in der deutschen Geschichte des 20. Jahrhunderts wird dem Lebensstandard eine wichtige Funktion für die Legitimierung der politischen Ordnungen zuerkannt. Der Wirtschaftsaufschwung der 1950er Jahre mit der einhergehenden Verbesserung der materiellen Lebensbedingungen war ein bedeutender Faktor der Legitimierung und Stabilisierung des demokratischen Systems der Bundesrepublik dar.[2] Nach Einschätzung der meisten Historiker beförderte auch der „nationalsozialistische“ Wirtschaftsaufschwung und die damit verbundene Reduktion der Arbeitslosigkeit – zumal nach den Erfahrungen der Weltwirtschaftskrise – die Loyalität der deutschen Arbeiterschaft zur nationalsozialistischen Diktatur.[3] Immer wieder wird auf der Suche nach den Gründen für die Zustimmung der Deutschen zum NS-Regime auf die Funktion des Lebensstandards

---

1 Zapf 1983, S. 56.

2 Vgl. Borchardt 1982, S. 125.

3 Exemplarisch: Wehler 2003, S. 323, 732f.

hingewiesen.[4] Während es jedoch unumstritten ist, dass sich die Lebensbedingungen in den fünfziger Jahren verbessert haben, trifft dies auf das erste deutsche „Wirtschaftwunder"[5] der dreißiger Jahre nicht zu. Es ist fraglich, ob sich durch das rasche Wirtschaftswachstum nach 1932 der Lebensstandard tatsächlich erhöht hatte, insbesondere vor dem Hintergrund, dass ein beträchtlicher Anteil des Sozialproduktwachstums benötigt wurde, um die Aufrüstungs- und Autarkiepolitik zu finanzieren.[6] Zudem führen die wirtschaftspolitischen Eingriffe des nationalsozialistischen Staates zu Zweifeln an der Aussagekraft der Preisindizes, was die Beurteilung des kaufkraftabhängigen Lebensstandards erschwert. Und schließlich lässt sich eine abweichende Entwicklung der ökonomischen und der nicht-ökonomischen Wohlfahrtsbereiche in den dreißiger Jahren feststellen.

Hier setzt das vorliegende Buch an. Die beschriebene Situation erfordert die Verwendung eines breiter angelegten Wohlfahrtsmaßes, das auch nicht-ökonomische Lebensstandardindikatoren berücksichtigt, wie dies das Konzept des Human Development Indexes vorsieht.[7] Ein Erkenntnisfortschritt wird durch die Verknüpfung dreier Komponenten des Lebensstandards: Einkommen, Bildung und Gesundheit angestrebt. Eine solche Erweiterung erscheint auch deshalb vielversprechend, weil bisherige Untersuchungen zur Wohlfahrtsentwicklung während des Untersuchungszeitraumes Gesundheitsindikatoren nur in Ansätzen berücksichtigten; Bildung als eine weitere Dimension des Lebensstandards fand bis dato nahezu keinerlei Beachtung.[8]

Im Mittelpunkt dieser Untersuchung steht die Wohlfahrtsentwicklung der breiten Bevölkerung in Deutschland in der Zwischenkriegszeit im Vergleich zur Bundesrepublik Deutschland in den fünfziger Jahren. Die Einbeziehung der Weimarer Republik und der Bundesrepublik (bis 1960) soll helfen, die Entwicklung des Lebensstandards in der Vorkriegszeit des NS-Regimes vergleichend einzuordnen.[9]

Zunächst erfolgt eine knappe Einführung in die Probleme der Wohlfahrtsdefinitionen und –messung. Dabei wird auf das Konzept der menschlichen Entwicklung (human de-

---

4 Zuletzt Aly 2005, S. 49. Er nimmt zwar an, dass der materielle Lebensstandard unter dem Niveau von 1928/29 blieb, hält aber fest, dass „das Gefühl von ökonomischer Erholung und autoritärer Entschlossenheit (genügte), um die Loyalität der großen Mehrheit für den nationalsozialistischen Staat zu wahren."

5 Priester 1936.

6 Vgl. hierzu die Kontroverse zwischen Abelshauser 1999 und Buchheim 2001. Neueste Darstellung der Diskussion um die NS-Wirtschaftspolitik siehe Spree 2004, S. 24.

7 Vgl. Kap. 1.2.2.

8 Vgl. Kap. 1.3.

9 Auf eine Berücksichtigung der DDR wurde verzichtet, da ökonomische Variablen wie z.B. Einkommen, Preisindizes, Arbeitslosigkeit usw. fragwürdiger Qualität sind (für Preise siehe Steiner 2002, S. 20). Zudem scheinen auch die gesundheitsstatistischen Angaben nicht ohne weiteres verlässlich gewesen zu sein (vgl. Riphahn und Zimmermann 1997, S. 9-10). Die Einbeziehung des Gebietes der DDR hätte den Rahmen der Untersuchung deutlich überschritten; zumal einschlägige Forschungen wie Schevardo 2006 erst seit kurzem vorliegen.

velopment) und seines Meßinstrumentes detailliert eingegangen. Im Anschluß daran gilt die Aufmerksamkeit der historischen Forschungslage im Untersuchungszeitraum: Zuerst wird die Anwendung des HDI in der historischen Forschung aufgezeigt, sodann der historische Forschungsstand abgehandelt. Darauf aufbauend werden die Ziele der Studie erörtert. Anschließend folgt ein Abschnitt, der die Zusammensetzung und Konstruktion der zur historischen Analyse verwendeten Messziffern (Development Indizes) behandelt. Nach der Spezifikation der benötigten Indikatoren werden die Quellenlage und der Aufbau der Untersuchung dargelegt.

1.2 Konzepte der Wohlfahrtsmessung

1.2.1 Definition und Messung des Lebensstandards

Das Lexikon der Volkswirtschaftslehre von 1994 definiert den Lebensstandard als

> „ ... die Gesamtheit der zu erwartenden Lebensbedingungen, d.h. jene Lebensumstände, die von der Bevölkerung als richtig und angemessen erachtet werden. Der Lebensstandard ist demnach von der Lebensnorm (wünschenswerte Lebensbedingungen ...) und vom Lebensniveau (herrschende Lebensbedingungen) zu unterscheiden. ... I.e.S. wird der Lebensstandard häufig bezogen auf die Gesamtheit der mit dem verfügbaren Einkommen zu erwerbenden Sachgüter und Dienstleistungen, gewogen nach Menge, Vielfalt und Qualität.“ [10]

Prinzipiell lassen sich zwei unterschiedliche Strömungen der Wohlfahrtsmessung unterscheiden: jene, die Lebensstandard primär über das Einkommen messen und jene, die ein darüber hinausgehendes Wohlfahrtsmaß propagieren. So schreibt Crafts:

> „There is widespread agreement that real GDP per head or real wage rates capture very important components, but are not comprehensive measures, of economic welfare. At the same time, there is no generally accepted index of a broader concept of living standards and it is recognized that both the conceptual and the practical problems of measuring the quality of life are formidable.“[11]

Der Lebensstandard im engeren Sinne wird traditionell über das reale Einkommen oder Sozialprodukt pro Kopf gemessen. Unter bestimmten Annahmen (z.B. der Spezifikation identischer und konstanter kardinaler Nutzenfunktionen, der Linearität von Einkommen zu Nutzen usw.) könnte ein Anstieg des realen Pro-Kopf-Einkommens eine Wohlfahrtssteigerung bedeuten. Der Vorteil dieses Ansatzes liegt in seiner Verankerung in der Wohlfahrtsökonomie. Als alleiniges Wohlfahrtsmaß ist er jedoch aufgrund der zahlreichen ihm anhaftenden Probleme ungeeignet, wie den Problemen des Nutzenkonzepts

---

[10] Lexikon der Volkswirtschaftslehre 1994, S. 536. Für eine Zusammenschau der verschiedenen Definitionen und Konzepte von Wohlfahrt, Wohlstand, Lebensstandard, Lebenslage, Lebensqualität, Lebensbedingungen u.ä. siehe Bergmann-Winberg 1987.

[11] Crafts 1997a, hier S. 618.

zur Wohlfahrtsmessung, der Vernachlässigung von Verteilungsaspekten und anderen teilweise unrealistischen Annahmen.[12]

Zu den am meisten diskutierten Versuchen, als Alternative zum Sozialprodukt eine Art Wohlfahrtsprodukt (Measure of Economic Welfare) zu berechnen, gehört der Vorschlag von Nordhaus und Tobin.[13] Sie korrigierten das Bruttosozialprodukt u.a. um Freizeit und nicht-marktmäßige Aktivitäten, externe Kosten aus Umweltbelastungen, Urbanisierungskosten und sogenannte „regrettable necessities". Ebenfalls viel Aufmerksamkeit wurde der Berücksichtigung der Lebenserwartung zuteil, wie sie Usher konzipierte.[14] Ein Konsens über die Definition eines „Wohlfahrtsproduktes" und dessen Komponenten besteht jedoch nicht.[15]

In der Wirtschaftsgeschichte führte die Unzufriedenheit mit traditionellen Wohlfahrtsmaßen (Sozialprodukt und Löhnen) zur Verwendung von anthropometrischen Indikatoren wie Körpergrößen „zur Messung der Nettoernährung" von Populationen, weil in historischen Bevölkerungen die Ernährung als eine wichtige Komponente des Lebensstandards anzusehen ist.[16] Dieser Forschungsansatz macht sich zunutze, dass die menschliche Körpergröße maßgeblich von der Ernährung von Säuglingen und Kindern in ihrer Wachstumsphase beeinflusst wird. Krankheiten oder eine vermehrte Arbeitsbelastung erhöhen andererseits den Nährstoffbedarf, so dass sich der Ernährungsstatus der Bevölkerung bei gleichbleibendem Nahrungsangebot verschlechtern kann.[17] Körpergrößen gelten als ein zusammenfassendes Maß des „Biologischen Lebensstandards", weil sie von vielen sozio-ökonomischen Variablen beeinflusst werden und mit dem Gesundheitszustand positiv korreliert sind.

Andere Forscher der historischen wie auch der gegenwärtigen Lebensstandardsforschung verwenden als Alternative zum Einkommen als Wohlfahrtsmaß ein System von sozialen und ökonomischen Indikatoren.[18] Diese sollen den vielfältigen Aspekten des Lebensstandards Rechnung tragen und Veränderungen direkter erfassen und widerspiegeln. Zu unterscheiden ist dabei zwischen subjektiven Wohlfahrtsindikatoren, welche den Lebensstandard durch individuelle Einschätzungen begreifen, und objektiven Indi-

---

12 Zur Problematik der Verwendung von Einkommen und Nutzen als Wohlfahrtsmaße siehe v.a. Sen 1984, S. 380-451. Ders 1987; 1992. Für einen Überblick zu den Problemen der Verwendung des Sozialprodukts pro Kopf als Wohlfahrtsindex vgl. auch Tilly 1983, S. 30-56. Engerman 1997, S. 17-46, v.a. S. 23-31.

13 Nordhaus und Tobin 1973, S. 509-532.

14 Usher 1973, S. 193-223. Die Idee von Usher wurde in der historischen Forschung von Williamson (1984) aufgegriffen.

15 Vgl. Baster 1985, S. 29.

16 Baten 1997, S. 220; Komlos und Baten 1997.

17 „Physical stature is actually a useful summary measure of biological well being, inasmuch as it is affected by many socio-economic variables and generally correlates positively with most health outcomes throughout the life course" (Komlos und Baur 2003, S. 3).

18 Vgl. Baster 1985, S. 29-34.

katoren.[19] In diesem Zusammenhang empfahl eine Expertengruppe der Vereinten Nationen 1954, den Lebensstandard durch Indikatoren verschiedener Komponenten wie Gesundheit, Bildung und Arbeit zu messen.[20] Die Verwendung einer Vielzahl von sozialen und ökonomischen Einzelindikatoren wurde zur dominanten Form für internationale Vergleiche des Lebensstandards. Kritik am Ansatz der ‚sozialen Indikatoren' entzündet sich an der Auswahl der Indikatoren, da es keinen Konsens über ein bestimmtes Set von Komponenten und Indikatoren gibt.[21] Außerdem wird deren Auswahl selten von einem theoretischen Modell geleitet. Problematisch ist darüber hinaus die Vergleichbarkeit der verschiedenen Indikatoren, die häufig in verschiedenen Recheneinheiten gemessen werden, Bestands- und Stromgrößen enthalten, sich auf Individuen, Gemeinden oder Nationen beziehen. Einen Versuch mit wenigen, wesentlichen Indikatoren ein eindimensionales Wohlfahrtsmaß zu schaffen, stellt der von Morris entwickelte Physical Quality of Live Index (PQLI) dar. Dieser besteht aus der gleichgewichteten Summe von Lebenserwartung ab dem ersten Lebensjahr, der Überlebensrate von Säuglingen und der Alphabetenrate von Erwachsenen.[22] Der PQLI ist ein Vorläufer des Human Development Indexes (HDI), dessen Konzeption und Berechnungsweise im Folgenden ausführlicher dargestellt und kritisch gewürdigt sei.

1.2.2 Konzept und Kritik des Human Development Indexes

Die Definition und Messung des Lebensstandards über „Reichtum" (Einkommen, Wohlstand oder die Verfügbarkeit von Gütern) und „Nutzen" (interpretiert als Glück, Bedürfnisbefriedigung oder Wahlfreiheit) wurde seit den 1970er Jahren von Sen fundamental kritisiert.[23] Lebensstandard sei allein schon aufgrund seiner Komplexität nicht einfach mit Begriffen wie Nutzen, Glück, Bedürfnisbefriedigung, Wertschätzung und dergleichen zu umschreiben. Alle diese Begriffe seien überdies zu subjektiv besetzt, um

---

19 Zur subjektiven Wohlfahrtsmessung, z.B. selbsteingeschätzte Zufriedenheit, Easterlin 1995.

20 Als wichtigste Komponenten wurden dabei Gesundheit, Konsum und Ernährung, Arbeit und Arbeitsbedingungen, Wohnung, Kleidung, soziale Sicherheit, Erholung und Freiheitsrechte genannt (United Nations 1954). Weitere Beispiele für den Ansatz objektiver sozialer Indikatoren: Die OECD fokussierte als Hauptzielbereiche zur Definition des Lebensstandards u.a. Gesundheit, Arbeit und Qualität des Arbeitslebens, Zeitbudget und Freizeit, Verfügung über Sachgüter und Dienstleistungen usw. Als Indikatoren zur Erfassung z.B. der Komponente Gesundheit schlug die OECD vor: Lebenserwartung, Morbidität (gemessen durch Krankheitstage), Qualität und Zugang zur Gesundheitsversorgung (OECD 1977). Das Programm des International Labour Office von 1976 definierte hingegen den Lebensstandard und dessen Komponenten durch die Befriedigung von Grundbedürfnissen (International Labour Office 1976).

21 Siehe Baster 1985, S. 33. Engerman 1997, S.32. Lippe 1995, S. 81-82.

22 Morris 1979. Er wurde vor allem wegen der willkürlichen Gewichtung seiner Bestandteile kritisiert (Engerman 1997, S. 33).

23 Siehe z.B. Sen 1987. Ders. 1992.

als einheitliches und infolgedessen vergleichbares Maß des Lebensstandards zu dienen. Sie könnten bestenfalls als notwendige, keineswegs aber als hinreichende Bedingungen für ein gutes Leben gelten. Sen lehnt es gleichermaßen ab, Lebensstandard auf Einkommen und die Verfügbarkeit von Waren zu reduzieren. Zwar habe man damit meßbare Größen zur Verfügung, doch seien Einkommen oder Reichtum keine Werte an sich, sondern Mittel zum Zweck, die in der Verwirklichung des Lebensstandards instrumentalisiert werden. Zudem variiere die Fähigkeit der Menschen, Einkommen in einen bestimmten Lebensstandard umzusetzen, da diese abhängig ist von sozialen, kulturellen und physiologischen Faktoren.[24] Sen betont, man müsse den Lebensstandard in seinen elementarsten Bestandteilen begreifen, nämlich lange zu leben, gesund, gut ernährt, gebildet, adäquat gekleidet und in die Gesellschaft integriert zu sein. Er umschreibt den Lebensstandard mit dem Begriffspaar Fähigkeit (capability) und Verwirklichung (functioning). Die Verwirklichung bezeichnet die Umsetzung bzw. konkrete Ausprägung der Funktionen, die individuell oder kollektiv für den Lebensstandard als wesentlich erachtet werden. Die Fähigkeit zur Verwirklichung beschreibt das Vermögen, aber auch die Wahlfreiheit des Einzelnen wie der Gesellschaft in der Verfolgung dieses Ziels. Verwirklichung und Fähigkeit zur Verwirklichung bedingen sich gegenseitig. Wohlfahrtsentscheidungen sollten nach Sen nicht auf Nutzenmaximierung des Einzelnen oder der Gesellschaft beruhen, sondern darauf, den Menschen möglichst viele „capabilities to function“ zu bieten. Damit wird die Rolle von staatlich bereitgestellten Gütern im Vergleich zu privaten Einkommensveränderungen (z.B. zur Förderung von Gesundheit und Bildung) bei der Entwicklung des Lebensstandards stärker betont.[25]

Die im Jahre 1990 von den Vereinten Nationen entworfene Definition von „menschlicher Entwicklung“ orientiert sich an dem von Sen entwickelten Begriff des Lebensstandards.[26] Im Entwicklungsprogramm der Vereinten Nationen (UNDP) heißt es: „Human development is a process enlarging people's choices. The most critical ones are to lead a long and healthy life, to be educated and to enjoy a decent standard of living. Additional choices include political freedom, guaranteed human rights and self-respect.“[27] Als Meßinstrument führten sie neben einer Vielzahl von sozialen und ökonomischen Indikatoren den Human Development Index (HDI) ein, der dem internationalen Vergleich des Lebensstandards dienen und das Bruttosozialprodukt als Wohlfahrtsmaß ablösen sollte. Allerdings stellt der HDI selbst ein einfaches und damit auch

24 „To reach the same level of nutrition as another, one needs a larger command over food if one has a higher metabolic rate (or a larger body frame), or if one is pregnant (or breastfeeding), or if one has a disease that makes absorption more difficult, or if one lives in a colder climate, or if one has to toil a lot, or if food has other uses (such as for entertainment, ceremonies or festivals)“ (Sen 1987, S. 16).

25 Anand und Ravallion 1993, S. 134-136.

26 In der vorliegenden Arbeit werden aus stilistischen Gründen die Begriffe „menschliche Entwicklung“, „Lebensstandard“ und „Wohlfahrt“ weitgehend synonym verwendet.

27 UNDP 1990.

reduktionistisches Wohlfahrtsmaß dar. Er enthält drei gleichgewichtete Komponenten: langes Leben (gemessen durch Lebenserwartung bei der Geburt), Bildung (gemessen als gewichteter Durchschnitt von Erwachsenenalphabetenrate und Schulbesuchsraten im primären, sekundären und tertiären Bildungssektor)[28] und Zugang zu Ressourcen (gemessen als reales BSP pro Kopf). [29]

Zur Aggregation werden die Indikatoren standardisiert, indem für jeden Indikator ein Maximum- und ein Minimumwert (bestes bzw. schlechtestes Ergebnis) als Endpunkt einer Skala von Null bis Eins festgelegt wird. Die standardisierten Skalenwerte der einzelnen Länder (oder Teilpopulationen) ergeben sich aus dem Verhältnis zu diesen Endpunkten.[30] Der HDI bestimmt sich als das arithmetische Mittel der drei Skalenwerte: Lebenserwartung, Bildung und Einkommen. Das Pro-Kopf-Einkommen wird bei der Berechnung des HDI konkav transformiert, da man einen abnehmenden Grenzertrag annimmt.[31] Dies beruht auf der Überlegung, dass das Einkommen lediglich als ein Surrogat wichtiger, aber kaum meßbarer Fähigkeiten der Menschen anzusehen sei, einen gewissen Lebensstandard zu erreichen. Lebenserwartung und Bildung gelten hingegen als eigenständige Errungenschaften. Der HDI liegt zwischen Null und Eins und besagt, welches Lebensstandardniveau ein Land oder eine Region im Vergleich zum Maximum Eins bereits erreicht hat. Die Differenz zwischen Eins und dem erreichten Wert verweist auf bestehende Defizite.

Der HDI wurde von verschiedenen Seiten wegen der Wahl der Komponenten, ihrer Gewichtung, den impliziten Trade-offs zwischen den Komponenten und den Aggregationsregeln kritisiert.[32] Dasgutpa und Weale verweisen auf die fehlende Berücksichtigung von persönlichen und politischen Freiheitsrechten. Sie befürworten deshalb ein alternatives Wohlfahrtsmaß mit den Indikatoren: Realeinkommen pro Kopf, Lebenserwartung bei der Geburt, Säuglingssterblichkeit und Indizes für politische und persönliche Freiheitsrechte. Der internationale Vergleich erfolgt dabei durch Ranking der Länder in jeder dieser Kategorien und durch Aggregation nach der Regel von Borda, so dass er auf ordinaler und nicht auf kardinaler Ebene erfolgt.

---

28 Die Alphabetenrate erhält dabei ein Gewicht von zwei Drittel, während die Einschreibequote mit einem Drittel gewichtet wird.

29 Vgl. im Folgenden UNDP 1999.

30 Seit 1994 werden zur Berechnung des HDI folgende Minimal- und Maximalwerte festgelegt: Lebenserwartung bei der Geburt von 25 und 85 Jahren, Erwachsenenalphabetisierungsrate sowie seit 1995 kombinierte Bruttoeinschreiberaten (combined gross enrollment rate) von 0% und 100%, reales BSP pro Kopf (PPP$) von 100$ und 40.000$. Die Berechnung der Indizes dieser einzelnen Indikatoren erfolgt anhand der Formel: Index (I_i) = (Aktueller Wert von x_i – minimaler Wert von x_i)/ (Maximaler Wert von x_i – minimaler Wert von x_i). Der HDI berechnet sich dann folgendermaßen: HDI = $(I_1 + I_2 + I_3)/3$ (für eine ausführlichere Berechnung des HDI siehe UNDP 1999, Technical Notes. Computing indices).

31 Vgl. Anand und Sen 1999.

32 Kelley 1991; Dasgupta und Weale 1992; Srinivasan 1994; Ravallion 1997.

Im Human Development Report von 1993 setzte sich die UNDP mit diesen und anderen Kritikpunkten ausführlich auseinander und diskutierte vorgeschlagene Korrekturen.[33] Die Berechnung und Datengrundlage des HDI wurde seit seiner Einführung kontinuierlich weiterentwickelt, verbessert und ergänzt.[34] Darüber hinaus weist der HDI, ungeachtet seiner Mängel, gegenüber anderen Wohlfahrtsindikatoren Vorteile auf, die ihn zur Messung des historischen Lebensstandards geeignet erscheinen lassen. Er umfasst neben der reinen Einkommensbetrachtung die beiden wesentlichen Komponenten des Lebensstandards: langes Leben und Bildung. Trotz der ihm anhaftenden Gewichtungsprobleme ist der Einfluss der einzelnen Komponenten auf den Gesamtindex nachvollziehbar, im Gegensatz zu anthropometrischen Wohlfahrtsindikatoren.[35] Die Gewichtung der einzelnen Indikatoren und Komponenten kann herausgearbeitet und gegebenenfalls variiert werden. Obwohl es sich beim HDI um ein aggregiertes Durchschnittsmaß handelt, lässt es sich für Teilpopulationen berechnen und um Aspekte wie Einkommens- und Geschlechterungleichheit erweitern.[36] Zudem hat er sich in der Praxis der Vereinten Nationen im internationalen Vergleich bewährt und wurde auch bereits in der historischen Forschung für die langfristige und international vergleichende Wohlfahrtsanalyse erfolgreich eingesetzt.[37] Darüber hinaus kann er zur länderspezifischen Analyse um relevante Komponenten verhältnismäßig leicht ergänzt werden.[38] Infolgedessen kann er fruchtbar zur Messung internationaler, aber vor allem auch regionaler Unterschiede im Lebensstandard eingesetzt werden.

1.2.3 Anwendung des HDI in der historischen Forschung

In einem von Steckel und Floud herausgegeben Sammelband wurde der HDI (Lebenserwartung bei der Geburt, Erwachsenenalphabetenrate, BSP pro Kopf) erstmals für verschiedene Länder, u.a. auch für Deutschland, zur langfristigen Analyse des Lebensstandards während des 19. und 20. Jahrhunderts erfolgreich verwendet.[39]

Für Deutschland berechnete Sophia Twarog den HDI für verschiedene Stichjahre/-perioden von 1871/1880 bis 1950 auf der Basis größtenteils bereits veröffentlichten Ma-

---

33 UNDP 1993, S. 104-114.

34 Für einen Überblick siehe Berger-Schmitt 1999, S. 14-15.

35 Crafts 1997a, S. 620.

36 Für eine Beschreibung dieser verfeinerten Formen des HDI siehe UNDP: Human Development Report 1991, 1995, 1997 und 1998. Für eine Beschreibung, kritische Auseinandersetzung und Verbesserungsvorschläge zum GDI (Gender-Related Development Index) und GEM (Gender Empowerment Index) siehe Bardhan und Klasen 1999, S. 985–1010; Bardhan und Klasen 2000, S. 191–195.

37 Vgl. Kap. 1.2.3.

38 Vgl. Kap. 1.5.2.

39 Vgl. verschiedene Beiträge in Steckel und Floud 1997.

terials.[40] Zur Anwendung des HDI in der historischen Forschung müssen die Maximal- und Minimalwerte der Indikatoren an die historischen Verhältnisse angepasst werden. Als minimale Lebenserwartung bei der Geburt verwendete Twarog 30 Jahre und als Maximum 80 Jahre. Für die Erwachsenenalphabetisierungsrate[41] wurde eine Spanne von minimal 0% bis maximal 100% angenommen. Als Minimum des realen Pro-Kopf-Nettosozialprodukts wurde der Logarithmus von 298 DM und als Maximum der Logarithmus von 1.186 DM (in Preisen von 1913) angesetzt. Der unter diesen Annahmen berechnete HDI stieg während des gesamten Betrachtungszeitraumes an, vor allem aufgrund der Zunahme der Lebenserwartung und des Outputs. Fortschritte in der Alphabetisierung spielten nur eine untergeordnete Rolle, weil diese bereits frühzeitig ein sehr hohes Niveau erreicht hatte. Festzustellen ist, dass der HDI zwischen 1871/80 und 1881/90 unterdurchschnittlich, im Zeitraum zwischen 1881/90 und 1891/1900 hingegen stark zunahm. Da der Anstieg der Lebenserwartung den Rückgang des Einkommens während der Weltwirtschaftskrise nicht vollständig ausgleichen konnte, ist die Phase zwischen 1910/12 und 1932/34 wiederum durch ein geringes Wachstum des HDI gekennzeichnet. Andererseits erhöhte sich dieser trotz des Zweiten Weltkrieges zwischen 1932/34 und 1950 beträchtlich.

Der HDI wurde von Twarog teilweise modifiziert berechnet, indem sie die Lebenserwartung bei der Geburt durch mittlere Körpergrößen von Schulkindern ersetzte, wobei eine hohe Übereinstimmung dieser beiden Versionen des HDI beobachtbar ist. Zu einem ähnlichen Ergebnis kamen Floud und Harris, die den HDI für Großbritannien zwischen 1756-1980 berechneten und mit der Entwicklung von Körpergrößen verglichen.[42] Sie folgerten, dass die breite Übereinstimmung in der Entwicklung dieser beiden Indikatoren, trotz der den Berechnungen des HDI anhaftenden Unsicherheiten während dieses Zeitraumes, zu einer positiven Einschätzung Anlass gibt.

Sandberg und Steckel kalkulierten ebenfalls einen an historische Verhältnisse angepassten HDI für Schweden für die Periode von 1820 bis 1965 in 5-Jahres-Intervallen.[43] Zur Prüfung der Robustheit des Indexes ersetzten sie die Lebenserwartung bei der Geburt erstens durch Körpergrößen männlicher Erwachsener und zweitens durch die Säuglingssterblichkeit. Sie stellten einen ähnlichen Verlauf aller drei Varianten des HDI fest. Als Alternative zum HDI berechneten sie, dem Vorschlag Ushers folgend, ein reales BSP pro Kopf unter Berücksichtigung von Veränderungen der altersspezifischen Überlebenswahrscheinlichkeiten der Bevölkerung (Usher-adjusted GDP) und verglichen dieses mit dem HDI, wobei sich ebenfalls eine ähnliche Entwicklung dieser beiden Maße

40 Twarog 1997, S. 320-323.

41 Bis 1912 ist die Alphabetisierungsrate definiert als der Anteil von Rekruten, die ihren Namen schreiben und ausreichend lesen konnten. Ab diesem Zeitpunkt wurde eine konstante Rate von 99,99% angenommen.

42 Floud und Harris 1997, S. 118. Ähnliche Übereinstimmungen finden Baten und Komlos 1998, S. 866-870.

43 Sandberg und Steckel 1997.

herausstellte.[44] Das ist nicht überraschend, da mit dieser „Bereinigung“ der Wachstumsraten des Volkseinkommens zwei Komponenten des HDI (Einkommen und Gesundheit) erfasst werden.

Im selben Sammelband ist auch die Anwendung des HDI als Wohlfahrtsmaß für die USA im Zeitraum von 1800 bis 1970 durch Costa und Steckel enthalten.[45] Sie betonten: „Economic historians must understand that the HDI is a retrospective index of welfare; it asks how and when modern levels of welfare were attained. In terms of measuring progress, there is no inconsistency or contradiction between the HDI and income growth rates, only a difference in perspective.“[46] Angeregt durch die beiden Untersuchungen von Floud/Harris und Costa/Steckel beschäftigte sich Crafts mit dem HDI und anderen alternativen Wohlfahrtsindizes zur Evaluierung des historischen Lebensstandards. Er demonstrierte die Vorteile der Verwendung des HDI zum Zwecke internationaler Vergleiche anhand der Entwicklung von 17 Ländern zwischen 1870 und 1992.[47] In seiner Untersuchung der Lebensqualität während der industriellen Revolution in Großbritannien verwendete er neben dem allgemeinen HDI auch erstmalig Abwandlungen desselben zur Berücksichtigung der Einkommensverteilung (Distribution adjusted HDI) und Geschlechterungleichheit (GDI) und zeigte deren Nützlichkeit in der historischen Lebensstandardforschung auf.[48]

Fazit: Diese Anwendungen zeigen, dass sich der HDI und dessen Modifikationen als einfache Meßkonzepte zur Evaluation des Lebensstandards in der Vergangenheit durchaus eignen. Aus der Verwendung des HDI als Lebensstandardindex für Deutschland wird allerdings auch deutlich, dass die Alphabetenrate als alleiniger Indikator für die Komponente Bildung ungeeignet ist. In den verwendeten 10-Jahres-Durchschnitten der Untersuchung Twarogs bleiben darüber hinaus die kurzfristigeren Schwankungen des Lebensstandards und auch wichtige Teilperioden, wie z.B. die Weltwirtschaftskrise oder die Zeit des Nationalsozialismus, unberücksichtigt.

---

44 Allerdings wies das „Usher-adjusted GDP“ stärkere Fluktuationen auf, weil es Änderungen in den Überlebenschancen von Säuglingen und Kindern stärker berücksichtigt. Außerdem stellten die Autoren fest, dass die steigenden Überlebensraten nach dem Stichjahr 1950 das Wachstum des realen Bruttosozialprodukts nurmehr geringfügig erhöhten, gleichzeitig aber die Gesundheitsausgaben immer stärker zunahmen, so dass die in den vergangenen 40 oder 50 Jahren eingetretenen Verbesserungen in der Lebenserwartung das Resultat steigender Gesundheitsausgaben sind. Deshalb ist, ihrer Meinung nach, eine Berücksichtigung der Lebenserwartung im Bruttosozialprodukt nach Usher für die zweite Hälfte des 20. Jahrhunderts nicht mehr sinnvoll.

45 Costa und Steckel 1997. Aufgrund fehlender Angaben zur Lebenserwartung substituierten Costa und Steckel diesen Indikator durch Körpergrößen.

46 Ebd., S. 73.

47 Crafts1997b, S. 299-322.

48 Crafts 1997a, S. 617-639; Crafts 2002.

1.3 Forschungsstand zur Entwicklung des Lebensstandards in Deutschland von 1920 bis 1960

Die Forschungsliteratur gestaltet sich aufgrund der verschiedenen Wohlfahrtsdefinitionen und –meßziffern uneinheitlich. Zudem stellt der Lebensstandard einen so bedeutenden Aspekt der gesellschaftlichen Entwicklung dar, dass eine vollständige Nennung der Arbeiten aus den verschiedenen historischen Teildisziplinen, die Aussagen zum Lebensstandard einzelner Bevölkerungsgruppen beinhalten, schier unmöglich ist.[49] Untersuchungen, die sich explizit dieses Themas annehmen, sind dagegen eine Seltenheit.[50]

Am Anfang dieses Überblicks stehen deshalb exemplarisch drei Arbeiten, die eine Langfristperspektive einnehmen und unterschiedliche Definitionen des Lebensstandards und Methoden verwenden. Im Weiteren wird der Forschungsstand in chronologischer Perspektive diskutiert.

Nicht nur in der ökonomischen, sondern auch in der historischen Forschung ist die Betrachtung des Lebensstandards in einem engen Sinn, nämlich als Form von Einkommen, insbesondere von Reallöhnen, die bedeutendste. Neuere Arbeiten existieren aber kaum.[51] Die Geschichte der Löhne gehört heute eher zu den sozialgeschichtlichen Randthemen, wie in einer der neuesten Studien zur Lohnentwicklung betont wird, die Rüdiger Hohls vorgelegt hat.[52] Er präsentiert für den Untersuchungszeitraum (ausgenommen die Inflationszeit und die Jahre 1940-1947) lange Reihen für effektive nominale Bruttoverdienste nach Branchen und Regionen aufgeschlüsselt. Die Bruttoverdienste

---

[49] Die folgende Auflistung nennt lediglich exemplarisch Arbeiten für einige Felder der Geschichtswissenschaft. Vgl. z.B. konsumgeschichtlich Spree 1985; neueste Arbeit König 2004; zur Sozialgeschichte der Arbeiterschaft: Sammelband von Tenfelde 1991; Mason 1975; Hachtmann 1989; Werner 1983; Petzina 1981; Mooser 1984; wirtschaftshistorische Untersuchungen z.B. zur Inflation Abelshauser 1981 und Holtfrerich 1980; zur Weimarer Republik Abelshauser 1987a; Ritschl 1990; zur NS-Zeit Abelshauser 1999 und Buchheim 2001; zur Bundesrepublik Abelshauser 1987b; Buchheim 2000; aus unternehmensgeschichtlicher Perspektive Plumpe 1999; zur Sozialgeschichte der Sozialpolitik siehe Sachße und Tennstedt 1988, dies. 1992; alltagsgeschichtlich z.B. Lüdtke 1987; zur „oral history“ siehe Sammelbände von Niethammer 1983; Niethammer und von Plato 1985; zur Gesellschaftsgeschichte: Wehler 2003; für die Bundesrepublik siehe Sammelband von Schildt und Sywottek 1993. Die wichtigsten einschlägigen Arbeiten werden unten noch eingehender dargestellt.

[50] Vgl. z.B. Wiegand und Zapf 1982; Baten 2003; für einen Teilaspekt, nämlich Arbeitsmarkt siehe Pierenkemper 1987.

[51] Als ältere Arbeiten zu Deutschland, die gesamtwirtschaftliche Durchschnittaussagen zur Reallohnentwicklung im Untersuchungszeitraum bzw. zu Teilperidoden liefern, sind zu nennen: Menges und Kolbeck 1958; Grumbach und König 1957; Bry 1960; Skiba und Adam 1974. Die üblicherweise verwendeten Schätzungen des Sozialprodukts und des privaten Konsums von Walter G. Hoffmann (1965) wurden kürzlich von Ritschl überprüft und revidiert; vgl. Ritschl und Spoerer 1997, S. 27-54 und Ritschl 2002, S. 289-299, Tabelle im Anhang B.8; Ritschl 2004.

[52] Hohls 1991, S. 2.

auf gesamtstaatlicher Ebene wiesen im Betrachtungszeitraum ausgeprägte konjunkturelle Schwankungen auf. Sie stiegen von 1924 bis 1929 durchgehend stark an, fielen anschließend bis 1933 auf den Stand von 1924/25, um im Anschluß daran langsam bis 1939 zu steigen, ohne jedoch ganz das Niveau von 1928 zu erlangen.[53] Im ersten Jahrzehnt der Bundesrepublik verdoppelten sich die Bruttoverdienste, nachdem sie bereits 1949 deutlich über dem Niveau der Zwischenkriegzeit lagen.[54] Diese Angaben stehen für Regionen differenziert zur Verfügung, allerdings ohne kommentiert zu werden (vgl. hierzu Kap. 3.1).[55] Die für den Lebensstandard bedeutenderen, um die Preisentwicklung bereinigten Verdienste fehlen jedoch. Die Unsicherheiten um die Preisentwicklung spielen aber bei Kontroversen um den materiellen Lebensstandard im Untersuchungszeitraum die entscheidende Rolle.[56] Insofern bietet die Arbeit von Hohls allenfalls Teilinformationen zur Lebensstandardentwicklung im Untersuchungszeitraum.

Zum Standardwerk der langfristigen Wohlfahrtsentwicklung gehört der Anfang der 1980er Jahre im Rahmen der Sozialindikatorenbewegung entstandene Sammelband von Wiegand und Zapf. Er widmet sich in verschiedenen Beiträgen über Löhne und Lebenshaltungskosten, Haushaltsrechnungen, Arbeitszeit, Arbeitslosigkeit, Gesundheit und Wohnen den Veränderungen der Lebensbedingungen in Deutschland auf gesamtstaatlicher Ebene seit der Industrialisierung bis in die 1970er Jahre.[57] Der für die vorliegende Arbeit wichtige Bereich der Bildung bleibt jedoch ausgeklammert.[58] Auch kommentiert Rothenbacher, der die Dimension Gesundheit in diesem Band behandelt, die Veränderungen des Gesundheitszustands der Bevölkerung während der Zwischenkriegszeit kaum.[59] Zudem werden in diesem Sammelband die Entwicklungen in den verschiedenen Wohlfahrtsbereichen kaum miteinander verglichen oder in Beziehung zueinander gesetzt. Eine Periodisierung des Verlaufs des Lebensstandards erfolgt dann auch vornehmlich „auf der Grundlage der wahrgenommenen Lebensqualität der Bevölkerung“, ohne dass die dargelegten objektiven Indikatoren mit einbezogen und deren Bedeutung herausgearbeitet würde.[60] Danach war die Zeit zwischen 1915 und 1950 aufgrund der politischen und ökonomischen Katastrophen (Erster Weltkrieg, Inflation, Weltwirtschaftskrise, Nationalsozialismus, Zweiter Weltkrieg) eine Periode der Rück-

---

53 Nach Hohls 1991, S. 444, A.1.1.

54 Nach Hohls 1991, S. 528, A.2.4.

55 Vgl. Hohls 1991, S. 445-446, A.1.2.

56 Vgl. Steiner 2005 und die dort zitierte Literatur.

57 Vgl. die verschiedenen Beiträge in Wiegand und Zapf 1982.

58 Die Bildungsexpansion findet aber in einem Aufsatz zur langfristigen Wohlfahrtsentwicklung in Deutschland von Zapf Berücksichtigung (vgl. Zapf 1983, S. 56, 58-59). Der Autor stützt sich bei seiner Untersuchung im hier relevanten Zeitraum auf die Stichjahre 1910, 1930, 1950, 1960 und 1970, so dass die Entwicklung während der Weimarer Republik und der nationalsozialistischen Herrschaft im Dunkeln bleibt.

59 Vgl. Rothenbacher 1982, S. 335-424.

60 Vgl. Wiegand und Zapf 1982, S. 11.

schläge bzw. der Stagnation des Lebensstandards.[61] Die in den Jahrzehnten davor erreichten Fortschritte gingen größtenteils wieder verloren. Vor diesem Hintergrund sei der Wirtschaftsaufschwung der 1950er Jahre der Bevölkerung „tatsächlich wie ein ‚Wunder'" erschienen.[62] In dessen Folge sei eine bedeutende Erhöhung des materiellen Lebensstandards in der Bundesrepublik eingetreten, die einen wichtigen Faktor in der Legitimation des demokratischen Systems dargestellt habe.[63]

Wirtschaftsgeschichtliche Arbeiten, die anthropometrische Indikatoren verwenden, liefern zunehmend auch für das 20. Jahrhundert wertvolle Hinweise zur Wohlfahrtsentwicklung.[64] Jörg Baten konnte durch die langfristige Betrachtung des Körpergrößenwachstums von Schulkindern zeigen, dass die zwanziger Jahre eine Periode hoher Wohlfahrtssteigerungen waren, während der Biologische Lebensstandard ansonsten zwischen 1910 und 1950 weitgehend stagnierte.[65] Allerdings liegen für den Untersuchungszeitraum nur zwei Zeitreihen für Körpergrößen von Schulkindern aus Stuttgart und Leipzig vor.

Nach diesen Arbeiten, die eine längerfristige Perspektive einnehmen, sollen im Weiteren Forschungsstand und -kontroversen in den einzelnen Teilperioden ausführlicher dargestellt werden.

Eine Diskussion der Veränderungen der Lebensbedingungen der deutschen Bevölkerung in den ersten Jahren der Weimarer Republik fand vor allem im Zusammenhang mit den Verteilungswirkungen der Inflation statt.[66] Gesichert erscheint, dass es während der Inflation zu keiner "Vernichtung des Mittelstandes" kam, da die verschiedenen „mittelständischen" Gruppierungen in unterschiedlicher Weise von der Inflation betroffen waren. Die großen Verlierer der Inflation waren die Besitzer von Geldvermögen.[67] Im Gegensatz dazu mussten die Besitzer von Sachkapital und Produktionsmitteln, kleine Gewerbetreibende, Händler, Handwerker sowie auch die Bauernschaft keine großen Verluste hinnehmen.[68] Auch soll im Zuge der Nachkriegsinflation keine "Verelendung der Arbeiterschaft" eingetreten sein.[69] Der Lebensstandard der Arbeitnehmer (Arbeiter, Angestellte und Beamte) zwischen 1919 und 1923 wird dennoch unterschiedlich eingeschätzt. Nach einem Tiefpunkt im Jahr 1917 erhöhten sich die Reallöhne tendenziell in der Nachkriegszeit und erreichten teilweise das Vorkriegsniveau. Aufgrund der Ar-

---

61 Ebd., S. 11-12.
62 Ebd., S. 13.
63 Ebd., ebenso Borchardt 1982, S. 125.
64 Vgl. Komlos und Kriwy 2001; Komlos und Baur 2003.
65 Baten 2003, S. 415.
66 Vgl. knappen Literaturüberblick z.B. Kunz 1987, S. 171-180; Kolb 2000, S. 191-193; Wehler 2003, S. 247-249.
67 Dabei ist vor allem auf die Not der Rentner hinzuweisen, vgl. Führer 1990b S. 145-180.
68 Vgl. verschiedene Beiträge in Büsch und Feldman 1978, S. 54-55, S. 61, S. 217. Etwas pessimistischer: Unterstell 1989, S. 20-23.
69 Vgl. Winkler 1984, S. 378. Anderer Meinung: Scholz 1988, S. 278-322.

beitszeitverkürzung seit 1918 lagen aber die realen Wochenlöhne einiger Arbeitnehmergruppen weit unter dem Niveau von 1913.[70] Werner Abelshauser kommt unter Berücksichtigung weiterer sozialer Indikatoren (Ernährung, Wohnungspolitik und Ausbau des Sozialstaats) zu dem Ergebnis, dass sich der Lebensstandard der Arbeiter während der Inflationsjahre 1918 bis 1923 in Teilen meßbar verbessert habe.[71]

Auch Carl-Ludwig Holtfrerich zieht eine positive Bilanz für die Lebensverhältnisse der Arbeitnehmer in den Jahren 1920 und 1921.[72] Er berücksichtigt in seiner Analyse neben der Entwicklung der Realeinkommen (Lohn- und Verbrauchsstatistik) auch den Gesundheitszustand der Bevölkerung. Die rohe Sterblichkeitsrate und die Säuglingssterblichkeit reduzierten sich in der Nachkriegszeit und lagen 1923 unter dem Niveau von 1913. Die Tuberkulosesterblichkeit ging ebenfalls zurück und erreichte in den Großstädten im Jahr 1921 einen Tiefpunkt. In den folgenden beiden Jahren erhöhte sie sich jedoch erneut, was nach Holtfrerich nach auf eine Verschlechterung der Ernährungslage mit zunehmender Inflation hindeuten könnte.[73]

Im Gegensatz zu Holtfrerich und vor allem Abelshauser gehen pessimistischere Einschätzungen davon aus, dass sich der Lebensstandard der Arbeiterschaft während der Inflation unter dem Vorkriegsniveau befand.[74] So sei die Ernährungssituation der Arbeiterschaft zwischen 1919 und 1924 im Vergleich zur Zeit während des Ersten Weltkrieges zwar etwas besser gewesen, habe aber nicht den Vorkriegsstand erreicht.[75] Zweifellos hätten sich aber arbeitsrechtliche Maßnahmen (z.B. die Einführung des Achtstundentages, die Anerkennung der Tarifvertragsfreiheit), die staatliche Preisbindung für Grundnahrungsmittel und Wohnungsmieten sowie eine geringe Arbeitslosenrate positiv auf die Lebensverhältnisse breiter Arbeitnehmerschichten ausgewirkt.[76]

Unterschiedlich wird auch die Veränderung des Lebensbedingungen in der Zeit der relativen Stabilisierung der wirtschaftlichen Entwicklung zwischen 1924 und 1929 eingeschätzt.[77] Knut Borchardt charakterisierte die Wirtschaft in der Mittelphase der Wei-

---

70 Vgl. Holtfrerich 1980, v.a. S. 243-245.

71 Vgl. Abelshauser 1981, S.445-476.

72 Vgl. Holtfrerich 1980, S. 224-264, v.a. S. 261-264. Ebenso positive Bilanz für das Jahr 1921 für Arbeiter im Ruhrbergbau bei Plumpe 1999, S. 327.

73 Zur Verschlechterungen v.a. des materiellen Lebensstandards von Arbeitern in der chemischen Industrie und im Ruhrbergbau im Zuge der Währungsstabilisierung Plumpe 1999, S. 190-191; 336.

74 Vgl. Steinisch 1986, S. 455-457. Weiterhin: Niehuss 1985, S. 153-155. Pessimistische Einschätzung der Lebensbedingungen (v.a. Lebensmittelversorgung und Gesundheit) von Bergarbeiterfamilien im Ruhrgebiet bei Hartewig 1991, S. 241-271, v.a. S. 256-271.

75 Vgl. Niehuss 1985, S. 155. Ebenso Mai 1987, v.a. S. 52.

76 Vgl. Kolb 2000, S. 192.

77 Das reale BSP pro Kopf stieg während dieses Zeitraumes um 18%, und der private Pro-Kopf-Konsum erhöhte sich real um 14% zwischen 1925 und 1929 (nach Ritschl und Spoerer, 1997, Tab.: 3, S. 44 und Tab.: A1, S. 51).

marer Republik als „unnormale, ja ‚kranke' Wirtschaft".[78] Die Wirtschaft war bereits vor 1929 durch eine zu geringe Investitionstätigkeit und durch eine hohe strukturelle Arbeitslosigkeit gekennzeichnet. Er verwies unter anderem auf die Diskrepanz zwischen der Reallohn- und Arbeitsproduktivitätsentwicklung. Die Löhne hätten die Arbeitsproduktivität überstiegen und damit einen "profit squeeze" verursacht, der zu einer zu geringen Investitionstätigkeit geführt habe.

Trotz einer günstigen Verteilungsposition der Arbeitnehmer überschritten die realen Wochenlöhne der Industriearbeiter lediglich 1928 wieder das Vorkriegsniveau. Erst ab diesem Jahr wurden die Einkommenseinbußen durch die Arbeitszeitverkürzung seit 1918 wieder ausgeglichen.[79] Mit anderen Worten erreichten die Industriearbeiter 1928 den materiellen Lebensstandard der Vorkriegszeit bei erhöhtem Freizeitkonsum. Zu ambivalenten Ergebnissen kommt Werner Plumpe in seiner Studie zur betrieblichen Mitbestimmung im Branchenvergleich Bergbau und Chemie. Trotz der nominalen Lohnsteigerungen während der Weimarer Republik, blieben den Ruhrbergarbeitern aufgrund der erhöhten Lebenshaltungskosten zwischen 1924 und 1929 kaum reale Zuwächse.[80] Zusätzlich verschlechterten sich die Arbeitsbedingungen der Bergleute. Allerdings herrschte vor Krisenausbruch in dieser Branche nahezu Vollbeschäftigung.[81] Weitaus positiver gestalteten sich die Lebensbedingungen der Arbeiter in der chemischen Industrie. Ein Facharbeiter bei Bayer verdiente Ende der zwanziger Jahre deutlich mehr als vor dem Krieg.[82] Zudem kam er in den Genuß zahlreicher betrieblicher Sozialleistungen.[83]

Ein Vergleich der Konsumausgaben von Haushaltsrechnungen "minderbemittelter" Familien in Deutschland zwischen 1907 und 1927/28 signalisiert eine geringfügige Erhöhung des materiellen Lebensstandards der Unter- und Mittelschichten während dieses Zeitraumes.[84] Die realen Einkommenserhöhungen waren äußerst gering, bei einer gleichzeitigen Zunahme der Ausgabenbelastung (Steuern und Sozialabgaben). Der Spielraum des frei verfügbaren Konsumanteils reduzierte sich daher im Vergleich zur Vorkriegszeit. Eine durchschnittliche Niveauanhebung lässt sich jedoch bei der Ernährung der Bevölkerung beobachten.[85] Auch verbesserte die staatliche Wohnungspolitik

---

78 Borchardt 1982, S. 165-182. Zur sogenannten Borchardt-Kontroverse vgl. z.B. die verschiedenen Beiträge in Kuedener 1990. Spoerer 1997, S. 271-297; Ritschl 2002, Kap. 1.

79 Vgl. Ritschl 1990, v.a. S. 401-402. Zu Lohndifferenzen nach Qualifikation, Branchen und Geschlecht vgl. Winkler 1988, S. 46-51.

80 Plumpe 1999, S. 351; Gessner 2002, S.32

81 Ebd., S. 349.

82 Ebd., S. 216.

83 Ebd., S. 225.

84 Zum Folgenden: Spree 1997a, S. 49-53. Etwas optimistischer: Winkler 1988, S. 90.

85 Vgl. Spree 1997a, S. 46-48 und Tab. 2. Spree stützt sich dabei auf die Angaben bei Teuteberg, 1986, S. 236ff. Zur Unterversorgung mit Nahrungsmitteln von Teilen der Bevölkerung bereits vor Einsetzen der Weltwirtschaftskrise siehe Lüdtke 1987, S. 155-156. Dazu auch Winkler 1988, S. 83-84.

zwischen 1924 und 1930/31 die Situation der Mieter durch eine graduelle Vergrößerung des Wohnungsangebotes, eine höhere Qualität der Neubauwohnungen und eine im Vergleich zu anderen Gütern günstige Preisentwicklung der Mieten.[86] Neben der sozial bedeutenden Wohnungsbaupolitik stellte das Gesundheitswesen (einschließlich Sozialhilfe) den wichtigsten Einzelposten der öffentlichen Sozialausgaben dar.[87] Vor allem die Kommunen dehnten ihre Gesundheits- und Fürsorgeeinrichtungen in der mittleren Periode der Weimarer Republik in einem bis zu diesem Zeitpunkt „nicht gekannten Ausmaß" aus.[88] Zudem lassen sich bedeutende Fortschritte in der Sterblichkeitsreduktion feststellen.[89]

Allerdings überschritt die Arbeitslosigkeit seit 1923 das Vorkriegsniveau und lag im Jahresdurchschnitt zumeist über 5% aller Erwerbspersonen, mit entsprechend negativen Konsequenzen für die Arbeiterschaft und die Angestellten.[90] Die Einführung der obligatorischen Arbeitslosenversicherung im Jahr 1927, die wichtigste Neuerung im Bereich der sozialen Sicherung während der Weimarer Republik, bedeutete für die Mehrheit der Fürsorgeempfänger eine Erleichterung und verbesserte die Situation der Beschäftigten, da sie nun einen Rechtsanspruch auf Unterstützung gewährleistete.[91] Andererseits wurde die Unterstützungsdauer gekürzt und die Anwartszeit ausgedehnt, wodurch zahlreiche Arbeitslose schlechter gestellt wurden.

Insgesamt lassen sich damit gegenläufige Tendenzen in den verschiedenen Dimensionen des Lebensstandards feststellen, welche naturgemäß unterschiedliche Bewertungen nach sich ziehen. Von der „Prosperitätszeit" der Weimarer Republik profitierten nach George Castellan alle Schichten (Handwerker und Kaufleute, Arbeiter und Angestellte) mit Ausnahme der bäuerlichen Bevölkerung.[92] Sachße und Tennstedt ziehen

---

[86] Vgl. Witt 1979, S. 306.; Ruck 1987, S. 91-123, v.a. 97-101; zur Expansion des staatlichen Wohnungsbaus und Mieterschutzes sowie deren Reduzierung nach 1930 siehe Hinz 1991, v.a. S. 242-24. Grundlegend zur Wohnungspolitik in der Weimarer Republik und deren soziale Wirkungen Führer 1995, S. 77-95, 145-209, 305-334.

[87] Vgl. Abelshauser 1987a, S. 17-18 und Tab. 2.

[88] Woelk und Vögele 2002, S. 22; Ausbau einzelner Wohlfahrtsbereiche bei Sachße und Tennstedt 1988, v.a. S. 68-142. Metzler (2003, v.a. S. 83-84) nimmt an, dass es einen positiven Zusammenhang zwischen der Ausweitung der Sozialleistungen während der Weimarer Republik und der Sterblichkeitsreduktion gab.

[89] Vgl. zur gesundheitlichen Entwicklung Winkler 1988, 91-98. Für längerfristige Veränderungen und den Wandel im Todesursachenpanorama siehe Rothenbacher 1982, S. 335-424. Spree 1992, S. v.a. 33-35.

[90] Vgl. Sachße und Tennstedt 1988, S. 74-76; Arbeitslosenraten nach Petzina u.a. 1978, S. 119.

[91] Zum Lebensstandard der Arbeitslosen bereits vor der Weltwirtschaftskrise und zur Bedeutung der Arbeitslosenversicherung vgl. Führer 1991, S. 275-298.

[92] Vgl. Castellan 1974, S. 104-110; für eine positive Einschätzung der Entwicklung der Lebensbedingungen für die meisten Bevölkerungsschichten in der Stabilitätsphase siehe Wehler 2003, S. 253-255, 271-272, 279. Frevert kommt zu dem Ergebnis, dass sich „vor allem auf kommunaler Ebene, und damit in Lebensbereichen, die für den Alltag der Bevölkerung von unmittelbarer Be-

hingegen für den Lebensstandard der Bevölkerung während der Weimarer Republik bereits vor Einsetzen der Weltwirtschaftskrise insgesamt eine negative Bilanz: „Die Verarmung der Bevölkerung, die im Ersten Weltkrieg begonnen hatte, (setzte) sich auch in den Jahren der Weimarer Republik fort.“[93] Besonders betroffen war ihrer Meinung nach der Mittelstand und nach 1924, aufgrund der hohen strukturellen Arbeitslosigkeit, die Arbeiterschaft.[94]

Während der Weltwirtschaftskrise sank der materielle Lebensstandard aller sozialer Gruppen.[95] Die Lebensbedingungen verschlechterten sich aber vor allem durch die Verarmung in Folge von Arbeitslosigkeit und Kurzarbeit sowie die Gefahr des Arbeitsplatzverlustes. 1932 waren im Jahresdurchschnitt 30% aller Erwerbspersonen arbeitslos.[96] Rechnet man zu diesen offiziell erwerbslos Gemeldeten die Zahl der ”unsichtbaren” Arbeitslosen (nicht gemeldete Arbeitslose), die „Quasi-Arbeitslosen“ (Notstandsarbeiter, Fürsorgearbeiter, Arbeitsdienstwillige) und die Familienangehörigen der Betroffenen dazu, dann war ein Drittel der Bevölkerung im Herbst 1932 auf öffentliche Unterstützung angewiesen.[97] Zugleich kam es im Verlauf der Weltwirtschaftskrise zu mehrfachen Leistungskürzungen der Arbeitslosenversicherung und im gesamten System der sozialen Sicherung.[98] Gestaffelt nach Höhe der Bezüge verteilten sich die Arbeitslosen auf drei Unterstützungsklassen: Arbeitslosenhilfe, Krisenunterstützung und Erwerbslosenfürsorge.[99] Die Leistungen der kommunalen Fürsorge, von denen auf dem Höhepunkt der Krise fast die Hälfte der Arbeitslosen abhängig war, sicherten aber kaum das Existenzminimum.[100] Am stärksten von der Krise betroffen waren, nach den Arbeitslosen je nach Unterstützungsart, die Arbeiter. Sie waren öfter ar-

---

deutung waren, (...) sich vieles zum Besseren (veränderte)“ durch Wohnungsbau und verbesserte medizinische Versorgung (Frevert 1986, S. 170-171).

93 Vgl. Sachße und Tennstedt 1988, S. 76. Ähnlich Unterstell 1989, S. 23-33.

94 Ähnliches Urteil zur Arbeiterschaft bei Herbert 1989, S. 325.

95 Zum Rückgang der Einkommen der Lohnabhängigen (Arbeitseinkommen und Unterstützungseinkommen) zwischen 1928 und 1932 vgl. Henning 1997, S. 128, Abb. 37. Zu den Problemen des Mittelstandes vgl. Büttner 1982, S. 255-271 sowie Unterstell 1989, S. 33-41. Zur Krise in der Landwirtschaft vgl. Petzina 1977, S. 98; allgemein Peukert 1987, 245-249.

96 Vgl. dazu einschließlich regionaler und branchenspezifischer Differenzierung Petzina 1987, v.a. 244-250.

97 Vgl. Sachße und Tennstedt 1992, S. 37. Zum Verlauf der Krise und zur Anzahl der von der Krise Betroffenen vgl. Homburg 1985, S. 253-257.

98 Vgl. z.B. Hentschel 1983, S. 130-135. Zu den Kürzungen der Arbeitslosen- und Krisenunterstützung sowie der kommunalen Fürsorge siehe auch Büttner 1982, S. 243-248. Ebenso: Homburg 1985, S. 270-278.

99 Vgl. z.B. Homburg 1987, S. 73-107.

100 Im Dezember 1932 erhielten von 5,77 Millionen Arbeitslosen nur 13,7% Arbeitslosenhilfe, 22,2% Krisenunterstützung, 41,7% Erwerbslosenfürsorge und 22,4% keinerlei Unterstützung (nach Homburg 1987, S. 85, Tab.: 4.5). Zur materiellen Notlage der Arbeitslosen vgl. Büttner 1982, S. 248-249. Winkler 1987, v.a. 33-53; außerdem Lüdtke 1987 sowie die klassische Studie zu den Arbeitslosen von Marienthal von Jahoda und Lazarsfeld 1975.

beitslos und auch häufiger von Wohlfahrtsunterstützungen abhängig als Angestellte.[101] Darüber hinaus sanken zwischen 1929 und 1932 die jährlichen Realeinkommen der Arbeiter stärker als die von Angestellten und Beamten.[102] Zwar reduzierten sich während dieses Zeitraumes aufgrund der Deflationspolitik die Lebenshaltungskosten laut offizieller Statistik um ca. 20%, die realen Wochenlöhne der Industriearbeiter verringerten sich trotzdem um etwa 14%.[103] Aufgrund der Lohnsenkungen soll sich ferner die Ernährungslage der Arbeiter verschlechtert haben.[104]

Während die Auswirkungen der Weltwirtschaftskrise auf den Gesundheitszustand der Bevölkerung in Großbritannien kontrovers diskutiert werden,[105] gibt es für Deutschland keine vergleichbaren Untersuchungen. Eine neuere Arbeit, die den Auswirkungen der Massenarbeitslosigkeit auf den Gesundheitszustand der Arbeitslosen nachgeht, kommt zu keinen eindeutigen Aussagen.[106] Zwar lassen sich zahlreiche qualitative Hinweise für eine ungünstige Entwicklung des Gesundheitszustandes Arbeitsloser und deren Angehöriger finden, die allgemeine Mortalitäts- und Morbiditätsentwicklung verweist aber auf keine umfassende Beeinträchtigung des Gesundheitszustandes.[107]

Die Lebensbedingungen breiter Bevölkerungsschichten während der nationalsozialistischen Herrschaft werden kontrovers eingeschätzt. Die Zeitgeschichtsforschung diskutierte seit den sechziger Jahren und verstärkt in den neunziger Jahren das Verhältnis zwischen Nationalsozialismus und Modernisierung.[108] Große Bedeutung kam in diesem Zusammenhang auch der Entwicklung des Lebensstandards zu, denn bei der Erörterung der Frage nach den Modernisierungsleistungen des NS-Regimes standen die folgenden Thesen im Mittelpunkt: die Partizipationschancen der Mehrheit der Bevölkerung (v.a. von Arbeitern) konnten durch Verbesserungen der materiellen Lebensbedingungen und der nationalsozialistischen Sozialpolitik ausgeweitet werden; aufbauend auf einer positiven Wirtschaftsentwicklung lassen sich seit Mitte der 1930er Jahre erste Anfänge einer Massenkonsumgesellschaft erkennen.[109]

Auch in der neueren wirtschaftsgeschichtlichen Forschungsdiskussion um die Bewertung der NS-Wirtschaftspolitik gelten die Veränderungen der materiellen Lebensbedin-

---

101 Vgl. Prinz 1986, S. 55-57.

102 Vgl. Winkler 1987, S. 85, Tab. 8

103 Petzina u.a 1978, S. 98, 107; vgl. zusammenfassend Majer-Ahuja 1999, S. 106-109 und die dort zitierte Literatur.

104 Vgl. Winkler 1987, S. 86-87; zur unterschiedlichen Einschätzung der Ernährungslage der Arbeiterschaft Majer-Ahuja 1999, S. 109-111; 119-126.

105 Vgl. z.B. Webster 1985; Winter 1983.

106 Vgl. Mayer-Ahuja 1999, S. 126-138. Hinweise zur gesundheitlichen Lage der Bevölkerung auch in: Winkler 1987, S. 40-46; Büttner 1982, S. 267.

107 Allerdings kam es zu einem Anstieg der Selbstmordrate (vgl. z.B. Mayer-Ahuja 1999, S. 134).

108 Anstatt vieler Belege vgl. Diskussion bei Wehler 2003, S. 781-794 und die dort zitierte Literatur. Zur kritischen Einschätzung der Modernisierungsleistungen des NS-Regimes grundlegend: Alber 1989b und Könke 1994.

109 Vgl. Könke 1994, S 584-585.

gungen als ein Erfolgsparameter.[110] Während Abelshauser davon ausgeht, dass es dem Regime trotz seiner Rüstungsanstrengungen gelang, „den Lebensstandard der meisten deutschen Familien kontinuierlich zu verbessern“[111], vertritt Buchheim die entgegengesetzte Meinung, wonach sich der materielle Lebensstandard der Mehrheit der Bevölkerung bis 1939 kaum erhöhte.[112]

Die neueste Diskussion um den Lebensstandard der Deutschen im „Dritten Reich“ entzündete sich an Götz Alys Buch „Hitlers Volksstaat“, in dem er das NS-Regime nicht nur als rassistischen Staat, sondern auch als „Gefälligkeitsdiktatur“ interpretiert.[113] Eine Umverteilungspolitik innerhalb des Deutschen Reiches von den Wohlhabenden zur breiten Masse der Volksgenossen und sozialpolitische Wohltaten und Versprechen sicherten die Zustimmung der Masse der Bevölkerung zum Regime. Außerdem wurde der Lebensstandard der Deutschen auf Kosten der jüdischen Bevölkerung und der besetzen Gebiete gehoben. Im Gegensatz zu den beiden anderen Kontroversen bezieht sich Aly vor allem auf die Kriegszeit. Verschiedene Rezensionen des Buches stellen diese positive Bewertung der Lebensbedingungen der Mehrheit der Deutschen während der NS-Zeit, aufgrund der zahlreich in der Forschungsliteratur dargelegten Versorgungsmängel vor und während des Zweiten Weltkriegs, in Frage.[114]

Ein Grund für diese Kontroversen ist die unklare Reallohnentwicklung. Trotz des politischen Versuchs, Löhne (Tariflöhne) und Preise auf dem Niveau von 1933 festzuschreiben, überschritten die realen Wochenlöhne in der Industrie, auf Grundlage des amtlichen statistischen Materials, bereits 1937 das Niveau von 1928.[115] Berechnungen, die Korrekturen am offiziellen Lebenshaltungskostenindex[116] vornehmen und/oder außergesetzliche Abzüge vom Verdienst[117] berücksichtigen, kommen zu negativeren Ergebnissen.[118] Die neueste Studie von André Steiner, die die relevanten Lebenshaltungs-

---

110 Vgl. Spree 2004, S. 22.

111 Abelshauser 1999, S. 537.

112 Vgl. Buchheim 2001, S. 661–662.

113 Aly 2005, v.a. S. 49-90.

114 Vgl. Spoerer 2005, S. 3-5; Süß 2005, S. 1-2; Hachtmann 2005, S. 1-3; Bähr 2005, S. 2-4.

115 Vgl. z.B. Petzina u.a. 1978, S. 98. Siegel 1982, S. 54-139, hier: S. 104, Tab. 2. Für einen Überblick v.a. älterer realer Lohn- und Gehaltsberechnungen siehe Henning 1973, S. 94.

116 Konstruktionsfehler des offiziellen Lebenshaltungskostenindexes, Verknappungen bei bestimmten Lebensmitteln und Gütern des täglichen Bedarfs, die eine Substitution hin zu teueren Produkten erzwangen, Qualitätsverschlechterungen, versteckte Preissteigerungen und Wohnungsknappheit vor allem in Großstädten führten zu einem stärkeren Anstieg der Lebenshaltungskosten als dies der offizielle Lebenshaltungskostenindex widerspiegelt (vgl. Hachtmann 1988, S. 47-68).

117 Neben den gesetzlichen Abzügen vom Lohn (Lohn-, Bürger-, Kirchensteuer und Sozialversicherungsbeiträge) kamen noch außergesetzliche Abzüge für die DAF, die Winterhilfe und andere Spenden sowie Beiträge zu NS-Organisationen hinzu (vgl. Siegel 1982, S. 105; Hachtmann 1988, S. 34-47).

118 Vgl. z.B. Bry 1960, S. 264. Mason 1975, S. 64. Die überarbeitete Fassung der Einleitung dieser Dokumentation ist gesondert erschienen: ders.: 1977. Siegel 1982, S. 104, Tab. 2; Hachtmann 1989, S. 158 und S. 159, Tab. 14; Steiner 2002, S. 26; ders. 2003, S. 302. Erstmalig der

kostenindizes neu schätzte, legt nahe, dass die realen Wochenlöhne in der Industrie 1938 den Stand der Weltwirtschaftskrise 1932 kaum überschritten.[119]

Einigkeit herrscht darüber, dass Steigerungen der nominalen Löhne vor allem durch Arbeitszeitverlängerungen zustande kamen.[120] Darüber hinaus spielten Wechsel hin zu besser bezahlten Branchen und Arbeitsplätzen eine bedeutende Rolle.[121] Ein wesentlicher Aspekt einer Verbesserung der Lebensbedingungen im Vergleich zur Weltwirtschaftskrise war die Überwindung der Massenarbeitslosigkeit. Zunehmende Arbeitsplatzsicherheit, erhöhte Konsumchancen innerhalb der Familien durch einen Anstieg der Erwerbstätigen eines Haushalts und die wiedergewonnene Möglichkeit, Arbeitseinkommen zu erzielen, anstatt auf Wohlfahrtsalmosen und Arbeitslosenunterstützung angewiesen zu sein, könnten eine Lebensstandarderhöhung im Vergleich zur Weltwirtschaftskrise bedeutet haben.[122] Positiven Entwicklungen standen jedoch bereits in den Friedensjahren Mängel der Versorgung mit Wohnraum, mit Konsumgütern und vor allem auch mit Nahrungsmitteln entgegen.[123] Schon die Zeitgenossen hatten auf die großen Ernährungsprobleme des NS-Staates hingewiesen.[124]

Diese Tendenzen in den Veränderungen des Lebensstandards betreffen im Großen und Ganzen alle Arbeitnehmergruppen. Einschränkend ist anzumerken, dass es einem Großteil der Angestellten aufgrund eines höheren Einkommens etwas besser als den Arbeitern gegangen sein mag. Zwischen 1933 und 1938 lassen sich deutliche Nivellierungstendenzen in der Lohn-Gehaltsdifferenz feststellen, die jedoch „in erster Linie mit

Veränderung der materiellen Lebensverhältnisse der deutschen Arbeitnehmer zwischen 1928/29 und 1938/39 widmete sich Hilde Oppenheimer-Bluhm im Jahr 1943. Sie kam bereits zu dem Ergebnis, dass der Lebensstandard dieser Bevölkerungsgruppe sowie ihrer Hauptkomponenten (Industrie- und Landarbeiter, Angestellte, Beamte) im Durchschnitt gesunken war (Oppenheimer-Bluhm 1965).

119 Vgl. Steiner 2005, S. 28. Ausführlicher: Kap. 2.4.

120 Vgl. z.B. Siegel 1982, S. 116-117.

121 Vgl. Recker 1991, S. 254. Für Angaben zu Löhnen differenziert nach Branchen, Geschlecht und Qualifikation vgl. Siegel 1982, S. 109-124. Regionale Differenzierung in Hachtmann: 1989, S. 147-153, bes. Tab. 12. S. 148, u. Tab. 13, S. 151.

122 Vgl. z.B. Kranig 1992, S. 135-152, hier: S. 144. Werner 1983, S. 19. Bereits erwähnt von Oppenheimer-Bluhm 1965, S. 69-70. Einige Autoren verweisen jedoch auf die beträchtlichen Manipulationen der Arbeitslosenstatistik, so dass fraglich ist, ob die Arbeitslosigkeit tatsächlich bereits vor 1934/35 gesunken ist (vgl. z.B. Mason 1975, S. 47-48; Hachtmann, 1987, S. 185-196, auch in regionaler und branchenspezifischer Differenzierung).

123 Vgl. Hachtmann 1988, S. 50-68. Zur problematischen Versorgungslage mit Nährstoffen der Bevölkerung in größeren Städten in folge der Autarkiepolitik vgl. z.B. auch Corni und Gies 1997, bes. S. 309-314.

124 Vgl. die wissenschaftlich allerdings nur schwach fundierte, zeitgenössische Arbeit von Gumpert 1940, bes. S. 77-80. Ähnlich äußert sich in einer neueren Untersuchung Richard Overy, der hier offenbar auf zeitgenössische Quellen zurückgreift; vgl. Overy 1994, S. 294.

dem Raubbau an ihrer Arbeitskraft (Arbeiter) erkauft" wurden.[125] Beamte profitierten kaum von der Rüstungskonjunktur. Ihre Gehälter (planmäßige Reichsbeamte) reduzierten sich zwischen 1927 und 1938 um 15 bis 20%.[126] Insgesamt lässt sich festhalten, dass die Arbeitnehmer nur einen bescheidenen Anteil an den Ergebnissen der Rüstungskonjunktur hatten. Zwischen 1932 und 1938 stieg das reale BSP pro Kopf um etwa 69%.[127] Der private Konsum erhöhte sich jedoch kaum. Weil die Beschäftigung stark ausweitetet werden konnte, sank sogar der private Konsum pro Erwerbstätigem um 20,8 Prozent.[128] Zudem vergrößerte sich die Einkommensungleichheit.[129] Verantwortlich für diese Entwicklung war, dass der Staat aufgrund seiner Rüstungspolitik einen wachsenden Anteil des Sozialprodukts beanspruchte. Außerdem waren die Rahmenbedingungen für Unternehmer und Selbständige günstiger,[130] und auch die Bauernschaft konnte ihre Einkommenssituation eher verbessern. Ihr Einkommen erhöhte sich zwischen 1925 und 1939 um 39%.[131]

In sozialpolitischer Hinsicht können als Beispiele sich positiv für die Mitglieder der "Volksgemeinschaft" auswirkender Maßnahmen die bevölkerungspolitischen Regelungen (Ehestandsdarlehen und Familienbeihilfen) sowie die Aktivitäten zur Freizeit- und Urlaubsgestaltung angeführt werden.[132] Die Leistungen der Sozialversicherungen oder der staatliche Wohnungsbau erreichten hingegen nicht das Niveau der späten zwanziger Jahre.[133] In der Weimarer Republik wurden 1929 neun Prozent des Sozialprodukts für soziale Zwecke verausgabt, 1938 waren es lediglich sechs Prozent.[134]

Eine weiterer Diskussionspunkt um den Lebensstandard in der NS-Zeit betrifft die Frage, ob sich Tendenzen zur Entstehung einer Konsumgesellschaft im Nationalsozialismus erkennen lassen. Dem wichtigen Bereich der Volksprodukte widmete sich kürzlich Wolfgang König. Er kommt zu dem Ergebnis, dass der Versuch, eine nationalsozialistische Konsumgesellschaft zu schaffen, gescheitert ist. Mit Ausnahme des Volksempfängers kam es zu keiner nennenswerten Verbreitung von Volksprodukten. Die meisten Volksprodukte wurden ohnehin nicht produziert. Dies lag seiner Meinung nicht nur daran, dass dies ab 1939 durch den Krieg verhindert wurde, sondern dass die

---

125 Vgl. Prinz 1986, S. 188, Tab.: 14 und S. 190; regionale, soziale und betriebliche Differenzierungen siehe S. 165-234.

126 Vgl. Herbst 1996, S. 246.

127 Steiner 2005, Tab. 7.

128 Vgl. Steiner 2005.

129 Vgl. z.B. Entwicklung der Lohnquote: Petzina 1977, S. 121-122. Henning 1973, S. 95-103. Außerdem zur personellen Einkommensungleichheit Dumke 1991, S. 128.

130 Vgl. Spoerer 1996, v.a. S. 159-161; 169-170.

131 Herbst 1996 S. 243.

132 Vgl. Herbert 1989, S. 320-360, hier: S. 337. Überblick zur Sozialpolitik im Nationalsozialismus bei Recker 1991, v.a. S. 256-263; Sachße und Tennstedt 1992. Zu den freizeitpolitischen Maßnahmen des NS-Regimes vgl. v.a. Spode 1982, S. 275-328.

133 Vgl. Führer 1997, S. 225-256.

134 Vgl. Siegel 1982, S. 108.

nationalsozialistische Konsumgesellschaft aufgrund der vom NS-Regime selbst geschaffenen Bedingungen nicht umgesetzt werden konnte.[135] Berghoff verweist darauf, dass es dem Regime durch Propaganda gelang, Konsumwünsche der Bevölkerung aufzunehmen und zu schaffen, die zwar nicht zu verwirklichen waren, aber doch Massenwirksamkeit entfalteten.[136] In ähnlicher Weise betont Heßler die legitimatorische Funktion der nationalsozialistischen Konsumpolitik, die technischen Fortschritt suggerierte und eine zukünftige Konsumgesellschaft in Aussicht stellte.

Umstritten ist weiterhin, ob es zu einer Verschlechterung der Arbeitsbedingungen und des Gesundheitszustandes der Arbeitnehmer kam. Rüdiger Hachtmann stellt in seiner Studie zur Industriearbeit im „Dritten Reich" die These auf, dass die erhöhte Arbeitsintensität und die Verlängerung des Arbeitstages seit 1935/36 zusammen mit einem Bündel "gesundheitspolitischer Repressalien" den Gesundheitszustand der Arbeitnehmer geschädigt haben.[137] Wolfgang Werner hingegen kommt nach einer Analyse von Unfallhäufigkeiten, deren Zunahme er im Wesentlichen auf die gestiegene wirtschaftliche Aktivität zurückführt, zu einem gegensätzlichen Ergebnis: "Von einer Unterminierung des Gesundheitszustandes des deutschen Volkes in der nationalsozialistischen Ära vor dem Zweiten Weltkrieg kann also keine Rede sein".[138] Auf einer breiteren Datenbasis (vor allem unter Einbeziehung von Sterblichkeitsziffern und anthropometrischen Indikatoren) konnten Baten und Wagner zeigen, dass sich insbesondere der Gesundheitszustand von Kindern und Jugendlichen infolge von Mangelernährung bereits vor dem Zweiten Weltkrieg verschlechterte.[139]

Unterschiedlich eingeschätzt wird auch die Entwicklung der Lebensbedingungen der deutschen Bevölkerung in den ersten Jahren des Zweiten Weltkriegs. Während meist von einer geringfügigen Beeinträchtigung des Lebensstandards der deutschen Bevölkerung zwischen 1939 und 1941 ausgegangen wird,[140] nimmt Richard Overy an, dass die wirtschafts- und finanzpolitischen Maßnahmen der nationalsozialistischen Führung erhebliche Auswirkungen hatten.[141] Er verweist unter anderem darauf, dass der reale Konsum pro Kopf bereits zwischen 1939 und 1942 um 25% fiel.

In der Kriegszeit lässt sich ein Anstieg der Realeinkommen der Industriearbeiterschaft nach offiziellen Angaben bis 1941 feststellen. Im Jahre 1943 befanden sie sich,

---

[135] Vgl. König 2003, S. 135.

[136] Vgl. Berghoff 2004, S.4. Siehe auch Berghoff 2001, S.173-183.

[137] Vgl. Hachtmann 1989, S. 231-253. In diesem Sinne auch Geyer 1989, S. 392-397. In diese Richtung hat Tim Mason schon 1977 argumentiert, dazu allerdings einschränkend angemerkt, dass leider einschlägige Spezialstudien fehlten; vgl. Mason 1975, S. 157, 280f., 314f.

[138] Werner 1983, S. 24.

[139] Vgl. Baten und Wagner 2003a, 2003b.

[140] Vgl. hierzu Overy 1988, S. 379-435, hier: S. 379-381. Siehe auch Overy, 1994, S. 259-314, hier: S. 259-261 und die dort diskutierte Literatur. Außerdem Recker 1985, S. 291.

[141] Overy 1988, v.a. S. 388-407.

nach einem leichten Rückgang, auf dem Niveau von 1938.[142] Allerdings haben die offiziellen Daten nur einen begrenzten Aussagewert, da während des Krieges Bezugsscheine und Lebensmittelkarten für die materielle Versorgung bedeutender waren als die Lohnhöhe.[143]

Gesichert ist, dass es dem Regime glückte die kriegswirtschaftlichen Beeinträchtigungen des Lebensstandards der deutschen Bevölkerung im Vergleich zum Ersten Weltkrieg gering zu halten. Dies gelang vor dem Hintergrund der Ausbeutung der eroberten bzw. unter deutscher Herrschaft stehenden Gebiete und eines Versorgungs- und Zuteilungssystems nach „rassischen" Gesichtspunkten.[144] Avraham Barkai stellt dazu fest: „Es kann jedoch kein Zweifel daran bestehen, dass nur diese systematische Ausplünderung, ohne Rücksicht auf die Bedürfnisse der besetzten Gebiete, es ermöglichte, fast bis zum Ende des Krieges in Deutschland, trotz aller Kriegsanstrengungen, einen Lebensstandard zu bewahren, der nur geringfügig unter dem der Jahre der Vollbeschäftigung lag. ‚Die Ideologie von der Herrenrasse' fand hier einen sehr konkreten Ausdruck."[145] Pointiert bestätigt wurde dieser Befund kürzlich auf verbreiterter Quellenbasis von Götz Aly. Er zeigt detailliert die Maßnahmen des NS-Staates, den Lebensstandard der meisten Deutschen durch Ausplünderung der jüdischen Bevölkerung und der Einwohner der besetzten Gebiete zu heben. Fraglich ist allerdings, ob es der Mehrheit der „Volksgenossen" im Zweiten Weltkrieg „besser als je zuvor (ging)", wie er behauptet.[146] Andere Untersuchungen zeichnen ein weniger günstiges Bild der Entwicklung des Lebensstandards der breiten Bevölkerung während des Krieges. Wolfgang Werner, der die umfangreichste Untersuchung zur Entwicklung der sozialen Lage der deutschen Arbeiter während des Zweiten Weltkriegs leistete, geht bis 1941 von einer erträglichen Versorgungslage der deutschen Arbeiter aus.[147] Allerdings verschlechterte sich der Gesundheitszustand der Beschäftigten allmählich, und die Kindersterblichkeit erhöhte sich in Deutschland zwischen 1938 und 1942 um 10%. Im weiteren Kriegsverlauf waren die Lebensbedingungen der Arbeiter zunehmend durch Versorgungsmängel, Schwarzhandel und Belastungen durch die Intensivierung der Luftangriffe[148] gekennzeichnet. Die gesundheitliche Verfassung der deutschen Arbeiterschaft und

---

142 Ähnliche Entwicklung für die Mehrheit der Angestellten (vgl. Prinz 1986, S. 256ff.). Beamte konnten angesichts fester Gehälter keine Einkommensanstiege realisieren (vgl. Recker 1997, S. 441).

143 Vgl. Petzina 1981, S. 77-78. Zur Problematik der Reallohnberechnung während des Krieges vgl. Siegel 1982, S. 104-106; Hachtmann 1989, S. 154-160.

144 Vgl. Recker 1997, S 442. Außerdem: Burchardt 1974, S. 65-97. Kundrus 1997, S. 80-93. Müller 1997a, S. 240-248. Ders. 1999, S. 478-498.

145 Barkai 1988, S. 225.

146 Aly 2005, Klappentext.

147 Vgl. zum folgenden Werner 1983, S. S. 300-318, S. 360, S. 160-166, S. 194ff. Zur allmählichen Verschlechterung der gesundheitlichen Lage im Krieg bei Süß 2003, S. 381-404.

148 Zu den Auswirkungen des Luftkriegs auf die Lebensbedingungen der Bevölkerung vgl. Groehler 1990, v.a. S. 230-320. Krause 1997, v.a. S. 45-174.

der Bevölkerung verschlechterte sich. Zu gravierenden Versorgungsengpässen kam es allerdings erst im letzten Kriegsjahr. Die Ernährung der Deutschen konnte im Durchschnitt bis 1944 bei etwa 2000 Kalorien pro Tag gesichert werden und sank erst im Winter 1944/45 unter das tägliche Existenzminimum von 1800 Kalorien.[149]

Fest steht, dass die Deutschen die Erfahrung von Hunger vor allem nach dem Krieg machten.[150] Zwischen 1945 und 1948 lebte ein Großteil der deutschen Bevölkerung von Nahrungsmittelrationen (etwa 1.500 Kalorien täglich), die etwa der Hälfte des Vorkriegsniveaus entsprachen.[151] Die Bevölkerung versuchte die geringfügigen Rationen illegal (Schwarzhandel, Diebstahl usw.) und durch Eigenanbau zu erhöhen. Die dadurch erreichte Verbesserung der Nahrungsmittelversorgung war aber eher bescheiden (nach Berechnungen Trittels: ca. 300 Kalorien pro Kopf der Bevölkerung). Entschärfend auf die sich bis 1948 rapide verschlechternde Ernährungslage wirkten die alliierten Nahrungsmittellieferungen.[152]

Die Mangelsituation war in den einzelnen Besatzungszonen unterschiedlich stark ausgeprägt und betraf natürlich die städtische Bevölkerung ungleich härter als die ländliche.[153] Hinzu kam eine regional unterschiedliche desolate Wohnungssituation angesichts der Zerstörung von etwa einem Fünftel des Wohnraumbestandes in Westdeutschland.[154] Wohnungsmangel und Ernährungskrise wurden durch den Zustrom von mehreren Millionen Flüchtlingen und Vertriebenen verschärft.[155]

Der wirtschaftliche Aufbau nach dem Krieg scheiterte anfänglich vor allem an den Zerstörungen des Transportwesens und der Unterbrechung der interregionalen Arbeitsteilung durch die territoriale Zergliederung.[156] Ab Herbst 1947 nahm die wirtschaftliche Aktivität in der Bizone vor allem durch organisatorische Fortschritte und das Zusammenziehen der wirtschaftlichen Ressourcen auf Engpassbereiche (zum Teil auf Kosten der Konsumgüterindustrie) zu.[157] Eine steigende Produktion bedeutete deshalb noch

---

149 Vgl. Henning 1997, S. 179, Abb. 43. Zur graduellen Verschlechterung der Ernährungslage der Deutschen während des Krieges vgl. auch Kitchen 1995, S. 79-84. Knappe Darstellung der Versorgungslage im Krieg bei Blaich 1987, S. 53-54.

150 Wichtige Hinweise zum Lebensstandard in der unmittelbaren Nachkriegszeit z.B. bei Kleßmann 1991, v.a. S. 46-53; Henning 1997, S. 191-193. Vgl. zur Hungererfahrung aus alltagsgeschichtlicher Perspektive Wildt 1986.

151 Vgl. zur Ernährungskrise Klemm und Trittel 1987, S. 603-611, hier: S. 604. Siehe auch Regionalstudien: Erker 1990, mit grundlegenden Informationen zum Lebensstandard der bayerischen Bevölkerung. Rothenberger 1980; Stüber 1984. Trittel 1990, v.a. S. 13, 24, 87-96, 157-160.

152 Trittel 1990, S. 302.

153 Mitte 1946 betrugen die amtlich festgesetzten Kalorienzahlen 1330 in der amerikanischen, 1050 in der britischen und ca. 900 in der französischen Zone (Kleßmann 1991, S. 47).

154 Vgl. Schildt 1995, S. 48.

155 Zum folgenden: Henning 1997, S. 191. Allgemein zu den sozialen Folgen der massiven Bevölkerungsverschiebungen während und nach dem Zweiten Weltkrieg vgl. Wette 1995, S. 1123-1133.

156 Vgl. Abelshauser 2004, S. 60-88, 110.

157 Vgl. Abelshauser 2004, S. 118.

keine verbesserte Versorgungslage mit Verbrauchsgütern. Zudem führten Geldüberhang und Preisstopp dazu, dass Güter nicht zu offiziellen Preisen verkauft wurden, weshalb Schwarzmarktgeschäfte weit verbreitet waren. Zwischen Unternehmen waren Kompensationsgeschäfte, bei denen Güter gegen Güter getauscht wurden, üblich. Überdies horteten die Unternehmen ihre produzierten Konsumgüter.[158] Die Währungs- und Wirtschaftsreform von 1948 stellte die Produktions- und Investitionsanreize der Unternehmen wieder her.[159] Das Warenangebot stieg sprunghaft an, da die gehorteten Konsumgüter und selbst Nahrungsmittel nun in die Geschäfte kamen.[160] Das Produktionsniveau erhöhte sich nach der amtlichen Statistik vom zweiten auf das dritte Quartal um 30%.[161] Allerdings erfolgte eine durchgreifende Verbesserung der Lebensbedingungen der meisten Deutschen nicht sofort.[162] Das größte Problem stellte die mit der Währungsreform offen zu Tage getretene Arbeitslosigkeit dar. Die Arbeitslosenrate stieg von 3,2 auf 12,2 Prozent zwischen Frühjahr 1948 und Winter 1950. Darüber hinaus übertraf der Anstieg des Preisindexes der Lebenshaltung die Entwicklung der Löhne. Erst im Laufe des Jahres 1950 kam es zu Reallohnsteigerungen. 1951 ereichte der reale Verbrauch pro Kopf wieder den Wert des Jahres 1936. Der Kaloriengehalt der Nahrung pro Einwohner befand sich jedoch erst 1953/54 wieder auf dem Niveau von 1935/38.

Der 1951/52 einsetzende „lange Aufschwung“ gilt als der Beginn eines steil ansteigenden materiellen Wohlstandes in Westdeutschland (Wohlstandsexplosion), der eine Zeit der Unsicherheit beendete und mitbestimmend für Stabilisierung und Legitimierung der Demokratie in der Bundesrepublik gewesen sein soll.[163] Die Arbeitslosigkeit konnte beseitigt und deutliche Steigerungen der privaten Einkommen erreicht werden.[164] Mit dem wirtschaftlichen Aufschwung trat Deutschland auch in das „Zeitalter des Massenkonsums“ (Rostow) ein. Allerdings zeigt eine Untersuchung von Michael Wildt zum Konsum zwischen 1949 und 1963, dass das tägliche Budget von Vier-Personen-Arbeitnehmerhaushalten bis in die späten fünfziger Jahre kärglich war.[165] An-

---

158 Vgl. Abelshauser 2004, S. 120.

159 Vgl. Buchheim 1997, S. 102.

160 Vgl. Abelshauser 2004, S. 127.

161 Abelshauser 2004, S. 127. Möglicherweise war das Produktionsniveau vor der Währungsreform durch die massive Warenhortung unterschätzt (vgl. hierzu die Kontroverse mit Ritschl 1985, S. 164 und Abelshauser 2004, S. 136-165).

162 Zum folgenden: Abelshauser 1987b, S. 28-30.

163 Vgl. Borchardt 1982, S. 239. Im Zuge der "Sozialindikatorenbewegung" in den 1970er Jahren entstand eine Reihe von wertvollen Arbeiten, die sich den Veränderungen der Lebensbedingungen und der Lebensqualität in der *Bundesrepublik* widmen. Siehe v.a. Zapf 1978; Zapf 1987. Zudem liegen mittlerweile umfangreiche Studien zur wirtschaftlichen und gesamtgesellschaftlichen Entwicklung während der 1950er Jahre vor, die zahlreiche Aspekte des Lebensstandards behandeln. Vgl. z.B. Abelshauser 1983a; 1987b. Schildt und Sywottek 1993. Neueste einschlägige Arbeit zum Lebensstandard in der Bundesrepublik Zündorf 2006.

164 Vgl. Wiegand 1982, S. 141, Tab. 15, S. 141; Zapf 1978, S. 80.

165 Wildt 1996, v.a. S. 63-76, S. 227-231.

schließend lässt sich aber eine signifikante Aufwärtstendenz in der Ausgabenentwicklung, insbesondere in den Ausgaben für langlebige Konsumgüter wie Kühlschränke, Fernsehgeräte usw. feststellen.

Im Zuge des wirtschaftlichen Aufschwungs und des Abbaus der Arbeitslosigkeit wurde mehr gearbeitet.[166] Die längste durchschnittliche Arbeitszeit pro Woche wurde mit 49 Stunden bis 1955 in der Industrie erreicht. Zwischen 1956 und 1960 verkürzte sich aber dann die wöchentliche Arbeitszeit der Arbeiter, und die Fünf-Tage-Woche setzte sich allgemein durch.

Die sozialpolitischen Maßnahmen zu Beginn der Bundesrepublik bis 1957/58 zielten vor allem darauf ab, die Lebensbedingungen der vom Krieg und seinen Folgen Betroffenen zu verbessern. Als wichtigste Maßnahmen sind dabei der Lastenausgleich, die Kriegsopferversorgung und die Wohnungsbaupolitik zu erwähnen.[167] Die Wohnungsnot wurde bis 1959 durch mehr als fünf Millionen neuerbaute Wohnungen (davon 60% sozialer Wohnungsbau) erheblich abgeschwächt.[168] Dennoch ging man Ende der fünfziger Jahre noch von einem geschätzten Wohnungsdefizit von 1,5 Millionen Wohnungen aus, und der Stand der Wohnungsversorgung in der Zwischenkriegszeit wurde erst in den 1960er wieder erreicht.

Die bedeutendste Maßnahme im Ausbau der sozialen Sicherung war die Rentenreform von 1957.[169] Der Großteil der 10 Millionen Sozialrentner war bis dahin von der wirtschaftlichen Entwicklung abgekoppelt gewesen. Sie wurden nun durch die Dynamisierung und die Anpassung der Renten an die Reallohnentwicklung an der materiellen Wohlstandssteigerung beteiligt. Qualitativ neu war der Anspruch der Rentenversicherung, nicht das Existenzminimum zu garantieren, sondern die Sicherung des während des Erwerbslebens erreichten Lebensstandards auch im Alter zu gewährleisten. Als Ergebnis der Reform wurden die laufenden Renten um etwa 60% erhöht.

Insgesamt lässt sich festhalten, dass die 1950er Jahre im Gegensatz zur ersten Hälfte des 20. Jahrhunderts unumstritten als eine Phase der Prosperität gelten, auch wenn der neu erworbene Wohlstand zweifellos noch bescheiden war. Zuvor gestalten sich Aussagen zur Entwicklung des Lebensstandards der deutschen Bevölkerung aufgrund der häufig unterschiedlichen Befunde und gegenläufigen Tendenzen einzelner Lebensstandardkomponenten schwierig. Trotz der Diskussion einer Vielzahl von Aspekten der Lebensbedingungen breiter Bevölkerungsschichten wurden bislang elementare nichtökonomische Dimensionen des Lebensstandards, wie Gesundheit und Bildung, nur in wenige Untersuchungen integriert. Die Vergleichbarkeit des Lebensstandards zwischen den verschiedenen Teilperioden sowie auch zwischen verschiedenen Untersuchungen leidet unter anderem daran, dass es keinen Konsens darüber gibt, welche Wohlfahrtsdi-

---

166 Zur Arbeitszeitentwicklung vgl. Schildt 1995, S. 80-82.

167 Vgl. Hockerts 1990, S. 36-37.

168 Schildt 1995, S. 50-51.

169 Vgl. dazu Hockerts 1990, S. 37. Abelshauser 1987b, S. 49-50.

mensionen und –indikatoren zu berücksichtigen oder zu vernachlässigen sind. Darüber hinaus verdecken die oben skizzierten Globaltendenzen regionale und auch Stadt-Land-Unterschiede, auf die zwar die meisten Autoren verweisen, die aber bisher kaum systematisch untersucht wurden.[170]

1.4 Ziele und Fragestellung

Ziel der vorliegenden Untersuchung ist es, die Lebensverhältnisse in Deutschland bzw. der Bundesrepublik zwischen 1920 und 1960 quantitativ fundiert, konzeptionell reflektiert und methodisch kontrolliert zu untersuchen. Die drei wichtigsten Dimensionen des Lebensstandards (Einkommen, Gesundheit und Bildung) werden zu diesem Zweck systematisch miteinander verbunden. Die regionalen Disparitäten der Wohlfahrtsentwicklung werden herausgearbeitet und die Entwicklung der Ungleichheit zwischen den Geschlechtern berücksichtigt.[171]

Die Veränderungen des Lebensstandards werden anhand der Entwicklung des HDI evaluiert, weil sich dieser, trotz kritischer Stimmen, in den letzten zehn Jahren in der Praxis der Vereinten Nationen als ein brauchbares Wohlfahrtsmaß etabliert hat und auch bereits in der historischen Lebensstandardforschung vielversprechend verwendet wurde. Die systematische Untersuchung der drei Dimensionen: Gesundheit, Bildung und Zugang zu Ressourcen, wie sie der HDI umfasst, verspricht bedeutsame neue Erkenntnisse über die Entwicklung der Lebensverhältnisse der deutschen Bevölkerung zwischen 1920 und 1960. Mit den Worten von Floud und Harris (1997): „... there is a strong case for using the latest formulation of the HDI to investigate the level of human welfare in the past. Such an investigation may well shed light on the welfare of past generations and facilitate further debate over the measurement of human development in the present."[172] Im Gegensatz zu den bisherigen historischen Anwendungen des HDI soll dieser erstmals zur kurz- bzw. mittelfristigen sowie regional differenzierten Analyse eingesetzt werden. Dies erscheint gerechtfertigt, weil davon auszugehen ist, dass alle Indikatoren – mit Ausnahme der Alphabetenrate und der Schulbesuchsrate im primären Sektor[173] – deutliche zeitliche und regionale Variationen zeigen. Außerdem wird ein

---

170 Zum Forschungsstand regionaler Wohlfahrtsdisparitäten siehe Kap. 3.1.

171 Der bisherige Stand der Forschung zum unterschiedlichen Lebensstandard von Frauen und Männern ist dargelegt in Kap. 4.1.

172 Floud u. Harris 1997, S. 114-115.

173 Dass diese beiden Variablen sich kaum verändern, spricht nicht gegen die Verwendung des HDI zur kurz- und mittelfristigen Analyse, da die Alphabetisierungsrate auch zur langfristigen Analyse des Lebensstandards während des späten 19. Jahrhunderts und im 20. Jahrhundert in Deutschland wenig geeignet ist (siehe Analyse von Twarog 1997, S. 321). In den höheren Bildungssegmenten kam es jedoch kurzfristig sehr wohl zu Schwankungen. Der Anteil der Schüler in höheren

erweiterter Development Index (DDI) konstruiert, der Indikatoren enthält wie z.B. die Arbeitslosenrate, die schneller bzw. direkter auf Veränderungen reagieren. Die Vereinten Nationen befürworten ebenfalls zur kurzfristigen Analyse ein solches Verfahren.[174]

Der HDI wurde von den Vereinten Nationen als universaler Index zum Zwecke internationaler Vergleiche angelegt. Sie verweisen selbst darauf, dass einige Indikatoren wie Erwachsenenalphabetisierung und Lebenserwartung bei der Geburt nur unzureichend geeignet sind, um Unterschiede im Lebensstandard zwischen industrialisierten Ländern zu evaluieren. Deshalb empfehlen sie zur erfolgreichen länderspezifischen Analyse die Erweiterung des HDI um jeweils relevante Komponenten. So stellt das UNDP in seinen „Analytical Tools for Human Development" fest: „... the usefulness and versatility of the HDI as an analytical tool for HD at the national and sub-national levels would be enhanced if countries choose components that reflect their priorities and problems and are sensitive to their development levels, rather than rigidly using the three components presented in the HDI of the global HDRs."[175] In diesem Sinne wird in der vorliegenden Studie der modifizierte HDI stärker an die historischen Gegebenheiten Deutschlands als einem vergleichsweise hoch industrialisierten Land angepasst.[176] Die Erweiterung des Human Development Index um deutschlandspezifische Indikatoren leistet zudem einen Beitrag zur Diskussion möglicher Varianten der Wohlfahrtsmessung.

Um der Entwicklung der Ungleichheit in der Entwicklung des Lebensstandards zwischen Frauen und Männern nachzugehen, wird als Analyseinstrument der im Jahre 1995 eingeführte GDI (Gender-related Development Index) für Deutschland insgesamt und regional differenziert berechnet.[177] Der GDI korrigiert die HDI-Werte der Länder um

---

Schulen an der Gesamtbevölkerung fiel in Deutschland z.B. zwischen 1926/27 und 1936 von 13,4 auf 10 pro 1.000 Bevölkerung (berechnet nach Bevölkerung und Wirtschaft 1972).

174 UNDP 2000b.

175 United Nations Program 2000.

176 Der von Crafts durchgeführte internationale Vergleich mittels des HDI für einige Stichjahre zwischen 1870 und 1992 zeigt, dass Deutschland bereits im Jahre 1870 einen ähnlichen oder höheren Wert aufwies als Länder wie z.B. Brasilien, China, Indien, Indonesien im Jahre 1950 (vgl. Crafts 1997b, S. 310-311, Table 5).

177 Zur Messung von Geschlechterdisparitäten entwickelte das UNDP neben dem GDI das GEM (Gender Empowerment Measure). Das GEM gibt Aufschluß über die Mitwirkung und die Entscheidungsspielräume von Frauen im wirtschaftlichen und politischen Leben. Es erfasst Ungleichheiten zwischen den Geschlechtern in Bezug auf ökonomische, politische und berufliche Partizipation. Der Index berechnet sich auf Basis des Verhältnisses der Arbeitseinkommen von Frauen und Männern, der Prozentanteile der beiden Geschlechter in den Nationalparlamenten, in leitenden beruflichen Positionen und in akademischen und technischen Berufen (vgl. Human Development Report 1995. Berger-Schmidt 1999, S. 14). Neben den hohen Datenanforderungen führt jedoch der Indikator der politischen Partizipation im GEM in Diktaturen zu erheblichen Interpretationsproblemen (vgl. hierzu auch Bardhan und Klasen 1999, S. 1001). Dieses Problem trifft selbstverständlich auch auf die NS-Zeit zu und wird dadurch verschärft, dass zwar keine Frauen in die zentralen Entscheidungsgremien der NSDAP und des NS-Staates aufstiegen, es aber

das Ausmaß der Ungleichheit zwischen den Geschlechtern.[178] Damit lässt sich zeigen, ob die nationalen und regionalen Befunde zum Niveau und zur Entwicklung des Lebensstandards für beide Geschlechter Gültigkeit besaßen. Zudem lassen sich teilweise auch konkrete Auswirkungen der Politik während des Untersuchungszeitraums in Bezug auf die unterschiedlichen Veränderungen in der Lebenserwartung, Bildungsbeteiligung und Einkommenserzielung zwischen den Geschlechtern nachzeichnen.

Zur Beurteilung der Entwicklung des Lebensstandards in Deutschland und zur Absicherung der Forschungsergebnisse auf nationaler Ebene ist ein internationaler Vergleich erforderlich. Die Untersuchung von Twarog zeigte, dass der HDI in Deutschland im 19. und 20. Jahrhundert anstieg und sich der Lebensstandard langfristig während dieses Zeitraumes erhöhte.[179] Diese Erfahrung teilt Deutschland mit den meisten anderen westeuropäischen Ländern und den USA. Um jedoch die tatsächlichen Erfolge in der Verbesserung der Lebensverhältnisse in bestimmten Teilperioden abschätzen zu können, ist eine vergleichende Perspektive notwendig. Bewegten sich die erzielten Fortschritte in einer ähnlichen Größenordnung wie in anderen Ländern? Internationale Vergleiche des historischen Lebensstandards mittels des HDI wurden zwar für eine beachtliche Anzahl von Ländern durchgeführt (einschließlich Deutschland), aber nur für wenige Stichjahre (1870, 1913, 1950, 1973, 1992). Folglich wurden die im Mittelpunkt des hier vorliegenden Forschungsinteresses stehenden kurz- und mittelfristigen Veränderungen der Lebensbedingungen nicht beleuchtet. Im Sammelband von Steckel und Floud ist der HDI ebenfalls für mehrere Länder während des Untersuchungszeitraumes berechnet worden (siehe oben).[180] Systematische internationale Vergleiche sind aber wegen der unterschiedlichen Berechnungen des Einkommensindexes kaum möglich, so dass für einige westeuropäische Staaten eine eigenständige Berechung und Analyse erforderlich ist.

Konkret stehen folgenden Fragen im Mittelpunkt der Untersuchung: Wie veränderte sich der Lebensstandard breiter Bevölkerungsschichten in Deutschland im Gesamtzeitraum sowie in den einzelnen Teilperioden? Wie sahen die Veränderungen gemäß den verschiedenen Development Indizes im Vergleich zu traditionellen Wohlfahrtsmaßen (wie dem BSP pro Kopf) aus und welche Rolle spielten dabei Veränderungen der einzelnen Komponenten? Wie lässt sich die deutsche Entwicklung während dieses Zeitraumes im internationalen Vergleich verorten? Welche regionalen Disparitäten traten in

---

eine beachtliche Anzahl von ehrenamtlichen und bezahlten Funktionsträgerinnen in den Massenorganisationen der NS-Frauenschaft gab (vgl. Frevert 1986, S. 232-233). Infolgedessen wird von der Anwendung des GEM Abstand genommen.

178 Vgl. Kap. 4.1. Bardhan und Klasen kritisierten den GDI empirisch und konzeptionell vor allem wegen der Art der Einkommensberechnung und regten alternative Berechungsmethoden des GDI an, die in dieser Untersuchung berücksichtigt werden (vgl. Bardhan und Klasen 1999, S. 987-999).

179 Vgl. Twarog 1997.

180 Steckel und Floud 1997.

der Entwicklung des Lebensstandards auf und wie veränderte er sich, wenn die Ungleicheit zwischen den Geschlechtern berücksichtigt wird?

Als Analyseinstrument werden verschiedene Development Indizes eingesetzt, die im nächsten Abschnitt vorgestellt werden.

1.5 Konstruktion historisch angepasster Development Indizes

1.5.1 Human Development Index (HDI)

Aufgrund der Quellenlage und der Erfordernis, den HDI zur mittel- und kurzfristigen Analyse sowie zur regional differenzierten Betrachtung sinnvoll einsetzen zu können, waren einige Änderungen der Indikatoren und der Maximum- und Minimumwerte des universalen HDI notwendig. Aus diesem Grunde wurden verschiedene HDIs konstruiert und miteinander verglichen.

Als Referenzmaß wurde zunächst für einige Stichjahre ein historisch angepasster HDI für Deutschland insgesamt konstruiert, der sich sehr stark an den Indikatoren und Grenzwerten des universalen HDI orientierte. Dieser historisch adaptierte universale HDI (im Folgenden HDI) besteht aus (1) dem logarithmierten BSP/Kopf (in 1990 PPS $), (2) der Lebenserwartung bei der Geburt, (3) der Alphabetenrate und der Schuleinschreiberate im primären, sekundären und tertiären Bildungssektor pro 100 der Fünf- bis Zwanzigjährigen (vgl. Tab. 2-2). Weil in Deutschland der Grund- und Volksschulbesuch bereits in der ersten Hälfte des 20. Jahrhunderts zum Mindestmaß an schulischer Bildung gehörte, veränderten sich Erwachsenenalphabetenrate und Schulbesuchsraten im primären Bildungssektor im Untersuchungszeitraum nicht signifikant.[181] Sie sind somit zwar wesentlich für einen bereits erreichten Lebensstandard, zur Analyse von Wohlfahrtsveränderungen in mittelfristiger Perspektive eignen sie sich jedoch kaum. Ein aussagekräftigerer Indikator für industrialisierte Länder ist deshalb die Schulbesuchsrate im sekundären und tertiären Sektor.[182] Schuleinschreiberaten im sekundären

---

181 Die von S. Twarog durchgeführte Untersuchung der langfristigen Wohlfahrtsentwicklung in Deutschland im 19. und 20. Jahrhundert anhand des HDI zeigte, dass die Alphabetisierung im 20. Jahrhundert keine Rolle mehr bei Veränderungen des Lebensstandards spielte (siehe Twarog 1997, S. 321). Die Primärschülerrate bezogen auf die Bevölkerung zwischen 5 und 15 Jahren betrug 78% [1921/22], 67% [1926/27], 77% [1931/32], 74% [1938], 82% [1950], 72% [1955] und 72% [1960] (berechnet nach Quellen siehe Anhang I-B). Die Schwankungen der Schülerzahlen im primären Sektor zu Beginn der zwanziger Jahre wie auch der fünfziger Jahre spiegeln kriegsbedingte kurzfristige Effekte wider. Zu den Auswirkungen des Ersten Weltkrieges auf die Schülerzahlen im primären Bildungssektor siehe Führ 1970, S. 341.

182 Vgl. HDR 1993. S. 111–112; ausführlich in Kap. 1.4.2. UNDP 1999, S. 112.

Sektor können für die Zwischenkriegszeit aber nur für Stichjahre ermittelt werden. Im Gegensatz dazu ist der Hochschulbesuch jährlich erhältlich, weshalb sich die Rate des Hochschulbesuchs[183] als Bildungsindikator anbietet. Erstens wird damit der HDI stärker an die historischen deutschlandspezifischen Verhältnisse angepasst und zweitens kann eine Untersuchung auf der Grundlage von Jahresdaten vorgenommen werden.[184] Zur nationalen und internationalen Wohlfahrtsanalyse wurde deshalb ein modifizierter HDI (HDI_n) geschaffen, der sich aus folgenden Indikatoren zusammensetzt: (1) logarithmiertes BSP/Kopf (in 1990 PPS $), (2) Lebenserwartung bei der Geburt und (3) Hochschulbesuch pro 1.000 der Altersgruppe 20 bis 25 Jahre.

Zur regionalen Analyse waren aufgrund der Quellenlage erneut einige Modifikationen notwendig. Zum einen mussten zur regionalen vergleichenden Untersuchung, im Gegensatz zur nationalen, Pro-Kopf-Einkommen geschätzt werden. Zum anderen war eine Umwandlung des Pro-Kopf-Einkommens in Kaufkraftparitäten nicht notwendig.[185] Der Bildungsindex umfasst nur den Schulbesuch von mittleren und höheren Schulen, da die Quellenlage keine sinnvolle Berechnung des Hochschulbesuchs auf regionaler Ebene erlaubt. Der regionale Human Development Index setzt sich deshalb aus: (1) dem Pro-Kopf-Einkommen (in Werten von 1961), (2) der Lebenserwartung bei der Geburt und (3) der Schulbesuchsquote im sekundären Bildungssektor pro 100 der Altersgruppe 10 bis 18 Jahre zusammen.

Als Grenzwerte wurden für alle konstruierten HDI die von den Vereinten Nationen im zeitgenössischen HDI gebrauchten Maximal- und Minimalwerte verwendet. Aufgrund der unterschiedlichen Indikatoren und deren Verläufe variierten aber die impliziten Gewichte der Wohlfahrtskomponenten der verschiedenen HDIs. Im Weiteren wird deshalb der Einfluss der zugrunde gelegten Gewichte der drei Dimensionen des HDIs immer wieder diskutiert. Die Notwendigkeit, verschiedene HDIs zu konstruieren, hat den Nachteil, letztlich unterschiedliche Wohlfahrtsmaße zu verwenden und damit einhergehend möglicherweise verschiedene Ergebnisse zu produzieren. Genau darin liegt aber eine Stärke dieser Vorgehensweise. Durch den Vergleich dieser verschiedenen HDIs wird die Robustheit der einzelnen Ergebnisse getestet.

---

183 Zu Berechnungsart und Quellen siehe Anhang I-B.

184 Alternative Berechnungen des Gesamtindexes mit den beiden Indikatoren: Rate des Hochschulbesuchs bzw. Schulbesuchsrate im sekundären und tertiären Bildungssektor zeigen, dass sich die Aussagen über die Entwicklung des Lebensstandards in den einzelnen Stichjahren je nach Indikator kaum voneinander unterscheiden. Die Anzahl der Schüler im sekundären und tertiären Bildungssektor der Altersgruppe der 10-25jährigen bezifferte sich auf 6,2 % [1921/22], 6,4% [1926/27], 7,1% [1931/32], 6,5% [1938], 8% [1950], 10,6% [1955] und 11,6% [1960]. Für die Rate des Hochschulbesuchs siehe Tabelle A-15 und A-16.

185 Eine ausführliche Darlegung der Auswahl und Schätzung der Indikatoren der Regionalstudie findet sich in Kap. 3.2.3.

1.5.2 Deutschlandspezifischer Development Index (DDI)

Um welche Indikatoren sollte ein „deutschlandspezifischer Development Index" (im Weiteren DDI) für die Zeit zwischen 1920 und 1960 erweitert werden? Wünschenswert wäre es, die Auswahl der einzelnen Wohlfahrtskomponenten und deren Gewichtungen aus den Präferenzen der Individuen abzuleiten, die aus Umfragen ermittelt werden könnten. Solche Daten liegen aber für den Untersuchungszeitraum nicht vor. Außerdem wird die Auswahl der Komponenten durch die Quellenlage beschränkt. Infolgedessen orientiert sich die Identifikation von zu berücksichtigenden Indikatoren an den in der entwicklungsökonomischen und historischen Literatur diskutierten Vorschlägen. Anand und Sen empfahlen im Human Development Report von 1993, zwischen verschiedenen Entwicklungsstufen (niedrig, mittel oder hoch) zu unterscheiden und dann je nach Entwicklungsniveau ein bestimmtes Set von Indikatoren zu verwenden.[186] Länder mit einem HDI-Wert von über 0,8 gelten als „hochentwickelt". Staaten, die einen Wert zwischen 0,5 bis 0,79 erreichen, gehören zur Gruppe mit mittlerem Entwicklungsniveau. Als Länder mit niedrigem Lebensstandard werden alle jene angesehen, die einen HDI von unter 0,5 aufweisen.[187] Im Jahr 1938 hätte Deutschland mit einem HDI von 0,7 ein mittleres Entwicklungsniveau aufgewiesen und sich gegen Ende des Untersuchungszeitraumes der Ländergruppe mit dem höchsten Lebensstandard angenähert.[188] Insofern sind für den Untersuchungszeitraum die Vorschläge Anands und Sens für das mittlere und höhere Entwicklungsniveau interessant. Für die mittlere Entwicklungsstufe empfehlen sie, den HDI mit folgenden Indikatoren zu berechnen: die Komponente Gesundheit sollte die Lebenserwartung und Sterblichkeit unter fünf Jahren beinhalten; Erwachsenenalphabetisierung und Schulbesuchsraten im sekundären Bildungssektor repräsentieren die Komponente Bildung, während der Zugang zu Ressourcen durch die Häufigkeit von Armut und das Pro-Kopf-Einkommen abgebildet wird. Für hoch entwickelte Länder sollte der HDI mit folgenden Indikatoren berechnet werden: die Komponente Gesundheit soll Lebenserwartung, Sterblichkeit unter fünf Jahren und Müttersterblichkeit umfassen; Erwachsenenalphabetisierung und Schulbesuchsraten im sekundären und tertiären Bildungssektor sollen die Komponente Bildung umschreiben, während der Zugang zu Ressourcen durch: (1) das logarithmierte Einkommen ab einer internationalen Armutsgrenze, (2) die Häufigkeit von Armut und (3) das durchschnittliche Volkseinkommen korrigiert um Einkommensungleichheit (durch Gini-Koeffizienten) abgebildet werden soll.[189]

Im Human Development Report 1999 veränderte sich die Berechnung des Einkommensindexes, so dass nun das Einkommen über die gesamte Einkommensspanne abdis-

---

186 HDR 1993. S. 111–112.

187 Vgl. HDR 2000, S. 148.

188 Der Wert des universalen Human Development Indexes hätte im Jahr 1938 für Deutschland 0,704 betragen (Berechnung und Quellen in Anhang I-B); ausführlich Kap. 2.1.1.

189 Vgl. UNDP 1993, S. 112.

kontiert wird. Damit wird gewährleistet, dass Einkommenszuwächse auch über einer bestimmten Einkommensgrenze zu einer Erhöhung des Lebensstandards beitragen, weshalb im Folgenden diese Art der Berechnungsmethode bevorzugt wird.[190] Die Berücksichtigung des Ausmaßes der Einkommensungleichheit wäre wünschenswert gewesen, aufgrund der unzureichenden Quellenlage musste jedoch darauf verzichtet werden.

Armutsaspekte werden durch die Integration der Arbeitslosenraten in den erweiterten Index teilweise mit eingehen.[191] In einem Land, in dem die Arbeitslosenquote während der Weltwirtschaftskrise einen Wert von etwa 30% erreichte und der überwiegende Teil der Bevölkerung sein Einkommen aus Lohnarbeit erzielte, stellten Arbeitsmarktchancen eine wichtige Komponente des Lebensstandards dar. Wirtschaftliche Schwankungen, die mit Arbeitsplatzunsicherheit einhergehen, werden zwar teilweise vom Indikator Einkommen erfasst, jedoch besitzen Arbeitsmarktchancen einen eigenen intrinsischen Wert (vor allem in Bezug auf Selbstverwirklichung und –respekt sowie im Hinblick auf wirtschaftliche Sicherheit).[192] Deshalb soll die Arbeitslosenquote als ein Indikator für Arbeitsmarktchancen in den erweiterten Lebensstandardindex einbezogen werden.[193]

Auf den geringen Aussagewert der Alphabetenrate für die Entwicklung des Lebensstandards in industrialisierten Ländern wurde bereits hingewiesen. Weil die Schülerzahlen in Mittelschulen und Gymnasien nur für einzelne Stichjahre vorhanden sind, wird, wie im HDI_n, für die jährliche Berechnung des DDI allein die Einschreiberate im tertiären Bildungssektor verwendet. Die Bildungskomponente des DDIs zur Regionalanalyse (DDI_r) besteht nur aus der Schulbesuchsquote im sekundären Bildungssektor. Eine Miteinbeziehung der regionalen Unterschiede in der tertiären Bildung wäre erstrebenswert

---

190 Vgl. UNDP 1999, S. 159.

191 Im HDR 1998 wurde ein Armutsindex für industrialisierte Länder (HPI-2) eingeführt. Er geht von einem mehrdimensionalen Armutskonzept aus und berechnet sich als das arithmetische Mittel folgender Prozentsätze: (1) Personen, die das Alter von 60 nicht erreichen, (2) Personen, die Analphabeten sind, (3) Personen, die unterhalb der Armutsgrenze leben, wobei als Armutsgrenze die Hälfte des Medianeinkommens des verfügbaren Einkommens pro Kopf angenommen wurde, und (4) Personen, die länger als zwölf Monate arbeitslos sind (vgl. UNDP 2000, S. 147).

192 Vgl. Klasen 2000, S. 42. Pierenkemper 1987, S. 52. Empirische Untersuchungen zeigen außerdem, dass sowohl persönliche Arbeitslosigkeit als auch ein gesamtwirtschaftlicher Anstieg der Arbeitslosigkeit sich auf das subjektive Wohlbefinden der Menschen auswirkt (vgl. für Australien z.B. Marks und Fleming 1999, S. 315, 318).

193 Crafts verwies kürzlich auf die Wichtigkeit der Berücksichtigung von Veränderungen der Arbeitszeit zur Bewertung des Lebensstandards im internationalen Vergleich (Crafts 1997a, S. 313-319). Problematisch ist jedoch, dass einerseits Arbeitszeitverkürzungen während des Betrachtungszeitraumes (wie z.B. die Einführung des Acht-Stunden-Tages) als Wohlfahrtssteigerung zu interpretieren sind, die Reduktion der Arbeitszeit während der Weltwirtschaftskrise (1929-1932) von durchschnittlich 46 auf 41,5 Wochenstunden andererseits nicht gewünscht war, sondern nur ein Mittel zur Verhinderung von Arbeitslosigkeit. Weil damit der Wohlfahrtseffekt von Arbeitszeitverkürzungen während des Untersuchungszeitraumes nicht eindeutig ist, wurde auf deren Einbeziehung verzichtet. Zur Entwicklung der wöchentlichen Arbeitszeit im Untersuchungszeitraum vgl. R. Meinert 1958 zitiert in Hoffmann u.a. 1965, S. 213-214.

gewesen, ist jedoch aufgrund der Quellenlage, wie bereits angesprochen, nicht zu leisten (vgl. dazu Kap. 3.2.3).

Die Indikatoren zur Dimension Gesundheit können deutlich verfeinert werden. Dabei sind wiederum die Vorschläge Anands und Sens zu berücksichtigen. Die Sterblichkeit unter fünf Jahren wird einbezogen. Allerdings wird sie nach Säuglingssterblichkeit und Mortalität zwischen ein und fünf Jahren differenziert eingehen, da sich die Determinanten der Sterblichkeit in den verschiedenen Lebensaltern, vor allem zwischen Säuglingen, Kindern und Menschen in späteren Lebensabschnitten, unterscheiden. Um Doppelzählungen zu vermeiden, wird nur die Lebenserwartung ab dem fünften Lebensjahr berücksichtigt. Weiterhin wird die Müttersterblichkeit aufgenommen, weil sie in industrialisierten Ländern einen sensiblen Indikator für den Zugang zur Gesundheitsvorsorge darstellt.

Nach Sen besitzen Mortalität und Morbidität einen eigenen intrinsischen Wert in der Verwirklichung eines bestimmten Lebensstandards. Sie stellen einen Wert an und für sich dar, im Gegensatz zur Verfügbarkeit über Güter oder Einkommen, welche nur Mittel zum Zweck sind[194] Die Berücksichtigung von Morbidität erscheint auch vor dem Hintergrund, dass die Menschen mit steigender Lebenserwartung nicht unbedingt gesünder sein müssen und dadurch Einbußen in ihrer Lebensqualität erleiden können, wünschenswert. Allerdings herrscht ein Mangel an verlässlichen Morbiditätsdaten, weshalb von der Einbeziehung der Morbidität in den DDI zur jährlichen nationalen Analyse Abstand genommen wurde. In der Regionalstudie wurden aber die Sterblichkeitsindikatoren mit einem Morbiditätsindikator, der Erkrankungshäufigkeit an Tuberkulose, ergänzt. Die Tuberkulose war in der Zwischenkriegszeit und frühen Bundesrepublik immer noch eine der wichtigsten Erkrankungen und im besonderen Blickfeld der Gesundheitsbehörden.

Um die zusätzlichen Indikatoren in den so erweiterten HDI zu inkorporieren, kann die gleiche Methode, die zur Berechnung der Komponenten des universalen HDI angewandt wird, herangezogen werden.[195] Der auf diese Weise berechnete DDI weist ähnliche Vorteile wie der universale HDI auf, soll aber darüber hinaus eine vollständigere Erfassung des Lebensstandards erreichen und sensibler auf kurzfristige Schwankungen reagieren. Allerdings unterliegt der modifizierte Index durch seine Anlehnung an den universalen HDI ähnlichen Problemen wie dieser. Aus diesem Grunde ist es notwendig, die Festlegung der Minimal- und Maximalwerte sowie die Gewichtungen der einzelnen Indikatoren kurz darzulegen.

Eine Beschreibung der verschiedenen Indikatoren und deren Grenzwerte liefert Tabelle 2-14 und 3-2 in Anhang I-A bzw. II-A. Die Wahl der Minimal- und Maximalwerte erfolgte, indem die international möglichen zeitlichen und/oder regionalen Spannweiten

---

194 Vgl. Sen 1995, S. 8-9.

195 UNDP 2000b.

der Variablen berücksichtigt wurden.[196] Die Definition der Grenzwerte des Einkommens- und Bildungsindikators blieb unverändert. Der Gesamtindex wurde durch Bildung des arithmetischen Mittels der einzelnen Komponenten, die sich aus dem Durchschnitt der jeweiligen Indikatoren ergaben, errechnet, weil angenommen wurde, dass jede Komponente eine eigenständige Bedeutung für den Lebensstandard innehat.[197] Allerdings sind die Komponenten des universalen HDI aufgrund der unterschiedlichen Spannweiten der einzelnen Indikatoren tatsächlich nicht gleichgewichtet.[198]

1.6 Daten, Quellen und Aufbau der Untersuchung

Als Grundlage für die durchgeführten Untersuchungen wurde eine Datenbank mit den verwendeten Lebensstandardindikatoren und Development Indizes erstellt. Die Datenbank enthält für Deutschland insgesamt folgende Indikatoren: Lebenserwartung bei der Geburt, relativer Hochschulbesuch[199] und reales Pro-Kopf-Einkommen[200], wie sie der historisch angepasste Human Development Index umfasst. Der DDI beeinhaltet folgende Indikatoren: (1) Bruttoschulbesuchsraten im tertiären Bildungssektor, (2) Säuglings-, Kinder- und Müttersterblichkeit, (3) Lebenserwartung ab dem fünften Lebensjahr, (4) BSP/Kopf (in 1990 PPP US $) und (6) Arbeitslosigkeit.[201] Diese Daten wurden jährlich

---

196 Für eine ähnliche Vorgehensweise siehe Morris 1979, S. 42-47. Die Maximal- und Minimalwerte müssen aber für einen zeitlichen Vergleich fixiert werden, da sich andernfalls der Wert des Indexes, trotz gleichbleibenden Lebensstandards, allein durch eine Variation der Unter- und Obergrenzen verändern kann.

197 Eine andere Möglichkeit, eine Auswahl der Lebensstandardindikatoren zu treffen und deren Gewichtungen in einem Gesamtindex zu bestimmen, bietet das Verfahren der Hauptkomponentenanalyse. Das Ergebnis der Hauptkomponentenanalyse, dass nämlich die Arbeitslosigkeit kein wichtiger Indikator eines Lebensstandardindexes während des Untersuchungszeitraumes sein sollte, weil sie mit dem Gesamtindex sowie den anderen Komponenten nicht stark korreliert ist, erscheint vor dem Hintergrund der Erfahrungen von Massenarbeitslosigkeit während der Weltwirtschaftskrise wenig sinnvoll. Auf eine ausführliche Darstellung der Ergebnisse der Analyse wurde deshalb verzichtet.

198 Ein Promille mehr Hochschulbeteiligung bzw. ein Promille weniger Säuglings-, Kinder- bzw. Müttersterblichkeit veränderte den Index um 0,003, 0,0003, 0,003 und 0,001. Ein Prozent weniger Arbeitslosigkeit zog eine Erhöhung des DDIs um 0,002 nach sich. Ein Dollar mehr Einkommen sowie ein Jahr mehr an Lebenserwartung führte zu einem Anstieg des Gesamtindexes um 0,019 bzw. 0,003.

199 In der Regionalstudie besteht der Bildungsindikator sowohl im HDI als auch im DDI aufgrund der Quellenlage aus dem relativen Schulbesuch im sekundären Bildungssektor.

200 Das Pro-Kopf-Einkommen wurde für die jährliche Untersuchung der Wohlfahrtsentwicklung sowie für den Vergleich des Lebensstandards in Deutschland mit anderen westeuropäischen Ländern durch den Indikator BSP/Kopf (in 1990 PPPUS$) abgebildet. In der Regionalstudie wurde der Indikator Volkseinkommen je Einwohner in den Preisen von 1961 verwendet.

201 Der regionale DDI enthält zusätzlich den Indikator Tuberkulosemorbidität.

für die Zwischenkriegszeit (1920-1939) für Deutschland insgesamt und für die 1950er Jahre für die Bundesrepublik Deutschland erhoben. Die Lebenserwartungs- und Bildungsdaten wurden jährlich auch nach Geschlecht differenziert berechnet. Die Indikatoren des HDI wurden für die Stichjahre 1920, 1930, 1939/40, 1950 und 1960 auch für acht weitere europäische Staaten (Dänemark, Großbritannien, Frankreich, Italien, Niederlande, Norwegen, Schweden und die Schweiz) erfasst.

Für den regionalen Vergleich der Zwischenkriegszeit wurden die einschlägigen Indikatoren für die größeren deutschen Länder, verschiedene Städte (Hamburg, Bremen, Frankfurt/M., Köln und München), die bayerischen Regierungsbezirke sowie Ostpreußen berechnet. Die Stichprobe umfasst für die Bundesrepublik Deutschland alle Bundesländer und die oben genannten Städte. Für diese ausgewählten Regionen wurden die Lebensstandardindikatoren des historisch angepassten HDI und des DDI für die Jahre um die Volkszählungen herum, d.h. 1924/26, 1932/34, 1936/39, 1949/51, 1960/62 und das Jahr 1955 berechnet bzw. geschätzt. Die Lebenserwartungs- und Bildungsdaten wurden wiederum auch nach Geschlecht differenziert kalkuliert.

Die Arbeit stützt sich im Wesentlichen auf publiziertes Quellenmaterial. Soweit möglich wurde – vor allem auf nationaler Ebene – auf das Datenmaterial der einschlägigen wirtschafts-, bildungs- und sozialstatistischen Dokumentationen zurückgegriffen.[202] Von großer Bedeutung waren selbstverständlich die Veröffentlichungsreihen des Statistischen Reichs- bzw. Bundesamtes. Weil sie teilweise nur auf Reichs- bzw. Bundesebene aggregierte Daten bieten, war ergänzend der Rückgriff auf die Veröffentlichungsreihen der Statistischen Ämter der Länder (Bundesstaaten) und der Städte unerlässlich. Im Zuge der kriegswirtschaftlichen Sparmaßnahmen stellte man 1942 einen Großteil der amtlichen Statistik ein, so dass die zweite Kriegshälfte schlecht dokumentiert ist. Verschärft wird dieses Problem durch die sich im Krieg wandelnden Grundgesamtheiten aufgrund von Grenzverschiebungen und Veränderungen in der Zusammensetzung der Zivilbevölkerung.[203] Diese Problematik besteht auch für die unmittelbare Nachkriegszeit. Durchgängige Zeitreihen und Development Indizes konnten deshalb für die Jahre von 1940 bis 1949 nicht erstellt werden. Datenlücken für die Vorkriegszeit ließen sich teilweise durch Rückgriff auf Nachkriegspublikationen der Statistischen Landesämter schließen.[204] Ergänzend sowohl in quantitativer als auch in qualitativer Hinsicht wurde eine Auswahl zeitgenössischer Veröffentlichungen und Periodika hin-

---

202 Z.B. Flora 1987; Maddison 1995; Mitchell 1995; Petzina u.a. 1978; Preston u.a. 1972; Rytlewski u.a. 1987.

203 Vgl. Süß 2003, S.37. Jedoch existieren zahlreiche Publikationen der Statistischen Ämter, die diesen Zeitraum nachträglich abdecken und die Daten an den jeweils relevanten Gebietsstand, z.B. für das Gebiet der Bundesrepublik Deutschland, anpassten. Vgl. z.B. Statistik der Bundesrepublik Deutschland, Bd. 61; Beiträge zur Statistik von Württemberg-Baden 1946-1950, Bd. 23; Beiträge zur Statistik Bayerns Bd. 162.

204 Vgl. z.B. Todesursachen 1939-1946, Bayern in Zahlen, 1947, Heft 11/12; Die Sterblichkeit im Kriege, Bayern in Zahlen, 1947, Heft 3.

zugezogen.[205] Obgleich die vorliegende Untersuchung mittels Zeitreihen überindividuelle Strukturen untersucht, ist es doch fallweise notwendig, die quantitativen Ergebnisse im Lichte qualitativer Quellen zu diskutieren. Als qualitative Quellen wurden für die Zeit des Nationalsozialismus Stimmungs- und Lageberichte verschiedener Institutionen und Organisationen ausgewertet.[206] In der Regel wird jeweils am Anfang eines jeden Kapitels die vorhandene Literatur aufgeführt und diskutiert. Die vorhandene Spezialliteratur wurde intensiv genutzt, um Erklärungsansätze für Entwicklungstendenzen der einzelnen Komponenten des Lebensstandards zu finden.

Der Hauptteil der Untersuchung gliedert sich in drei Abschnitte (Kapitel 2-4). In Kapitel zwei steht die Wohlfahrtsentwicklung in nationaler und internationaler Perspektive im Mittelpunkt. Zu diesem Zweck werden die Veränderungen des Lebensstandards im Untersuchungszeitraum anhand des von den Vereinten Nationen konzipierten HDI für einzelne Stichjahre nachgezeichnet. Nach einer geringfügigen Modifikation des Indexes erfolgt eine Betrachtung auf Jahresbasis. Danach wird die deutsche Wohlfahrtsentwicklung mit derjenigen in acht anderen westeuropäischen Ländern verglichen. Dem schließt sich die Diskussion der Entwicklung anhand des nationalen deutschlandspezifischen Development Indexes (DDI_n) an. Der Vergleich der Verläufe der verschiedenen Wohlfahrtsmaße ermöglicht, treibende oder hemmende Faktoren in der Entwicklung des Lebensstandards zu identifizieren. Zu diesem Zweck werden die Aussagen der verschiedenen Wohlfahrtsindizes und des BSP pro Kopf einander gegenübergestellt. Alternative Berechnungen des Einkommens in der Zwischenkriegszeit und deren Implikationen für die Wohlfahrtsentwicklung werden abschließend vorgestellt.

In Kapitel 3 richtet sich der Blick auf die regionalen Unterschiede der Lebensstandardindikatoren und deren Verlauf in den jeweiligen Stichjahren. Bevor man die verschiedenen Indikatoren zu einem Gesamtindex zusammenfasst, ist es sinnvoll diese vorab separat zu diskutieren, damit regionale Unterschiede und Entwicklungstendenzen in den einzelnen Wohlfahrtsdimensionen durchschaubar und nachvollziehbar bleiben. Insbesondere vor dem Hintergrund, dass Gesamtindizes häufig vorgeworfen wird, durch die Zusammenfassung von Indikatoren und unklaren Gewichtungen an Aussagekraft zu verlieren, ist diese Vorgehensweise angezeigt, auch wenn sich dadurch bei der Diskussion des Gesamtindexes einige Wiederholungen ergeben. Zudem bietet diese Vorgehensweise die Möglichkeit, auf die Ursachen regionaler Disparitäten und Entwicklungstendenzen in den Bereichen Gesundheit und Bildung einzugehen. Anschließend erfolgt die Diskussion der regionalen Disparitäten und regional unterschiedlichen Entwicklungspfade anhand der beiden Gesamtindizes (HDI_r, DDI_r) und deren Komponenten. Im Folgenden werden die Einflüsse von Gewichtungsvariationen auf die Ergebnisse erläu-

---

205 Z.B. das Reichs- bzw. Bundesgesundheitsblatt, Reichsarbeitsblatt, der Bericht über das bayerische Gesundheitswesen und die Vierteljahrshefte für Konjunkturforschung.

206 Behnken 1980. Zur Aussagekraft und Quellenkritik der Sopade-Berichte siehe Hachtmann 1989, S. 22-23; Süß 2003, S. 30. Regional begrenzte Berichte: Braune 1996; Broszat u.a. 1977; Klein 1985; Mlynek 1986; Thévoz u.a. 1974.

tert. Dem schließt sich eine Diskussion über die Einflüsse von Datenungenauigkeiten und alternativen Annahmen über die Entwicklung einzelner Lebensstandardbereiche an. Aufgrund der unterschiedlichen regionalen Einheiten in der Zwischenkriegszeit und in der Bundesrepublik wird gemäß der eben beschriebenen Vorgehensweise zunächst die Zwischenkriegszeit behandelt und anschließend das erste Jahrzehnt der Bundesrepublik. Zum Schluß werden die Ergebnisse der Regionalstudie für die Zwischenkriegszeit und für die fünfziger Jahre in der Bundesrepublik zueinander in Beziehung gesetzt und auch mit den nationalen Befunden verglichen.

Im vierten Kapitel liegt das Hauptaugenmerk auf geschlechtsspezifischen Disparitäten des Lebensstandards. Der Aufbau dieses Abschnittes ähnelt den beiden vorhergehenden. Allerdings wird ein neues Analyseinstrument, der „gender-related“ Development Index eingeführt, weshalb zu Beginn dieser neue Index vorgestellt, kritisch beleuchtet und modifiziert wird. Anschließend werden wiederum zuerst die einzelnen Bereiche des Lebensstandards auf nationaler und regionaler Ebene gesondert behandelt, bevor die Entwicklungstendenzen anhand des Gesamtindexes diskutiert werden.

2 ENTWICKLUNGSTENDENZEN DES LEBENSSTANDARDS IN NATIONALER UND INTERNATIONALER PERSPEKTIVE

Das Ziel dieses Kapitels ist es, einen Überblick über die Veränderungen des Lebensstandards in Deutschland zwischen 1920 und 1960 anhand verschiedener historisch angepasster Development Indizes zu geben. Die Untersuchung erfolgt dabei nicht nur auf der Grundlage von Stichjahren, sondern auch auf der Basis von Jahreswerten, um eine zeitlich genauere Einordnung des Wohlfahrtsverlaufes zu ermöglichen. Für einige Stichjahre werden die nationalen Ergebnisse anhand eines einfachen historisch angepassten Development Indexes (HDI_n) mit der Entwicklung in anderen westeuropäischen Ländern verglichen.

2.1 Die Entwicklung des Human Development Indexes (HDI) als Referenzmaß

2.1.1 Veränderungen des Lebensstandards in Deutschland von 1920 bis 1960

Als Referenzmaß wurde zunächst für einige Stichjahre ein historisch angepasster HDI für Deutschland insgesamt konstruiert, der sich sehr stark an den Indikatoren und Grenzwerten des universalen HDI orientierte. Tabelle 2-1 zeigt die verschiedenen Lebensstandardindikatoren dieses HDI für einige Stichjahre. Mit der Datensammlung von Maddison sind kaufkraftbereinigte Bruttosozialproduktsdaten pro Kopf für den gesamten Untersuchungszeitraum erhältlich.[207] Lebenserwartungen wurden mittels altersspezifischer Sterbeziffern jährlich, mit Ausnahme für die Zeit des Zweiten Weltkrieges, geschätzt. Daten über Schüler in den verschiedenen Bildungssektoren erhob das Statistische Reichsamt nicht in jedem Jahr. Bruttoschulbesuchsraten wurden deshalb nur für einige Stichjahre (1921/22, 1926/27, 1931/32, 1938, 1950, 1955 und 1960) ermittelt. Daten zur Alphabetisierung in Deutschland sind nur spärlich vorhanden. Man geht je-

---

[207] Zu Quellen und Berechnungsart der Daten siehe Anhang I-B.

doch davon aus, dass zu Beginn des Ersten Weltkrieges die Alphabetisierung in Deutschland weitgehend abgeschlossen war, weshalb eine Alphabetenrate von 99% angenommen wurde.[208]

Die Auswahl der Stichjahre wurde einerseits durch die nur für einige Jahre vorliegenden schulstatistischen Erhebungen vorgegeben, andererseits wurde versucht, einheitliche Teilperioden von etwa fünf Jahren zu betrachten.

Auffallend sind die Divergenzen in der Entwicklung der verschiedenen Indikatoren (vgl. Tab. 2-1). Während sich beim BSP pro Kopf zwei signifikante Einbrüche, 1932 und 1950, gegenüber dem vorhergehenden Stichjahr feststellen lassen, stieg die Lebenserwartung bei der Geburt kontinuierlich. Die Schulbesuchsrate weist ebenfalls einige Schwankungen auf, die weder mit Veränderungen des Einkommens noch der Gesundheit synchron verlaufen. Diese teilweise gegenläufigen Entwicklungen in den einzelnen Indikatoren verdeutlichen die Notwendigkeit eines breiter angelegten, über das Einkommen hinausgehenden Wohlfahrtsmaßes, verweisen aber zugleich auf die Probleme der Bestimmung eines solchen allgemein gültigen Maßes.[209]

Der HDI und dessen Indizes (Pro-Kopf-Einkommen, Lebenserwartung bei der Geburt und Bildung) können für ausgewählte Stichjahre Tabelle 2-3 entnommen werden. Die Berechnung des HDI und die Festlegung der Maximum- und Minimumwerte wurden in der von den Vereinten Nationen angegebenen Weise vorgenommen (siehe Tabelle 2-2).[210]

Zunächst kann man das Niveau des HDI in Deutschland durch einen Vergleich mit dem Ranking des HDI in einem aktuellen Human Development Report einordnen. Nach dem Human Development Report von 2002 würde sich Deutschland in der Gruppe der Länder mit „Medium Human Development" befinden. Mit einem Wert von 0,704 im Jahr 1938 würde es einen Platz zwischen Rang 104 (El Salvador) und 105 (Moldawien) einnehmen.[211] Im Vergleich zu El Salvador wies Deutschland am Ende der Zwischen-

---

208 Siehe Twarog 1997, S. 320. Crafts nimmt für Deutschland für die Jahre 1913 und 1950 eine Alphabetenrate von 97% bzw. 99% an (vgl. Crafts 1997b, S. 307-308). Je nach Definition von Analphabetismus könnten freilich auch andere Werte zugrunde gelegt werden. Fest steht aber, dass Veränderungen in der Analphabetenrate während des Untersuchungszeitraumes keine wesentliche Rolle mehr für den Lebensstandard in Deutschland spielten.

209 Vgl. Crafts 1997a, S. 625.

210 Das zugrunde gelegte Maximaleinkommen der Vereinten Nationen zur Berechnung des aktuellen Einkommensindexes ist für die hier verwendeten 1990 PPP $ etwas zu hoch. Eine Verringerung der Spannweite würde aber eine unerwünscht starke Gewichtung des Einkommensindexes im historischen HDI bedeuten, weshalb darauf verzichtet wurde. Die massiven Konjunkturzyklen in der Zwischenkriegszeit würden ansonsten den Indexverlauf dominieren.

211 Der deutsche Human Development Index von 0,704 weicht etwas von der Tabelle 2-3 ab, da er zu Vergleichszwecken mit dem HDR 2002 etwas anders berechnet wurde. So wurde das Pro-Kopf-Einkommen Ritschl und Spoerer (1997) entnommen und in US PPP$ des Jahres 2000 umgerechnet. Außerdem wurde die Bruttoschuleinschreiberate auf die Bevölkerung zwischen 6 und 23 Jahre bezogen. Der Vergleich zur Tabelle 2-3 zeigt, dass der an den HDR 2002 angepasste

kriegszeit ein etwas höheres Pro-Kopf-Einkommen auf, lag jedoch in der Lebenserwartung um mehr als sieben Jahre zurück. Hier machen sich sicherlich die in der zweiten Hälfte des 20. Jahrhunderts erfolgten medizinischen Fortschritte bemerkbar.[212] Der Bildungsindex war hingegen in Deutschland Ende der 1930er Jahre höher als im heutigen El Salvador.

Aus der Aufstellung 2-3 geht hervor, dass der HDI in allen Stichjahren zunimmt. Dies ist im Vergleich zur reinen Einkommensbetrachtung bemerkenswert. Dem HDI zufolge war der Lebensstandard im Jahr 1932, auf dem Höhepunkt der Weltwirtschaftskrise, immer noch höher als im Jahr 1927. Das niedrige Einkommen des Jahres 1932 wurde durch die gestiegene Lebenserwartung und höhere Bildungsbeteiligung überkompensiert. In den betrachteten Stichjahren kam es nie zu simultanen Rückschritten der verschiedenen Lebensstandardindikatoren, so dass Rückschläge in einzelnen Dimensionen ausgeglichen und ein durchgängiger Anstieg des Lebensstandards erreicht werden konnte.

Ein Vergleich zur Vorkriegszeit zeigt, dass der Lebensstandard gemäß dem HDI im Jahr 1922 nicht gegenüber der Zeit vor dem Ersten Weltkrieg gesunken war.[213] Der HDI wies um 1913 einen Wert von 0,616 auf und lag damit um drei Prozent unter dem Niveau von 1922. Der materielle Lebensstandard war geringer. Aufgrund der Inflation im Jahr 1922 ist jedoch die Entwicklung der Lebenshaltungskosten nicht genau bekannt, weshalb Aussagen zum kaufkraftabhängigen Lebensstandard mit Unsicherheiten behaftet sind. Die Lebenserwartung bei der Geburt war 1922, wegen der Reduktion der Säuglingssterblichkeit, höher als vor dem Krieg. Auch die Bruttoschulbesuchsquote überstieg den Vorkriegswert. Damit bestätigt der HDI die Forschungen zum Lebensstandard während der Inflation, die bis 1922 eine optimistische Einschätzung vornehmen.[214]

Beachtlich ist weiterhin, dass sich die Zunahme ziemlich gleichmäßig auf die einzelnen Stichjahre verteilt. Die treibende Kraft hinter den Wohlfahrtszuwächsen während der Weimarer Republik waren die Steigerungen in der Lebenserwartung. Indessen waren in den Friedensjahren des „Dritten Reichs" und in den fünfziger Jahren die Zuwäch-

---

HDI-Wert nicht stark vom HDI-Wert der Tabelle abweicht. Die Werte der verschiedenen Indizes waren 0,655 (BIP/Kopf), 0,710 (Lebenserwartung) und 0,828 (Bildung). Die Umrechnung des Einkommens erfolgte anhand Officer 2002 und McCusker 2001. Die Bevölkerung 6 bis 23 Jahre wurde dem Jahrbuch des Deutschen Reichs 1938 entnommen.

212 Vgl. Sandberg und Steckel 1997.

213 Die Lebenserwartung bei der Geburt lag 1913 bei 51,1 Jahren. Zur Berechnung des Bildungsindexes wurde eine Alphabetenquote von 99% angenommen, und die Bruttoschulbesuchsquote betrug im Jahr 1911 53,39%. Maddison (1995, S. 194) schätzt das reale Pro-Kopf-Einkommen auf 3.883 (in 1990 Geary-Khamis-Dollars). Die weiteren Indikatoren wurden berechnet anhand folgender Quellen: Bevölkerung und Wirtschaft 1972, S. 95, 108, 110-111, 113; Statistik des Deutschen Reichs Bd. 438.

214 Vgl. v.a. Abelshauser 1981, S.445-476; Holtfrerich 1980, S. 224-264, v.a. S. 261-264 und die Ausführungen in Kap. 1.3.

se des Sozialprodukts am größten. Die Bildungsbeteiligung spielt für Wohlfahrtsveränderungen im Untersuchungszeitraum eher eine untergeordnete Rolle. Dies liegt an der Konstruktion des Bildungsindikators. Die Bruttoschuleinschreiberate ist im Wesentlichen geprägt durch den Schulbesuch im primären Bildungssektor. Erwachsenenalphabetenrate und Schulbesuchsraten im primären Bildungssektor veränderten sich im Untersuchungszeitraum nicht signifikant.[215] Sie sind somit zwar wesentlich für einen bereits erreichten Lebensstandard, zur Analyse von Wohlfahrtsveränderungen in mittelfristiger Perspektive eignen sie sich jedoch kaum. Um eine Untersuchung auf der Grundlage von Jahresdaten vornehmen zu können und zur stärkeren Anpassung des HDI an die historischen Verhältnisse Deutschlands wurde, wie bereits im vorigen Kapitel erwähnt, ein modifizierter historischer HDI konstruiert. Dieser enthält neben dem Pro-Kopf-Einkommen und der Lebenserwartung bei der Geburt die Rate des Hochschulbesuchs[216] als Bildungsindikator.[217] Als Maximalwert wurden hundert Studenten je 1.000 der Altersgruppe 20 bis 25 Jahre und als Untergrenze null angenommen.[218] Die Ermittlung des Gesamtindexes und der Grenzwerte der anderen Wohlfahrtsindikatoren erfolgte in der von den Vereinten Nationen angegebenen Weise (siehe Tabelle 2-4).[219]

---

215 Die von Twarog durchgeführte Untersuchung der langfristigen Wohlfahrtsentwicklung in Deutschland im 19. und 20. Jahrhundert anhand des HDI zeigte, dass die Alphabetisierung im 20. Jahrhundert keine Rolle mehr bei Veränderungen des Lebensstandards spielte (siehe Twarog 1997, S. 321). Die Primärschülerrate bezogen auf die Bevölkerung zwischen 5 und 15 Jahren betrug 78% [1921/22], 67% [1926/27], 77% [1931/32], 74% [1938], 82% [1950], 72% [1955] und 72% [1960]; (berechnet nach Quellen siehe Anhang I-B). Die Schwankungen der Schüler im primären Sektor zu Beginn der zwanziger Jahre wie auch der fünfziger Jahre spiegeln kriegsbedingte kurzfristige Effekte wider. Zu den Auswirkungen des Ersten Weltkrieges auf die Schülerzahlen im primären Bildungssektor siehe Führ 1970, S. 341.

216 Für Berechnungsart und Quellen siehe Anhang I-B.

217 Alternative Berechnungen des Gesamtindexes mit den beiden Indikatoren: Rate des Hochschulbesuchs bzw. Schulbesuchsrate im sekundären und tertiären Bildungssektor zeigen, dass sich die Aussagen über der Entwicklung des Lebensstandards in den einzelnen Stichjahren je nach Indikator kaum voneinander unterscheiden. Die Anzahl der Schüler im sekundären und tertiären Bildungssektor der Altersgruppe 10 bis 25 Jahre bezifferte sich auf 6,2 % [1921/22], 6,4% [1926/27], 7,1% [1931/32], 6,5% [1938], 8% [1950], 10,6% [1955] und 11,6% [1960]. Für die Rate des Hochschulbesuchs siehe Tabelle 2-15 und 2-16.

218 Der hier verwendete Grenzwert der Hochschulbeteiligung gewährleistet, dass sich durch die Veränderung des Bildungsindikators die impliziten Gewichtungen im HDI nicht fundamental verschieben. Eine um 1% höhere Alphabeten- und Schuleinschreiberate führt zu einer Erhöhung des HDI um 0,0022 bzw. um 0,0011. Im HDI_n erfolgt eine Steigerung des Gesamtindexes um 0,0033, wenn sich die Rate des Hochschulbesuchs um ein Promille erhöht. Ein Jahr mehr an Lebenserwartung zieht einen Anstieg sowohl des HDI als auch des HDI_n um 0,0056 nach sich und ein Dollar mehr Einkommen hat eine Steigerung des HDI bzw. HDI_n um 0,0386 zur Folge.

219 Die Verwendung der Hochschulrate unter Vernachlässigung der Alphabetenrate als Bildungsindex reduziert die Bedeutung der Komponente Bildung im Gesamtindex. Dies lässt sich verdeutlichen, indem man die Anteile der Komponenten am Gesamtindex errechnet. Im Jahr 1960 beträgt der Anteil des Einkommens- und Gesundheitsindex im HDI 32% und der des Bildungsindex 37%.

Abbildung 2-1 zeigt den auf diese Weise modifizierten Human Development Index (im Folgenden HDI_n) und die Indizes der drei Dimensionen des Lebensstandards: Lebenserwartung, Einkommen und Hochschulbildung für Deutschland zwischen 1920 und 1960 (vgl. auch Tab. 2-5 und 2-6). Eine Untersuchung auf der Basis von Jahresdaten ist zur Überprüfung des irreversiblen Aufwärtstrends in der Lebensstandardentwicklung, wie dies eine Betrachtung einzelner Stichjahre nahelegt, sinnvoll. Im ersten Jahr des Untersuchungszeitraumes steigt der HDI_n um zwei Indexpunkte aufgrund von Verbesserungen in allen drei Wohlfahrtskomponenten. Im weiteren Verlauf der Inflation erhöhten sich weder Lebenserwartung noch Bildungsbeteiligung. Mit dem Rückgang des Sozialprodukts im Zuge der Währungsstabilisierung 1923 sinkt der HDI_n etwas, ohne jedoch auf das Niveau von 1920 zurückzufallen. Der Lebensstandard im Jahr 1920 liegt auch gemäß dem HDI_n über dem Vorkriegsniveau.[220] Nach Überwindung der Inflation kommt es bis 1930 durch Zuwächse in allen drei Wohlfahrtsbereichen zu einer langsamen Erhöhung des HDI_n. Die Fortschritte des Lebensstandards, wie sie der HDI_n anzeigt, werden anfangs durch den Rückgang des Hochschulbesuchs etwas abgebremst.[221]

Während der Weltwirtschaftskrise 1930-1933 stagniert der HDI, trotz des starken Sozialproduktsrückganges, aufgrund steigender Lebenserwartung und Bildungsbeteiligung. Die nationalsozialistische Rüstungskonjunktur resultiert bis zum Jahr 1937 wegen des gleichzeitigen Rückganges des Hochschulbesuchs[222] und der weitgehend stagnie-

---

Im HDI_n reduziert sich die Bedeutung des Bildungsindex auf 24%. Die beiden anderen Dimensionen verfügen über einen Anteil von 38%. Diese Darstellung zur Berechnung der Bedeutung der einzelnen Komponenten im HDI stammt von Chakravarty 2003, S. 107-109.

220 Mit einem Einkommen von 3.833 (in 1990 Geary-Kahmis Dollars), einer Lebenserwartung von 51,1 und einer Hochschulbesuchsquote von 13‰ beträgt der HDI_n vor dem Krieg 0,380 (berechnet nach Bevölkerung und Wirtschaft 1972, S. 108, 110-111, 113, 120; Schneider 1982, S. 224; Maddison 1995, S. 194).

221 Die hohe Hochschulfrequenz während der Inflationszeit erklärt sich in erster Linie aus dem Studienbeginn bzw. der –fortsetzung mehrerer Kriegsgenerationen. In der Mitte der 1920er Jahre kam es zu einem Rückgang des Hochschulbesuchs durch das gleichzeitige Ausscheiden dieser Studentengenerationen (vgl. z.B. Titze u.a 1987, S. 68). Die Ausbreitung des Frauenstudiums und Reformen, die den Zugang zur Hochschule erleichterten (z.B. Ausbau des Oberschulwesens usw.), ließen die Studentenzahlen während der Weimarer Republik tendenziell ansteigen. Zudem führten die schlechten Berufsaussichten für Akademiker während der Weltwirtschaftskrise zu einer Verlängerung der Studienzeiten. Vgl. v.a. Jarausch 1984, S. 129–132.

222 Kurz nach der Machtübernahme ergriffen die Nationalsozialisten verschiedene Maßnahmen, um den Zugang zum Hochschulstudium zu begrenzen (vgl. dazu z.B. Jarausch, Studenten, S. 176-177; Titze u.a. 1987, S. 14; Grüttner 1995, S. 102-103). Diese Restriktionsmaßnahmen betrafen politisch unliebsame Studenten, Juden, Frauen und schließlich auch männliche Deutsche. So erhielten 1934 von 40.215 Abiturienten nur 16.489 eine Berechtigung zum Hochschulstudium (Grüttner 1995, S. 102). Die Politik der Zulassungsbeschränkung währte aber nur kurze Zeit und wurde bereits 1935 weitgehend fallengelassen (ausgenommen politisch oder rassisch motivierte Zulassungsbeschränkungen). Der Rückgang der Studentenzahlen zwischen 1933 und 1939 lässt sich nach Grüttner deshalb nur zu einem geringen Teil durch die NS-Hochschulpolitik erklären. Er sieht vielmehr die Hauptgründe in einer Verringerung der Studienbereitschaft wegen des Ein-

renden Lebenserwartung in der Mitte der dreißiger Jahre in keinerlei Wohlfahrtszuwächsen.[223] In den Jahren 1935 und 1936 sinkt der HDI_n sogar um einen Indexpunkt ab. Erst im Jahr 1938 kommt es erneut zu leichten Wohlfahrtssteigerungen.

Für die Zeit des Zweiten Weltkrieges und die unmittelbare Nachkriegszeit kann aufgrund der schwierigen Quellenlage kein aggregierter Index ermittelt werden. Der Einkommensindex verdeutlicht den starken Wirtschaftsaufschwung während der nationalsozialistischen Herrschaft und dessen abrupten Abbruch gegen Ende des Krieges. Insbesondere der materielle Lebensstandard war in der zweiten Hälfte der 1940er Jahre äußerst dürftig. Er erreichte erst 1953 wieder das Niveau der Zeit vor dem Zweiten Weltkrieg. Im Gegensatz dazu lag der Index der Lebenserwartung bereits 1948 über dem Wert von 1938. Die Lebenserwartung bei der Geburt war nur im Jahr 1946, wegen der hohen Säuglingssterblichkeit, außergewöhnlich niedrig. Der Index der Hochschulbeteiligung hatte sich im Jahr 1949 gegenüber 1938 bereits verdoppelt.[224] Im Jahr der Gründung der Bundesrepublik überstieg deshalb der HDI_n den Wert von 1938 substantiell, trotz des noch niedrigen Sozialprodukts je Einwohner. In den fünfziger Jahren kam es zu raschen Wohlfahrtssteigerungen, ausgelöst durch das hohe Wirtschaftswachstum, eine beträchtliche Zunahme des Hochschulbesuchs (bereits vor der eigentlichen Bildungsexpansion in den sechziger Jahren) und bedeutende Zuwächse in der Lebenserwartung. Von einem geringen Nachkriegsniveau ausgehend stieg die Lebenserwartung bei der Geburt in der zweiten Hälfte der vierziger Jahre rasant. Die Zuwachsraten schwächten sich in den fünfziger Jahren deutlich ab, so dass im Verlauf dieses Jahrzehnts die Erhöhung des HDI in zunehmendem Maße vom Wirtschaftswachstum und der Steigerung der tertiären Bildung befördert wurde.

Zusammenfassend lässt sich festhalten, dass auch bei einer Untersuchung auf der Basis von Jahreswerten die zumeist positive Wohlfahrtsentwicklung in den Friedensjahren des Untersuchungszeitraumes ins Auge sticht. Echte Rückschritte im Lebensstandard waren sehr selten und kurzfristig. Zu erwarten war der Rückgang im Jahr der Hyperinflation und anschließenden Währungsstabilisierung 1923. Überraschender ist, dass es während der Weltwirtschaftskrise zwar zur Stagnation des HDI_n kam, sich aber kein Rückgang einstellte. Andererseits verringerte sich dieser in der Mitte der 1930er Jahre

---

drucks schlechter Berufsaussichten, der demographischen Entwicklung und einer zunehmenden Attraktivität von nichtakademischen Berufsfeldern (Grüttner 1995, S. 104-105).

223 Für eine Diskussion möglicher Gründe für die Unterbrechung des Sterblichkeitsrückganges in den ersten Jahren des „Dritten Reichs“ siehe Baten und Wagner 2003b, S. 107-123. Sie sehen in einem Rückgang des Angebots landwirtschaftlicher Produkte durch Einfuhrbeschränkungen und Preisbindungen die Hauptursache für eine Stagnation des biologischen Lebensstandards zwischen 1933 und 1937. Darüber hinaus könnten Investitionsdefizite im Gesundheitswesen eine Rolle gespielt haben.

224 Aufgrund einer Verbreiterung der Berechnungsgrundlage (z.B. Einbeziehung der Musik- und Kunsthochschulen seit 1950) überschätzt der Index des Hochschulbesuchs die Bildungsbeteiligung im tertiären Sektor in der BRD im Vergleich zur Zwischenkriegszeit leicht (siehe Anhang B, Tab. B-1).

um einen Indexpunkt. Festzuhalten ist weiterhin, dass sich die Wachstumsraten des HDI_n in den einzelnen Perioden beträchtlich unterschieden. Während der „goldenen Jahre" der Weimarer Republik zwischen 1924 und 1930 erhöhte sich der HDI_n um sechs Indexpunkte. Im Gegensatz dazu stieg er in den Friedensjahren im „Dritten Reich" gerade einmal um einen Indexpunkt. Die stärksten Wohlfahrtszuwächse fanden nach dem Zweiten Weltkrieg statt. In der Anfangszeit der Bundesrepublik zwischen 1949 und 1960 erhöhte sich der HDI_n mit einer durchschnittlichen jährlichen Rate von 1% im Vergleich zu 0,4% in der Zwischenkriegszeit. Während in der Weimarer Republik die Lebenserwartung der treibende Faktor war, übertrafen in der Nachkriegszeit Sozialproduktswachstum und Bildungsbeteiligung die Fortschritte in der Lebenserwartung. Rückschritte in den nicht-ökonomischen Komponenten des Lebensstandards bremsten die aus dem wirtschaftlichen Aufschwung in der NS-Zeit resultierenden Wohlfahrtssteigerungen weitgehend ab.

2.1.2 Internationaler Vergleich

Die deutsche Wohlfahrtsentwicklung ist außerdem mit derjenigen in anderen europäischen Ländern zu vergleichen. Welche Position nahm Deutschland innerhalb der westeuropäischen Staaten ein? Wie veränderten sich der Lebensstandard und dessen Komponenten in den einzelnen Jahrzehnten im Vergleich zu diesen Ländern? Inwieweit kam es zu Abweichungen zwischen den zwei Wohlfahrtsmaßen HDI_n und BSP pro Kopf?

Zu diesem Zweck wurden der HDI_n und dessen Komponenten für einige ausgewählte westeuropäische Länder (Dänemark, Großbritannien, Schweden, Niederlande, Norwegen, Frankreich, Italien und Schweiz) für die Stichjahre 1920, 1930, 1940, 1950 und 1960 ermittelt (siehe Tabelle 2-7 bis 2-12). Der HDI_n wurde hier als Wohlfahrtsmaß dem HDI vorgezogen, da er sich wegen der Verwendung der tertiären Bildung als Bildungsindikator besser für den Vergleich industrieller Länder eignet.

Aus Tabelle 2-12 ist ersichtlich, dass sich Deutschland gemäß dem HDI_n als Wohlfahrtsmaß im westeuropäischen Vergleich zumeist im letzten Drittel befand. Eine leichte Verbesserung trat am Ende des Untersuchungszeitraumes ein. Der Grund für den geringen HDI_n-Wert Deutschlands ist in der niedrigen Lebenserwartung im Vergleich zu den nordwesteuropäischen Ländern (Dänemark, Schweden, Norwegen, Niederlande) zu suchen. Außerdem lag Deutschland auch in der Einkommensentwicklung im Verhältnis zu Ländern wie Großbritannien, der Schweiz und Dänemark zurück. In der Komponente Bildung nahm es bis 1930 eine gute Position ein. Anschließend verschlechterte sich jedoch seine internationale Stellung beträchtlich.

Im Vergleich zum ungewichteten Durchschnitt des HDI_n aller neun Länder wies Deutschland zwischen 1920 und 1930 einen überdurchschnittlichen Wohlfahrtszuwachs auf, der vor allem auf die ausgeprägte Zunahme der Lebenserwartung bei der Geburt zurückzuführen ist (vgl. Tabelle 2-16). Das zeigt sich auch darin, dass Deutschland in dieser Dekade seinen Rang in der Dimension „langes Leben" im zwischenstaatlichen

Vergleich um zwei Positionen verbessern konnte (vgl. Tab. 2-14). Daraus ergibt sich, dass die Erhöhung des Lebensstandards im Bereich langes Leben in den zwanziger Jahren sowohl im intertemporalen als auch im internationalen Vergleich überdurchschnittlich war.

Trotz des starken deutschen Sozialproduktsanstieges nach Überwindung der Weltwirtschaftskrise in den dreißiger Jahren fiel der HDI_n-Zuwachs relativ schwach aus (vgl. Tab. 2-16). Ursächlich dafür war die Abnahme der Bildungsbeteiligung an deutschen Hochschulen.[225] Deutschland rutscht in diesem Lebensstandardbereich um fünf Ränge nach unten auf den vorletzten Platz (vgl. Tab. 2-15). Der internationale Vergleich verdeutlicht das weit über das erwartbare Maß hinausgehende Absinken des Hochschulbesuchs während der nationalsozialistischen Herrschaft.

Der Wohlfahrtsanstieg bis 1950 im Vergleich zu 1940 gestaltete sich aufgrund des Zweiten Weltkriegs und den damit einhergehenden Verwerfungen des Lebensstandards unterdurchschnittlich (vgl. Tab. 2-16). Die Wohlfahrt in den Dimensionen Bildung und langes Leben überschritt bereits 1950 das Niveau zu Kriegsbeginn. Nur das Pro-Kopf-Einkommen lag noch darunter. In den fünfziger Jahren hingegen übertraf der deutsche HDI_n-Zuwachs aufgrund des starken Wirtschaftswachstums deutlich den „westeuropäischen Durchschnitt". Frankreich und Schweden wiesen aber in diesem Jahrzehnt eine noch höhere Zunahme des Lebensstandards als Deutschland auf. In beiden Ländern war die Zunahme des Bildungsindexes mehr als doppelt so hoch als in Deutschland.

Im Gesamtzeitraum entsprach der deutsche Wohlfahrtszuwachs dem Durchschnitt. Die Erhöhung der Lebenserwartung und des Einkommens pro Kopf war dabei überdurchschnittlich, während die Expansion der tertiären Bildung in Deutschland hinter nahezu allen hier betrachteten Ländern zurück blieb. Die im intertemporalen Vergleich durchaus beachtliche Bildungsexpansion in den 1940er und 1950er Jahren im Vergleich zur Zwischenkriegszeit, insbesondere natürlich zu den dreißiger Jahren, relativiert sich im internationalen Vergleich. Deutschland verbesserte zwar seine Position im zwischenstaatlichen Ranking in den fünfziger Jahren, konnte aber an die Spitzenstellung der zwanziger Jahre nicht wieder anknüpfen. Zapf schreibt hierzu: „Die ausgebliebene Strukturreform im Bildungssystem der Bundesrepublik ist international beinahe sprichwörtlich."[226]

---

225 Deutschland war das einzige Land, in dem es noch in den dreißiger Jahren zu einer Abnahme der Bildungsbeteiligung an Hochschulen kam. Im Gegensatz dazu sank die Hochschulbeteiligung in einigen Ländern, namentlich Norwegen und Italien, zwischen 1920 und 1930. Nach 1930 kam es üblicherweise zu keinen Rückschritten mehr.

226 Zapf 1983, S.59. Rodax nennt mehrere Gründe für die verzögerte Bildungsreform in den fünfziger Jahren, wie kriegsbedingte Probleme der Reorganisation des Bildungswesens, Fehlen einer zentralstaatlichen Zuständigkeit und Verantwortung in der Bildungspolitik, soziale Bedingungen (Widerstand gegen Reformen seitens der Gymnasiallehrer, des traditionellen Bildungsbürgertums, der Kirchen, der Universitäten und großer Teile der unternehmerischen Wirtschaft). Außerdem führte die deutsche Teilung dazu, dass Schritte zum Abbau sozialer Ungleichheit mit Blick auf die

Bemerkenswert ist weiterhin, dass Deutschland seinen Rang im internationalen Vergleich im Bereich Gesundheit in den 1950er Jahren verschlechterte. Dies ist für das Stichjahr 1950 nicht verwunderlich, angesichts der Kriegseinflüsse und der Mangelernährung vor allem 1946/47. Bis 1960 rückte jedoch Deutschland nochmals im Ranking nach unten und verfügte über die niedrigste Lebenserwartung aller ausgewählten Staaten.

Insgesamt ist auffallend, dass der HDI_n in keinem Land von einem Stichjahr zum vorhergehenden stagnierte oder sich verschlechterte. Lediglich in den Niederlanden besaß der HDI_n aufgrund eines gesunkenem BSP pro Kopf im Jahr 1940 einen etwas geringeren Wert als 1930. Außerdem ist festzuhalten, dass in allen westeuropäischen Ländern (außer der Schweiz) der Wohlfahrtszuwachs in der Nachkriegszeit höher ausfiel als in der Zwischenkriegszeit.

Das BSP pro Kopf als traditionelles Wohlfahrtsmaß führt in einigen der betrachteten Stichjahre zu deutlich anderen Ergebnissen als der HDI_n (vgl. Tab. 2-13 und 2-17). Bei einem internationalen Ranking gemäß dem BSP pro Kopf würde Deutschland sowohl 1920 als auch 1930 seine internationale Stellung um einen und im Jahr 1940 sogar um fünf Ränge verbessern. Lediglich im Jahr 1950 würde Deutschland aufgrund des noch geringen Pro-Kopf-Einkommens nach dem Zweiten Weltkrieg international niedriger eingestuft werden als entsprechend dem HDI_n. Der Rangkorrelationskoeffizient zwischen HDI_n und BSP pro Kopf betrug 0,63 (1920), 0,57 (1930), 0,17 (1940), 0,53 (1950) und 0,13 (1960). Der niedrige Rangkorrelationskoeffizient vor allem in den Stichjahren 1940 und 1960 deutet auf erhebliche Abweichungen zwischen dem Pro-Kopf-Einkommen und den anderen Lebensstandardindikatoren in einzelnen Ländern hin (vgl. Tabelle 2-9 und 2-11). Im Jahr 1940 traf dies z.B. auf Deutschland und Großbritannien zu.[227] Sowohl Deutschland als auch Großbritannien wiesen in diesem Jahr ein vergleichsweise hohes Sozialprodukt pro Kopf auf (Position drei bzw. eins), rangierten aber bei der Lebenserwartung nur an sechster und siebter Stelle. Gemäß dem Bildungsindex erreichten sie auch nur die Plätze neun (Großbritannien) und acht (Deutschland). Die Diskrepanz zwischen Einkommen und Lebenserwartung bzw. Bildung war im Jahr 1960 in der Schweiz am stärksten. Die Schweiz verfügte über das höchste Pro-Kopf-Einkommen, die Beteiligung an der Hochschulbildung war jedoch am geringsten. In der Lebenserwartung nahm sie mit Rang fünf nur eine mittlere Positi-

---

Maßnahmen in der SBZ bzw. DDR verworfen wurden. Darüber hinaus ging vom Arbeitsmarkt zunächst kaum Druck aus, höhere Qualifikationen anzubieten. Vgl. Rodax 1989, S. 6-7.

227 Norwegen weist in diesem Jahr gleichfalls starke Abweichungen zwischen den einzelnen Dimensionen des Lebensstandards auf, die jedoch in erster Linie auf Datenungenauigkeiten zurückgehen. Insgesamt aber können Datenprobleme nicht allein für die teilweise starken Abweichungen zwischen dem BSP pro Kopf und HDI verantwortlich gemacht werden. Auch gibt es keinen Grund zur Annahme, dass die Datenungenauigkeiten bei Lebenserwartungsschätzungen und/oder den Raten des Hochschulbesuchs größer sind als für die Berechnungen des Sozialprodukts pro Kopf. Insofern stellt der HDI kein ungenaueres Wohlfahrtsmaß dar.

on ein. Ähnlich stark waren die Gegensätze in Frankreich, das den höchsten Anteil an Hochschülern verzeichnen konnte, aber bei der Lebenserwartung und im Pro-Kopf-Einkommen nur Platz sieben erreichte.

Um die Robustheit der Ranking-Ergebnisse gemäß dem HDI_n zu testen, wurde der Einfluss der Gewichtung geprüft. Zu diesem Zwecke wurden in jedem Stichjahr als Maximal- und Minimalwerte anstatt der von der UNDP vorgeschlagenen Grenzwerte die besten und schlechtesten Werte der einzelnen Indikatoren in der Ländergruppe verwendet. Infolgedessen erhielt die Einkommenskomponente, wegen der damit verbundenen starken Verringerung der Spannweite, merklich mehr Einfluss. Diese veränderte Gewichtung der einzelnen Komponenten im HDI führt tatsächlich in den Jahren 1920, 1940 und 1960 zu einer deutlich anderen Rangordnung. Aufgrund der stärkeren Einkommensgewichtung im Jahr 1940 hätten sowohl Deutschland als auch Großbritannien ihre Position verbessert (um einen bzw. vier Ränge), während beispielsweise Norwegen um zwei Plätze schlechter einzuordnen wäre. Im Jahr 1960 würde die Wohlfahrt in Frankreich wegen des vergleichsweise geringen Einkommens deutlich niedriger eingestuft werden, der Lebensstandard in der Schweiz hingegen besser bewertet. Der Rangkorrelationskoeffizient zwischen HDI und BSP pro Kopf beträgt bei veränderter Gewichtung 0,78 (1920), 0,63 (1930), 0,77 (1940), 0,53 (1950) und 0,50 (1960) und erhöht sich damit in den diskutierten Jahren 1920, 1940 und 1960 merklich.

Die Gewichtungsprobleme des HDI_n verdeutlichen, dass der Zusammenhang zwischen Lebensstandardvergleichen nach dem Pro-Kopf-Einkommen und dem HDI_n alles andere als perfekt ist. Obwohl über die Gewichtung der einzelnen Komponenten im HDI diskutiert werden kann, verweisen die Ergebnisse auf die Notwendigkeit, Wohlfahrtsvergleiche um andere als einkommensbasierte Indikatoren zu ergänzen.

2.2 Ein „deutschlandspezifischer Development Index" (DDI_n)

Zur nationalen Wohlfahrtsanalyse wurde, wie bereits erwähnt, ein erweiterter und an die Verhältnisse Deutschlands angepasster Development Index geschaffen, der folgende Indikatoren beeinhaltet: (1) Bruttoschulbesuchsraten im tertiären Bildungssektor, (2) Säuglings-, Kinder- und Müttersterblichkeit, (3) Lebenserwartung ab dem fünften Lebensjahr, (4) BSP/Kopf (in 1990 PPP US $) und (6) die Arbeitslosenrate. Die Tabellen 2-21 und 2-22 zeigen die deutschlandspezifischen Development Indizes. Die Werte der zugrunde liegenden Indikatoren sind in den Tabellen 2-19 und 2-20 angegeben.

Der Gesamtindex verweist während der Inflationszeit (1920-23) bis zum Jahr 1922 auf eine positive Wohlfahrtsentwicklung, da sich im Zuge des Inflationsprozesses das Pro-Kopf-Einkommen erhöhte und die bereits niedrige Arbeitslosigkeit ungeachtet der Entmilitarisierung in den beiden folgenden Jahren abnahm. Außerdem lässt sich eine hohe Hochschulbeteiligung beobachten. Die Gesundheitsverhältnisse wiesen hingegen ein uneinheitliches Bild auf. Der Rückgang der Säuglingssterblichkeit stagnierte während der gesamten Inflationszeit, während sich die Mortalität der Kinder zwischen ein und fünf Jahren deutlich reduzierte. Diese erhöhte sich nur im Jahr 1923 kurzfristig. Insofern scheinen Säuglinge stärker von den negativen Folgen der Nachkriegsinflation betroffen gewesen zu sein als Kinder. Die Sterblichkeit von Frauen in Zusammenhang mit Schwangerschaft und Geburt stieg. Infolge der erhöhten Sterblichkeit und der verschlechterten wirtschaftlichen Lage sank der Gesamtindex im Jahr 1923 kurzfristig.

Zur adäquaten Einordnung des Lebensstandards während der Inflationszeit ist ein Blick auf das Wohlfahrtsniveau der Vorkriegszeit nötig. Der DDI_n um 1913 betrug 0,480 und lag damit leicht unter dem DDI_n-Wert des Jahres 1920 von 0,486. Ursächlich dafür waren die geringere Säuglingssterblichkeit und die höhere Studentenzahl im Jahr 1920. Andererseits war das Jahr 1913 durch eine günstigere wirtschaftliche Lage (höheres reales Pro-Kopf-Einkommen und niedrigere Arbeitslosigkeit) sowie eine niedrigere Sterblichkeit (außer der Mortalität der Säuglinge) charakterisiert.[228] In den Jahren 1921und 1922 erhöhte sich das Wohlfahrtsniveau, um im Jahr der Hyperinflation 1923 nochmals kurzfristig leicht abzunehmen, ohne jedoch unter den bereits vor dem Ersten Weltkrieg erreichten Stand zu sinken. Dieses Ergebnis bestätigt noch einmal im Wesentlichen die Feststellungen von Abelshauser, der unter Verwendung einer breiteren Definition des Lebensstandards für die Inflationsjahre eine positive Einschätzung der Lebensbedingungen gegenüber der Vorkriegszeit vornimmt.[229]

Während der anschließend einsetzenden wirtschaftlichen Stabilisierung (1924-1929) erhöhten sich das Pro-Kopf-Einkommen und die Lebenserwartung ab dem 5. Lebensjahr. Auch die Säuglings- und Kindersterblichkeit sank. Diesen positiven Entwicklungstendenzen standen jedoch eine hohe strukturelle Arbeitslosigkeit, eine tendenziell ansteigende Mortalität von Müttern sowie eine kurzfristige Abnahme des Hochschulbesuchs entgegen. Der DDI_n stagnierte deshalb in der Mitte der zwanziger Jahre und setzte anschließend seinen ansteigenden Trend fort. Im Jahr 1930 erreichte er seinen maximalen Wert während der Weimarer Republik.

Zu Anfang der Weltwirtschaftskrise verlangsamte sich das wirtschaftliche Wachstum bei zunehmender Arbeitslosigkeit. Gleichzeitig kam es 1929 zu einer erhöhten Sterb-

---

228 Die Säuglingssterblichkeitsrate betrug 151 pro 1.000 Lebendgeburten. Die Mortalität der Kinder lag bei 13,2 pro 1.000 der Altergruppe der 1-5jährigen. Die Lebenserwartung ab dem 5. Lebensjahr bezifferte sich auf 58,2 Jahre. 35 Frauen pro 10.000 Lebendgeburten starben in Zusammenhang mit Schwangerschaft und Geburt. Das reale BSP je Einwohner betrug 3.833 (in 1990 Geary-Khamis-Dollars). Die Arbeitslosenrate stand bei 2,9, und 13 je 1.000 der 20–24jährigen besuchten im Jahr 1910 eine Hochschule. Entnommen bzw. berechnet nach Bevölkerung und Wirtschaft 1972, S. 108, 110-111, 113, 120; Schneider 1982, S. 224; Maddison 1995, S. 194.

229 Vgl. Abelshauser 1981, S.445-476 und Ausführungen in Kap. 1.3.

lichkeit vor allem an Grippe[230], wodurch der Gesamtindex in diesem Jahr abnahm. Im weiteren Verlauf der Krise verbesserten sich die Gesundheitsverhältnisse ungeachtet der starken Reduktion des Pro-Kopf-Einkommens und der extrem hohen Arbeitslosigkeit. Auch die Einschreiberate im tertiären Bildungssektor stieg, unter anderem wegen der schlechten Berufsaussichten. Der scharfe Konjunktureinbruch führte entgegen positiver Trends in den nicht-ökonomischen Bereichen zu einer kontinuierlichen Verringerung des DDI_n nach 1930 bis zum Tiefpunkt im Jahr 1932.

Bis 1938 erhöhte sich der Gesamtindex im Zuge des Wirtschaftsaufschwungs während der NS-Zeit erneut, wobei er in der Mitte der 1930er Jahre (1934-36) um den höchsten Wert der Weimarer Republik von 1930 schwankte. Der Anstieg war die Folge einer zunehmend positiven wirtschaftlichen Entwicklung (Anstieg des BSP pro Kopf und Abbau der Arbeitslosigkeit). Allerdings nahm die Bildungsbeteiligung in den ersten Jahren des NS-Regimes stark ab. Außerdem kam es zu einer Unterbrechung des Sterblichkeitsrückganges (Anstieg der Kindersterblichkeit und Stagnation der Lebenserwartung ab dem 5. Lebensjahr). Die Überlebenschancen von Säuglingen erhöhten sich dennoch kontinuierlich. In der zweiten Hälfte der dreißiger Jahre setzte der Rückgang der Müttersterblichkeit ein, nachdem diese sich zwischen 1920 und 1935 tendenziell erhöht hatte.[231]

In der Bundesrepublik herrschte bis Anfang der 1950er Jahre eine hohe Arbeitslosigkeit mit einer Rate von über 10% bei einem geringeren Einkommen je Einwohner als vor dem Krieg. Die gesundheitliche Situation hatte sich aber bis 1949 schon wieder soweit erholt, dass alle Sterblichkeitsindizes eine deutliche Verbesserung signalisieren. Infolge der günstigen Entwicklung in den Bereichen Gesundheit und Bildung (siehe oben) überschritt der Lebensstandard gemäß dem DDI_n schon 1949 deutlich das Vorkriegsniveau. Im Gegensatz zur Entwicklung in der Zwischenkriegszeit, die durch star-

---

230 Während die Mortalität an Grippe in den Jahren 1928 und 1930 1,9 bzw. 1,2 je 10.000 Einwohner betrug, starben 1929 5,8 pro 10.000 Einwohner. Berechnet nach Reichsgesundheitsblatt (versch. Jgg.).

231 Der Verlauf der Müttersterblichkeit weicht damit in der Zwischenkriegszeit von der Entwicklung anderer Mortalitätsindikatoren, vor allem der Säuglingssterblichkeit, ab. Im internationalen Vergleich zeigt sich aber, dass sich die Müttersterblichkeit in Deutschland durchaus im europäischen Kontext veränderte (vgl. Loudon 1992, Abb. 9.1 – 9.3, S. 152-155). Die hohen und steigenden Raten der Müttersterblichkeit bis zur zweiten Hälfte der dreißiger Jahre werden in Deutschland wie auch in anderen europäischen Ländern einer steigenden Zahl von Puerperalfieber durch vermehrte Aborte zugeschrieben. Eine erhöhte Virulenz von Streptokokken mag zusätzlich eine Rolle gespielt haben. Der anschließende Rückgang der Müttersterblichkeit könnte somit auch mit einer abnehmenden Virulenz in Zusammenhang stehen. Die seit der zweiten Hälfte der dreißiger Jahre zunehmend verfügbaren Antibotika, zuerst Sulphonamide und nach dem Zweiten Weltkrieg Pencillin, werden als ein bedeutender Faktor in der Reduktion der Müttersterblichkeit angesehen. Vgl. Rothenbacher 1982, S. 353; Loudon 1992, S. 454. In einer zeitgenössischen Abhandlung wird jedoch darauf verwiesen, dass „von einer ausgedehnten oder allgemeinen Anwendung der Sulfonamide in der Geburtshilfe im Jahr 1937 nicht gesprochen werden kann und diese sich erst in allerjüngster Zeit durchsetzt"; Phillip 1942, S. 99.

ke Disparitäten in den einzelnen Indikatoren charakterisiert war, verlief sie in den fünfziger Jahren weitgehend synchron.

Tabelle 2-23 illustriert die Veränderungen der einzelnen Lebensstandardindikatoren und –komponenten in den verschiedenen Dekaden des Untersuchungszeitraumes. Im Gesamtzeitraum verzeichnete die Komponente Gesundheit den stärksten Zuwachs der drei Wohlfahrtsdimensionen. Der Anstieg in der Hochschulbildung war ebenfalls überproportional. Der Bereich Zugang zu Ressourcen spielte indessen kaum eine Rolle für die Veränderung des Gesamtindexes zwischen 1920 und 1960, weil sowohl zu Beginn als auch am Ende des Untersuchungszeitraumes nahezu Vollbeschäftigung herrschte. Das Wachstum des Sozialprodukts pro Kopf leistete den geringsten Beitrag zum Anstieg des Lebensstandards innerhalb dieser 40 Jahre.

Betrachtet man die Entwicklung in den einzelnen Teilperioden, so war der gestiegene DDI_n im Jahr 1930 gegenüber dem Jahr 1920 ebenfalls das Ergebnis eines markanten Sterblichkeitsrückganges. Ausgehend von einem hohen Nachkriegsniveau hatten sich alle Sterblichkeitsraten, mit Ausnahme der Müttersterblichkeit, bis 1930 greifbar reduziert. Die Komponente Zugang zu Ressourcen verweist auf die wenig stabile ökonomische Entwicklung während der Weimarer Republik mit den damit verbundenen negativen Konsequenzen für die Wohlfahrt. Die Verbesserungen in der Dimension langes Leben überkompensierten jedoch den Anstieg der Arbeitslosigkeit. Der Hochschulzugang hatte sich zwischen den beiden Stichjahren aufgrund der durch den Ersten Weltkrieg ausgelösten Konjunkturen kaum verändert, so dass die positive Wohlfahrtsentwicklung in erster Linie durch die Abnahme der Sterblichkeit zustande kommt. Trotz der Stagnation der Mortalität in den meisten Altersgruppen ergab sich aus dem Rückgang der Säuglings- und Müttersterblichkeit in der Mitte der 1930er Jahre eine Verbesserung der Komponente langes Leben. Infolge der positiven Entwicklungstendenzen erhöhte sich der DDI_n zwischen 1930 und 1938 trotz des Rückganges der Hochschulbildung. In der Nachkriegszeit verzeichnete die Dimension Bildung den stärksten Zuwachs und wurde somit zum wichtigsten Impuls für Wohlfahrtssteigerungen. Während im Jahr 1950 im Vergleich zu 1938 die wirtschaftliche Situation noch schwierig war, gewann das Einkommenswachstum für die Wohlfahrtsentwicklung in den fünfziger Jahren an Bedeutung.

2.3 Lebensstandardmaße im Vergleich

Abbildung 2-2 vergleicht die Veränderung des Lebensstandards gemäß den verschiedenen Development Indizes (HDI, HDI_n, DDI_n) und dem realen BSP pro Kopf in der Periode 1922-1960. Das BSP pro Kopf als Wohlfahrtsmaß ist in der ersten Hälfte des 20. Jahrhunderts aufgrund der starken Konjunkturzyklen und Kriegseinwirkungen durch eine beträchtliche Volatilität charakterisiert, die große Schwankungen des Lebensstandards während dieses Zeitraumes nahelegt. Im Gegensatz dazu erweist sich die Wohlfahrtsentwicklung den Development Indizes zufolge stabiler. Diese stetigere Entwicklung ergibt sich aus der Einbeziehung von Indikatoren wie der Lebenserwartung, die auf kurzfristige Schwankungen wenig sensibel reagiert. Außerdem gingen vorübergehende Einbrüche im materiellen Lebensstandard nicht immer mit Rückschritten in anderen elementaren Dimensionen des Lebensstandards einher. Umgekehrt kam es in Phasen hohen Wirtschaftswachstums nicht zu entsprechenden Zuwächsen im Lebensstandard, folgt man den Development Indizes. Insgesamt hätte sich nach dem BSP pro Kopf der Lebensstandard in Deutschland zwischen 1922 und 1960 mehr als verdoppelt. Im Gegensatz dazu erhöhte er sich den Development Indizes folgend nur um 45% (DDI_n), 55% (HDI_n) und 23% (HDI).

Während der Nachkriegsaufschwung in den fünfziger Jahren in der Bundesrepublik durch eine ununterbrochene Aufwärtsentwicklung gekennzeichnet war, kam es in der Zwischenkriegszeit zu einigen signifikanten kurzfristigen Wohlfahrtsschwankungen, trotz der robusteren Entwicklung der Development Indizies. Im Jahr der Hyperinflation 1923 verweisen sowohl HDI_n und DDI_n als auch das BSP pro Kopf auf eine Verschlechterung der Lebensbedingungen. In den Jahren 1926 und 1931/32 sanken wiederum sowohl das Sozialprodukt je Einwohner als auch der DDI_n. Der HDI_n hingegen stagnierte in diesen Jahren lediglich, weil konjunkturelle Schwankungen im HDI_n weniger ausgeprägt wirksam werden. Temporäre Rückschritte nicht-ökonomischer Lebensstandardindikatoren führten zu einem leichten Absinken des DDI_n und HDI_n in den Jahren 1929 (nur DDI_n) und 1935.

Vergleicht man nur die Entwicklung der verschiedenen Development Indizes miteinander, so fällt auf, dass der Verlauf von HDI_n und DDI_n während der Inflation und Währungsstabilierung (1920-1924) kaum voneinander abwich. Anschließend wäre der Lebensstandard gemäß dem HDI_n stärker gestiegen. Die beiden Indizes unterscheiden sich damit zwar im Niveau des Zuwachses, zumeist aber nicht in ihren grundlegenden Entwicklungstendenzen. Divergente Verläufe der beiden Indizes lassen sich vor allem zu Beginn der dreißiger Jahre beobachten. Im Zuge der Weltwirtschaftskrise stagnierte der HDI_n, während eine Verringerung des DDI_n eintrat. Im anschließenden NS-Wirtschaftsaufschwung veränderte sich der HDI_n kaum (absolute Zunahme von 0,006 zwischen 1932 und 1938). Dies lag am Rückgang des Bildungsindexes (-0,077) und dem vergleichsweise nur geringen Anstieg des Indexes der Lebenserwartung bei der Geburt (0,02). Der DDI_n verweist im Verhältnis dazu auf deutlich höhere Wohlfahrtszuwächse während dieses Zeitraumes (0,051), da sich durch den Abbau der Arbeitslosigkeit bis 1938 der Index Zugang zu Ressourcen im DDI_n (0,178) stärker als im HDI (0,075) und im HDI_n (0,075) erhöhte. Außerdem verzeichnete der DDI_n auch in der Komponente langes Leben, v.a. durch die Einbeziehung der Müttersterblichkeit und deren Rückgang in der zweiten Hälfte der 1930er Jahre, eine höhere Zunahme (0,05). Der Gesamtzuwachs des HDI lag aufgrund des weniger reagiblen Bildungsindikators zwischen den beiden anderen Indizes. Insgesamt fiel der Wohlfahrtszuwachs zwischen

1933 und 1938 bei allen Development Indizes im Vergleich zum Sozialproduktsanstieg deutlich geringer aus (siehe Abb. 2-2).

Tabelle 2-24 fasst die absoluten Veränderungen der drei betrachteten Wohlfahrtsindizes (HDI, HDI_n, DDI_n) zwischen den einzelnen Stichjahren noch einmal zusammen. Es zeigt sich, dass der DDI_n aufgrund seiner stärkeren konjunkturellen Ausrichtung in der Weimarer Republik weniger deutlich anstieg als der HDI_n bzw. in der Weltwirtschaftskrise rückläufig war. Im Gegensatz dazu erhöhte sich der DDI_n während des wirtschaftlichen Aufschwungs in der NS-Zeit stärker als jener. In der Nachkriegszeit unterschieden sich die beiden Indizes in der Höhe ihrer Wohlfahrtszuwächse kaum noch. Die Veränderung des HDI lag während der Weimarer Republik zwischen den beiden Indizes. Da die Wohlfahrtssteigerungen in der Nachkriegszeit sowohl gemäß dem HDI_n als auch dem DDI_n durch die Expansion der tertiären Bildung vorangetrieben wurden, blieben die Zuwächse des HDI in dieser Zeit wegen des stabileren Bildungsindikators zurück.

2.4 Alternative Einkommensindizes und die Wohlfahrtsentwicklung zwischen 1924 und 1939

Es herrscht berechtigter Zweifel, ob das rasche Wachstum des Sozialprodukts pro Kopf in der NS-Zeit tatsächlich zu einer Erhöhung des materiellen Lebensstandards breiter Bevölkerungsschichten führte. Arbeitnehmer profitierten nur unterproportional vom Wirtschaftsaufschwung, weil das nationalsozialistische Regime zur Umsetzung des wichtigsten wirtschaftspolitischen Ziels – der Aufrüstung – den privaten Konsum zugunsten des Staatsverbrauchs und der Unternehmensgewinne einschränkte. Löhne wurden darüber hinaus durch höhere gesetzliche und außergesetzliche Abgaben im „Dritten Reich" gekürzt.[232] Zudem stiegen die Verbraucherpreise schneller als der amtliche Preisindex der Lebenshaltung anzeigt.[233] Außerdem finden sich zahlreiche zeitgenössische Berichte über Qualitätsverschlechterungen und Versorgungsengpässe vor allem bei Lebensmitteln und Textilien.[234] Während die Zunahme des amtlichen Indexes zwischen April 1933 und Ende 1938 acht Prozent betrug, halten neueste Schätzungen einen Anstieg von 23% für plausibel, wobei dieser Schätzwert „Qualitätsverschlechterungen,

---

232 Oppenheimer-Bluhm 1965, S. 20, 23; Siegel 1982, S. 105; Hachtmann 1988, S. 34-47.

233 Vgl. Barkai 1988, S. 176, 179; verschiedene Schätzungen des Lebenshaltungskostenindexes bei Hachtmann 1988, Tab. 10, S. 70; zuletzt: Steiner 2003, S. 302. Auf die Berechnungsmethoden und die Kritik des amtlichen Lebenshaltungskostenindexes des Deutschen Reiches wird hier nicht ausführlich eingegangen, vgl. dazu v.a. Hachtmann 1988, S. 47-50, 57, 67.

234 Solche Berichte liegen für nahezu alle Regionen des Deutsches Reichs vor. Für Südwestdeutschland vgl. Schnabel 1994, S. 188-190; für Bayern: Broszat u.a. 1977; für Hessen-Nassau: Klein 1985, S. 557.

Angebotsverknappungen sowie schwarze und graue Märkte (...) zumindest zum Teil (abbildet).“[235] Aus diesem Grunde erscheint es sinnvoll, sich mit alternativen Einkommensentwicklungen, die die eben dargelegten Probleme berücksichtigen, und deren Implikationen für die Wohlfahrtsentwicklung zu beschäftigen.

Weil in der historischen Literatur der Reallohn das gebräuchlichste Wohlfahrtsmaß ist, werden Development Indizes errechnet, in denen das BSP pro Kopf durch den Reallohn substituiert wird. Als Quellen wurden die von Hohls vorgelegten Bruttolöhne verwendet.[236] Darüber hinaus wurde eine alternative Reallohnreihe berechnet, die die in der Zwischenkriegszeit angestiegenen gesetzlichen und außergesetzlichen Abgaben berücksichtigt (Nettolöhne). Außerdem fand zur Deflation der Nettowochenlöhne der von Hachtmann geschätzte Lebenshaltungskostenindex Verwendung, welcher den stärksten Anstieg aufweist, nämlich 16,8% im Vergleich zur Erhöhung des amtlichen Indexes von 4,6% zwischen 1932 und 1939.[237] Um die Entwicklung während der NS-Zeit vergleichen zu können, beziehen sich die Schätzungen auf die Zeit zwischen 1924 und 1939.[238]

Tabelle 2-25 zeigt die drei Einkommensindizes (reales BSP/Kopf, reale Brutto- und Nettoverdienste) sowie die mit dem jeweiligen angenommen Pro-Kopf-Einkommen berechneten Development Indizes zwischen 1924 und 1939.[239] Es ist zu bedenken, dass die geschätzten Einkommensindizes auf Reallohnbasis, aufgrund der schwierigen Datenlage, nur grobe Annährungswerte darstellen.

Der Index des Sozialprodukts je Einwohner stieg zwischen 1924 und 1929 – ausgenommen das Jahr 1926 – durchgängig. Danach reduzierte er sich bis 1932 auf den niedrigsten Wert während des Betrachtungszeitraumes. Anschließend erfolgte ein starker konjunktureller Aufschwung.

---

[235] Steiner 2005, S. 25-26.

[236] Zur Berechnung eines dem Index des Pro-Kopf-Einkommens (kalkuliert mit dem BSP je Einwohner in 1990 Geary-Khamis-Dollars) in der Größenordnung vergleichbaren Einkommensindexes, wurden die Wochenlöhne (in Preisen von 1932) in Jahresverdienste aufsummiert. Außerdem wurde eine Verringerung der Spannweite der Maximal- und Minimalwerte von 100 auf 10.000 vorgenommen.

[237] Hachtmann hat verschiedene Lebenshaltungskostenindizes für die Zeit zwischen 1932 und 1939 vorlegt (vgl. Hachtmann 1988, Tab. 10, S. 70). Die neuesten Schätzwerte von Steiner beziehen sich nur auf die Jahre 1932/33 und 1938, weshalb für die Erstellung der Zeitreihe auf die Angaben von Hachtmann zurückgegriffen werden musste (vgl. Steiner 2005, v.a. Tab. 6). Steiner hält einen Anstieg der Verbraucherpreise zwischen 1932 und 1938 von 19% für plausibel. Der im Folgenden verwendete Lebenshaltungskostenindex von Hachtmann erhöhte sich im gleichen Zeitraum um 15% (vgl. Steiner 2005, Tab. 6).

[238] Die Zeit vor 1924 wurde aufgrund der Inflation und der damit verbundenen Unsicherheiten über die Kaufkraftentwicklung ausgeklammert.

[239] Um die Verläufe der verschiedenen Wohlfahrtsmaße besser sichtbar zu machen, wurde der Wert von 1924 gleich 100 gesetzt. Werte über 100 bedeuten damit eine Zunahme des Index und Werte unter 100 eine Abnahme.

Sowohl der Index der Brutto- als auch der Nettoverdienste erhöht sich ebenfalls zwischen 1924 und 1929, und zwar ohne jährlichen Rückgang im Jahr 1926 und in deutlich stärkerem Maße als die realen Sozialproduktdaten. Daraus wird die Verbesserung der materiellen Situation der Arbeiterschaft in der Mittelphase der Weimarer Republik deutlich. Im Anschluß daran reduzierten sich während der Krise auch die realen Verdienste. Die Nettolöhne verminderten sich stärker als die Bruttolöhne. Die realen Bruttolöhne erholten sich nach 1933, während die Nettolöhne keine nachhaltige Erholung bis 1936 zeigten. Zudem erreichten die Bruttolöhne 1937 das Niveau von 1929, das Jahr mit dem höchsten Reallohn. Die Nettolöhne lagen auch 1939 noch mit Abstand unter dem Wert von 1928/29. Im Gegensatz dazu überschritt das reale BSP je Einwohner bereits 1936 das höchste Pro-Kopf-Einkommen der Weimarer Republik.

Die Untersuchung der Entwicklung der drei Einkommensindizes zeitigt eine positivere Einschätzung der materiellen Wohlfahrt der Arbeiterschaft in der Weimarer Republik im Vergleich zur Sozialproduktsbetrachtung. Anderseits verdeutlicht sie auch das Zurückbleiben der Lohnentwicklung hinter dem wirtschaftlichen Aufschwung während des NS-Regimes bis 1939, vor allem wenn man der von Hachtmann vorgeschlagenen pessimistischeren Einschätzung der Lohnentwicklung folgt. Zu beachten ist andererseits, dass die Entwicklung der Reallöhne stabiler verlief als die Sozialproduktsentwicklung. Die zwischen 1924 und 1930 erreichten Lohnsteigerungen wurden – zumindest auf gesamtindustrieller Ebene – in der Krise nicht vollständig rückgängig gemacht.

Welches Bild ergibt sich, wenn man nun diese drei verschiedenen Verläufe der Einkommensentwicklung mit den Vorgängen im Bereich Gesundheit und Bildung verbindet?

Alle drei HDI_n zeigen bis 1930 einen Wohlfahrtsanstieg, der jedoch unterschiedlich stark ausfällt.[240] Danach legen alle drei betrachteten HDI_n einen in der Tendenz abnehmenden Lebensstandard bis 1936 nahe, wobei das Ausmaß des Rückgangs je nach Index ebenfalls unterschiedlich hoch war. Die umfangreichste Reduktion signalisiert der HDI_n berechnet mit den Nettoverdiensten (und dem Lebenshaltungskostenindex nach Hachtmann). Nach 1936 setzte gemäß allen drei alternativ berechneten HDI_n eine Erholung ein. Je nach HDI_n erreicht der Lebensstandard 1937 (HDI_n mit BSP/Kopf) bzw. 1938 (HDI_n mit Bruttolöhnen) oder bis Kriegsbeginn gar nicht (HDI_n mit Nettolöhnen) das höchste Niveau der Weimarer Republik.

Die alternativ berechneten Werte der drei DDI_n implizieren, durch die Einbeziehung der Arbeitslosigkeit, eine ungünstigere Entwicklung während der Weimarer Republik. Danach war die Phase der Prosperität in der Weimarer Republik von äußerst kurzer Dauer (1927-1930). Während der Weltwirtschaftskrise sank der Lebensstandard. Im Jahr 1934 erreicht er aber gemäß den drei DDI_n wieder das Niveau der Jahre 1929/30. Nach 1936 erfolgte dann der nachhaltige Wohlfahrtsaufschwung. Im Jahr 1937 über-

[240] Der HDI_n berechnet mit dem Index der Nettoverdienste erreicht das höchste Niveau sogar erst 1931.

schritten alle drei Indizes den höchsten Stand des Lebensstandards der Weimarer Republik.

Zusammenfassend lässt sich festhalten, dass bei der Betrachtung des HDI_n – also ohne Berücksichtigung der Arbeitslosigkeit – drei Phasen der Lebensstandardentwicklung zwischen 1924 und 1939 identifiziert werden können, gleich welche der drei Einkommensentwicklungen zugrunde gelegt wird. In der zweiten Hälfte der zwanziger Jahre stieg der Lebensstandard. Zwischen 1930/31 und 1936 sank der Lebensstandard langsam und erreichte 1936 einen Tiefpunkt. Die Wohlfahrt im Jahr 1936 befand sich aber in allen Fällen über dem Niveau von 1927. Nach 1936 setzte eine Aufwärtsbewegung ein.

Die Berücksichtigung der Arbeitslosigkeit bremst die Anhebung des Lebensstandards in der zweiten Hälfte der Weimarer Republik stark ab. Zudem führt sie dazu, dass die Wohlfahrt 1932/33 ihren Tiefpunkt erreicht und unter bzw. auf das Niveau von 1925 sinkt. Zwischen 1933 und 1934 findet bei allen drei DDI_n ein Sprung des Lebensstandards aufgrund der zehnprozentigen Reduktion der Arbeitslosigkeit (gemäß den Daten der gemeldeten Arbeitslosen) statt. Anschließend verändert er sich bis 1936 kaum. Ähnlich dem HDI_n erfolgt nach 1936 eine Aufwärtsbewegung des Lebensstandards bis 1939. Bezweifelt man die bedeutende Reduktion der Arbeitslosenrate zwischen 1933 und 1934 – wie dies zahlreiche Autoren tun[241] – kam es auch gemäß dem DDI_n erst nach 1936 zu einer bedeutenden Wohlfahrtserhöhung.

2.5 Zusammenfassung

Alle drei Development Indizes (HDI, HDI_n und DDI_n) verweisen darauf, dass der wichtigste Beitrag zur Wohlfahrtssteigerung im Gesamtzeitraum in der Verringerung der Sterblichkeit lag. Die Bedeutung der verschiedenen Komponenten für Wohlfahrtszuwächse unterschied sich jedoch in den verschiedenen Jahrzehnten des Untersuchungszeitraumes. Während in der Weimarer Republik der Sterblichkeitsrückgang am meisten zu Wohlfahrtssteigerungen beitrug, war in der frühen NS-Zeit das Wirtschaftswachstum der treibende Faktor. In der Nachkriegszeit wirkte die Expansion der tertiären Bildung zunehmend wohlfahrtsfördernd. Zu bedenken ist, dass das Sozialproduktswachstum für Steigerungen des Lebensstandards eine etwas geringere Bedeutung hat. Dies liegt in der Konstruktion des Einkommensindexes im HDI begründet, da im Gegensatz zu den anderen Komponenten ein abnehmender Grenzertrag unterstellt wird.

Trotz des gesunkenen Pro-Kopf-Einkommens im Jahr 1920 im Vergleich zur Vorkriegszeit, verweisen alle drei betrachteten Development Indizes auf ein leicht angestiegenes Wohlfahrtsniveau in den Jahren 1920-1923 im Vergleich zu 1913. Eine allgemei-

---

241 Vgl. z.B. Hachtmann 1987, S. 178-189; Silverman 1998, S. 1-27.

ne Stagnation des Lebensstandards in der Zwischenkriegszeit lässt sich nicht beobachten. Die Wohlfahrtszuwächse waren aber zweifellos in der Nachkriegszeit höher als in der Zeit zwischen den beiden Weltkriegen.

Ein Vergleich mit einigen westeuropäischen Ländern bestätigt diese Entwicklungstendenzen. Auch hier zeigt sich, dass sich der Lebensstandard in den fünfziger Jahren in Deutschland wie auch in den meisten anderen betrachteten Ländern stärker erhöhte als zwischen 1920 und 1938. Insgesamt konnte Deutschland während des Gesamtzeitraumes ähnlich hohe Wohlfahrtszuwächse wie andere westeuropäische Länder erzielen. Von Bedeutung waren dabei die überdurchschnittliche Zunahme der Lebenserwartung bei der Geburt und das Einkommenswachstum. Die Rate des Hochschulbesuchs erhöhte sich aber in Deutschland schwächer als in den Vergleichsländern.

Ein Vergleich der HDIs mit dem BSP je Einwohner ergab eine deutlich stabilere Wohlfahrtsentwicklung, da wirtschaftliche Einbrüche im materiellen Lebensstandard nicht mit Rückschritten in anderen Lebensbereichen einhergingen. Andererseits kam es in Phasen hohen Wirtschaftswachstums nicht zu ähnlich hohen Wohlfahrtszuwächsen, wobei wiederum die Konstruktion des Einkommensindexes in den HDIs zu berücksichtigen ist. Aber auch im internationalen Vergleich wurde deutlich, dass die Korrelation von Pro-Kopf-Einkommen und HDIs in den einzelnen Stichjahren nicht sehr stark war. In der Zwischenkriegszeit überschätzt das BSP pro Kopf das deutsche Wohlfahrtsniveau im Verhältnis zu den anderen ausgewählten westeuropäischen Ländern. Trotz der Gewichtungsprobleme der Lebensstandardkomponenten in den Gesamtindizes verweisen diese Ergebnisse auf die Notwendigkeit, Wohlfahrtsvergleiche um andere als einkommensbasierte Indikatoren zu ergänzen.

3 Regionale Unterschiede des Lebensstandards

3.1 Forschungsstand zum Thema: Regionale Ungleichheit in den drei Wohlfahrtsdimensionen: Einkommen, Bildung und Gesundheit

Die Regionalstudien gliedern sich vor allem in zwei unterschiedliche Richtungen auf: einerseits in Arbeiten, die sich der Entwicklung einer bestimmten Region während des Untersuchungszeitraumes oder einer seiner Teilperioden (Weimarer Republik, NS-Zeit, 1950er Jahre Bundesrepublik) ausführlicher widmen und dabei teilweise auch auf die Entwicklung des Lebensstandards eingehen.[242] Seltener sind andererseits empirisch-quantitative Arbeiten, die unter komparativen Aspekten verschiedene Regionen analysieren, regionale Wohlfahrtsunterschiede herausarbeiten und Erklärungsversuche anbieten.[243]

Debatten über regionale Wohlstandsdisparitäten in Deutschland kreisen vor allem um die Frage nach der Herausbildung, Konstanz und Zu- bzw. Abnahme der Differenzen zwischen industrialisierten Gebieten (Ruhrgebiet, Sachsen und Berlin) und dem agrarischen Osten des Deutschen Reichs (Ost-West-Gefälle). In der Bundesrepublik trat seit Mitte der siebziger Jahre an diese Stelle die Frage nach dem Nord-Süd-Gefälle.[244] Während für das 19. und frühe 20. Jahrhundert eine angeregte wirtschaftshistorische Diskussion über regionale Wachstumsdifferenzen und Wohlfahrtsdisparitäten in der Industrialisierung stattfand,[245] beschäftigten sich nur wenige Wirtschaftshistoriker mit dem hier relevanten Zeitraum. Die international vergleichende Untersuchung von Jeffrey Willi-

---

242 Beispiele für diese Überblicksarbeiten meist landes- bzw. stadtgeschichtlicher Natur sind Ribbe 1987; Rebentisch 1994; mit sozialgeschichtlichem Schwerpunkt: Sauer 1975; Boelcke 1989b; mit politikgeschichtlicher Gewichtung: Heinemeyer 1986; Büttner 2000; mit eher kulturgeschichtlicher Orientierung: Bauer 2003.

243 Beispiele sind Petzina 1976; Hachtmann 1989; Kaelble und Hohls 1989; Frank 1994.

244 Vgl. Petzina 1994, S. 102.

245 Vgl. hierzu anstatt vieler Belege Frank 1994, S. 7 und die dort zitierte Literatur sowie Kaelble und Hohls 1989, S. 289, Fußnote 2.

amson, die auch Deutschland bzw. Westdeutschland in der ersten Hälfte des 20. Jahrhunderts enthält, kommt zu dem Ergebnis, dass in Deutschland wie auch in einer Reihe anderer Staaten die regionale Ungleichheit der Einkommen in den 1930er Jahren abnahm.[246] Für Westdeutschland stellte er ein in der Nachkriegszeit erstaunlich geringes Niveau regionaler Einkommensungleichheit (Volkseinkommen pro Kopf) fest. Thomas Orsagh untersuchte die Entwicklung regionaler Einkommensdisparitäten in Deutschland für einen längeren Zeitraum (1882-1963), wobei er aber die Periode zwischen 1913 und 1950 vernachlässigte und damit den in dieser Untersuchung relevanten Zeitraum nahezu vollständig ausklammerte. Er kommt für die Bundesrepublik ebenfalls zu dem Schluß, dass sich die regionalen Disparitäten des Einkommens je Einwohner verringerten; dennoch blieb auf dem Territorium der Bundesrepublik die räumliche Verteilung des aggregierten und relativen Einkommens pro Kopf äußerst stabil.[247]

Eine der umfangreichsten Arbeiten, die eine Langzeitperspektive einnehmen und bis weit ins 20. Jahrhundert reichen, stammt von Kaelble und Hohls. Diese untersuchten den Wandel regionaler Wohlfahrtsunterschiede auf der Ebene von Regierungsbezirken (in konstanten Grenzen) für das Gebiet der Bundesrepublik anhand der Erwerbsstrukturen für den Zeitraum von 1895 bis 1970.[248] Wegen der Wahl der Regierungsbezirke als Untersuchungseinheit, konnten die Berufszählungen 1933 und 1939 leider nicht berücksichtigt werden, wodurch die Auswirkungen der Weltwirtschaftskrise und des folgenden Wirtschaftsaufschwunges in der NS-Zeit auf regionale Wachstumsdifferenzen weitgehend im Dunkeln bleiben. Im Ergebnis stellten sie fest, „dass sich die regionalen Disparitäten der Erwerbsstruktur in Deutschland im 20. Jahrhundert in der Form einer Welle entwickelten; sie verschärften sich während der Industrialisierung bis in die 1920er Jahre und milderten sich nach einer Übergangsperiode spätestens seit der Nachkriegszeit spürbar ab.“[249] Als weiteres bedeutendes Ergebnis dieser Untersuchung ist festzuhalten, dass die Schwächung der regionalen Unterschiede kein Ergebnis der Teilung Deutschlands nach 1945 ist.[250] Innerhalb des Gebietes der Bundesrepublik waren die regionalen Disparitäten genauso ausgeprägt wie im Deutschen Reich, da es auch innerhalb des bundesrepublikanischen Territoriums Regionen gab, die in ihrer wirtschaftlichen Rückständigkeit den östlichen, agrarisch strukturierten Gebieten ähnelten, wie die Regierungsbezirke Niederbayern, Oberpfalz und Unterfranken sowie der äußerste Westen (Regierungsbezirk Trier) und der Nordwesten (Regierungsbezirke Aurich, Osnabrück, Lüneburg). Allerdings konnten diese Regionen keine solche „Interes-

---

246 Vgl. Williamson 1965, S. 15, 30. Er argumentiert auf der Ebene von Provinzen, Ländern bzw. Bundesländern.

247 Orsagh 1968, S. 295-299. Er stützt seine Untersuchung ebenfalls auf Provinzen und Länder. Für die Zeit vor 1913 schätzte er das Pro-Kopf-Einkommen mittels der Erwerbsstrukturen in den Regionen (vgl. hierzu Kap. 3.2.3).

248 Kaelble und Hohls 1989, S. 288-413.

249 Ebd. S. 350.

250 Im Folgenden ebd., S. 353.

senphalanx“ (Kaelble/Hohls) aufbauen wie der östliche großgrundbesitzende Adel, weshalb sie kaum ins Bewusstsein traten.[251] Die unterentwickelten agrarischen bundesrepublikanischen Gebiete waren durch kleinbäuerliche und kleinstädtische Armut charakterisiert.

In einer neueren Langzeitstudie zu Arbeit und Einkommen in Deutschland von Rüdiger Hohls werden zwar Daten für effektive Löhne und Einkommen differenziert nach Branchen, Geschlecht und Regionen auch für die dreißiger Jahre vorgeführt, jedoch ohne die dokumentierten regionalen Unterschiede zu kommentieren.[252] Die vorgelegten regional differenzierten Lohnreihen von Arbeitern und Angestellten haben insofern eher Quellencharakter.

Auch Hachtmann berichtet über regionale Unterschiede der effektiven Nominaleinkommen (er geht wie Hohls ebenfalls nicht auf die für Wohlfahrtsbetrachtungen bedeutsameren Realeinkommen ein).[253] Seine Ergebnisse deuten darauf hin, dass das bekannte West-Ost-Gefälle von 1929 bis 1938 im Großen und Ganzen stabil blieb. Zudem berichtet er über regionale Disparitäten der Arbeitslosigkeit und über das unterschiedliche Tempo des Abbaus der Unterbeschäftigung in den Regionen im Zuge des Wirtschaftsaufschwungs nach 1932.[254]

Eine weitere Arbeit, die sich explizit mit der Zwischenkriegszeit beschäftigt, hat Dietmar Petzina vorgelegt. Er geht auf die Frage nach dem Einfluss der Weltwirtschaftskrise und des anschließenden wirtschaftlichen Aufschwungs auf die regionalen Veränderungen des Wohlstandsgefälles (anhand des Indikators Volkseinkommen je Einwohner) ein. Seine Untersuchung zeigt einen Zusammenhang zwischen dem Industrialisierungsgrad und der Stärke des wirtschaftlichen Rückgangs in der Weltwirtschaftskrise. Insbesondere Regionen mit einer Konzentration an Produktionsmittelindustrie erlebten anschließend einen schnelleren und stärkeren Wirtschaftsaufschwung. In den 1930er Jahren lässt sich eine Veränderung des Einkommensgefälles hin zu den süd- und südwestdeutschen Gegenden zuungunsten der Gebiete mit traditionell hohem Industriebesatz, wie den Regionen an Rhein und Ruhr sowie Mitteldeutschland und Schlesien, erkennen.[255] Weiterhin stellt Petzina fest, dass bereits im ersten Drittel des 20. Jahrhunderts eine Verringerung der regionalen Disparitäten im Vergleich zur Hochindustrialisierungsphase, in der die regionale Ungleichheit wuchs, eintrat. Den Grund für die Korrektur sieht er darin, dass sich der „Südwesten zur ersten Wachstumszone, deren herausragendes Merkmal eine breite industrielle Palette in mittelständigen Unternehmen bildete“, entwickelte.[256]

---

251 Ebd.

252 Hohls 1991, Tabellenanhang Teil 1 und 4.

253 Vgl. Hachtmann 1989, S. 147-153, bes. Tab. 12. S. 148, u. Tab. 13, S. 151.

254 Vgl. v.a. Hachtmann 1987, S.177-208.

255 Petzina 1976, S 10-42, v.a. 24.

256 Petzina 1994, S. 106.

Petzina widmet sich auch der Untersuchung des Nord-Süd-Gefälles in der Bundesrepublik. Für die 1950er Jahre hält er fest, dass sich „das historisch bedingte Wohlstandsgefälle scheinbar erneut stabilisiert hatte."[257] Seit Mitte der 1950er Jahre reduzierte sich seiner Meinung nach das regionale Wohlstandsgefälle im Vergleich zur Zwischenkriegszeit in einem hohen Tempo. Die neuen Wachstumsregionen waren die Bundesländer Baden-Württemberg und Hessen (vor allem die Gebiete Rhein-Neckar, Stuttgart und Rhein-Main), nachdem in der ersten Hälfte der fünfziger Jahre die Industrieregionen NRWs noch einmal mit ihrer schwerindustriellen Prägung ein hohes Wirtschaftswachstum erlebten.[258]

Die einzige Arbeit, die gezielt regionale ökonomische Entwicklungstendenzen mit Sterblichkeitsunterschieden in Deutschland verknüpft, stammt von Frank. Ihr Schwerpunkt liegt jedoch auf der langfristigen Entwicklung regionaler Wohlfahrtsunterschiede zwischen 1849 und 1939, so dass der für diese Studie relevante Zeitraum nur durch das Stichjahr 1939 vertreten ist.[259]

Die Untersuchung von Baten und Wagner, die ein breiter angelegtes Wohlfahrtsmaß, den Biologischen Lebensstandard, verwendet, beschäftigt sich auch mit regionalen Veränderungsprozessen während der frühen NS-Zeit zwischen 1933 und 1937. Sie gehen dem regional unterschiedlichen Sterblichkeitsanstieg während dieses Zeitraums nach. Sie kommen zu dem Ergebnis, dass die nationalsozialistische Preisregulierungs- und Autarkiepolitik zu einer Unterversorgung mit hochwertigen Lebensmitteln in bestimmten Regionen geführt hat (in Großstädten und traditionellen Proteinimportregionen an Flüssen und an der Küste), wodurch der biologische Lebensstandard in diesen Regionen gesunken ist.[260]

Während sich die bisher angesprochenen Forschungen auf die Entwicklung der regionalen Wohlstands- und/oder Wohlfahrtsunterschiede konzentrierten, wird im Folgenden noch kurz die Forschungslage zu den nicht-ökonomischen Bereichen des Lebensstandards dargelegt, auch wenn sich diese Arbeiten nicht originär mit der Frage der regional unterschiedlichen Wohlfahrt befassen, wohl aber Hinweise auf strukturelle und/oder politische Ursachen der regionalen Unterschiede enthalten.

Während es einige Untersuchungen zu regionalen Unterschieden der Mortalität gibt, insbesondere der Säuglingssterblichkeit im 19. Jahrhundert, die teilweise bis in die zwanziger Jahre des 20. Jahrhunderts reichen,[261] ist die Forschungslage für die Zeit nach dem Ersten Weltkrieg zunehmend durch Unkenntnis charakterisiert. Wie Michael Haines und Jörg Vögele zur Säuglingssterblichkeit feststellten: „...even less work on infant mortality after WWI. Research on post 1945 developments is almost non-

---

257 Ebd., S. 106.

258 Ebd., S. 107.

259 Frank 1994.

260 Vgl. z.B. Baten und Wagner 2003b, S. 114-123.

261 Vgl. die wichtigsten neueren Arbeiten zur Säuglingssterblichkeit: Spree 1995, S. 13-19, Kintner 1982, Imhof 1981.

existing."[262] Ähnlich gestaltet sich die Forschungslage zu den anderen Mortalitäts- bzw. Morbiditätsindikatoren. Eine der wenigen Studien, die den Mortalitätsrückgang in Deutschland auf der Ebene von Regierungsbezirken zwischen 1860 und 1935 untersucht, stammt von Hallie Kintner und Michael Haines, die aber wiederum lediglich ein Stichjahr des Untersuchungszeitraumes abdeckt, nämlich 1925.[263] Neben diesen quantitativen Arbeiten existieren wenige qualitative Arbeiten zur Gesundheitspolitik der verschiedenen politischen Regime des Untersuchungszeitraumes, die teilweise regionale Aspekte abdecken oder sich auf eine bestimmte Region beziehen.[264] Eine quantitativ abgesicherte Überprüfung der Wirkung der politischen Maßnahmen auf den Gesundheitszustand der Bevölkerung unterblieb jedoch in der Regel, und vergleichende Regionalanalysen fehlen vollständig.

Neben den landesgeschichtlichen Darstellungen, die auch Informationen zur jeweiligen Schulentwicklung enthalten,[265] stellen Lokal- und Regionalstudien auch in der historischen Bildungsforschung vor allem seit den 1990er Jahren ein expandierendes Forschungsfeld dar. Sie liefern wichtige Detailergebnisse, sind aber aufgrund der fehlenden Vergleichsperspektive kaum verwertbar.[266]

Die einschlägigen schulstatistischen Dokumentationen widmen sich vor allem den langfristigen Strukturveränderungen der mittleren, höheren oder universitären Bildung (1800-1945).[267] Sie sind jedoch zur vergleichenden Regionalanalyse nur bedingt brauchbar, da sie erstens eine starke Fokussierung auf den preußischen Staat aufweisen. Zweitens fehlen für die Zeit nach 1926 zumeist die Daten für die unteren Aggregationsebenen (wie den preußischen Provinzen).[268] Systemstrukturelle Unterschiede zwischen den deutschen Ländern werden zwar angesprochen, eine ausführliche vergleichende Diskussion der länderspezifischen Strukturen, Bildungspolitiken und Expansionspfade ist jedoch ein klares Forschungsdesiderat.

Ähnliches gilt für die 1950er Jahre der Bundesrepublik. In den einzelnen Handbüchern finden sich zwar Hinweise auf die länderunterschiedlichen Entwicklungen, aber selten erfolgt eine ausführliche Diskussion dieser Unterschiede und ihrer Determinanten.[269] Erste Anfänge stellen die vergleichenden Untersuchungen der Schulsystementwicklung der beiden politischen Systeme (DDR und BRD) in verschiedenen Regionen

---

262 Haines und Vögele 1999, S. 14.

263 Vgl. Haines und Kintner 2000.

264 Vgl. z.B. für Berlin während der Weimarer Republik: Stöckel 1996; für Bayern nach 1945 siehe Lindner 2001; für NRW Sons 1983; Woelk 2002.

265 Siehe z.B. den sehr informativen Beitrag Kirchhoffs zur Schulpolitik in Nordrhein-Westfalen in einem Sammelband zum 40jährigen Bestehen des Landes Nordrhein-Westfalen (Kirchhoff 1986).

266 Vgl. zusammenfassend Kemnitz, Tenorth und Horn 1998.

267 Titze 1987, 1995; Müller 1997b; Herrmann 2003.

268 Vgl. z.B. Tabellen zu Schülern in höheren Schulen in den preußischen Provinzen bei Herrmann 2003, Tabellenteil 3.1, S. 157-455.

269 Siehe Wollenweber 1980, Tab. 10.

dar.[270] Die einzige Arbeit, die systematisch die unterschiedliche Bildungsbeteiligung und -expansion in den deutschen Ländern für die 1950er Jahre dokumentiert, stammt von Edding und Carnap.[271]

Insgesamt muß der Forschungsstand zu diesem Kapitel als disparat bezeichnet werden. Die Mehrzahl der quantitativ vergleichenden Arbeiten zu regionalen Wohlfahrtsdifferenzen beschäftigt sich mit der Frage nach der Verschärfung/Abmilderung dieser Disparitäten und deren Ursachen im Industrialisierungsprozeß. Diese Untersuchungen liefern zwar wichtige Einzelinformationen zur Entwicklung des materiellen Lebensstandards in den Regionen, eine differenzierte und konsistente Analyse des Lebensstandards über den Untersuchungszeitraum hinweg leisten sie jedoch nicht. Zudem kommen sie je nach betrachtetem Zeitraum, Indikator und Aggregationsebene zu teilweise unterschiedlichen Aussagen über die Veränderungen der regionalen Wohlstandsdifferenzen. Eine Berücksichtigung nicht-ökonomischer Variablen existiert bisher darüber hinaus nur in äußerst begrenztem Umfang, so dass eine umfassendere, methodisch stringente Untersuchung der regional unterschiedlichen Wohlfahrtsentwicklung noch aussteht.

Während die wirtschaftliche Entwicklung und die Wirtschaftspolitik der deutschen Staaten größere Aufmerksamkeit gefunden hat[272], ist die Gesundheits- und Bildungspolitik auf Länderebene im Untersuchungszeitraum, vor allem vor 1945, wenig erforscht, und auch statistisch-quantitative regional vergleichende Untersuchungen existieren kaum. Aufgrund dieses Mangels an ländervergleichenden Studien konnten die Ursachen der regionalen Disparitäten in den einzelnen Bereichen des Lebensstandards und deren Entwicklung hier nur angedeutet werden, oder es musste auf gesamtstaatliche Aussagen zurückgegriffen werden.

Eine der Vorbedingungen für die Erklärung der regionalen Unterschiede des Lebensstandards in den Regionen und ihrer Entwicklung ist zunächst die Deskription dieser Disparitäten. Bei den Dimensionen Gesundheit und Bildung werden auch einige Gründe und Tendenzen der regionalen Unterschiede anhand der vorliegenden Studien angedeutet. Für die meisten ausgewählten Indikatoren wurden überhaupt erstmals regional differenzierte Daten, die z.B. auch Stadt-Land-Unterschiede einschließen, vorgelegt. Im nächsten Abschnitt wird deshalb ausführlich auf die Auswahl und Zusammensetzung der Regionalstudie, die Schätzung der Indikatoren und die damit verbundenen Probleme eingegangen.

---

270 Vgl. Drewek 2001.

271 Edding und Carnap 1962.

272 Bayern: Bergschmidt 1964; Erker 1991; Lanzinner 1996, Frey 2003; NRW: Petzina 1986; Petzina 1990; für Sachsen: Bramke u.a. 1992; Hess 1995, Megerle 1995.

3.2 Methodik der Regionalanalyse

3.2.1 Zusammensetzung der Regionalstudie und praktische Probleme

Die Durchführung einer regional differenzierten quantitativen Untersuchung des Lebensstandards im Betrachtungszeitraum ist mit einer Vielzahl von praktischen Problemen verbunden, weshalb bis heute nur wenige Studien existieren, die sich der Entwicklung regionaler Unterschiede in Deutschland in der ersten Hälfte des 20. Jahrhunderts widmen.

Die wichtigste Ursache für diesen Mangel ist in den zahlreichen Verschiebungen der äußeren Grenzen sowie der innerdeutschen Verwaltungseinheiten, insbesondere infolge des Ersten und Zweiten Weltkrieges (einschließlich der deutschen Teilung) zu suchen.[273] Dabei ist häufig unklar, welche historischen Gebiete miteinander verglichen werden können und sollen. Auch kam es durch die Hyperinflation Anfang der zwanziger Jahre, die Weltwirtschaftskrise 1930-32 sowie die beiden Weltkriege zu einer Einstellung statistischer Serien bzw. zu einer Nichtveröffentlichung wesentlicher Ergebnisse, die teilweise auch nicht in deutschen Archiven erhalten sind. Zudem gestalten sich quantitative Regionalstudien durch die weitgehend unabhängig voneinander arbeitenden Statistischen Ämter der verschiedenen deutschen Länder zeitaufwendig. Ein Großteil der einschlägigen Informationen im Untersuchungszeitraum wurde in den jeweiligen Reihen der einzelnen Länder separat veröffentlicht. Dadurch unterscheiden sich die publizierten Daten häufig hinsichtlich Inhalt, Umfang, Struktur und Qualität, trotz der Einrichtung des Statistischen Reichsamtes im Jahr 1871 und dessen Bemühungen um Standardisierungen.[274]

Die intensiven Nachforschungen ergaben, dass die benötigten Daten auf Regierungsbezirksebene fehlen. Deshalb war es nicht möglich, wie geplant eine größere Stichprobe von Regierungsbezirken zu erstellen. Das größte Hindernis stellte dabei die Eingliederung des Statistischen Preußischen Landesamtes in das Statistische Reichsamt im Jahr 1934 dar, die zu einem substantiellen Rückgang der für die preußischen Gebiete veröffentlichten Daten bereits ab dem Jahr 1931 führte. Die dadurch entstandene Datenlücke konnte auch nicht mittels archivalischer Materialien geschlossen werden.[275] Außerdem stellte sich heraus, dass in der Bundesrepublik Deutschland während des Untersu-

---

273 Vgl. zu den Hindernissen deutscher Regionalforschung z.B. Kaelbe und Hohls 1989, S. 290.

274 Vgl. in Bezug auf Mortalitätsdaten Haines und Kintner, 2000, S. 84; zur Gesundheitsstatistik Spree 1990; Kohler 1991, S. 275-298; zur Bildungsstatistik Titze 1990. Zu den Quellen zur Bildungsstatistik in der Bundesrepublik siehe auch Köhler 1977.

275 Recherchen im Bundesarchiv wie auch eine Umfrage bei einigen Hauptstaats- und Staatsarchiven erbrachten nicht die erforderlichen Ergebnisse.

chungszeitraumes keine altersspezifischen Sterblichkeitsziffern oder entsprechende Grunddaten unterhalb der Ebene von Bundesländern erhoben worden sind.[276]

3.2.2 Auswahl der Regionen und Stichjahre

Auswahl der Regionen: Obwohl Regierungsbezirke und Städte[277] als Grundeinheiten regionale Unterschiede schärfer zu erfassen gestatten als Bundesstaaten und -länder sowie Provinzen,[278] war es aufgrund der dargelegten Schwierigkeiten nicht möglich, eine größere Stichprobe von Regierungsbezirken zu erstellen. Um einen Überblick über die Wohlfahrtsentwicklung im Deutschen Reich und in der Bundesrepublik Deutschland auf regionaler Ebene zu gewinnen, wird zunächst die Entwicklung der ausgewählten Lebensstandardindikatoren für die größeren Länder (soweit möglich auch für die preußischen Provinzen) des Deutschen Reichs und der BRD diskutiert. Ergänzend dazu konnte eine Fallstudie für Bayern auf Regierungsbezirksebene in der Zwischenkriegszeit durchgeführt werden. Die Quellenlage gestaltete sich außerdem für Großstädte etwas besser, so dass für die Städte München, Frankfurt/M. und Köln ein Vergleich der Entwicklung des Lebensstandards der Zwischenkriegszeit mit den fünfziger Jahren möglich ist.

Die Auswahl der Stichjahre richtete sich neben dem Kriterium der historischen Sinnhaftigkeit im untersuchten Kontext auch nach der Quellenlage, da bestimmte notwendige Daten (wie z.B. der Bevölkerungsaufbau) nicht jährlich überliefert sind. Die Stichjahre der Untersuchung bilden die Jahre um die Volkszählungen herum, d.h. 1924/26, 1932/34, 1936/39, 1949/51, 1960/62 und das Jahr 1955.[279] Zur Vereinfachung im weiteren Text und in den Tabellen werden bei den Development Indizes die Stichjahre immer nur mit 1925, 1933, 1939 etc. angegeben.

---

276 Nach Auskunft des Bayerischen Landesamtes für Statistik und Datenverarbeitung sind Angaben über die Gestorbenen in verschiedenen Altersklassen auf Regierungsbezirksebene in der Bundesrepublik Deutschland erst ab 1986 vorhanden.

277 Kreise als Untersuchungseinheiten wurden bereits zu Beginn der Untersuchung aufgrund des völlig unzureichenden Quellenmaterials auf dieser Aggregationsebene ausgeschlossen.

278 Vgl. Kaelble und Hohls 1989, S. 355-358.

279 Wünschenswert wäre es auch, die Jahre 1920/21 und 1946/47 zu berücksichtigen. Die Datenlage gestaltet sich jedoch zu diesen beiden Zeitpunkten äußerst mangelhaft. So sind Einkommensschätzungen z.B. für das Jahr 1920/21 kaum möglich, weil keine Berufszählung vorliegt. Außerdem besitzen Einkommensschätzungen zu diesen beiden Zeitpunkten aufgrund von Inflation und Angebotsverknappung kaum einen Aussagewert über den materiellen Lebensstandard.

3.2.3 Vorstellung der Indikatoren: Daten und Berechnungsmethode

Einkommen (Volkseinkommen pro Kopf in den Werten von 1961): Für die deutschen Länder und preußischen Provinzen sowie für die Bundesländer wurden die Volkseinkommensdaten der amtlichen Statistik verwendet. Sie liefert Daten für die Jahre 1926, 1928, 1932, 1934, 1936 und ab 1950 jährlich auf Ebene der Bundesländer.[280] Zur Deflationierung der regionalen Volkseinkommen pro Kopf wurde der gesamtstaatliche Konsumentenpreisindex benutzt.

Amtliche Sozialproduktsdaten auf Regierungsbezirks- und Städteebene liegen frühestens ab 1950 vor, weshalb diese für die Zwischenkriegszeit nach einer ursprünglich von Orsagh entwickelten Methode geschätzt wurden.[281] Zunächst wurde ein Zusammenhang zwischen den Beschäftigungsstrukturdaten bzw. -anteilen und den vorhandenen regionalen Sozialproduktsdaten geschätzt. Die Daten der Beschäftigten in den Sektoren stammen aus den Berufszählungen 1925 und 1933. Sie wurden in Verbindung mit den regional differenzierten Volkseinkommensdaten aus dem Jahr 1926 bzw. 1932 verwendet.

Mit Hilfe multipler Regression wurde das folgende Modell geschätzt:

$$Y_i = \beta_0 + \beta_1 A + \beta_2 M + \beta_3 S$$

wobei Y_i das Volkseinkommen zu den jeweiligen Preisen der Region i, A der Anteil der im primären Sektor Beschäftigten an allen Erwerbspersonen der Region i, M der Anteil der Beschäftigten im sekundären Sektor an allen Erwerbspersonen der Region i und S der Anteil der Beschäftigten im tertiären Sekoren an allen Erwerbstätigen der Region i. Das Volkseinkommen der Regierungsbezirke und Städte wurde anschließend anhand der Beschäftigungsstrukturen 1925, 1933 und 1939 und der geschätzten Regressoren ermittelt.[282]

---

280 Vgl. z.B. Das deutsche Volkseinkommen vor und nach dem Kriege, Einzelschriften zur Statistik des deutschen Reichs Nr. 24, Berlin 1932. Erster Weltkrieg und Inflation führten dazu, dass das Statistische Reichsamt nach 1913 erst wieder ab dem Jahre 1925 Volkseinkommensberechnungen durchführte.

281 Vgl. Orsagh 1968, S. 280-311. Die von Orsagh entwickelte Methode zur regional disaggregierten Einkommensschätzung wurde auch von anderen Wirtschaftshistorikern angewandt. Für Volkseinkommensschätzungen auf Regierungsbezirksebene für das Jahr 1939 vgl. Frank 1994, Anhang 8, Tab. O. Siehe auch Einkommensschätzungen auf Ebene von Regierungsbezirken z.B. für das Jahr 1926 von Haines und Kintner 2000, S. 83-102.

282 Für das Jahr 1939 liegt zwar eine Berufszählung, aber keine regional disaggregierte amtliche Volkseinkommensschätzung vor. Die Einkommensdaten für dieses Jahr wurden deshalb anhand der Berufszählung von 1939 für alle Gebiete geschätzt, indem die Koeffizienten einer Schätzung für die Erwerbstätigenanteile im primären, sekundären und tertiären Sektor aus der Berufszählung von 1933 und die Volkseinkommensdaten des Jahres 1936 unterstellt wurden. Die daraus resultierenden Einkommenswerte sind jedoch – weil anhand der Koeffizienten der Regression für das Jahr 1933/36 ermittelt – im Niveau etwas zu niedrig. Damit die Daten auch in der Längsschnittanalyse verwendbar sind, wurden sie in einem zweiten Schritt mit dem für das Deutsche

In der Bundesrepublik mussten die städtischen Einkommen in der ersten Hälfte der 1950er Jahre teilweise geschätzt werden. So wurde das BIP pro Kopf für Berlin und München für 1955 durch die durchschnittliche jährliche Wachstumsrate des BIP je Einwohner zwischen 1954 und 1957 (Berlin) bzw. 1950 und 1957 (München) ermittelt. Das Pro-Kopf-Einkommen Kölns wurde für die Stichjahre 1950 und 1955 geschätzt, indem das gleiche wirtschaftliche Wachstum wie in NRW angenommen wurde.
Arbeitslosigkeit: Im Betrachtungszeitraum gibt es keine verlässliche amtliche Arbeitslosenstatistik, die nach einem einheitlichen, gleichbleibenden Konzept erhoben worden wäre.[283] Aus diesem Grunde mussten auch in dieser Studie verschiedene Statistiken benutzt werden.[284] Die regionalen Arbeitslosenzahlen für das Jahr 1925 wurden anhand der für das gesamte Reich bekannten Arbeitslosenzahl unter Zuhilfenahme der Statistik der Hauptunterstützungsempfänger, die auf Länderebene im Reichsarbeitsblatt veröffentlicht worden ist, geschätzt. Dabei wurde die für das Deutsche Reich insgesamt bekannte Arbeitslosenzahl entsprechend der regionalen Verbreitung der Hauptunterstützungsempfänger verteilt.[285] Für das Jahr 1933 stammen die Daten aus der Volkszählung, in der die Erwerbslosen gesondert ausgeführt wurden.[286] Für das Jahr 1939 wurden die bei den Arbeitsämtern gemeldeten Arbeitslosen verwendet.[287] Die Angaben der Arbeitslosen beziehen sich für die Zwischenkriegszeit auf Mitte Juni des entsprechenden Stichjahres und damit auf einen saisonmäßigen Tiefpunkt der Arbeitslo-

---

Reich insgesamt bekannten Pro-Kopf-Einkommen für 1939 in Verbindung gesetzt; die Höhe der Pro-Kopf-Einkommen in den Regionen wurde entsprechend korrigiert.

283 Für einen Überblick über die verschiedenen Arbeitslosenstatistiken in Deutschland und deren Repräsentativität und Validität vgl. Lohr 1982. Für die Zeit der Weimarer Republik siehe Lewek 1992, S. 89-94. Zur Aussagekraft der amtlichen Arbeitslosenzahlen im „Dritten Reich" vgl. Hachtmann 1987, S. 177-227.

284 Zur Problematik der Schätzung regionaler Arbeitslosenzahlen für den Zeitraum 1924 bis 1933 siehe z.B. van Riel und Schram 1993, S. 87-88.

285 Für die bayerischen Regierungsbezirke wurde das gleiche Verfahren benutzt, indem die Hauptunterstützungsempfänger in den Regierungsbezirken und die geschätzte Arbeitslosenzahl für Bayern insgesamt verwendet wurden. In den Städten wurde zur Schätzung der Quotient von Arbeitslosen zu den Hauptunterstützungsempfängern für das deutsche Reich benutzt.

286 Die Erwerbslosen nach den Angaben der Berufszählung von 1933 enthalten im Gegensatz zu den Meldungen der Arbeitsämter sogenannte Fürsorge-, Notstands- oder Pflichtarbeiter und die Personen im Freiwilligen Arbeitsdienst, wenn sie zuvor arbeitslos waren (vgl. dazu Fritz 2001, S. 21).

287 Die Angaben der Länder und Ostpreußens beziehen sich dabei auf die Landesarbeitsamtsbezirke, deren Grenzen jedoch teilweise erheblich von den politischen Landesgrenzen abweichen. Das Landesarbeitsamt Ostpreußen stimmt im Wesentlichen mit der Provinz Ostpreußen überein. Das Landesarbeitsamt Mitteldeutschland umfasst folgende Gebiete: Provinz Sachsen, Land Thüringen, Land Anhalt. Die Provinz Hessen-Nassau und das Land Hessen ergeben das Landesarbeitsamt Hessen. Das Landesarbeitsamt Bayern entspricht dem Land Bayern und das Landesarbeitsamt Südwestdeutschland beeinhaltet das Land Württemberg, das Land Baden und den preußischen Regierungsbezirk Sigmaringen. Kleinere Gebietsabweichungen wurden dabei nicht berücksichtigt (vgl. Syrup 1936, S. 65-66).

sigkeit.[288] In der Bundesrepublik gelten die Angaben in der Regel für den Monat September. Die Arbeitslosen im jeweiligen Gebiet, bezogen auf die entsprechenden abhängigen Erwerbspersonen[289] (Angestellte, Beamte und Arbeiter) aus den Berufszählungen (Deutsches Reich) bzw. laufenden Erhebungen (Bundesrepublik), bildeten die regionale Arbeitslosenrate in Prozent.[290]

Schuleinschreiberaten im sekundären Bildungssektor: Bei der Regionalanalyse geht die Komponente Bildung in Form der Bruttoschuleinschreiberate im sekundären Bildungssektor in den Index ein.[291] Eine Miteinbeziehung der regionalen Unterschiede der tertiären Bildung wäre erstrebenswert, ist jedoch aufgrund der Quellenlage nicht zu leisten, weil die an den verschiedenen Hochschulen eingeschriebenen Studenten nicht durchgängig nach ihrem Herkunftsort erfasst wurden.

Zur Berechnung der Schuleinschreiberaten (Schüler im sekundären Bildungssektor pro 1.000 der Altersgruppe 10-18 Jahre) wurden für die ersten zwei Stichjahre, wie auf nationaler Ebene, die reichsweiten schulstatistischen Erhebungen der Jahre 1926/27 und 1931/32, ergänzt durch die statistischen Angaben in den Publikation der Länder, benutzt.

Die Angaben für die bayerischen Regierungsbezirke stammen für die Jahre 1926/27 und 1931/32 aus den Amtsblättern des Bayerischen Staatsministeriums für Unterricht und Kultus. Weil die reichsweiten schulstatistischen Erhebungen nicht mit den Zensusjahren zusammenfallen, musste die Bevölkerung zwischen 10 und 18 Jahren für eines der beiden Kalenderjahre ebenfalls extrapoliert.

Die Daten für den Besuch der höheren Schulen im Jahre 1939 wurden für die deutschen Länder und die bayerischen Regierungsbezirke dem Wegweiser durch das höhere Schulwesen des Deutschen Reiches entnommen. Der Wegweiser durch das mittlere Schulwesen (Schuljahr 1940) enthält die Zahl der Schüler in den mittleren Schulen auf Länderebene. Diese Quelle enthält für 1939 keine Angaben über die Mittelschüler in den bayerischen Regierungsbezirken. Diese errechneten sich deshalb, indem die für Bayern bekannte Zahl der Schüler des Jahres 1939 auf die Regierungsbezirke umgelegt wurde. Dabei wurde die regionale Verteilung der Mittelschüler aus dem Jahr 1932/33 unterstellt.

Die Zahl der Schüler im sekundären Bildungssektor für die Städte München, Köln und Frankfurt/M. entstammen den Publikationen der jeweiligen Statistischen Ämter. Sie

---

[288] Für 1931/32 gibt Reithinger den saisonalen Tiefpunkt im Juni 1931 und den Höchstpunkt im Februar 1932 an (Reithinger 1932, S.7).

[289] Zum Konzept der Erwerbspersonen in den jeweiligen Berufszählungen und deren Vergleichbarkeit siehe Fritz 2001, S. 20, 22.

[290] Die Angaben für die bayerischen Regierungsbezirke sind nur bis 1938 erhältlich. Deshalb wurde die bekannte Arbeitslosenzahl Bayerns vom Juni 1939 auf die Regierungsbezirke anhand der regionalen Verbreitung der Arbeitslosen im Juni 1938 verteilt.

[291] Zur Definition des sekundären Bildungssektors vgl. Tabelle B-1 in Anhang I-B.

beziehen sich auf eines der beiden Schuljahre des jeweiligen Kalenderjahres der Volkszählung.[292]

Nach 1945 musste in noch stärkerem Maße auf die Publikation der Statistischen Ämter der einzelnen Bundesländer bzw. Städte zurückgegriffen werden. Die Anzahl der Schüler bezieht sich, wiederum wie auf nationaler Ebene, auf die Bevölkerung eines der beiden Kalenderjahre im Schuljahr. Für einige Gebiete lagen für das Stichjahr 1955 keine Angaben über die relevanten Altersjahrgänge vor, so dass diese durch lineare Interpolation geschätzt wurden.

Altersspezifische Sterbeziffern/Lebenserwartungen: Das Statistische Reichsamt bzw. Bundesamt veröffentlichte einige Sterbetafeln während des Untersuchungszeitraumes (1924/26, 1932/34, 1946/47, 1949/51, 1960/62) für den jeweiligen Gesamtstaat. Sterbetafeln für die verschiedenen deutschen Länder wurden nur vereinzelt berechnet,[293] weshalb die Lebenserwartungen für die regionalen Einheiten mittels altersspezifischer Sterberaten geschätzt wurden.[294] Ein Problem stellte die teilweise mangelhafte Berichterstattung der Mortalität in den höheren Altersgruppen dar. Bei fehlender Ausweisung der Sterblichkeit in diesen Altersklassen wurde deshalb die Altersmortalität des Deutschen Reiches bzw. der Bundesrepublik Deutschland angenommen.[295] Für das Volkszählungsjahr 1939 publizierte das Statistische Reichsamt nicht mehr die Gestorbenen nach Alter auf der Ebene der Länder, so dass die altersspezifische Mortalität für das Jahr 1938 errechnet wurde.[296] Der Bevölkerungsaufbau für 1938 wurde mittels Extrapolation geschätzt.[297] Soweit man die altersspezifischen Mortalitätsraten für die Jahre 1937, 1938 oder 1939 in den jeweiligen Publikationen der Länder und Städte veröffentlichte, wurden diese zur Schätzung der Lebenserwartungen verwendet. Für die Provinz Ostpreußen und Berlin war die Anzahl der Gestorbenen nach Alter nur für die Jahre 1936 und 1937 erhältlich. Der für diese Jahre fehlende Bevölkerungsaufbau wurde ebenfalls extrapoliert. Weil die bayerische Statistik für die Volkszählung 1933 aufgrund der Weltwirtschaftskrise nur einen verkürzten Bevölkerungsaufbau publizierte, musste

---

292 Für Frankfurt am Main musste der Anteil der Schüler und Schülerinnen in den nicht-städtischen Schulen im sekundären Bildungssektor für die Jahre 1925 und 1933 geschätzt werden. Dabei wurde das Verhältnis der Schülerzahlen in städtischen und nicht-städtischen Schulen aus dem Jahre 1939 angenommen.

293 Z.B. in Bayern für das Jahr 1924/26, in Sachsen für das Jahr 1924/26 und 1932/34 sowie in verschiedenen Bundesländern 1960/62 (vgl. Statistisches Jahrbuch für Bayern 1936; Zeitschrift des Sächsischen statistischen Landesamtes 1928/29, S. 103-116; 1934/35, S. 84-88; Statistisches Bundesamt 1960/62, S.22)

294 Haines 1994, Appendix B.

295 Zu dieser Vorgehensweise siehe Shryock u.a. 1973, S. 440.

296 Aus diesem Grunde beziehen sich alle Sterblichkeitsindizes – soweit möglich – auf das Jahr 1938. Außerdem wurde das Stichjahr 1938 dem Jahr 1939 vorgezogen, um mögliche Kriegseinflüsse zu vermeiden. Die Säuglingssterblichkeit lag beispielweise 1939 in den meisten Regionen schon über dem Niveau von 1938 (vgl. Quellen in Anhang II-B-1).

297 Zum Verfahren vgl. Norfleet und Serow 1985, S. 41-44.

zur Berechnung der altersspezifischen Mortalität der bayerischen Regierungsbezirke und Münchens die Bevölkerung zwischen ein und fünf Jahren für dieses Jahr mittels linearer Interpolation geschätzt werden.[298] Ebenso musste die Bevölkerung zwischen ein und fünf Jahren für die Stadt Frankfurt am Main für das Volkszählungsjahr 1939 extrapoliert werden. Für München musste der Bevölkerungsaufbau für 1955 linear interpoliert werden. Analog wurde die hessische Kindersterblichkeit für dieses Stichjahr bestimmt.

Die geschätzten Lebenserwartungen bei der Geburt von Männern und Frauen wurden zu einer Lebenserwartung für beide Geschlechter zusammengefasst, indem der mit dem jeweiligen Bevölkerungsanteil der beiden Geschlechter gewichtete Durchschnitt gebildet wurde. Die Lebenswartung ab dem fünften Lebensjahr und die Kindersterblichkeit wurden durch einen ungewichteten Durchschnitt der beiden Geschlechter gebildet.

Säuglings- und Müttersterblichkeit: Die Säuglings- und Müttersterblichkeit konnte aus den jeweiligen Quellen direkt berechnet werden.[299] Zu beachten ist, dass es während des Untersuchungszeitraumes zu einer Veränderung der statistischen Erfassung der Bevölkerungsbewegungen kam. Ab dem Jahr 1933 wurden Geburten und Sterbefälle im Deutschen Reich nach dem Wohnortprinzip erfasst und damit Verzerrungen bei der statistischen Erfassung der Sterbefälle und Geburten behoben.[300] Auch die Statistischen Ämter der Städte gingen im Laufe der dreißiger Jahre dazu über, bei der Bevölkerungsbewegung zwischen den Ortsansässigen und den Ortsfremden zu unterscheiden. Im Gegensatz zum Statistischen Reichsamt erfassten sie damit nicht die Bevölkerungsbewegung der Städter außerhalb ihres Wohnortes, so dass die Zahlen der Reichsstatistik und die Angaben in den Publikationen der Statistischen Ämter der Städte ein wenig von einander abwichen. Während dieser Registrierungswechsel für größere Regionen kaum eine Rolle spielen dürfte, beeinflusst er jedoch die Ergebnisse für die kleineren Gebietseinheiten (vor allem Städte).

Morbidität: Als Morbiditätsindikator wurde die Zahl der gemeldeteten Erkrankten an Tuberkulose der Atmungsorgane pro 10.000 Einwohner verwendet, da die Tuberkuloseinzidenz ein sensibler Indikator für die Qualität der Gesundheitsversorgung, den Ernährungszustand und die körperliche Belastung vor allem der sozial schwächeren Bevölkerungsteile darstellt.[301] Die Zahl der Erkrankungen an Tuberkulose der

---

[298] Schätzverfahren beschrieben in United Nations 1983, Annex IV, S. 239-240.

[299] Im Falle der Kindersterblichkeit vgl. die Berechnungsmethoden der altersspezifischen Sterblichkeiten zur Schätzung der Lebenserwartungen.

[300] In der Statistik des Deutschen Reichs Bd. 495, S. 12 heißt es: „Die Geborenen und Gestorbenen sind ab dem Jahre 1933 nach dem Wohnort der Eltern der Geborenen sowie der Gestorbenen gezählt. Nur in Württemberg, Braunschweig, Anhalt, Mecklenburg und Lippe konnte das Wohnortsprinzip nicht eingeführt werden."

[301] Vgl. Süß 2003, 381. Der Anstieg der Tuberkuslosesterblichkeit während der Kriegs- und Inflationszeit zu Beginn des 20. Jahrhunderts wurde von den Zeitgenossen als ein Indiz für den Zusammenhang zwischen Tuberkulosesterblichkeit und Lebensstandard gewertet (vgl. z.B. Gries-

Atmungsorgane ist auf Ebene der preußischen Regierungsbezirke und der meisten deutschen Länder ab dem Jahr 1931 vorhanden.[302] Eine reichseinheitliche Meldepflicht wurde aber erst durch die „Verordnung zur Bekämpfung übertragbarer Krankheiten vom 1.12.1938“ eingeführt.[303]
Informationen über die Verbreitung von Infektionskrankheiten liefert neben den sanitätspolizeilichen Meldungen über die anzeigepflichtigen Krankheiten die standesamtliche Todesursachenstatistik. Die Todesursachenstatistik gilt als die relativ vollständigere Erfassung der Sterbefälle, weil für jeden Gestorbenen zur Beisetzung ein Totenschein ausgestellt werden musste. Eine Kontrolle über die Erfüllung der Anzeigepflicht bei den sanitätspolizeilichen Meldungen bestand hingegen nicht.[304] Die verwendeten, im Reichs-Gesundheitsblatt veröffentlichten Meldungen über die Tuberkulosemortalität wurden deshalb mit der standesamtlichen Todesursachenstatistik verglichen. Bei Abweichungen wurden die entsprechenden sanitätspolizeilichen Angaben über die Zahl der Sterbefälle und Erkrankungen korrigiert.

Fehlende Daten vor 1938 wurden mittels der folgenden Regression anhand eines Querschnittes von Tuberkuloseerkrankungen und Tuberkulosemortalität in den Regierungsbezirken bzw. Ländern für das Jahr 1938 geschätzt:[305]

$$\text{Tuberkulosemorbidität} = \underset{(0,718)}{1,147} + \underset{(5,261)}{1,614}\ \text{Tuberkulosemortalität}^{306}$$

$$R^2 = 0,343,\ N=54$$

Beim Vergleich der Tuberkulosemorbiditätsrate im Deutschen Reich und der Bundesrepublik Deutschland ist zu beachten, dass nach der reichseinheitlichen Meldepflicht für Tuberkulose aus dem Jahr 1938 „jede Erkrankung, jeder Verdacht einer Erkrankung und jeder Sterbefall an a) ansteckender Lungen- und Kehlkopftuberkulose, b) Hauttu-

bach 1941, S. 8; Goldstein 1931, S. 351). Neueste systematische Untersuchung von Tuberkulosesterblichkeit und sozialer Ungleichheit bei Condrau 2000, S. 47-56; zur sozialen Konstruktion der Tuberkulose siehe auch Hähner-Rombach 2000, S. 29-35; für eine Kritik an der Aussagekraft von Tuberkulosemorbiditätsziffern siehe dies., S. 56-58.

302 Vgl. hierzu Reichs-Gesundheitblatt, Statistische Sonderbeilage (versch. Jgg.).

303 Deutsches Zentralkomitee zur Bekämpfung der Tuberkulose 1952, S. 51. Keine Anzeigepflicht gab es bis 1938 in den Ländern Bayern, Württemberg, Hessen, Hamburg, Braunschweig und Bremen. Erst mit der Einführung der Anzeigepflicht im Jahr 1938 sind auch Angaben für das gesamte Deutsche Reich verfügbar (vgl. Gesundheitsstatistisches Auskunftsbuch für das Deutsche Reich 1936, S. 196).

304 Pohlen 1936, S. 199*.

305 Das Sample besteht aus den preußischen, bayerischen und sächsischen Regierungsbezirken und verbleibenden deutschen Ländern (ohne Schaumburg-Lippe und Saarland).

306 Danach bestand 1938 ein positiver Zusammenhang zwischen Tuberkulosemorbidität und -mortalität, d.h. in den Gebieten mit hoher Tuberkulosesterblichkeit ergab sich auch eine hohe Tuberkulosemorbidität. Eine Umkehrung dieses Verhältnisses, nämlich eine Auseinanderentwicklung von Tuberkulosemortalität und –morbidität lässt sich im Zeitverlauf nach dem Zweiten Weltkrieg feststellen (vgl. Ickert 1952, S.107-109).

berkulose und c) Tuberkulose anderer Organe“ anzeigepflichtig war. Die Anzeigepflicht nach 1946 war hingegen umfangreicher. Sie unterschied drei Formen von Lungentuberkulose: Gruppe Ia: ansteckende Lungentuberkulose mit Bazillennachweis, Ib: ansteckende Lungentuberkulose ohne Bazillennachweise und Ic: aktive Tuberkulose anderer Organe.[307] Der Indikator der Tuberkulosemorbidität umfasst daher für die Zeit des Deutschen Reichs die Neuerkrankungen an „ansteckender Lungen- und Kehlkopftuberkulose“ und für die Bundesrepublik die Neuerkrankungen der Gruppe Ia und Ib. Köln wies als einziges Gebiet keine solche Unterscheidung auf. In den statistischen Reihen Kölns wurden nur die Neuerkrankungen an Tuberkulose der Atmungsorgane insgesamt veröffentlicht. Aus diesem Grunde mussten die Zahlen für Köln korrigiert werden, indem das gleiche Verhältnis von Neuerkrankungen an Tuberkulose (Ia und Ib) zur Tuberkulose (alle Gruppen) der Atmungsorgane wie in Frankfurt am Main angenommen wurde.

Tabellen 3-1 und 3-2 fassen die in den regionalen Human Development Index (HDI_r) bzw. in den deutschlandspezifischen Development Index (DDI_r) eingehenden Indikatoren und deren Grenzwerte zusammen.[308]

Im Folgenden richtet sich der Blick auf die regionalen Unterschiede der Lebensstandardindikatoren und deren Verlauf in den jeweiligen Stichjahren während der Zwischenkriegszeit. Bevor man die verschiedenen Indikatoren zu einem Gesamtindex zusammenfasst, ist es sinnvoll diese vorab separat zu diskutieren, damit regionale Unterschiede und Entwicklungstendenzen der einzelnen Wohlfahrtsdimensionen durchschaubar und nachvollziehbar bleiben. Insbesondere vor dem Hintergrund, dass Gesamtindizes häufig vorgeworfen wird, durch die Zusammenfassung von Indikatoren und unklaren Gewichtungen an Aussagekraft zu verlieren, ist diese Vorgehensweise angezeigt.

Anschließend werden regionale Disparitäten und regional unterschiedliche Entwicklungspfade anhand der beiden Gesamtindizes (HDI_r, und DDI_r) und deren Komponenten dargelegt. Danach erfolgt ein Vergleich der Ergebnisse der verschiedenen Wohlfahrtsmaße (Volkseinkommen pro Kopf, HDI_r und DDI_r). In der Folge werden die Einflüsse von Gewichtungsvariationen auf die Resultate dargelegt. Am Ende dieses Ab-

---

[307] Ickert 1952, S. 51-52.

[308] Obwohl sich die Indikatoren von regionalem und nationalem HDI etwas unterscheiden, wurden ihnen zumeist gleiche bzw. ähnliche Grenzwerte zugewiesen, um die Gewichtungen der einzelnen Indikatoren beizubehalten. Die Grenzwerte des regionalen HDI stimmen deshalb mit demjenigen des nationalen HDI überein. In der Folge entspricht die Gewichtung der Lebensstandardkomponenten der historisch angepassten HDIs (national und regional) der des universalen HDI. Im Falle des DDI_r mussten wegen der Einbeziehung der Tuberkulosemorbidität als weiterem Indikator die Maximum- und Minimumwerte etwas variiert werden. Mit den in der Tabelle verwendeten Grenzwerten entsprechen die Gewichtungen der Indikatoren des regionalen DDI_r denjenigen des nationalen DDI (mit Ausnahme der Müttersterblichkeit). Die Müttersterblichkeit weist eine etwas geringere Bedeutung im DDI_r als im nationalen DDI auf, weil eine Verringerung der Spannweite zur Erhöhung der Gewichtung nicht möglich war.

schnittes erfolgt eine Diskussion über die Einflüsse von Datenvariationen und alternativer Annahmen über die Entwicklung einzelner Lebensstandardbereiche. Abschließend findet eine Zusammenfassung der wichtigsten Befunde statt. In ähnlicher Weise wird danach den regionalen Wohlfahrtsdisparitäten und deren Veränderungen in der Bundesrepublik in den 1950er Jahren nachgegangen.

3.3 Regionale Unterschiede und Wohlfahrtsentwicklung in der Zwischenkriegszeit

Den regionalen Wohlfahrtsunterschieden wird in der Zwischenkriegszeit, wie oben beschrieben, anhand der größeren deutschen Länder, der Stadtstaaten Hamburg und Bremen[309] sowie dreier weiterer Städte (Frankfurt/M., Köln und München) nachgegangen. Bayern konnte nach Regierungsbezirken aufgeschlüsselt in die Regionalstudie aufgenommen werden. Weil für Preußen die Datenlage in den dreißiger Jahren ungenügend ist, werden hier für die diachrone Betrachtung zwei Extreme hinzugezogen, das vorwiegend agrarisch strukturierte Ostpreußen einerseits und Berlin andererseits. Insgesamt steht damit für jede größere Region Deutschlands (Ost, Mitte, West, Nord-West, Süd) mindestens eine Beispielregion zur Verfügung.[310]

3.3.1 Die ausgewählten Wohlfahrtsindikatoren

3.3.1.1 Überblick über die regionalen Einkommensunterschiede in der Zwischenkriegszeit

Am Anfang der Untersuchung steht ein Überblick über die wichtigsten Entwicklungslinien des Wohlstandsgefälles in Deutschland anhand der Einzelstaaten und preußischen Provinzen, der dazu dienen soll, die Regionalstudie in den Forschungsstand einzubinden. Die Tabelle 3-3 veranschaulicht die Entwicklung des Volkseinkommens je Einwohner in den Regionen zwischen 1913 und 1936. Es zeigt sich das bereits aus dem 19.

---

[309] Bei den Hansestädten beziehen sich die Daten, wenn nicht anders vermerkt, auf das Land Hamburg bzw. Bremen.

[310] Zur Einteilung der Regionen siehe Tabelle 3-3. Die östliche Region des Deutschen Reichs ist mit Berlin und Ostpreußen vertreten. Die Mitte Deutschlands wird durch das Land Sachsen und Thüringen eingebunden. Hessen, Frankfurt/M. und Köln repräsentieren den Westen Deutschlands. Aus der nord-westlichen Region stehen die Stadtstaaten zur Verfügung. Der Süden Deutschlands ist mit den bayerischen Regierungsbezirken (einschl. München), Württemberg und Baden vertreten.

Jahrhundert bekannte West-Ost-Gefälle und die im Westen feststellbare Abstufung von Nord nach Süd,[311] wobei jedoch einige signifikante Veränderungstendenzen auffallen.

Die preußischen Ostprovinzen (ausgenommen Berlin-Brandenburg) und die südlichen Länder wiesen ein unter dem Reichsdurchschnitt liegendes Pro-Kopf-Einkommen auf, während der Nord-Westen über ein überdurchschnittliches Einkommensniveau verfügte. In der Mitte Deutschlands gehörte das Land Sachsen zu den herausragenden Gebieten, das jedoch ab 1936 seine Spitzenposition als Flächenstaat mit dem höchsten Pro-Kopf-Einkommen an Württemberg verlor.[312] Ebenso verringerte sich die Bedeutung der westlichen Industriegebiete, da das Durchschnittseinkommen des Westens bereits 1928 unter dem Reichsdurchschnitt lag. Aus der letzten Spalte der Tabelle, die die Veränderungen des Pro-Kopf-Einkommens zwischen 1913 und 1936 ausweist, wird das überdurchschnittliche Wachstum der süddeutschen Staaten, vor allem Württembergs und Bayerns, deutlich. Diese erreichten bis 1936 sogar das Einkommensniveau des stark industrialisierten Westens.[313] Auch die wirtschaftsschwachen östlichen Provinzen konnten bis dahin etwas aufschließen, während ehedem herausragende Gebiete wie Sachsen, alle westlichen preußischen Provinzen, Berlin und Hamburg eine Abnahme oder Stagnation des Pro-Kopf-Einkommens gegenüber 1913 hinnehmen mussten, ohne jedoch ihre führenden Positionen einzubüßen.

Insgesamt konnte der Osten und im besondere Maße der Süden aufholen, während die in der Mitte Deutschlands liegenden Gebiete in der Tendenz stagnierten, das Einkommen in der nord-westlichen Region etwas zurückging und der stark industrialisierte Westen deutlich verlor.

Wie sah die regionale Ungleichheit des Pro-Kopf-Einkommens gemäß den für die vorliegende Untersuchung ausgewählten Regionen und Stichjahren aus und wie entwickelte sie sich?

Die Städte verfügten über das höchste Pro-Kopf-Einkommen (vgl. hierzu Tab. 3-4 und insb. Tab. 3-5). Berlin stand, abgesehen von 1932, an der Spitze der Einkommensskala. Von den Flächenstaaten wies Sachsen und anschließend in den dreißiger Jahren Württemberg das höchste Pro-Kopf-Einkommen auf, gefolgt vom preußischen Staat und Baden. Ländliche Gebiete wie Ostpreußen und die meisten bayerischen Gebiete hatten ein im Vergleich zum Deutschen Reich deutlich unterdurchschnittliches Pro-Kopf-Einkommen. Eine Ausnahme bildeten die Regionen Oberbayern-München und

---

311 Für das 19. und frühe 20. Jahrhundert siehe Borchardt 1966.

312 Vgl. im Folgenden Petzina 1994, S. 104-106.

313 Eine Angleichung zwischen den westlichen Industriegebieten und Bayern ergab sich u.a. daraus, dass der Wirtschaftsablauf an Rhein und Ruhr (einschl. bayerische Pfalz) durch Gebietsverluste und Eingriffe der Besatzungsmächte beeinträchtigt war, wodurch sich andere deutsche Landesteile wie Bayern als Industriestandort anboten. Zugleich gab es in Bayern einen Arbeitskräfteüberschuß und ein geringes Lohnniveau und der Energieträger Kohle verlor zunehmend an Bedeutung. Eine flächendeckende Industrialisierung Bayerns setzte jedoch in den 1920er Jahren nicht ein (vgl. Blaich 1979, S. 238)

Mittelfranken-Nürnberg. Das reale Volkseinkommen je Einwohner reichte in den 1930er Jahren in der Region Schwaben-Augsburg nahe an den Reichsdurchschnitt.[314]

Die regionalen Einkommensunterschiede schwächten sich in der Zwischenkriegszeit etwas ab (vgl. Tab. 3-4).[315] Die Regionen mit einem höheren Anteil an Agrargebieten wie Ostpreußen und weite Teile Süddeutschlands litten weniger unter den Folgen der Weltwirtschaftskrise als die stärker industrialisierten Gebiete wie Sachsen, Thüringen und Hessen.[316] In Bayern reduzierte sich das Pro-Kopf-Einkommen am stärksten in den Regierungsbezirken Oberbayern, Mittelfranken und der Pfalz[317]. Neben diesen Regionen waren hauptsächlich die Städte, v.a. Berlin und Hamburg, von der Weltwirtschaftskrise betroffen. Württemberg schaffte während der Weltwirtschaftskrise den Aufstieg zum Flächenstaat mit dem höchsten Einkommen.[318]

Der anschließend einsetzende Wirtschaftsaufschwung war besonders ausgeprägt in Thüringen und Bayern.[319] Innerhalb Bayerns war der Einkommensanstieg am stärksten in Oberbayern, Mittelfranken und der Pfalz.[320] Ostpreußen erhöhte sein Pro-Kopf-Einkommen zwischen 1933 und 1939 ebenfalls überproportional. Das Land Sachsen hingegen profitierte vom NS-Rüstungsaufschwung nur unterproportional, was seinem hohen Anteil an Konsumgüterindustrie und insbesondere Textilindustrie zugeschrieben wird.[321]

---

314 Bis zum Ersten Weltkrieg war Bayern charakterisiert als eine Agrarregion mit wenigen und isolierten industrialisierten Gebieten wie den Stadtregionen München, Nürnberg, Augsburg und Teilen Oberfrankens (vgl. Bosl 1985, S. 23).

315 Der Variationskoeffizient ist das gebräuchlichste relative Streuungsmaß (vgl. Frank 1994) und wird im Folgenden verwendet, um konvergierende oder divergierende Verlaufsmuster der einzelnen Kennziffern des Lebensstandards darzulegen. Der Variationskoeffizient des Volkseinkommens pro Kopf reduzierte sich durchgängig von 0,294 (1925) über 0,254 (1933) auf 0,222 (1939), was eine deutliche Verringerung der regionalen Ungleichheit nahelegt.

316 Vgl. hierzu Petzina 1976, S.14-15. Ebenso Wirtschaft und Statistik 1934, S. 733. Die Schrumpfung im Agrarsektor war aufgrund der Kontinuität der landwirtschaftlichen Produktion (auch bei sinkenden Preisen) nicht so ausgeprägt wie der Rückgang an Preisen und Produktion im sekundären und tertiären Sektor. Zu den wirtschaftlich stabilisierenden Faktoren in Bayern siehe Erker 1991, S. 484; Erker 1996, S. 330; Lanzinner 1996, S. 167.

317 Zum allgemein abgeschwächten Verlauf der Krise, ausgenommen die Großstädte, bereits Fürnthaler 1939, S. 74. Die Auswirkungen der wirtschaftlichen Krise wurden in der Pfalz verschärft durch die geographische Lage der Pfalz (die durch Territorialveränderungen im Zuge des Ersten Weltkriegs ihre benachbarten Absatzmärkte verlor) und die wirtschaftliche Struktur mit vielen kapitalschwachen Mittel- und Kleinbetrieben (vgl. Meinzer 1993, 167).

318 Zum milderen Verlauf der wirtschaftlichen Krise Anfang der 1930er Jahre in Württemberg siehe Schnabel 1982.

319 Zum Wirtschaftsaufschwung in Thüringen siehe John 1995, S. 113-117; John 1996, S. 48-50.

320 Vgl. hierzu Frey 2003, S. 50-51. Frey zufolge waren die bayerischen Städte am stärksten am konjunkturellen Aufschwung in den dreißiger Jahren beteiligt.

321 Petzina kommt zu dem Ergebnis, dass der NS-Aufschwung in Industrieregionen mit einem hohen Anteil an Produktionsgüterindustrien eine schnellere und umfangreichere Erholung erfuhr als in Regionen mit einem hohen Anteil an Konsumgüterindustrien, insbesondere Textilindustrien, vor

Im Gesamtzeitraum (1926-1939) war das Wirtschaftswachstum besonders ausgeprägt in Süddeutschland (Bayern und Württemberg), während Sachsen, Hessen und auch die meisten Städte zurückblieben.[322] Damit fügen sich die Ergebnisse der Regionalstudie in die oben dargelegten größeren Entwicklungslinien der regionalen Wohlstandsentwicklung im deutschen Reich im ersten Drittel des 20. Jahrhunderts ein.

3.3.1.2 Regionale Disparitäten der Arbeitslosigkeit und alternative Berechnungen der regionalen Erwerbslosenquote

Eng verbunden mit der Einkommensentwicklung in den Regionen war die Höhe der Arbeitslosigkeit. Bevor nun die unterschiedliche Arbeitslosigkeit in den ausgewählten Gebieten zwischen 1925 und 1939 dargelegt wird, steht zunächst die Schätzung der regionalen Arbeitslosigkeit in der Mitte der 1920er Jahre und in der NS-Zeit anhand verschiedener Quellen im Mittelpunkt.

Zur Berechnung der regionalen Arbeitslosenraten bieten sich vor Einführung der Arbeitslosenversicherung 1927 vor allem zwei Statistiken an: erstens die von der Erwerbslosenfürsorge unterstützten Arbeitslosen (Hauptunterstützungsempfänger) und zweitens die Arbeitssuchenden bei den Arbeitsnachweisen (Arbeitsnachweisstatistik). Beide Statistiken sind mit Mängeln behaftet. Das Problem der Statistik der Hauptunterstützungsempfänger besteht in erster Linie darin, dass es keinen Anspruch auf Unterstützung gab, sondern bestimmte Voraussetzungen erfüllt werden mussten, bevor man in den Genuß finanzieller Hilfe kam.[323] Von besonderer Bedeutung war dabei die je nach Gemeinde und im Zeitverlauf unterschiedlich gehandhabte Bedürftigkeitsprüfung.[324]

Die Statistik der Arbeitsnachweise ist ebenfalls nicht unproblematisch. Die in dieser Statistik ausgewiesene Zahl der Arbeitssuchenden überschätzt die Zahl der tatsächlich Arbeitslosen wegen der Möglichkeit von Mehrfachzählungen (Meldungen bei verschiedenen Arbeitsnachweisen) und der Meldung von noch in Stellung befindlichen Arbeitssuchenden und nichtabgemeldeten Arbeitssuchenden, die wieder eine Arbeit aufgenommen hatten. Zudem besitzt sie nur eine geringe Repräsentativität, da ein Großteil der Stellenwechsel ohne Meldung bei den Arbeitsnachweisen vor sich ging.[325]

---

allem wenn diese „'negative' Strukturkomponente in den dreißiger Jahren nicht kompensiert" wurde (vgl. Petzina 1976, S.24). Siehe auch den Vergleich des Wirtschaftswachstums zwischen Bayern, Sachsen und Württemberg zwischen 1932 und 1936. Danach war der Einkommenszuwachs seit 1932 in Bayern am stärksten, gefolgt von Württemberg und Sachsen (vgl. Erker 1991, Tab. 1, S. 485).

322 Zu den möglichen Ursachen für das Aufholen Bayerns in der Zwischenkriegszeit siehe Erker 1991, S. 483-484.

323 Zu den verschiedenen Voraussetzungen und der sich in der Weimarer Republik verändernden Bewilligungspraxis siehe v.a. Führer 1990a S.360-434.

324 Vgl. Führer 1990a S. 386-398, insb. S. 391-392.

325 Vgl. Lohr 1982, S. 256-258; Führer 1990a S 144-145; Lewek 1992, S. 220.

Um die Unterschiede zwischen den beiden Quellen herauszuarbeiten, wurden regionale Arbeitslosenraten mit jeder der beiden Statistiken berechnet und miteinander verglichen.[326] Tabelle 3-7 illustriert für das Jahr 1925 die beiden Schätzungen in einigen ausgewählten Gebieten sowie deren unterschiedliche Rangordnungen (Spalte 5 und 6) und prozentuale Abweichungen (Spalte 4). Es wird deutlich, dass die beiden Raten in einigen Fällen deutlich voneinander abweichen. Für Württemberg ergibt sich gemäß der Arbeitsnachweisstatistik eine höhere Arbeitslosenrate als nach der Statistik der Hauptunterstützungsempfänger. Die Ursache hierfür ist in der bereits erwähnten, in den Regionen unterschiedlich streng durchgeführten Bedürftigkeitsprüfung der Erwerbslosen zu suchen. Schätzungen deuten darauf hin, dass 20 bis 30% der Arbeitslosen aufgrund fehlender Bedürftigkeit ausschieden, für Württemberg vermutet man sogar 50 bis 60%.[327]

Gemäß der Statistik der Arbeitsnachweise ergab sich auch für Ostpreußen, Berlin und Bremen eine höhere Arbeitslosigkeit. Deutlich geringere Raten würden nach dieser Quelle hingegen Thüringen, Hessen und Bremen aufweisen. Diese Unterschiede ziehen einige signifikante Wechsel in der regionalen Rangfolge der Arbeitslosigkeit nach sich. Thüringen würde beispielsweise seinen Rang um fünf Plätze verbessern, während sich Bremen und Berlin um drei bis vier Positionen verschlechtern würden.

Da aus dem vorliegenden Material nicht eindeutig geschlossen werden kann, welche der beiden Quellen die zuverlässigere ist, beziehen sich die nachfolgenden Ausführungen auf die Arbeitslosenraten gemäß der Statistik der Hauptunterstützungsempfänger, weil diese Quelle auch in der neueren Literatur zur Schätzung regionaler Arbeitslosenraten verwendet wurde.[328] Die Effekte der alternativen Berechnung der regionalen Arbeitslosigkeit auf regionale Wohlfahrtsunterschiede und –entwicklung werden in Kap. 3.3.4.3 kurz dargelegt.

In der Literatur wurde vielfach darauf hingewiesen, dass die beeindruckende Reduktion der Arbeitslosenrate zu Beginn der nationalsozialistischen Herrschaft eher Veränderungen der Erhebungsmethoden als echtem Rückgang geschuldet ist.[329] Silverman kommt nach seiner systematischen Untersuchung der Mängel der Arbeitslosenstatistik zu dem Ergebnis: „There is no evidence that the Nazis deliberately falsified labor market statistics during the years 1933 through 1935. Although authorities did ‚manipulate'

---

326 Zur Schätzung der regionalen Arbeitslosenquote anhand der Statistik der Hauptunterstützungsempfänger siehe Kap. 3.2.3. Die gleiche Vorgehensweise wurde zur Schätzung der Erwerbslosenquoten mittels der Arbeitsnachweisstatistik gewählt, wobei anstatt der Hauptunterstützungsempfänger die verfügbaren Arbeitslosen (Arbeitssuchende abzüglich Vermittlungen) benutzt wurden.

327 Lewek 1992, S. 219.

328 Van Riel und Schram 1993, S. 87-88.

329 Neueste systematische Untersuchung der Mängel der Arbeitslosenstatistik von Silverman 1998, S. 1-27, zeitgenössisch: Hemmer 1935, insb. S. 37-41; vielfach darauf aufbauend und auf regionale Unterschiede eingehend Hachtmann 1987, S.178-189

both labor market and production statistics, the impact of that manipulation on the validity of the statistics remains unclear."[330]

Zu den bedeutendsten statistischen Manipulationen des Jahres 1933 gehört, dass ab Ende Juli Notstandsarbeiter, Landhelfer und Fürsorgearbeiter nicht mehr als Arbeitslose, sondern als Beschäftigte gezählt wurden. Durch diese Maßnahme reduzierte sich die offizielle Zahl der Arbeitslosen um 619.000.[331] Der Anteil dieser „Quasi-Erwerbslosen“[332] an allen im Deutschen Reich registrierten Arbeitsdienstleistenden war mit 7,2% in Ostpreußen besonders hoch, während der Prozentsatz in Sachsen nur bei 5,9% lag.[333]

Das Problem dieser veränderten statistischen Erfassung wird hier umgangen, indem die Arbeitslosen aus der Volkszählung Mitte Juni 1933 verwendet werden. In dieser Erhebung zählten die genannten Gruppen zu den Arbeitslosen.[334]

Tabelle 3-8 vergleicht die regionalen Erwerbslosenquoten gemäß der Berufszählung von 1933 mit der sich aus den Mitteilungen der Reichsanstalt für Arbeit ergebenden Arbeitslosenrate.[335] Danach wich die regionale Verteilung der beiden Raten kaum voneinander ab. Die Arbeitslosigkeit war nach beiden Schätzungen in den Großstädten Berlin, Hamburg und Sachsen am höchsten, während das vorwiegend agrarisch strukturierte Ostpreußen am anderen Ende der Skala stand.[336]

In Anlehnung an Hemmer wurde in der neueren Literatur festgehalten, dass primär agrarische Regionen zwar eine niedrigere offene Erwerbslosigkeit aufwiesen, andererseits aber eine höhere „unsichtbare Arbeitslosigkeit“[337] besaßen. Im Sommer 1933 kamen nach Hemmer auf einen „sichtbaren Arbeitslosen“ in Ostpreußen zwei „unsichtbare Arbeitslose“, während es in Hessen 0,7 und in Sachsen nur 0,5 waren.[338] Hemmer bezieht sich in seiner Untersuchung dabei auf die amtliche Arbeitslosen- und Beschäftigtenstatistik. Die Volkszählung ging jedoch von einem weiter gefassten Begriff der Arbeitslosigkeit aus, da alle Personen als arbeitslos erfasst wurden, die sich als solche bezeichneten, ob gemeldet oder nicht gemeldet. Die Zahl der Arbeitslosen nach der Berufszählung im Juni 1933 lag deshalb um 800.000 über der bei den Arbeitsämtern fest-

330 Silverman 1998, S. 27.

331 Vgl. Silverman 1998, S. 18-19. Arbeitsdienstwillige wurden ebenfalls nicht mehr zur Kategorie Arbeitslose gerechnet.

332 Begriff von Hemmer 1935, S. 95-98.

333 Hachtmann 1987, S. 188.

334 Vgl. Fritz 2001, S. 20-21. Zudem sind die Arbeitslosen im Konzept der abhängigen Erwerbspersonen enthalten, so dass dieser Personenkreis sowohl in die Zahl der Arbeitslosen als auch der Erwerbspersonen eingeht.

335 Die verwendeten Vergleichszahlen der amtlichen Arbeitslosenstatistik stammen ebenfalls vom Juni 1933, so dass auch hier diese „statistische Manipulation“ durch das NS-Regime keine Rolle spielt.

336 Zur regional unterschiedlichen Arbeitslosigkeit 1932 siehe auch Blaich 1990, S. 61-63.

337 Zur Definition der „unsichtbaren Arbeitslosen“ siehe Hemmer 1935, 37-41.

338 Hemmer 1935, S. 147; auch zitiert bei Hachtmann 1987, S. 188.

gestellten Arbeitslosenzahl. Dieser Umstand spiegelt sich auch in der anhand der Berufszählung berechneten höheren Erwerbslosenquote in den Regionen wider.

Ein Vergleich der beiden Raten in den Regionen zeigt: Erstens lag die Arbeitslosigkeitsrate gemäß der Berufszählung in allen Regionen über derjenigen gemäß der Arbeitslosenstatistik. Zweitens war der Unterschied zwischen der Arbeitslosenquote gemäß der Volkszählung und der Arbeitslosenstatistik in Ostpreußen am höchsten und in Sachsen am geringsten. Auch in den Großstädten waren die Unterschiede zwischen den beiden Quoten geringer. Daraus ergibt sich, dass die Berufszählung auch die Arbeitslosigkeit in den landwirtschaftlichen Gegenden vollständiger erfasste.

Ingesamt lässt sich festhalten, dass die aus der Berufszählung 1933 gewonnen regionalen Arbeitslosenraten ein vollständigeres Bild liefern als die Arbeitslosenstatistik der Reichsanstalt für Arbeit, aber auch die Berufszählung tendenziell das tatsächliche Ausmaß der Unterbeschäftigung (Kurzarbeit, Scheinselbständige usw.) unterschätzt. Der Abbau der Arbeitslosigkeit gelang in den verschiedenen Regionen unterschiedlich schnell. Bis 1939 erreichten jedoch alle betrachteten Regionen Vollbeschäftigung, so dass regionale Unterschiede der Arbeitslosigkeit kaum mehr von Bedeutung waren.[339]

Abschließend wird die Entwicklung der regionalen Arbeitslosenraten (berechnet nach Hauptunterstützungsempfängern, Berufszählung und gemeldeteten Arbeitslosen) dargelegt. Diese Arbeitslosenquoten gehen auch in die im Weiteren verwendeten DDIs ein.

In einigen Regionen spielte bereits Mitte der 1920er Jahre das Problem Arbeitslosigkeit eine bedeutende Rolle. Von den größeren deutschen Staaten waren vor allem Baden und Hessen mit einer Arbeitslosenrate von 5% überproportional stark betroffen. Arbeitslosigkeit war in Hessen während des gesamten Zeitraumes ein großes Problem. In Württemberg hingegen lag die Arbeitslosigkeit während des Gesamtzeitraumes deutlich unter dem Reichsdurchschnitt. Sachsen wies trotz seines hohen Gewerbegrades in der Mitte der 1920er Jahre keine wesentlich höhere Rate der Arbeitslosigkeit auf als die meisten agrarischen Bezirke wie Ostpreußen und die Mehrzahl der bayerischen Regierungsbezirke. In den 1930er Jahren war die Arbeitslosigkeit hingegen in Sachsen, abgesehen von den Städten, immer am höchsten. Innerhalb Bayerns konzentrierte sich die Arbeitslosigkeit durchgehend auf die pfälzischen und mittelfränkischen Regierungsbezirke. Im Jahr 1925 befand sich auch die Oberpfalz unter den besonderes unter der Arbeitslosigkeit leidenden bayerischen Gebieten.

In den Großstädten herrschte Mitte der 1920er Jahre in Hamburg und in Köln die höchste Arbeitslosigkeit.

Zwischen 1925 und 1933 erhöhte sich die Arbeitslosigkeit in allen Regionen, d.h. die Wohlfahrt in dieser Dimension sank in allen Gebieten, wie der Rückgang der Indizes in der Tabelle 3-6 signalisiert. Der Anstieg der Arbeitslosenrate war besonders hoch in den

---

[339] Für einen Überblick über die Hauptzentren der Erwerbslosigkeit zwischen 1936 und 1938 siehe Schaubild 4 in Herrmann 1993, S. 167.

Großstädten, in Sachsen, Hessen und in Mittelfranken. Die vorwiegend agrarisch strukturierten Regionen wie Ostpreußen und die bayerischen Regierungsbezirke (ausgenommen Mittelfranken und Pfalz) waren hingegen deutlich schwächer von offener Arbeitslosigkeit betroffen. Württemberg wies im Vergleich zu allen betrachteten Regionen (außer Schwaben) den geringsten Wohlfahrtsverlust auf. Insgesamt verzeichneten die hochindustrialisierten Gebiete Deutschlands die höchste Arbeitslosigkeit, während die landwirtschaftlich dominierten Gegenden in geringerem Umfang davon erfasst wurden.[340] Erwerbslosigkeit war zudem in den Großstädten verbreiteter als in ländlichen Gegenden.[341]

Der Rückgang der Arbeitslosigkeit verlief in den Regionen unterschiedlich. Geschwindigkeit und Stärke des Rückgangs in den jeweiligen Gebieten waren primär abhängig von der Wirtschaftsstruktur, den außenwirtschaftlichen Verflechtungen und der geographischen Lage.[342] Aus rüstungspolitischen Gründen profitierten Gebiete mit Produktions- bzw. Investitionsgüterindustrie stärker als jene mit überwiegender Konsumgüterindustrie. Die Autarkiepolitik hemmte zunächst auch den Aufschwung in vormals stark exportorientierten Landstrichen. Aufgrund ihrer Grenznähe konnten zudem Gegenden wie Baden oder Sachsen kaum Rüstungsaufträge anziehen.[343] Bis zum Kriegsbeginn erreichte jedoch jede betrachtete Region Vollbeschäftigung. Die Erwerbslosenquote lag im Juni 1939 überall unter einem Prozent. Zwischen 1933 und 1939 war damit der Zuwachs in dieser Wohlfahrtsdimension in jenen Gegenden am ausgeprägtesten, die auch am schwersten in der Weltwirtschaftskrise unter Arbeitslosigkeit gelitten hatten.

3.3.1.3 Die Schulbesuchsquote und deren Verlauf in den Regionen

Nach den ökonomischen Indikatoren für die Wohlfahrtskomponente „Zugang zu Ressourcen", richtet sich nun der Blick auf den zweiten Bereich des Lebensstandards: Bildung. Zu Beginn wird kurz die institutionelle Gliederung des sekundären Bildungssektors (mittlere und höhere Schulen) dargelegt. Dem schließt sich eine Erörterung der regionalen differentiellen sekundären Schulbesuchsquoten, ihrer Entwicklung und potentiellen Ursachen an.

In der Mitte der zwanziger Jahre gliederte sich das Schulsystem in allen Ländern in Grund- und Fortbildungsschulen.[344] Das höhere Schulwesen war durch eine fast un-

---

340 Überblick über regionale Unterschiede der Arbeitslosigkeit in der Weltwirtschaftskrise siehe zeitgenössisch: Reithinger 1932, S. 7-14. Außerdem Petzina 1987, S. 244-245.

341 Vgl. Petzina 1987, S. 250; Hachtmann 1987, S. 188.

342 Vgl. Hachtmann 1989, S. 37-38. Zusammenhang zwischen regional unterschiedlich hoher Arbeitslosigkeit und Grenznähe bei Syrup 1936, S. 149.

343 Vgl. zu Baden Paul 1995, S. 79-86 und S. 94-95;

344 Vgl. hierzu Eilers 1963, S. 51. Das im April 1920 verabschiedete Reichsschulgesetz erklärte die untersten vier Jahrgangsstufen der Volksschule zur für alle geltenden Grundschule. Damit wurden

überschaubare Typenvielfalt geprägt.[345] Nach der Machtübernahme wurde die Vereinheitlichung der höheren Schulen vorangetrieben. Mit der Reform 1937 ließ man nur noch drei Grundtypen der höheren Schulen zu (altsprachliches Gymnasium, naturwissenschaftliche und neusprachliche Oberschule).[346] Die Mädchen konnten nur noch zwischen neusprachlichem und hauswirtschaftlichem Zweig wählen.[347] Mittelschulen gab es nicht in allen Ländern und ihre rechtliche Stellung war zudem verschieden.[348] Sie bildeten teilweise eine selbständige Schulgattung wie in Preußen, teils waren sie an Volksschulen angegliedert wie in Sachsen. In Bayern gab es nur für Mädchen Mittelschulen. Die Abgrenzung der mittleren Schulen gegenüber den Volksschulen einerseits und den höheren Schulen andererseits erfolgte bis 1938 nicht nach allgemein gültigen Merkmalen. Die amtliche Statistik für 1931/32 vermerkt dazu: „Zu ihnen (mittlere Schulen) werden gerechnet außer den eigentlichen Mittelschulen, deren Ziel die mittlere Reife bildet, die sogenannten Bürgerschulen, Rektoratsschulen, höhere Mädchenschulen, Töchterschulen, usw. Ihr Lehrplan ist der der Mittelschule oder einer der verschiedenen Typen der höheren Lehranstalten."[349] Während die mangelnde Abgrenzung zwischen mittleren und höheren Schulen für die vorliegende Untersuchung nicht von Bedeutung ist, da beide Schulgattungen zum sekundären Bildungssektor zusammengerechnet wurden, erwies sich die unvollständige Abgrenzung von Mittelschule und Volksschule als problematisch. Sachsen, Hessen und Hamburg verfügten über keine eigenständigen Mittelschulen, sondern besaßen gehobene Volksschulzüge, die zwar mit den preußischen Mittelschulen vergleichbar waren, aber nach der amtlichen Statistik nicht zu den mittleren Schulen gezählt wurden.[350] Eine Angleichung des regional unterschiedlichen Mittelschulwesens erfolgte mit der Mittelschulreform von 1938; diese beseitigte die sogenannten Rektoratsschulen, d.h. mittlere Schulen, die nach dem Lehrplan der höheren Schulen arbeiteten. Außerdem wandelte man die gehobenen (höheren) Ab-

---

die Vorschulklassen der mittleren und höheren Schulen überflüssig und lösten sich im Laufe der 1920er Jahre auf. Vgl. Lundgreen 1981, S. 32.

345 Vgl. zum Aufbau des höheren Jungen- und Mädchenschulwesen Eilers 1963, S. 59. Zu den Institutionen des allgemeinen deutschen Schulwesens zwischen 1900 und 1980 vgl. Lundgreen 1981, Schaubild 1.

346 Vgl. Eilers 1963, S. 57.

347 Zum Mädchenschulwesen siehe Kap. 4.2.2.

348 Zur Darstellung der mittleren Bildung in den verschiedenen deutschen Ländern zeitgenössisch Löffler 1928, 109-112 und S. 124-129. Grundlegend zum Aufbau und Ausbau des mittleren Schulwesens im deutschen Schulsystem Zymek 1989, S. 168-171; siehe auch Eilers 1963, S. 51.

349 Statistik des Deutschen Reichs 438, 1933, S. 21. Ähnliche Definition in: Das Schulwesen im Deutschen Reich. Schuljahr 1926/27. Vierteljahrshefte zur Statistik des Deutschen Reichs 39, Jahrgang 1930.

350 In der amtlichen Schulstatistik von 1931/32 wurde zum Problem der mittleren Schulen vermerkt: „Von den Ländern weist Preußen rund 5/6 der Gesamtzahl der mittleren Schulen und ihrer Schüler auf... In Sachsen, Hessen, Bremen, Mecklenburg-Strelitz und Schaumburg-Lippe sind im Schuljahr 1931/32 keine mittleren Schulen festgestellt worden." (Statistik des Deutschen Reichs 438, 1933, S. 23-24).

teilungen der Volksschule in Mittelschulen oder Aufbauzüge um.[351] In der Folge dieser mangelnden Abgrenzung zwischen Mittelschulen und Volksschulen ergab sich vor allem bis 1939 eine gewisse Verzerrung in der regionalen Verteilung des sekundären Schulbesuchs, wie im Weiteren noch gezeigt wird.

Die regionalen Schulbesuchsquoten im sekundären Bildungssektor sind in Tabelle 3-9 zusammengestellt. Die höchsten Raten wiesen traditionell die Städte auf, wobei innerhalb der verschiedenen Städte große Unterschiede bestanden. Im Jahr 1926 besuchten beispielsweise 23% der 10 bis 18jährigen in Frankfurt/M. eine mittlere oder höhere Bildungsanstalt, während es in Hamburg und München nur 16% waren. Auffallend sind weiterhin die mit Abstand sehr niedrigen sekundären Schulbesuchsquoten in Sachsen und auch in Bayern zu Beginn des Untersuchungszeitraumes. In den anderen Flächenstaaten unterschied sich die Schulbeteiligung im sekundären Bildungssektor im Jahr 1926 kaum. Lediglich in Preußen lag sie in diesem Jahr deutlich über dem Niveau der anderen Länder. Innerhalb Bayerns besaßen die Regierungsbezirke Niederbayern, Oberpfalz und Oberfranken extrem geringe Schulbesuchsraten. Sie befanden sich durchweg am unteren Ende der regionalen Rangordnung. Nur in Oberbayern und in Mittelfranken reichten aufgrund der Großstädte die Quoten an diejenigen der anderen Länder heran. Ostpreußen hatte zwar einen deutlich geringeren Anteil von Schülern, die weiterführende Schulen besuchten, als die westlichen preußischen Provinzen, im innerdeutschen Vergleich wies es jedoch mit einem Rang von acht bis neun in den jeweiligen Stichjahren eine mittlere Position auf.[352]

Da sich das Angebot an höheren Schulen in den Städten konzentrierte, waren es vor allem die städtischen Jugendlichen, die in den Genuß einer weiterführenden Bildung kamen, trotz eines beträchtlichen Anteils von „Auswärtigen“.[353] Im Jahr 1939 hatte fast ein Drittel der Schüler und Schülerinnen seinen Wohnort außerhalb des Schulortes.[354]

---

351 Der Wegweiser durch das mittlere Schulwesen des Deutschen Reichs Schuljahr 1940, 2. Jahrgang, 1942, S. 12.

352 Die Schulbesuchsquoten im sekundären Bildungssektor betrugen für das Schuljahr 1926/27: Ostpreußen 10,0; Stadt Berlin 21,1; Brandenburg 9,2; Pommern 9,9; Schlesien 8,9; Sachsen 11,3; Schleswig-Holstein 13,5; Hannover 11,0; Westfalen 9,7; Hessen-Nassau 12,3; Rheinprovinz 11,3; Schuljahr 1931/32: Ostpreußen 11,9; Stadt Berlin 29,0; Brandenburg 11,1; Pommern 12,1; Schlesien 10,8; Sachsen 13,9; Schleswig-Holstein 16,8; Hannover 13,5; Westfalen 11,3; Hessen-Nassau 15,0; Rheinprovinz 13,1; für das Schuljahr 1939: Ostpreußen 10,1; Stadt Berlin 23,8; Brandenburg 9,2; Pommern 9,7; Schlesien 8,3; Sachsen 11,2; Schleswig-Holstein 13,6; Hannover 11,3; Westfalen 9,5; Hessen-Nassau 11,6; Rheinprovinz 10,6. Eigene Berechnung nach Quellen siehe Anhang II-B-1.

353 Vgl. Wehler 2003, S. 457. Allgemein zur Problematik der nicht am Schulort wohnenden Schüler vgl. Zymek 1989, S. 181-184.

354 Vgl. Wegweiser durch das höhere Schulwesen des Deutschen Reichs Schuljahr 1939, S. 9*. Ähnliche Angaben für 1936 für das Deutsche Reich bei Zymek 1989, S. 183, für Preußen bei Herrmann, 2003, S. 163. Zwischen den Regionen gab es jedoch erhebliche Unterschiede, insbesondere zwischen städtischen und ländlichen Gebieten. In der Stadt Berlin besuchten 1939 gerade einmal 5% „auswärtige“ Schüler eine öffentliche höhere Schule für die männliche Jugend,

Davon war die Hälfte Fahrschüler, und acht Prozent waren am Schulort untergebracht (in Schülerheimen, Privatpensionen, bei Verwandten). Fahrt und Unterbringung stellten eine erhebliche finanzielle Belastung dar. In Ostpreußen kostete beispielsweise das billigste Schülerheim im Jahr 1939 45 Reichsmark, was etwa einem halben Monatslohn eines ostpreußischen Arbeiters entsprach. In Niederbayern und der Oberpfalz betrug die monatliche Unterbringung in einem Schülerheim zwischen 25 und 60 Reichsmark, während das Bruttowocheneinkommen eines Arbeiters im Jahr 1938 19 Reichsmark betrug.[355] Hinzu kamen noch die Ausgaben für das Schulgeld.[356] 1935 wurde das Schulgeld um ein Drittel erhöht.[357] Familien mit mehreren schulpflichtigen Kindern (mindestens drei) konnten Ermäßigung erhalten; bei der Gewährung spielte jedoch die politische Konformität eine Rolle. Mit Streichung der Schulgeldermäßigung konnten z.B. die Eltern von Schülern der mittleren und höheren Schulen rechnen, wenn ihre Kinder nicht der Hitler-Jugend oder dem Bund Deutscher Mädel beitreten wollten.[358] Angesichts dieser Kosten verwundert es nicht, wenn in der gesamten Zwischenkriegszeit die relative Bildungsbeteiligung an weiterführenden Schulen in den ärmeren ländlichen Regionen niedrig blieb.

In den 1960er Jahren wurde festgestellt, dass vor allem katholische Mädchen in Bayern in einem vorwiegend ländlichen, katholischen Umfeld im Bereich weiterführender Bildung benachteiligt waren[359] Dies traf sicherlich auch auf die Zwischenkriegszeit zu und spiegelt sich exemplarisch in den äußerst niedrigen Schulbesuchsquoten Niederbayerns, insbesondere auch von Mädchen (vgl. Tabelle 4-8), wider.

Regionale Unterschiede der sekundären Bildungsbeteiligung ergeben sich aber auch aus schulstrukturellen Unterschieden zwischen den Ländern, insbesondere in Bezug auf das mittlere Schulwesen bis zum Jahr 1938. Wie bereits erwähnt verfügten Sachsen,

---

während es in Ostpreußen über 50% waren. Ähnlich niedrig wie in der Stadt Berlin war die Zahl der nicht am Schulort Wohnenden in Hamburg (7%). In Bayern hingegen betrug der Prozentsatz der „auswärtigen" Schüler 72% (berechnet nach Wegweiser durch das höhere Schulwesen des Deutschen Reichs Schuljahr 1939).

355 Die Angaben zu den Unterbringungskosten stammen aus dem Wegweiser durch das höhere Schulwesen des Deutschen Reichs Schuljahr 1939, S. 10*-18*. Zur Lohnhöhe siehe Hachtmann 1989, S. 148, Tab. 12.

356 In Bayern betrug im Schuljahr 1930/31 das Schulgeld an staatlichen höheren Unterrichtsanstalten jährlich 140 RM (Bek. d. Staatsmin. f. Unt. u. K. v. 24.6.30 Nr. VIII 25 339 über das Schulgeld an den staatlichen höheren Unterrichtsanstalten, abgedruckt in Amtsblatt des Bayer. Staatsministeriums für Unterricht und Kultur 1930, S. 140). Unter bestimmten Umständen (Begabung, Würdigkeit und Bedürftigkeit) konnte man sich ganz oder teilweise vom Schulgeld befreien lassen (vgl. hierzu z.B. für Bayern Bek. d. Staatsmin. f. Unt. u. Kult. v. 31.12.32 Nr. VIII 37308 über das Schulgeld an den staatlichen höheren Lehranstalten für die männliche Jugend, abgedruckt in Amtsblatt des Bayer. Staatsministeriums für Unterricht und Kultus, 1932, S. 221-224).

357 Vgl. Wehler 2003, S. 774. Die dafür notwendige rechtliche Maßnahme (Verordnung, Gesetz etc.) ist leider nicht angegeben.

358 Trapp 1994, S. 69.

359 Vgl. Metz-Göckel 1996, S. 376.

Hessen und Hamburg über kein eigenständiges Mittelschulwesen, sondern es gab gehobene Volksschulzüge, die aber mit den preußischen Mittelschulen vergleichbar waren. Die sekundäre Bildungsbeteiligung in diesen Ländern ist deshalb etwas unterschätzt. Insbesondere die niedrige Schulbesuchsrate Sachsens ist bis 1939 auf die fehlende Berücksichtigung der gehobenen Klassen der Volksschulen zurückzuführen. Berücksichtigt man beispielsweise diese Klassen, wie sie in der Reichsschulstatistik 1931/32 ausgewiesen werden, erhöht sich die Rate des relativen sekundären Schulbesuchs in Sachsen von 9% auf 12%.[360] Damit würde sich die Position Sachsens bedeutend in der regionalen Rangfolge verbessern, wie dies dann auch im Stichjahr 1939 durch die veränderte statistische Erfassung eintritt. Die Raten Hessens und der Stadtstaaten würden sich ebenfalls erhöhen, ohne jedoch solche gravierenden Veränderungen der regionalen Rangfolge wie im Falle Sachsens hervorzurufen. Eine generelle Ausschaltung dieses Effekts war jedoch wegen der fehlenden Angaben für das Schuljahr 1926/27 nicht möglich.

In der Weimarer Republik fand ein allgemeiner Ausbau des höheren Schulwesens, insbesondere auch des Mädchenschulwesens, statt.[361] Die Bemühungen um Bestandserhaltung von Schulträgern, Direktoren und Lehrerverbänden vor dem Hintergrund schwächer besetzter Jahrgänge, die Politik der Stellenstreichungen während der Inflation sowie die Ausschöpfung von Begabten in den Volksschulen (gefördert durch die Grundschulreform Anfang der 1920er Jahre) übten auch nach 1926 eine Sogwirkung auf die höheren Schulen aus. In der Folge erhöhte sich die Besuchsquote an höheren Schulen zwischen 1926 und 1932 trotz abnehmender Schülerzahlen.[362] Gegen Ende der 1920er Jahre stieg mit sinkenden Arbeitsmarktchancen zudem die Verweildauer der Jugendlichen im Schulsystem[363]

Damit erhöhten sich zwischen 1926 und 1931 die Schulbesuchsquoten in fast allen Regionen. Neben Köln, in der als einziger Region der relative Schulbesuch abnahm, blieb die Bildungsexpansion in Thüringen und in Niederbayern weit hinter den anderen Regionen zurück. Eine starke Erhöhung des Schulbesuchs konnten die meisten Städte, Württemberg und Oberbayern (aufgrund Münchens) verzeichnen.

Mit der Machtübernahme fand dieser Expansionspfad ein Ende. Obwohl die stetig schwächer besetzten Jahrgänge der 1920er Jahre für das höhere Schulsystem relevant wurden, realisierte die nationalsozialistische Regierung zunächst noch restriktive Pläne,

---

360 Berechnet nach Quellen siehe Anhang II-B-1.

361 Vgl. Eilers 1963, S. 53; siehe auch Kap. 4.2.2.

362 Vgl. Zymek 1989, S. 176.

363 Der Philologenverband entgegnete Anfang der 1930er Jahre Kritikern dieser Situation folgendermaßen: „Was hätten sie Besseres tun sollen (als zur Schule zu gehen) in einer Zeit, da Millionen mangels einer Beschäftigung buchstäblich auf der Straße liegen. Bilden Bildung und Erziehung wirklich Werte so haben sie das Rechte getan; wer konnte ihnen einen besseren Weg zeigen?“ (zitiert in Zymek 1989, S. 187).

wie sie seit 1930 gegen den Zustrom zu den höheren Schulen diskutiert wurden.[364] Die in der zweiten Hälfte der 1930er Jahre einsetzende nationalsozialistische Schulpolitik, die eine Ausweitung der Bildungsabschlüsse bewirken sollte, konnte den Rückgang nicht mehr verhindern. Bis 1939 kam es somit zu einer markanten Verringerung der Bildungsbeteiligung im sekundären Bildungssektor im Deutschen Reich wie in allen Regionen (vgl. Tabelle 3-9). Der Rückgang war besonders ausgeprägt in den meisten Städten[365], in Preußen und in Unterfranken. Nur sehr geringfügig sank die sekundäre Bildungsbeteiligung in den Gegenden, die bereits über eine geringe Quote verfügten (wie Sachsen, Niederbayern, Oberpfalz und Schwaben).

Eine der ersten restriktiven Maßnahmen des NS-Regimes war das „Gesetz gegen die Überfüllung der deutschen Schulen und Hochschulen" vom 25.4.1933.[366] Von diesem Gesetz waren alle Schularten mit Ausnahme der Volksschulen betroffen. Die 1. Durchführungsverordnung vom selben Tag beschränkte die Zahl der neu aufzunehmenden jüdischen Schüler und Studenten auf 1,5%.[367] Außerdem durfte der Anteil jüdischer Schüler an einer höheren Schule oder Mittelschule 5% nicht überschreiten. Ausgenommen von dieser Regelung waren Kinder von „Frontkämpfern" und aus Mischehen.[368] Die Auswirkungen des „Numerus Clausus" wurden stark abgeschwächt, weil nach Schätzungen im Schuljahr 1935/36 75% aller jüdischen Schüler in höheren Schulen im Deutschen Reich diese Ausnahmeregelungen für sich geltend machen konnten.[369] Tatsächlich verließ nach einer Untersuchung für Württemberg ein Großteil der jüdischen Schüler die höheren Schulen nicht wegen der gesetzlichen Anordnungen, sondern aufgrund des schikanösen Schulalltags.[370]

Zudem wurde in den verschiedenen Ländern bereits vor der amtlichen Regelung der „Auswirkungen des Reichsbürgergesetzes auf das Schulwesen" durch das Reichserziehungsministerium im Juli 1937 mit der „Rassentrennung" der Schüler begonnen.[371] Für jüdische Schüler wurden spezielle Klassen oder Schulen eingerichtet. Immer mehr jüdi-

---

364 Vgl. im Folgenden Zymek 1989, S. 176-177, S. 188-190.

365 Der Rückgang in Hamburg mag unter anderem an der Einbeziehung der Aufbauklassen in den Volksschulen als mittlere Schulen in die amtliche Statistik abgebremst worden sein. Allerdings war auch in München der Rückgang unterproportional.

366 Vgl. Zymek 1989, S. 199-200. Im Vergleich zur Diskussion über die Begrenzungen des höheren Schul- und Hochschulbesuches während der Weltwirtschaftskrise enthielt das Gesetz eine neue rassistische Dimension. Zur Umsetzung und Durchführung des Gesetzes auf Länderebene (Westfalen) siehe Zymek 1995.

367 Vgl. z.B. Vollnhals 1996, S. 331; Zu den gesetzlichen Maßnahmen und zur speziellen bayerischen Verordnung siehe auch Fürnrohr 1997, S. 204-207.

368 Zu den Bestimmungen siehe Vollnhals 1996, S. 331.

369 Walk 1980, S. 103 zitiert in Vollnhals 1996, S. 332.

370 Vgl. Hermann 1967, S.67 zitiert in Vollhals 1988, S. 333; siehe auch Gründe für das vorzeitige Verlassen einer höheren Schule in Württemberg (ebenda, S. 339). Zu den Erfahrungen jüdischer Kinder im Schulalltag vgl. exemplarisch: Ortmeyer 2000, S. 77-105.

371 Vgl. Zymek 1989, S. 198.

sche Kinder gingen aufgrund des zunehmenden Drucks von öffentlichen Schulen ab und besuchten jüdische Schuleinrichtungen. In Regensburg (Oberpfalz) mussten beispielsweise bereits im Frühjahr 1934 alle jüdischen Schüler die städtischen höheren Schulen verlassen. Die Mehrzahl von ihnen wanderte aus.[372] Nach dem Erlass des Reichserziehungsministers vom 15. November 1938 durften jüdische Kinder nur mehr jüdische Schulen besuchen.[373] Allerdings waren die Ausweichmöglichkeiten gering. 1932 bestanden im Deutschen Reich lediglich zehn jüdische höhere Schulen.[374]

Die Verdrängung jüdischer Schüler aus den höheren und mittleren Schulen in der Vorkriegszeit war in erster Linie für den im Vergleich zum Reichsdurchschnitt überproportionalen Rückgang des Schulbesuchs in den Städten mit einem hohen jüdischen Bevölkerungsanteil von Bedeutung.[375] Der relative Anteil jüdischer Schüler in den öffentlichen höheren Schulen in Berlin lag 1933 bei 8% und sank bis 1936 auf 1,9%.[376] Im Kölner Gymnasium in der Kreuzgasse reduzierte sich der Anteil zwischen 1933 und 1934 von 6,4% auf 3,5%.[377] Im Jahr 1939 betrug der Prozentsatz an jüdischen Schülern in den anerkannten höheren Schulen Berlins 0,2%, in Frankfurt/M. 1,9% und in Köln 0,9%.[378]

Hatte in Preußen der Anteil der jüdischen Schüler an den öffentlichen höheren Schulen 1932 3,7% und 1934 2,2% betragen, waren es im Jahr 1936 nur mehr ein Prozent.[379] Im Deutschen Reich sank ihr Anteil am höheren Schulwesen zwischen 1935/36 und 1937/38 von zwei auf ein Prozent. Laut amtlicher Schulstatistik befanden sich im Jahr 1939 noch vier jüdische Schüler an öffentlichen höheren Knabenschulen im Deutschen Reich.[380] Darüber hinaus gab es noch 575 Schüler in anerkannten jüdischen Schulen (Berlin, Breslau, Frankfurt/M., Köln und Fürth).[381] Damit betrug der Anteil der jüdi-

---

372 Vgl. Ophir 1979, S. 89, zitiert in Flierl und Gschwendner 1997, S. 268.

373 Fürnrohr 1997, S. 206

374 Vgl. Vollnhals 1996, S. 342. Die Schulen befanden sich in Berlin, Breslau, Fürth, Frankfurt/M., Halberstadt, Hamburg, Leipzig und Köln.

375 Vgl. Eilers 1963, S. 100. Der Anteil an Mitgliedern der jüdischen Religion an der Gesamtbevölkerung betrug 1933 in Berlin 3,8%, in Frankfurt/M. 4,7%, in Köln 2,0%, in München 1,2%, in der Stadt Hamburg 1,5% und in der Stadt Bremen 0,4% (vgl. Stat. Jb. für das Deutsche Reich 1934).

376 Walk 1980, S. 103, zitiert in Vollnhals 1996, S. 332. Ähnliche Angaben bei Drewek 2001, S. 29. Drewek verweist ebenfalls in seiner Untersuchung zur Schulentwicklung Berlins im 20. Jahrhundert darauf, dass die in Berlin sinkenden Übergangsquoten in Höhere Schulen in den 1930er Jahren Auswirkungen der Verdrängung jüdischer Schüler reflektieren (ebenda).

377 Trapp 1994, S. 74.

378 Berechnet nach Wegweiser durch das höhere Schulwesen des Deutschen Reichs. Schuljahr 1939.

379 Vgl. Vollnhals 1996, S. 340. Zur Entwicklung an den preußischen Knabenschulen vgl. Herrmann 2003, S. 163.

380 Nach dem Wegweiser durch das höhere Schulwesen des Deutschen Reichs Schuljahr 1939 befanden sich ein Schüler am Berliner Französischen Gymnasium, ein Schüler an der Berliner Siemensschule und zwei Schüler an der Oberschule für Jungen in Ruhla (Sachsen).

381 Vgl. ebenda. Hinzu kamen noch 374 Schüler in nichtberechtigten Schulen, d.h. Schulen, die nach dem Lehrplan der höheren Schulen unterrichteten, aber keine gültigen Zeugnisse ausstellen dur-

schen Schüler an der Gesamtheit der Schüler im Deutschen Reich, die 1939 (anerkannte öffentliche und private) höhere Schulen besuchten, 0,09%.

Neben der rassistisch motivierten Zurückdrängung der jüdischen Minderheit aus dem sekundären Bildungssektor, wurde der Rückgang des relativen sekundären Schulbesuchs unterstützt durch die 1937 eingeführte Verkürzung der Schulzeit an den höheren Knabenschulen von 13 auf 12 Jahre.[382] In der Literatur wird betont, dass neben diesen politisch restriktiven Maßen in erheblichem Maße die enttäuschten Erwartungen der Absolventen der höheren Schulen zu Beginn der 1930er Jahre zum Rückgang des relativen Schulbesuchs in der Vorkriegszeit des NS-Regimes beitrugen. Dies wurde verstärkt durch die Propaganda, wonach in der nationalsozialistischen Gesellschaft formale Abschlüsse für die soziale Stellung weniger wichtig seien als politische und soziale Tatkraft[383], sowie durch bessere Arbeitsmarktchancen in der zweiten Hälfte der 1930er Jahre. In den Regionen lässt sich allerdings nicht feststellen, dass die Abnahme des relativen Schulbesuchs in solchen Regionen höher war, die einen ausgeprägteren wirtschaftlichen Aufschwung erlebten. In den Stichjahren 1933 und 1939 gab es vielmehr eine statistisch signifikante negative Korrelation zwischen sekundärer Bildungsbeteiligung und Arbeitslosigkeit, d.h. eine geringere sekundäre Schulbesuchsquote ging mit einer höheren Arbeitslosigkeit einher. Die Stärke des Zusammenhangs nahm sogar in den dreißiger Jahren noch zu.[384] Daraus lässt sich schließen, dass Deprivationen in den einzelnen Bereichen des Lebensstandards miteinander verwoben waren, wie z.B. eine niedrige Bildungsbeteiligung in einer Region tendenziell mit einer hohen Arbeitslosigkeit. Einschränkend ist aber anzumerken, dass die ausgewählten Regionen sehr groß sind und der Zusammenhang nicht sehr ausgeprägt ist.

Während des gesamten Untersuchungszeitraumes (1926-1939) lässt sich festhalten, dass sich die sekundäre Bildungsbeteiligung zwischen 1926 und 1931 so stark erhöhte hatte, dass dies den Rückgang des relativen Schulbesuchs in der Vorkriegszeit des NS-Regimes in der Mehrzahl der Regionen mehr als ausgleichen konnte. In einigen Regionen wie Preußen, Baden, Thüringen, Unterfranken und Köln[385] sank die Bildungsbeteiligung zwischen 1933 und 1939 jedoch so stark, dass sie im Jahr 1939 unter dem Niveau Mitte der 1920er lag. Einen überproportionalen Anstieg der Bildungsbeteiligung erfuhren mit Ausnahme Kölns alle Städte, Württemberg, Oberbayern (wegen Münchens) und aus statistischen Erfassungsgründen Sachsen (siehe oben).

Trotz des überproportionalen Rückgangs des weiterführenden Schulbesuchs behielten die Städte ihre führende Position, gefolgt von den Flächenstaaten Württemberg, Preußen und Hessen.

---

ften. In den in dieser Arbeit verwendeten Schulbesuchsziffern sind die nichtanerkannten Schulen nicht enthalten.

382 Zymek 1989, S. 198.

383 Vgl. Zymek 1989, S. 180-181.

384 Der Spearman Rangkorrelationskoeffizient erhöhte sich von –0,516 (1933) auf –0,752 (1939).

385 In Köln kam es sogar schon zwischen 1925 und 1933 zu einem Bildungsrückgang.

3.3.1.4 Regionale Disparitäten und Entwicklungstendenzen der Dimension Gesundheit

Dieser Abschnitt widmet sich der dritten Lebensstandardkomponente Gesundheit, wobei folgenden Fragen nachgegangen wird: Welche regionalen Unterschiede wiesen die verschiedenen „Gesundheitsindikatoren“ auf? Was waren potentielle Determinanten? Wie sahen die Veränderungstendenzen im Untersuchungszeitraum aus?

In Deutschland bestanden erhebliche regionale Sterblichkeitsunterschiede. Vor allem die regionalen Disparitäten der Säuglingssterblichkeit waren markant und haben viel Beachtung gefunden.[386] Die regionale Verteilung der Säuglingssterblichkeit sah in Zwischenkriegszeit folgendermaßen aus: Die Säuglingssterblichkeit verminderte sich vom Westen her (Pfalz, Rheinprovinz, Westfalen) bis zu dem Gebietsstreifen mit den niedrigsten Ziffern, der sich von den hessischen Gebieten nordwärts über Hannover nach Schleswig-Holstein und nach Süden bis Württemberg und Baden erstreckte. In den östlichen Grenzgebieten des Reichs (namentlich Schlesien und Bayern rechts des Rheins) wurden die höchsten Werte erreicht.[387] Die hier ausgewählten Regionen fügen sich in dieses Bild der regionalen Verteilung der Säuglingssterblichkeit ein (siehe Tab. 3-11). Sie war hoch in den rechtsrheinischen bayerischen Gebieten sowie in Ostpreußen. Eine günstige Situation herrschte in den Hansestädten und in Hessen, aber auch in Sachsen und Württemberg. Die Raten in den städtischen Gebieten lagen üblicherweise unter dem Niveau des jeweiligen Landesdurchschnittes, wobei aber zwischen den Städten noch beachtliche Mortalitätsunterschiede bestanden.[388] Insgesamt waren die regionalen Unterschiede der Säuglingssterblichkeit im Zeitraum 1925-1939 zwar bedeutend, aber abnehmend.[389] Trotzdem starben 1939 in Niederbayern immer noch doppelt so viele Säuglinge (pro 1.000 Lebendgeburten) wie in Hessen.

Eine ähnliche regionale Verteilung wie die Säuglingssterblichkeit wies die Lebenserwartung bei der Geburt auf, deren Höhe stark vom jeweiligen Niveau der Mortalität der Säuglinge abhängig ist.[390] Die regionale Ungleichheit der Lebenserwartung war in der Zwischenkriegszeit ebenfalls markant. Ein Neugeborenes hatte 1925 in Hessen eine

---

[386] Für eine Zusammenfassung der wichtigsten regionalen Unterschiede der Säuglingssterblichkeit im 19. und 20. Jahrhundert, deren Entwicklung und Determinanten siehe Haines und Vögele 1999, S. 4-15; Literaturüberblick auch bei Spree 1995, S. 6-9; neueste Zusammenfassung: Ehmer 2004, S. 34-38 u. S. 91-99;.die regionalen Differenzen der Kindersterblichkeit sind kaum erforscht, siehe Spree 1995, S. 2; Haines und Vögele 1999, S. 4.

[387] Vgl. zum regionalen Gepräge der Säuglingssterblichkeit: zeitgenössisch für die Zwischenkriegszeit Meier und Baland 1936, S. 838-839; neueste Arbeit Haines und Kintner 2000, Map 5, S. 89.

[388] Zu Beginn des 20. Jahrhunderts lag die städtische Rate in der Regel unter dem Niveau ländlicher Gegenden (Haines und Vögele 1999, S. 7).

[389] Der Variationskoeffizient des Indikators Säuglingssterblichkeit betrug 0,302 (1925), 0,286 (1933) und 0,254 (1938).

[390] Sie lag in der Zwischenkriegszeit über dem Reichsdurchschnitt in Hessen (inkl. Frankfurt/M.), Sachsen, Württemberg und Thüringen sowie in den Hansestädten. Eine mittlere Position nahmen Berlin, Preußen, Baden und das linksrheinische Bayern ein. Im unteren Bereich befanden sich Ostpreußen, das rechtsrheinische Bayern (einschl. Münchens), aber auch Köln.

um zehn Jahre höhere Lebenserwartung als ein niederbayerischer Säugling (vgl. Tab. 3-10). Bis 1939 hatten sich die Unterschiede der Lebenserwartung zwischen diesen beiden Gebieten nahezu halbiert.[391]

Die regionalen Differenzen gestalteten sich für die Kindersterblichkeit und die Lebenserwartung ab dem 5. Lebensjahr in den meisten Stichjahren ebenfalls ähnlich (vgl. Tab. 3-12 bzw. 3-13).[392] Die regionale Ungleichheit dieser beiden Variablen erhöhte sich jedoch im Untersuchungszeitraum.[393]

Die Ursachen der regional unterschiedlichen Sterblichkeit – vor allem der Säuglingssterblichkeit – waren Gegenstand zahlreicher Untersuchungen,[394] die jedoch meist eine Langzeitperspektive einnehmen und nur teilweise bis in die Zeit nach dem Ersten Weltkrieg reichen. Für das frühe 20. Jahrhundert lässt sich feststellen, dass die Höhe der Säuglingssterblichkeit in den jeweiligen Gebieten mit dem regional unterschiedlichen Stillverhalten in Deutschland korrespondierte.[395] Im Ersten Weltkrieg und in der Zwischenkriegszeit lässt sich eine zunehmende Verbreitung des Stillens feststellen, insbesondere in Gegenden, in denen zu Beginn des 20. Jahrhunderts weniger Kinder gestillt wurden, wie in Süddeutschland, Sachsen, Berlin, Hamburg und den östlichen preußischen Provinzen.[396] In der Folge kam es zu einer Angleichung im Stillverhalten, so dass

---

391 Der Variationskoeffizient wies für die Lebenserwartung bei der Geburt folgende Werte auf: 0,046 (1924/26), 0,033 (1933) und 0,033 (1938).

392 Lebenserwartung ab der Geburt, die Lebenserwartung ab dem 5. Lebensjahr, die Säuglings- und Kindersterblichkeit waren im Jahr 1939 am stärksten korreliert, und zwar mit jeweils einem statistisch signifikanten Korrelationskoeffizienten von über 0,8.

393 Der Variationskoeffizient der Lebenserwartung ab dem 5. Lebensjahr lag 1924/26 bei 0,013, reduzierte sich bis 1933 auf 0,009 und erhöhte sich auf 0,016 im Jahr 1938. Der Variationskoeffizient der Kindersterblichkeit stieg zwischen 1925 und 1933 von 0,212 auf 0,260 und reduzierte sich anschließend wieder auf 0,236 im Jahr 1938.

394 Für Studien, die bis in den Untersuchungszeitraum hineinreichen Kintner 1982; Haines und Kintner 2000; in mentalitätsgeschichtlicher Langzeitperspektive: Imhof 1981.

395 Vgl. Kintner 1987, v.a. S. 257-259. Gegenden, in denen mehr Kinder längere Zeit gestillt wurden, hatten geringere Werte der Säuglingssterblichkeit. Gestillte Kinder wiesen eine geringere Sterblichkeit als nicht-gestillte Babys auf, da die Muttermilch zum einem die Abwehrkräfte des Säuglings erhöht und zum anderen das Risiko von Fehlernährung durch infizierte, verdorbene oder ungeeignete Kindernahrung minimiert (vgl. Ehmer 2004, S. 94 und die dort zitierte Literatur).

396 Vgl. Kintner 1982, S. 232-239. Außerdem wurden ungefährliche (pasteurisierte) Milch und Milchersatzprodukte vor allem in den Städten zugänglich. Eine starke Ausweitung dieser Produkte hätte jedoch steigende Reallöhne vorgesetzt (vgl. Ehmer 2004, S. 98), was bis in die zweite Hälfte der 1920er Jahre nicht der Fall war. Die in einigen Städten feststellbare Ausbreitung des Stillens zwischen den Weltkriegen spiegelt möglicherweise eher einen Mangel an Kaufkraft bzw. an Nahrungsmitteln wider. Die Weimarer Republik gilt als die Hochphase der kommunalen Gesundheitsfürsorge, insbesondere im Bereich Mütter-, Säuglings- und Kleinkinderfürsorge (Lindner 2004, S. 401-402). Diese Fürsorgeeinrichtungen sollen die Kenntnisse über Pflege und Ernährung der Säuglinge erhöht und zum Sterblichkeitsrückgang besonders in den Städten beigetragen haben. Sie waren auch Teil der bereits im Kaiserreich einsetzenden Stillkampagne

die regional unterschiedliche Ernährung der Säuglinge in der Zwischenkriegszeit zunehmend eine geringere Rolle für Disparitäten der Säuglingssterblichkeit innerhalb Deutschlands spielte. Als weitere Determinanten der regional differenzierten Säuglingssterblichkeit in der Zwischenkriegszeit gelten die Höhe der Unehelichkeitsquote, die Rate der ehelichen Fruchtbarkeit, die Zahl der Säuglingsfürsorgestellen, der Urbanisierungsgrad und der Anteil der katholischen Bevölkerung in einer Region.[397] Gegenden wie Niederbayern und die Oberpfalz, in denen wenig gestillt und ungeeignete Ersatznahrung verwendet wurde, hatten aber auch 1938 noch eine um 70% über dem Reichsdurchschnitt liegende Säuglingssterblichkeit.[398] Im Bericht über das Bayerische Gesundheitswesen des Jahres 1938 heißt es zum Gesundheits- und Ernährungszustand der Säuglinge und Kleinkinder:

> „Die städtischen und wirtschaftlich besser situierten Gebiete mit ihrer sozial gehobenen Bevölkerung werden immer besser abschneiden als beispielsweise die ärmeren Landstriche der Bayerischen Ostmark. Unbelehrbarkeit in Ernährungsfragen ist oft noch die Ursache von Ernährungsstörungen..."[399]

Für die Volkszählungsjahre im Kaiserreich und der Weimarer Republik unternahmen Kintner und Haines auf der Ebene der Regierungsbezirke eine Querschnittsanalyse, indem sie je ein Modell für die Säuglingssterblichkeit, die Lebenserwartung bei der Geburt sowie diejenige ab dem 5. Lebensjahr (abhängige Variable) schätzten. Als unabhängige Variablen berücksichtigten sie das Pro-Kopf-Einkommen, die eheliche Geburtenrate, den Urbanisierungsgrad, die Wohndichte, den Anteil an Katholiken in der Bevölkerung, die Arztdichte, die Nettomigrationsrate und die verschiedenen Regionen Deutschlands als Dummy-Variablen. Im Regressions-Modell für die Lebenserwartung bei der Geburt sowie für diejenige ab dem 5. Lebensjahr für 1925 wird die regionale Verteilung statistisch signifikant durch die Höhe des Pro-Kopf-Einkommens in einer Region und die Arztdichte erklärt.[400] Die Lebenserwartung ab dem 5. Lebensjahr war zudem negativ vom Niveau der ehelichen Fruchtbarkeit in einem Gebiet abhängig, weil diese einen negativen Effekt auf die weibliche Lebenserwartung ausübte (nämlich über die von der Geburtenrate abhängige Höhe der Müttersterblichkeit). Die Lebenserwartung bei der Geburt lag darüber hinaus in den Regionen Rheinland-Westfalen und Hessen über, die Säuglingssterblichkeit unter der des Südens. Regionale Determinanten, die sich nicht in den Strukturvariablen wiederfinden, wie beispielsweise das Stillverhalten, spielten damit auch Mitte der 1920er Jahre noch eine Rolle, wenn auch in stark reduzierter Form im Vergleich zum 19. Jahrhundert. Die regionale Verteilung der Säug-

---

(zur Säuglingsfürsorge: siehe Stöckel 1996, S. 220-230, ebenso Zusammenfassung bei Haines und Vögele 1999, S. 13-14; Ehmer 2004, S. 98-99).

397 Vgl. Kintner 1982, v.a. S. 274.

398 Vgl. Tab. 3-11. Im Bericht über das Bayerische Gesundheitswesen für das Jahr 1939, S. 7-8.

399 Bericht über das Bayerische Gesundheitswesen für das Jahr 1938, S. 5.

400 Die Arztdichte übte einen ungeklärt negativen Einfluss aus.

lingssterblichkeit wurde weiterhin beeinflusst durch die Anzahl der Katholiken in einer Region und die Arztdichte (negativer Einfluss).[401]

In der vorliegenden regionalen Stichprobe ergab sich ebenfalls in allen Stichjahren ein statistisch signifikanter Zusammenhang zwischen den meisten Sterblichkeitsindikatoren (Säuglings- und Kindersterblichkeit sowie Lebenserwartung bei der Geburt) und dem Pro-Kopf-Einkommen (z.B. für 1939 vgl. Tab. 3-25).[402] Interessant ist, dass es in jedem Stichjahr eine Korrelation zwischen Säuglings- bzw. Kindersterblichkeit und Bildungsbeteiligung gab.[403] Diese Korrelationen sind in zweifacher Hinsicht bedeutend: Erstens zeigen sie, dass Deprivationen in den verschiedenen Bereichen des Lebensstandards in den Regionen teilweise miteinander verbunden waren. Zweitens deuten sie aber auch darauf hin, dass Verbesserungen in einem Lebensstandardindikator möglicherweise Fortschritte in den anderen Bereichen nach sich ziehen konnten. Zahlreiche Untersuchungen verweisen z.B. auf einen Zusammenhang zwischen Schulbesuch und Bildung (v.a. der Mutter) und der Höhe der Säuglingssterblichkeit.[404]

Die Höhe der städtischen Sterblichkeit ist insbesondere in den ersten beiden Stichjahren durch die statistische Erfassung der Bevölkerungsbewegungen beeinflusst. Diese spielte vor allem für die Höhe der Mütter- und Säuglingssterblichkeit eine Rolle. Die Großstädte wiesen eine überproportionale Sterblichkeit der Frauen in Zusammenhang mit Schwangerschaft und Geburt auf. Sie ist in den Städten im Jahr 1925 vermutlich etwas überschätzt, weil sich die Bevölkerungsbewegungen in diesem Jahr auf die gesamte ortsanwesende Bevölkerung bezogen und damit Frauen, die aus der Umgebung in die Stadt kamen, um ihr Kind in Krankenhäusern, Geburtskliniken usw. zu entbinden, mitgezählt wurden.[405] Ab 1933 gingen die Geburten- und Sterbefälle der ortsfremden Bevölkerung nicht mehr in die Statistik ein. Ein Vergleich der Müttersterblichkeit zwischen diesen beiden Registrierungsverfahren zeigt z.B. für Köln im Jahre 1933, dass die

---

401 Die höhere Säuglingssterblichkeit in katholischen Gegenden wird häufig auf die Tendenz zurückgeführt, Totgeburten noch taufen zu lassen, wodurch die Säuglingssterblichkeit erhöht wird (vgl. Haines und Kintner 2000, S. 97).

402 Die Korrelation war allerdings nicht sehr stark. Der Korrelationskoeffizient nach Spearman lag für jeden Indikator in jedem Stichjahr unter 0,7.

403 Die Korrelationskoeffizienten waren aber nicht sehr hoch. Die meisten anderen gesundheitlichen Kennziffern wiesen keinen Zusammenhang mit der Höhe der Bildungsbeteiligung auf.

404 Für Drittweltländer siehe Caldwell 1979, S. 395-413; Schultz 1993, S. 51-99; Desai and Alva 1998, S. 71-81.

405 1925 beziehen sich die Bevölkerungsbewegungen auf die ortsanwesende Bevölkerung (Ortsansässige und Ortsfremde), d.h. auf Personen, die in der Stadt anwesend sind, unabhängig davon, ob sie dort ihren Wohnsitz haben. Ab dem Jahre 1933 veröffentlichte die Statistik für die Großstädte die Zahlen für die Ortsansässigen von denen der Ortsfremden getrennt. Die Statistik, die sich auf die Ortsansässigen bezieht, kommt im Allgemeinen den richtigen Werten (der Wohnbevölkerung) am nächsten. Diese fallen aber üblicherweise etwas zu niedrig aus, da die stattgefundenen Geburten- und Sterbefälle der städtischen Wohnbevölkerung außerhalb der Stadt nicht mitgezählt werden. Vgl. Meier und Berger 1939, S. 561.

Müttersterblichkeitsrate der ortsanwesenden Bevölkerung 73 (pro 10.000 Lebendgeburten) im Vergleich zu nur 66 betrug, wenn nur ortsansässige Sterbefälle und Geburten berücksichtigt wurden. Die höhere Sterblichkeitsrate einschließlich der ortsfremden Bevölkerung ergibt sich durch die Häufung von Krankenhäusern und Geburtskliniken in den Städten, die vor allem auch dann aufgesucht wurden, wenn Komplikationen zu erwarten waren bzw. von Frauen aus Unterschichten und ledigen Müttern, die möglicherweise eine geringere Widerstandsfähigkeit bei Komplikationen aufwiesen.[406] Zudem wurden vermutlich Schwangerschaftsabbrüche zumeist in den Städten durchgeführt.

Für einen Registrierungseffekt spricht auch, dass sich die Müttersterblichkeit in allen Gebieten mit Ausnahme der meisten Städte zwischen 1925 und 1933 erhöhte. In allen Städten (außer Köln und Frankfurt/M.) sank sie entgegen dem nationalen Trend eines Anstieges zwischen den beiden Stichjahren. Allerdings war die Müttersterblichkeit im Jahr 1925 und auch 1933 in den städtischen Gebieten immer noch höher als in den meisten größeren Gebietseinheiten, so dass sich die Rangposition der meisten Städte durch diesen Rückgang kaum wesentlich verbesserte.

Ähnliches gilt für die Säuglingssterblichkeit. Sie war ebenfalls in den Städten etwas überhöht, wegen der Häufung von Geburtskliniken, die aus ähnlichen Gründen im Fall der Müttersterblichkeit eine höhere Mortalität der Kinder hervorrief. Der Rückgang der Säuglingssterblichkeit zwischen 1925 und 1933 ist durch den Registrierungswechsel ebenfalls überschätzt. Ein Ausschluss der Erfassungsänderung zwischen 1925 und 1933 zeigt, dass die Fortschritte im Säuglingssterblichkeitsrückgang in den Großstädten unterdurchschnittlich waren.

Die regionale Verteilung der Müttersterblichkeit wich von den anderen ausgewählten Sterblichkeitsindikatoren ab. Zudem veränderten sich die regionalen Unterschiede in diesem Indikator vor allem durch den in der Mitte der 1930er Jahren einsetzenden Sterblichkeitsrückgang, der die einzelnen Regionen unterschiedlich stark erfasste.

Die Müttersterblichkeit war wegen der Häufung von Kliniken in den Städten hoch (siehe oben). Sie sank aber in den meisten städtischen Gebieten markant. In der Folge konnten die meisten Großstädte (ausgenommen Berlin und Köln) bis 1939 ihre Position im regionalen Ranking erheblich verbessern. Auf dem Lande könnte man eine hohe Müttersterblichkeit aufgrund der schweren Erreichbarkeit von Geburtshelfern (Hebammen) vermuten.[407] Überraschenderweise wiesen jedoch die meisten bayerischen Regierungsbezirke, insbesondere die ländlicheren Bezirke, in dieser Kennziffer eine relative gute bis mittlere Position im regionalen Ranking auf, verschlechterten sich aber bis 1939 nahezu durchgängig, weil die Verminderung der Müttersterblichkeit in Bayern sehr viel schwächer als in den anderen Gebieten ausfiel. Das ländliche Ostpreußen andererseits hatte 1925 eine verhältnismäßig hohe Rate; hier sank die Müttersterblichkeit

406 Prinzing 1931, S. 104.
407 Vgl. Prinzing 1931, S. 104.

sogar bereits bis 1933. Hessen wiederum verfügte bei der Sterblichkeit in Zusammenhang mit Schwangerschaft und Geburt wie bei den anderen Mortalitätsindikatoren 1925 über eine günstige Position, verschlechterte sich aber im Laufe der Zeit. Die Gebiete wie Mitteldeutschland, die in der Regel über günstige Sterblichkeitsverhältnisse verfügten, wiesen eine hohe Müttersterblichkeit auf, verbesserten sich allerdings bis 1939 stark. Diese Beispiele verdeutlichen, dass die Determinanten der Müttersterblichkeit von denen der anderen Sterblichkeitsindikatoren abwichen. Insgesamt kam es zu einer Abnahme der regionalen Ungleichheit in den dreißiger Jahren.[408]

Der seit Mitte der 1930er Jahre einsetzende Rückgang der Müttersterblichkeit wird u.a. auf eine zunehmende Anwendung von Antibiotika (Sulphonamide) und auf eine Abnahme von Aborten zurückgeführt.[409] Der stärkere Rückgang der Müttersterblichkeit in den Städten ist daher nicht verwunderlich, weil Aborte dort sicherlich häufiger waren[410] und ihr Rückgang stärker ins Gewicht fiel.[411] Außerdem wurden neue Behandlungsmethoden in den Städten vermutlich eher eingeführt und angewandt als in ländlichen Gegenden.

Die regionalen Disparitäten der Erkrankungshäufigkeit an Tuberkulose unterschieden sich ebenfalls von den anderen Kennziffern. Die Tuberkulosemorbidität war in der Regel in den Städten hoch. Ostpreußen verfügte durchweg über eine deutlich unterproportionale Tuberkulosemorbidität, wie auch einige bayerischen Regierungsbezirke. Von den Flächenstaaten wiesen Hessen und Thüringen durchgehend relativ niedrige Werte auf. Insgesamt war jedoch die regionale Verteilung der Tuberkulosemorbidität nicht besonders stabil.[412] Dies mag einerseits an der Qualität der Daten liegen. Bremen beispielsweise verbesserte seinen Rang im regionalen Vergleich zwischen 1933 und 1938 um 14 Positionen, was möglicherweise an einer Unterregistrierung der Tuberkuloseerkrankten im Jahr 1938 liegen könnte. Allerdings reagieren die Erkrankungsziffern schneller auf Veränderungen als Mortalitätsziffern, weshalb auch Erkrankungshäufigkeiten als Lebensstandardindikatoren mitberücksichtigt wurden. Die Verschlechterung der Position Sachsens zwischen 1925 und 1933 um neun Ränge spiegelt höchst wahrscheinlich eine Verschlechterung des Gesundheitszustandes der Bevölkerung im Zusammenhang mit der Weltwirtschaftskrise wider.

Im Weiteren werden die Veränderungen der Dimension Gesundheit anhand der einzelnen ausgewählten Indikatoren in der Zwischenkriegszeit und der beiden Teilperioden 1925–1933 und 1933–1939 in den Regionen dargestellt.

---

408 Der Variationskoeffizient der Müttersterblichkeit entwickelte sich folgendermaßen: 0,532 (1925), 0,294 (1933) und 0,202 (1938).

409 Vgl. hierzu Ausführungen in Kap. 2, Fußnote 231.

410 Prinzing 1931, S. 104.

411 Wagner 1935, S. 153.

412 Der Variationskoeffizient deutet auf eine bedeutende Zunahme der regionalen Ungleichheit zwischen 1925 und 1933 hin. Bis 1938 reduzierte er sich wieder etwas. Die Werte lauten: 0,089 (1925), 0,265 (1933) und 0,247 (1938).

In allen Gebieten stieg die Lebenserwartung bei der Geburt im Zeitraum 1925– 1933 stark an; die Erhöhung variierte in den Regionen zwischen 3,0 (Sachsen, Berlin) und maximal 5,6 Jahren (München). In Gebieten, die einen starken Einkommensrückgang in der Krise verkraften mussten, wie z.B. Sachsen, Berlin, Hessen und Thüringen, war die Zunahme an Lebensjahren nur unterproportional. In Württemberg, Bayern und Bremen hingegen verlief die Weltwirtschaftskrise etwas milder und auch der Anstieg der Lebenserwartung war im Vergleich zu anderen Gebieten eher überdurchschnittlich.[413] Überlagert wird diese Entwicklung von einem Konvergenzprozess. Die Lebenserwartung stieg in den Regionen mit einer niedrigeren Lebenserwartung, z.B. den meisten bayerischen Gebieten, am stärksten (meist mehr als 4 Jahre). Insgesamt war der Anstieg der Lebenserwartung bei der Geburt in den südlichen Staaten (Bayern, Baden, Württemberg) am höchsten.

Der Anstieg der Lebenserwartung bei der Geburt wurde in allen Regionen in hohem Maße von der Reduzierung der Säuglingssterblichkeit getragen. Die Verminderung fiel damit auch schwächer aus in den Gegenden, die über ein niedrigeres Ausgangsniveau (Hansestädte, Hessen, Württemberg) verfügten. In den rechtsrheinischen bayerischen Gebieten, mit den immer noch extrem hohen Sterblichkeitsraten der Kinder im ersten Lebensjahr, war der Rückgang am stärksten (Niederbayern und Oberpfalz). In den Städten war die Reduktion eher unterdurchschnittlich.[414]

Ferner sank die Kindersterblichkeit in diesem Zeitraum in allen betrachteten Regionen. Während sie sich in den Städten, in Ostpreußen, Bayern und Württemberg stärker oder in einem ähnlichen Ausmaß wie im Deutschen Reich reduzierte, verminderte sie sich in den stark von der Wirtschaftskrise betroffenen Staaten Thüringen, Sachsen, Hessen und Berlin in einem etwas geringerem Maße.

Auch die Lebenserwartung ab dem 5. Lebensjahr erhöhte sich überall. Besonders hoch waren die Zuwächse in den Städten (ausgenommen Berlin), Südwestdeutschland und einigen bayerischen Gebieten (Oberbayern, Unterfranken und Schwaben) mit einer Zunahme von mehr als zwei Jahren. Besonders gering war der Anstieg an zusätzlichen Lebensjahren in Sachsen und Thüringen, Ostpreußen sowie in der Oberpfalz.

Eine überproportionale Erhöhung der Müttersterblichkeit zwischen 1925 und 1933 erfuhren alle bayerischen Regierungsbezirke (ausgenommen Pfalz und Oberfranken) und somit auch Bayern insgesamt sowie das Land Sachsen. In Württemberg, Baden und Ostpreußen gestaltete sich der Anstieg hingegen unterproportional.[415]

---

413 In Ostpreußen war der Einkommensrückgang zwischen 1926 und 1933 ebenfalls unterdurchschnittlich, allerdings auch die Zunahme der Lebenserwartung.

414 Die überdurchschnittlichen Raten in Frankfurt/M., Köln und München resultieren teilweise aus der Registrierungsänderung der Bevölkerungsbewegungen (siehe oben).

415 In Ostpreußen und Württemberg verbesserte sich die Müttersterblichkeit sogar leicht.

Zwischen 1925 und 1933 verbesserte sich auch die Tuberkulosemorbidität in allen Regionen (außer in Berlin und München).[416] Der Rückgang der Tuberkulosemorbidität war besonders ausgeprägt in Baden, Hessen und Niederbayern, während er ausgesprochen gering in Sachsen und einigen bayerischen Regierungsbezirken ausfiel.

Insgesamt lässt sich für die Veränderung zwischen 1925 und 1933 in der Dimension Gesundheit in den Regionen festhalten, dass sich der Lebensstandard in diesem Bereich überall bedeutend erhöht hat. Die Zuwächse variierten zwischen den Gebieten. Mitteldeutschland, Hessen und Berlin blieben in nahezu allen gesundheitlichen Kennziffern hinter dem Reichsdurchschnitt und den anderen Gebieten zurück. Der Süden Deutschlands (Bayern, Württemberg, Baden) und auch Ostpreußen konnte hingegen beachtliche Fortschritte in der Hebung des Lebensstandards in der Komponente Gesundheit erzielen. Damit lässt sich festhalten, dass der Wohlfahrtszuwachs im Bereich Gesundheit zwischen 1925 und 1933 in den Gegenden, die stärker unter der Weltwirtschaftskrise litten, geringer ausfiel und umgekehrt. Dies deutet darauf hin, dass sich möglicherweise der Mortalitäts- und Morbiditätsrückgang in den betroffenen Gebieten verlangsamt hat. Eine eindeutige Verschlechterung des Gesundheitszustandes breiter Bevölkerungsgruppen (einschließlich Arbeitslose) im Verlauf der Weltwirtschaftskrise konnte bisher nicht nachgewiesen werden.[417] Die Großstädte konnten zwar ihren Lebensstandard in dieser Dimension überproportional erhöhen, wie dies der Gesamtindex andeutet. Die Zuwächse waren in erster Linie bei der Verbesserung der Kindermortalität und der Lebenserwartung ab dem 5. Lebensjahr überdurchschnittlich. Die Zuwächse bei der Säuglingssterblichkeit waren nach Ausschluß der Registrierungsänderungen unterdurchschnittlich. Dies mag trotz des städtischen Ausbaus des öffentlichen Gesundheitswesens, insbesondere für Säuglinge und Mütter, daran liegen, dass die städtische Säuglingssterblichkeit bis Mitte der 1920er Jahre bereits eine bedeutende Senkung erfahren hatte und die zu diesem Zeitpunkt meist höhere ländliche Säuglingssterblichkeit aufzuholen begann.[418]

In der Periode 1933–1939 kam es zu einer deutlichen Verlangsamung des Wohlfahrtsanstieges in dieser Dimension. Die Lebenserwartung der Geburt erhöhte sich in

---

[416] In Berlin und München stieg die Erkrankungshäufigkeit an Tuberkulose. Möglicherweise fallen die durch Regression ermittelten städtischen Morbiditätsraten für 1925 zu niedrig aus, so dass sich ein Anstieg im Vergleich zum Jahr 1933 ergibt. Im Jahr 1933 beruhen die Raten für München und Berlin auf gemeldeten Tuberkuloseerkrankungen und nicht mehr auf Schätzungen. Neben diesem Schätzungseffekt könnte der Anstieg aber auch eine Verschlechterung der Lebensbedingungen in der Weltwirtschaftskrise, die in einer Erhöhung der Erkrankungshäufigkeit an Tuberkulose resultierte, widerspiegeln.

[417] Gleichwohl gibt es zeitgenössische Berichte, die eine Verschlechterung des Gesundheitszustandes und Unterernährung nahe legen. Auch deuten vereinzelt Indikatoren wie die Zunahme der Selbstmorde darauf hin. Vgl. hierzu die Diskussion über den Zusammenhang zwischen Gesundheitslage und Arbeitslosigkeit in der Weltwirtschaftskrise bei Mayer-Ahuja 1999, S. 126-138..

[418] Haines und Vögele 1999, S. 7.

der Mehrzahl der Regionen um weniger als ein Jahr.[419] Unterdurchschnittliche Zuwächse fanden in den meisten Städten sowie in Südwestdeutschland, Hessen und Ostpreußen statt. Die Zunahme der Lebenserwartung war überproportional in Sachsen, Thüringen und Frankfurt/M. In Niederbayern und in der Oberpfalz fand ebenfalls eine über dem Durchschnitt liegende Erhöhung der Lebenserwartung statt. Hier erhöhte sich wiederum der Lebensstandard in den Regionen mit niedrigerem Niveau stärker, was zu einer Angleichung der Wohlfahrt in den Regionen führte.

Die Erhöhung der Lebenserwartung bei der Geburt resultierte im Wesentlichen aus dem weiter fortschreitenden Rückgang der Sterbeziffer der Kinder unter einem Jahr. Die Säuglingssterblichkeit sank vor allem in den Gegenden mit hohen Raten, nämlich im rechtsrheinischen Bayern. Besonders positiv war die Entwicklung zudem in Sachsen und Thüringen. Die meisten Städte ebenso wie Südwestdeutschland und Hessen schnitten eher schlecht ab. In allen Regionen hatte sich aber der Rückgang der Säuglingssterblichkeit im Vergleich zur Vorperiode deutlich verlangsamt.

Der positiven gesundheitlichen Entwicklung der Säuglinge stand eine ungünstige der Kleinkinder (ein bis fünf Jahre) gegenüber. Diese verstärkte sich in den meisten Regionen. Besonders betroffen vom Mortalitätsanstieg waren die Kinder in den Städten, in Ostpreußen und in Württemberg und Hessen. In Sachsen, Baden, Thüringen, den meisten bayerischen Regierungsbezirken sowie in Frankfurt/M. und Berlin hingegen sank die Kleinkindersterblichkeit nur leicht oder stagnierte.

In der Vorkriegszeit des NS-Regimes nahm die Lebenserwartung ab dem 5. Lebensjahr in den meisten Regionen ab bzw. stagnierte nahezu. Besonders betroffen waren einige Städte, Württemberg, weite Teile Bayerns, Hessen und Ostpreußen. Die ungünstige Entwicklung der Lebenserwartung ab dem 5. Lebensjahr betraf in erster Linie die männliche Bevölkerung (vgl. Tabelle 4-7). Die Lebenserwartung der Bevölkerung über fünf Jahren nahm in beinahe allen Regionen ab. Die Lebenserwartung der Frauen erhöhte sich dagegen. Dem Anstieg der weiblichen Lebenserwartung ab dem 5. Lebensjahr kam der in der Mitte der 1930er Jahre einsetzende Rückgang der Müttersterblichkeit zugute. Die Müttersterblichkeit reduzierte sich in allen betrachteten Regionen zwischen 1933 und 1938. Sie sank besonders stark in den meisten Städten sowie in Sachsen und Thüringen. In den bayerischen Regierungsbezirken, in Württemberg und Hessen verminderte sie sich nur unterproportional.

In der Periode 1933-38 betrug der Morbiditätsrückgang nur mehr ein Drittel des Umfanges der Vorperiode.[420] In Württemberg, Thüringen, Ostpreußen und auch in Mittelfranken verbesserte sich die Tuberkulosemorbidität kaum, in Niederbayern und Ober-

---

[419] In Württemberg, Hessen, Hamburg, der Pfalz, Unterfranken, Schwaben sogar um weniger als ein halbes Jahr. In Köln und in Ostpreußen sank sie.

[420] Die Reduktion der Tuberkulosesterblichkeit zwischen 1928 und 1938 führt Blasius auf die Früherkennung durch die Röngtenreihenuntersuchungen zurück, da sie die Heilungschancen erhöhte (vgl. Blasius 1996, S. 331). Zum ausgrenzenden bis vernichtenden Charakter der nationalsozialistischen Tuberkulosepolitik siehe Hähner-Rombach 2000, S. 264-265, 269-281.

bayern verschlechterte sie sich sogar leicht. In den meisten Städten (außer Hamburg) fand hingegen eine deutliche Reduktion der Erkrankungshäufigkeit an Tuberkulose statt.

Für die Vorkriegszeit des NS-Regimes lässt sich festhalten, dass es zu einer Spaltung der Bevölkerung kam. Frauen und Säuglinge konnten eine Erhöhung ihrer Überlebenschancen in nahezu allen betrachteten Regionen realisieren – die Zuwächse lagen jedoch unter denen der Vorperiode. Männer erlitten im Gegensatz dazu Wohlfahrtsverluste in diesem Bereich. Diese Entwicklung lässt sich in fast allen Regionen feststellen. Eine besonders positive gesundheitliche Entwicklung (meist einschließlich der männlichen Bevölkerung) fand in Mitteldeutschland (Sachsen und Thüringen) sowie in Frankfurt am Main statt. Eine deutliche Verlangsamung der Fortschritte in diesem Bereich erlebten, nach einer sehr positiven Entwicklung in der Weimarer Republik, die meisten Städte, insbesondere Köln, außerdem Süddeutschland, Hessen und Ostpreußen.

Wie fügt sich diese regional unterschiedliche Entwicklung in die von Baten und Wagner vorgelegten Ergebnisse zum regional unterschiedlichen Sterblichkeitsanstieg zwischen 1932 und 1936 ein?[421] Sie stellten in den Regionen zwischen dem westlichen Hessen und Schleswig einen stärkeren Anstieg der rohen Sterblichkeitsrate[422] fest als in den südlichen, südöstlichen und mitteldeutschen Regierungsbezirken. Außerdem beobachteten sie eine ausgeprägtere Erhöhung der Mortalität in den preußischen Großstädten im Vergleich zu kleineren Verwaltungsstädten. Die Gründe für diesen regional unterschiedlichen Sterblichkeitsanstieg sehen sie vor allem in der Autarkie- und Preisbindungspolitik auf dem Nahrungsmittelmarkt des NS-Regimes, die zu einem Mangel und insbesondere auch zu einer regionalen Ungleichverteilung der Lebensmittel führte.

Auch nach den vorliegenden Ergebnissen war die Entwicklung in den meisten Großstädten sowie in Hessen im Verhältnis zu den anderen Gebietseinheiten ungünstiger. Ebenso war die Entwicklung in Mitteldeutschland in beiden Untersuchungen relativ positiv. Ostpreußen und Süddeutschland schnitten hingegen schlechter ab als nach der Studie von Baten und Wagner zu erwarten gewesen wäre, was aber v.a. an den unterschiedlichen Stichjahren der beiden Arbeiten liegt. Insgesamt gestalteten sich die Mortalitätsverhältnisse im Jahr 1936 im Vergleich zum Jahr 1938 ungünstiger (vgl. Tab. 2-5 und 2-19). Für Süddeutschland ist zu bedenken, dass hier der Müttersterblichkeitsrückgang schwächer ausprägt war als in den anderen Regionen. Dieser verlangsamte Rückgang spiegelt sich auch im relativen Zurückbleiben der süddeutschen Gebiete in der gesundheitlichen Entwicklung bis 1938 wider. Für das Stichjahr 1936 ist dieser Rück-

---

421 Baten und Wagner 2003b, S. 116-122.

422 Die rohe Sterblichkeitsrate zeigt seit den 1930er Jahren generell keine fallende Tendenz mehr, wegen der Zunahme der Altersgruppen im höheren Alter (Langzeitbetrachtung z.B. bei Ehmer 2004, S. 36). Wie aber auch die vorliegenden Daten zeigen, kam es nach 1933 zwar zu einer Verbesserung in einigen, aber nicht allen Sterblichkeitsindikatoren; insbesondere wies die Sterblichkeit nach dem ersten Lebensjahr eine ungünstige Entwicklung auf.

gang irrelevant, da die Verminderung der Müttersterblichkeit erst zu diesem Zeitpunkt einsetzte.

Die Großstädte verfügen in den beiden Untersuchungen über eine relativ ungünstige Entwicklung. Dies kann noch einmal in Bezug auf die Säuglingssterblichkeit verdeutlicht werden. Die Säuglingssterblichkeit der ortsansässigen Bevölkerung (also ohne die Berücksichtigung der Ortsfremden und der Städter außerhalb der Städte) stieg sogar zwischen 1933 und 1938 entgegen dem nationalen Trend einer Verringerung, was auf die bedeutenden Defizite der großstädtischen Sterblichkeitsentwicklung nach 1933 verweist.[423]

Berücksichtigt man die verschiedenen Stichjahre, Gebietseinheiten und Indikatoren der beiden Studien, lassen sich somit Übereinstimmungen zwischen den Mustern der regional differentiellen gesundheitlichen Entwicklung feststellen.

In der gesamten betrachteten Periode (1924/26-1938/39) fand ein beachtlicher Wohlfahrtsanstieg in der Dimension Gesundheit statt. Alle gesundheitlichen Kennziffern verweisen auf eine deutliche Verbesserung in allen Regionen hin. In der Vorkriegszeit des NS-Regimes kam es zu einer Verlangsamung der Zuwächse bzw. einzelne Indikatoren verweisen sogar auf eine Verschlechterung des Gesundheitszustandes von Teilen der Bevölkerung. Die zwischen 1925 und 1933 erfolgten Fortschritte in der gesundheitlichen Entwicklung überragen aber selbst Rückschritte in der NS-Zeit in fast allen betrachteten Gebieten. In der Tendenz war die Erhöhung stärker in den Landesteilen mit einem niedrigen Ausgangsniveau. In Niederbayern, mit der geringsten Lebenserwartung im Jahr 1925, erhöhte sich die Lebenserwartung bei der Geburt innerhalb dieses Zeitraumes um 8,5 Lebensjahre. Im Land Hessen, das die höchste Lebenserwartung aufwies, stieg sie hingegen um nur 3,5 Jahre. Aufgrund des niedrigen Niveaus konnten einige sehr ländliche bayerische Regionen (Niederbayern, Oberpfalz und Oberfranken) überdurchschnittliche Erfolge in der gesundheitlichen Entwicklung erzielen. Abgesehen davon konnte die großstädtische Bevölkerung ihren Lebensstandard in der Dimension Gesundheit am stärksten erhöhen. Eine Ausnahme bildet die Stadt Köln, die während der frühen Phase des NS-Regimes bis 1939 eine Sterblichkeitskrise erlebte. Während sich die Lebenserwartung eines Neugeborenen zwischen 1925 und 1939 im Deutschen Reich um fünf Jahre erhöhte, waren es in Köln nur 1,4 Lebensjahre. Die Lebenserwartung ab dem 5. Lebensjahr war in Köln 1939 sogar niedriger als in der Mitte der 1920er Jahre.

Im folgenden Abschnitt werden die drei Komponenten zu Gesamtindizes zusammengefasst und diskutiert. Dabei werden unter anderem folgende Fragen behandelt: Wie sahen die regionalen Unterschiede gemäß den Development Indizes aus? Welche Kom-

---

423 Bemerkenswert ist, dass sich die Säuglingssterblichkeit zum Teil nicht in den Städten reduzierte, in denen nur die Geburten und Säuglingssterbefälle von Ortsansässigen berücksichtigt wurden. In den Städten (Berlin, Hansestädte), in denen allerdings die Geburten und Sterbefälle nach dem Wohnortprinzip erfasst wurden, ergibt sich eine Verminderung der Säuglingssterblichkeit zwischen 1933 und 1938.

ponenten waren dafür verantwortlich? Inwieweit gingen Deprivationen der einzelnen Komponenten in den Regionen miteinander einher? Wie entwickelte sich der Lebensstandard in den Regionen gemäß den verschiedenen Wohlfahrtsmaßen?

3.3.2 Der Lebensstandard in den Regionen anhand der verschiedenen Wohlfahrtsindizes

3.3.2.1 Der Human Development Index (HDI_r)

Zunächst richtet sich der Blick auf die Unterschiede in den Lebensbedingungen gemäß dem HDI_r und dessen Komponenten in ausgewählten Regionen Deutschlands in den jeweiligen Stichjahren während der Zwischenkriegszeit.

Tabelle 3-16 zeigt die drei Indikatoren des HDI_r (Bildungsbeteiligung im sekundären Bildungssektor, Lebenserwartung bei der Geburt, reales Pro-Kopf-Einkommen) und deren Indizes für einige ausgewählte Städte, preußische Provinzen, größere deutsche Länder und bayerische Regierungsbezirke um 1925.

Aus der Tabelle wird deutlich, dass der Lebensstandard in den Städten am besten war. Das mit Abstand höchste Wohlfahrtsniveau genossen die Bewohner von Frankfurt am Main und Berlin, gefolgt von den Hansestädten und Köln. Im oberen Drittel befanden sich weiterhin die nordwestlichen preußischen Provinzen: Schleswig-Holstein und Hannover sowie die preußische Provinz Hessen-Nassau.

Eine mittlere Rangposition nahm Preußen mit den Provinzen: Rheinprovinz, Sachsen und Westfalen ein. Die anderen größeren Flächenstaaten mit Ausnahme Bayerns wiesen ebenfalls ein mittleres Wohlfahrtsniveau auf.

Die meisten bayerischen Regierungsbezirke und die östlichen preußischen Provinzen besetzten das letzte Drittel des Wohlfahrtsgefälles. An der Spitze der bayerischen Regierungsbezirke lagen Mittelfranken und Oberbayern mit den Großstädten Nürnberg und München. Der niedrigste Lebensstandard innerhalb der betrachteten Regionen herrschte in den beiden ländlichen Regierungsbezirken Niederbayern und Oberpfalz. Interessant ist dabei, dass die Rückständigkeit in diesen bayerischen Gebieten noch höher war als in Ostpreußen (siehe auch Tab. 3-19).

Tabellen 3-16 und 3-17 zeigen die Human Development Indikatoren und deren Indizes für ausgewählte Regionen um die Jahre 1933 und 1938. Tabelle 3-18 illustriert die HDI_r und deren Rangfolge für die ausgewählten Regionen zu den Stichjahren 1925, 1933 und 1939.

Aus den Tabellen wird ersichtlich, dass Frankfurt am Main, gefolgt von Berlin, an der Spitze der Wohlfahrtsskala stand. Der Lebensstandard war insgesamt in den Städten am weitesten fortgeschritten. Das niedrigste Wohlfahrtsniveau herrschte hingegen in den landwirtschaftlich dominierten Gebietseinheiten, weshalb sich im regionalen Vergleich die meisten bayerischen Regierungsbezirke (vor allem Niederbayern und die Oberpfalz) und auch Ostpreußen im letzten Drittel befanden. Die anderen größeren deutschen Länder (außer Bayern) lagen zwischen diesen beiden Polen.

Gleichwohl konnten einige Gebiete im regionalen Vergleich beachtlich aufholen, während andere einen Abstieg in der regionalen Rangordnung erfuhren. Zu den „Aufsteiger-Regionen", die in der Zwischenkriegszeit ihren Rang um zwei Plätze und mehr verbesserten, gehören Württemberg[424] und die bayerischen Regierungsbezirke Oberbayern und Schwaben (je drei Ränge). Ostpreußen (vier Plätze), Köln (zwei Ränge) und Hessen (zwei Positionen) verschlechterten sich andererseits innerhalb dieses Zeitraumes.

Von 1925 bis 1939 fand eine Verringerung des Wohlfahrtsgefälles statt, weil die Regionen am Ende der Wohlfahrtsskala größere Fortschritte erzielten als die Städte.[425] Trotzdem konnten die meisten bayerischen Regierungsbezirke, vor allem Niederbayern und die Oberpfalz, ihre Position innerhalb des regionalen Gefüges nicht verbessern und standen auch um 1939 am Ende der Wohlfahrtsskala.

Welche Rolle spielten die einzelnen Komponenten des Lebensstandards für das Wohlfahrtsgefälle gemäß dem HDI_r? Das hohe Wohlfahrtsniveau der städtischen Gebiete kam in erster Linie durch das hohe Einkommensniveau und die hohe Schulbeteiligung im sekundären Bildungssektor zustande (vgl. hierzu Tabellen 3-16 bis 3-18). Im Bereich „langes Leben" schnitten einige Städte deutlich schlechter als in den anderen Dimensionen ab. So erreichten Berlin und München um 1939 im regionalen Ranking bei der Lebenserwartung einen um neun Plätze schlechteren Rang als nach dem HDI_r-Wert. In Bayern und insbesondere in Niederbayern und der Oberpfalz gab es jedoch vielfach Defizite in allen grundlegenden Dimensionen des Lebensstandards.

Die hohen Rangkorrelationskoeffizienten zwischen HDI_r und Pro-Kopf-Einkommen implizieren, dass das Realeinkommen je Einwohner als Wohlfahrtsmaß eine ähnliche regionale Verteilung des Lebensstandards aufzeigen müsste.[426] Dennoch lassen sich einige signifikante Abweichungen zwischen diesen beiden Wohlfahrtsmaßen festhalten (vgl. erneut Tabellen 3-16 bis 3-18). Bayern (v.a. Oberbayern, Mittelfranken und Schwaben) nahm durchgehend einen im Vergleich zum Pro-Kopf-Einkommen deutlich schlechteren Rang ein. Obwohl Bayern ohnehin zu den ärmeren Regionen Deutschlands gehörte, waren in den meisten Regierungsbezirken die Schulbesuchsquoten und auch die Lebenserwartung bei der Geburt noch niedriger als in Regionen mit vergleichbaren

---

[424] Auf die positive wirtschaftliche Entwicklung in Württemberg in der Zwischenkriegszeit wurde sowohl in der zeitgenössischen als auch in der neueren Literatur hingewiesen. Vgl. Kinzelbach 1935, S. 217-219; Petzina 1976, S. 18; Schnabel 1982; Boelcke 1989b, S. 395-397.

[425] Um 1925 betrug der Unterschied zwischen Frankfurt am Main, das den höchsten HDI-Wert der ausgewählten Regionen hatte, und Niederbayern, das in allen Stichjahren den geringsten Lebensstandard aufwies, 0,167 Indexpunkte. Dieser Unterschied verringerte sich in der Zwischenkriegszeit auf 0,152 (um 1933) bzw. 0,138 (um 1939).

[426] Der Spearman-Rangkorrelationkoeffizient zwischen HDI und Volkseinkommen pro Kopf betrug 0,902 (1925), 0,897 (1933) und 0,912 (1939). Ausführlicher in Kapitel 3.4.4.

Einkommen. Hessen andererseits erreichte in allen Stichjahren eine deutlich bessere Position gemäß dem HDI_r als nach dem Volkseinkommen je Einwohner, was vor allem auf die hohe Lebenserwartung bei der Geburt zurückzuführen ist.

Insgesamt lässt sich festhalten, dass ein höheres Einkommen in einer Region oftmals mit einer höheren Bildungsbeteiligung im sekundären Sektor einherging.[427] Die Höhe der Lebenserwartung wich indessen häufiger von den anderen Komponenten ab.[428]

Zwischen 1925 und 1933 verbesserte sich das Wohlfahrtsniveau anhand des HDI_r im Deutschen Reich wie auch in allen betrachteten Regionen und Städten (vgl. Tab. 3-18). Diese Erhöhung kam dadurch zustande, dass der Rückgang bzw. die Stagnation des Pro-Kopf-Einkommens auf dem Höhepunkt der Weltwirtschaftskrise im Jahr 1932 im Vergleich zu 1926 durch die Anstiege der Schulbesuchsquote im sekundären Bildungssektor und der Lebenserwartung bei der Geburt in allen Gebieten überkompensiert wurde.

Wenn es auch in allen Regionen eine positive Veränderung gab, so war die Höhe des Fortschritts in den einzelnen Regionen sehr unterschiedlich. Eine Erklärung dafür ist, dass die Regionen abhängig von ihrer Wirtschaftsstruktur unterschiedlich von der Weltwirtschaftskrise betroffen waren.

Die meisten Regionen, die vom Einkommensrückgang während der Weltwirtschaftskrise besonders betroffen waren wie Sachsen, Thüringen, Hessen, Mittelfranken und Hamburg, verzeichneten unterproportionale Wohlfahrtszuwächse gemäß dem HDI_r, weil auch die Zuwächse in den anderen Wohlfahrtskomponenten tendenziell unterdurchschnittlich waren. Berlin, das neben Sachsen den stärksten Konjunktureinbruch erlebte, konnte aber, wie die meisten Städte, durch eine bedeutende Ausweitung des relativen Schulbesuchs im sekundären Bildungssektor seinen Wohlfahrtsverlust deutlich reduzieren.

Vorwiegend agrarisch strukturierte Regionen wie Ostpreußen und die meisten bayerischen Regierungsbezirke (außer Mittelfranken und der Pfalz) litten andererseits in ge-

---

427 Der Rangkorrelationskoeffizient zwischen dem realen Volkseinkommen/Kopf und der Schulbesuchsquote wies folgende Werte auf: 0,758 (1925), 0,799 (1933), 0,865 (1939). Vgl. hierzu auch die Ausführungen in Kap. 3.3.1.3.

428 Der Koeffizient zwischen dem Einkommen und der Lebenserwartung bei der Geburt betrug 0,483 (1925), 0,466 (1933), 0,398 (1939). Um 1925 und 1933 bestand damit eine statistisch signifikante Korrelation. Eine Studie von Haines und Kintner belegt für das Jahr 1925 ebenfalls einen Zusammenhang zwischen der Lebenserwartung bei der Geburt und der Höhe des Pro-Kopf-Einkommens auf der Ebene von Regierungsbezirken [vgl. Haines und Kintner 2000]. Der Korrelationskoeffizient zwischen dem Einkommen und der Lebenserwartung bei der Geburt war jedoch deutlich niedriger als der Koeffizient zwischen Volkseinkommen je Einwohner in einer Region und der Quote des sekundären Schulbesuchs. Zudem nimmt die Stärke der Korrelation im Zeitverlauf ab. Der Rangkorrelationskoeffizient zwischen der Lebenserwartung und der Schulbesuchsquote war ebenfalls nicht durchgehend statistisch signifikant. Er wies folgende Werte auf: 0,440 (1925), 0,462 (1933) und 0,378 (1939).

ringerem Maße unter der Weltwirtschaftskrise und konnten deshalb ihren Lebensstandard überdurchschnittlich erhöhen.

Zwischen 1933 und 1939 erhöhte sich das Wohlfahrtsniveau gleichfalls im Deutschen Reich wie in allen Regionen (vgl. ebenso die Tabellen 3-19 und 3-20). Insbesondere Sachsen und Thüringen konnten, nach einer dürftigen Entwicklung in der zweiten Hälfte der zwanziger und in den frühen dreißiger Jahren, hohe Zuwächse verbuchen.[429] Bayern mit der Mehrheit seiner Regierungsbezirke gehörte ebenfalls zu den Gewinnern des NS-Aufschwunges bis 1939 und erfuhr eine überdurchschnittlich starke Verbesserung des Lebensstandards.

In der Mehrzahl der Regionen war der Wohlfahrtsanstieg primär das Ergebnis des Wirtschaftsaufschwungs in der NS-Zeit. Die Bildungsbeteiligung verminderte sich in allen Regionen, und die Zunahme der Lebenserwartung bei der Geburt fiel deutlich geringer als in der Vorperiode aus. Die Städte profitierten in geringerem Umfang vom Aufschwung. In Berlin, Köln, München und Hamburg erhöhte sich die Lebenserwartung bei der Geburt kaum oder sank sogar. Die Schulbesuchsquote war ferner in den Städten (Hamburg ausgenommen) besonders stark rückläufig.[430] Wie auf Reichsebene war der Wohlfahrtszuwachs im Zeitraum zwischen 1933 und 1939 in den meisten betrachteten Gebieten größer als im vorangehenden Zeitraum. Der scharfe Konjunktureinbruch in der Weltwirtschaftskrise reduzierte die bedeutenden Wohlfahrtssteigerungen aus dem Anstieg der Lebenserwartung bei der Geburt und der leichten Erhöhung des sekundären Schulbesuchs beträchtlich. Der Einkommensanstieg zwischen 1933 und 1939 war andererseits so stark, dass er den Rückgang der Schulbesuchsquote in den höheren und mittleren Schulen bei Weitem überkompensierte. Zudem stieg zwar die Lebenserwartung bei der Geburt in diesem Zeitraum nicht mehr so stark wie in der Vorperiode, dennoch konnten die meisten Regionen Wohlfahrtsgewinne verbuchen.

In den Städten war hingegen der Wohlfahrtszuwachs in den Friedensjahren des NS-Regimes deutlich geringer als in der Weimarer Republik. In der Periode 1933-39 blieb die Entwicklung in den nicht-ökonomischen Komponenten des Lebensstandards hinter dem Einkommensanstieg zurück.

Für den Zeitraum der Zwischenkriegszeit lässt sich somit festhalten, dass sich der Lebensstandard gemäß dem HDI_r in allen Regionen erhöht hat. Dieser Zuwachs ergab sich in erster Linie durch eine Erhöhung des Volkseinkommens pro Kopf. Zur Wohlfahrtssteigerung trug auch in beträchtlichem Umfang der Anstieg an Lebensjahren bei der Geburt bei. In einigen Regionen überstieg sogar der Wohlfahrtszuwachs, ausgelöst durch die Steigerungen der Lebenserwartung bei der Geburt, denjenigen aus der Ein-

---

[429] Zur verzögerten wirtschaftlichen Erholung in Sachsen siehe Opitz 1939, S. 49; Petzina 1976, S. 18; Bramke u.a. 1992, S. 36-50. Überblick über die wirtschaftliche Entwicklung der einzelnen Industriebereiche in Sachsen im „Dritten Reich" bei Hess 1995, S. 73-91. Zum ausgeprägten Rüstungsaufschwung in Thüringen vgl. John 1995, S. 114-117; John 1996, S. 48-50.

[430] Vgl. hierzu die Ausführungen in Kap. 3.3.3.

kommenserhöhung. Die Ausweitung der sekundären Schulbesuchsquote trug in allen Regionen nur unterproportional zu Wohlfahrtssteigerungen bei.

Niederbayern und die Oberpfalz, die beiden Regionen mit dem durchgehend niedrigsten Lebensstandard in der Zwischenkriegszeit, konnten ihre Wohlfahrt bedeutend verbessern. Ihre anfänglich vergleichsweise niedrige Lebenserwartung erhöhte sich überproportional. Zudem wiesen agrarisch dominierte Regionen eine stabilere wirtschaftliche Entwicklung während der Krise auf.[431] Zu bedenken ist ferner, dass die bedeutende Erhöhung des Einkommens in diesen Regionen durch die Konstruktion des Einkommensindexes unterstützt wird. Da im HDI_r ein abnehmender Grenzertrag angenommen wird, profitieren Gebiete mit niedrigem Volkseinkommen pro Kopf in stärkerem Maße von Einkommenszuwächsen als solche mit höherem Ausgangsniveau.[432] Trotz ihres starken Wohlfahrtsgewinns in der Zwischenkriegszeit hatten sie auch am Ende des Betrachtungszeitraumes den mit Abstand geringsten Lebensstandard.

3.3.2.2 Der deutschlandspezifische Development Index (DDI_r)

Tabelle 3-24 zeigt die Gesamtindizes für die ausgewählten Stichjahre und Regionen in der Zwischenkriegszeit und deren Rangfolgen. Aus der Tabelle ist ersichtlich, dass auch gemäß dem DDI_r das Wohlfahrtsniveau gewöhnlich in den Städten am höchsten war. Frankfurt am Main stand während der gesamten Zwischenkriegszeit an der Spitze der Wohlfahrtsskala. Württemberg wies von den Flächenstaaten durchgehend den höchsten DDI_r-Wert auf. In den meisten bayerischen Regierungsbezirken und vor allem in Niederbayern und der Oberpfalz war der Lebensstandard auch gemäß dem DDI_r dürftig.

Tabellen 3-21 bis 3-23 illustrieren die deutschlandspezifischen Development Indizes für die einzelnen Stichjahre in der Zwischenkriegszeit für die ausgewählten Regionen. Auffallend sind dabei die Unterschiede in der Position der einzelnen Indizes in jeder Region bei einem regionalen Ranking. Keine Gebietseinheit konnte einen durchgehend hohen Lebensstandard in allen drei Wohlfahrtskomponenten erzielen. Berlin beispielsweise schnitt im Jahr 1925 zwar sehr positiv in den Wohlfahrtsbereichen Bildung und Zugang zu Ressourcen ab. In der Dimension Gesundheit lag es jedoch auf dem drittletzten Rang.

Am unteren Ende der Skala sieht es etwas anders aus. Niederbayern und die Oberpfalz lassen sich klar als Regionen mit großen Defiziten in nahezu allen betrachteten Indizes erkennen. Hier gab es üblicherweise Deprivationen in allen Wohlfahrtskomponenten.[433]

---

[431] Vgl. Petzina 1976, S. 16.

[432] Vgl. die obigen Ausführungen zur Konstruktion des HDI in Kap. 1.4.1.

[433] Niederbayern und die Oberpfalz schneiden nur im Stichjahr 1933 im Bereich Zugang zu Ressourcen verhältnismäßig gut ab, da die wirtschaftlichen Auswirkungen der Weltwirtschaftskrise in ländlichen Gebieten milder ausfielen bzw. in der statistischen Erfassung unterrepräsentiert blieben.

Einen Eindruck, inwieweit Deprivationen der Lebensstandardbereiche auf regionaler Ebene zusammenhingen, vermitteln die Korrelationskoeffizienten der Developement Indizes. Tabelle 3-25 weist diese exemplarisch für das Jahr 1939 aus. Es zeigt sich, dass der Gesamtindex DDI_r mit allen Indizes (außer der Müttersterblichkeit und der Tuberkulosemorbiditätsrate) statistisch signifikant korreliert ist. Die höchste Korrelation besteht zwischen dem DDI_r und dem Einkommensindex, so dass dieses gebräuchlichste Wohlfahrtsmaß auch tatsächlich den besten verfügbaren Proxy des Gesamtindexes darstellt. Während die wirtschaftlichen Indizes und der Bildungsindex stark korreliert sind, weist der Gesamtindex Gesundheit mit den beiden anderen Komponenten des Lebensstandards keine Korrelationen auf. Dabei ist zu beachten, dass die Säuglings- und Kindersterblichkeit mit den meisten anderen Komponenten in einem Zusammenhang stand, wohingegen die sonstigen Gesundheitsindizes in der Regel über keine statistisch signifikanten Korrelation mit den anderen Indizes verfügten. In den Regionen waren somit Deprivationen einzelner, aber nicht aller Lebensstandardbereiche miteinander verbunden.[434]

Wie veränderte sich die Wohlfahrt gemäß dem DDI? Im Gegensatz zum HDI verringerte sich der Lebensstandard gemäß dem DDI_r im Deutschen Reich und in den meisten Regionen zwischen 1925 und 1933, wie aus Tabelle 3-24 deutlich wird. Die Verbesserungen in den nicht-ökonomischen Lebensstandardkomponenten konnten den Einkommensrückgang und den mit ihm verbundenen Anstieg der Arbeitslosigkeit zumeist nicht ausgleichen, wodurch es zu Wohlfahrtsverlusten kam (vgl. Tab. 3-26).

Die Weltwirtschaftskrise traf die Regionen unterschiedlich stark, so dass sich kurzfristig die regionalen Unterschiede des Lebensstandards veränderten. Wer war von der Wirtschaftskrise besonders betroffen? Den stärksten Rückgang des Lebensstandards musste Sachsen hinnehmen, gefolgt von Thüringen und Hessen. Diese Länder litten stark unter den wirtschaftlichen Folgen der Weltwirtschaftskrise,und gleichzeitig waren die Zuwächse in den nicht-ökonomischen Komponenten tendenziell unterdurchschnittlich.

Einen im Vergleich zum Deutschen Reich überproportionalen Lebensstandardrückgang, in dessen Folge sich die jeweilige Region um mindestens zwei Ränge verschlechterte, erfuhren auch Mittelfranken, Preußen und Köln.[435] Die Verschlechterung des Le-

---

[434] Angemerkt sei, dass eine hohe Korrelation zwischen den Lebensstandardindizes keine Doppelzählung bedeutet, da jeder Indikator eine eigenständige Wohlfahrtsbedeutung aufweist, ob diese nun mit anderen Dimensionen des Lebensstandards zusammenhängt oder nicht. Dies bedeutet auch, dass das Fehlen einer Korrelation kein Ausschlusskriterium eines Lebensstandardindexes aus dem Gesamtindex konstituiert. Vgl. zu dieser Problematik Klasen 2000, S. 39, 45.

[435] In Mittelfranken und Preußen waren die Einbrüche im materiellen Lebensstandard gleichermaßen ausgeprägt, und auch die Fortschritte in der Dimension Gesundheit bewegten sich im unteren Bereich. In Köln milderten die Fortschritte im Gesundheitsbereich die Abnahme des Gesamtindexes, ausgelöst durch die wirtschaftliche Entwicklung und den Rückgang in der Schulbesuchsquote, ein wenig.

bensstandards in den meisten Städten, ausgelöst durch die meist stärkeren wirtschaftlichen Folgen, wurde durch Ausweitungen in den nicht-ökonomischen Komponenten stark abgemildert.

Auch die Berücksichtigung der Arbeitslosigkeit und differenzierter „Gesundheitsindikatoren" ändert nicht die vergleichsweise positive Einschätzung der Wohlfahrtsentwicklung der vornehmlich ländlichen Gegenden, wie z.B. Ostpreußen und die meisten bayerischen Regierungsbezirke. Sie konnten ihr Ranking positiv verändern.

In Württemberg verweist auch der DDI_r darauf, wie bereits der HDI_r und auch der Einkommensindex, dass man in geringerem Umfang unter den Folgen der Weltwirtschaftskrise zu leiden hatte. Die Menschen konnten gemäß dem DDI_r ihre Wohlfahrt bis 1933 sogar leicht erhöhen.

Auch die Entwicklung anthropometrischer Wohlfahrtsmaße (Körpergrößen von Schulkindern) für die Stadt Stuttgart impliziert einen positiven Wohlfahrtsverlauf in Württemberg während der Weimarer Republik einschließlich der wirtschaftlichen Krise. Im Gegensatz dazu entwickelte sich der Lebensstandard in Sachsen während der Weltwirtschaftskrise, wie die hier verwendeten Maße des Lebensstandards nahelegen, auch gemäß dem Indikator Körpergröße für Leipzig ungünstig. In den zwanziger Jahren bis 1931 wuchsen hingegen die Leipziger Schulkinder beachtlich.[436]

Bis Kriegsbeginn erholte sich der Lebensstandard in allen Regionen im Zuge des Wirtschaftsaufschwunges (vgl. Tabelle 3-27). Diese Fortschritte sind in erster Linie auf den erfolgreichen Abbau der Arbeitslosigkeit und die Erhöhung des realen Pro-Kopf-Einkommens zurückzuführen. Abgebremst wurden die Zuwächse durch eine rückläufige sekundäre Bildungsbeteiligung in allen Regionen. Die Veränderung in der Dimension Gesundheit ist, wie oben dargelegt, durch gegenläufige Tendenzen geprägt. Zum einen entwickelten sich die einzelnen Indikatoren nicht gleichgerichtet. Zum anderen gab es auch unterschiedliche Entwicklungen der jeweiligen Gesundheitsindizes in den verschiedenen Regionen.

Gemäß dem DDI_r erhöhte sich die Wohlfahrt in allen Regionen aufgrund des Einkommensanstieges und der damit verbundenen Reduktion der Arbeitslosigkeit (vgl. Tabelle 3-27). Die Höhe der Zunahme war jedoch unterschiedlich. Alle Regionen erreichten bis 1939 Vollbeschäftigung, weshalb vor allem jene Regionen Deutschlands tendenziell stärker profitierten, die zuvor besonders unter den wirtschaftlichen Folgen der Weltwirtschaftskrise gelitten hatten.[437] Die Bildungsbeteiligung sank generell, wo-

---

[436] Vgl. Baten 2003, S. 404-406, Fig. 12.6a, 12.6b., 12-7.

[437] Regionen, die schwer unter der wirtschaftlichen Krise gelitten hatten, wie Berlin, Sachsen, Hamburg, Thüringen, Hessen und Mittelfranken, konnten überproportionale Wohlfahrtszuwächse verbuchen und verbesserten wieder ihre Positionen im regionalen Vergleich, während auf der anderen Seite Ostpreußen und einige bayerische Regierungsbezirke ihre Rangposition erneut verschlechterten. Württemberg verzeichnete zwischen 1933 und 1939 den geringsten Wohlfahrtsanstieg. Die Zunahme in der Dimension Zugang zu Ressourcen war hier nicht sehr ausgeprägt, da

bei der Rückgang in den Gegenden mit einem hohen Niveau gewöhnlich stärker ausfiel, weshalb vor allem die Städte stärker betroffen waren. Die Fortschritte in der Dimension Gesundheit fielen in den einzelnen Regionen sehr verschieden aus. Der Zuwachs in dieser Kategorie lag in allen Regionen unter der Vorperiode. In einer Reihe von Gebieten (Ostpreußen, Württemberg, Köln und München) sank bzw. stagnierte der Lebensstandard im Gesundheitsbereich. Aber auch ein positiver Gesamtindex Gesundheit darf nicht über die ausgesprochen ungünstige gesundheitliche Entwicklung in diesem Zeitraum hinwegtäuschen, da sich nicht alle Gesundheitsindikatoren verbesserten. Die Stagnation des Mortalitätsrückganges der Kinder und die Stagnation der Lebenserwartung ab dem fünften Lebensjahr stellen im Vergleich zur Vorperiode und auch im internationalen Vergleich eine unerwartet negative Entwicklung dar und verweisen auf erhebliche Defizite in der gesundheitlichen Entwicklung.[438]

Wie sah nun die Entwicklung während des Gesamtzeitraumes aus? Welche Komponenten waren verantwortlich für den Wohlfahrtszuwachs in der Zwischenkriegszeit gemäß dem DDI_r? Tabelle 3-28 zeigt die Veränderungen der einzelnen Development Indizes und Komponenten im Gesamtzeitraum. Insgesamt war die Zunahme in der frühen NS-Phase so stark, dass sie den Wohlfahrtsrückgang zwischen 1925 und 1933 überstieg. Infolgedessen erhöhte sich in allen Regionen der Lebensstandard zwischen 1925 und 1939. Er verbesserte sich im Gesamtzeitraum in den Städten (ausgenommen Köln) am stärksten. Auch die beiden „Schlußlichter" Niederbayern und Oberpfalz konnten wie die meisten bayerischen Regierungsbezirke einen überproportionalen Wohlfahrtsgewinn verbuchen. Mit den geringsten Wohlfahrtszuwächsen mussten sich die sehr unterschiedlich strukturierten Gebiete Köln, Hessen und Ostpreußen begnügen.

In allen Regionen war der Zuwachs in der Wohlfahrtskomponente Gesundheit am stärksten. Auch der Anstieg in der Dimension Zugang zu Ressourcen lieferte in den meisten Gebieten einen substantiellen Beitrag zur Erhöhung des Lebensstandards. Die Fortschritte im Bereich Bildung hingegen, gemessen durch die Schulbesuchsquote im sekundären Bildungssektor, waren im Vergleich zum Gesamtindex in den meisten Regionen geringfügig. In einer Reihe von Gebieten lag der Bildungsindex im Jahr 1939 sogar etwas unter dem Niveau von 1925.

Die Fortschritte in der Dimension Gesundheit waren in der Mehrzahl der Regionen in erster Linie das Ergebnis des Rückganges der Säuglings- und auch der Kindersterblichkeit. Der Rückgang der Müttersterblichkeit andererseits trug in den meisten nichtstädtischen Gebieten kaum zur Erhöhung des Lebensstandards in der Dimension Gesundheit bei. Die Erhöhung der Lebenserwartung ab dem 5. Lebensjahr war im Vergleich zum Gesamtanstieg des Gesundheitsindexes nur unterproportional.

Württemberg von der Weltwirtschaftskrise weniger stark betroffen war als andere Gebiete. Zudem stagnierte die Wohlfahrt in der Dimension Gesundheit während dieses Zeitraumes.

438 Vgl. Baten und Wagner 2003.

Zusammenfassend lässt sich festhalten, dass das regionale Gefüge in der Zwischenkriegszeit vor allem aufgrund der starken wirtschaftlichen Schwankungen im Zuge der Weltwirtschaftskrise instabil war. Industriell dominierte Regionen wie Sachsen litten in besonders starkem Maße unter den wirtschaftlichen Folgen der Weltwirtschaftskrise. Überwiegend agrarisch strukturierte Regionen hingegen, wie die meisten bayerischen Regierungsbezirke und Ostpreußen, hatten ein wesentlich geringeres Wohlfahrtsniveau, waren aber von der wirtschaftlichen Krise der frühen dreißiger Jahre weniger stark betroffen.[439] Städtische Gebiete wie Berlin und Hamburg mussten hohen Einbußen ihres Lebensstandards in der Dimension wirtschaftliche Ressourcen hinnehmen, erfuhren aber andererseits eine deutliche Ausweitung in den nicht-ökonomischen Komponenten des Lebensstandards, so dass die Wohlfahrtsverluste stark abgemildert werden konnten. Mit dem Erreichen der Vollbeschäftigung profitierten anschließend jedoch die Gebiete, die eine instabilere wirtschaftliche Entwicklung Anfang der dreißiger Jahre durchmachen mussten. In der Folge reduzierte sich die regionale Ungleichheit des Lebensstandards zwischen 1925 und 1933 leicht und blieb bis 1939 weitgehend gleich.[440]

3.3.2.3 Vergleich der Wohlfahrtsmaße

Der Rangkorrelationskoeffizient zwischen HDI_r und Volkseinkommen pro Kopf ist hoch und beträgt 0,902 (1925), 0,893 (1933) und 0,901 (1939). Dennoch lassen sich einige signifikante Abweichungen zwischen diesen beiden Wohlfahrtsmaßen festhalten.

Tabelle 3-29 illustriert den Wechsel der Rangfolge im regionalen Ranking, wenn anstatt des HDI_r das Volkseinkommen je Einwohner als Wohlfahrtsmaß verwendet wird. Ein negatives Vorzeichen signalisiert einen besseren Rang gemäß dem HDI_r als nach dem entsprechenden Pro-Kopf-Einkommen in der jeweiligen Untersuchungseinheit. Die Tabelle stellt eindringlich dar, dass die Mehrzahl der Regionen eine andere Rangposition gemäß dem HDI_r als im Vergleich zum Volkseinkommen je Einwohner als Wohlfahrtsmaß einnahm.

Ostpreußen (außer 1938), Thüringen, Hessen, die Pfalz und Frankfurt/M. erreichten in allen Stichjahren eine deutlich bessere Position gemäß dem HDI_r als dem Volkseinkommen pro Kopf. Der höhere HDI_r-Wert Hessens, Thüringens und der Pfalz ist vor allem auf die hohe Lebenserwartung bei Geburt zurückzuführen. Die Schulbesuchsrate war in Frankfurt/M. hoch, und auch die Lebenserwartung bei der Geburt nahm im Zeitverlauf überproportional zu, so dass Frankfurt einen deutlich über seinem Volkseinkommen je Einwohner liegenden Rang gemäß dem HDI_r erreichen konnte.

Andererseits nahm Bayern, und hier insbesondere Oberbayern, Mittelfranken, Schwaben und München, durchgehend einen im Vergleich zum Pro-Kopf-Einkommen

---

439 Vgl. hierzu auch Petzina 1976, S. 16, 24.

440 Die Differenz zwischen Frankfurt (Gebiet mit dem höchsten DDI_r) und Niederbayern (niedrigster DDI_r) betrug 0,130 (1925), 0,116 (1933) und 0,119 (1939).

deutlich schlechteren Rang ein. Obwohl Bayern ohnehin zu den ärmeren Regionen Deutschlands gehörte, waren in den meisten Regierungsbezirken die Schulbesuchsquoten und auch die Lebenserwartung bei der Geburt noch niedriger als in anderen Regionen mit vergleichbarem Einkommen. Mittelfranken beispielsweise wies 1926 ein ähnlich hohes Pro-Kopf-Einkommen wie Württemberg auf (vgl. Tab. 3-16). Die Bewohner Württembergs konnten jedoch auf eine zwei Jahre längere Lebenserwartung bei der Geburt hoffen. Die Oberpfalz hatte in diesem Jahr ein vergleichbares Pro-Kopf-Einkommen wie Ostpreußen, die Schulbesuchsquote betrug jedoch nur etwas mehr als die Hälfte Ostpreußens, und die Lebenserwartung war in Ostpreußen um nahezu sechs Jahre höher.

Die Rangkorrelationskoeffizienten zwischen dem realen Volkseinkommen je Einwohner und dem DDI_r sind etwas niedriger als zwischen dem Einkommen und dem HDI_r, weisen aber immer noch Werte von 0,834 (1925), 0,772 (1933) und 0,895 (1939) auf. Der Zusammenhang im Stichjahr 1933 ist schwächer, da die einkommensstarken Regionen stärker von der Weltwirtschaftskrise und der damit einhergegehenden Arbeitslosigkeit betroffen waren. Sachsen erreicht durch die Einbeziehung der Arbeitslosigkeit in der Weltwirtschaftskrise gemäß dem DDI_r einen um sieben Plätze schlechteren Rang als dem Volkseinkommen je Einwohner folgend, während Ostpreußen eine um 13 Plätze bessere Position realisieren kann. Damit lag der Lebensstandard gemäß dem DDI_r in Sachsen 1933 weit hinter demjenigen Ostpreußens, obwohl auf einen Bewohner Sachsens auch auf dem Höhepunkt der Weltwirtschaftskrise 1932 immer noch ein um ca. 50% höheres Einkommen als auf einen Einwohner Ostpreußens entfiel.

Vergleicht man auf diese Weise die Rangfolgen des DDI_r und des realen Volkseinkommens je Einwohner, ergeben sich ähnliche Abweichungen wie beim Vergleich mit dem HDI_r (vgl. Tabelle 3-29). Wiederum schneiden Ostpreußen, Thüringen, Hessen und Frankfurt/M., aber auch Württemberg gemäß dem DDI_r durchgehend besser ab als nach dem entsprechenden Einkommenswert. Bayern und einige seiner Regierungsbezirke (Oberbayern und Mittelfranken) erreichen erneut schlechtere Positionen. Insofern identifizieren beide Indizes die gleichen Regionen, die positiv oder negativ in den nichtökonomischen Bereichen des Lebensstandards von einer reinen Einkommensbetrachtung abweichen.

Die angeführten Beispiele verdeutlichen, dass die Development Indizes wesentliche Wohlfahrtsunterschiede zwischen den Regionen aufzeigen, die über eine reine Einkommensbetrachtung hinausgehen. Mit ihrer Hilfe lassen sich Regionen mit Defiziten in den elementaren Bereichen des Lebensstandards identifizieren. Teile Bayerns schneiden zumindest bis 1933 deutlich schlechter ab als das ähnlich landwirtschaftlich strukturierte und ebenfalls „arme" Ostpreußen. Hier stellt sich die Frage, inwieweit dafür Politikunterschiede zwischen Bayern und Preußen ursächlich waren oder ob hier evtl. kulturelle Gründe durchschlugen. Der Vergleich zwischen Einkommen und DDI_r deutet darauf hin, dass das Pro-Kopf-Einkommen als alleiniges Wohlfahrtsmaß (ohne Berücksichtigung von Unterbeschäftigung) in der Wirtschaftskrise den Lebensstandard der Bevölkerung tendenziell überschätzt. Einkommensstarke Regionen sind häufig stärker von der Krise betroffen, ihr Pro-Kopf-Einkommen sinkt aber selten derart, dass sich die regionalen Einkommensunterschiede vollständig aufheben. Bei Berücksichtigung des unterschiedlichen Ausmaßes an Arbeitslosigkeit legen die Ergebnisse des DDI_r nahe, dass in der Weltwirtschaftskrise in den einkommensschwachen Gegenden mit geringerer Arbeitslosigkeit der Lebensstandard höher war als in den einkommensstärkeren Regionen, die unter höherer offener Arbeitslosigkeit litten.

Ein weiterer Vergleich befasst sich mit dem Unterschied des regionalen Wohlfahrtsgepräges in der Zwischenkriegszeit zwischen den beiden Development Indizes DDI_r und HDI_r (vgl. Tab. 3-30). Wie zu erkennen ist, führen die beiden Indizes durchgängig bei einer Reihe von Regionen zu unterschiedlichen Bewertungen. Die erheblichen Disparitäten in der Beurteilung der regionalen Ungleichheit sind ein weiteres Mal vorrangig das Ergebnis der Berücksichtigung der regional unterschiedlichen Arbeitslosenquote. Die Spalten 5 bis 7 geben die Rangwechsel zwischen den beiden Indizes an, wenn der DDI_r nur mit dem Index des Pro-Kopf-Einkommens anstatt mit dem Index Zugang zu Ressourcen (gemeinsamer Index von Einkommen und Arbeitslosigkeit) errechnet wird. Wie aus der Tabelle hervorgeht, reduzieren sich dann die Rangwechsel zwischen den beiden Indizes beträchtlich. Die Berücksichtigung differenzierter Sterblichkeitsindizes und auch der Tuberkulosemorbidität führt in der Mehrzahl der ausgewählten Gebiete nicht zu einem grundlegend anderen Ranking (Wechsel um zwei Positionen und mehr) als die Verwendung der Lebenserwartung bei der Geburt als alleinigem Indikator. Die Lebenserwartung bei der Geburt scheint die Unterschiede in der Dimension Gesundheit verhältnismäßig gut widerzuspiegeln, wobei die Frage bleibt, inwieweit bessere Morbiditätsindikatoren ein differenzierteres Bild möglich machen würden.

Tabelle 3-31 vergleicht die Veränderungen des Lebensstandards gemäß den verschiedenen Development Indizes (HDI_r und DDI_r) in den ausgewählten Regionen Deutschlands zwischen den verschiedenen Stichjahren der Zwischenkriegszeit. Die Tabelle verdeutlicht, dass sich die Aussagen der beiden Indizes über die Wohlfahrtsentwicklung in der ersten Betrachtungsperiode (1925-1933) widersprechen. Während der HDI_r in allen Regionen eine zumindest leicht positive Veränderung anzeigt, signalisiert der DDI_r in der Mehrzahl der Regionen eine negative Wohlfahrtsentwicklung. Diese entgegengesetzte Einschätzung kommt beinahe vollständig durch die Einbeziehung der Arbeitslosigkeit als wesentlichem Indikator des Lebensstandards in den DDI_r zustande. Betrachtetet man die einzelnen Komponenten der beiden Indizes, so unterscheidet sich der Index der Bildung nicht. Die Veränderungen der Komponente Gesundheit lagen im DDI_r höher als im HDI_r. Sie deuten auf eine noch positivere Wohlfahrtsentwicklung hin als bei alleiniger Berücksichtigung des Anstieges des Indexes der Lebenserwartung bei der Geburt. Die Einbeziehung der Arbeitslosigkeit verstärkt die negative Entwicklung in der Dimension Zugang zu Ressourcen derartig, dass die positiven Effekte der beiden anderen Bereiche häufig keine Wende herbeiführen können, wie dies im HDI_r der Fall ist.

Die Unterschiede der absoluten Veränderungen der beiden Indizes in den einzelnen Regionen sind deshalb auch hoch in den Gegenden, die einen starken Anstieg der Arbeitslosigkeit verkraften mussten (z.B. Berlin, Sachsen, Thüringen, Mittelfranken und Hessen), bzw. niedriger in Bezirken, die weniger unter der Weltwirtschaftskrise litten wie beispielsweise Württemberg.

In der folgenden Periode, dem wirtschaftlichen Aufschwung bis zum Ausbruch des Krieges, signalisiert der DDI_r in allen Regionen eine merklich positivere Wohlfahrtsentwicklung als der HDI_r, was wiederum größtenteils der Einbeziehung der Arbeitslosigkeit geschuldet ist. Die positive Entwicklung des DDI_r wird in den meisten Regionen noch durch eine im DDI_r ausgeprägtere Verbesserung in der Dimension Gesundheit unterstützt, obgleich diese von untergeordneter Bedeutung ist.

Zusammenfassend ist zu betonen, dass die Einbeziehung der Arbeitslosigkeit als Lebensstandardindikator der entscheidende Faktor für die zunächst negative Entwicklung des Lebensstandards zwischen 1925 und 1933 sowie für die sich stark positiv abhebende Phase zwischen 1933 und 1939 auf Reichsebene wie in allen Regionen ist.

Im Gesamtzeitraum (1925-1939) verweisen beide Indizes wiederum in allen Regionen auf ein Wachstum des Lebensstandards. In der Mehrzahl der Gebiete ist die Erhöhung des HDI_r gleich stark oder etwas höher als diejenige des DDI. Stärkere Abweichungen in der Höhe des Wachstums, d.h. ein Unterschied in der absoluten Veränderung der beiden Indizes von 0,01 und mehr, traten in folgenden Regionen auf: Berlin, Hansestädte, Köln, Württemberg und in den bayerischen Regierungsbezirken (außer Oberpfalz, Ober- und Mittelfranken). Der höhere oder niedrigere Anstieg des DDI im Vergleich zum HDI_r in diesen Regionen ist primär ein Effekt der Einbeziehung der Müttersterblichkeit. Die stärkere Erhöhung des DDI in Berlin und den Hansestädten kommt u.a. durch den in den DDI eingehenden Rückgang der Müttersterblichkeit zustande, der hier besonders ausgeprägt war. Das geringe Wachstum des DDI in Württemberg und vielen bayerischen Regionen andererseits ist eine Auswirkung des verzögerten Absinkens der Sterblichkeit von Frauen in Zusammenhang mit Schwangerschaft und Geburt.

Einer der wichtigsten Befunde der Untersuchung ist, dass die Einbeziehung der Arbeitslosigkeit als Lebensstandardindikator die Einschätzung der Wohlfahrtsentwicklung in den einzelnen Phasen während der Zwischenkriegszeit verändert. Ohne Berücksichtigung der Arbeitslosigkeit ergab sich eine durchgehend positive Bilanz der Veränderung des Lebensstandards zwischen den einzelnen Stichjahren, ohne einen signifikanten Einschnitt durch den wirtschaftlichen Aufschwung in der NS-Zeit. Wenn jedoch die Arbeitslosenquote in die Beurteilung der Wohlfahrt mit einfließt, kommt man zu einer negativen Einschätzung der Veränderung des Lebensstandards zwischen 1925 und 1933 und einer sich stark positiv abhebenden Wohlfahrtsentwicklung zwischen 1933 und 1939. Dieses Ergebnis trifft auf alle ausgewählten Regionen zu und stimmt mit der Wahrnehmung vieler deutscher Zeitzeugen überein, die eine Verbesserung ihres Lebensstandards durch den Rückgang der Arbeitslosigkeit während des NS-Regimes bis zu Beginn des Kriegs im Vergleich zur Weltwirtschaftskrise angeben.[441]

In der Historiographie ist die Entwicklung des Lebensstandards auch in der frühen Phase des NS-Regimes bis 1938/39 umstritten.[442] Zu beachten ist, dass bei dieser Diskussion die Auswahl der Stichjahre eine wesentliche Rolle spielt. Mehrere Autoren haben auf die Manipulationen der Arbeitslosenstatistik zu Beginn des NS-Regimes hingewiesen und eine schnelle Reduktion der Arbeitslosigkeit vor 1935/36 bezweifelt.[443] Auch wenn es keinen schnellen Abbau der Arbeitslosigkeit nach 1933 gab, so ist doch unumstritten, dass zu Beginn des Jahres 1939 der Arbeitsmarkt in Deutschland durch Vollbeschäftigung und Arbeitskräftemangel gekennzeichnet war.[444] Folglich ist der aus dem Abbau der Arbeitslosigkeit resultierende positive Effekt auf die Gesamtindizes und die daraus abgeleitete Wohlfahrtserhöhung kein Artefakt.

3.3.3 Der Einfluss von Gewichtungen auf die Ergebnisse

Trends und regionale Unterschiede der Gesamtindizes sind von der Wahl der Indikatoren, deren Veränderungen und deren Gewichtungen abhängig.[445] Der HDI bestimmt sich als das arithmetische Mittel der drei Skalenwerte: Lebenserwartung, Bildung und Einkommen. Die Komponenten des universalen HDI wie auch der neugeschaffenen Development Indizes sind aber aufgrund der unterschiedlichen Spannweiten der einzelnen Indikatoren tatsächlich nicht gleichgewichtet. Auch beeinflusst ein variabler Indikator den Index mehr als ein beinahe konstanter Indikator. Es ist daher notwendig, gleich welche Gewichtung zugrunde gelegt wird, die impliziten Gewichtungen der Indikatoren herauszuarbeiten und deren Einflüsse deutlich zu machen. Aus diesem Grunde wird mit der Wahl der Minimal- und Maximalwerte sowie den Gewichtungen experimentiert und die Wirkung von Veränderungen derselben auf den Gesamtindex geprüft. Auf diese Weise lässt sich die Robustheit der neu entwickelten Lebensstandardindizes ausführlich testen.

Da keine Aussagen über die Präferenzen in historischen Populationen vorliegen, orientierte sich die Gewichtung an der Bedeutung der einzelnen Dimensionen des Lebens-

---

441 Exemplarisch sei hier Erich S. aus Thüringen, geb. 1924, zitiert: „Erinnerung an alte Zeiten: An bessere Zeiten, an 1933, Jahr der Machtübernahme durch die NSDAP. Gebt mir vier Jahre Zeit, hat Hitler gefordert. Was ist für mich dabei herausgekommen? Keiner soll hungern und frieren. Für mich wurde das Wahrheit. ... Als Hitler Reichskanzler wurde, war ich neun Jahre alt, und für meine Familie hat sich viel verändert. Zuvörderst bekam mein Vater nach sieben Jahren Erwerbslosigkeit eine Arbeit..." (zitiert in Braune 1996, S. 29).

442 Vgl. hierzu beispielhaft die Kontroverse zwischen Buchheim 2001 und Abelshauser 1999. Vgl. oben die Ausführungen zum Forschungsstand (Kap. 1).

443 Vgl. Hachtmann 1987, S. 178-185; Silverman 1998, v.a. S. 10-27 (vgl. Kap. 3.3.1.2).

444 Ebenda.

445 Vgl. Osberg und Sharpe 1999, S. 38.

standards im universalen HDI. Um die Wirkung von Gewichtungsvariationen auf die regionalen Wohlfahrtsdisparitäten zu prüfen, wurden in jedem Stichjahr als Maximal- und Minimalwerte anstatt der in den Tabellen 3-1 und 3-2 angegebenen Grenzen die besten bzw. schlechtesten Werte der Indikatoren der ausgewählten Gebiete eingesetzt. Gleichzeitig rückt damit der Erfahrungshorizont der Zeitgenossen bei der Festlegung der Grenzwerte stärker in den Vordergrund. Die Veränderungen der regionalen Rangordnungen des jeweiligen Indexes können Tabelle 3-32 entnommen werden.

Aus Tabelle 3-32, Spalten 2-4, wird deutlich, dass sich die Ranking-Ergebnisse gemäß dem HDI_r gegenüber dieser Variation der Gewichtung robust zeigen. Lediglich zwei Regionen würden während dieser drei Stichjahre ihre Position um mehr als einen Rang verändern. Diese Modifikation der Gewichtung führt durch die Verringerung der Spannweite des Einkommens im HDI_r zu einer deutlich stärkeren Gewichtung der Einkommenskomponente.[446] Da aber auch bereits im ursprünglichen HDI_r die Einkommenskomponente das stärkste Gewicht hat, kommt es zu keiner grundlegenden Neuverteilung der Gewichte der einzelnen Komponenten. Der HDI_r erweist sich damit gegenüber kleineren Veränderungen verhältnismäßig robust. Zudem kommt es zu keiner anderen Einschätzung der regionalen Wohlfahrtshierarchie, ob nun die für historische Populationen unrealistischeren Maximal- oder Minimalwerte des universalen HDI verwendetet werden oder ob diese aus den zeitgenössischen regionalen Spannweiten abgeleitet werden.

Während diese Art der Gewichtungsvariation im HDI_r kaum Verschiebungen hervorruft, ergeben sich beim DDI_r etwas stärkere Veränderungen.[447] Dies liegt daran, dass in

---

446 Eine um 1% höhere Schuleinschreiberate im sekundären Bildungssektor führt zu einer Erhöhung des HDI_r um 0,0033. Ein Jahr mehr an Lebenserwartung zieht einen Anstieg des HDI_r um 0,0056 nach sich, und eine Mark mehr Einkommen hat eine Steigerung des HDI_r um 0,0386 zur Folge. Durch die Gewichtungsveränderung würden sich beispielsweise im Jahr 1933 folgende Verschiebungen ergeben: Anstieg der Schulbesuchsquote um 1%, Steigerung der Lebenserwartung um ein Jahr und eine Mark mehr Einkommen erhöhen den Index um 0,013 bzw. 0,041 bzw. 0,315. Die Werte sind in den anderen beiden Stichjahren ähnlich.

447 Zur Gewichtung der einzelnen Indikatoren und der vorgenommen Gewichtungsvariation siehe Tabelle 3-33, welche folgendermaßen zu interpretieren ist: Im ursprünglich verwendeten DDI_r führte ein Prozent mehr Bildungsbeteiligung im sekundären Bildungssektor bzw. ein Promille weniger Kindersterblichkeit zu einer Erhöhung des Index um jeweils 0,003. Ein Prozent weniger Arbeitslosigkeit resultiert in einem Indexanstieg um 0,002. Eine Einheit weniger Säuglings- bzw. Müttersterblichkeit zieht einen Anstieg des DDI_r um 0,0003 nach sich. Eine Mark mehr Einkommen sowie ein Jahr mehr an Lebenserwartung führt zu einer Steigerung des Gesamtindexes von 0,019 bzw. 0,003. Eine Tuberkuloseerkrankung auf 10.000 Einwohner weniger erhöhte den Index um 0,001. Für das Jahr 1933 sahen nach der Gewichtungsmodifikation die Gesamtindexerhöhungen folgendermaßen aus: 0,014 (1% mehr Bildungsbeteiligung), 0,158 (1 Mark mehr Einkommen), 0,009 (1% weniger Arbeitslosigkeit), 0,0001 (1‰ weniger Säuglingssterblichkeit), 0,014 (1‰ weniger Kindersterblichkeit), 0,001 (Verringerung der Müttersterblichkeitsrate um eine Einheit), 0,033 (ein Jahr mehr Lebenserwartung ab dem 5. Lebensjahr), 0,006 (ein Tuberkulosekranker weniger je 10.000 Bevölkerung).

den DDI reagiblere Indikatoren eingehen. Dadurch können in den jeweiligen Stichjahren einzelne Indikatoren mit sehr geringen regionalen Spannweiten ihre Gewichtung einschneidend erhöhen und den Gesamtindex stark beeinflussen (vgl. hierzu Tab. 3-33).

Dies lässt sich exemplarisch für das Jahr 1939 verdeutlichen. In diesem Stichjahr herrschte Vollbeschäftigung in allen Regionen. Die Arbeitslosenquote wies daher kaum regionale Disparitäten auf, wodurch die Spannweite dieses Indikators drastisch abnahm. Während im Stichjahr 1933 nach dieser Gewichtungsvariation eine einprozentige Abnahme der Arbeitslosenquote eine Indexerhöhung um 0,009 Indexpunkte auslöst, beträgt der Anstieg des Gesamtindexes im Stichjahr 1939 0,209 Punkte. Geringe regionale Unterschiede in der Arbeitslosenquote dominieren damit die Wohlfahrtsverteilung zwischen den Gebieten, weshalb in diesem Jahr häufigere Veränderungen der regionalen Rangfolge auftreten (vgl. Tab. 3-32, Spalte 7). Mit einer kleinen Erhöhung der Spannweite der Arbeitslosigkeit in diesem Stichjahr fänden kaum mehr Veränderungen des regionalen Rankings statt. Der DDI_r verhält sich somit in Hinblick auf geringe Gewichtungsvariationen ähnlich robust wie der HDI_r. Auf radikale Veränderungen der Gewichte reagieren jedoch beide Gesamtindizes sensibel.

Weil für historische Populationen kaum Aussagen darüber möglich sind, welche Wohlfahrtsindikatoren für wesentlich gehalten wurden und welche Gewichte man ihnen zumaß, wurde in dieser Arbeit von radikalen Gewichtungen einzelner Indikatoren abgesehen.[448] Autoren, die der Dimension „langes Leben" das stärkste Gewicht zubilligen oder die Bedeutung der Komponente Bildung erhöhen wollten, würden zweifellos zu einer etwas anderen Rangordnung der regionalen Wohlfahrtsunterschiede gelangen. Einen Einblick, wie sich die Ergebnisse bei einer höheren Gewichtung der nicht-ökonomischen Komponenten Bildung bzw. Gesundheit im HDI_r und im DDI_r auswirken würden, gibt Tabelle 3-34, die die Veränderungen der regionalen Rangfolgen der beiden Gesamtindizes zeigt, wenn man die Gewichtung der Komponente Bildung bzw. Gesundheit jeweils verdoppelt. Aus der Tabelle 3-34 (Spalten 2-4 und 8-10) wird ersichtlich, dass sich das regionale Ranking des HDI_r nicht grundlegend wandeln würde. Kaum eine Region erfährt einen Rangwechsel von mehr als zwei Positionen.

In Bezug auf den DDI_r lässt sich feststellen, dass die Verschiebungen in der regionalen Rangfolge bei einer erhöhten Gewichtung der Dimension Bildung ebenfalls nicht gravierend sind (Tab. 3-34, Spalten 5-7). Wird jedoch dem Bereich Gesundheit mehr Bedeutung zugemessen, zeigt sich, dass vor allem die Städte im Stichjahr 1925 ihre Position deutlich verschlechtern, während sich die größeren Staaten verbessern würden.

---

[448] Von einer stärkeren Gewichtung der Bildungskomponente wurde bewusst Abstand genommen, um eine Überbewertung der Wohlfahrt in den urbanen Gebieten durch deren höhere Schulbesuchsquoten zu vermeiden. Die höhere Anzahl von Schulen in den Städten kam ja nicht ausschließlich der städtischen Bevölkerung zugute, sondern war auch zur Versorgung des ländlichen Umfeldes gedacht. An preußischen höheren Schulen z.B. hatten im Jahr 1939 28% der Schüler ihren Wohnsitz außerhalb des Schulgebiets (vgl. Müller und Zymek 1987, S. 167). Siehe dazu auch die Ausführungen in Kap. 3.3.3.

Wie wirkt sich eine solche Gewichtungsvariation auf die Ergebnisse der Wohlfahrtsentwicklung gemäß den beiden Gesamtindizes aus?

Bei der Erhöhung der Bedeutung der nicht-ökonomischen Komponenten (sowohl Bildung als auch Gesundheit) ergibt sich gemäß dem HDI_r weiterhin eine positive Wohlfahrtsentwicklung in der Zwischenkriegszeit für beide betrachteten Teilperioden. Allerdings würde nun in der Mehrzahl der Regionen der Wohlfahrtszuwachs in den Friedensjahren des NS-Regimes (1933-39) hinter dem der Weimarer Republik (1925-33) zurückbleiben (vgl. dazu Tab. 3-35, Spalten 2-3 und 4-5).

Eine Verdoppelung des Gewichtes der Dimension Gesundheit im DDI_r impliziert folgende Wohlfahrtsentwicklung (vgl. Tab. 3-35, Spalten 8-9): In den meisten Regionen ergibt sich eine Zunahme des Lebensstandards in den beiden betrachteten Teilperioden. Die Fortschritte in den Bereichen Bildung und Gesundheit übersteigen damit die Rückschritte im materiellen Lebensstandard (Einkommensrückgang und Arbeitslosigkeit) in nahezu allen Gebieten (außer in Sachsen, Thüringen und Hessen). Allerdings liegt der Zuwachs, auch bei einer stärkeren Gewichtung des Gesamtindexes Gesundheit, im Zeitraum 1933-39 über dem der Weimarer Republik (1925-33). Ähnliche Ergebnisse produziert eine höhere Gewichtung des Bildungsbereiches (vgl. Tab. 3-37, Spalten 6-7), wobei sich die Wohlfahrtsentwicklung zwischen 1925 und 1933 etwas ungünstiger als bei einer stärkeren Gewichtung der Gesundheitskomponente darstellt.

Zusammenfassend lässt sich festhalten, dass durch eine höhere Bedeutung der nicht-ökonomischen Lebensstandardbereiche im Gesamtindex die Veränderungen des Lebensstandards in der Weimarer Republik (1925-33) günstiger und die Zuwächse in der Vorkriegszeit des NS-Regimes kleiner ausfallen. Es bleibt aber bei einer positiven Einschätzung der Wohlfahrtsentwicklung in der Vorkriegszeit des NS-Regimes, die gemäß dem DDI_r, durch die Einbeziehung der Arbeitslosigkeit, höher war als dem HDI_r zufolge.

Der Verlauf des Gesamtindexes wird ferner von der Variabilität der Indikatoren beeinflusst. Tabelle 3-36 dokumentiert die Standardabweichungen der einzelnen Development Indizes. Demzufolge hatte die Lebenserwartung bei der Geburt in allen Regionen (außer einzelnen Städten) eine höhere Standardabweichung als das Pro-Kopf-Einkommen. Die Lebenserwartung bei der Geburt war damit in der Zwischenkriegszeit ein äußerst dynamischer Indikator und durchaus mit dem stark konjunkturabhängigen Einkommensindex vergleichbar. Der Bildungsindex erweist sich jedoch im Vergleich zu den anderen beiden Dimensionen in allen Regionen als sehr „stabil" und spielt daher bei den Veränderungen der Indizes (HDI_r und DDI_r) eine eher untergeordnetere Rolle.

Die höchste Standardabweichung der drei DDI-Komponenten besaß die Dimension „Zugang zu Ressourcen". Der Einkommensindex, aber vor allem auch der Index der Arbeitslosenrate, weist einen stark schwankenden Verlauf auf. Hier stellt sich die Frage, inwieweit möglicherweise die Veränderung der Arbeitslosenrate den Verlauf des Gesamtindexes in den jeweiligen Regionen, z.B. im Vergleich zu Veränderungen im Gesundheits- oder Bildungsbereich, dominiert. Dabei ist anzumerken, dass auch in die

Dimension „langes Leben" einige sehr reagible Indikatoren wie die Säuglings- und Kindersterblichkeit eingehen. Zudem ist anzunehmen, dass sich stark verändernde Indikatoren auch von den Zeitgenossen leichter beobachten ließen und dadurch möglicherweise stärker gewichtet wurden. Die Höhe der Arbeitslosigkeit wurde vermutlich in stärkerem Maße als Verlust oder Zugewinn an Lebensqualität wahrgenommen als z.B. eine Verminderung/Erhöhung der Lebenserwartung um ein halbes Jahr, da die Veränderung der Lebenserwartung überhaupt nicht beobachtet werden konnte.

Um dennoch dieser möglichen Übergewichtung der Arbeitslosenquote im DDI_r nachzugehen, wurde die Spannweite der Maximum- und Minimumwerte der Arbeitslosenrate verdreifacht und damit die Variabilität dieses Indexes stark gesenkt. Aus Tabelle 3-35, Spalten 10-11 wird deutlich, dass sich unter dieser Gewichtungsvariation der Wohlfahrtsverlauf in den meisten Regionen sowohl zwischen 1925 und 1933 als auch im Zeitraum 1933-38 positiv gestaltete. Die Zuwächse sind aber in der zweiten Teilperiode deutlich höher.

Fazit: Beide Indizes sind nicht frei von Gewichtungsproblemen, so dass die getroffenen Aussagen immer nur vor dem Hintergrund der ausgewählten Indikatoren und verwendeten impliziten Gewichte Geltung haben. Zudem mag auch die Auswahl der Indikatoren durch unterschiedliche Autoren verschieden ausfallen. Ein optimales Set von Indikatoren und deren Einflussstärken in einem Gesamtindex existiert daher nicht. Im Gegensatz zu anderen Wohlfahrtsmaßen, wie z.B. Volkseinkommen je Einwohner, ist es jedoch möglich, je nach Forschungsfrage andere Gewichtungen vorzunehmen und deren Einfluss auf regionale Wohlfahrtsunterschiede und –entwicklungen herauszuarbeiten. So konnte gezeigt werden, dass eine stärkere Betonung der nicht-ökonomischen Variablen kaum zu einer ungünstigeren Einschätzung der NS-Zeit bis 1939 führt, sondern vielmehr die positiven Wohlfahrtstrends der Weimarer Republik (1925-33) verstärkt.

Nachdem dem Einfluss von Gewichtungsvariationen auf die Gesamtindizes und deren Veränderungen nachgegangen worden ist, wird im nächsten Abschnitt die Bedeutung von Datenveränderungen auf regionale Wohlfahrtunterschiede und -verläufe behandelt.

3.3.4 Alternative Berechnungen

3.3.4.1 Die Probleme der Einkommensberechnung im „Dritten Reich" der Vorkriegszeit

Wie bereits ausführlich dargelegt überschätzt die Zunahme des realen BSP/Kopf in der NS-Zeit die tatsächliche Entwicklung des materiellen Lebensstandards.[449] Die jüngste Studie von André Steiner, die die relevanten Lebenshaltungskostenindizes neu schätzte,

---

449 Vgl. Kap. 2.4.

bietet drei Szenarien zum Verlauf der realen Netto-Wochenverdienste der Industriearbeiter.[450] Steiner entwarf drei Varianten des Lebenshaltungskostenindexes, nämlich eine sogenannte Minimal-Schätzung, die den geringst möglichen Preisanstieg zugrunde legt; eine weitere Schätzung, die seiner Meinung der historischen Realität am nächsten kommt und eine pessimistische Möglichkeit, die den höchstmöglichen Anstieg der Lebenshaltungskosten signalisiert. Danach wäre das wöchentliche Realeinkommen der Arbeiter bei Verwendung der Minimalschätzung bis 1938 im Vergleich zum Krisentief 1932 deutlich gestiegen (12%). Eine Stagnation des materiellen Lebensstandards der Arbeiter ergibt sich bei Deflation mit der realistischen Schätzung, und ein Absinken des Niveaus unter den Stand von 1932 würde sich bei Verwendung der dritten Variante ergeben.

Man kann sich diesem Problem nähern, indem man der Frage nachgeht, wie sich die Ergebnisse unter der Annahme einer Stagnation des materiellen Lebensstandards zwischen den beiden Stichjahren 1933 und 1939 verändern. Aus Tabelle 3-37 geht hervor, dass unter dieser Prämisse in der Mehrzahl der Regionen gemäß dem HDI_r keine Erhöhung des Lebensstandards zwischen 1933 und 1939 stattfand, sondern dieser tendenziell leicht sank. Lediglich für das Land Sachsen und den Regierungsbezirk Niederbayern würde sich eine eindeutig positive Wohlfahrtsentwicklung ergeben.

Dem DDI entsprechend, also unter Berücksichtigung der Arbeitslosigkeit, würden in allen Regionen die Wohlfahrtseffekte in dieser Periode niedriger, aber immer noch positiv ausfallen. Dieses Ergebnis bleibt auch bestehen, wenn eine höhere Gewichtung der nicht-ökonomischen Komponenten des DDI, wie in Kap. 3.3.3 diskutiert, vorgenommen wird (vgl. Tab. 3-37 Sp. 4-8). Daraus wird deutlich, dass unter der nicht unrealistischen Annahme einer Stagnation des materiellen Lebensstandards im „Dritten Reich“ die Beseitigung der Arbeitslosigkeit als nahezu einziges Aktivum einer Wohlfahrtserhöhung verbleibt. Denn auch in den nicht-ökonomischen Wohlfahrtskomponenten waren zwischen 1933 und 1939 kaum Erfolge vorhanden. Die Erhöhung des Lebensstandards in der Dimension Gesundheit fiel zwischen 1933 und 1939 im Vergleich zur Vorperiode in allen Regionen geringer aus; in einigen Regionen kam es sogar eher zu einem Rückgang. Zudem nahm die Schulbesuchsquote im sekundären Bildungssektor in allen Gebieten ab.

3.3.4.2 Der Einfluss regional unterschiedlicher Lebenshaltungskosten

Durch die Deflation mit einem reichseinheitlichen Preisindex werden die regionalen realen Einkommensunterschiede nur unzureichend erfasst, da regionale Preisunter-

---

450 Steiner 2005, Tab. 6.

schiede bestanden und auch die Preisentwicklung in den einzelnen Regionen nicht gleich verlief.[451]

Es ist davon auszugehen, dass das regionale Einkommensgefälle gemildert wurde, weil die Lebenshaltungskosten in urbanen und/oder industrialisierten Gebieten höher waren als in ländlichen Gegenden.[452] Das Statistische Reichsamt schätzte für die 1920er Jahre, dass aufgrund der geringeren Preise (Erzeugerpreise) für Nahrungsmittel ein ländlicher Haushalt ein Fünftel weniger Nominaleinkommen benötigte als ein städtischer Haushalt, um das gleiche Versorgungsniveau zu erreichen.[453] Bei diesen Aussagen ist zu bedenken, dass die Ausgaben für Ernährung in Arbeiterhaushalten im ersten Drittel des 20. Jahrhunderts immer noch mehr als die Hälfte des Haushaltsbudgets (ca. 55 bis 60%) beanspruchten.[454]

Das Institut für Konjunkturforschung untersuchte die regionalen Unterschiede der Lebenshaltung (Nahrungsmittel) anhand der Wirtschaftsrechnungen von städtischen Arbeiterhaushalten, die im Jahr 1927/28 durchgeführt worden waren.[455] Es stellte fest, dass sich die Ernährungskosten in den Städten in den einzelnen Landesarbeitsamtsbezirken um 10 bis 12 Prozent voneinander unterschieden. Die Aufwendungen für Ernährung waren am geringsten in den Städten Ostpreußens, Westfalens und Pommerns. Die städtischen Haushalte des Rheinlands, Schlesiens und Sachsens hatten die höchsten Ernährungskosten.[456] Das Institut für Konjunkturforschung kam zu dem Ergebnis:

> „[...] dass die städtische Bevölkerung in denjenigen Bezirken verhältnismäßig am wenigsten für die Ernährung ausgeben muß, in denen Industrie und Landwirtschaft dicht beisammen sind, also in den Gebieten mit unmittelbar angrenzendem agrarischen Hinterland. Bayern, Westfalen, Pommern und Niedersachsen sind die besten Beispiele dafür. Umgekehrt ist die Ernährung umso teuerer, je mehr die Gebiete rein industriellen Charakter tragen (typisches Beispiel: Sachsen).“[457]

Weitere Informationen zu den regionalen Unterschieden in der Lebenshaltung im Deutschen Reich können einer umfangreichen Studie des Arbeitswissenschaftlichen Instituts der Deutschen Arbeitsfront (DAF) vom Juli 1937 entnommen werden, die sich mit dem Zusammenhang von örtlichen Lebenshaltungskosten und der Ortsklasseneinteilung in

---

451 Auf das Problem der Deflationierung mit einem reichseinheitlichen Preisindex bei der Beurteilung des regionalen Wohlstandsgefälles im 19. und frühen 20. Jahrhundert verwies Borchardt 1966, S. 328-329.

452 Vgl. Bochardt 1966, S. 329.

453 Einzelschriften zur Statistik des Deutschen Reichs 1932, S. 72 zitiert nach Borchardt 1966, S. 329.

454 Hachtmann 1988, Tab. 6, S. 49.

455 Vgl. im Folgenden Vierteljahrshefte zur Konjunkturforschung 1935/36, S. 185-189. Zur methodischen Vorgehensweise siehe ebd. S. 189.

456 Ostpreußen wurde aufgrund der geringen Fallzahlen vernachlässigt (siehe Vierteljahrshefte zur Konjunkturforschung 1935/36, S. 186).

457 Vierteljahrshefte zur Konjunkturforschung 1935/36, S. 186.

den Tarifordnungen beschäftigte.[458] Dabei wurde unter anderem festgestellt, dass in der Mehrzahl der bayerischen Regierungsbezirke sowie in Ostpreußen das Preisniveau im Vergleich zum Durchschnitt der übrigen Gaue am niedrigsten war. Die Großstädte wiesen erwartungsgemäß das höchste Preisniveau auf.

Das Preisniveau war demnach in den größeren Städten höher als in ländlichen Regionen. Folglich waren auch die regionalen Unterschiede des realen Pro-Kopf-Einkommens kleiner als die hier verwendeten Einkommensschätzungen nahelegen.[459] Die Unterschiede im materiellen Lebensstandard zwischen den Großstädten und den Bezirken Niederbayern und Oberpfalz am unteren Ende der Einkommensskala waren somit weniger stark ausgeprägt.

Auch in der Entwicklung der Verbraucherpreise bestanden regionale Unterschiede. Einige wenige statistische Ämter der Länder bzw. der Städte errechneten in Anlehnung an die Konstruktion des reichseinheitlichen Lebenshaltungskostenindexes einen eigenen Index.[460] Wie aus Tabelle 3-38 hervorgeht, waren die Abweichungen zur reichseinheitlichen Entwicklung in den meisten der betrachteten Gebiete gering, soweit dies aus der geringen Zahl an Regionen geschlossen werden kann. Lediglich einzelne Gebiete über- oder unterschritten den Reichsindex um maximal 10%. Für das Jahr 1926 deuten die regionalen Werte darauf hin, dass die Verbraucherpreise in den meisten ausgewählten

---

[458] Das örtliche Preisniveau wurde festgestellt, indem Einzelhandelspreise und Mietpreise in allen Orten, in denen sich ein Sitz der DAF-Ortsverwaltung befand, erhoben wurden. 9.000 von 19.000 Ortsverwaltungen wurden ausgewertet. In einer Darstellung der örtlichen Preisunterschiede, abgedruckt im Jahrbuch 1940/41, wurden die Gemeinden zu fünf Preisgebieten (1 bis 5) zusammengefasst, wobei das Preisgebiet eins das teuerste war (mit einem Preisstand von über 100) und das Preisgebiet fünf einen Preisstand von unter 85 aufwies. Die Preisgebiete dazwischen gliederten sich in Fünferschritten abwärts, vom teueren zum billigeren Gebiet. Als Basis wurde das durchschnittliche Preisniveau der Großstädten (=100) gewählt. Berlin war der teuerste Ort im Deutschen Reich. Auch alle anderen Großstädte gehörten dem Preisstand eins an. Die Mehrheit der Einwohner in den Gauen Berlin und Hamburg lebte im Preisgebiet eins. In den Gauen Köln-Aachen und München-Oberbayern wohnten über 40% der Bevölkerung im teuersten Preisgebiet. In Baden und Hessen-Nassau konzentrierte sich ein Drittel der Bevölkerung im teuersten Preisgebiet, wegen der Großstädte Mannheim, Karlsruhe und Frankfurt/M. Der größte Anteil der Bevölkerung lebte im Preisgebiet zwei in den Gauen: Hessen, Düsseldorf und Franken (wegen Nürnberg). In Sachsen, Magdeburg-Anhalt, Westmark und Westfalen-Nord dominierte ein mittleres Preisniveau (Preisgebiet 3). Der Anteil der Einwohner am Preisgebiet 4 (niedriges Preisniveau) war führend in den Gauen Moselland, Ost-Hannover, Kurhessen, Halle-Merseburg, Süd-Hannover-Braunschweig, Weser-Ems, Thüringen, Mainfranken, Württemberg-Hohenzollern, Schlesien, und Ostpreussen (vgl. Arbeitswissenschaftliches Institut der DAF 1937, S. 65-176; Arbeitswissenschaftliches Institut der DAF 1940/41, S. 81-92).

[459] Mason verweist für die NS-Zeit darauf, dass das bei den Arbeitsverdiensten feststellbare Ost-West-Gefälle durch die niedrigeren Lebenshaltungskosten im Osten nicht ausgeglichen werden konnte (vgl. Mason 1977, S. 168).

[460] Zur Berechnung und Kritik des amtlichen reichsweiten Lebenshaltungskostenindexes siehe v.a. Hachtmann 1988, S. 47-50, 57, 67; zeitgenössisch: vgl. Jacobs 1940, v.a. S. 1161-1162, 1165-1167; Kruse 1942/43, S.228-233.

Großstädten im Vergleich zur Vorkriegszeit tendenziell langsamer als in den Flächenländern angestiegen waren. Die Entwicklung der regionalen Lebenshaltungskosten bis 1932 legt die Vermutung nahe, dass es in den Gebieten mit schwerem Konjunktureinbruch eine stärkere Deflation gab. Die Preise für Lebensmittel sanken zwischen 1927/28 und 1932 stärker in den Städten mit relativ hoher Arbeitslosigkeit.[461] Der Berliner Lebenshaltungskostenindex lag 1932 unter dem Reichsdurchschnitt, während die Kosten der Lebenshaltung in München, wo die wirtschaftliche Entwicklung stabiler verlief, weniger stark abgenommen hatten (vgl. Tab. 3-38).

Für das Jahr 1939 liegen leider kaum noch regional differenzierte Lebenshaltungskostenindizes vor. Für die NS-Zeit ist zu vermuten, dass sich die Lebenshaltungskosten in den Regionen im Bereich Lebensmittel auseinander entwickelten, da die zahlreichen Regulierungen von Preisen und Handelsbeziehungen auf dem Ernährungssektor den regionalen Handel erschwerten und Fehlallokationen nach sich zogen.

Die NS-Regierung wollte – aus ideologischen und wirtschaftlichen (Autarkie) Gründen – die Lage der Bauern verbessern, weshalb die Marktordnung des Reichsnährstandes „Festpreise“ für die Erzeuger durchsetzte.[462] Dies führte rasch zu einem bürokratischen und unübersichtlichen Preissystem für landwirtschaftliche Güter.[463] Die steigenden Erzeugerpreise sollten nicht zu höheren Konsumentenpreisen führen, weshalb die Handelsspannen und die Zahl der Zwischenhändler gekürzt wurden, was aber nicht vollständig gelang.[464] Dies führte neben einem rückläufigen Angebot durch mangelnde Importe, schlechte Ernten (1934/35), den seit 1934 einsetzenden Heereseinkäufen an Lebensmitteln und Produktionsverminderungen durch falsche Anreize vor allem bis 1935 zu Preiserhöhungen für Nahrungsmittel.[465] Darüber hinaus beeinträchtigten die Kürzung der Handelsspannen, die teilweise aus antisemitischen Gründen forcierte Verringerung der Anzahl der Zwischen- und Einzelhändler[466] sowie das Festpreissystem

---

461 Vgl. Vierteljahrshefte zur Konjunkturforschung 1935/36, S. 188.

462 Vgl. Steiner 2003, S. 282.

463 Vgl. Corni und Gies 1997, S. 335-353.

464 Steiner 2003, S. 282-283. Corni und Gies 1997, S. 343.

465 Steiner 2003, S. 283.

466 Zur Kürzung der Handelspannen und Preisregulierungen und deren Konsequenzen für die regionalen Lebensmittelmärkte siehe Baten und Wagner 2003a, v.a. S. 19; Baten und Wagner 2003b, v.a. S. 118. Zu den antisemitischen Gründen siehe z.B. die Vielzahl an zeitgenössischen Klagen der Nationalsozialisten über die Aufrechterhaltung der wirtschaftlichen Beziehungen zwischen Bauern und jüdischen Viehhändlern, die häufig nicht durch „arische“ ersetzt werden konnten. Im Halbmonatsbericht des Regierungspräsidiums von Ober- und Mittelfranken vom 6.4.1934 heißt es: „Jedoch stößt die erstrebte Ausschaltung der Juden aus dem Wirtschaftsleben hauptsächlich bei der Landwirtschaft deshalb auf Schwierigkeiten, weil noch kein ausreichender Ersatz auf dem Gebiete des Viehhandels besteht ... “ Ähnliche Berichte für den Gau Franken 1935; Unterfranken 1935; Gau Franken 1936; München 1937 abgedruckt in Broszat, Fröhlich u. Wiesemann 1977, S. 438, S. 448, S. 452, S. 458, S. 462, S. 446-447. Ähnlicher Bericht auch von der Staatspolizeistelle Frankfurt am Main im September 1935, vgl. Klein 1985, S. 481. Vgl. auch Corni und Gies 1997, S. 352-353.

den regionalen Güteraustausch. Welche Probleme feste Preise für die regionalen Austauschbeziehungen nach sich zogen, sei an einem Beispiel verdeutlicht.[467] Zur Sicherung reichseinheitlicher Verbraucherpreise, insbesondere bei Grundnahrungsmitteln, war eine räumliche Preisabstufung der „Festpreise" notwendig. So mussten die Festpreise für die Erzeuger in marktnahen Gebieten höher sein als in marktfernen Gebieten (trotz der höheren Transportkosten), um einen Abfluss aus den Gebieten mit Überschussproduktion in die marktnahen (bevölkerungsdichteren) Gegenden zu gewährleisten. Dadurch verschärfte sich jedoch das bestehende preisliche Ost-West-Gefälle z.B. bei Getreide, da die Erzeuger in den westlichen Zuschussgebieten preislich bevorzugt wurden, obwohl Produktionsmittelgüter wegen der geringeren Transportkosten im Westen billiger als im Osten waren. Andererseits verwiesen die Produzenten in den marktnahen Gebieten auf die höheren Lohn- und Pachtkosten, während die Erzeuger in den marktfernen Regionen die hohen Transportkosten geltend machten. Bei Produkten wie Brot, Eiern, Kartoffeln und Milch, die überall nahezu das gleiche kosteten, war das Problem des Gefälles der Absatzkosten nicht zu lösen, weshalb das Instrument des „Frachtausgleichs" eingeführt wurde. Die marktnahen Erzeuger mussten nun einen Teil der Transportkosten der marktfernen Produzenten aufbringen. Dies erhöhte wiederum den Anreiz, diesen Frachtsausgleich durch direkte Belieferung der Verbraucher zu umgehen.

Insgesamt gaben die enormen Regulierungen auf den Agrarmärkten unter anderem Anreize für Produktionsverminderungen, Selbstkonsum und Schwarzhandel, wodurch sich in der Regel das Versorgungs- und Preisniveau auf dem Lande und in Gemeinden in ländlicher Umgebung günstiger gestaltete als in industriellen oder großstädtischen Gebieten. Im Lagebericht der Staatspolizeistelle Hannover im Oktober 1935 wird festgestellt:

> „Während in ländlichen Gegenden von einem Mangel nicht gesprochen werden kann, so macht sich in den industriellen Gegenden des Bezirkes der Butter-, Fett- und Schweinefleischmangel stark bemerkbar."[468]

Der hannoversche Regierungspräsident berichtete für November 1935 an das Reichsministerium des Innern:

---

[467] Vgl. im Folgenden Corni und Gies 1997, S. 338-339. Zur Problematik des regionalen Güteraustausches in der NS-Ernährungswirtschaft und den einzelnen Maßnahmen siehe Corni und Gies 1997, v.a. S. 346-353.

[468] Lagebericht der Staatspolizeistelle Hildesheim an das Geheime Staatspolizeiamt Berlin für den Monat November 1935 am 2. Dezember 1935. GStA: Rep. 90-P Nr. 3, H.4 zitiert in Mlynek 1986, S. 455; siehe weiterhin Mlynek 1986, S. 475, 479-480. Ähnliche Berichte liegen zahlreich vor: vgl. z.B. Monatsbericht der Wehrwirtschafts-Inspektion VII/München, 18.3.1936: „Bei dem vorwiegend landwirtschaftlichen Charakter, vor allem Südbayerns, gibt es kaum den im Rheinland, Westfalen, Berlin oder Sachsen vertretenen Typ des reinen Industriearbeiters. Die Ernährungslage ist daher allgemein hier auch nicht so schwierig, da häufig landwirtschaftliche Kleinbetriebe eine fühlbare Daseinserleichterung schaffen ...", zitiert in Broszat u.a. 1977, S. 249.

„Die Fleisch- und Butterknappheit macht sich in den Städten unangenehmer bemerkbar als auf dem Lande ... “.[469]

In einer Darlegung des Statistischen Reichsamtes zur Methodik der Berechnung des Lebenshaltungskostenindexes aus dem Jahr 1937 finden sich Angaben zur reichsunterschiedlichen Entwicklung der Indexziffern der Ernährungskosten in den Bezirken der Treuhänder der Arbeit.[470] Dabei wird allerdings festgestellt, dass es keine ausgeprägt unterschiedliche Entwicklung zwischen vorwiegend ländlichen und primär industrialisierten Gegenden zwischen 1933 und 1936 gegeben hat. Einen deutlich über dem Reichsdurchschnitt (8%) liegenden Anstieg der Ernährungskosten von 10% erfuhren die Bezirke: Pommern, Berlin, Nordmark, Niedersachsen und Westfalen. Ein unterproportionaler Anstieg (6-7%) ergab sich in Ostpreußen, Sachsen, Hessen und Bayern und in Südwestdeutschland. Damit war der Preisanstieg in den Gegenden mit gebremstem Aufschwung bzw. vorherrschend ländlicher Struktur im Großen und Ganzen unterdurchschnittlich. Die Untersuchung nach Gemeindegrößenklassen zeigt zudem, dass der Anstieg der Ernährungsaufwendungen mit sinkender Gemeindegrößenklasse abnahm. Dieser lag in Großstädten über dem Reichsdurchschnitt, während in Kleinstädten die Lebensmittelpreise nur unterproportional zugenommen hatten. Der Anstieg des Lebenshaltungskostenindexes, wie in Tabelle 3-38 ausgewiesen, war in Sachsen und in München geringer als in Hamburg und Köln. Dies passt auch in das vom Statistischen Reichsamt festgestellte regionale Gefälle der Entwicklung der Lebensmittelpreise. Es ist davon auszugehen, dass in der Vorkriegszeit des NS-Regimes die Anstiege in den offiziellen Preisindizes unterschätzt sind, weil tatsächlich nur die staatlich festgesetzten Höchstpreise eingingen.[471] Durch Warenknappheiten waren manche Güter nur in minderer Qualität oder nur auf „grauen“ oder „schwarzen“ Märkten zu überhöhten Preisen erhältlich. Die Versorgungslage war vor allem bei Nahrungsmitteln 1935/36 kritisch, blieb aber bis Kriegsbeginn angespannt.[472] Klagen über ein starkes Anziehen der Preise und Versorgungsmängel bei Nahrungsmitteln (v.a. Fleisch, Fette und Eier) kamen vor

---

469 Lagebericht des hannoverschen Regierungspräsidenten an den Reichsminister des Innern für den Monat November 1935 am 4. Dezember 1935. Nds. HstAH: Ahn. 180 Hannover Nr. 800. f. 193-203 zitiert in: Mlynek 1986, S. 471. Ähnliche Berichte finden sich ebenfalls zahlreich z.B. für Frankfurt a. Main 1935 in: Klein 1985, S. 534; für Brandenburg 1935 in: Hintze 1993, S. 54; für Württemberg in Sauer 1975, S. 295; für München vgl. Broszat u.a. 1977, S. 229; zum Stadt-Land-Unterschied und den unterschiedlich häufigen Klagen über Preissteigerungen und Versorgungsengpässe bei Lebensmitteln siehe Morsch 1993, S. 369.

470 Vierteljahreshefte zur Statistik des Deutschen Reichs 1937, S. 156-157.

471 Fraglich ist, ob die Einzelhändler die tatsächlich geforderten Preise angaben. Zwar wurde ihnen zugesichert, dass die ihre Angaben nicht zu steuerlichen Zwecken oder der Überwachung der Preise verwendet würden. Glaubhaft erscheint dies jedoch vor dem Hintergrund der staatlichen Willkürherrschaft unter den Nationalsozialisten kaum. Vgl. hierzu Hachtmann 1989, S. 157; ähnlich: Morsch 1993, S. 285.

472 Vgl. Steiner 2003, S. 298 und 302.

allem bis 1935 aus weiten Teilen Deutschlands, sogar aus ländlichen Gebieten.[473] Allerdings bestanden dabei regionale Differenzen, vor allem zwischen den Städten und ländlichen Gebieten, wo die Lebensmittelpreise nicht in dem Maße anstiegen und sich auch die Versorgungslage besser gestaltete.[474] Morsch schätzt, dass sich in industriellen Ballungsgebieten die Ernährungskosten zwischen dem 1. Halbjahr 1933 und dem Sommer 1935 zwischen 20 bis 25% erhöht haben. Zwischen 1933 und 1936 geht er von einer Teuerung von mindestens 20% aus, nachdem sich die Preise nach dem Sommer 1935 etwas stabilisiert hatten. Nach 1935 nahmen zwar die Klagen über Preissteigerungen ab, trotzdem bestanden nach wie vor Versorgungsmängel, vor allem in urbanen industriellen Regionen.[475] In Köln gab es beispielsweise nach dem Bericht des Regierungspräsidenten im Sommer 1938

> „Tage, an denen in der Kölner Altstadt keinerlei Frischfleisch zu erhalten sei [...] Neben Fleisch sei aufgrund der geringen Ernte des Jahres 1938 vor allem Obst für einen Arbeiterhaushalt unerschwinglich".[476]

Die Preissteigerungen im Bereich Kleidung übertrafen, auch nach amtlichen Angaben, die Teuerungsraten der Lebensmittel. Der reichsweite Index der Lebenshaltung erhöhte sich zwischen 1932 und 1939 um 5,7% und die Indizes für Ernährung bzw. Bekleidung erhöhten sich um 7,3% und 21,1%.[477] Der Anstieg der Verbraucherpreise, besonders von Kleidung, konnte durch den verordneten Preisstillstand – wie ihn auch die amtlichen Zahlen ausweisen – kaum eingedämmt werden, weil die Fabrikanten vor allem durch geringe Produktdiversifikationen höhere Preise durchsetzen konnten.[478] Daneben verteuerten auch hier mangelnde Importe die Produktion und verschlechterten die Qualität der Produkte.[479] Die oben zitierte Untersuchung des Statistischen Reichsamtes aus dem Jahre 1937 ging davon aus, dass „die übrigen Kosten der Lebenshaltung (Miete, Bekleidung, Feuerung usw.) ... innerhalb des Reichs noch erheblich einheitlicher verlaufen sein (dürften) als die Ernährungskosten."[480] Der amtliche Index für Köln zeigt jedoch, dass es auch im Bereich Kleidung deutliche regionale Unterschiede gab und selbst die offizielle Teuerung im Bereich der Ernährung, aber auch der Bekleidung, in Köln mehr als doppelt so hoch als im Reichsdurchschnitt war. In Köln erhöhte sich der Gesamtindex zwischen 1932 und 1939 um 12,1%, wobei der Index der Ernährungskosten und der Bekleidungskosten um 11,4% bzw. 49% zunahm.[481]

---

473 Morsch 1993,S. 284.

474 Morsch 1993, S. 369.

475 Allgemein Steiner 2003, v.a. S. 302.

476 Zitiert nach Rüther 1990, S. 243-244; Eckert 1997, v.a.S.664-669.

477 Berechnet nach Statistisches Jahrbuch für das Deutsche Reich 1939/40, S.399.

478 Vgl. Steiner 2003, S. 285.

479 Vgl. hierzu Steiner 2003, S. 284-285.

480 Vgl. Vierteljahrshefte zur Statistik des Deutschen Reichs 1937, S. 157.

481 Berechnet nach Rüther 1990, Tab. XXVI, S. 465.

Bilanzierend lässt sich festhalten, dass die regionalen Unterschiede der amtlichen Lebenshaltungskostenindizes relativ gering waren, weshalb eine Verwendung der vorhandenen regionalen Indizes zur Berechung der realen regionalen Einkommen zu keinen anderen Ergebnissen in Bezug auf Wohlfahrtsgefälle und -entwicklung führt. Der Reichsindex der Lebenshaltungskosten kann somit zur Deflationierung der regionalen Einkommen verwendet werden, ohne dass er zu bedeutenden Verzerrungen führt. Einschränkend sei aber darauf hingewiesen, dass zur Überprüfung nur eine kleine Anzahl von Gebieten zur Verfügung stand. Außerdem handelt es sich um amtliche Angaben, die, wie bereits erwähnt, in der NS-Zeit keine vollständige Gültigkeit mehr besitzen. Geht man davon aus, dass vor allem die Verbraucherpreise für Lebensmittel in den Städten stärker stiegen als in agrarisch strukturierten Gegenden, verstärkt dies die ohnehin in den Städten ungünstigere Wohlfahrtsentwicklung in der Vorkriegszeit des NS-Regimes.

3.3.4.3 Sensitivitätsanalyse: alternative Arbeitslosenquoten

Das Problem der unzureichenden Qualität der Arbeitslosenstatistik und der Berechnungen verschiedener Arbeitslosenraten für die Stichjahre 1925 und 1933 ist bereits zu Eingang dieses Kapitels besprochen worden. Im Folgenden wird daher lediglich geprüft, ob sich die dargelegten Ergebnisse gemäß dem DDI_r verändern, wenn die alternativ berechneten Arbeitslosenraten verwendet werden. Tabelle 3-39 verdeutlicht die modifizierten DDI_r und deren Veränderungen für einige Regionen für die Stichjahre 1925, 1933 und 1939.[482] Es wird deutlich, dass sich der DDI_r im Jahr 1925 nicht verändert, gleich welche Arbeitslosenrate verwendet wird. Sowohl der Wert des DDI wie auch die regionale Rangfolge bleiben unberührt. Für das Jahr 1933 trifft dies nicht zu. Die DDI_r-Werte fallen wegen der geringeren Arbeitslosigkeit gemäß der Arbeitsmarktstatistik durchweg höher aus. Zudem war die Arbeitslosigkeit in Hessen der Statistik der Arbeitslosenversicherung zufolge um ca. 10% niedriger als nach der Berufszählung. Dies würde die regionale Rangposition Hessens im Jahr 1933 verbessern und einige Veränderungen des regionalen Wohlfahrtsgefälles nach sich ziehen, was aber von untergeordneter Bedeutung ist. Interessant ist, dass sich durch die geringere Arbeitslosigkeit gemäß der Statistik der Arbeitsvermittlung eine etwas veränderte Einschätzung der Wohlfahrtsentwicklung ergibt. Mit Ausnahme Berlins und Sachsens käme man zu einer günstigeren Beurteilung der Veränderungen des Lebensstandards zwischen 1925 und 1933. Die Zuwächse zwischen 1933 und 1939 würden aber trotzdem über denen des Zeitraumes 1925 bis 1933 liegen.

---

[482] Der in Tabelle 3-39 aufgeführte DDI_r-Wert um 1925 beinhaltet, anstatt der nach der Arbeitsnachweisstatistik geschätzten Arbeitslosenquoten, die Rate der Arbeitslosigkeit berechnet nach den Hauptunterstützungsempfängern. In den Gesamtindex von 1933 geht die mittels der Angaben der öffentlichen Arbeitsvermittlung geschätzte Arbeitslosenrate ein. Der DDI_r für das Jahr 1939 ist unverändert mit der Arbeitslosenrate gemäß der öffentlichen Arbeitsvermittlung kalkuliert.

3.3.5 Fazit zur Zwischenkriegszeit

Im Folgenden werden die bisher erzielten Einzelergebnisse zur regionalen Wohlfahrt und deren Verlauf anhand der verschiedenen Kennziffern nicht noch einmal referiert, sondern nur die größeren Entwicklungsmuster und wichtigsten regionalen Auffälligkeiten dargelegt.

In der Weimarer Republik verbesserten sich die nicht-ökonomischen Komponenten des Lebensstandards: Gesundheit und Bildung in einem beachtlichen Maße. Die Einkommensverluste und insbesondere die enorm hohe Arbeitslosigkeit führten zu einem geringeren Wohlfahrtsniveau in den Jahren 1932/33 als in der Mitte der 1920er Jahre.

In der Vorkriegszeit des NS-Regimes ergibt sich hingegen ein vollständig anderes Bild. Während es zu einem beachtlichen Wirtschaftsaufschwung kam, verbesserten sich die nicht-ökonomischen Komponenten des Lebensstandards nur unterproportional. Die Fortschritte in der Dimension Gesundheit lagen in allen Regionen unter der Vorperiode. In einigen Regionen kam es sogar zu Rückschritten. Die Bildungsbeteiligung sank ebenfalls.[483] In einer retrospektiven Betrachtung unter Berücksichtigung nicht-ökonomischer Wohlfahrtskomponenten scheinen somit die Erfolge der NS-Wirtschaftspolitik, den Lebensstandard der Bevölkerung zu heben, eher mager gewesen zu sein.

Gemäß dem DDI_r, also unter Berücksichtigung der Arbeitslosigkeit, zeigt sich jedoch, dass der Lebensstandard im Jahr 1939 über dem Niveau von 1933 lag, auch wenn eine Stagnation des realen Pro-Kopf-Einkommens angenommen wird. Dieses Ergebnis stimmt mit der vielfach geäußerten Meinung von Zeitzeugen überein, die eine Verbesserung ihres Lebensstandards durch den Rückgang der Arbeitslosigkeit bis 1939 im Vergleich zur Weltwirtschaftskrise angeben.

Dazu ist zu bedenken, dass die Höhe der Arbeitslosigkeit als Verlust oder Zugewinn an Lebensqualität wahrgenommen wurde,[484] während eine Verminderung/Erhöhung der Lebenserwartung um ein halbes Jahr überhaupt nicht beobachtet werden konnte. Zudem wurde z.B. der Tod eines Kindes an Diphtherie vermutlich eher als gottgegeben hingenommen als einer verfehlten Gesundheitspolitik angelastet. Insofern ist die häufig geäußerte positive Einschätzung der Wohlfahrtsentwicklung in der Vorkriegszeit des NS-

---

483 Titze verweist in seiner neuesten Arbeit, die sich mit langen Wellen des Bildungswachstums beschäftigt, dass „während der nationalsozialistischen Diktatur ... die Beteiligung an höherer Bildung deutlich geschrumpft (ist). Das weitere Bildungswachstum wurde über den funktional erwartbaren Rückgang hinaus absichtsvoll brutal gestoppt ..." (Titze 2004, S. 357).

484 Die Bedeutung des Rückgangs der Arbeitslosigkeit für den subjektiv empfundenen Lebensstandard der Arbeiterschaft zeigt sich auch in den Untersuchungen im Rahmen der Oral-History. In der Studie zur Ruhrarbeiterschaft zwischen 1930 und 1960 kristallisierte sich bei den Befragten eine Einteilung ihres eigenen Lebens in „ruhige" und „unruhige" bzw. in „gute" und „schlechte" Zeiten heraus. Im Untersuchungszeitraum ließ sich feststellen, dass die „‚schlechten' Zeiten mit dem Ende der Massenarbeitslosigkeit zwischen 1934 und 1936 aufhören – unterschiedlich terminiert, je nach individueller Erfahrung." (Herbert 1985, S. 24).

Regimes durch Zeitgenossen nicht verwunderlich. Andererseits zeigt dies auch deutlich, dass die subjektive Einschätzung der Zeitgenossen zur Beurteilung von Politikmaßnahmen wenig tauglich ist.

Die Überprüfung des Einflusses der impliziten Gewichte in den Gesamtindizes (HDI_r und DDI_r) zeigte, dass eine stärkere Betonung der nicht-ökonomischen Bereiche des Lebensstandards zu einer positiveren Einschätzung der Wohlfahrtsentwicklung zwischen 1925 und 1933 führt. Demnach würde in der Mehrzahl der Regionen, insbesondere bei einer höheren Gewichtung der Gesundheitskomponente, der Lebensstandard im Jahr 1933 über dem Niveau von 1925 liegen. Auch unter Berücksichtigung der Arbeitslosigkeit befand sich das Wohlfahrtsniveau im Jahr 1933 zumeist über dem vom 1925. Dies war nicht der Fall in den stark von der Wirtschaftskrise betroffenen Flächenstaaten (v.a. Sachsen, Thüringen und Hessen).

Die positive Bilanz zwischen 1925 und 1933 verweist darauf, dass der Ausbau des Sozialstaates in der Weimarer Republik, trotz der massiven Einschnitte zu Beginn der 1930er Jahre, in den meisten Regionen erheblich zur Verbesserung des Lebensstandards beigetragen hat.[485] Dabei ist allerdings die Auswahl der Stichjahre zu berücksichtigen. Der Vergleich besagt, dass die nach der Überwindung der Inflation erzielten Fortschritte des Lebensstandards nicht vollständig durch die Weltwirtschaftskrise aufgezehrt wurden, so dass sich das Wohlfahrtsniveau in den allermeisten Regionen in der Weltwirtschaftskrise 1933 über dem des Jahres 1925, eines der ersten wirtschaftlich stabileren Jahre der Weimarer Republik, befand. Wohlfahrtsrückschritte in einigen Regionen im Jahr 1933 im Vergleich zum gemäß dem HDI besten Jahr 1930[486] sind durchaus möglich, aber aufgrund der Quellenlage nicht überprüfbar.

Zusammenfassend ist festzuhalten, dass bei einer stärkeren Gewichtung der nichtökonomischen Bereiche des Lebensstandards die erzielten Fortschritte gemäß dem HDI_r zwischen 1925 und 1933 in der Mehrzahl der Regionen die Zuwächse zwischen 1933 und 1939 überschritten. Berücksichtigt man die Arbeitslosigkeit (gemäß dem DDI_r), bleibt aber die positivere Einschätzung der Wohlfahrtsentwicklung während des NS-Regimes bis 1939 gegenüber der Weimarer Republik (1925-1933) bestehen.

Was ist aus den regional unterschiedlichen Entwicklungen zu lernen? Gemäß allen Wohlfahrtsindikatoren (HDI_r, DDI_r und Volkseinkommen pro Kopf) war der Lebens-

---

485 Zum Ausbau des Sozialstaates in der Weimarer Republik siehe im Überblick: Abelshauser 1987a, S. 10-31. Vor allem drei Bereiche erfuhren eine starke Ausweitung: der öffentliche Wohnungsbau, das Gesundheitswesen und die Sozialversicherung. Die realen Staatsausgaben für das Gesundheitswesen (einschl. Sozialhilfe) je Einwohner erhöhten sich von 31,4 (1925) über 39,2 (1929) auf 51,8 Mark (1932). Hier spiegelt sich auch die wirtschaftliche Krise wider, die hohe Ausgaben für Unterstützungsleistungen durch Arbeitslosigkeit verarmter Familien enthielt. Aber auch die realen Ausgaben pro Kopf für Erziehung erhöhten sich in den Prosperitätsjahren der Weimarer Republik von 20,5 (1925) auf 27,8 (1928) und sanken auf 24,4 (1932) (siehe Abelshauser 1987a, S. 18, Tab. 2.)

486 Vgl. Tab. 2.5.

standard in den Städten am weitesten fortgeschritten. Das geringste Wohlfahrtsniveau herrschte zumeist in den primär agrarisch strukturierten Gebieten, insbesondere in Niederbayern und der Oberpfalz.

Der Lebensstandard gemessen anhand aller drei Gesamtindikatoren lag in Niederbayern und in der Oberpfalz in nahezu jedem Stichjahr unter dem Niveau Ostpreußens. Hier stellt sich die Frage, inwieweit dafür Politikunterschiede zwischen Bayern und Preußen ursächlich waren oder ob hier evtl. kulturelle Gründe durchschlugen. Zudem bestätigen die hier differenzierten Kennziffern des Lebensstandards die Ergebnisse von Kaelble und Hohls, wonach die Ungleichheit in den Lebensverhältnissen auf dem Gebiet der Bundesrepublik ebenso stark ausgeprägt war wie das West-Ost-Gefälle auf dem Gebiet des Deutschen Reiches (siehe Kap. 3.1).[487]

Aufgrund des internationalen Preisverfalls seit 1925, der Stagnationstendenzen des Agrarverbrauchs sowie sinkender Flächenerträge befand sich die deutsche Landwirtschaft in der Weimarer Republik in der Krise.[488] In der Folge verschlechterte sich die Einkommenssituation der Bauern und die Verschuldung stieg. Die Preiskrise traf vor allem die großen Betriebe im Osten, die aber andererseits auch die hauptsächlichen Nutznießer der staatlichen Subventionen („Osthilfe"-Programm) waren.[489] Betrachtet man die Wohlfahrtsentwicklung der primär agrarisch strukturierten Regionen, so fällt auf, dass weite Teile Bayerns und auch Ostpreußen zwischen 1925 und 1933 überproportionale Wohlfahrtszuwächse (gemäß HDI_r) verbuchen konnten. Die Zuwächse in den bayerischen Agrargebieten lagen über denen Ostpreußens. Ostpreußen verschlechterte seine Position im regionalen Ranking gemäß dem HDI_r bis 1933 um zwei Ränge. Dem DDI_r zufolge konnte jedoch Ostpreußen seinen Platz zwischen 1925 und 1933 wegen der niedrigeren offenen Arbeitslosigkeit stark verbessern. In der Folge befand sich das Wohlfahrtsniveau Ostpreußens 1933 sogar über dem der Flächenstaaten wie Sachsen, Thüringen oder Hessen. Der Abstand Niederbayerns und der Oberpfalz zu den anderen Regionen war andererseits so hoch, dass selbst eine geringe Arbeitslosigkeit und stabile Einkommensverhältnisse zwischen 1925 und 1933 zu keiner Verbesserung im regionalen Vergleich führten. Sie blieben am Ende der Wohlfahrtsskala.

Sachße und Tennstedt verwiesen im Zusammenhang mit der Agrarkrise in der Weimarer Republik darauf, dass „die wohlfahrtsstaatlichen Sicherungen der Weimarer Republik ... vor allem auf den industriell-gewerblichen Sektor (zielten). Sie taten wenig, um das traditionellen Gefälle zwischen industrialisiertem Westen und agrarischem Osten zu mildern."[490] Die regional differenzierte Betrachtung des Lebensstandards zeigt jedoch, dass die regionale Ungleichheit zwischen 1925 und 1933 in allen Wohlfahrtsin-

---

487 Vgl. Kaelble und Hohls 1989, S. 353.

488 Vgl. Catellan 1974, S. 105-107, Petzina 1977, S. 44.

489 Vgl. zu den Gesetzen und finanziellen Hilfen für Ostdeutschland in der Weimarer Republik Raupach 1967, 23-25.

490 Sachße und Tennstedt 1992, S. 35.

dizes (Einkommen, HDI_r, DDI_r) abnahm (auch der Abstand zwischen dem jeweiligen höchsten Wert und Ostpreußen sank).

Generell litten industriell dominierte Regionen in besonders starkem Maße unter den wirtschaftlichen Folgen der Weltwirtschaftskrise. Überwiegend agrarisch strukturierte Regionen hingegen, wie die meisten bayerischen Regierungsbezirke und Ostpreußen, hatten ein wesentlich geringeres Wohlfahrtsniveau, waren aber von der wirtschaftlichen Krise der frühen dreißiger Jahre weniger stark betroffen.[491] Städtische Gebiete wie Berlin und Hamburg mussten hohe Einbußen ihres Lebensstandards in der Dimension wirtschaftliche Ressourcen hinnehmen, erfuhren aber andererseits eine deutliche Ausweitung in den nicht-ökonomischen Komponenten des Lebensstandards, so dass die Wohlfahrtsverluste deutlich abgemildert werden konnten. Mit dem Erreichen der Vollbeschäftigung profitierten anschließend jedoch die Gebiete, die eine instabilere wirtschaftliche Entwicklung Anfang der dreißiger Jahre durchmachen mussten.

Abschließend werden die Ergebnisse zur regional unterschiedlichen Entwicklung am Beispiel Sachsens verdeutlicht. Sachsen gehörte nach allen drei Wohlfahrtsmaßen (Einkommen, HDI, DDI) zu den Gebieten, die besonders unter der wirtschaftlichen Krise Anfang der dreißiger Jahre litten. Damit bestätigt sich ein Befund, auf den bereits in vielen anderen Arbeiten hingewiesen wurde. Abweichend davon ergibt sich aber in der vorliegenden Untersuchung eine besonders positive Gesamtentwicklung des Lebensstandards in Sachsen während der frühen NS-Phase. Sachsen gilt jedoch als eine Region, die sich aufgrund ihrer wirtschaftlichen Struktur – hoher Anteil an Verbrauchsgüterindustrie und insbesondere Textil- und Bekleidungsindustrie – nur sehr langsam von der Weltwirtschaftskrise erholte und erst sehr spät vom NS-Rüstungsaufschwung profitierte. Tatsächlich war auch der Anstieg des Einkommens in Sachsen zwischen 1933 und 1939 leicht unterdurchschnittlich. Auf der anderen Seite erlebte Sachsen eine im interregionalen Vergleich bedeutende Verbesserung in der Dimension Gesundheit, und zwar in nahezu allen Indizes. Der günstige Sterblichkeitsverlauf Sachsens zeigt sich auch in den von Spree für einige deutsche Staaten vorlegten Reihen der unehelichen Säuglingssterblichkeit zwischen 1914 und 1939.[492] Die stärkste Reduktion der Sterblichkeit der unehelichen Kinder unter einem Jahr zwischen 1932 und 1938 erfuhr Sachsen, während sie in Württemberg sogar anstieg. Aufgrund eines Mangels an Untersuchungen zur Sterblichkeits- und Morbiditätsentwicklung in Deutschland in der Zwischenkriegszeit sind die Ursachen für diese äußerst positive Entwicklung in Sachsen bisher unklar. Sachsen wäre deshalb ein interessantes Objekt für eine tiefergehende Untersuchung des Lebensstandards im Hinblick auf die Frage, warum hier in besonderem Maße die wirtschaftliche und die gesundheitliche Entwicklung divergierten.

---

[491] Vgl. hierzu auch Petzina 1976, S. 16, 24.

[492] Vgl. Spree 1995, Abb. 9. Die Sterblichkeit der unehelichen Säuglinge ist insofern auch interessant, weil uneheliche Kinder eine besonders gefährdete Gruppe in Krisensituationen darstellen, wie deren Sterblichkeitsentwicklung im Ersten Weltkrieg und in den frühen 1920er Jahren belegt (vgl. Winter und Cole 1993, v.a. S. 260-261).

3.4 Regionale Disparitäten und Wohlfahrtsentwicklung in der Bundesrepublik in den fünfziger Jahren

Die Diskussion der regional differentiellen Wohlfahrt in der Bundesrepublik erfolgt anhand der Bundesländer sowie der bereits benannten Städte.[493] Zunächst werden, wie bei der Erörterung des Lebensstandards in der Zwischenkriegszeit, die regionalen Disparitäten und Entwicklungen der einzelnen Wohlfahrtskomponenten und -indikatoren gesondert behandelt. Im Anschluß stehen die regionalen Wohlfahrtsunterschiede und deren Verläufe gemäß der Development Indizes sowie deren Komponenten im Mittelpunkt. Dabei wird zum diachronen Vergleich auch immer wieder auf die Entwicklung in der Zwischenkriegszeit verwiesen. Für die ausgewählten Städte ist es möglich, die Veränderungen des Lebensstandards in den fünfziger Jahren den Entwicklungstendenzen der Periode 1925-1939 gegenüber zustellen.[494] Um nicht nur städtische Entwicklungspfade abzubilden, können bedingt auch die Länder Bayern und Hessen in den intertemporalen Vergleich mit einbezogen werden, auch wenn durch die nach 1945 eingetretenen Gebietsveränderungen die Vergleichbarkeit leidet. Insbesondere Bayern ist interessant, weil es sich im Gegensatz zu den Städten immer am Ende der Wohlfahrtsskala befand.

3.4.1 Die ausgewählten Wohlfahrtsindikatoren

3.4.1.1 Die regional unterschiedliche Wirtschaftsentwicklung: Einkommen und Arbeitslosigkeit

Bevor im Weiteren die regional differenzierte Wirtschaftslage in den fünfziger Jahren in der Bundesrepublik abgehandelt werden soll, ist es hilfreich, sich die in der Folge des Zweiten Weltkriegs aufgetreten Wanderungsbewegungen der Bevölkerung zu vergegenwärtigen.[495]

Tabelle 3-40 gibt einen Überblick über die Bevölkerungsentwicklung in den ausgewählten Regionen zwischen 1939 und 1960. Die Bevölkerungszahl in den Großstädten (v.a. West-Berlin, Köln, Hamburg) lag 1950 unter den Werten von 1939, weil im Krieg

---

493 Eine Berücksichtigung des Saarlandes unterblieb, weil es erst am 1.1.1957 in die Bundesrepublik eingegliedert wurde. Vgl. Morsey 2000, Anhang Zeittafel, S. 304.

494 Der Vergleich Berlins in der Zwischenkriegszeit mit West-Berlin in der Nachkriegszeit ist naturgemäß nur bedingt möglich, kann aber durchaus einen Eindruck vermitteln, wie sich die Teilung auf den westlichen Teil Berlins auswirkte.

495 Vor allem vor dem Hintergrund, dass Zuwanderung das Sozialprodukt pro Kopf senkt, wenn nicht durch vermehrte Erwerbstätigkeit die Sozialprodukterstellung erhöht wird. Abwanderung andererseits erhöht das Pro-Kopf-Einkommen, wenn die Erzeugung des Sozialprodukts nicht in gleichem oder stärkerem Umfang zurückgeht (vgl. ausführlicher Bergschmidt 1964, S. 109-110).

Wohngebiete zerstört, Teile der Einwohner evakuiert worden und bis 1950 aufgrund des Wohnungsmangels teilweise noch nicht zurückgekehrt waren.[496] Im Verlauf der Dekade stieg aber die Bevölkerung in den Großstädten aufgrund von Rückwanderungen, Zuwanderungen von Flüchtlingen und der Nachfrage nach Arbeitskräften wieder an (ausgenommen West-Berlin).[497] Die Bevölkerungsentwicklung der Flächenbundesländer war zu Beginn des Untersuchungszeitraumes entscheidend davon geprägt, in welchem Umfang Evakuierte, Flüchtlinge und Vertriebene aufgenommen wurden. Die Bevölkerung in Schleswig-Holstein, Niedersachsen und Bayern stieg deshalb in besonders hohem Umfang.[498] Dieser Zuwachs stellte zunächst eine erhebliche Belastung in diesen Ländern dar, vor allem vor dem Hintergrund hoher Arbeitslosigkeit zu Beginn der 1950er Jahre (vgl. Tabelle 3-42).[499] Im Zuge des zwischen den Ländern vereinbarten Ausgleichs der Flüchtlinge und eines regional differenzierten Wachstumsprozesses setzte eine ausgleichende Binnenwanderung ein.[500] In Schleswig-Holstein kam es bis 1955 zu einer erheblichen Abwanderung, die den dortigen Arbeitsmarkt entlastete. NRW und Baden-Württemberg verbuchten hingegen im Laufe der 1950er Jahre das stärkste Bevölkerungswachstum.

Betrachtet man die regionale Verteilung des realen Pro-Kopf-Einkommens, wie in Tabelle 3-41 ausgewiesen, erkennt man, dass auch in den 1950er Jahren die Städte an der Spitze der Wohlstandsskala standen. Den höchsten materiellen Lebensstandard wies in der ersten Hälfte der fünfziger Jahre Hamburg und am Ende der Dekade Frankfurt am Main auf. Bremen nahm 1950 den dritten Platz ein, erreichte jedoch 1961 nur mehr Rang fünf.[501] In den Hansestädten normalisierte sich die Wirtschaft etwas langsamer.

---

496 Zu den demographischen Verschiebungen der unmittelbaren Nachkriegszeit vgl. Kleßmann 1991, S.39-44.

497 Der Anteil der großstädtischen Bevölkerung an der Gesamtbevölkerung lag aber 1961 noch unter dem Niveau von 1939. Die Gründe dafür waren u.a., dass in der zweiten Hälfte der 1950er Jahre ein Zuzug in die Peripherie der Großstädte stattfand. Zudem gewannen die Pendlerwanderungen zwischen Wohnort und Arbeitsplatz zunehmend an Bedeutung (die wichtigsten Tendenzen bei Schildt 1995, S. 51-54, siehe auch Köllmann 1983, S. 90).

498 Zum Anteil der Heimatvertriebenen und Flüchtlinge aus der SBZ an der Wohnbevölkerung 1950 siehe z.B. Köllmann 1983, S. 70.

499 Vgl. Bundesministerium für Arbeit 1950, BAK BD 9/69, S. 6-7; knappe Darstellung für Niedersachsen bei Mooser 1998, S. 198, 200. Auf eine etwas längere Sicht überwogen in den meisten dieser Bundesländer die Vorteile einer Zunahme an qualifizierten und motivierten Arbeitskräften für die wirtschaftliche Entwicklung (vgl. allgemein: Petzina 1986, S. 112). Zu den unterschiedlichen Positionen, inwieweit die Vertriebenen zum wirtschaftlichen Aufstieg Bayerns beigetragen haben, zusammenfassend Frey 2003, S. 19-22.

500 Vgl. Bergschmidt 1964, S. 107-109; Köllmann 1983, S. 73-74, 86. Zu den ausgleichenden Wanderungsbewegungen in den 1950er Jahren anhand des Vergleiches des Anteiles der Vertriebenen und Flüchtlinge an der Bevölkerung in den Bundesländern in den Jahren 1950 und 1960 siehe Morsey 2000, S. 319.

501 Ausführliche Darstellung der Entwicklung des BIP im Land Bremen von 1950 bis 1960 siehe Statistisches Landesamt Bremen 1962.

Nachdem die Besatzungsmächte Anfang der fünfziger Jahre die Beschränkungen des Schiffbaus sukzessive aufgehoben und auch die außenwirtschaftlichen Verflechtungen wieder zugenommen hatten, setzte eine wirtschaftliche Erholung ein, die sich im Abbau der bis Mitte der 1950er Jahre überdurchschnittlichen Arbeitslosigkeit zeigt (vgl. Tab. 3-42).[502] Das Wachstum des Pro-Kopf-Einkommens blieb in den Hansestädten in den fünfziger Jahren hinter den anderen Städten zurück. Frankfurt am Main erlebte einen beachtlichen Wirtschaftsaufschwung und entwickelte sich zu einer der prosperierendsten Städte.[503] Bereits 1950 nahm Frankfurt eine führende Position sowohl im Pro-Kopf-Einkommen als auch in der Beschäftigung ein.

München wies in der ersten Hälfte der fünfziger Jahre noch das zweitniedrigste Einkommen aller ausgewählten Städte auf, wuchs jedoch am stärksten und verbesserte bis 1961 seinen Rang um drei Plätze. Parallel dazu sank auch die Arbeitslosigkeit.[504] Im Gegensatz dazu war die wirtschaftliche Entwicklung West-Berlins aufgrund der Nachwirkungen des Zweiten Weltkrieges und des Sonderstatus ungünstig. West-Berlin befand sich in den 1950er Jahren im letzten Drittel des regionalen Wohlstandsgefälles. Zudem besaß es durchgehend die höchste Arbeitslosenrate. Zwar profitierte auch Berlin vom wirtschaftlichen Aufschwung, in dessen Folge sich die Arbeitslosigkeit spektakulär reduzierte; sie blieb aber im gesamten Zeitraum deutlich über dem Bundesdurchschnitt.

In der Gruppe der Flächenstaaten stand Nordrhein-Westfalen an der Spitze, gefolgt von Baden-Württemberg und Hessen.[505] Die Länder mit einem höheren Anteil an Landwirtschaft bzw. einem geringeren Industrialisierungsgrad (Schleswig-Holstein[506],

---

502 Zu Bremen siehe Marßolek 1999, S. 396; zu Hamburg vgl. Sywottek 1999, S. 399; Drescher 1993, S. 243-244.

503 Kurzer Überblick über die wirtschaftliche Entwicklung und den daran beteiligten Wirtschaftsbereichen bei Balser 1994, S. 535-538.

504 Wegen der Abschnürung Berlins verlagerten einige bedeutende Unternehmen ihren Sitz nach München (siehe Bauer 2003, S. 211). Zu den Unternehmensverlagerungen nach Bayern und insbesondere nach München siehe auch Lanzinner 1996, S. 173.

505 Nach der Teilung Deutschlands bildeten nicht mehr die traditionell gewerblich geprägten Gebiete Sachsen und Thüringen die Mitte Deutschlands. An deren Stelle traten nun Hessen und Rheinland-Pfalz (vgl. Petzina, 1994, S. 106).

506 Im Vergleich zur Vorkriegszeit ist bemerkenswert, dass sich Schleswig-Holstein am Ende der Wohlstandsskala befand. Schleswig-Holstein hatte jedoch trotz seiner landwirtschaftlich dominierten Wirtschaftsstruktur im 19. und in den ersten Jahrzehnten des 20. Jahrhunderts immer über ein vergleichsweise hohes Wohlstandsniveau verfügt. Im Gegensatz dazu lag Bayern zu dieser Zeit auf den unteren Rängen der Einkommensskala. In der Nachkriegszeit wies Bayern zwar noch ein unterdurchschnittliches Pro-Kopf-Einkommen auf, welches jedoch schon über demjenigen Schleswig-Holsteins lag. Orsagh spekuliert, dass der massive Zuzug von Flüchtlingen zum wirtschaftlichen Abstieg Schleswig-Holstein beigetragen haben könnte, diesen aber nicht vollständig erklären könne (vgl. Orsagh 1968, S. 298).

Niedersachsen[507], Bayern[508] und Rheinland-Pfalz) verfügten über ein unter dem Reichsdurchschnitt liegendes Pro-Kopf-Einkommen.[509] Ähnlich verteilt war die Arbeitslosigkeit. Eine über dem Bundesdurchschnitt liegende Arbeitslosenrate wiesen in den 1950er Jahren Schleswig-Holstein, Bayern und Niedersachsen auf. Die Arbeitsmarktlage dieser Länder war in den ersten Jahren der Bundesrepublik wegen der Zunahme der Flüchtlingsbevölkerung, der keine ausreichenden Beschäftigungsmöglichkeiten gegenüberstanden, angespannt.[510] Im Gegensatz dazu gestaltete sich die Beschäftigungssituation in Baden-Württemberg von allen ausgewählten Regionen durchgehend am besten. Arbeitslosigkeit war dort bereits 1950 eher eine Ausnahme. In einer ähnlichen Situation befand sich NRW. Die Arbeitsmarktlage war auch in Rheinland-Pfalz günstig, trotz des geringen Sozialprodukts je Einwohner.

Der Index des Pro-Kopf-Einkommens erhöhte sich in der ersten Hälfte der fünfziger Jahre besonders stark in Schleswig-Holstein und Niedersachsen, was aber nicht einem außergewöhnlich hohen Wirtschaftswachstum geschuldet war, sondern maßgeblich durch eine Abnahme der Bevölkerung mitbestimmt wurde.[511] In der zweiten Hälfte der fünfziger Jahre erfuhren darüber hinaus Hessen und die süddeutschen Staaten eine leicht überdurchschnittliche Erhöhung des realen Pro-Kopf-Einkommens.[512] In diesem Zeitraum ist vor allem die unterdurchschnittliche Erhöhung des Einkommensindexes in NRW und Rheinland-Pfalz auffallend. Dabei ist jedoch zu berücksichtigen, dass NRW,

---

507 Das niedrigere Pro-Kopf-Einkommen in Niedersachsen im Vergleich zum Bund ist auf die landwirtschaftlich orientierte Wirtschaftsstruktur zurückzuführen. Möglicherweise spielte auch die deutsche Teilung eine Rolle durch die Abtrennung von Absatzgebieten. Vgl. Prähler, 1957/58, S. 333; Statistik von Niedersachsen 1965, v.a. S. 15-16. Zu den Standortnachteilen Niedersachsens nach der Teilung siehe auch Mooser 1998, S. 200-201.

508 Zur wirtschaftlichen Rückständigkeit und Entwicklung Bayerns in der Zwischenkriegszeit siehe Kap. 3.3.1.1 und die dort zitierte Literatur. Zur aufholenden wirtschaftlichen Entwicklung Bayerns nach 1945 existiert mittlerweile eine Fülle von Arbeiten. Zur Nachkriegszeit und zu den 50er Jahren siehe Lanzinner 1996. In längerfristiger Perspektive z.B. Erker 1991; neueste Arbeit: Frey 2003.

509 Systematisch untersucht bei Bergschmidt 1964, S. 99-101.

510 Bundesministrium für Arbeit 1950, BD 9/69, S. 7. Der Anteil der Flüchtlinge/Vertriebenen an den Arbeitslosen betrug am 30.6.1949 59% in Schleswig-Holstein, 43% in Niedersachsen, 40% in Bayern und 27 % in Hessen.

511 Vgl. Prähler 1957/58, S. 339.

512 Vgl. hierzu Petzina 1994, S. 104-105. Die beschleunigte wirtschaftliche Aufholphase Bayerns beginnt in den 1960er Jahren. Erker kommt ebenfalls zu dem Ergebnis, dass erst ab 1957 die durchschnittliche jährliche Wachstumsrate des realen BIP ohne Berücksichtigung der Bevölkerungsentwicklung über dem Bundesdurchschnitt lag (vgl. Erker, 1991, S. 487). Der Energiemangel nach dem Zweiten Weltkrieg begünstigte zunächst die wirtschaftliche Entwicklung Nordrhein-Westfalens. Nachdem dieser jedoch gegen Ende des Jahrzehnts beseitigt war, wuchsen die südwestlichen Regionen erneut am stärksten (vgl. Petzina, 1994, S. 106). Zu den Gründen des bayerischen Wirtschaftsaufschwungs siehe Erker 1997, S. 42-50. Er betont die positiven Standortbedingungen Bayerns nach dem Krieg wie z.B. Arbeitskräftepotential und Möglichkeiten der Raumausdehnung.

Baden-Württemberg und auch die meisten Städte nur aufgrund des Bevölkerungszuzugs im Laufe der fünfziger Jahre keine höheren Zuwächse des Pro-Kopf-Einkommens realisierten. Die jährlichen Wachstumsraten ohne Berücksichtigung der Bevölkerung lagen in den fünfziger Jahren meist über denen der agrarisch dominierten Länder.[513]

Im gesamten Jahrzehnt erfreuten sich die Bewohner Schleswig-Holsteins, Niedersachsens, Hessens und auch Süddeutschlands (Baden-Württemberg, Bayern) einer überdurchschnittlichen Zunahme des Indexes des BIP pro Kopf. Nordrhein-Westfalen und Rheinland-Pfalz blieben andererseits unter dem Bundesdurchschnitt. Betrachtet man die Städte und Stadtstaaten, so konnten Frankfurt am Main und München ihren Index des Pro-Kopf-Einkommens stark erhöhen.[514] Aber auch West-Berlin konnte ausgehend von einem stark reduzierten Niveau gegenüber der Vorkriegszeit einen hohen Zuwachs realisieren.

Da alle Gebiete vom Wirtschaftsaufschwung profitierten, sank die Arbeitslosigkeit überall bereits in der ersten Hälfte der 50er Jahre markant. Im Stichjahr 1960 herrschte in allen ausgewählten Gebieten Vollbeschäftigung, wobei es aber innerhalb der Bundesländer durchaus strukturschwache Gegenden gab.[515] Trotz des Rückgangs blieb die regionale Verteilung der Arbeitslosenquote weitgehend stabil. West-Berlin, Schleswig-Holstein, Bayern, Niedersachen und Bremen besaßen eine etwas über dem Bundesdurchschnitt liegende Arbeitslosenrate, während Baden-Württemberg, NRW, Hessen und die meisten Städte eine unterdurchschnittliche Rate verzeichneten.

Insgesamt lässt sich festhalten, dass alle Regionen vom wirtschaftlichen Aufschwung zwischen 1950 und 1960 profitierten. Die agrarisch strukturierten Länder Schleswig-Holstein, Niedersachsen und Bayern konnten nach Überwindung einiger mittelbarer Kriegsfolgen und aufgrund ihres niedrigen Ausgangsniveaus aufholen. Trotzdem befanden sie sich in der Wohlfahrtsdimension „Zugang zu Ressourcen“ immer noch im unteren Bereich (vgl. Tab. 3-55 bis 3-57). Das Land Rheinland-Pfalz vergrößerte aufgrund seines unterdurchschnittlichen Wachstums den Abstand im Pro-Kopf-Einkommen zum Bundesdurchschnitt in den 1950er Jahren.

3.4.1.2 Die regional unterschiedliche sekundäre Schulbesuchsquote und deren Entwicklung

Trotz einiger Reformversuche wurde das dreigliedrige Schulsystem der Weimarer Republik bis spätestens Mitte der 1950er Jahren in nahezu allen Bundesländern wieder-

---

513 Vgl. z.B. Prähler 1957/58, S. 337, Tab. 5.

514 Die deutsche Teilung mag diese Regionen mit bevorzugt haben, z.B. durch die Verlagerung von Elektrounternehmen nach München. Frankfurt/M. profitierte durch die entstandene Zentrallage und die Umsiedelung der Großbanken. Vgl. Petzina, 1994, S. 106, 111; zu München siehe Bauer 2003, S. 211; Lanzinner 1996, S. 173.

515 Ein Problem stellten z.B. die sog. Ostrandgebiete dar. Für diese Regionen wurde 1953 ein erstes Hilfsprogramm vom Bundestag auf den Weg gebracht (vgl. dazu Lanzinner 1996, S. 244).

hergestellt.[516] Anfang der fünfziger Jahre wiesen die Städte, wie bereits in der Zwischenkriegszeit, den höchsten sekundären Schulbesuch auf (vgl. hierzu Tabelle 3-43). Die Bildungsbeteiligung erhöhte sich in jedem der betrachteten Stichjahre.[517] Die Zuwächse lagen im ersten Jahrfünft in der Bundesrepublik wie auch in allen Regionen über denen der zweiten Hälfte der fünfziger Jahre. Im Laufe des Jahrzehnts holten die Bundesländer stark auf, so dass sich städtische und länderweite Schulbesuchsquoten im sekundären Bildungssektor zunehmend anglichen. Damit lässt sich eine erhebliche Reduktion der regionalen Ungleichheit des sekundären Schulbesuchs in den fünfziger Jahren feststellen.[518]

Insgesamt ergibt sich eine beachtliche Ausweitung des relativen sekundären Schulbesuchs in allen Regionen in den fünfziger Jahren, die die Erhöhung während der Zwischenkriegszeit übertrifft (vgl. Tab. 3-72).[519]

Für die Zunahme werden verschiedene Gründe angegeben: Die Einführung der Schulgeld- und Lernmittelfreiheit sowie die Abschaffung von Aufnahmeprüfungen zugunsten von Probeunterricht in der Mehrzahl der Bundesländer erleichterte den mittleren und höheren Schulbesuch.[520] Der Bestand der Schüler an Gymnasien erhöhte sich zudem im Vergleich zur Vorkriegszeit durch die Wiedereinführung des neunten Schuljahres.[521] Neben diesen schulpolitischen Aspekten spielten auch wirtschaftliche Gründe eine Rolle. Eine Differenzierung der Bildungsexpansion nach Real- bzw. Mittelschulen für die Bundesrepublik auf der Basis jährlicher Angaben zeigt, dass der relative Schulbesuch der 13jährigen an Gymnasien und Realschulen zwischen 1952 und 1957 stark anstieg. In einem zweiten Zeitraum (1958-1964) erhöhte sich der relative Anteil an den Realschulen weiter, während er an den Gymnasien leicht zurückging.[522] Die Ursache dieser Entwicklung wird in der hohen Jugendarbeitslosigkeit zu Beginn der 1950er Jah-

---

516 Lediglich die Hansestädte, Schleswig-Holstein und West-Berlin organisierten ihr Schulsystem neu. Die Länder mit neuorganisiertem Schulaufbau verfügten in der Regel über eine sechsjährige Grundschule, an die sich die „praktische“ Oberschule bis zur neunten Klasse anschloß. Anschließend konnte die „technische“ bis zur zehnten Klasse oder die „wissenschaftliche“ Oberschule bis zum Abitur besucht werden. In Hamburg war es nach 1953 auch wieder möglich, sein Kind nach vierjähriger Grundschule auf das Gymnasium zu schicken (vgl. Schema des allgemeinbildenden Schulwesens in Statistik der Bundesrepublik Bd. 181, S. 6; für Hamburg siehe Drescher 1993, S. 249).

517 In Frankfurt/M., Berlin, München und Hessen reduzierte sich die sekundäre Schulbesuchsquote zwischen 1955 und 1961 leicht.

518 Der Variationskoeffizient sank von 0,374 (1950) auf 0,188 (1961).

519 Da der intertemporale Vergleich vor allem auf der Grundlage der Städte erfolgt, erscheint die Expansion in den 1950er Jahren weniger ausgeprägt. Die Städte weiteten ihren sekundären Bildungssektor im interregionalen Vergleich in der Zwischenkriegszeit besonders stark und in den 1950er Jahren unterproportional aus.

520 Furck, 1998, S. 311; zum inneren Ausbau des Schulwesens in den 1950er Jahren siehe auch Rodax 1989, S. 8-9.

521 Zur Einführung des neunjährigen Aufbaus der Gymnasien siehe Furck, 1998, S. 308.

522 Köhler 1978, S. 55.

re gesehen, die den Besuch von Gymnasien beförderte.[523] Nach Eintritt der Vollbeschäftigung und den damit verbundenen Chancen auf qualifizierte Beschäftigung gewann die kürzere Realschullaufbahn gegenüber Gymnasium und Studium an Attraktivität.[524] Außerdem ging Anfang der 1950er Jahre die Zahl der Übertrittskandidaten aus demographischen Gründen zurück, was aber bei den mit höheren Schülerzahlen rechnenden Realschulen und Gymnasien zu einer verstärkten Aufnahme führte. In der zweiten Hälfte verlor sich diese Wirkung vor allem für die Gymnasien durch den Eintritt stärkerer Jahrgänge in das Übertrittsalter.[525] Drewek andererseits interpretiert die steigende Anzahl von Übertritten auf das Gymnasium Anfang der 50er Jahre als eine Folge der Bildungsexpansion in den 20er und 30er Jahren, indem er die Bildungsaspirationen der Eltern dieser Schülergruppen berücksichtigt.[526]

Zudem wurde darauf verwiesen, dass es für die Tragfähigkeit der Bundesrepublik als demokratischem Staat erforderlich war, breiten Schichten den Zugang zu höherer Bildung zu ermöglichen.[527] Die sozialen und geschlechtsspezifischen Disparitäten wurden in dieser Phase jedoch nicht nachhaltig abgebaut.[528] Die Ausweitung der sekundären Bildungsbeteilungen der Jungen übertraf in allen Regionen die der Mädchen.[529]

Zwischen den Regionen variierte das Tempo der Bildungsexpansion. Schleswig-Holstein, Niedersachsen, Bayern und West-Berlin weiteten ihre sekundäre Bildung im Vergleich zum Bundesdurchschnitt stärker aus. Nordrhein-Westfalen und Hessen blieben hingegen deutlich zurück. Die Zunahme lag in den fünfziger Jahren in den Städten (ausgenommen West-Berlin) weit unter dem Bundesdurchschnitt.

Diese regional unterschiedliche Entwicklung führte auch zu einer Veränderung der regionalen Ungleichheit. Auf Ebene der Bundesländer war die Rangfolge im Jahr 1950 folgendermaßen: Hessen und NRW hatten die höchste Schulbesuchsquote, gefolgt von Niedersachsen, Baden-Württemberg und Schleswig-Holstein. Bayern und Rheinland-Pfalz standen am Ende der Rangordnung. Diese beiden Länder lagen auch 1961 noch weit zurück. Schleswig-Holstein wies aber nun den höchsten relativen Besuch an höheren Schulen auf, gefolgt von Niedersachsen. Hessen und Nordrhein-Westfalen konnten ihre günstige Ausgangsposition nicht halten.

Man könnte spekulieren, ob das unterschiedliche Tempo in der Umsetzung schulpolitischer Neuerungen ein Grund für die abweichenden Expansionspfade gewesen sein

---

523 Drewek 1984, S. 75.

524 Den Rückgang der gymnasialen Einschreibequoten in der zweiten Hälfte der 1950er Jahre sieht auch Lundgreen (1981, S. 116) als mögliche Folge der günstigen Arbeitsmarktlage.

525 Naumann 1980, S. 67-68.

526 Drewek 1984, S.74.

527 Vgl. Müller 1997b, S. 738-741.

528 Vgl. Müller 1997b, S. 741; Kaelble 1975, v.a. S. 128, Tab. 2.

529 Zu den unterschiedlichen regionalen Schulbesuchsquoten siehe Kap. 4.2.2.

könnte.[530] Beispielsweise hatten 1961 nur Schleswig-Holstein, Niedersachsen, Hamburg und Bremen das neunte Schuljahr voll verwirklicht.[531]

Große Bedeutung für die Bildungsexpansion der 50er Jahre wird dem Auf- oder Ausbau des Mittel- bzw. Realschulwesens beigemessen.[532] In der Nachkriegszeit bestanden in den ehedem preußischen Gebieten selbständige Mittelschulen, die wiedereröffnet wurden (Schleswig-Holstein, NRW, Niedersachsen und Hessen). In den süddeutschen Staaten (Bayern, Baden-Württemberg und Rheinland-Pfalz) errichtete man selbständige Mittelschulen, obwohl es vorher kein staatliches Realschulwesen gegeben hatte. In Bayern wurde am 23. Mai 1949 die Gründung von Mittelschulen für Mädchen und Jungen bekannt gemacht. Die Einführung stieß auf reges Interesse, so dass es zu einem raschen Anstieg der Schulen und auch Schüler kam. Die Errichtung von Mittelschulen, vor allem in Gegenden mit wenig ausgebauter schulischer Infrastruktur, leistete einen entscheidenden Beitrag zur Reduzierung des Stadt-Land-Gefälles.[533] Von den drei Bundesländern ohne Mittelschultradition war der Ausbau des Realschulwesens in Bayern am stärksten. Die niedrigere rheinland-pfälzische Schulbesuchsquote könnte in Zusammenhang mit dem mangelnden Ausbau des mittleren Schulwesens gestanden haben.[534] So besuchten im Schuljahr 1957/58 in Bayern 11% der Schüler in der achten Jahrgangsstufe eine Realschule, während es in Rheinland-Pfalz nur 3,7% waren; beide Bundesländer verfügten über einen ähnlich hohen Anteil an Gymnasiasten in dieser Jahrgangstufe (18%).[535] Die hohe Schulbesuchsquote Schleswig-Holsteins war ebenfalls durch den Ausbau der Realschulen bedingt.[536] In diesem Bundesland, das die stärkste Ausweitung der sekundären Bildungsbeteiligung erfuhr, gingen 20% der achten Jahrgangsstufe in eine Realschule, während der Anteil in NRW bei nur 11% lag. Der Anteil der Gymnasiasten der beiden Länder unterschied sich im Vergleich dazu kaum, so dass auch in diesem Fall die regionale Verteilung der sekundären Schulbesuchsquote zu einem großen Teil durch den unterschiedlichen Besuch von Mittelschulen geprägt

---

530 Die Schulgeld- und Lernmittelfreiheit wurde 1949 in Hessen, 1951 in Württemberg-Baden als letztem Land der US-Zone, in NRW stufenweise seit 1956 eingeführt. Anhand dieser Bespiele zeigt sich die Variationsbreite (Lange 1999, S. 402; Sauer, 2003, S. 427; Heumann 1989, S. 383).

531 Hessen unter den Bundesländern 1963, S. 307

532 Vgl. Schildt 1995, S. 60. In allen Bundesländern wurden in der Nachkriegszeit Mittelschulen unter verschiedenen Bezeichnungen errichtet. In Baden-Württemberg, Bayern, Rheinland-Pfalz und Schleswig-Holstein bezeichnete man diese Schulgattung als Mittelschulen, in NRW Realschule und in West-Berlin Oberschule Technischer Zweig, Technische Oberschule in Hamburg und als Zweig B in Bremen (vgl. Furck 1998, S. 301).

533 Vgl. Müller 1997b, S. 743-745 und S. 741; zusammenfassende Darstellung des Ausbaus des bayerischen Mittelschulwesens Müller u.a. 2001, S. 298-302.

534 Zum geringen Ausbau des mittleren Schulwesens in Rheinland-Pfalz siehe Rheinland-Pfalz im Spiegel der Statistik 1968, S. 464.

535 Die Zahlen stammen von Wollenweber 1980, Tab. 10, S. 105.

536 Vgl. Edding und Carnap 1962, S. 10. Für eine ausführliche Darstellung des relativen Schulbesuchs in den Bundesländern vgl. ebenda.

war. Allerdings spielten auch schulstrukturelle Unterschiede eine Rolle, ob die Bundesländer über selbständige Mittelschulen verfügten oder diese an Volksschulen angegliedert waren wie in Hessen. Unselbständige Mittelschulzüge sind in den vorgelegten Daten nicht enthalten, weshalb die Expansion des sekundären Schulbesuchs in Hessen unterschätzt ist.[537]

Insgesamt lässt sich festhalten, dass sich die sekundäre Bildungsbeteiligung in allen Regionen bedeutend erhöht und sich die regionale Ungleichheit reduziert hat. Die Städte verfügten aber auch in diesem Jahrzehnt über die höchste Bildungsbeteiligung, gefolgt von Schleswig-Holstein. Im unteren Drittel befanden sich Baden-Württemberg, Bayern und Rheinland-Pfalz. Dabei ist darauf hinzuweisen, dass Bayern im Gegensatz zu den beiden anderen Ländern seine Bildung überproportional ausweitete. Neben den bereits angesprochenen Ursachen für regionale Unterschiede, wie z.B. Zulassungspraxis und finanzielle Fördermaßnahmen, spielten weiterhin die regionale Verteilung und Dichte des Schulnetzes sowie die konfessionelle und soziale Zusammensetzung der jeweiligen Bevölkerung eine Rolle.[538] Die in den 1960er Jahren festgestellte ungleiche Bildungsbeteiligung unter den Gesichtspunkten Geschlecht, Region und Konfession wurde folgendermaßen umschrieben: „Katholische Mädchen haben in den bayerischen Landkreisen mit überwiegend katholischem Bevölkerungsanteil in der Bundesrepublik vergleichsweise besonders geringe Chancen für eine weiterführende Ausbildung."[539] Tatsächlich war die sekundäre Schulbesuchsquote von Mädchen in Bayern auf gesamtstaatlicher Ebene die zweitniedrigste aller betrachteten Gebiete.[540]

3.4.1.3 Regionale Disparitäten und Entwicklungstendenzen der Dimension Gesundheit

Die regionalen Unterschiede des Lebensstandards in der Dimension „langes Leben" waren in der Bundesrepublik in den 1950er Jahren durch ein Nord-Süd-Gefälle charakterisiert (vgl. 3-44). Die Lebenserwartung bei der Geburt war in den nördlichen Bundesländern (Hansestädten, Schleswig-Holstein) zumeist am höchsten, gefolgt von Niedersachsen und Hessen. Von den südlich gelegenen Bundesländern wies jedoch Baden-Württemberg eine mittlere Position auf. Die Menschen besaßen dort in den fünfziger Jahren, wie bereits in der Zwischenkriegszeit, eine leicht über dem Bundesdurchschnitt liegende mittlere Lebenserwartung. Am Ende der Skala befanden sich die Länder Bayern, Rheinland-Pfalz und Nordrhein-Westfalen. Eine Untersuchung der regional differentiellen Sterblichkeit in der Bundesrepublik für das Jahr 1978 ergab ein ähnliches regionales Gepräge der Sterblichkeit wie in den fünfziger Jahren. Danach herrschte eine im Vergleich zum Bundesdurchschnitt erhöhte Mortalität in den altindustriellen Ver-

---

537 Vgl. hierzu Wollenweber 1980, Tab. 5, 97-98.

538 Vgl. Wirtschaft und Statistik 1963, S.280. Zur relativ niedrigen Bildungsbeteiligung der Katholiken an Gymnasien und Hochschulen siehe Erlinghagen 1965.

539 Metz-Göckel 1996, S. 376.

540 Vgl. dazu die Ausführungen in Kap. 4.2.2 und Tab. 4-8.

dichtungsregionen an Ruhr und Saar, in Berlin sowie in den Gebieten mit einer geringeren Siedlungsdichte, vor allem den Grenzregionen Ostbayerns. Als weitere kleinräumigere Einheit mit hoher Sterblichkeit wurde z.B. die Pfalz hervorgehoben.[541]

Zwischen 1950 und 1960/62 erhöhte sich die Lebenserwartung zwischen zwei (Hamburg) und viereinhalb Lebensjahren (München). Die Überlebenschancen stiegen im ersten Jahrfünft etwas stärker als im zweiten. Aufgrund eines Konvergenzprozesses realisierten die Regionen mit einer geringeren Lebenserwartung bei der Geburt höhere Zuwächse als Gegenden, in denen die Menschen älter wurden.[542] So konnten Bayern (mit München), NRW (einschließlich Köln), Berlin-West und auch Baden-Württemberg überdurchschnittliche Fortschritte verbuchen. Die Unterschiede in der Lebenserwartung zwischen den betrachteten Gebieten verringerten sich deshalb von 3,2 (1950) auf 1,5 Lebensjahre (1960/62). Daraus ergibt sich, dass sich die regionale Ungleichheit in dieser Wohlfahrtsdimension in den 1950er Jahren reduzierte.[543] Zudem waren damit die regionalen Disparitäten am Ende der Dekade auf dieser Aggregationsebene kaum mehr von Bedeutung.

Weil die Lebenserwartung bei der Geburt in hohem Maße durch die Höhe der Säuglingssterblichkeit mitbestimmt wird, glich die regionale Verteilung des Lebensstandardindikators Säuglingssterblichkeit derjenigen der Lebenserwartung (vgl. Tab. 3-45). Eine unter dem Bundesdurchschnitt liegende Sterblichkeit der Kinder im ersten Lebensjahr wiesen die Hansestädte, Schleswig-Holstein, Niedersachsen, Hessen und Baden-Württemberg auf. Im Gegensatz dazu befand sich die Säuglingssterblichkeit in NRW, Bayern und Rheinland-Pfalz über dem Durchschnitt. In den Städten ist das Bild etwas uneinheitlich[544] und wegen der geringen Fallzahlen durch eine etwas höhere Schwankungsbreite charakterisiert.[545] In der Bundesrepublik lag die städtische Säuglingssterblichkeit in der Regel über der ländlichen.[546] Die Säuglingssterblichkeit reduzierte sich in

---

541 Vgl. Gatzweiler und Stiens 1982, S. 41und Karten 1-3, S. 42-43, 47.

542 Die Lebenserwartung bei der Geburt stieg in Bayern um 4 Jahre, in München um 4,5 Jahre, in NRW um 3,1 Jahre, während sie sich in Schleswig-Holstein und in Hessen nur um 2,2 bzw. in den Hansestädten zwischen 2,0 und 2,8 Lebensjahren erhöhte (berechnet nach Tab. 3-5).

543 Der Variationskoeffizient sank zwischen 1950 und 1960/62 von 0,016 auf 0,011.

544 In West-Berlin war die Säuglingssterblichkeit durchgehend überdurchschnittlich. In Köln und in München sank sie überproportional und erreichte dadurch zunehmend unterdurchschnittliche Werte. In Frankfurt/M. lag die Säuglingssterblichkeit üblicherweise über den Werten des Landes Hessen, aber unter dem Bundesdurchschnitt.

545 Es ist zu bedenken, dass sich aufgrund der kleineren Grundgesamtheiten in den Städten geringfügige Schwankungen der Sterbefälle stärker auswirkten und zu ausgeprägteren Schwankungen des Indikators führten. Das gleiche gilt für die Kinder- und Müttersterblichkeit.

546 Vgl. Statistik der Bundesrepublik Bd. 169, S. 10. In Hessen wurde die höhere städtische Säuglingssterblichkeit auf die höhere Unehelichkeitsquote in den Städten und die Übersterblichkeit der unehelichen gegenüber den ehelichen Säuglingen zurückgeführt (vgl. Beiträge zur Statistik Hessens Nr. 53, S.XI). Da sich dieses Phänomen nicht nur auf die fünfziger Jahre beschränkt, liegt der Schluß nahe, dass die höhere städtische Säuglingssterblichkeit gegenüber der ländlichen im

den 1950er Jahren beachtlich. Die Zugewinne waren wiederum im ersten Jahrfünft höher. In Niedersachsen, NRW (mit Köln) und Bayern (einschließlich München) sank sie stärker als in den anderen Gebieten. In der Folge kam es zu einer deutlichen Verringerung in der regionalen Ungleichheit dieses Indikators.[547]

Am Beispiel Bayerns lässt sich die Entwicklung der regionalen Unterschiede der Säuglingssterblichkeit und der zugrunde liegenden Ursachen verdeutlichen. Wie bereits in der Zwischenkriegszeit war die gesundheitliche Lage in Bayern besonders ungünstig in den Regierungsbezirken Niederbayern und Oberpfalz.

Im Gegensatz zu anderen Bundesländern war die Säuglingssterblichkeit in den bayerischen Städten niedriger als auf dem Lande. Dies lag daran, dass es in Bayern extrem strukturschwache ländliche Gebiete mit unzureichender medizinischer Versorgung gab.[548] In München befanden sich deshalb die meisten Kennziffern der Mortalität unter dem bayerischen Durchschnitt. Insgesamt stand es um die Gesundheit auf dem Lande in den strukturschwachen Gegenden Bayerns in den fünfziger Jahren nicht zum Besten.[549] Als Ursachen für die hohe Säuglingssterblichkeit in den Problembezirken benannte man auch in den 1950er Jahren eine geringere mittlere Stillzeit, die hohe Geburtenzahl, mangelnde Hygiene und Armut.[550] Allerdings halbierte sich die Säuglingssterblichkeit in den niederbayerischen und oberpfälzischen Landkreisen im Betrachtungszeitraum und reduzierte sich damit in höherem Umfang als in den anderen Gebieten.[551] Nach Meinung der Zeitgenossen waren Fortschritte in der Ernährung, der Therapie (Antibiotika) und der Hygiene für den Sterblichkeitsrückgang der Kinder im ersten Lebensjahr verantwortlich, weil vor allem die Sterblichkeit an Frühgeburt, entzündlichen Darmerkrankungen und Pneumonie sank.[552]

Die regionalen Disparitäten der Kindersterblichkeit gestalteten sich gering (vgl. 3-46).[553] In Bayern und NRW herrschte durchgängig eine überdurchschnittliche Mortalität der Kinder zwischen ein und fünf Jahren. Die Kindersterblichkeit sank in den betrachteten Stichjahren in der Bundesrepublik sowie in den Regionen, wobei sie sich be-

---

Untersuchungszeitraum keine Folge des Krieges und der stärkeren Zerstörung der Städte war. Dazu wäre aber eine ausführlichere Untersuchung notwendig.

547 Der Variationskoeffizient verminderte sich innerhalb der betrachteten zehn Jahre von 0,143 auf 0,113.

548 Vgl. Harlass-Neuking 1965, S. 27; Lindner 2001, S. 259-261. Allerdings konvergierten die beiden Raten in den fünfziger Jahren, und am Ende der Dekade befand sich die städtische Säuglingssterblichkeit auch in den meisten bayerischen Bezirken über der ländlichen.

549 Lindner 2001, S. 259-270.

550 Untersuchungen für Schleswig-Holstein aus den 1950er Jahren zeigen, dass Schwangerenvorsorge im ländlichen Raum kaum verbreitet war. Außerdem wurden Beratungsstellen von Angehörigen der unteren Schichten kaum aufgesucht (vgl. Lindner 2004, S. 434). Ähnlich dürften die Verhältnisse im ländlichen Bayern gewesen sein.

551 Harlass-Neuking 1965, S. 27.

552 Vgl. Harlass-Neuking 1965, S. 84.

553 Der Variationskoeffizient betrug 0,132 (1950), 0,259 (1955) und 0,181 (1960).

sonders ausgeprägt in den südlich gelegenen Untersuchungseinheiten und in NRW (einschließlich Köln) verminderte.[554]

Der regionale Charakter der Lebenserwartung ab dem fünften Lebensjahr unterschied sich kaum von den anderen Sterblichkeitsindikatoren (vgl. Tab. 3-47). Die regionalen Unterschiede waren insgesamt wenig ausgeprägt.[555] Die mittlere Lebenserwartung der Fünfjährigen erhöhte sich zwischen 1950 und 1960 um etwa ein halbes Lebensjahr (Hamburg) bis zu zweieinhalb Jahren (München). Einen über dem Bundesdurchschnitt liegenden Zuwachs realisierten wiederum vor allem Bayern, Baden-Württemberg, NRW sowie nahezu alle Städte. Hinter dieser gesundheitlichen Kennziffer verbergen sich fundamentale geschlechtsspezifische Differenzen. Die weibliche Bevölkerung gewann in allen Gebieten zusätzliche Lebensjahre. Die Frauen erhöhten ihre voraussichtliche Lebenszeit um 1,2 (Schleswig-Holstein) bis 3,7 (München) Lebensjahre. Die Männer hingegen mussten zumeist Einbußen hinnehmen. Am stärksten sank die Lebenserwartung ab dem fünften Lebensjahr für die männliche Bevölkerung in Rheinland-Pfalz (um mehr als ein halbes Jahr). In München und Bremen hingegen konnte diese ein zusätzliches Lebensjahr verbuchen.[556] Diese Krise der männlichen Bevölkerung ab dem 5. Lebensjahr wird vor allem als kriegsbedingte Spätfolge interpretiert.[557]

Die regionale Verteilung der Tuberkulosemorbidität unterschied sich von derjenigen der Sterblichkeitsindikatoren (vgl. Tab. 3-48). Die städtische Bevölkerung war am stärksten von Tuberkuloseneuerkrankungen heimgesucht.[558] Eine zumeist überdurchschnittliche Morbiditätsrate gab es in Schleswig-Holstein, NRW und Rheinland-Pfalz, während Hessen, Baden-Württemberg und Niedersachsen (ohne 1950) nur unterdurchschnittlich betroffen waren.[559] Abgesehen von den Städten waren die regionalen Unterschiede auch bei diesem Indikator nicht ausgeprägt. Der durch die gesundheitlichen Folgen der beiden Weltkriege unterbrochene säkulare Rückgang der Tuberkulosemorbidität seit der Jahrhundertwende setzte sich in den 1950er Jahren fort.[560] Die Rate der

---

554 Lediglich in einzelnen Regionen trat eine kurzfristige Stagnation des Sterblichkeitsrückganges ein.

555 Der Variationskoeffizient wies in den 1950er Jahren Werte um die 0,010 auf. Die Spannweite lag bei etwa zwei Jahren.

556 Berechnet nach Quellen siehe Anhang II-B-2.

557 Vgl. z.B. Klein 1993, S. 725-726, 728. Vgl. Ausführungen in Kap. 4.2.3.

558 Vgl. Wirtschaft und Statistik 1958, S. 389:

559 Die hohe Zahl an Tuberkuloseneuerkrankungen in Schleswig-Holstein und Rheinland-Pfalz mag ähnliche Ursachen wie in den bayerischen strukturschwachen Gebieten mit ebenfalls hohen Raten gehabt haben: unterentwickelte medizinische Versorgung, schlechte hygienische Zustände sowie zahlreiche Flüchtlinge, die vor allem auf die Landgemeinden verteilt wurden und dort mit schlechten Lebens- und Wohnbedingungen zu kämpfen hatten (vgl. für Bayern Lindner 2004, S. 154-155). In NRW wiesen Ende der 1940er und Anfang der 1950er Jahre die Industrie- und Stadtgebiete eine höhere Zahl von Tuberkuloseneuerkrankungen auf als die Landgemeinden. Außerdem waren Flüchtlinge stärker betroffen (vgl. Sons 1983, S.145).

560 Vgl. Lindner 2004, S. 155.

Tuberkuloseneuerkrankungen reduzierte sich in der Bundesrepublik wie in allen Regionen innerhalb dieses Jahrzehnts markant. In den 1960er Jahren verlor die Tuberkulose ihre bedeutende Stellung innerhalb des Todesursachen- und Krankheitsspektrums der deutschen Bevölkerung.[561]

Die regionalen Disparitäten der Müttersterblichkeit stimmten im großen und ganzen mit denen der Säuglingssterblichkeit überein (vgl. Tab. 3-49).[562] Generell fand in den fünfziger Jahren eine bedeutende Reduktion der Sterblichkeit von Frauen in Zusammenhang mit Schwangerschaft und Geburt statt, vor allem durch die nach dem Krieg zunehmende Verfügbarkeit von Sulphonamiden und die schnellere Verfügbarkeit von Blutkonserven.[563] Der Rückgang variierte zwischen den Regionen. Die meisten Städte und die Bundesländer mit den tendenziell höheren Raten (Bayern und NRW) konnten eine stärkere Verminderung verzeichnen. Insgesamt lässt sich festhalten, dass sich am Ende der Dekade eine beträchtliche Erhöhung des Lebensstandards von Frauen durch die Reduktion der Müttersterblichkeit ergab. Starben in der Zwischenkriegszeit noch 36 (1939) bzw. 55 (1925) Frauen in Zusammenhang mit Schwangerschaft und Geburt, waren es 1960 11 Frauen je 10.000 Lebendgeburten. Die regionalen Unterschiede waren aber immer noch bedeutend. Während die Rate im Jahr 1960 in Hamburg 3,7 betrug, war sie in NRW mehr als dreimal so hoch. Die Zeitgenossen schenkten allerdings diesen durchaus beachtlichen regionalen Disparitäten kaum Beachtung, sondern sahen vielmehr die hohe Mortalität im zwischenstaatlichen Vergleich.[564] Während das Deutsche Reich bei einem internationalen Ranking 1937 noch eine mittlere Position einnahm, lag die Bundesrepublik um 1950 am Ende der Skala.[565] Damit blieb der Rückgang der Müttersterblichkeit in der Bundesrepublik deutlich hinter den anderen westlichen Ländern zurück. Eine stärkere Verminderung hätte eine umfassendere Schwangerenvorsorge erfordert.[566] Ähnliches trifft für die Säuglingssterblichkeit zu. Die sogenannte Frühsterblichkeit (innerhalb der ersten sieben Tage) gewann mit fortschreitendem Mortalitätsrückgang seit den 1920er Jahren an Bedeutung.[567] Zudem konnten nach dem Zweiten Weltkrieg Infektionskrankheiten und Krankheiten der Atmungsorgane durch den Einsatz von Antibiotika stärker unter Kontrolle gebracht wer-

---

561 Vgl. Lindner 2004, S. 155.

562 Allerdings hatte Rheinland-Pfalz im Gegensatz zur Säuglingssterblichkeit eine vergleichsweise günstige Situation bei der Müttersterblichkeit.

563 Vgl. Loudon 1992, S. 53-56, 258-62. Allerdings bestanden in der Anwendung und Bereitstellung dieser Maßnahmen in den 1950er Jahren noch Schwierigkeiten; siehe Goecke 1964, S. 3-4.

564 Gesundheitsstatistischer Bericht für die Bundesrepublik Deutschland 1954, S. 24; Goecke 1964, S. 1; BAK B 142/3516, Gesundheitsfürsorge für Mutter mit Kind, Kleinkinder, Schulkinder und Jugendliche in 8 europäischen Staaten im Vergleich zur Bundesrepublik; siehe auch Lindner 2004, S. 433.

565 Gesundheitsstatistischer Bericht für die Bundesrepublik Deutschland 1954, S. 24.

566 Vgl. Lindner 2004, S. 420, 459.

567 Vgl. hierzu exemplarisch die beiden bedeutenden Aufsätze von Rott 1926/27; ders. 1929; außerdem Statistik der Bundesrepublik Bd. 169, S. 10; Lindner 2004, S. 417.

den.[568] Für die weitere Reduktion der Säuglingssterblichkeit wäre, neben anderen Maßnahmen (wie Verbesserungen in der Geburtshilfe und im Umgang mit Frühgeburten), ebenfalls eine besser entwickelte Schwangerenvorsorge notwendig gewesen.[569] Ein Ausbau der Schwangerenvorsorge fand aber in der Bundesrepublik wegen verschiedener struktureller Hemmnisse im Gesundheitswesen, wie der Konkurrenz zwischen öffentlichem Gesundheitswesen und den Krankenkassen mit der privaten Ärzteschaft, erst in den 1960er Jahren statt.[570] Dieses Beispiel verdeutlicht, dass in der Bundesrepublik durchaus Entwicklungsspielräume für eine stärkere Sterblichkeitsreduktion bestanden hätten. Insofern hätte es trotz der bedeutenden Fortschritte in diesem Bereich vermutlich noch Spielraum für weitere Wohlfahrtssteigerungen gegeben.

Insgesamt lässt sich festhalten, dass die Hansestädte, Schleswig-Holstein, Niedersachsen, Hessen und Baden-Württemberg einen durchgängig über dem Bundesdurchschnitt liegenden Gesundheitszustand aufwiesen. Im letzten Drittel lagen West-Berlin, Bayern und NRW. Auch Frankfurt/M. und Köln befanden sich eher im unteren Bereich. In allen Regionen, in denen ein Vergleich mit der Vorkriegszeit ansatzweise möglich ist (wie allen Städten, Hessen und Bayern), lag im Jahr 1950 der Lebensstandard im Bereich „langes Leben“ bzw. Gesundheit über dem Vorkriegsstand. Lediglich die Säuglingssterblichkeit und die Tuberkulosemorbidität überschritten teilweise noch 1950 die Vorkriegswerte (vgl. Tab. 3-10 bis 3-15 und 3-44 bis 3-49).

In allen Regionen trat innerhalb des betrachteten Jahrzehnts eine deutliche Besserung in der Dimension Gesundheit ein, wobei die Zuwächse zwischen 1950 und 1955 üblicherweise höher ausfielen. Zudem konnten die Gegenden mit einer ungünstigen Ausgangslage zumeist größere Fortschritte realisieren (Bayern, Nordrhein-Westfalen, Niedersachsen, Baden-Württemberg, Köln, Frankfurt/M., München und West-Berlin). Die überproportionalen Fortschritte in der Dimension Gesundheit in den Städten resultierte vor allem aus der erfolgreichen Reduktion der Tuberkulosemorbidität. Köln und München erfuhren in allen gesundheitlichen Kennziffern eine über dem Durchschnitt liegende Verbesserung, weshalb sie am Ende der Dekade über einen höheren Lebensstandard in dieser Komponente als die Städte Frankfurt/M. und West-Berlin verfügten. Die Bewohner West-Berlins mussten in den fünfziger Jahren wie bereits in der Zwischenkriegszeit ein niedriges Wohlfahrtsniveau im Bereich Gesundheit in Kauf nehmen. Bemerkenswert sind die hohen Zuwächse Bayerns und auch Baden-Württembergs in zweierlei Hinsicht.[571] Zum einem, weil die Lebenserwartung heute in den südlichen Ländern (weite Teile Württembergs und des Voralpenlandes) höher ist als in den nördlichen Gegenden. Zum anderen scheinen in Bayern die Anfänge des wirtschaftlichen Aufholprozesses mit einem gesundheitlichen einherzugehen.

---

568 Vgl. Spree 1995, S. 13.

569 Vgl. Lindner 2004, S. 420.

570 Vgl. Lindner 2004, S. 507-509.

571 In Bayern ist vor allem auf die überdurchschnittliche Zunahme der Lebenserwartung bei der Geburt zu verweisen, die sich bereits seit Beginn des Betrachtungszeitraumes beobachten lässt.

Im Weiteren werden die drei Lebensstandardbereiche zu Development Indizes zusammengefasst und erörtert. Dabei wird den regionalen Disparitäten, deren Veränderungen und der Rolle der jeweiligen Wohlfahrtsdimensionen nachgegangen.

3.4.2 Der Lebensstandard in den Regionen anhand der verschiedenen Wohlfahrtsindizes

3.4.2.1 HDI_r

Am Beginn soll die Diskussion der Wohlfahrt in den ausgewählten bundesrepublikanischen Regionen in den fünfziger Jahren anhand des HDI_r stehen. Tabellen 3-50 bis 3-52 geben die Indikatoren und Human Development Indizes sowie deren Veränderungen und Rangordnung für die Stichjahre 1950, 1955 und 1960 in der Bundesrepublik wieder. Tabelle 3-53 illustriert die regionalen Wohlfahrtsunterschiede anhand des HDI_r zwischen 1950 und 1960. Ein erster Blick auf die Tabelle zeigt, dass der Lebensstandard in den Städten, trotz Bombenkrieg, am weitesten fortgeschritten war. Bei den Flächenstaaten veränderte sich die regionale Rangfolge im Laufe der Dekade ein wenig. 1950 befanden sich im ersten Drittel Hessen, Nordrhein-Westfalen und Baden-Württemberg. Am Ende des Jahrzehnts belegten Schleswig-Holstein, Baden-Württemberg und Niedersachsen die ersten drei Ränge. Ausnahmslos am Ende der Wohlfahrtsskala standen Bayern und Rheinland-Pfalz.

Wie bereits in der Zwischenkriegszeit resultierte das hohe Wohlfahrtsniveau der Städte in erster Linie aus einem hohen Pro-Kopf-Einkommen und einer hohen Schulbeteiligung im sekundären Bildungssektor. Der Bereich „langes Leben" blieb vor allem in Frankfurt/M. und Köln durchgehend hinter den anderen Dimensionen des Lebensstandards zurück. Insgesamt lassen sich signifikante Abweichungen zwischen den einzelnen Komponenten des Lebensstandards erkennen. Schleswig-Holstein und Niedersachsen lagen beim Pro-Kopf-Einkommen in einer ungünstigen Position, verfügten aber über eine überdurchschnittlich hohe Lebenserwartung. Bayern befand sich in allen Bereichen des Lebensstandards im untersten Drittel, wobei es in der ersten Hälfte der fünfziger Jahre in den nicht-ökonomischen Dimensionen noch schlechter abschnitt als nach dem Pro-Kopf-Einkommen. Insgesamt waren Deprivationen in den einzelnen Wohlfahrtsdimensionen auf regionaler Ebene nur bedingt miteinander verwoben. So gab es zwar eine Korrelation zwischen dem Pro-Kopf-Einkommen und der Schulbeteiligung in den Regionen, ein Zusammenhang zwischen der Dimension „langes Leben" und den beiden anderen Bereichen bestand hingegen nicht.[572]

---

[572] Der Rangkorrelationskoeffizient nach Spearman zwischen dem realen Volkseinkommen pro Kopf und der sekundären Schulbesuchsquote betrug 0,775 (1950), 0,302 (1955) und 0,577 (1960). Der Koeffizient zwischen dem Einkommen und der Lebenserwartung bei der Geburt wies folgende Werte auf: 0,271 (1950), 0,243 (1955) und 0,442 (1960). Zwischen der Lebenserwartung und der

Einige Regionen konnten in den fünfziger Jahren ihren Lebensstandard überproportional verbessern und damit auch ihren Platz in der regionalen Rangliste gemäß dem HDI_r. Dazu gehörten z.B. Schleswig-Holstein und West-Berlin (vier Ränge). In manchen Regionen blieb jedoch der Wohlfahrtszuwachs hinter den anderen Gebieten zurück, so dass diese ihre Position verschlechterten, wie NRW (drei Ränge) oder Hessen (fünf Plätze).

Am markantesten war der überdurchschnittliche Anstieg des Lebensstandards zwischen 1950 und 1955 in West-Berlin und in Schleswig-Holstein. Beide konnten große Fortschritte in der sekundären Bildungsbeteiligung realisieren. Zudem konnte Schleswig-Holstein sein Pro-Kopf-Einkommen überproportional erhöhen. NRW nahm 1950 im regionalen Ranking der Flächenländer den zweiten Platz ein. Bis 1960 verschlechterte es sich aber um vier Ränge. NRW besaß die ehedem am meisten industrialisiersten Gebiete Deutschlands und stellte damit eine der wichtigsten Industriezonen der Bundesrepublik dar. Die schwerindustrielle Prägung bescherte NRW in der ersten Hälfte der 1950er Jahre ein hohes Wirtschaftswachstum. In der zweiten Hälfte der 1950er Jahre und insbesondere nach 1960 wurde diese industrielle Struktur zunehmend zum Problem.[573] Die herausragende wirtschaftliche Stellung und die sich zumeist im Mittelfeld befindliche Bildungsbeteiligung sicherten NRW einen hohes Maß an Lebensstandard gemäß dem HDI_r, trotz der sehr niedrigen Lebenserwartung bei der Geburt. Das Land Hessen schnitt im Jahr 1950 in allen elementaren Bereichen des Lebensstandards gut ab. Es verfügte über eine hohe Lebenserwartung bei der Geburt[574] und eine hohe Schulbesuchsquote im sekundären Bildungssektor. Zudem gehörte Hessen zu den am meisten prosperierenden Bundesländern. Allerdings blieben die Zuwächse in den nichtökonomischen Bereichen des Lebensstandards in den fünfziger Jahren relativ zum Bundesdurchschnitt zurück, so dass sich Hessen im regionalen Ranking zwischen 1950 und 1960 deutlich verschlechterte. Baden-Württemberg erhöhte seine Wohlfahrt wie die Bundesrepublik insgesamt, wobei wirtschaftliches Wachstum und Fortschritte in der Lebenserwartung überdurchschnittlich waren.

Die in den fünfziger Jahren noch primär agrarisch strukturierten Länder Niedersachsen, Bayern und Rheinland-Pfalz bildeten die Schlusslichter in der regionalen Wohlstandsverteilung. Bayern und Rheinland-Pfalz rangierten zumeist in allen drei Dimensionen des Lebensstandards im unteren Drittel.

Das regionale Ranking der Städte ähnelte im Jahr 1950 demjenigen der Zwischenkriegszeit. Frankfurt am Main stand an der Spitze der Wohlfahrtsskala, gefolgt von den Hansestädten, München und Köln. Die Hansestädte büßten allerdings bis 1960 ihre führende Position zugunsten Münchens und Kölns ein.

Bildungsbeteiligung ergaben sich nachstehende Korrelationskoeffizienten: 0,066 (1950), 0,298 (1955) und 0,288 (1960).

573 Vgl. Petzina 1994, S. 106.

574 Die Überlebenschancen waren in den hessischen Gebieten traditionell hoch (siehe Kap. 3.3.1.4).

Insgesamt stieg das Wohlfahrtsniveau in allen ausgewählten Regionen zwischen 1950 und 1960 durchgängig (vgl. 3-54). In keinem Gebiet kam es zu einem Rückschritt. Die Wohlfahrtserhöhung ergab sich in allen Regionen in erster Linie durch das dynamische Wirtschaftswachstum. In einem beträchtlichen Maße steuerte auch die Ausweitung der sekundären Schulbesuchsquoten dazu bei. Den geringsten Beitrag leistete die Erhöhung der Lebenserwartung bei der Geburt. Im Gegensatz zum Wirtschaftsaufschwung im „Dritten Reich" ging in den 1950er Jahren das Wirtschaftswachstum mit bedeutenden Verbesserungen der nicht-ökonomischen Komponenten einher.[575]

Ein Vergleich der Perioden 1925-39 und 1950-60 zeigt, dass der Lebensstandard gemäß dem HDI_r durchgängig in allen ausgewählten Gebieten anstieg (vgl. Tab. 3-72). Einzige Ausnahme bildete West-Berlin, das aufgrund seiner besonderen Situation 1950 einen niedrigeren Lebensstandard aufwies als Gesamtberlin vor dem Krieg.[576] Die Fortschritte gemäß dem HDI_r waren in allen betrachteten Gebieten in den fünfziger Jahren am höchsten. Ursächlich dafür waren die höheren Zuwächse in den Komponenten Einkommen und Bildung. In der Dimension „langes Leben" waren die Unterschiede gering und tendenziell niedriger als in der zweiten Hälfte der zwanziger und in den frühen dreißiger Jahren. Im Vergleich zu den 1950er Jahren zeigt sich erneut die ungünstige Entwicklung in den nicht-ökonomischen Bereichen des Lebensstandards in der Vorkriegszeit des NS-Regimes. Die umgekehrte Situation war in der Weimarer Republik (1925-33) der Fall. Aus dem Wirtschaftswachstum und dem gleichgerichteten Verlauf der einzelnen Wohlfahrtskomponenten in den fünfziger Jahren resultierten die im intertemporalen Vergleich überdurchschnittlichen Zuwächse des Lebensstandards.

Interessant ist eine genauere Betrachtung der Entwicklung Bayerns. Bayern gilt als ein sich spät industrialisierendes Land, dessen Aufholprozess nach dem Ersten Weltkrieg begann. In den fünfziger und vor allem sechziger Jahren erreichte dieser ein außerordentlich hohes Tempo.[577] Die Entwicklung des HDI_r zeigt, dass sich der Lebensstandard in Bayern im Vergleich zu den anderen Flächenstaaten in jeder der betrachteten Perioden überdurchschnittlich erhöhte. Zudem lässt sich erkennen, dass Bayern im Laufe der Zeit seine Zuwächse steigern konnte. In den fünfziger Jahren lagen die Fortschritte in allen Bereichen des Lebensstandards deutlich über denen der meisten anderen Länder.

3.4.2.2 *DDI_r*

Die Städte hatten auch gemäß dem DDI_r das höchste Wohlfahrtsniveau (vgl. Tab. 3-60). Innerhalb der Städte waren die Lebensbedingungen in Frankfurt/M. bzw. München, gefolgt von Köln, am besten. Im Vergleich zur Zwischenkriegzeit hatte sich das Wohl-

---

[575] Lediglich in den Städten kam es in der zweiten Hälfte der 1950er Jahre in Einzelfällen zu einer leicht rückläufigen Schulbesuchsquote in höheren und mittleren Schulen.

[576] Vgl. Tab. 3-19 und 3-53.

[577] Vgl. hierzu exemplarisch Schlemmer 1997, S. 104.

fahrtsniveau in München bedeutend verbessert, so dass sich München zu einer der führenden Großstädte entwickelte. In West-Berlin war jedoch der Lebensstandard im Vergleich zum Berlin der zwanziger und dreißiger Jahre deutlich gesunken. Gemäß dem DDI_r lag West-Berlin in den fünfziger Jahren in der unteren Hälfte des regionalen Rankings. Im Jahr 1950 hatte es sogar das geringste Wohlfahrtsniveau aller betrachteten Gebiete.

Das regionale Wohlfahrtsgepräge der Flächenstaaten sah im Großen und Ganzen folgendermaßen aus: Die Bewohner Hessens, Schleswig-Holsteins, Nordrhein-Westfalens und Baden-Württembergs erfreuten sich zumeist eines überdurchschnittlichen Lebensstandards. Das Niveau in Niedersachsen bewegte sich in etwa auf der Höhe des Bundesdurchschnitts. Die Schlußlichter bildeten Bayern und Rheinland-Pfalz. Trotz der relativ stabilen regionalen Verteilung, gab es einige bedeutende Veränderungstendenzen (vgl. Tab. 3-60). Schleswig-Holstein konnte seine Wohlfahrt durchgehend überdurchschnittlich (v.a. 1950-1955) erhöhen und verbesserte dadurch seinen Rang um sechs Positionen. Es verfügte am Ende der Dekade auch gemäß dem DDI_r über die besten Lebensbedingungen aller Flächenstaaten. Die Gründe für diesen Aufstieg liegen in der überdurchschnittlichen Ausweitung der sekundären Bildungsbeteiligung und der wirtschaftlichen Erholung (vgl. v.a. Tab. 3-63).

Schleswig-Holstein schnitt in der Dimension Zugang zu Ressourcen im regionalen Vergleich äußerst schlecht ab. Allerdings verfügte es traditionell über gute gesundheitliche Verhältnisse.[578] Ein weiterer Aufsteiger war West-Berlin, das sich von den Belastungen des Zweiten Weltkriegs im Laufe der fünfziger Jahre etwas erholte und durchgängig in allen Bereichen hohe Zuwächse verzeichnen konnte, ohne jedoch an die Vorkriegszeit anknüpfen zu können (vgl. v.a. Tab. 3-63). Im Gegensatz dazu gehörte NRW auch gemäß dem DDI_r zu den relativen „Verlierern". Seine Wohlfahrt wuchs in beiden Jahrfünften nur unterdurchschnittlich und verlor relativ zu den anderen Regionen, insbesondere in der zweiten Hälfte der 1950er Jahre. Innerhalb von zehn Jahren verschlechterte es seine Rangposition um vier Plätze. Im gesundheitlichen Bereich konnte NRW von einem niedrigen Niveau aus seine Wohlfahrt überdurchschnittlich erhöhen. In den anderen Dimensionen blieben aber die Zuwächse hinter dem Bundesdurchschnitt zurück.[579] Interessant ist, dass sich die Lebensbedingungen in NRW bereits in den „‚goldenen' fünfziger Jahren"[580] weniger stark verbesserten als in anderen Regionen. Die eigentliche wirtschaftliche Krise dieses Bundeslandes setzte erst am Ende des Betrachtungszeitraumes ein.

Innerhalb der Regionen waren vor allem zu Beginn der 1950er Jahre bedeutende Abweichungen zwischen den einzelnen Wohlfahrtsdimensionen zu beobachten. Tabel-

---

578 Siehe die hohe Lebenserwartung Schleswig-Holsteins im Jahr 1925 in Tab. 3-16.

579 Dabei ist zu bedenken, dass die vergleichsweise niedrigen Zuwächse vor allem im Bereich Zugang zu Ressourcen an der günstigen Ausgangslage NRWs zu Beginn der 1950er Jahre lagen.

580 Petzina 1990, S. 506.

len 3-55 bis 3-57 illustrieren die Indizes des DDI_r und deren regionale Rangfolgen für die ausgewählten Gebiete in den Jahren 1950, 1955 und 1960. Aus den Tabellen werden die Unterschiede in der Position der einzelnen Indizes im interregionalen Vergleich deutlich. Frankfurt/M., Köln und München verfügten beispielsweise 1950 über einen weit höheren Lebensstandard in den Dimensionen Bildung und Zugang zu Ressourcen als im Bereich Gesundheit. Auf die Differenzen zwischen den einzelnen Wohlfahrtsbereichen in Schleswig-Holstein und in NRW wurde bereits verwiesen. Insgesamt verfügte kaum eine Region in den einzelnen Stichjahren über ein durchgehend hohes bzw. niedriges Wohlfahrtsniveau in allen Dimensionen. Die Rangkorrelationskoeffizienten zeigen, dass im Jahr 1950 zwischen dem DDI_r und dem Einkommens- und Bildungsindex eine statistisch signifikante Korrelation bestand (vgl. Tab. 3-58). Ein Zusammenhang mit der Komponente Gesundheit und deren Einzelindikatoren existierte jedoch nicht. Bis zum Ende der Dekade waren aber auch die meisten Gesundheitsindikatoren mit dem Gesamtindex statistisch signifikant korreliert, so dass in den Regionen vermehrt gute wirtschaftliche und gesundheitliche Verhältnisse sowie eine hohe Bildungsbeteiligung miteinander einhergingen (vgl. Tab. 3-59). Die niedrigen Korrelationskoeffizienten zu Beginn der Bundesrepublik, vor allem im Vergleich zu 1939, könnten neben der veränderten regionalen Zusammensetzung und Aggregationsebene, durch Kriegsfolgen und Verschiebungen in der Zusammensetzung der jeweiligen Bevölkerungen in den einzelnen Regionen bedingt sein.

In allen Regionen verbesserten sich die Lebensbedingungen durchgehend in den 1950er Jahren (vgl. Tab. 3-64). In nahezu allen Untersuchungseinheiten gingen die Fortschritte auf das Konto des Wirtschaftsaufschwunges und der damit verbundenen Reduktion der Arbeitslosigkeit (vgl. Tab. 3-63). Einen substantiellen Beitrag leistete auch die Ausweitung der sekundären Bildungsbeteiligung. Die Entwicklung im Gesundheitsbereich blieb in allen Regionen hinter den anderen Wohlfahrtsdimensionen zurück (außer in Frankfurt/M.). West-Berlin und die stärker agrarisch geprägten Bundesländer, nämlich Schleswig-Holstein, Niedersachsen und Bayern (mit München), konnten ihre Lebensbedingungen in den fünfziger Jahren am stärksten verbessern.

Insgesamt nahm die regionale Ungleichheit des Lebensstandards in den 1950er Jahren leicht ab. Die Spannweite zwischen Frankfurt/M. bzw. München, als Orte mit dem höchsten Wohlfahrtsniveau gemäß dem DDI_r, und West-Berlin (1950), Bayern (1955) bzw. Rheinland-Pfalz (1960) mit dem niedrigsten Niveau, sank von 0,113 im Jahr 1950 auf 0,080 im Stichjahr 1955. Sie lag bei 0,075 im Jahr 1960. Die Wohlfahrtsdifferenzen waren vor allem bestimmt durch Unterschiede in der Bildungsbeteiligung und in der wirtschaftlichen Lage.[581]

---

581 Die Spannweiten in der Dimension Bildung wiesen folgende Werte auf: 0,210 (1950), 0,203 (1955) und 0,138 (1960). Sie lagen in der Komponente Zugang zu Ressourcen bei 0,170 im Jahr 1950, 0,104 im Jahr 1955 und 0,085 am Ende der Dekade. Die Spannweiten in der Dimension Gesundheit betrugen 0,056 (1950), 0,047 (1955) und 0,029 (1960).

Vergleicht man, soweit möglich, die bundesrepublikanische Wohlfahrtsentwicklung in den fünfziger Jahren gemäß dem DDI_r mit der Zwischenkriegszeit, so ist zunächst festzuhalten, dass der Wert des DDI_r in den ausgewählten Regionen (außer in West-Berlin) bereits 1950 höher war als 1939 (vgl. Tab. 3-73). Allerdings hatten sich die Lebensbedingungen bis 1950 noch nicht so weit wieder erholt, dass alle Lebensstandardinkatoren eine bereits verbesserte Situation anzeigen. Im Bereich Zugang zu Ressourcen befand sich der Lebensstandard in nahezu allen Gebieten (außer in Frankfurt/M.) aufgrund des teilweise noch geringeren Pro-Kopf-Einkommens und der höheren Arbeitslosigkeit unter dem Niveau von 1939. Bei der Dimension Bildung konnte die Mehrzahl der Regionen an den Vorkriegsstand anknüpfen und diesen zum Teil sogar deutlich übertreffen. Insgesamt wies die Bevölkerung der jeweiligen Regionen 1950 einen verbesserten Gesundheitszustand gegenüber 1939 gemäß dem Gesamtindex Gesundheit des DDI_r auf. Außer bei der Säuglingssterblichkeit und der Rate der Tuberkuloseneuerkrankungen, die in einigen Regionen noch höher waren als vor dem Krieg, deuteten die gesundheitlichen Kennziffern auf eine bereits erheblich verbesserte Situation hin.[582] Die Fortschritte bei der ferneren Lebenserwartung ab dem fünften Lebensjahr sowie der Kinder- und Müttersterblichkeit waren durchaus beeindruckend. Insgesamt deuten die Ergebnisse darauf hin, dass sich 1950 die Wohlfahrt in den nicht-ökonomischen Bereichen in den meisten Regionen bereits über dem Niveau von 1939 befand, während sich die materiellen Lebensbedingungen noch durchaus schwierig gestalteten.

Wie oben dargestellt, erhöhte sich die Wohlfahrt gemäß dem DDI_r in den 1950er Jahren beachtlich. Die Zunahme während dieses Zeitraumes gemäß dem DDI_r übertraf diejenige der Zwischenkriegszeit (1925-1933). Diesen Befund legen auch die anderen Wohlfahrtsmaße (HDI und Pro-Kopf-Einkommen) nahe. Allerdings fällt auf, dass die Zunahme des DDI_r zwischen 1950 und 1960 leicht hinter den Zuwächsen zwischen 1933 und 1939 zurückblieb. Ähnlich hohe Fortschritte wie in der NS-Zeit wurden nur in der ersten Hälfte der fünfziger Jahre erreicht. Dies liegt daran, dass sich der Lebensstandard in der Dimension Zugang zu Ressourcen durch die Reduktion der außerordentlich hohen Arbeitslosigkeit zwischen 1933 und 1939 sehr stark erhöhte und die Zunahmen in diesem Bereich in den fünfziger Jahren bei Weitem überstieg. Der Lebensstandard in den nicht-ökonomischen Bereichen verbesserte sich in den meisten Regionen in den fünfziger Jahren stärker als in der Vorkriegszeit des „Dritten Reichs". Die überdurchschnittliche Wohlfahrtssteigerung zwischen 1933 und 1939 war somit in erster Linie das Resultat der Reduktion der extrem hohen Arbeitslosigkeit. Bei einer etwas geringeren Gewichtung der Arbeitslosenrate sinken die Wohlfahrtsgewinne dieses Zeitraumes in den meisten Regionen unter die Werte der fünfziger Jahre.[583] Dieser

---

[582] Vgl. Tab. 3-10 bis 3-15 und Tab. 3-44 bis 3-48.

[583] Bei einer Erhöhung der Spannweite zur Berechnung des Index der Arbeitslosigkeit von 100 auf 300 ergeben sich folgende Zuwächse des DDI_r pro Jahr in den Perioden 1933-39 bzw. 1950-60: 0,007 bzw. 0,11 (Berlin-West), 0,005 bzw. 0,005 (Frankfurt/M.), 0,003 bzw. 0,008 (Köln), 0,003

längerfristige Vergleich für einige wenige Gebiete verdeutlicht noch einmal die eindrucksvollen Fortschritte des Lebensstandards in der Dimension Gesundheit zwischen 1925 und 1933. Die Lebenserwartung bei der Geburt erfuhr während dieses Zeitraumes in nahezu allen Regionen ihre stärkste Erhöhung. Das gleiche zeigen der Gesamtindex Gesundheit und die meisten Einzelindizes (außer die Müttersterblichkeit und die Tuberkulosemorbidität).

3.4.2.3 Vergleich der Wohlfahrtsmaße

Trotz des starken Zusammenhangs zwischen den Gesamtindizes (HDI_r und DDI_r) und dem Einkommensmaß[584], ergibt sich auch in der Bundesrepublik die Notwendigkeit, neben dem Einkommen andere Wohlfahrtsindikatoren zu berücksichtigen, wie aus Tabelle 3-65 eindrücklich hervorgeht. Die Tabelle dokumentiert den Wechsel der Rangfolge im regionalen Ranking, wenn anstatt des HDI_r oder DDI_r das BIP/Kopf als Wohlfahrtsmaß verwendet wird. Wie bereits in der Zwischenkriegszeit nimmt die Mehrheit der Regionen gemäß den Development Indizes eine andere Rangposition als nach dem Pro-Kopf-Einkommen ein.[585] Im Folgenden sollen zwei Beispiele genügen, nämlich Schleswig-Holstein und NRW. Außer zu Beginn des Untersuchungszeitraumes erreicht Schleswig-Holstein eine um mindestens fünf Ränge bessere Position in der regionalen Verteilung gemäß den Development Indizes als nach dem Pro-Kopf-Einkommen. Dies liegt an der bereits erwähnten, traditionell niedrigen Sterblichkeit sowie der guten, sich verbessernden Bildungssituation. Die Einkommens- und Beschäftigungsmöglichkeiten waren hingegen aufgrund der ländlichen Strukturen unvorteilhaft. Diametral anders stellt sich die Situation NRWs dar. NRW verfügte zumeist über das höchste Pro-Kopf-Einkommen (abgesehen von urbanen Zentren). Die gesundheitliche Lage war hingegen äußerst ungünstig, was in NRW in Zusammenhang mit den wirtschaftlichen Aktivitäten stehen mag, insbesondere dem Bergbau und dessen gesundheitsschädlichen Einflüssen. Zudem blieb NRW in der Dynamik der Bildungsausweitung zurück. Insgesamt steht es aufgrund der ungünstigen Situation in den nicht-ökonomischen Bereichen des Lebensstandards gemäß den Development Indizes schlechter da als bei Verwendung des BIP je Einwohner als Wohlfahrtsmaß. Bemerkenswert ist, dass sich diese Diskrepanz zwischen den beiden Wohlfahrtsmaßen im Laufe der Zeit verstärkt, d.h. dass in den fünfziger Jahren die Entwicklung der nicht-ökonomischen Wohlfahrtsdimensionen hinter der Einkommenszunahme zurückbleibt. Zu fragen ist weiterhin, inwieweit solche Abweichun-

---

bzw. 0,009 (München), 0,008 bzw. 0,007 (Hamburg), 0,008 bzw. 0,006 (Bremen), 0,005 bzw. 0,006 (Hessen) und 0,006 bzw. 0,008 (Bayern).

584 Die Rangkorrelationskoeffizienten zwischen HDI_r bzw. DDI_r und dem realen Pro-Kopf-Einkommen betrugen 0, 897 bzw. 0,834 (1950), 0,648 bzw. 0,742 (1955) und 0,814 bzw. 0,748 (1960).

585 Ein negatives Vorzeichen signalisiert einen besseren Rang gemäß den Development Indizes als nach dem entsprechenden Pro-Kopf-Einkommen in der jeweiligen Untersuchungseinheit.

gen zwischen diesen beiden Maßen im Falle Schleswig-Holsteins unterstützt wurden, z.B. durch regionale Förderprogramme, die Ländern mit geringerer Wirtschaftskraft mehr öffentliche Güter bereitzustellen gestattete als dies nach der eigenen wirtschaftlichen Leistungsfähigkeit möglich gewesen wäre. NRW zahlte, aufgrund seines hohen Sozialprodukts, in der Periode 1949 bis 1960 mit 3,2 Mrd. DM den größten Teil in den Finanzausgleich der Länder.[586] Tatsächlich war Schleswig-Holstein aufgrund der über dem Bundesdurchschnitt liegenden Fürsorgeleistungen, insbesondere durch die hohe Rate von Langzeit-Arbeitslosen, und das unterdurchschnittliche Steueraufkommen auf finanzielle Transferleistungen angewiesen.[587]

Vergleicht man die Ergebnisse der beiden Development Indizes HDI_r und DDI_r, dann ergibt sich, dass die beiden Gesamtindizes in einigen Regionen (z.B. West-Berlin) zu unterschiedlichen Bewertungen des regionalen Wohlfahrtsgepräges kommen (siehe Tabelle 3-66). Gemäß dem HDI_r würde West-Berlin um ein bis vier Plätze besser abschneiden als nach dem DDI_r (vgl. hierzu Tabelle 3-66, Sp. 2-4). Dies hat seinen Grund in der durchgehend überdurchschnittlich hohen Arbeitslosigkeit in West-Berlin. Auch in den meisten anderen Regionen ist das stärkere Auseinanderfallen der regionalen Rangordnungen zwischen diesen beiden Maßen durch die Berücksichtigung der Arbeitslosigkeit im DDI_r verursacht. Das reale Pro-Kopf-Einkommen spiegelt somit nur bedingt eine hohe Arbeitslosenrate in einer Region wider. Diesen Befund bestätigt Tabelle 3-66, Spalten 5-7. Die Tabelle führt die Unterschiede in der Rangordnung zwischen DDI_r und HDI_r vor, wenn der DDI_r ohne die Arbeitslosigkeit berechnet wird. Kaum eine Region muss nunmehr einen Wechsel um mehr als einen Platz hinnehmen. Damit zeigt sich, wie schon in der Zwischenkriegszeit, dass sich das regionale Wohlfahrtsgepräge kaum verändert, wenn ein Gesamtindex Gesundheit (unter der Berücksichtigung differenzierter Sterblichkeitsindizes und auch der Tuberkulosemorbidität) oder die Lebenserwartung bei der Geburt als alleiniger Indikator verwendet werden. Die Lebenserwartung bei der Geburt scheint damit auch in den fünfziger Jahren die Unterschiede in der Dimension Gesundheit gut widerzuspiegeln.

Tabelle 3-67 vergleicht die absolute Zunahme von DDI_r und HDI_r in den jeweiligen Teilperioden in der Bundesrepublik. Generell war die Wohlfahrtsentwicklung in den 1950er Jahren durchweg positiv, gleich welches Wohlfahrtsmaß verwendet wird. Dies gilt sowohl auf gesamtstaatlicher Ebene wie für die ausgewählten Gebiete. Der HDI_r signalisiert eine etwas höhere Zunahme des Lebensstandards in der Bundesrepublik wie in der Mehrzahl der Regionen als der DDI_r.[588] Lediglich in den Ländern West-Berlin,

---

586 Brunn und Reulecke 1996, S. 84.

587 Lange 1982, S.652.

588 Ursächlich ist dabei, dass die Reduktion der Arbeitslosigkeit (mit Ausnahme der Länder mit sehr hohen Raten zu Beginn der fünfziger Jahre) keine so hohen Wohlfahrtszuwächse produziert wie der Anstieg des Pro-Kopf-Einkommens. Weil Einkommen und Arbeitslosigkeit zusammen in die Dimension „Zugang zu Ressourcen" eingehen, vermindern sich die erzielten Fortschritte in diesem Bereich wie auch im Gesamtindex. Aus diesem Grunde liegen die Zuwächse in der Dimen-

Bremen, Schleswig-Holstein und Niedersachsen, die Anfang der 1950er Jahre mit extrem hohen Arbeitslosenquoten zu kämpfen hatten und dadurch hohe Wohlfahrtsgewinne durch deren Reduktion realisierten, übersteigen die Fortschritte des DDI_r diejenigen des HDI_r. Die Wohlfahrtssteigerungen in der Komponente Gesundheit sind im DDI_r wie schon in der Zwischenkriegszeit tendenziell höher als im HDI_r. Die Veränderungen im Bildungsbereich unterscheiden sich zwischen den beiden Indizes nicht. Die geringeren Zuwächse des DDI_r im Vergleich zum HDI_r resultieren allein aus der Berücksichtigung der Arbeitslosigkeit.

3.4.3 Der Einfluss von Gewichtungen auf die Ergebnisse

Aufgrund der Abhängigkeit der Development Indizes von den impliziten Gewichten der Indikatoren werden im Folgenden diese Einflüsse erneut herausgearbeitet.

Ein bereits mehrfach durchgeführter Test ist die Auswahl der Minimal- und Maximalwerte anhand des Erfahrungshorizontes der Zeitgenossen.[589] Anstatt der bisher gebräuchlichen Grenzwerte (siehe Tab. 3-1 und 3-2) wurden die besten bzw. schlechtesten Werte als Ober- und Untergrenzen gesetzt. Der Einfluss dieser Gewichtungsvariation auf die regionale Wohlfahrtsverteilung in der Bundesrepublik ist in Tabelle 3-68 (Spalten 2 bis 7) für die beiden Development Indizes veranschaulicht. Es zeigt sich, dass es zu mehreren Umstellungen der Rangfolgen kommt. Die Ursache liegt in der geringen regionalen Ungleichheit einzelner Indikatoren in der Bundesrepublik. Dies lässt sich exemplarisch für den HDI_r für das Jahr 1950 darlegen. In diesem Jahr betrug der Unterschied zwischen der höchsten und niedrigsten Lebenserwartung bei der Geburt zwischen den Regionen nur drei Jahre, während im universalen HDI (wie auch im HDI_r) eine Spannweite von 60 Jahren angesetzt wird. Durch die Verringerung dieser Differenz erhält die Höhe der Lebenserwartung im Gesamtindex ein stärkeres Gewicht und wird zum bestimmenden Faktor der regionalen Rangordnung. Schleswig-Holstein und Niedersachsen beispielsweise würden, aufgrund der stärkeren Gewichtung ihrer hohen Lebenserwartung, ihre Position um drei bzw. zwei Plätze verbessern. NRW verlöre andererseits, da nun die vergleichsweise niedrige Lebenserwartung in diesem Bundesland ein höheres Gewicht erhält. Weil einzelne Indikatoren die Gesamtindizes in extremer Weise dominieren würden, empfiehlt sich die Ableitung der Grenzwerte zur Konstruktion der Development Indizes aus den regionalen Unterschieden der Indikatoren in der Bundesrepublik nicht.

Aus diesem Grunde erscheint eine systematische Überprüfung notwendig. Tabelle 3-68 gibt einen Überblick über die Verschiebungen der regionalen Rangfolgen gemäß den

---

sion „Zugang zu Ressourcen“ des DDI_r in den meisten Ländern mit geringen Wohlfahrtsgewinnen aus dem Rückgang der Arbeitslosigkeit unter den Werten der Einkommenskomponente des HDI_r.

589 Ausführlicher in Kap. 3.3.3.

beiden Gesamtindizes bei einer Verdoppelung der Gewichtung der Komponente Bildung bzw. Gesundheit. Insgesamt lässt sich festhalten, dass keine fundamentale Veränderung der regionalen Wohlfahrtshierarchie eintritt. In den Spalten 8-10 und 14-16 dieser Tabelle fällt jedoch die nahezu durchgängige Verschlechterung der Positionen Hamburgs und Baden-Württembergs bei einer erhöhten Gewichtung der Bildungskomponente auf. Es zeigt sich, dass in diesen beiden Regionen die sekundäre Bildungsbeteiligung relativ zu den anderen Lebensstandardbereichen unterentwickelt war. In West-Berlin andererseits war die Schulbesuchsquote in den mittleren und höheren Schulen vor allem im Vergleich zur wirtschaftlichen Situation günstig, weshalb sich für West-Berlin bei einer stärkeren Gewichtung des Bildungsbereichs eine deutliche Positionsverbesserung ergeben würde (siehe Spalten 14 bis 16).

Da auch die Variabilität eines Indikators den Verlauf von HDI_r und DDI_r beeinflusst, gibt Tabelle 3-70 die Standardabweichungen der Development Indizes an. In den meisten Regionen war die Variabilität des Bildungsindexes geringer als die des Einkommens. Die Standardabweichung der Lebenserwartung lag zumeist unter der der beiden anderen Dimensionen. Ähnlich verhält es sich mit den drei Bereichen des DDI_r. Die Komponente „Zugang zu Ressourcen" verfügte zumeist über die höchste Standardabweichung, gefolgt von den Bereichen Bildung und Gesundheit. Die Unterschiede in der Variabilität zwischen den Dimensionen „Zugang zu Ressourcen" und Bildung waren in den meisten Bundesländern und in West-Berlin gering. Dies zeigt auch der Vergleich der absoluten Veränderungen des DDI_r mit denen eines DDI, dem eine erhöhte Gewichtung der Komponente Bildung zugrunde liegt (vgl. Aufstellung 3-69, Spalten 5 und 6). Die Zuwächse des Lebensstandards gemäß der beiden DDI_r unterschieden sich für die Bundesrepublik, die Bundesländer und West-Berlin kaum. In den anderen Städten impliziert eine erhöhte Bedeutung des Bildungsindexes etwas geringere Fortschritte, da in diesen Gebieten die Ausweitung der Bildungsbeteiligung hinter der wirtschaftlichen Komponente etwas zurücklag. Bei einem verstärkten Einfluss des Faktors Gesundheit wären die Zuwächse in nahezu allen Regionen etwas niedriger, ohne jedoch eine stark verlangsamte Wohlfahrtsentwicklung zur Folge zu haben. Ähnlich sehen die Ergebnisse eines Vergleichs der absoluten Zunahme des Lebensstandards gemäß dem HDI_r mit dessen Veränderungen bei einer erhöhten Bedeutung der nicht-ökonomischen Komponenten aus.[590]

Bilanzierend lässt sich für die regional differenzierte Untersuchung des Lebensstandards der Bundesrepublik in den fünfziger Jahren, wie schon für die Betrachtung der Zwischenkriegszeit, festhalten, dass die Development Indizes auf geringfügige Gewichtungsvariationen relativ robust reagieren. Die Analyse des Einflusses der verschiedenen

---

[590] Die Unterschiede zwischen den Zuwächsen gemäß der HDI_r (mit und ohne einer angehobenen Betonung des Bildungsindexes) sind geringfügig und nur in den Städten (außer Berlin-West) etwas höher. Eine stärkere Akzentuierung des Gesundheitsindexes impliziert etwas geringere Fortschritte des Lebensstandards.

Lebensstandardbereiche auf den Gesamtindex wirft Licht auf jene Regionen, in denen bestimmte Dimensionen hinter den anderen zurückblieben, wie dies z.B. in Bezug auf die Bildungsausweitung in Baden-Württemberg, Hessen und auch den meisten Städten der Fall gewesen war.

3.4.4 Der Einfluss regional unterschiedlicher Lebenshaltungskosten

Auch in der Bundesrepublik liefert die amtliche Statistik keine ausreichenden Informationen über das regionale Preisniveau, um der unterschiedlichen realen Kaufkraft in den Gebieten nachgehen zu können. Eine Erhebung aus dem Jahre 1950 zeigt, dass die Preisunterschiede zwischen den einzelnen Bundesländern nicht sehr ausgeprägt waren. Zwischen dem höchsten Preisniveau in Bremen und dem niedrigsten Preisniveau in Niedersachsen lagen fünf Prozentpunkte.[591] Vergleicht man die regionale Preisabstufung mit dem nominalen Unterschied im Pro-Kopf-Einkommen, dann zeigt sich, dass das Preisgefälle tendenziell dem Einkommensgefälle entgegenwirkte, da das Preisniveau zumeist in denjenigen Gebieten über dem Durchschnitt lag, in denen auch das Einkommen überdurchschnittlich hoch war. Allerdings gab es keine vollständige Übereinstimmung. Das Pro-Kopf-Einkommen in Rheinland-Pfalz befand sich beispielsweise unter dem Bundesdurchschnitt, das Preisniveau jedoch leicht darüber.

Insgesamt ist davon auszugehen, dass auch in der Bundesrepublik das Preisgefälle dem nominalen Einkommensgefälle etwas entgegenwirkte, dieses jedoch nicht vollständig ausglich. Insbesondere für die Städte untereinander könnte sich durch ein unterschiedliches Preisniveau (vor allem auch bei Berücksichtigung des örtlichen Mietniveaus) eine veränderte Reihenfolge in der realen Kaufkraft ergeben.

Betrachtet man die Unterschiede in der Entwicklung des Preisniveaus anhand regional differenzierter Preisindizes der Lebenshaltung, lassen sich keine allzu großen Unterschiede feststellen (vgl. Tab. 3-71). Die Spannweiten betrugen 6,5% (1950) und 6,1% (1955) für die Regionen, für die ein separater Preisindex der Lebenshaltungskosten vorliegt. Für das Jahr 1961 war die Differenz mit 7,9 höher als in den vorhergehenden Stichjahren, wobei allerdings die geringe Anzahl der Regionen zu berücksichtigen ist. Einige Landesämter wie z.B. Bremen veröffentlichten ab 1960 keinen eigenen Preisindex der Lebenshaltung mehr, weil sie von nur geringfügigen Abweichungen zum Bun-

[591] Die Preisabstufung zwischen den Ländern des Bundesgebietes im Juni 1950 (i.H. des Preisstandes des Bundesgebietes) sah folgendermaßen aus: Schleswig-Holstein keine Angabe; Hamburg 101,4; Niedersachsen 98,7; Nordrhein-Westfalen 100; Bremen 103,4; Hessen 101; Württemberg-Baden 100,9; Bayern 99,9; Baden 102,6; Württemberg-Hohenzollern 102,4; Rheinland-Pfalz. Die Preisabstufung bezieht sich auf Ausgaben für Ernährung, Genußmittel, Heizung und Beleuchtung, Bekleidung und Instandhaltung, Reinigung und Körperpflege, Bildung und Unterhaltung, Hausrat, Verkehr. Das regional unterschiedliche Mietniveau wurde nicht berücksichtigt, nach: BAK B 102 /4004 Stellungnahme zu der Drucksache Nr. 1384 des Bundestages betr. Preissteigerungen.

desdurchschnitt ausgingen.[592] Bei einer stärkeren Differenzierung der regionalen Einheiten, wie Regierungsbezirken und Kreisen, würde sich sicherlich eine größere Bandbreite in der Preisentwicklung ergeben als auf der Ebene der Bundesländer, die in der vorliegenden Untersuchung hauptsächlich betrachtet werden.

Insgesamt kann davon ausgegangen werden, dass die „Gesamtindexziffern des Bundesgebietes als weitgehend repräsentativ auch für die Entwicklung in den ausgewählten Gebietsteilen angesehen werden können."[593] Soweit eine Überprüfung des Einflusses regional unterschiedlicher Lebenshaltungskosten möglich war, ergaben sich keine bedeutenden Unterschiede in der Entwicklung der Development Indizes und der daraus abgeleitenden Aussagen über die regionale Entwicklung des Lebensstandards in der Bundesrepublik in den fünfziger Jahren.

3.5 Regionale und nationale Wohlfahrtsindizes im Vergleich

Weil sich die in der Regionalstudie verwendeten Daten und Indikatoren zur Berechnung der Development Indizes teilweise von denen unterscheiden, die in Kapitel 2 zur Beurteilung der nationalen und internationalen Wohlfahrtsentwicklung Anwendung fanden, ist es notwendig die regionalen und nationalen Wohlfahrtsindizes einander gegenüberzustellen. Der Vergleich ist nicht nur angezeigt, um die Ergebnisse abzugleichen, sondern dient auch zur Überprüfung der Sensibilität der Gesamtindizes in Bezug auf Daten- und Indikatorenvariationen. Tabelle 3-72 zeigt die regionalen und nationalen Human Development Indizes sowie deren Veränderungen für die Stichjahre der Regionalstudie. Es wird deutlich, dass die regionalen HDIs wegen der unterschiedlichen Bildungs- und Einkommensindikatoren unter den nationalen Werten liegen. Während der nationale HDI eine größere Wohlfahrtssteigerung zwischen 1925 und 1933 nahelegt, weist der regionale HDI_r einen höheren Zuwachs des Lebensstandards zwischen 1933 und 1939 gegenüber der Vorperiode aus. Diese unterschiedliche Einschätzung der Höhe der Wohlfahrtsgewinne resultiert in erster Linie aus den unterschiedlichen Bildungsindizes im HDI. Der Index des relativen sekundären Schulbesuchs ist ein weniger reagibler Indikator als der Index des relativen Hochschulbesuchs, weshalb der Anstieg sowie auch der Rückgang des Hochschulindikators stärker ausfällt. Dadurch wird zum

---

[592] Vgl. Statistisches Landesamt für Bremen, Statistisches Handbuch für Land Freie Hansestadt Bremen, 1960 bis 1964, S. X.

[593] Wirtschaft und Statistik, 1955, S. 327. Eine Untersuchung für Baden-Württemberg zwischen 1948 und 1959 bestätigt diesen Befund ebenfalls: „Ein Vergleich der Indexreihen für das Land Baden-Württemberg einerseits und für das Bundesgebiet andererseits (...) lässt erkennen, dass hinsichtlich der Entwicklung der Preise von 1950 an keine ins Gewicht fallenden Unterschiede bestehen." (Oelrich 1960, S. 128).

einem die Verminderung des Einkommens in der ersten Periode im nationalen HDI in größerem Umfang kompensiert und zum anderen der Anstieg des Einkommens in der zweiten Periode stärker reduziert als im regionalen HDI. Berechnet man den regionalen HDI für das Deutsche Reich mit dem Index des relativen Hochschulbesuchs, ergibt sich auch gemäß dem regionalen HDI_r ein deutlich höherer Wohlfahrtszuwachs in der Weimarer Republik (1925/26-1932/33). Der immer noch leicht höhere Anstieg des nationalen HDI zwischen 1925 und 1933 resultiert daraus, dass die amtliche Statistik einen stärkeren Konjunktureinbruch zwischen 1926 und 1932 ausweist als die Daten von Maddison nahelegen. Die Daten aus der amtlichen Statistik sind in diesem Fall die realistischere Variante.[594] Die größere Stabilität der Maddison-Daten beruht vermutlich darauf, dass sich diese nur auf das Gebiet der Bundesrepublik beziehen.

Vergleicht man die Entwicklung der beiden Indizes in den fünfziger Jahren, geben sie einen nahezu gleich hohen Wohlfahrtsanstieg im ersten Jahrfünft an. In der zweiten Hälfte der fünfziger Jahre liegt die Erhöhung des regionalen HDI unter der Vorperiode und auch unter derjenigen des nationalen HDI. Der nationale HDI_r erhöht sich wegen des stärkeren Anstiegs des relativen Hochschulbesuchs zwischen 1955 und 1960 genauso stark wie in der Vorperiode. Daraus ergibt sich auch eine etwas höhere Wohlfahrtssteigerung gemäß dem HDI_n in der Zeit zwischen 1950 und 1960. Die Unterschiede zwischen den beiden HDIs resultieren wieder im Wesentlichen aus den verschiedenen Bildungsindikatoren. Die Verwendung der verschiedenen Einkommensschätzungen spielt eine untergeordnete Rolle. Bei einer Ausschaltung des Effekts der unterschiedlichen Berechnung der Bildungskomponente unterscheiden sich die Wohlfahrtsveränderungen der beiden Gesamtindizes kaum voneinander.

Zusammenfassend lässt sich festhalten, dass die Einschätzungen der Lebensstandardentwicklung gemäß den beiden HDIs für die größeren Zeitabschnitte Zwischenkriegszeit und fünfziger Jahre nicht nennenswert voneinander abweichen. Der nationale HDI_r kommt zu einer etwas positiveren Einschätzung als der regionale HDI_r. In den kürzeren Teilperioden sind die Divergenzen etwas höher, was vor allem an den verschiedenen Bildungsindizes liegt, weil sich die relative Bildungsbeteiligung im tertiären und sekundären Bildungssektor zwar gleich gerichtet entwickelt, aber das Ausmaß der Veränderungen sich unterscheidet. Die Verwendung der Schulbesuchsquote im sekundären Bildungssektor unterschätzt die Bildungsexpansion sowohl zwischen 1926 und 1932 als auch in der zweiten Hälfte der fünfziger Jahre. Damit unterschätzt man auch die Wohlfahrtsgewinne in diesen Zeiträumen.

Ein Vergleich des nationalen und regionalen DDI ergibt eine ähnliche Wohlfahrtsentwicklung in den einzelnen Teilperioden des Untersuchungszeitraumes (vgl. Tab. 3-75). Die Einschätzung gemäß nationalem DDI fällt gleichwohl etwas günstiger aus. Die Abnahme des Lebensstandards zwischen 1925 und 1933 ist vor allem wegen des stärke-

[594] Auch die neueren Schätzungen weisen einen höheren Konjunkturrückgang als die Maddison-Daten auf (vgl. Ritschl und Spoerer 1997, Tab. A-2, S. 51ff.).

ren Anstieges der tertiären Bildungsbeteiligung im Vergleich zur sekundären weniger ausgeprägt. Der nachfolgende Aufschwung ist geringfügig stärker. Für die fünfziger Jahre der Bundesrepublik signalisiert der nationale DDI wiederum einen gleichmäßigen Wohlfahrtsanstieg in den beiden Jahrfünften, während der regionale DDI eine günstigere Entwicklung zwischen 1950 und 1955 impliziert. Die Ursache dieser Differenz ist wie schon beim HDI in der Abschwächung der sekundären Bildungsexpansion in der zweiten Hälfte der 1950er Jahre zu suchen. Verwendet man den Hochschulbesuch als Bildungskomponente im DDI_r, dann fällt auf, dass zum einem die Werte von regionalem und nationalem DDI kaum mehr divergieren. Zum anderen existieren keine nennenswerten Differenzen zwischen den Wohlfahrtsveränderungen gemäß den beiden Indizes.

Eine Betrachtung der Veränderungen der einzelnen Komponenten der Development Indizes zeigt, dass erstens die Verwendung der sekundären Schulbesuchsquote als Bildungsindex die Fortschritte in dieser Dimension in der Weimarer Republik (1925-33) und damit auch in der Zwischenkriegszeit unterschätzt. Ebenso werden dadurch für die fünfziger Jahre (v.a. deren zweite Hälfte) zu geringe Zuwächse in der Komponente Bildung ausgewiesen. Zweitens führt die Einbeziehung der Tuberkulosemorbidität zu einer positiveren Beurteilung der Wohlfahrtsentwicklung der Weimarer Republik im Vergleich zur Vorkriegszeit des NS-Regimes. Drittens spielen Datenungenauigkeiten wie im Falle der unterschiedlichen Berechnung der Arbeitslosenrate (Berufszählung im DDI_r und Arbeitsvermittlung im DDI_n) keine dominante Rolle. Die Quelle zur Berechnung des Einkommensindexes sowie die Art der Kaufkraftbereinigung (amtlicher Lebenshaltungskostenindex versus Kaufkraftparitäten) sind zwar bedeutend für die Höhe des DDI_r, auf seine Entwicklung üben sie jedoch keinen sehr starken Einfluss aus. Als wichtigstes Resultat lässt sich festhalten, dass Veränderungen der Indikatoren wie im Falle der Bildung einen nicht zu unterschätzenden Einfluss auf die Implikationen gemäß den Gesamtindizes ausüben. Datenunsicherheiten sind demgegenüber von untergeordneter Bedeutung.

3.6 Zusammenfassung

Die Untersuchung der regionalen Wohlfahrt in der Bundesrepublik anhand der Development Indizes verdeutlicht die Unterschiede zwischen einer reinen Einkommensbetrachtung und einer breiteren Wohlfahrtsmessung. Schleswig-Holstein als „Armenhaus der Republik“[595] erweist sich spätestens ab Mitte der 1950er Jahre als das Bundesland mit dem höchsten Lebensstandard gemäß den Development Indizes. Eine reine Einkommensbetrachtung überschätzt die Wohlfahrt NRWs im interregionalen Vergleich

---

[595] Lanzinner 1996, S. 253.

vor allem wegen der ungünstigen gesundheitlichen Verhältnisse. Zudem blieb der Lebensstandard in den nicht-ökonomischen Bereichen zunehmend hinter den wirtschaftlichen zurück.

Die regionale Ungleichheit der Lebensbedingungen verringerte sich in der Bundesrepublik der fünfziger Jahre. Schleswig-Holstein, Niedersachsen, Rheinland-Pfalz und Bayern waren die Länder, die 1950 das niedrigste Pro-Kopf-Einkommen aufwiesen. Mit Ausnahme von Rheinland-Pfalz verbesserte sich die Wohlfahrt in diesen Bundesländern zwischen 1950 und 1960 überdurchschnittlich, und zwar in nahezu allen Dimensionen.[596] Die starke Erhöhung im Bereich Einkommen bzw. Zugang zu Ressourcen in diesen Ländern ergab sich auch aus der ungünstigen Ausgangslage. Bemerkenswert ist im Falle Bayerns die sehr positive Entwicklung in allen Dimensionen des Lebensstandards. Der Wirtschaftsaufschwung unterstützte vermutlich die Verbesserung der anderen Wohlfahrtsbereiche, die zu Beginn der Dekade im interregionalen Vergleich noch stärker als das Einkommen zurücklagen.

Für die Abnahme der regionalen Ungleichheit der Erwerbsstruktur (und damit im weiteren Sinne auch des Einkommens) in der Bundesrepublik nennen Hartmut Kaelble und Rüdiger Hohls folgende Gründe: Die neuen Wachstumsindustrien (wie chemische Industrie, Maschinenbau, Automobilbau) und –dienstleistungen waren weniger regional konzentriert als die Industrien der „ersten Industrialisierung“. Neue Energieträger und Transportsysteme ermöglichten eine freiere Standortwahl und veränderten damit auch die regionale Verteilung der Arbeit. Darüber hinaus wurden von der wirtschaftlichen Entwicklung nun auch die 1950 noch in hohem Maße agrarisch strukturierten Gebiete erfasst. Außerdem unterstützte der Wandel der Erwerbsarbeit der Frauen, von regional hoch konzentrierten Erwerbszweigen wie der Textilindustrie zu qualifizierten Tätigkeiten insbesondere im Dienstleistungssektor, die Abmilderung der regionalen Disparitäten.[597] Die meisten dieser Faktoren gewannen vor allem gegen Ende der 1950er Jahre an Bedeutung. Neben den wirtschaftlichen Gründen, die seit den 1950er Jahren zu einer Verringerung der regionalen Ungleichheit in der Bundesrepublik beigetragen haben, spielten im Betrachtungszeitraum möglicherweise auch die finanziellen Hilfen über den Finanzausgleich eine Rolle, die Flüchtlings-, Infrastrukturprobleme usw. lösen und eine umfassendere Erhöhung des Lebensstandards fördern sollten.[598] Bayern beispielsweise erhielt bis 1966 12 Mrd. DM Finanzausgleich.[599] Zur Abschätzung der Effekte dieser

---

596 In Schleswig-Holstein und Niedersachsen nahm allerdings der Lebensstandard in der Komponente Gesundheit unter anderem wegen des hohen Ausgangsniveaus nur unterproportional zu.

597 Kaelble und Hohls 1989, S. 346-350

598 In der Bundesrepublik hat die „Einheitlichkeit der Lebensverhältnisse über das Gebiet eines Landes hinaus“ nach Artikel 72 des Grundgesetzes Verfassungsrang. Um dieses Ziel zu erreichen, regelt Artikel 106 den Finanzausgleich zwischen den Bundesländern zur Gewährleistung der „Leistungsfähigkeit auch der steuerschwachen Länder“ (Lanzinner 1996, S.159)

599 Ebd.

politischen Maßnahme auf den Lebensstandard wäre jedoch eine eigenständige Untersuchung erforderlich.

Neben der Verringerung der regionalen Ungleichheit der Lebensbedingungen und den Erfolgen der „schwächeren" Länder wie Bayern bei der Erhöhung des Lebensstandards im Untersuchungszeitraum ist aber auch auf die Konstanz der regionalen Wohlfahrtsunterschiede hinzuweisen. Sowohl in der Zwischenkriegszeit als auch in der ersten Dekade der Bundesrepublik standen die Städte an der Spitze der Wohlfahrtskala. Bayern und insbesondere Niederbayern und die Oberpfalz befanden sich andererseits durchgängig im letzten Drittel, in den meisten Stichjahren sogar an letzter Stelle.[600] Gründe dafür waren nicht nur die geringe Einkommenshöhe, sondern vor allem auch die Defizite im Gesundheits- und Bildungsbereich.

Wie sahen die Fortschritte in den einzelnen Wohlfahrtsdimensionen in den betrachteten Zeitabschnitten aus? Der Einkommensindex spiegelt in den ausgewählten Regionen die bekannten Wachstumsphasen: den ausgeprägten Wirtschaftsaufschwung in der Vorkriegzeit des NS-Regimes, vergleichbar mit dem der Nachkriegszeit. In der Weltwirtschaftskrise war das Pro-Kopf-Einkommen im Vergleich zur Mitte der 1920er Jahre in allen ausgewählten Regionen gesunken. 1950 hatten einige Regionen noch nicht wieder den Vorkriegsstand erreicht. In der Dimension „langes Leben" bestätigt der intertemporale Vergleich den Befund einer unterdurchschnittlichen Verbesserung in der NS-Phase. Der Zuwachs an Lebensjahren war besonders hoch in der Weimarer Republik (1925-1933). Beachtlich ist, dass die Lebenserwartung bei der Geburt in allen untersuchten Gebieten bereits 1950 den Stand von 1939 deutlich überschritt. Auch im weiteren Verlauf der 1950er Jahre waren die Fortschritte beträchtlich, wobei die Zuwächse in der Nachkriegszeit zunehmend geringer wurden. Die Veränderungen der sekundären Schulbesuchsquote in den Teilperioden verdeutlicht noch einmal die Unterbrechung der säkularen Bildungsexpansion in der NS-Phase. Zwar gab es auch in den anderen Phasen Rückschritte, die aber nicht alle ausgewählten Regionen erfassten und meist schwächer ausfielen. Die Ausweitung der sekundären Bildung knüpfte in den 1950er Jahren an die Entwicklung in der Weimarer Republik an. Sie übertraf im ersten Jahrfünft der Bundesrepublik die Zuwächse des Zeitraumes zwischen 1925 und 1933.

Die Fortschritte des Lebensstandards gemäß den Development Indizes fielen in den Regionen in den fünfziger Jahren deutlich höher aus als in der Zwischenkriegszeit. Ursächlich dafür waren die höheren Zuwächse in den Komponenten „Zugang zu Ressourcen" und Bildung. In der Dimension Gesundheit und teilweise auch bei der Lebenserwartung bei der Geburt waren die Fortschritte in der Zwischenkriegszeit, vor allem in der Periode von 1925-1933, höher.

---

[600] Eine Aufschlüsselung Bayerns nach Regierungsbezirken war für die fünfziger Jahre nicht möglich. Untersuchungen zu Bildungs- bzw. Gesundheitsverhältnissen in Deutschland oder Bayern verweisen auf die Rückständigkeit der niederbayerischen und oberpfälzischen Bezirke auch nach 1950 (vgl. Gatzweiler und Stiens 1982, S.41; Lindner 2001, S. 259-270; Müller u.a. 2003, S. 299).

Im Vergleich zu den 1950er Jahren zeigt sich erneut die ungünstige Entwicklung in den nicht-ökonomischen Bereichen des Lebensstandards in der Vorkriegszeit des NS-Regimes bei gleichzeitig starkem Wirtschaftswachstum in allen Regionen. Die überdurchschnittlichen Wohlfahrtssteigerungen zwischen 1933 und 1939 gemäß dem DDI_r sind in erster Linie auf die Reduktion der extrem hohen Arbeitslosigkeit zurückzuführen. Bei einer etwas geringeren Gewichtung der Arbeitslosenrate sinken die Wohlfahrtsgewinne dieses Zeitraumes in den meisten Regionen unter die Werte der fünfziger Jahre.

Insgesamt bestätigt die regional differenzierte Betrachtung des Lebensstandards und seiner Komponenten die gesamtstaatlichen Entwicklungstendenzen. Gemäß dem HDI_r ergibt sich ein nahezu durchgehend positiver Wohlfahrtsverlauf, wobei die stärksten Zuwächse in den fünfziger Jahren in der Bundesrepublik stattfanden. Nach dem DDI_r sank die Wohlfahrt während der Weltwirtschaftskrise und erhöhte sich in der Vorkriegszeit des NS-Regimes massiv. In der Nachkriegszeit kam es ebenfalls zu bedeutenden Wohlfahrtssteigerungen, insbesondere in den fünfziger Jahren. Je weniger Gewicht man den konjunkturell abhängigen Wohlfahrtsindikatoren im DDI beimisst, desto positiver fällt die Wohlfahrtsentwicklung in den meisten Regionen zwischen 1925 und 1933 aus und um so schwächer gestaltet sich der anschließende Anstieg.

4 Wohlfahrtsdifferenzen zwischen den Geschlechtern

Nach der Untersuchung der regional differenzierten Entwicklung rücken nun die Unterschiede des Lebensstandards zwischen den Geschlechtern – auf nationaler und regionaler Ebene – in den Mittelpunkt. Als Messinstrument wird der 1995 von den Vereinten Nationen entwickelte Gender-related Human Development Index (GDI) angewandt, der im nächsten Abschnitt vorgestellt wird. Der GDI erlaubt eine Überprüfung der bisherigen Ergebnisse unter Berücksichtigung der Geschlechterungleichheit. Bevor die Entwicklung des Lebensstandards und dessen regionalen Ausprägungen anhand des GDI diskutiert werden, erfolgt eine Darstellung der geschlechtsspezifischen Unterschiede in den drei Dimensionen des Lebensstandards: Zugang zu Ressourcen, Bildung und Gesundheit. Dabei wird auch auf Diskriminierungen und strukturelle Benachteiligungen von Frauen im Wandel der Zeit eingegangen.

4.1 Konzept und Kritik des Gender-related Development Index (GDI)

Der HDI vernachlässigt die Verteilung der einzelnen Wohlfahrtsdimensionen innerhalb der Gesellschaft. Geschlechtergerechtigkeit ist ein wichtiger Bestandteil menschlicher Wohlfahrt. Die Vereinten Nationen führten deshalb 1995 einen geschlechtsbezogenen Entwicklungsindex (GDI) ein.[601] Der GDI verkörpert einen Spezialfall des HDI. Er misst die Errungenschaften in den gleichen Variablen wie der HDI, berichtigt aber die Werte in jeder Dimension um den Grad der Ungleichheit zwischen Frauen und Männern. Je größer die Unterschiede in den Errungenschaften zwischen den beiden Geschlechtern sind, desto stärker wird der HDI-Wert nach unten angepasst. Geschlechtsspezifische Disparitäten werden dabei, ähnlich wie regionale oder ethnische Differenzen, als eine mögliche Form der sozialen Ungleichheit in einer Gesellschaft

---

[601] HDR 1995.

betrachtet.[602] Es wird unterstellt, dass Individuen sozialen Ungleichheiten grundsätzlich ablehnend gegenüberstehen, weshalb Unterschiede des Lebensstandards zwischen Männern und Frauen nicht nur die Benachteiligten selbst betreffen, sondern die Wohlfahrt der gesamten Gesellschaft reduzieren.[603]

Die Berechnung des GDI erfolgt in drei Schritten.[604] Zunächst werden die standardisierten Skalenwerte in den drei Dimensionen des Lebensstandards ähnlich wie beim HDI für Männer und Frauen getrennt ermittelt.[605] Minimal- und Maximalwerte in den Bereichen Bildung und Zugang zu Ressourcen gelten für beide Geschlechter und entsprechen denen des HDI, weil sich Männer und Frauen in ihren „Potentialen" nicht unterscheiden.[606] Bei der Lebenserwartung weichen hingegen die Potentiale voneinander ab, weil Frauen über eine biologisch begründete höhere Lebenserwartung als Männer verfügen.[607] Aus diesem Grunde unterscheiden sich die jeweiligen Endpunkte zwischen den beiden Geschlechtern.[608]

Die Berechnung geschlechtsspezifischer Einkommensindizes gestaltet sich schwierig.[609] Bei der Messung des Einkommens kann generell zwischen Einkünften und deren Verwendung differenziert werden. Für die geschlechtsbezogene Wohlfahrtsmessung würde man bestmöglich den Konsum und dessen Verteilung innerhalb eines Haushalts verwenden. Vorhandene Einkommensdaten erfüllen jedoch diese hohen Anforderung nicht, weil zumeist nur Informationen über die marktvermittelten Verdienste vorliegen. Das BSP kann interpretiert werden als das aufsummierte Einkommen aller Frauen und Männer, womit sich geschlechtsspezifische Einkommensproxies anhand der Erwerbsbeteilungsquoten und der Lohnverhältnisse von Frauen und Männern schätzen lassen. Zwar ermittelt man damit nicht den unmittelbaren Anteil der Frauen und Männer am Einkommen/Konsum, dennoch wird das Problem der Einkommensasymmetrie zwi-

---

602 Zur Theorie, Interpretation und Konstruktion des geschlechtsbezogenen Development Indexes vgl. HDR 1995, Technical notes 1 und 2 sowie Kap. 3; Anand und Sen 1995; Anand und Sen 2005.

603 Bardhan und Klasen 1999, S. 986. Wenn Menschen zwischen zwei Ländern mit gleich hohem Lebensstandard wählen können, bevorzugen sie jenes, in dem die einzelnen Wohlfahrtsdimensionen am wenigsten ungleich innerhalb der Bevölkerung verteilt sind.

604 Für eine ausführliche Darstellung der Berechnungsart des GDI vgl. HDR 2001, S. 242-243, S. 245.

605 Die Berechnung der Indizes in den einzelnen Dimensionen des Lebensstandards nach Geschlecht erfolgt anhand der Formel: Index (I_i) = (Aktueller Wert von x_i – minimaler Wert von x_i)/ (Maximaler Wert von x_i – minimaler Wert von x_i).

606 Anand und Sen 2005, S. 211. Frauen und Männer haben z.B. das gleiche Potential lesen und schreiben zu lernen, weshalb sich für beide Geschlechter die Zielvorgaben nicht unterscheiden (bester Wert 0% Analphabeten bzw. schlechtester Wert 100% Analphabeten).

607 Vgl. Anand und Sen 2005, S. 213-214.

608 Die weibliche Lebenswartung bei der Geburt hat deshalb eine Spannweite zwischen 87,5 und 27,5 Lebensjahren, während für Männer ein Maximum von 82,5 und ein Minimum von 22,5 Jahren unterstellt wird.

609 Vgl. im Folgenden Anand und Sen 2005, S. 215.

schen den Geschlechtern erfasst. Frauen erhalten häufiger geringen Lohn und leisten mehr unbezahlte Arbeit. Theoretische als auch empirische Untersuchungen zeigen, dass Frauen, die über marktvermittelte Einkommen verfügen, eine höhere Verhandlungsmacht bei der Verteilung von Ressourcen innerhalb der Familie besitzen.[610] Konkret erfolgt die Berechnung des Einkommensindexes nach Geschlecht, indem zunächst der weibliche Anteil am Arbeitseinkommen (female share of the wage bill) mittels des Lohnverhältnisses von Frauen und Männern im sekundären und/oder tertiären Sektor und des weiblichen bzw. männlichen Anteils am Erwerbsleben errechnet wird.[611] Anschließend wird der Einkommensanteil je Frau bzw. Mann am Sozialprodukt kalkuliert.[612] Der Einkommensindex nach Geschlecht berechnet sich dann wie im HDI.[613] Auch hier wird ein abnehmender Grenznutzen unterstellt und deshalb eine konkave Transformation des Pro-Kopf-Einkommens vorgenommen. Nach der Berechnung der standardisierten Skalenwerte werden zweitens sogenannte Indizes der Gleichverteilung (equally distributed index) ermittelt. Die männlichen und weiblichen Skalenwerte werden in jeder Wohlfahrtsdimension zusammengefasst. Dabei wird die Verteilung der Bevölkerung nach Geschlecht berücksichtigt. Unterschiede zwischen den beiden Geschlechtern werden bestraft, indem eine nicht sehr starke Aversion gegen Ungleichheit ($\varepsilon=2$) unterstellt wird.[614] Der GDI ergibt sich schließlich aus dem ungewichteten Durchschnitt der drei Indizes der Gleichverteilung.[615] Die Differenz zwischen dem GDI und dem HDI gibt an, um wie viel sich die Wohlfahrt eines Landes oder einer Region durch die Berücksichtigung der ungleichen Verteilung des Lebensstandards zwischen Männern und Frauen vermindert. Diese Differenz wird im Folgenden als Wohlfahrtsreduktion durch die Berücksichtigung der Geschlechterungleichheit oder auch als Strafe bezeichnet.

Bardhan und Klasen, die den GDI als ein grundsätzlich wichtiges Analyseinstrument für Geschlechterungleichheiten ansehen, kritisieren diesen aufgrund der problemati-

---

610 Vgl. Sen 1990.

611 Der weibliche Anteil an der Lohnsumme S_f berechnet sich nach der Formel $S_f = W_f/W_m (EA_f) / [W_f/W_m(EA_f)] + EA_m$; wobei W_f/W_m = Lohnverhältnis von Frauen und Männern im sekundären und/oder tertiären Sektor und $EA_{f/m}$= Erwerbsquote von Frauen bzw. Männern.

612 Der weibliche Anteil der Lohnsumme wird mit dem Bruttosozialprodukt multipliziert und durch den weiblichen Bevölkerungsanteil geteilt. Demnach berechnet sich der Anteil der Frauen pro Kopf am Sozialprodukt (Y_f) wie folgt: $Y_f = S_f (Y) / N_f$ mit Y = Bruttosozialprodukt (PPP US$) und N_f = weiblicher Bevölkerungsanteil. Auf ähnliche Weise berechnet sich der Sozialproduktsanteil der Männer pro Kopf, nämlich $Y_m = Y - S_f(Y) / N_m$.

613 Einkommensindex = [ln(Aktueller Wert) – ln(100)] / [ln (40.000) – ln(100)].

614 Die Indizes der Gleichverteilung (EDI_i) werden in den einzelnen Wohlfahrtsdimensionen wie folgt ermittelt: $EDI_i = \{[\text{Weiblicher Bevölkerungsanteil (weiblicher Index}_i^{1-\varepsilon})][\text{Männlicher Bevölkerungsanteil (männlicher Index}_i^{1-\varepsilon})]\}^{-\varepsilon}$. Je höher ε ist, desto stärker werden Ungleichheiten bestraft.

615 Der GDI berechnet sich dann folgendermaßen: $GDI = (EDI_1 + EDI_2 + EDI_3)/3$.

schen Einkommenskomponente.[616] Sie halten die Art und Weise der Berechnung sowie die verwendeten Daten für fragwürdig, wobei allerdings die Kalkulation des Einkommens bereits 1999 im Sinne der beiden Autoren von den Vereinten Nationen verändert wurde. Darüber hinaus beanstanden sie die Interpretation der Einkommenskomponente. Diese ist im HDI ein Annährungswert für Errungenschaften wie Ernährung, Wohnen, Kleidung und andere Grundbedürfnisse, die vornehmlich vom verfügbaren Einkommen abhängen. Der geschlechtsspezifische Unterschied in dieser Komponente soll somit im Wesentlichen die Konsumdifferenzen zwischen Männern und Frauen abbilden. Da jedoch die Verteilung der Ressourcen innerhalb von Haushalten stattfindet, halten Bardhan und Klasen diese Auslegung der Einkommenskomponente für die geschlechtsbezogene menschliche Wohlfahrt für heikel. Unbestritten ist, dass Unterschiede in der ökonomischen Position von Männern und Frauen ihre Verhandlungsmacht innerhalb des Haushalts mitbestimmen und damit auch für die intrafamiliäre Ressourcenverteilung von Bedeutung sind. Aber auch nicht erwerbstätige verheiratete Frauen haben Zugang zu den Ressourcen des jeweiligen Haushalts und konsumieren damit auch, ohne dass sie über ein eigenes Einkommen verfügen müssen.[617]

Bardhan und Klasen kritisieren ferner, dass die Verwendung von Arbeitseinkommen einerseits die Beiträge von unbezahlter Arbeit und Reproduktionstätigkeiten für den Lebensstandard vernachlässigt;[618] andererseits bleiben die mit der außerhäuslichen Erwerbsarbeit zumeist einhergehenden Doppelbelastungen von Frauen unberücksichtigt. Außerdem bemängeln sie, dass die verwendete Reduktion der menschlichen Entwicklung bei Geschlechterungleichheiten von der Einkommenskomponente dominiert wird. Ungleichheiten in der Lebenserwartung und/oder Bildungsbeteiligung reduzierten den HDI in deutlich geringerem Umfang als Disparitäten im Einkommen zwischen den beiden Geschlechtern. Sie plädieren daher unter anderem dafür, den GDI ohne die Einkommenskomponente zu berechnen und sich auf die zwei Dimensionen des Lebensstandards, langes Leben und Bildung, zu konzentrieren.

---

616 Vgl. im Folgenden Bardhan und Klasen 1999 sowie Bardhan und Klasen 2000.

617 In historischer Perspektive ist dabei zu beachten, dass Frauen ohne eigenes Arbeitseinkommen möglicherweise ein höheres Konsumniveau hatten als arbeitende Frauen, weil erstere aufgrund des höheren Einkommens des Mannes möglicherweise auf außerhäusliche Erwerbsarbeit verzichten konnten.

618 Ein weiterer Kritikpunkt ist die als optimal angenommene Gleichverteilung des verdienten Einkommens zwischen Männern und Frauen als möglicherweise nicht für alle Gesellschaften wünschenswerte Aufteilung. Eine anderweitige geschlechtsspezifische Arbeitsteilung könnte auch eine bewusste informierte Entscheidung der Betreffenden sein. Allerdings ist zu bedenken, dass in den meisten Gesellschaften Diskriminierungen von Frauen mit ursächlich für eine geringere weibliche Erwerbsbeteiligung sind.

4.2 Unterschiede in den drei Dimensionen des Lebensstandards zwischen Männern und Frauen

4.2.1 Differenzen im Zugang zu Ressourcen: Erwerbsbeteiligung und Lohn

4.2.1.1 Geschlechtsspezifische Erwerbsbeteiligung und Rahmenbedingungen

Die geschlechtsspezifischen Unterschiede in der Erwerbsbeteiligung und im Arbeitseinkommen sind auch heute in den meisten Industrieländern noch bedeutend.[619] Tabelle 4-1 gibt einen Überblick über die Entwicklung der Erwerbsbeteiligung von Männern und Frauen im Untersuchungszeitraum anhand verschiedener Kennziffern. Der Anteil der berufstätigen Frauen an allen Erwerbspersonen war im Untersuchungszeitraum fast konstant und betrug etwas mehr als ein Drittel. Eine leichte Steigerung trat aufgrund demographischer Einflüsse und einer Erfassungsänderung bei den Berufszählungen in den fünfziger Jahren in der Bundesrepublik ein.[620] Die Erwerbsquote von Frauen (v. H. der weiblichen Bevölkerung) schwankte in Deutschland im Untersuchungszeitraum zwischen 31 und 36 % und betrug damit etwa die Hälfte der männlichen Erwerbsquote. Sie erhöhte sich von 35,6 auf 36,1 % zwischen 1925 und 1939, während die Erwerbsquote der Männer in diesem Zeitraum leicht rückläufig war. Im ersten Jahrzehnt der Bundesrepublik lagen die Erwerbsquoten sowohl von Männern als auch von Frauen unter dem Niveau der Zwischenkriegszeit. 1950 war die Erwerbsquote der Frauen besonders niedrig. Unabhängig von demographischen Veränderungen zeigt die Entwicklung der Erwerbsquoten im erwerbsfähigen Alter, dass die Erwerbsbeteiligung der Frauen nur etwa halb so hoch wie bei den Männern war. Während über 90 % der Männer im erwerbsfähigen Alter berufstätig waren, gingen etwas weniger als die Hälfte der Frauen einer Erwerbsarbeit nach. Auch hier zeigt sich ein Höhepunkt der Erwerbsbeteiligung beider Geschlechter im Jahr 1939 und ein temporärer Tiefpunkt der Frauenerwerbstätigkeit im Jahr 1950. Die relativ hohen Erwerbsquoten in der Zwischenkriegszeit ergeben sich aus den wirtschaftlich instabilen Verhältnissen mit reduzierten Einkommensmöglichkeiten und Vermögensverlusten infolge der Inflation, die zu einer verstärkten Nachfrage nach Arbeitsplätzen führten. Die durch die nationalsozialistische Wirtschaftspolitik ausgelöste Rüstungskonjunktur bewirkte ebenfalls eine hohe Erwerbsbeteilung von Männern und in noch stärkerem Maße von Frauen.[621] Die Kri-

---

619 Vgl. z.B. HDR 2003, S. 310.

620 Bei der Interpretation der Steigerung in den 1950er Jahren muß berücksichtigt werden, dass der Zuwachs zum Teil eine Erfassungsänderung widerspiegelt. Seit 1950 wurde nicht mehr nur die Hauptberufstätigkeit erfasst, sondern jede Tätigkeit unabhängig von ihrem Umfang (vgl. Willms 1983b, S. 124). Außerdem lag der Anteil der weiblichen Erwerbstätigen an allen Erwerbspersonen höher, weil es aufgrund der mittelbaren und unmittelbaren Kriegsfolgen einen Frauenüberschuß gab.

621 Vgl. Hohls 1991, S. 131.

se des Arbeitsmarktes Anfang der 1950er Jahre ließ die Erwerbsquoten beiderlei Geschlechts absinken und insbesondere Frauen aus marktvermittelten Arbeitsplätzen ausscheiden.

Insgesamt lässt sich aber festhalten, dass sich die geschlechtsspezifischen Erwerbsquoten zwischen den beiden Weltkriegen und in den fünfziger Jahren kaum veränderten und damit die unterschiedliche Erwerbsbeteiligung der beiden Geschlechter bemerkenswert konstant war.

Die Integration von Frauen in den Arbeitsmarkt war im Untersuchungszeitraum gesellschaftlich umstritten, weshalb im Folgenden auf die kurzfristigeren Veränderungen der Frauenarbeit und auf die politischen Rahmenbedingungen eingegangen wird.

Nach einer verstärkten Beschäftigung von Frauen während des Ersten Weltkrieges, führte die Demobilisierung nach Kriegsende zu einer Verdrängung der Frauen von ihren Arbeitsplätzen in der gewerblichen Wirtschaft.[622] Die weibliche Erwerbsquote hatte sich dennoch zwischen 1907 und 1925 von 30,4 auf 35,6 % erhöht.[623] In der Weimarer Republik passte sich das weibliche Profil der Erwerbstätigkeit weiter an das der Männer an. Die Beschäftigung von Frauen sank in der Land- und Hauswirtschaft, während sie in Berufen in Industrie, Handwerk und dem Dienstleistungssektor anstieg.[624] Hervorzuheben ist dabei das Vordringen der Frauen in Berufe der öffentlichen Verwaltung, des Schuldienstes, des Gesundheitswesens und des privaten Dienstleistungssektors als Lehrerinnen, Sekretärinnen, Fürsorgerinnen, Stenotypistinnen und Verkäuferinnen. Zwar weitete sich in der Weimarer Republik die Zahl der weiblichen Angestellten bedeutend aus, allerdings verdienten diese wenig (ca. 10 bis 15 % weniger als ihre männlichen Kollegen)[625] und ihre Tätigkeiten waren meist untergeordneter Art und ohne echte Aufstiegschancen.[626] Einige wenige Frauen schafften es, in der Weimarer Republik in angesehene Positionen aufzusteigen.[627] Nachdem sich im Zuge der wirtschaftlichen Stabilisierung die sozialversicherungspflichtige Beschäftigung von Frauen ausgeweitet hatte, setzte die Weltwirtschaftskrise dieser Entwicklung ein vorläufiges Ende.[628] Zwar waren Frauen einerseits aufgrund niedriger Löhne, vermehrter Teilarbeitszeitverhältnisse und

---

622 Vgl. z.B. Winkler 1977b, S. 17-18; Bridenthal und Koonz 1984, S. 48-49; Gerber 1996, S. 27; ausführlich: Bajohr 1979, S. 158-167.

623 Willms 1983a, Tab. 1, S. 35.

624 Vgl. z.B. Mason 1976, S. 122-124; Frevert 1986, S. 172. 1925 waren 43% aller weiblichen Erwerbstätigen in der Land- und Forstwirtschaft tätig, 25% in Industrie und Handwerk sowie 20% im Dienstleistungssektor. Zur Erwerbsstruktur grundlegend Willms 1983a, Tab. 1, S. 35; außerdem für erste Hälfte des 20. Jahrhunderts Bajohr 1979, S.23-25; Gerber 1996, Tab. 2, S. 26 und Tab. 10a, S. 37.

625 Hahn 1981, S. 69; ausführlich Bajohr 1979, S. 61-70.

626 Winkler 1977a, S. 102-103; Mason 1976, S. 123.

627 Vgl. z.B. Mason 1976, S. 123; Dammer und Sachse 1981, S. 109; Die Zahl der Ärztinnen erhöhte sich von 195 im Jahr 1907 auf 4395 in Jahr 1933 (Bridenthal und Koonz 1984, S. 64, Fußnote 108).

628 Gerber 1996, S. 28.

eines geschlechtsspezifisch segmentierten Arbeitsmarktes weniger häufig als Männer von Arbeitslosigkeit betroffen,[629] doch nahmen ihre Belastungen als Hausfrauen durch die knappen Familienbudgets zu.[630] Außerdem bekamen Frauen seltener und geringere Leistungen aus der Arbeitslosenversicherung.[631] Trotz der Zunahme der Erwerbsarbeit von Frauen in der Weimarer Republik war diese gesellschaftlich nicht anerkannt.[632] Erwerbstätige verheiratete Frauen diskriminierte man in den Krisenzeiten der Weimarer Republik durch die immer wieder geführte Debatte um weibliche „Doppelverdiener".[633] Auf dem Höhepunkt der Weltwirtschaftskrise wurde im Mai 1932 das „Gesetz zur Rechtsstellung der weiblichen Beamten" unter Zustimmung der Mehrheit der Reichstagsabgeordneten beiderlei Geschlechts verabschiedet.[634] Diesem Gesetz zufolge konnten Beamtinnen des Reichs entlassen werden, wenn ihr finanzieller Unterhalt als dauerhaft gesichert galt.[635] Praktische Bedeutung erlangte diese legislatorische Maßnahme zur Eindämmung der weiblichen Erwerbsarbeit in der Weimarer Republik jedoch kaum.[636]

Die Nationalsozialisten vertraten ähnlich den meisten anderen Rechtsparteien der Weimarer Republik ein rückwärts gewandtes Frauenbild, das jedoch durch den der nationalsozialistischen Ideologie innewohnenden Rassismus eine besondere Prägung erhielt.[637] Die Aufgabe der als arisch und gesund angesehenen Frau war die Reproduktion, durch die sie die Qualität und Quantität des deutschen Volkes steigern sollte. Nach der nationalsozialistischen Ideologie hatte sie keine ökonomische Funktion als außer-

---

629 Frauen hatten eine geringere Arbeitslosenrate, aber eine höhere Zahl „unsichtbarer Arbeitsloser". Vgl. Wellner 1981, S. 540-541; Mason 1976, S. 134-135; ähnlich für Sachsen siehe Schumann 2000, S. 16-17.

630 Frevert 1986, S. 189; Hagemann 1990, S. 44.

631 Die vermehrte Kurzarbeit der weiblichen Arbeitskräfte machte sich hier negativ bemerkbar, da Beschäftigungsverhältnisse von weniger als 30 Stunden durch die Notverordnung vom 26. Juni 1930 aus der Arbeitslosenversicherung ausschieden. Mit der Notverordnung vom 5. Juni 1931 wurden die Leistungen der Arbeitslosenversicherungen für verheiratete Frauen stark eingeschränkt, weil sie nur noch bei Bedürftigkeit gewährt wurden (Wellner 1981, S. 541)

632 Vgl. Frevert 1986, S. 180.

633 Als Doppelverdiener galten alle erwerbstätigen Frauen, die von einem Ehemann oder Vater ernährt werden konnten (vgl. Winkler 1977a, S. 103; Frevert 1986, S. 192-193; Stephenson 2001, S. 51). Infolge öffentlicher Sparmaßnahmen konnten bereits 1923 verheiratete Beamtinnen per Reichsgesetz entlassen werden, wenn sie als „versorgt" durch einen Ehemann galten (vgl. Frevert 1986, S. 193; ebenso Rouette 1993, S. 257). Dieses Gesetz wurde 1929 ungültig (vgl. Hahn 1981, S. 72).

634 Hahn 1981, S. 74-75; Stephenson 2001, S. 51.

635 Vgl. Hahn 1981, S. 74; Stephenson 2001, S. 51.

636 Vgl. Winkler 1977b, S. 25; anderer Meinung Dammer und Sachse 1981, S. 110.

637 Vgl. im Folgenden Winkler 1977a, S. 104-107. Neueste Zusammenschau anhand der Literatur zum NS-Frauenbild und weiblichen Erwerbsarbeit bei Schumann 2003, S. 9-13; Überblick über die Leitbilder von Frauen und Familie in der Weimarer Republik, im Nationalsozialismus und in der Bundesrepublik bei Schulz 1998, S. 119-149.

häusliche Arbeitskraft. Während der Weltwirtschaftskrise sah sich die NSDAP aus wahltaktischen Überlegungen gezwungen, Erwerbsarbeit von Frauen zu einem gewissen Grad anzuerkennen, vor allem dann, wenn die weibliche Berufstätigkeit ein Ergebnis der wirtschaftlichen Notzeiten war.[638] Langfristig strebte man eine in weibliche und männliche Sphären getrennte Berufswelt an. Die Frauen, die keine Familie gründeten, sollten Beschäftigungen ausüben, die auch dem Wesen des weiblichen Geschlechts entsprachen, wie Berufe in sozialen, haus- und landwirtschaftlichen Bereichen.[639]

In den ersten Jahren der nationalsozialistischen Herrschaft versuchte das Regime, die Erwerbsarbeit von Frauen, vor allem von Verheirateten, zu verringern und Arbeitsplätze für Familienväter zu schaffen.[640] Die bedeutendsten Maßnahmen waren in diesem Zusammenhang die „Doppelverdienerkampangne" und das Ehestandsdarlehen. Am 1. Juni 1933 wurde im „Gesetz zur Minderung der Arbeitslosigkeit" ein zinsloses Darlehen von bis zu 1.000 Reichsmark in Aussicht gestellt, wenn die Frau mit Eheschließung ihre Erwerbsarbeit aufgab.[641] Die Verfügungsgewalt über die gewährten Mittel lag beim Ehemann.[642] Im gleichen Monat erfolgte eine Verschärfung und Ausdehnung der Regelungen zum Beschäftigungsverhältnis verheirateter Reichsbeamtinnen, die nun auch die Beamtinnen der Länder, der Gemeinden und auch Lehrerinnen betrafen.[643] Legislatorische Maßnahmen zur Reduzierung der weiblichen Erwerbsarbeit in der privaten Wirtschaft gab es nicht. Allerdings wurde auf vielfältige Art Druck auf Unternehmen wie auch auf weibliche Beschäftigte ausgeübt, damit „Doppelverdiener" Arbeitsplätze freimachten. Die geschlechtsspezifische Segmentierung des Arbeitsmarktes führte jedoch

---

638 Frauen wurden deshalb nun als „Geschlechts- und Arbeitsgenossinnen des Mannes" bezeichnet: Tagebuchnotiz Goebbels', abgedruckt in Kuhn und Rothe 1987, Q 1, S. 60. Goebbels sagte in der Rede zur Eröffnung der Ausstellung „Die Frau" in Berlin im März 1933: „Niemand der die moderne Zeit versteht, wird den aberwitzigen Gedanken fassen können, die Frau aus dem öffentlichen Leben, aus Arbeit, Beruf und Broterwerb herausdrängen zu wollen. Aber es darf dabei nicht ungesagt bleiben, dass Dinge, die dem Mann gehören, dem Mann auch verbleiben müssen (...). Den ersten, besten und ihr gemäßesten Platz hat die Frau in der Familie, und die wunderbarste Aufgabe, die sie erfüllen kann, ist die, ihrem Land und Volk Kinder zu schenken." [Aus der Rede des Reichsministers für Volksaufklärung und Propaganda, Joseph Goebbels, zur Eröffnung der Ausstellung „Die Frau" in Berlin (19. März 1933), abgedruckt in: Schneider 2001, S. 34].

639 Schumann 2003, S. 12; Wagner 1996, S.101-107.

640 Vgl. Stephenson 2001, S. 51; Frevert 1986, S. 210.

641 Schneider 2001, S. 15-17, siehe Gesetzesauszug abgedruckt in ebd., S. 35-36. Neben diesem arbeitsmarktpolitischen Effekt war das Ehestandsdarlehen seit Juli 1933 vor allem ein bevölkerungs- und rassepolitisches Instrument. Die Rückzahlung dieses staatlichen Kredits verringerte sich um ein Viertel je neugeborenem Kind. Außerdem wurde es nur an „erbgesunde arische Eltern" vergeben. Ausführlicher und für die in der Folge erlassenen verschiedenen Durchführungsbestimmungen Eichborn 1994.

642 Eichborn 1994, S. 51.

643 Vgl. Hahn 1981, S. 76.

dazu, dass männliche Arbeitnehmer kaum von diesen Maßnahmen profitierten.[644] Auch die arbeitsmarktpolitische Wirkung des Ehestandsdarlehens ist als mäßig einzuschätzen, weil die meisten Frauen mit der Heirat ohnehin ihre Arbeit eingestellt hätten.[645] Einschränkungen in ihrer Berufsfreiheit erfuhren Frauen in einigen qualifizierten Berufen, von denen die meisten jedoch kurzfristiger Natur waren.[646]

Mit dem Einsetzen der Vollbeschäftigung nach 1936 wirkte die bisherige Sozial- und Bevölkerungspolitik der Nationalsozialisten hemmend auf die Ausschöpfung des weiblichen Arbeitskräftepotentials.[647] Die vorher eingeführten Restriktionsmaßnahmen für die weibliche Erwerbstätigkeit wurden stillschweigend zurückgenommen.[648] Die Berufstätigkeit von Frauen erhöhte sich seit 1933, entgegen der NS-Propaganda, nicht nur in den frauentypischen Bereichen der Haus- und Landwirtschaft. Die Zahl der Industriearbeiterinnen stieg bis 1940 durchgehend an. In den ersten vier Jahren der nationalsozialistischen Herrschaft sank aber ihr Anteil am industriellen Durchschnitt, da sich die Zahl der Industriearbeiter stärker erhöhte.[649] Nach 1936 wuchs die Zahl der Indu-

---

644 Aus Wettbewerbsgründen konnte die Privatwirtschaft nicht auf die billigere Arbeitskraft von Frauen verzichten. Ebenso wenig konnten eingearbeitete Frauen einfach ersetzt werden, und manche Tätigkeiten galten ohnehin als reine Frauenarbeiten. Zu den Auswirkungen der „Doppelverdienerkampangne" im privatwirtschaftlichen Bereich siehe Mason 1976, S. 136-139; Winkler 1977a, S. 106-107; Winkler 1977b; S. 46-48; Hachtmann 1989, S. 39; auf regionaler Ebene für Sachsen siehe Schumann 2000, S. 18-36.

645 Vgl. Mason 1976, S. 140-141; zu den Auswirkungen auf den Arbeitsmarkt vgl. außerdem Bajohr 1979, S. 219-220; Winkler 1977b, S. 48-49; auf regionaler Ebene für Sachsen siehe Schumann 2000, S. 36-41.

646 Vor allem Schulleiterinnen und Kassenärztinnen wurden aus ihren Positionen verdrängt, und seit 1936 durften auf persönlichen Wunsch Hitlers Frauen nicht mehr als Richterinnen sowie als Staats- und Rechtsanwältinnen arbeiten. Während im Mai 1931 noch 27,5% aller *Lehrkräfte* weiblichen Geschlechts waren, sank ihr Anteil bis 1936 auf 24,5%. Nach 1936 erhöhte sich die Zahl der Lehrerinnen erneut, so dass 1940 ihr Anteil auf 29,5% aller Lehrkräfte gestiegen war (vgl. Gerber 1996, S. 41). Die Zahl der Ärztinnen verdoppelte sich in den dreißiger Jahren. Die jüdischen Ärztinnen, die einen überproportionalen Anteil gestellt hatten, verloren ihre Positionen. Siehe Bock 2002, S. 193. Ingesamt werden die Erfolge der NS-Politik, Frauen aus qualifizierten Berufen zu verdrängen, in der Forschung unterschiedlich beurteilt. Kaum Auswirkungen laut Stephenson 2001, S. 50; anderer Meinung z.B. Nolan 1997, S. 158; Winkler 1977a, S. 108; Frevert 1986, S. 211.

647 Schmuhl 2003, S. 253.

648 Im Oktober 1937 wurde das Beschäftigungsverbot der Ehefrauen als Vorbedingung der Gewährung des Ehestandsdarlehens gestrichen (z.B. Winkler 1977a, S. 108) und die Bestimmungen im Beamtenrecht gelockert (vgl. Härtling 1941, S. 26).

649 Mit dem wirtschaftlichen Aufschwung expandierten vor allem die Produktionsgüterindustrie und die rüstungsrelevanten Bereiche, die traditionell „männerdominiert" waren. Frauen arbeiteten verstärkt in der Konsumgüterindustrie, die sich weitaus später von der Weltwirtschaftskrise erholte und deren Ausweitung aufgrund der Aufrüstungs- und Autarkiepolitik des Regimes gedrosselt wurde. Außerdem war der Konsumgüterbereich während der Weltwirtschaftskrise in geringerem Umfang geschrumpft als die Produktionsgüterindustrie, weshalb die Arbeitskräftefluktuation

striearbeiterinnen wiederum schneller. Auch die Zahl der weiblichen Angestellten (in niederen Funktionen) weitete sich seit Mitte der 1930er Jahre bedeutsam aus.[650] Bis 1939 hatte die Erwerbstätigkeit von Frauen in Deutschland deutlich zugenommen und ein, auch im internationalen Vergleich, hohes Niveau erreicht.[651]

Auch in den Regionen war der Anteil der Frauen an den Erwerbspersonen 1939 höher als in den vorhergehenden Volkszählungen (vgl. Tab. 4-2).[652] In den süddeutschen Staaten Württemberg, Baden und in den rechtsrheinischen Gebieten Bayerns (einschl. München) stellten Frauen um die 40 % der Erwerbspersonen. Ihr Anteil war in den mitteldeutschen Ländern Sachsen und Thüringen ebenfalls überdurchschnittlich hoch (außer während der Weltwirtschaftskrise). In den meisten Städten (ausgenommen München und Berlin) lag er hingegen unter dem Reichsdurchschnitt. Diese Verteilung der weiblichen Erwerbsarbeit ergibt sich aus der regional unterschiedlichen Wirtschaftsstruktur und der Konzentration der Frauenarbeit in bestimmten Wirtschaftsbereichen (wie z.B. Landwirtschaft, Textil- und Bekleidungsindustrie, Nahrungs- und Genussmittelindustrie und Eisen-, Stahl- und Metallwarenherstellung).[653] Im Jahr 1925 betrug der Anteil der Frauen an allen Erwerbstätigen im ländlichen Niederbayern 41 %, während er in Bremen bei nur 28% lag. Die regionalen Unterschiede in der weiblichen Erwerbsarbeit waren damit durchaus beachtlich.

Während sich in den Städten der Prozentsatz der erwerbstätigen (einschl. der arbeitslosen) Frauen nicht verringerte, sank er in den meisten deutschen Ländern (außer in Preußen und vereinzelten bayerischen Regionen) zwischen 1925 und 1933, so dass sich die Disparitäten der geschlechtsspezifischen Erwerbsbeteiligung leicht erhöhten. Bis 1939 stieg der Anteil der Frauen an den Erwerbspersonen in nahezu allen Regionen signifikant, weshalb sich die geschlechtsbezogenen Unterschiede bei der Berufsarbeit wieder verringerten und unter dem Niveau von 1925 befanden.

Als Zwischenbilanz lässt sich festhalten, dass sich trotz der Zuweisung zur Rolle als Hausfrau und Mutter, die Erwerbstätigkeit von Frauen insbesondere auch in der NS-Zeit ausweitete. Geschlechtsspezifische Differenzen in der Höhe der Erwerbsarbeit verringerten sich leicht. Diese Entwicklung bestätigt sich auf regionaler Ebene. Die leichte Reduktion der Geschlechterungleichheit in diesem Wohlfahrtsbereich ist in Bezug auf den Lebensstandard schwierig zu interpretieren. Höhere weibliche Erwerbstätigkeit kann sich positiv auf die Situation von Frauen auswirken, indem sie deren soziale Posi-

---

ebenfalls niedriger war. Hachtmann 1996, S. 233; zur Entwicklung der weiblichen Beschäftigung grundlegend Bajohr 1979, S. 223-224, Tab. 41-43.

650 Zusammenfassend Hachtmann 1996, S. 239; Stephenson 2001, S. 61-62.

651 Overy 1994, S. 305.

652 Lediglich in Württemberg hatte sich die Quote gegenüber 1925 etwas verringert.

653 Auf nationaler Ebene vgl. v.a. Wegehaupt-Schneider 1985, S. 257-283. Auf regionaler Ebene vgl. Kaelble und Hohls 1989, Tab. 1.1. – Tab. 6.2.3.

tion innerhalb der Familie und in der Gesellschaft verbessert.[654] Darüber hinaus zeigt eine aktuelle Untersuchung von Klasen, dass Frauenerwerbsarbeit direkt positiv die Gesundheit und Sterblichkeit von Frauen im Vergleich zu Männern beeinflussen kann.[655] Ein positiver Einfluss der Frauenerwerbsquote auf die Höhe der Lebenserwartung der Frauen im Vergleich zu den Männern lässt sich auf regionaler Ebene in der Zwischenkriegszeit nicht nachweisen.[656] Vielmehr war die Erwerbsbeteiligung von Frauen hoch in den Gegenden, in denen ein niedriger Lebensstandard herrschte.[657] Die Erwerbsbeteiligung in der Zwischenkriegszeit entfaltete vermutlich keinen positiven Effekt auf den weiblichen Lebensstandard, weil die vermehrte Arbeitsaufnahme von Frauen in der Industrie in der NS-Zeit vielfach „kein freiwilliger Prozeß (war), sondern durch die materiellen Verhältnisse in vielen Arbeiterhaushalten erzwungen (wurde)."[658] Die Erwerbsbeteiligung der Frauen war zwar für den eigenen Konsum und den ihrer Familien von zentraler Bedeutung, allerdings kam insbesondere in schlechten wirtschaftlichen Zeiten und bei schlechter Versorgungslage der Hausarbeit von Frauen eine erhöhte Bedeutung zu. Dadurch waren die Belastungen der Frauen durch die noch zu leistende Familienarbeit enorm, weshalb auch die meisten Frauen, wenn es möglich gewesen wäre, ihre Berufstätigkeit gerne beendet hätten.[659] Nach den Ergebnissen einer Studie des Deutschen Textilarbeiterverbandes von 1930 arbeiteten erwerbstätige Frauen (einschließlich der Ledigen) durchschnittlich 90 Stunden pro Woche.[660] Ähnliches trifft auf die in der Landwirtschaft tätigen Frauen zu. Sie litten an einer erhöhten Arbeitsbelastung, die

---

654 Zu den verschiedenen Mechanismen der Verbesserung der Lebensbedingungen von Frauen durch vermehrte außerhäusliche Erwerbsarbeit und Einkommen siehe z.B. Klasen 1993, S. 270-278.

655 Klasen 1993, S.280-282. Die Untersuchung bezieht sich auf die Länder der ehemaligen Sowjetunion Mitte der 1980er Jahre.

656 Eine einfache Korrelations- und Regressionsanalyse erbrachte keine statistisch signifikanten Ergebnisse. Der Rangkorrelationskoeffizient nach Spearman betrug für den Anteil der Frauen an den Erwerbstätigen mit dem Verhältnis der weiblichen und männlichen Lebenserwartung –0,381 (1925), –0,138 (1933) und –0,084 (1939). Die Erwerbsbeteiligung war darüber hinaus nur im Jahr 1933 statistisch signifikant negativ mit dem Verhältnis von weiblichem und männlichem sekundären Schulbesuch verwoben. Für die Variablen Anteil der Frauen an den Erwerbspersonen und das Verhältnis der weiblichen und männlichen sekundären Schulbesuchsquote ergaben sich folgende Werte gemäß dem Rangkorrelationskoeffizient nach Spearman: -0,377 (1925), -0,508 (1933), -0,429 (1939).

657 Im Jahr 1939 war der Anteil der Frauen an den Erwerbspersonen statistisch signifikant negativ mit dem HDI_r (-0,82) sowie mit dem GDI_r* (-0,602) bzw. HDI_r* (-0,625) korreliert. Der GDI_r* bzw. HDI_r* beinhalten nur die entsprechenden nicht-ökonomischen Komponenten des Lebensstandards. Die Ergebnisse für die Jahre 1925 und 1933 waren ähnlich.

658 Hachtmann 1996, S. 236.

659 Einer Studie von 1931 zufolge wären 95 % der Industriearbeiterinnen nicht arbeiten gegangen, wenn der Mann (Vater) ein ausreichendes Einkommen erwirtschaftet hätte (Leichter 1932, S. 54, zitiert in Knapp 1986, S. 54).

660 Deutscher Textilverband 1930, S. 219, zitiert in Knapp 1986, S. 319.

durch die nationalsozialistische Rüstungskonjunktur, die die Landflucht beförderte, noch verschärft wurde.[661]

Zwischen 1939 und 1944 erhöhte sich die Zahl der berufstätigen deutschen Frauen nur von 14,6 auf 14,9 Millionen.[662] Die bestehende Lücke an Arbeitskräften wurde nicht durch eine stärkere Mobilisierung der Frauen, sondern durch den seit 1942 zunehmenden „Arbeitseinsatz" (Zwangsarbeit) ausländischer Arbeiter und auch Arbeiterinnen geschlossen.[663]

Viele Frauen waren dann nach dem Zweiten Weltkrieg bis zur Währungsreform 1948 berufstätig.[664] In Verbindung mit einer Erhöhung des Arbeitskräftepotentials durch die zurückkehrenden Männer und die Übersiedelung der Vertriebenen fand eine Verdrängung der weiblichen Arbeitskräfte statt.[665] Die verhältnismäßig hohe Arbeitslosigkeit Anfang der fünfziger Jahre führte zusammen mit einer Wiederherstellung tradierter Familienstrukturen und –rollen zu einem Rückgang der weiblichen Erwerbsbeteiligung im Jahr 1950 im Vergleich zur letzten Volkszählung vor dem Krieg.[666] An die bereits vor dem Zweiten Weltkrieg bekannte Diskriminierung von „Doppelverdienerinnen" knüpfte die Regierung der Bundesrepublik während der 1950er Jahre in Zeiten der Arbeitslosigkeit nahtlos an. Nach dem Bundespersonalgesetz von 1950 (§ 63) konnten verheiratete Beamtinnen entlassen werden, wenn der Ehemann ebenfalls im öffentlichen Dienst beschäftigt war.[667] Außerdem gab es in vielen Arbeitsverträgen von Frauen in der privaten Wirtschaft eine Zusatzklausel, die eine außerordentliche Kündigung im

---

661 Die Familienangehörigen der Klein- und Mittelbauern erhöhten ihre Mitarbeit in der Landwirtschaft, um den Arbeitskräftemangel auszugleichen. So erhöhte sich die Zahl der weiblichen Beschäftigten (mithelfenden Familienangehörigen) zwischen 1933 und 1939 um 230.000 Personen, während 640.000 männliche landwirtschaftliche Beschäftigte in andere Sektoren abwanderten (Overy 1988, S. 428). Zusätzlich reduzierte sich auch noch die Zahl der Landarbeiterinnen (Tröger 1981, S. 258). Zur Landflucht auch in regionaler Hinsicht: Wunderlich 1961, S. 296-296-302. Die eingeführten Arbeitsdienste brachten zwar eine gewisse Erleichterung, konnten aber den ländlichen Arbeitskräftemangel nicht ausgleichen (Stephenson 2001, S. 68). Zur Arbeitsüberlastung vgl. Münkel 1996, S. 441-443.

662 Winkler 1977a, S. 201. Die Frage, ob es dem Regime gelang, das weibliche Erwerbspotential auszuschöpfen, und wenn nicht, welche Gründe dafür verantwortlich waren, ist in der Forschung nicht völlig geklärt (vgl. Überblick bei Stephenson 2001, S. 55-58; aus internationaler Perspektive Zusammenschau anhand der Literatur bei Bock 2002, S. 199-200).

663 1944 waren 11% aller weiblichen Erwerbstätigen nichtdeutscher Nationalität (Gerber 1996, S. 32).

664 Maier 1993, S. 258; ausführlich zur Frauenerwerbstätigkeit zwischen dem Zweiten Weltkrieg und 1950 vgl. Niehuss 2001, v.a. S. 60-98 sowie Behrens und Wolf 1998.

665 Mit der Währungsreform und der damit verbundenen Wiederherstellung der Kaufkraft gewann zudem bezahlte Erwerbsarbeit wieder an Bedeutung für den Konsum und somit entsprechende Attraktivität (vgl. Niehuss 2001, S. 88-89).

666 Frevert 1986, S. 254-255.

667 Drohsel 1986, S. 105. Ähnliche Bestimmungen gab es auch in Nordrhein-Westfalen (vgl. ebd., S. 106).

Falle einer Eheschließung ermöglichte (Zölibatsklausel).[668] Das Gleichberechtigungsgesetz von 1958 beseitigte einige Diskriminierungen von Frauen im BGB. Ehefrauen hatten aber auch danach nur das Recht einer Erwerbsarbeit nachzugehen, wenn dadurch Familie und Ehe nicht beeinträchtigt wurden. Die Erwerbsquote von Frauen sank von 36,1 vor dem Krieg auf 31,2 % der weiblichen Bevölkerung im Jahr 1950 (vgl. Tab. 4-1).

Mit der wirtschaftlichen Entwicklung der fünfziger Jahre stieg die Erwerbsarbeit – auch der verheirateten Frauen – an (vgl. Tab. 4-1). Im Regionalvergleich lässt sich feststellen, dass der Anteil der Frauen an den Erwerbspersonen auch zu Beginn der Bundesrepublik besonders hoch in Baden-Württemberg und Bayern war.[669] Die Erwerbsbeteiligung war wiederum in den Städten (ausgenommen München und Berlin) tendenziell unterproportional. In den 1950er Jahren erhöhte sich die Erwerbsbeteiligung der Frauen in allen Gebieten, und es trat ein Konvergenzprozeß ein. Der weibliche Anteil an den Erwerbspersonen expandierte stärker in Gegenden mit geringeren Raten. In der Folge verringerten sich bis zum Beginn der 1960er Jahre die Unterschiede in der Erwerbsarbeit von Männern und Frauen. Die Differenzen waren aber in der Regel gegenüber den Vorkriegsverhältnissen nicht signifikant vermindert.

Auffallend war jedoch die Erhöhung der Erwerbstätigkeit von verheirateten Frauen, entgegen dem Leitbild von Hausfrau und Mutter. Die Doppelbelastung dieser Frauen war immens, weil sich flexiblere Arbeitszeiten und vermehrte Teilzeitarbeit erst in den späten 1950er Jahren durchzusetzen begannen.[670] Die Mehrzahl der verheirateten Arbeiterinnen sowie der kleinen und mittleren weiblichen Angestellten hätte, wenn es finanziell möglich gewesen wäre, ihre Erwerbsarbeit reduziert oder aufgegeben.[671] Mit der Verbesserung der materiellen Lebensbedingungen gegen Ende der 1950er Jahre verlor jedoch existentielle Not als Grund für die weibliche Erwerbstätigkeit an Bedeutung.[672] Die Arbeitsbelastungen der Frauen in der Landwirtschaft war auch in den 1950er Jahren mit „häufig rund 80 Stunden pro Woche" immens.[673] Die Lage der Bäuerinnen entspannte sich vor allem mit zunehmender Technisierung im Haushalt, die jedoch die Bauernhöfe erst gegen Ende der 1960er Jahre erreichte.[674]

---

668 Drohsel 1986, S. 105.

669 Zur Höhe und Arbeit der weiblichen Erwerbstätigkeit und deren Entwicklung in Bayern in den 1950er Jahren – auch auf regionaler Ebene – siehe Kuller 2002, S. 294-295.

670 Vgl. Niehuss 2001, S. 245; zur Teilzeitarbeit einschlägig von Oertzen 1999.

671 Der Anteil von verheirateten Frauen in qualifizierten Berufen oder als mithelfende Angehörige im Betrieb, der seine Berufstätigkeit gerne aufgegeben hätte, wenn es finanziell möglich gewesen wäre, war deutlich niedriger als bei Arbeiterinnen (vgl. Niehuss 2001, S. 250-251, die sich dabei auf eine Untersuchung von Pfeil aus dem Jahre 1966, S. 155 bezieht).

672 Vgl. Pfeil 1961, S. 78-81.

673 Kuller 2002, S. 295.

674 Vgl. Kuller 2002, S. 296.

4.2.1.2 Lohndifferenzen

Frauen erhielten während des gesamten Zeitraumes einen niedrigeren Lohn als Männer.[675] In der Literatur schwanken jedoch die Aussagen über die Höhe der Frauenlöhne und deren Verhältnis zu den Männerlöhnen erheblich, je nachdem ob Tariflöhne oder effektive Löhne, Stundenlöhne oder Wochenlöhne, welche Gruppe von Arbeitnehmerinnen (gelernt und ungelernte Arbeiterinnen), welche Berufszweige usw. betrachtet werden. Problematisch ist dabei vor allem, dass die amtliche Statistik kaum vergleichbare Aussagen zulässt. Durchgängig vergleichbar sind nur die tariflichen Löhne, die jedoch z.B. durch die Vernachlässigung von Zuschlägen und unterschiedlicher Arbeitszeit die tatsächlichen geschlechtlichen Lohnunterschiede nicht exakt erfassen.

Vom Beginn des Untersuchungszeitraumes bis 1923 verringerte sich der Abstand zwischen Frauen- und Männerlöhnen. In der Textilindustrie glichen sich die geschlechtsspezifischen Löhne bis Januar 1923 an. Im Vergleich zu 1913 wuchsen die Wochenlöhne gelernter und ungelernter Arbeiterinnen stärker als die der entsprechenden männlichen Arbeitergruppen.[676] 1923 und 1924 entfernten sich Frauen- und Männerlöhne wieder leicht. Insgesamt lag der Frauenlohnanteil der Vorkriegs- und Kriegszeit bis 1918 etwa bei 30 bis 60% und erhöhte sich bis 1923 in der Mehrzahl der Fälle auf ca. 60 bis 80%.[677] In der Phase der relativen wirtschaftlichen Stabilisierung verminderten sich die geschlechtsspezifischen Unterschiede in den unqualifizierten Lohngruppen[678] (vgl. Tab. 4-4).[679] In der Krise ergab sich eine leichte Tendenz der Angleichung der Löhne zwischen den Geschlechtern, weil Frauenlöhne aufgrund des bereits sehr niedrigen Niveaus nach unten weniger flexibel waren als die Männerlöhne.[680] Im „Dritten Reich“ wurden die Tariflöhne aufgrund des Lohnstopps auf dem Niveau von 1933 eingefroren. Die Spanne zwischen weiblichen und männlichen tariflichen Stundenlöhnen der Hilfs- und Facharbeiter blieb deshalb bei ca. 30% im Wesentlichen unverändert.[681] Die in den dreißiger Jahren feststellbaren Lohndifferenzen blieben während des Zweiten Weltkriegs bestehen.[682] Mit der Vollbeschäftigung vergrößerte sich allerdings

---

675 Für die Zwischenkriegszeit vgl. z.B. Winkler 1977b, S. 73-74; Bajohr 1979, S. 41-70; Wegehaupt-Schneider 1985, S. 294-314 und S. 375-383; Hachtmann 1989, S. 136-138. Für die 1950er Jahre vgl. z.B. Mooser 1993, S. 364-367; Markmann 1964, S. 444-451 und Tab. 2a–2c, S. 452-454.

676 Bajohr 1979, S. 46 und Tab. 13, S. 47. Bajohr beruft sich auf Angaben von Meister 1939, S.92.

677 Braunwarth 1955, S. 120-121.

678 Tab. 4-4 gibt den Anteil der tariflichen Stundenlöhne von Hilfsarbeiterinnen an den Löhnen der Hilfsarbeiter in Prozent wieder. Es wurde die Gruppe der Hilfsarbeiter ausgewählt, da Frauen überwiegend in den niedrig qualifizierten Bereichen beschäftigt waren.

679 Bajohr 1979, S. 48.

680 Wedehaupt-Schneider 1985, S. 311.

681 Wedehaupt-Schneider 1985, S. 377. Winkler (1977b, S. 74) nimmt an, dass Arbeiterinnen 60-80% der männlichen Tariflöhne verdienten.

682 Petzina u.a. 1978, Tab. 18c, S. 99.

der Unterschied zwischen den Wochenverdiensten zwischen den beiden Geschlechtern.[683] Dabei ist zu berücksichtigen, dass es durchaus beachtliche Unterschiede in der geschlechtsspezifischen Lohndifferenz nach Branchen, Regionen, Qualifikationen usf. gab. Beispielhaft lässt sich dies anhand bayerischer Daten zeigen. Tabelle 4-5 gibt den Frauenlohnanteil in verschiedenen Gewerben in den Städten der bayerischen Regierungsbezirke für die Stichjahre 1926 und 1930 sowie den Zeitraum 1934 bis 1938 wieder. Aus der Tabelle wird ersichtlich, dass sich die oben angeführten Tendenzen der geschlechtsspezifischen Lohnspanne anhand der bayerischen Daten im Wesentlichen bestätigen. Das Verhältnis von Frauen- zu Männerlöhnen lag zwischen zirka 55 und 75 %. In der zweiten Hälfte der 1920er Jahre blieb die Spanne (ausgenommen der Hilfsarbeiter im Holzgewerbe) im Großen und Ganzen unverändert. Die Differenz verringerte sich etwas bei den ungelernten Hilfsarbeitern in der Sägeindustrie. Im weiteren Verlauf der Krise sank die Lohnspanne oder blieb konstant. Festzuhalten ist, dass die Variation zwischen den Gewerben wesentlich höher war als zwischen den Regionen. Die interregionalen Abstufungen waren im Vergleich zu den sehr bedeutenden branchenunterschiedlichen Disparitäten sehr gering. Lediglich die Zentren München und Nürnberg fallen durch etwas geringere Differenzen zwischen Frauen- und Männerlöhnen auf.

Die in den dreißiger Jahren feststellbaren Lohndifferenzen blieben während des Zweiten Weltkriegs bestehen.[684] Das Gleichberechtigungsgebot des Grundgesetzes der Bundesrepublik war umfassend und betraf auch die in vielerlei Hinsicht bestehenden rechtlichen Diskriminierungen von Frauen im Familien- und Tarifrecht.[685] So verstießen die in der ersten Hälfte der 1950er Jahre üblichen speziellen Frauenlohngruppen und Frauenabschlagsklauseln in Tarifverträgen gegen den Gleichheitsgrundsatz, wie das Bundesarbeitsgericht in einem Grundsatzurteil von 1955 feststellte.[686] Allerdings wurde die Lohndiskriminierung von Frauen im Tarifrecht nicht ernsthaft abgebaut, sondern durch die Bildung sogenannter Leichtlohngruppen weitergeführt.[687] Im Vergleich zur Zwischenkriegszeit hatten sich bis 1949 die Unterschiede in den tariflichen Stundenlöhnen verringert und sanken in Laufe der 1950er Jahre weiter. 1960 bekamen dennoch Hilfsarbeiterinnen immer noch 12% weniger als ihre männlichen Kollegen (vgl. Tab. 4-4).

Auch in den westdeutschen Bundesländern und ausgewählten Städten verdienten Frauen in den 1950er Jahren deutlich weniger als ihre Kollegen. Die geschlechtsspezifi-

---

683 Winkler 1977b, S. 74.

684 Petzina u.a. 1978, Tab. 18c, S. 99.

685 Vgl. Frevert 1986, S. 264-265.

686 Vgl. Frevert 1986, S. 265.

687 Auf Vorschlag des Gerichtes wurden genauere Lohnkategorien gebildet, die stärker nach körperlichen Anforderungen unterschieden, weshalb Frauen in der Folge häufig in besonders niedrig bezahlte Lohngruppen eingestuft wurden (vgl. Frevert 1986, S. 265; Drohsel 1986, S. 127-128, 77-180).

schen Unterschiede waren bei den effektiven Wochenlöhnen deutlich höher als bei den tariflichen Stundenlöhnen. Frauen erhielten in der Woche etwa 60 % der Löhne der Männer, wobei sich die Differenzen zwischen 1950 und 1960 verringerten. Einen Anteil von unter 60 % der Wochenverdienste der männlichen Hilfsarbeiter in der Industrie bekamen die Industriearbeiterinnen in Rheinland-Pfalz, Hessen, Baden-Württemberg, Nordrhein-Westfalen, Schleswig-Holstein und Hamburg. Im Jahr 1961 lag der Prozentsatz in allen Ländern über 60 %. Der Frauenlohnanteil war in Rheinland-Pfalz, Nordrhein-Westfalen, Schleswig-Holstein und den meisten Städten unterdurchschnittlich. Die Ungleichheit zwischen den Geschlechtern war bei den industriellen Wochenlöhnen in den fünfziger Jahren erheblich. Die Disparitäten der geschlechtsspezifischen Lohndifferenzen zwischen den Regionen waren im Vergleich dazu geringfügig.[688]

Insgesamt lässt sich festhalten, dass eine Gleichstellung von Männern und Frauen bei der Entlohnung während des gesamten Untersuchungszeitraumes nicht verwirklicht wurde. Selbst tariflich vereinbarte Löhne diskriminierten Frauen in den fünfziger Jahren noch massiv. Dabei ist zu bedenken, welche Folgen diese Minderbezahlung bei den ohnehin niedrigen Reallöhnen der Zwischenkriegszeit und frühen fünfziger Jahre für alleinstehende Frauen hatte bzw. für Frauen, die aufgrund von Arbeitslosigkeit oder Krankheit des Ehemannes Familien ernähren mussten.[689] Für arbeitende verheiratete Frauen war der niedrige Verdienst meist wichtiger Beitrag zum Familieneinkommen, um die Existenz der Familienmitglieder zu sichern. Für alleinstehende bzw. alleinverdienende Arbeiterinnen konnte er aber auch ein Leben unter dem Existenzminimum bedeuten.[690] In den fünfziger Jahren kam hinzu, dass sich aufgrund des Frauenüberschusses die Heiratswünsche vieler lediger Frauen nicht erfüllten und diese auf eigenständige Erwerbstätigkeit und -einkommen angewiesen waren. Allerdings verminderten sich die Lohnspannen zwischen Männern und Frauen in den 1950er Jahren und die Frauen profitierten auch von den allgemein steigenden Löhnen.

---

688 Nach Markmann (1964, S. 443) waren die regionalen Unterschiede vernachlässigbar, da „die Tendenzen zum Abschluß räumlich und personell weitreichender Tarifverträge und zur Koordinierung und Zentralisierung der Tarifpolitik der einzelnen Arbeitgeber- und Gewerkschaftsverbände sehr deutlich waren, mit der Wirkung, dass von der Tarifbasis her die räumlichen Lohnunterschiede sehr weitgehend eingeebnet werden. Dies blieb (...) nicht ohne Einfluss auf die effektiven Verdienste".

689 Hachtmann geht davon aus, dass es für die NS-Zeit möglicherweise „eine Art Flucht vieler lediger Industriearbeiterinnen in die Ehe" gab (Hachtmann 1993, S. 337).

690 So stellten z.B. Reichstreuhänder der Arbeit 1938 fest, dass „leider viele Arbeiterinnen (der Textil- und Bekleidungsindustrie) der gewerbsmäßigen Unzucht nachgehen, weil die Löhne zum Lebensunterhalt nicht ausreichen". Bericht der Reichstreuhänder für Mai/Juni 1938, in: Mason 1975, Dok. 108, S. 661.

4.2.2 Bildungsbeteiligung von Frauen und Männern

Jungen und Mädchen waren gleichermaßen schulpflichtig[691] und die allermeisten gingen in der Zwischenkriegzeit in die Volksschule, so dass sich die Schuleinschreiberaten im primären Bildungssektor zwischen Mädchen und Jungen kaum unterschieden.[692] Mädchen wiesen, aufgrund ihrer Benachteiligung in der höheren Bildung, eine leicht höhere Einschreiberate in den Volksschulen auf. Ein Vergleich der verschiedenen Bildungsindikatoren zeigt, dass der Unterschied zwischen Männern und Frauen äußerst gering war, wenn alle Bildungssektoren berücksichtigt werden (vgl. Tab. 4-7). Je höher der Bildungssektor, desto stärker gestaltete sich die Diskrepanz zwischen den Geschlechtern.

4.2.2.1 Überblick über die Entwicklung des Mädchenschulwesens und der Schulbesuchsquoten von Mädchen und Jungen im sekundären Bildungssektor

Allein die institutionelle Trennung von höheren Mädchen- und Knabenschulen verweist auf die in der Zwischenkriegszeit bestehenden charakteristischen Unterschiede in der Mädchen- und Knabenbildung.[693] Mädchen waren in höheren Knabenschulen nur ausnahmsweise zugelassen, da Koedukation mehrheitlich abgelehnt wurde.[694] Ein gemeinsamer Unterricht von Mädchen und Jungen fand vor allem dann statt, wenn dies aus finanziellen und organisatorischen Gründen nicht anders möglich war.[695] In den Großstädten besuchten deshalb auch weniger Mädchen öffentliche höhere Knabenschulen als in ländlichen Gebieten.[696] Neben der Einführung der Grundschule war die Schaffung eines gleichgestellten höheren Knaben- und Mädchenschulwesens eine der bedeutends-

---

691 In der Weimarer Republik wurde die allgemeine Schulpflicht (Art. 145) erstmals reichseinheitlich verfassungsmäßig verankert. Zur Erfüllung der Schulpflicht diente die Volksschule (acht Schuljahre) und die anschließende Fortbildungsschule bis zum vollendeten achtzehnten Lebensjahr (vgl. Gernert 1996, S. 92).

692 Die Schuleinschreiberaten der Mädchen im primären Sektor betrugen 66,3 (1926/27), 76,1 (1931/32), 73,9 (1938) und 82 (1950) je 100 der 5 bis 15jährigen. Die der Jungen lagen meist leicht darunter: 65,4 (1926/27), 75,6 (1931/32), 72,9 (1938) und 81,6 (1950). Berechnet nach Quellen siehe Anhang I-A.

693 Vgl. Frevert 1986, S. 175.

694 Vgl. ebd.; Wehler 2003, S. 460. Ausführlicher Horstkemper 1996, v.a. S. 206-218.

695 Vgl. Horstkemper 1996, S. 217; ebenso Huerkamp 1996a, S. 67.

696 So besuchten 1931 in Berlin etwa 1% Mädchen eine öffentliche höhere Knabenschule, während es in Ostpreußen 6% waren (berechnet nach Quellen siehe Anhang II-B-1). Zudem bestanden große Unterschiede zwischen den einzelnen deutschen Staaten. Während sich im Jahr 1931 in Preußen und Bayern nur vier bis fünf Prozent Mädchen in höheren öffentlichen Knabenschulen befanden, betrug ihr Anteil in Sachsen, Württemberg, Baden und Thüringen zwischen 12 und 19 Prozent.

ten bildungspolitischen Leistungen der Weimarer Republik.[697] In Anlehnung an die Real- bzw. Oberrealschulen der höheren Knabenschulen wurde in Preußen das „Oberlyzeum" als Oberstufe der Lyzeen, die zur allgemeinen Hochschulreife führten, eingerichtet. Alsbald wandelten sich nahezu alle höheren Schulen mit Lehrerinnenbildungskursen in den folgenden Jahren in Oberlyzeen um, wodurch die Zahl der bis zur Hochschulreife führenden Mädchenschulen stark zunahm. Die Oberschule für Mädchen wurde der höheren Schule der Jungen gleichgestellt, allerdings dem traditionellen Rollenverständnis gemäß mit viel Gewicht auf musischen und haushaltspraktischen Fächern sowie neueren Sprachen. In der Folge regelten die meisten deutschen Länder das Mädchenschulwesen in Anlehnung an das preußische Vorbild, jedoch mit unterschiedlichen Akzentuierungen und unter Beibehaltung mancher regionaler Besonderheit.[698] Der Typenvielfalt der höheren Mädchenschulbildung der Weimarer Republik wurde 1937 mit der Einführung der „Oberschule für Mädchen" mit sprachlichem oder hauswirtschaftlichem Zweig in der Oberstufe ein Ende gesetzt.[699]

Bis Mitte der 1920er Jahre hatte bereits eine bedeutende Expansion der weiblichen Bildungsbeteiligung in mittleren und höheren Schulen stattgefunden.[700] Zwischen 1921 und 1926 hatte sich beispielsweise die Zahl der Abiturientinnen in Preußen mehr als verdoppelt.[701] Auch wenn in der Weimarer Republik die Zahl der Mädchenschulen (mit Abiturberechtigung) in Städten mittlerer Größe zunahm und Eltern vermehrt dazu bereit waren, ihren Töchtern eine mittlere bzw. höhere Schulbildung zu ermöglichen,[702] herrschte nach wie vor die Einstellung vor, dass sich geld- und zeitaufwendige Investi-

---

[697] Lundgreen 1981, S. 67. Bereits seit der Jahrhundertwende beschleunigte sich der Strukturwandel des Mädchenschulwesens. Es fand eine Integration und formale Angleichung an das bestehende höhere Knabenschulwesen statt. Preußen institutionalisierte als erster deutscher Staat das höhere Mädchenschulwesen mit den „Bestimmungen über die Neuordnung des höheren Mädchenschulwesens" vom 18. August 1908. Danach konnten alle Mädchenschulen nach einem sechs- oder fünfjährigen Kurs eine Studienanstalt einrichten, die zum Abitur führte und als höhere Schule anerkannt wurde. Allerdings konnten nur solche Schulen sich als höhere Schulen anerkennen lassen, die über einen bestimmten Anteil von akademischen Lehrern verfügten. Das konnten sich aber nur wenige Schulen vor allem in Großstädten leisten. Die anderen Schulen, die hinter diesen Kriterien zurückblieben, galten nun als „mittlere Schulen". Nach Zymek bedeutete daher die preußische Schulreform von 1908 „nicht (...) eine längst überfällige staatliche Konzession, den jungen Frauen bislang verwehrte Bildungs- und Berufschancen eröffnen zu können, sondern wirkte als institutionalisierter Zwang zu einer Mobilisierung des weiblichen Bildungspotentials in ihrem regionalen und sozialen Umfeld". Vgl. Preußische Schulreform von 1908 dargestellt in: Zymek 1988, S.192-196; Ehrich 1996, S.132-136.

[698] Siehe hierzu den Ländervergleich von Ehrich (1996) für die Länder Preußen, Baden, Bremen, Sachsen und Bayern.

[699] Vgl. ausführlicher Huerkamp 1996a, S. 61-69; zum Strukturwandel des Mädchenschulwesens in der NS-Zeit siehe Lundgreen 1981, S. 73-75.

[700] Vgl. hierzu die Angaben bei Huerkamp 1996a, S. 56

[701] Vgl. Huerkamp 1996a, Tab. 2, S. 54.

[702] Vgl. Huerkamp 1996a, S. 55.

tionen in die Qualifikation von Mädchen kaum lohnten, da Frauen ohnehin heirateten und damit versorgt waren.[703]

Im Deutschen Reich wie auch in allen Regionen besuchten deshalb weniger Mädchen als Jungen der gleichen Altersgruppe weiterführende Schulen (vgl. Tab. 4-8 bis Tab. 4-10). Die weibliche Bildungsbeteiligung war meist höher in den Gegenden, in denen auch ein höherer Anteil an Jungen eine sekundäre Schulbildung erfuhr und umgekehrt. Die regionalen Unterschiede ähnelten sich deshalb zwischen den beiden Geschlechtern.[704] Damit war die Wohlfahrt in der Dimension Bildung sowohl für Männer als auch für Frauen in den Städten am höchsten, während sie sich in ländlich strukturierten Gegenden, wie in den bayerischen Regierungsbezirken und vor allem in Niederbayern, am unteren Ende der Skala befand. Abgesehen von den Städten standen Preußen und Württemberg sowohl in Bezug auf weibliche wie auch auf männliche Bildungsbeteiligung meist an der Spitze.

Im Schuljahr 1926/27 war die Ungleichheit zwischen Mädchen und Jungen besonders ausgeprägt – in dieser Reihenfolge – in den bayerischen Gebieten, in Sachsen und in Hessen (vgl. Tab. 4-8, Spalte 3 und 7). In den anderen Regionen betrug die Reduktion der Wohlfahrt aufgrund der Geschlechterungleichheit weniger als 10% und in den Städten unter 4%. Damit lässt sich eine zurückbleibende weibliche Bildungsbeteiligung in Staaten mit einer restriktiveren Einstellung zur höheren Mädchenbildung feststellen. Während z.B. Baden in der höheren Mädchenbildung und der Zulassung von Frauen zum Hochschulstudium zu Beginn des Jahrhunderts eine Vorreiterrolle einnahm und seine Gesetzgebung zügig an die preußischen Neuerungen anpasste, blieben Bayern und Sachsen in ihren Regelungen des Mädchenschulwesens hinter den anderen Ländern zurück.[705] Auch die Reduktion des Lebensstandards aufgrund geschlechtsspezifischer Ungleichheiten ist in diesen beiden Ländern, vor allem aber in Bayern, stärker. Entsprechend verschlechtern sich diese Länder im regionalen Ranking um einen Platz, wenn die Ungleichheit zwischen den Geschlechtern berücksichtigt wird.

Betrachtet man die Veränderungen in der sekundären Bildungsbeteiligung, so fällt auf, dass zwischen 1926 und 1931 der relative sekundäre Schulbesuch sowohl der Mädchen als auch der Jungen anstieg (vgl. Tab. 4-11). In den meisten Regionen wie auch auf gesamtstaatlicher Ebene übertraf die prozentuale Zunahme der weiblichen Bil-

---

703 Vgl. Frevert 1986, S. 175.

704 Dennoch lassen sich einige signifikante Abweichungen feststellen. In Ostpreußen, in der Pfalz und in Schwaben schnitt der weibliche relative Schulbesuch bei einem regionalen Ranking durchweg um mehrere Positionen besser ab als der männliche. Andererseits lag die weibliche Bildungsbeteiligung um mehrere Ränge unter der männlichen in Sachsen, in München und in Mittelfranken. Diese Regionen erfuhren aber eine Angleichung der regionalen geschlechtsspezifischen Unterschiede im Laufe der Zwischenkriegszeit. In Thüringen und Baden andererseits kam es zu einer entgegengesetzten Entwicklung in den 1930er Jahren, weil der relative Schulbesuch von Mädchen in sehr viel stärkerem Maße sank als derjenige von Jungen.

705 Vgl. hierzu Ehrich 1996, S. 137-139, 145-147.

dungsbeteiligung diejenige der Jungen.[706] Die Erhöhung war in der Regel stärker, je weiter die weibliche Bildungsbeteiligung zurücklag. In einigen Regionen, zumeist in denen der sekundäre Schulbesuch der Mädchen bereits weiter fortgeschritten war, kam es zu einer stärkeren absoluten Erhöhung der männlichen Schulbesuchsquote (z.B. Frankfurt/M., Köln, Hamburg, Baden, Thüringen, Hessen und Schwaben).

Die Auswirkungen der Weltwirtschaftskrise werden bei der verwendeten relativen Schulbesuchsquote kaum sichtbar. Betrachtet man aber die Schulbesuchsquoten der verschiedenen Jahrgangsstufen, so wird deutlich, dass die unteren Schuljahrgänge auf die schlechtere Wirtschaftslage schneller reagierten als die höheren Jahrgänge.[707] Der relative Schulbesuch der Sextaner lag 1931 bereits unter dem Niveau von 1926.[708] Bei den Mädchen war er stärker rückläufig als bei den Jungen. Vermutlich wurde bei finanziellen Engpässen der Eltern eher dem Sohn der Besuch einer Mittel- oder höheren Schule ermöglicht als einer Tochter.[709] Nur ein geringer Teil der Sextaner blieb bis zum Abitur. Die Verweildauer der Schüler erhöhte sich aber zwischen 1926 und 1931. Die Abiturientenzahlen stiegen bei den Männern bis 1932 und bei den Frauen bis 1933.[710] Insgesamt erhöhte sich die Anzahl der Abiturientinnen in Preußen in den 1920er Jahren stärker als die Zahl der männlichen Abiturienten.[711]

Zwischen 1931 und 1939 sank die sekundäre Bildungsbeteiligung beiderlei Geschlechts im Deutschen Reich wie in den Regionen.[712] Im Reichsdurchschnitt verminderte sich der relative sekundäre Schulbesuch der Mädchen etwas stärker. In den meisten Regionen war der prozentuale Rückgang des weiblichen Schulbesuchs bedeutender (vgl. Tab. 4-11). In Sachsen und in einigen bayerischen Gebieten sank möglicherweise die weibliche Bildungsbeteiligung, wegen des ohnehin niedrigen Niveaus, nicht bzw. nicht stärker als die männliche. Die bereits dargelegten Gründe für die rückläufige Bildungsbeteiligung in der Vorkriegszeit des NS-Regimes, wie z.B. Beschränkungen des sekundären Schulbesuchs von jüdischen Jungen und Mädchen, die enttäuschten Erwartungen der Absolventen in der zweiten Hälfte der 1920er Jahre sowie verbesserte allgemeine Arbeitsmarktchancen, betrafen beide Geschlechter. Allerdings wirkten sie sich auf Mädchen tendenziell stärker aus. Eine Reihe von Schülerinnen verzichtete (teilweise unfreiwillig) auf die Fortsetzung ihrer Schullaufbahn (einschließlich Abitur), auf-

---

706 Lediglich in Bremen und einigen bayerischen Gebietenseinheiten erhöhte sich die sekundäre Schulbesuchsquote der Mädchen in stärkerem Maße.

707 Vgl. Lundgreen 1981, S. 117.

708 Ebd., Tab. 33, S. 114.

709 Vgl. die Gründe für das Absinken der stärkeren weiblichen Studierwilligkeit bei Huerkamp 1996a, S. 60.

710 Vgl. Huerkamp 1996a, S. 59.

711 Vgl. Huerkamp 1996a, S. 54-55.

712 Nur in Sachsen und in München erhöhte sich die weibliche Bildungsbeteiligung leicht.

grund der vom NS-Regime eingeführten geschlechtsspezifischen und rassischen Diskriminierungen.[713]

Im Gesamtzeitraum (1925-1939) erhöhte sich der Lebensstandard in der Dimension Bildung in der Mehrzahl der Regionen sowohl für Männer als auch für Frauen (vgl. Tab. 4-11). Der Umfang dieser Wohlfahrtserhöhung variierte jedoch stark sowohl zwischen den Regionen als auch zwischen den Geschlechtern. In Köln, Preußen, Baden und Thüringen lag die Schulbesuchsquote 1939 unter dem Niveau von 1926. Frauen waren in diesen Regionen im stärkeren Maße von diesem Wohlfahrtsverlust betroffen. In den anderen Gebieten erhöhte sich der Lebensstandard für beide Geschlechter in dieser Dimension, wobei die Frauen in der Regel einen höheren prozentualen Wohlfahrtsgewinn als die Männer verbuchen konnten. Insgesamt lässt sich festhalten, dass sich in einer Reihe von Gebieten die Ungleichheit zwischen den Geschlechtern sowohl im Gesamtzeitraum als auch in den Teilperioden (außer zum Teil während der NS-Zeit) verringerte. In einigen Regionen wie in den meisten Städten (ausgenommen München und Bremen) sowie in Preußen, Baden, Thüringen und Schwaben erhöhten sich die geschlechtsspezifischen Unterschiede (vgl. Tab. 4-8 bis 4-10, v.a. Spalte 3 und 7). Bei Berücksichtigung der Geschlechterungleichheit verschlechterten sich Baden, Thüringen und Hessen in der Wohlfahrtsdimension Bildung bei einem regionalen Vergleich um zwei Plätze (vgl. Tab. 4-10, Spalte 8).

Nach dem Zweiten Weltkrieg orientierte man sich beim Wiederaufbau des höheren Schulwesens an der „männlichen" Traditionslinie mit den drei klassischen Formen des alt- und neusprachlichen sowie mathematisch-naturwissenschaftlichen Gymnasiums.[714] Allerdings gab es auch noch einige Frauenoberschulen.[715]

Auch in den fünfziger Jahren gingen weniger Mädchen als Jungen auf weiterführende Schulen, so dass die relativen weiblichen Schulbesuchsraten im sekundären Bildungssektor in der Bundesrepublik insgesamt wie auch in allen Regionen durchgängig unter denen der Jungen lagen (vgl. Tab. 4-12 bis 4-14). Allerdings hatten sich die Unterschiede im höheren und mittleren Schulbesuch von Mädchen und Jungen bis 1950 im Vergleich zur Zeit vor dem Zweiten Weltkrieg bereits stark verringert (vgl. Tab. 4-9, Spalte 3 und 7 sowie Tab. 4-10, Spalte 3 und 7). Wie auch in der Zwischenkriegszeit war der relative sekundäre Schulbesuch der Mädchen in den Gegenden höher, in denen auch mehr Jungen weiterführende Schulen besuchten. Der Lebensstandard im Bereich Bildung war für beide Geschlechter in den städtischen Gebieten hoch, besonders niedrig dagegen in den Bundesländern Bayern, Rheinland-Pfalz und Baden-Württemberg. In diesen Ländern (im Falle Bayerns einschließlich Münchens) waren zudem auch die Unterschiede zwischen weiblicher und männlicher Schulbesuchsquote besonders ausge-

---

713 Die Ursachen des Bildungsrückganges in der NS-Zeit bis 1939 mit ihren besonders starken Auswirkungen auf die Studentinnen wird in Kap. 4.2.2.1 ausführlich dargelegt. Eine Reihe dieser Gründe gilt für Schülerinnen und Studentinnen gleichermaßen.

714 Lundgreen 1981, S. 75. Zum allgemeinen Aufbau des Mittelschulwesens siehe Kap. 3.4.1.2.

715 Ebd.; Frevert 1986, S. 302.

prägt (vgl. Tab. 4-12 bis 4-14, Spalte 3 und 7). Ein Wechsel der Position einer Region im regionalen Ranking in der Wohlfahrtsdimension Bildung ergab sich jedoch durch die Berücksichtigung der Geschlechterungleichheit kaum (vgl. Tab. 4-12 bis 4-14, jeweils Spalte 8).

Zwar legte das Grundgesetz Art. 3.2 die uneingeschränkte Gleichberechtigung von Frauen und Männern fest, das eingeengte Bildungs- und Berufsspektrum von Mädchen wurde in den 1950er Jahren jedoch noch nicht als gesellschaftliches Problem begriffen. Erst im Rahmen der Bildungsdebatte in den 1960er Jahren rückte die ungleiche Bildungsbeteiligung von Individuen wegen ihrer sozialen und konfessionellen Zugehörigkeit oder regionalen Herkunft in den Mittelpunkt der wissenschaftlich-politischen Diskussion.[716] Etwas verzögert gewann auch die Diskriminierung des weiblichen Geschlechts an Aufmerksamkeit.

Die niedrige Quote von Gymnasiastinnen in Bayern wurde häufig zur Illustration dieser Benachteiligung angeführt. Hildegard Hamm-Brücher griff 1968 die bayerische Schulpolitik aufgrund der mangelnden Förderung und des ungenügenden Ausbaus des höheren Mädchenschulwesens scharf an:

> „Im Bayerischen Kulturministerium existiert zwar ein Referat für Höhere Mädchenbildung, das seine ganze Energie darauf verwendet, die notwendigen Erweiterungen zu verhindern, indem es ein striktes Reglement gegen die Zulassung von Mädchen an öffentlichen Schulen durchführt, das schließlich zu jenem traurigen ‚Rekord' geführt hat, dass Bayern am Ende aller Bundesländer rangiert!“[717]

Anträge auf Zulassung von Mädchen an öffentlichen Schulen würden verschleppt, da eine höhere Bildung für Mädchen nicht erwünscht sei und insbesondere nicht in Form von Koedukation. Bei der Diskussion um das Bildungsdefizit der Mädchen wies man vor allem auf die Situation von Mädchen aus bildungsfernen Schichten hin.[718] Helge Pross beschrieb die Situation folgendermaßen:

> „In der Situation der Arbeitertöchter kumulieren sich also alle Widerstände gegen die theoretische Bildung, die in der Bundesrepublik überhaupt bestehen. Wohnt das Mädchen überdies noch auf dem Land, gar in Bayern oder Rheinland-Pfalz, und gehört es einer katholischen Familie an, so grenzt es ans Wunderbare, wenn es zum Abitur gelangt. Völlig unabhängig von der Begabung ist sein Bildungsweg von vornherein durch die Geschlechts- und Schichtzugehörigkeit determiniert.“[719]

Trotz der noch gewaltigen Unterschiede zwischen Jungen und Mädchen in der höheren Bildung in den ersten Jahrzehnten der Bundesrepublik, lassen sich dennoch einige Fortschritte bereits in den 1950er Jahren erkennen. In allen Regionen expandierte der se-

---

716 Vgl. Metz-Göckel 1996, S. 374.

717 Hamm-Brücher 1968, S. 267 zitiert in Pross 1969, S. 42-43.

718 So würden vor allem bei Arbeitern, Bauern, kleinen Selbständigen und Angestellten in niedrigen Positionen unter anderem aufgrund von wirtschaftlichen Gegebenheiten die Bildungsmöglichkeiten der Mädchen stärker eingeschränkt als die der Jungen (vgl. Pross 1969, S. 64).

719 Pross 1969, S. 65.

kundäre Schulbesuch sowohl von Jungen als auch von Mädchen in bedeutendem Maße (vgl. Tab. 4-15).[720] Prozentual konnten beide Geschlechter in einem ähnlichen Umfang ihre Bildungsbeteiligung verbessern. Damit konnten sowohl Mädchen als auch Jungen ihre Wohlfahrt in der Dimension Bildung erhöhen. In der Mehrzahl der Regionen kam es aber nicht zum Abbau der Ungleichheit zwischen Mädchen und Jungen beim sekundären Schulbesuch. Nichtsdestotrotz konnten die Mädchen ihren Anteil an den Abiturienten auf gesamtstaatlicher Ebene von 34% auf 36% zwischen 1950 und 1960 leicht steigern.[721] In den Städten besuchten mehr Mädchen und auch Jungen eine weiterführende Schule, und die Unterschiede waren meist gering. In einigen Städten erhöhte sich die weibliche sekundäre Schulbesuchsquote etwas stärker als die der Jungen. Unzureichend war hingegen das Wohlfahrtsniveau vor allem der Mädchen in den Bundesländern Bayern und Rheinland-Pfalz.

4.2.2.2 Die Entwicklung des relativen Hochschulbesuchs von Männern und Frauen

Zu Beginn des 20. Jahrhunderts öffneten sich die deutschen Hochschulen für Studentinnen.[722] Vor allem nachdem Preußen 1908 die Immatrikulation von Frauen freigab, expandierte das Frauenstudium in Deutschland rasch.[723]

Nachdem in der Weimarer Republik die Frauen die verfassungsmäßig garantierte politische Gleichstellung mit den Männern erreicht hatten, standen ihnen nun auch nahezu alle akademischen Laufbahnen offen.[724] Nach dem Krieg kehrten die Studenten wieder in die Hochschulen zurück und stellten die Universitäten für mehrere Jahre aufgrund dieses Andrangs vor Kapazitätsprobleme.[725] Mit der Normalisierung der Verhältnisse und dem gleichzeitigen Ausscheiden mehrerer Kriegsgenerationen sank im Laufe der ersten Hälfte der zwanziger Jahre der relative Hochschulbesuch der Männer stark, während sich der weibliche kaum veränderte. In der Folge reduzierte sich die Ungleichheit in der Wohlfahrtsdimension Bildung zwischen den beiden Geschlechtern markant.

---

720 Zu bedenken ist dabei, dass der sekundäre Bildungssektor Mittelschulen und Gymnasien umfasst. Die Ausweitung ging bei beiden Geschlechtern, insbesondere aber den Mädchen, auf den vermehrten Mittelschulbesuch zurück.

721 Frevert 1986, S. 261.

722 Vgl. Kater 1972, S. 209; Stephenson 1975, S. 42; Grüttner 1995, S. 109.

723 Vgl. ebd. Vor Ausbruch des Ersten Weltkriegs waren sieben Prozent aller Studierenden in Deutschland weiblich. Während des Krieges stellten die Frauen nahezu die Mehrheit in den Hörsälen. Zwar betrug der Frauenanteil nur etwa 9% aller immatrikulierten Studenten, die meisten männlichen Studierenden waren aber wegen Kriegsdienstes beurlaubt (1914/15: 60% und 1917/18: 80% beurlaubte männliche Studenten). Vgl. Huerkamp 1996a, S. 76; auch: Grüttner 1995, S. 109-110; Kater 1972, S. 209-210.

724 Seit 1920 konnten Frauen die Hochschullehrerlaufbahn einschlagen und ab 1922 konnten sie auch juristische Berufe ergreifen (Grüttner 1995, S. 110).

725 Vgl. Mertens 1991, S. 80; Stephenson 1975, S. 43.

In der zweiten Hälfte der 1920er Jahre und in den frühen 1930er Jahren expandierte der relative Hochschulbesuch beiderlei Geschlechts bedeutend.[726] Zwischen 1925 und 1932 erhöhte sich die Quote der Männer von 28 auf 35 je 1.000 Studenten im Alter zwischen 20 und 25 Jahren. Die Rate der Studentinnen stieg von 2,4 auf 6,6 Promille (vgl. Tab. 4-16).[727] Die weiblichen Studienquoten erhöhten sich damit um 180%, während die der männlichen Hochschüler nur um 25% wuchs. Die stärkere Zunahme der Studentinnen resultierte aus dem Ausbau des Mädchenschulwesens seit der Jahrhundertwende.[728] Für die Weimarer Republik lässt sich festhalten, dass sich zwischen 1920 und 1932 die Wohlfahrt der Frauen in der Dimension Bildung gemessen am Hochschulbesuch deutlich verbesserte. Aufgrund von Sonderkonjunkturen des männlichen Hochschulbesuchs sank dieser in der ersten Hälfte der zwanziger Jahre, um sich anschließend ebenfalls auszuweiten. 1932 lag er aber immer noch unter dem Niveau von 1920. Die Ungleichheit zwischen Männern und Frauen in dieser Lebensstandardkomponente war immens, durch die Zunahme der Studentinnen reduzierte sie sich aber. Am Ende der Weimarer Republik studierten jedoch immer noch weniger als 1% der Frauen zwischen 20 und 25 Jahren. Aber auch bei den Männern war der Hochschulbesuch mit 4% sehr elitär.

Seit Ende der zwanziger Jahre häuften sich die einem Frauenstudium ablehnend gegenüberstehenden Stimmen.[729] Diese Stimmung ist in Zusammenhang mit einer allgemeinen „hysterische(n) öffentliche(n) Diskussion über die angebliche Überfüllung der höheren Schulen, Hochschulen und akademischen Berufe“ zu sehen.[730] Versuche der Bildungsbehörden der Länder, sich auf Begrenzungen des Hochschulzugangs zu verständigen, scheiterten bis Anfang 1933.[731] Vor diesem Hintergrund ist das „Gesetz gegen die Überfüllung deutscher Schulen und Hochschulen“ vom 25. April 1933 zu sehen,[732] allerdings mit der für den Nationalsozialismus typischen rassistischen

---

[726] Vgl. überdies die Entwicklung des relativen Hochschulbesuchs (einschl. Frauenstudium) in der ersten Hälfte des 20. Jahrhunderts in Titze 1989, S. 211.

[727] Eine regionale Differenzierung des Hochschulbesuchs ist nicht möglich; vgl. dazu Kap. 3.2.3.

[728] Für die steigenden Abiturientinnen- bzw. Studentinnenzahlen bis 1931 nennt Stephenson (1975, S. 43) als Grund den Ausbau des Mädchenschulwesens vor dem Ersten Weltkrieg, während sich Huerkamp (1996b, S. 327) auf die Modernisierung der Mädchenschulen in den 1920er Jahren bezieht.

[729] Vgl. dazu und zu den zeitgenössischen „Argumenten“ gegen das Frauenstudium z.B. Grüttner 1995, S. 112-115; Kater 1972, S. 219-225; Huerkamp 1996b, S. 327-328.

[730] Zymek 1987, S. 238.

[731] Im Februar 1933 einigten sich die Länder auf die „Regelung des Zugangs der Abiturienten zu den Hochschulen“, wonach Absolventen und Eltern verständigt wurden, wenn kein Studium ergriffen werden sollte. Die Bestimmung wurde am 17. März 1933 vom Reich übernommen (vgl. Huerkamp 1996b, S. 329; vgl. auch Grüttner 1995, S. 102).

[732] Huerkamp 1996b, S. 340.

Prägung.[733] In einer Verordnung Ende 1933 wurde festgelegt, dass von den Abiturienten des Jahrganges 1934 nur 15.000 eine Berechtigung zum Hochschulstudium erhalten und der Anteil der Abiturientinnen mit Hochschulberechtigung „in keinem Land 10 v.H. der zugewiesenen Zahl überschreiten" durfte.[734] Danach bekam in etwa jeder zweite Abiturient, aber nur jede siebte Abiturientin einen Studienplatz. Diese extreme Restriktion des Hochschulbesuchs und Diskriminierung von Frauen hatte allerdings nicht lange Bestand. Bereits 1935 wurde die Regelung für „Arier" wieder aufgehoben, so dass sie nur für das Jahr 1934 galt. 1934 konnten sich 12,5% Frauen immatrikulieren, weil die Männer ihren Anteil nicht vollständig ausgenutzt hatten.[735] Da meist zwischen 35 und 43 % der Abiturientinnen studieren wollten, erhielt 1934 eine Reihe von studierwilligen Frauen keine Erlaubnis zum Hochschulstudium, aber auch nicht alle männlichen Reifeprüflinge konnten studieren. Abiturientinnen konnten zwischen 1935 und 1944 in der Regel ohne administrative Einschränkungen ein Studium an der Universität beginnen.[736] Der Numerus Clausus bedeutete für etliche Frauen, aber auch für einige Männer, eine Beeinträchtigung ihrer Lebensperspektive, den Rückgang der Studierendenzahlen in den 1930er Jahren erklärt er nur bedingt. Zwischen 1932 und 1937 sank der relative Hochschulbesuch sowohl von Männern als auch von Frauen. Bei den Studenten sank er um 33 % von 34,9 auf 23,3 Promille der 20- bis 25jährigen. Bei den Frauen reduzierte er sich sogar um 44 % von 6,6 auf 3,7 Promille. Aufgrund des etwas stärker ausgeprägten Rückgangs der weiblichen Studienquote erhöhten sich die geschlechtsspezifischen Disparitäten leicht. Allerdings ist insgesamt festzuhalten, dass der Wohlfahrtsverlust für beide Geschlechter bedeutender ist als die Verschärfung der Unterschiede zwischen Männern und Frauen.[737] Die schlechte Arbeitsmarktlage, insbesondere für Akademiker, der Arbeitsdienst, die Vertreibung von Studenten und Studentinnen aus politischen und rassischen Gründen, eine restriktivere Stipendienpolitik, aber

---

733 Zur zuvörderst antisemitischen und dann erst antifeministischen Intention des Gesetzes siehe Huerkamp 1996b, S. 331. Das Gesetz und eine gleichzeitig erlassene Ausführungsverordnung begrenzten den Anteil der jüdischen („nicht-arischen") Erstsemester auf 1,5%, und der Anteil der jüdischen Studentenschaft durfte 5% an einer Fakultät nicht übersteigen. Viele Univerisitäten nahmen im Alleingang bereits im Sommersemester 1933 keinerlei jüdische Studenten und Studentinnen mehr auf. Aufgrund der feindlichen Stimmung an den Hochschulen brachen auch viele Studenten jüdischer Konfession ihr Studium ab. Vom Sommersemester 1932 bis zum Sommersemester 1933 halbierte sich die Zahl der jüdischen Studierenden beiderlei Geschlechts (vgl. Huerkamp 1996a, S. 30-31).

734 Anordnung über die zahlenmäßige Begrenzung des Zugangs zu den Hochschulen, 28.12.1933, in: Reichsministerialblatt, 62. Jg., 1934, S. 17 zitiert nach Grüttner 1995, S. 115. Zur geschlechtsspezifischen NC-Regelung grundlegend Huerkamp 1996b, S. 332-334.

735 Huerkamp 1996b, S. 333-334.

736 Grüttner 1995, S. 116.

737 Huerkamp (1996b, S. 331) verweist zu Recht darauf, dass „der starke Rückgang der Studierenden beiderlei Geschlechts wesentlich ausgeprägter (war) (...) als die Unterschiede nach dem Geschlecht."

auch sich bessernde Aussichten in nicht-akademischen Berufsfeldern führten dazu, dass beide Geschlechter nach 1931/32 seltener ein Hochschulstudium begannen.[738] Während die Einführung der Wehrpflicht 1935 ausschließlich zum Rückgang der männlichen Studienquote beitrug, betrafen die meisten anderen Gründe die Frauen stärker. Die Aussichten für akademische Berufe waren u.a. durch die Diskriminierungen von Beamtinnen, Kassenärztinnen, Lehrerinnen und Juristinnen für Frauen besonders ungünstig.[739] Zudem waren Frauen von der Wirtschaftskrise stärker betroffen, weil bei wirtschaftlicher Unsicherheit von einer „Bildungsinvestition" in den weiblichen Nachwuchs eher Abstand genommen wurde.[740] Dies traf vor allem auf bildungsfernere Schichten zu, so dass es im „Dritten Reich" zu einer „verstärkten Akademisierung der sozialen Herkunft der weiblichen Studierenden kam."[741] Studentinnen erhielten darüber hinaus seltener Stipendien oder andere Unterstützungsleistungen.[742] Der Ausschluß der jüdischen Studentenschaft wirkte sich beim weiblichen Hochschulbesuch aufgrund der Überrepräsentativität der Frauen in der jüdischen Studentenschaft stärker aus.[743] Die Ableistung des Arbeitsdienstes (obligatorische Voraussetzung für die Aufnahme eines Hochschulstudiums seit 1934) mit dem damit verbundenen Lagerleben, einfachen Unterkünften und körperlichen Belastungen, war für Mädchen aus bürgerlichem Hause sicherlich abschreckender als für Jungen.[744] Letztlich mag auch die Propaganda des Leitbildes der Hausfrau und Mutter die Studierwilligkeit von Abiturientinnen negativ beeinflusst haben.[745]

Mit beginnendem Arbeitskräfte- bzw. Akademikermangel expandierte der relative Hochschulbesuch der Frauen vor allem während des Zweiten Weltkriegs. Auch weil sich ein großer Prozentsatz der Männer bei der Wehrmacht befand, erhöhte sich der Anteil der Studentinnen von 30% der universitären Studentenschaft 1940 auf 47% im Wintersemester 1943/44.[746]

Nach 1945 verbreitete sich das Frauenstudium.[747] Im Jahr 1950 hatte sich der relative Hochschulbesuch beider Geschlechter gegenüber dem Vorkriegsstand mehr als verdop-

---

738 Vgl. z.B. Grüttner 1995, S. 104-105; Huerkamp 1996, S. 340.

739 Vgl. Grüttner 1995, S. 116; Huerkamp 1996b, S. 334-335.

740 Grüttner 1995, S. 117. Dabei ist zu bedenken, dass die Kosten eines sechssemestrigen Philologie- oder Geschichtsstudiums etwa 1.400 RM betrugen. Hinzu kamen in der Regel noch die Ausgaben für Unterbringung und Verpflegung. Zum Vergleich: ein unverheirateter Lehrer verdiente im Monat 209 Reichsmark (Mertens 1991, S. 108).

741 Mertens 1991, S. 107.

742 Vgl. Grüttner 1995, S. 118; Huerkamp 1996b, S. 338-339;

743 Grüttner 1995, S. 118. Zum stärker verbreiteten Studium von Jüdinnen im Vergleich zu den anderen Konfessionen und dessen Gründen siehe Huerkamp 1996a, S. 25-30.

744 Huerkamp 1996a, S. 83-85, v.a. S. 85.

745 Grüttner 1995, S. 118.

746 Grüttner 1995, S. 119.

747 Mertens 1991, S. 107; zur Entwicklung der Studenten und Studentinnenzahlen in den 1950er Jahren siehe auch Jarausch 1984, S. 216-217.

pelt. Im Laufe der 1950er Jahre erhöhte sich die Studentinnenquote an den 20- bis 25jährigen stärker als die der Studenten, so dass sich die Ungleichheit zwischen den Geschlechtern wieder verminderte. Die soziale Herkunft stellte weiterhin eine der höchsten Hürden für den Hochschulzugang dar, und wie in der ersten Hälfte des 20. Jahrhunderts waren die Studentinnen auf die sogenannten typischen Studienfächer für Frauen konzentriert.[748]

4.2.3 Die unterschiedliche Lebenserwartung von Männern und Frauen

4.2.3.1 Geschlechtsspezifische Differenzen der Lebenserwartung: Ursachen und die Beurteilung des geschlechtsbezogenen Lebensstandards

Frauen in den westlichen Industrieländern leben zwischen fünf und sieben Jahren länger und weisen in allen Altersgruppen ein niedrigeres Mortalitätsrisiko auf als Männer.[749] Zur Erklärung der geschlechtsspezifischen Mortalitätsunterschiede werden im Wesentlichen zwei Ansätze unterschieden. Einerseits jene, die biologische Faktoren in den Mittelpunkt stellen und auf immunologische und hormonelle Unterschiede zwischen den Geschlechtern hinweisen. Andererseits solche, die auf verhaltens- bzw. umweltbedingte Determinanten abzielen, also auf geschlechtsspezifische Variationen des Gesundheitsverhaltens und der Lebensbedingungen.

Ein zentrales Argument für biologische Unterschiede ist die höhere Sterblichkeit männlicher Föten und Neugeborener.[750] Diskutiert wird, dass Frauen eine geringere Krankheitsanfälligkeit besitzen, da sie über mehr Immunglobuline verfügen, deren Produktion von auf dem X-Chromosom lokalisierten Genabschnitten beeinflusst wird.[751] Im höheren Alter geht die männliche Übersterblichkeit vor allem auf Herz-Kreislauf-Erkrankungen zurück. In diesem Zusammenhang wird vermutet, dass Frauen durch

---

748 Mertens 1991, S. 173; Frevert 1986, S.262;

749 MFJFG 2000, S. 29. Zahlreiche Studien belegen, dass Frauen, trotz ihrer höheren Lebenserwartung, mehr über ihren Gesundheitszustand klagen und häufiger unter psychosomatischen und psychischen Krankheiten leiden. In der Frauengesundheitsforschung werden deshalb fünf Determinanten zur Erklärung geschlechtsspezifischer Mortalitäts- und Morbiditätsdifferenzen herangezogen: (1) biologisch-genetische Faktoren, (2) unterschiedliche Symptomwahrnehmung und Krankheitsverhalten, (3) methodische Artefakte bei der Befragung von Morbidität, (4) unterschiedliche Reaktionen des medizinischen Versorgungssystems bei Beschwerden und (5) erworbene Risiken, die sich sowohl auf Unterschiede im gesundheitsrelevanten Verhalten als auch auf unterschiedliche Arbeits- und Lebensbedingungen beziehen (vgl. Kolip 1998, S. 506-513). Ausführlich diskutiert werden die Ursachen für die geschlechtsspezifischen Mortalitäts- und Morbiditätsunterschiede auch in Verbrugge 1985; MFJFG 2000, S. 36-40.

750 Vgl. Waldron 1985, S. 66-67 und die dort zitierte Literatur.

751 Vgl. Waldron 1985, S. 61.

weibliche Sexualhormone gegenüber koronaren Herzkrankheiten bis zur Menopause resistenter sind.[752]

Erklärungen für die höhere männliche Mortalität, die auf ein geschlechtsspezifisch unterschiedliches Gesundheitsverhalten abstellen, gewinnen jenseits des Kindheitsalters an Bedeutung. Männer setzen sich höheren Gesundheitsrisiken aus, z.B. übermäßigem Alkoholgenuss, häufigerem Rauchen, unvorsichtigerem Autofahren usw., die sich in einer Übersterblichkeit an Unfällen, Herzinfarkt, Leberzirrhose, Lungenkrebs und Selbstmord widerspiegeln.[753] Eine überragende Rolle bei der Zunahme der männlichen Übersterblichkeit wird der Ausbreitung des Zigarettenkonsums und dem unterschiedlichen Rauchverhalten von Männern und Frauen zugeschrieben.[754] Der Anteil der Raucher ist bei der männlichen Bevölkerung höher als bei der weiblichen[755], zudem rauchen Männer mehr und stärkere Zigaretten als Frauen, was unter anderem daran liegt, dass der Zigarettenkonsum von Frauen lange gesellschaftlich sanktioniert war.[756] Mit dem Aufweichen der entsprechenden sozialen Normen lässt sich inzwischen ein Angleichen des Rauchverhaltens von Frauen und Männern feststellen.

Eine wichtige Rolle spielt weiter, dass Männer in Verbindung mit ihrer Berufstätigkeit häufiger Gesundheitsrisiken ausgesetzt sind und nicht nur öfter gefährliche und/oder gesundheitsschädliche Berufe ausüben, sondern durch ihre Berufstätigkeit auch größerem Stress ausgesetzt sind.[757] Diese sozio-ökonomischen Ursachen besitzen für das späte 20. Jahrhundert aufgrund der Angleichung von männlicher und weiblicher Erwerbsarbeit sowie des verbesserten Arbeitsschutzes wenig Erklärungsgehalt für die männliche Übersterblichkeit, waren aber in den zwanziger und dreißiger Jahren des Jahrhunderts durchaus noch von größerem Belang.[758]

---

752 Vgl. Waldron 1985, S. 64.

753 Vgl. Waldron 1985, S. 67-68; Kolip 1998, S. 507; zur bereits zeitgenössischen Diskussion über den Zusammenhang zwischen der männlichen Übersterblichkeit und übermäßigem Alkoholkonsum vgl. Schmölders 1929 und Bandel 1929.

754 Vgl. Waldron 1985, S.63-64, 68.

755 Zu geschlechtsspezifischen Unterschieden des Rauchverhaltens in Deutschland um 1990 siehe Kolip 1998, S. 512-513.

756 Nach Proctor wurzelte der geringere Sterblichkeitsanstieg an Lungenkrebs von Frauen und Männern in der BRD zwischen 1952 und 1990 im Vergleich zu den USA in spezifischen NS-Ideologien. Die Bevormundung von Frauen durch das NS-Regime, einschließlich der massiven Nichtraucherpropaganda, hielt Frauen vom Rauchen ab. Der Militarismus des NS-Regimes brachte aber auch einen Großteil der Männer in Situationen, in denen sie nicht rauchen konnten. Rationierung und Armut reduzierten den Tabakkonsum in Deutschland in der Kriegszeit nach 1942 und in den Nachkriegsjahren (vgl. Proctor 1999, S. 268-270).

757 Die höhere Mortalität von Männern an Krebserkrankungen der Atmungsorgane steht nicht nur in Zusammenhang mit dem vermehrten Rauchen von Männern, sondern auch mit ihrer höheren Beschäftigungsquote z.B. im Bergbau und der chemischen Industrie (vgl. MFJFG 2000, S. 39).

758 Vgl. Gjonça, Tomassini und Vaupel 1999, S. 4-5. Vgl. hierzu zeitgenössische Berichte zu Berufskrankheiten wie z.B. für Bayern aus dem Jahre 1939: „Wie in den Städten, so sind auf dem Lande auch gelegentlich Berufskrankheiten häufig, z.B. Staublunge und Tuberkulose bei Porzel-

Die Entwicklung der geschlechtsspezifischen Mortalität ist letztlich aber nicht durch einen der vorgetragenen Ansätze alleine erklärbar, sondern von einem Bündel von Faktoren abhängig.[759] Die relative Bedeutung der einzelnen Determinanten ist schwierig zu bewerten.

Die Höhe des weiblichen Überlebensvorteils aufgrund biologischer Faktoren ist bisher nicht exakt bestimmt, weshalb die Schätzungen variieren. Die Vereinten Nationen nehmen einen Überlebensvorteil von mindestens fünf Jahren an,[760] während Studien für Deutschland eine biologisch begründete höhere weibliche Lebenserwartung von maximal zwei Jahren nahelegen.[761]

Aufgrund des biologisch begründeten Überlebensvorteils von Frauen ist in Bezug auf den Lebensstandard festzuhalten, dass eine niedrigere bis gleich hohe Lebenserwartung von Frauen gegenüber Männern klar als ein Wohlfahrtsdefizit der Frauen zu deuten ist.[762] Die Übersterblichkeit der Männer über den biologischen Anteil hinaus kann dagegen wohlfahrtstheoretisch unterschiedlich beurteilt werden.[763] Nach Sens Theorie der Fähigkeiten (capabilities) hat die männliche Bevölkerung das Potential, abzüglich des biologisch erklärbaren Anteils, eine ähnlich hohe Lebenserwartung wie die Frauen zu erreichen. Aufgrund ihres frei gewählten risikoreicheren Gesundheitsverhaltens realisieren sie jedoch tatsächlich eine geringere Lebenserwartung, wählen also freiwillig eine kürzere Lebensdauer, als sie erreichen könnten. Die Übersterblichkeit der männlichen Bevölkerung ist somit nicht als wohlfahrtsmindernde Ungleichheit zwischen den Geschlechtern zu interpretieren.

Andererseits resultiert die geschlechtsspezifische Variation des gesundheitsrelevanten Verhaltens aus unterschiedlichen Sozialisationsbedingungen und –zielen, z.B. geschlechtstypischem Gesundheitsverhalten, um Männlichkeit oder Weiblichkeit darzustellen oder kulturellen Normen wie der geringeren sozialen Akzeptanz des Zigarettenrauchens von Frauen. In der vorliegenden Arbeit wird die Übersterblichkeit von Männern über ein bestimmtes Maß hinaus als Wohlfahrtsverlust bewertet, da die Ursachen für dieses risikoreichere Verhalten letztlich nicht geklärt sind.[764] Außerdem ist der Untersuchungszeitraum von zwei Weltkriegen geprägt, die unabhängig vom individuellen Gesundheitsverhalten über eine Risikoselektion einen bedeutenden Einfluss

---

lan- und Steinarbeitern..." (Bericht über das Bayerische Gesundheitswesen für das Jahr 1939, S. 12); ähnlich für Bergarbeiter: Sopade-Berichte 1938, S.1073.

759 Vgl. Dinkel und Luy 1999, S. 107. Zur Diskussion der einzelnen Ansätze und ihrer Verknüpfung siehe z.B. Lopez 1983, S. 116- 120; Waldron 1985, v.a. S. 72-74.

760 Dabei wird wie oben bereits angesprochen eine um fünf Jahre höhere Lebenserwartung von Frauen gegenüber Männern aus biologischen Gründen angenommen (siehe Anand und Sen 2005, S. 211).

761 Exemplarisch Dinkel und Luy 1999, S. 127.

762 Vgl. zu diesem Problem Klasen 2004, S.6-7.

763 Vgl. Diskussion bei Klasen 2004, S. 8-10.

764 Sie könnten sich unter anderem aus unterschiedlichen Sozialisationsbedingungen und –zielen ergeben.

auf die Sterblichkeit der männlichen Bevölkerung ausübten. Nach Dinkel ist davon auszugehen, dass die beiden Weltkriege mit ihrer hohen Zahl an direkten Kriegsverlusten zu einer starken Reduktion der „guten Risiken", also gesunden, leistungsfähigen Personen, bei der männlichen Bevölkerung geführt haben, während die durch Krieg und Nachkriegszeit verschlechterte Ernährung, medizinische Versorgung u. ä. bei den Frauen verstärkt den „schlechten Risiken", also den krankheitsanfälligeren Personen zusetzte.[765] Infolgedessen erhöhte sich die Übersterblichkeit der Männer nach dem Krieg, weil die männliche Bevölkerung einen höheren Anteil „schlechter Risiken" als die weibliche Bevölkerung aufwies. Zudem wurde auch die Gesundheitslage der verbliebenen männlichen „guten Risiken" durch Kriegseinwirkungen wie Gefangenschaft, psychische Belastungen, Mangelernährung usw. geschwächt. Andere Erklärungsansätze stellen darauf ab, dass die schlechten Ernährungsverhältnisse nach dem Ersten Weltkrieg hauptsächlich die männlichen Jugendlichen trafen und diese später für Herz- und Kreislauferkrankungen anfälliger waren. Mädchen sollen hingegen biologisch über eine höhere Fettspeicherfähigkeit als Jungen verfügen und deshalb weniger beeinträchtigt worden sein.[766] Welcher dieser Erklärungsansätze auch zutreffen mag, die zunehmende Übersterblichkeit der männlichen Bevölkerung in der Bundesrepublik ist wohlfahrtsmindernd einzustufen.

4.2.3.2 Trends und regionale Unterschiede in der Sterblichkeit von Männern und Frauen

Abbildung 4-1 illustriert die mittlere Lebenserwartung der männlichen und weiblichen Bevölkerung sowie die absolute geschlechtsspezifische Differenz in diesem Parameter für Deutschland zwischen 1920 und 1960, ausgenommen den Zweiten Weltkrieg.

1920 hatten die Frauen einen Überlebensvorteil von 2,5 Jahren und damit immer noch ein geringes Wohlfahrtsdefizit im Bereich „langes Leben".[767] Der Unterschied vergrößerte sich auf etwa drei Jahre in der Inflationszeit, reduzierte sich kurzfristig mit der Währungsstabilisierung im Jahr 1924 und erhöhte sich in der Phase der relativen wirtschaftlichen Stabilität bis 1930 durchgängig auf 3,2 Jahre. In den folgenden drei Jahren der wirtschaftlichen Krise kam es zu einem deutlichen Rückgang der Geschlechterdisparitäten in der Dimension „langes Leben". In der NS-Zeit bis 1939 stieg die Differenz hingegen um mehr als ein Jahr. Infolge des Zweiten Weltkriegs hatten die Männer 1946 eine um sieben Jahre niedrigere mittlere Lebenserwartung. Die Sterblichkeitsentwicklung normalisierte sich aber rasch wieder, so dass mit Gründung der Bundesrepublik in etwa wieder die Vorkriegsverhältnisse erreicht wurden. 1960

[765] Dinkel 1984, v.a. S. 493-496.

[766] Horiuchi 1983, S. 84, 89.

[767] Es wurde angenommen, dass Frauen aus biologischen Gründen eine um fünf Jahre höhere gegenüber Männern aufweisen. Erst bei einem Überlebensvorteil der Frauen von fünf Jahre würden Männer und Frauen das gleiche Wohlfahrtsniveau besitzen.

betrug der Unterschied 5,3 Jahre, so dass sich die Schere zunehmend zuungunsten der Männer entwickelt hatte.

Zusammenfassend lässt sich festhalten, dass sich die Lebenserwartung bei der Geburt in der Zwischenkriegszeit für die Männer um zehn und für die Frauen um mehr als elf Jahre erhöhte. Der Lebensstandard in der Dimension „langes Leben" verbesserte sich also in der Weimarer Republik zwischen 1920 und 1932 erheblich. Im Zeitraum von 1932 und 1939 stagnierte der Lebensstandard in diesem Bereich für die männliche Bevölkerung; für die Frauen erhöhte sich die Lebenserwartung weiter um ein zusätzliches Jahr. 1946 hatte sich die Lebenserwartung der Männer um mehr als zwei Jahre verkürzt, während die der Frauen sich um ein halbes Jahr verlängert hatte. Die anschließend einsetzende rasche Normalisierung führte dazu, dass die Männer bis 1950 ihre Lebenserwartung um mehr als sieben und die Frauen um vier Jahre steigerten. In den 1950er Jahren erhöhte sich die Lebenserwartung der Frauen wieder stärker als die der Männer, nämlich um drei bzw. zwei Jahre.

Der Abstand zwischen weiblicher und männlicher mittlerer Lebenserwartung steigerte sich in der Zwischenkriegszeit von 2,5 (1920) auf 3,9 Jahre (1939), wobei der Unterschied vor allem in der NS-Zeit zunahm. In den 1950er Jahren stieg er noch einmal von 3,8 auf 5,2 Jahre.

Ähnliche Entwicklungen der Lücke zwischen männlicher und weiblicher Lebenserwartung lassen sich auch in vielen anderen Industrieländern im 20. Jahrhundert feststellen.[768] International vergleichende Untersuchungen zeigen, dass der Anstieg der männlichen Übersterblichkeit zwischen den 1930er und 1970er Jahren aus unterschiedlichen Sterblichkeitstrends der erwachsenen Männer und Frauen, insbesondere nach dem 45. Lebensjahr, resultierte.[769] Jungen profitierten mehr vom Sterblichkeitsrückgang im Säuglings- und Kindesalter.[770] Diese Entwicklungstendenz wirkte sich reduzierend auf geschlechtsspezifische Mortalitätsdifferenzen aus. Die Erhöhung der männlichen Übersterblichkeit lässt sich in den meisten Industrieländern auf eine Auseinanderentwicklung der Mortalität an Herzkreislauferkrankungen, Krebs, Verkehrsunfällen und den Rückgang der Müttersterblichkeit zurückzuführen.[771] Der Rückgang der tödlichen Arbeitsunfälle begünstigte zwar ebenfalls die Mortalitätsentwicklung der Männer, entge-

---

[768] Vgl. United Nations Secretariat 1988, S. 86-90. Im Folgenden Lopez 1983, zusammenfassend: S. 113-116.

[769] Um 1980 endete der Trend der wachsenden männlichen Übersterblichkeit in den USA und einigen anderen Industriestaaten (vgl. Waldron 2000, S. 100).

[770] Siehe auch United Nations Secretariat 1988, v. a. S. 94-95.

[771] In Deutschland betrug die Differenz zwischen weiblicher und männlicher Lebenserwartung bei der Geburt im Jahr 1984 6,7 Jahre, davon gingen allein 2,8 Jahre auf die höhere Sterblichkeit der Männer an Herz-Kreislauf-Erkrankungen zurück. Ein Jahr dieser Differenz erklärt sich aus der männlichen Übersterblichkeit an Unfällen, Selbstmord und Mord und ein weiteres Jahr (1,3 Jahre) ergab sich aus der höheren Krebsmortalität der Männer (vgl. United Nations Secretariat 1988, Tab. 7, S. 81).

gen diesem Trend stieg jedoch vor allem bei den jungen männlichen Erwachsenen (15-24 Jahre) die Zahl der tödlichen Verkehrsunfälle.

Die deutsche Entwicklung weist ähnliche Verlaufsmuster auf (vgl. Abb. 4-2 und 4-3).[772] In der Zwischenkriegszeit erhöhten sich die geschlechtsspezifischen Disparitäten der Erwachsenenmortalität (von 15 bis 60 Jahren). Die Relation zwischen weiblicher und männlicher Sterblichkeit veränderte sich hingegen im Säuglings- und Kindheitsalter sowie im Alter über 60 Jahren kaum. Interessant ist, dass sich bis zur Mitte der 1920er Jahre in der Altersgruppe der 30- bis 45jährigen noch eine höhere Sterblichkeit der Frauen feststellen lässt.[773] Am Ende der Dekade hatten sich die Verhältnisse in dieser Altersgruppe umgekehrt, obwohl sich in den 1920er Jahren die Müttersterblichkeit erhöht hatte. Die geschlechtsspezifische Sterblichkeit dieser Altersgruppe lief während der gesamten Zwischenkriegszeit auseinander, und diese Entwicklung beschleunigte sich noch in der zweiten Hälfte der dreißiger Jahre. Die 15- bis 45jährigen erlebten einen Anstieg der Differenzen nach 1935, was zeitlich mit dem Einsetzen des allgemeinen Rückganges der Müttersterblichkeit zusammenfällt. Allerdings trug zu diesem Anstieg nicht nur der Rückgang der weiblichen Sterblichkeit in diesen Altersgruppen bei, sondern er wurde auch durch einen leichten Mortalitätsanstieg der Männer vorangetrieben (siehe unten und Tab. 4-17).

In den 1950er Jahren war, mit Ausnahme der Säuglinge und Kinder (1-5 Jahre), in allen Altersgruppen ein deutlicher Niveausprung der geschlechtsspezifischen Sterblichkeitsunterschiede zuungunsten der Männer zu verzeichnen. Die Auseinanderentwicklung manifestierte sich, wie in anderen Industrieländern, insbesondere in der Altersgruppe 15 bis 30 Jahre und ab dem 45. Lebensjahr (vgl. Abb. 4-2 und 4-3).

Im Allgemeinen ergab sich die zunehmende Diskrepanz zwischen den Mortalitätsraten von Männern und Frauen im 20. Jahrhundert aus einem stärkeren Rückgang der weiblichen Sterblichkeit. Für den Untersuchungszeitraum zeigt sich für Deutschland kein so eindeutiges Verlaufsmuster (siehe Tab. 4-17). In den zwanziger Jahren war der Sterblichkeitsrückgang bei den Frauen in jeder der ausgewählten Altersgruppen stärker, vor allem nach dem ersten Lebensjahr. Während der Weltwirtschaftskrise verringerten sich die geschlechtsspezifischen Mortalitätsunterschiede vor allem dadurch, dass sich die Sterblichkeit der Frauen im mittleren Alter (15 bis 45 Jahre) in etwas geringerem Maße reduzierte.

Die Differenzzunahme während der NS-Zeit ergab sich insbesondere aus dem fortgesetzten Mortalitätsrückgang der weiblichen Überfünfzehnjährigen, verstärkt durch eine tendenzielle Erhöhung der Sterblichkeit für das männliche Geschlecht. In den 1950er

---

772 In Abb. 4-2 und 4-3 ist die männliche Sterblichkeit ins Verhältnis zur weiblichen Mortalitätsrate gesetzt. Ein Wert von 120 besagt also, dass die männliche Sterblichkeitsrate in diesem Jahr 20% über der weiblichen lag.

773 Für Deutschland und viele andere europäische Staaten ist für das 18. und 19. Jahrhundert eine Übersterblichkeit von Frauen belegt, die nach dem Ersten Weltkrieg und in den folgenden Jahrzehnten zunehmend verschwand (vgl. z.B. Klasen 1998; Imhof 1981)

Jahren sank die Sterblichkeit der Frauen in stärkerem Umfang als die der Männer, vor allem bei den jungen Erwachsenen (15-45 Jahre). Während sich auch die Überlebensraten der Frauen nach dem 45. Lebensjahr verbesserten, trat bei den Männern eine deutliche Verschlechterung ein.

Die altersdifferenzierte Betrachtung ergibt, dass sich trotz des Überlebensvorteils von Frauen zu Beginn des Untersuchungszeitraumes noch klare Wohlfahrtsdefizite im Bereich „langes Leben" für manche Altersgruppen feststellen lassen. Zudem offenbart sich, dass die Männer im mittleren Alter während der Weltwirtschaftskrise (1930-33) einen unerwarteten „Bonus" im Bereich „langes Leben" verbuchen konnten (vgl. Tab. 4-17). Ihre Sterblichkeit sank z.B. in der Altersgruppe 15 bis 30 Jahre schneller als die der Frauen. Eine Rolle mag dabei gespielt haben, dass die Männer durch die eingeschränkte wirtschaftliche Aktivität einen mehr als doppelt so starken Rückgang in der Sterberate an Verunglückungen realisierten als die Frauen (vgl. Tab. 4-18). Anderseits stieg in der Altersgruppe der 30 bis 60jähren die Selbstmordrate der Frauen stärker an als die der Männer.[774] Außerdem gestaltete sich die Entwicklung der Sterblichkeit an Infektionskrankheiten und Lungenentzündung für Frauen im Vergleich zu den Männern in diesem Zeitraum ungünstiger (vgl. Tab. 4-18). Die Folgen der wirtschaftlichen Krise Anfang der 1930er Jahre trafen möglicherweise Frauen stärker als Männer.[775]

Zwischen 1933 und 1939 ergab sich hingegen nicht nur eine Erhöhung der Ungleichheit zwischen Frauen und Männern zuungunsten der Männer, sondern diese mussten auch tatsächliche Verluste in der Dimension „langes Leben" hinnehmen. Eine Rolle spielte dabei auch, dass durch die konjunkturelle Erholung die Zahl der Sterbefälle an Verunglückungen wieder deutlich anstieg (vgl. Tab. 4-18). Zudem entwickelte sich die Sterblichkeit der Männer an den meisten Infektionskrankheiten sowie an Lungenentzündung und Kreislauferkrankungen im Vergleich zu den Frauen deutlich ungünstiger (vgl. Tab. 4-18). Diese Erhöhung der Sterblichkeit der Männer im mittleren Alter spricht für die seit den 1970er Jahren gängige These, dass es während des nationalsozialistischen Wirtschaftsaufschwungs zu einer Beeinträchtigung der Gesundheit der Arbeitnehmer kam. Möglicherweise wirkte sich die durch die Autarkiepolitik der Nationalsozialisten verursachte Mangelernährung in Zusammenhang mit einer erhöhten Arbeitsbelastung vor allem in der rüstungsrelevanten Produktionsmittelindustrie, die stärker „männerdominiert" war, besonders negativ auf die Sterblichkeit der Männern im arbeitsfähigen Alter aus.[776]

---

[774] Berechnet nach Quellen siehe Tab. 4-18.

[775] Eine Untersuchung der Gründe für die stärkere gesundheitliche Beeinträchtigung der Frauen während der Weltwirtschaftskrise steht noch aus und kann an dieser Stelle nicht geleistet werden.

[776] Zur Diskussion um die Auswirkungen von Autarkie und Mängelernährung in der NS-Zeit bis 1937 siehe Baten und Wagner 2003a und 2003b sowie zur Arbeitsbelastung und deren Auswirkungen auf den Gesundheitszustand v. a. Mason 1975, S. 157, 280f., 314f.; Hachtmann 1989, S. 231-253.

In den 1950er Jahren sank die Sterblichkeit der Frauen in den Altersgruppen bis 45 Jahre in stärkerem Umfang (vgl. 4-17). In den Altersstufen über 45 Jahre verschlechterte sich hingegen die Situation der Männer, während sie sich bei den Frauen weiterhin verbesserte.

Zusammenfassend ist festzuhalten, dass die Zunahme der geschlechtsspezifischen Mortalitätsunterschiede nicht ausschließlich durch eine Besserstellung des weiblichen Geschlechts zustande kam, sondern von einer teilweisen Verschlechterung in der Dimension „langes Leben" bei den Männern in einigen Altersstufen mitgetragen wurde.

Wie entwickelte sich der Lebensstandard in der Dimension „langes Leben" für Männer und Frauen in den Regionen? Wie für das Deutsche Reich insgesamt, wiesen Frauen in allen betrachteten Regionen einen Überlebensvorteil auf, der sich in den 1930er Jahren markant erhöhte (vgl. Tab. 4-19 bis 4-21). In der Zwischenkriegszeit war der Unterschied in der Lebenserwartung in den Städten und in Sachsen am höchsten.[777] Am Ende der Periode wiesen dann auch einige bayerische Regierungsbezirke, nämlich die Oberpfalz, Ober- und Mittelfranken sowie die Pfalz, überdurchschnittliche Vorteile der Frauen in dieser Wohlfahrtskomponente auf. Die Lebenserwartung der Männer erhöhte sich zwischen 1925 und der Weltwirtschaftskrise in den meisten Regionen etwas stärker, wodurch die Übersterblichkeit der Männer in diesen Gegenden leicht sank, ausgenommen Sachsen, Württemberg, Baden, Hessen und Oberbayern. In der Periode 1933-1939 stieg hingegen die geschlechtsspezifische Differenz zugunsten der Frauen, da der Lebensstandard im Bereich „langes Leben" der Frauen stärker zunahm. Diese konnten in allen Regionen, ausgenommen Köln, einen Wohlfahrtsanstieg verbuchen, während die männliche Bevölkerung nur in einem relativ geringen Umfang Zuwächse realisieren konnte. In mehreren Regionen, Köln, München, Hamburg, Württemberg und einigen bayerischen Regierungsbezirken, stagnierte die männliche Lebenserwartung oder nahm sogar ab. Die Wohlfahrtsreduktion durch die Berücksichtigung der Ungleichheit zwischen den Geschlechtern in der Dimension langes Leben war aber während der gesamten Zwischenkriegszeit gering und lag nahezu in jeder Region unter einem Prozent (vgl. Tab. 4-19 bis 4-21, Spalten 7 und 8).

Die Lebenserwartung der Männer zeigte meist größere regionale Unterschiede als die der Frauen. Die regionalen Disparitäten in der Lebenserwartung betrugen 1925 zehn Jahre bei den Frauen bis elf Jahre bei den Männern, sanken dann in jedem Stichjahr und lagen im Jahr 1939 bei 7,3 (Frauen) und 7,8 (Männer). Die Regionen, die eine über dem

[777] Die Differenz im Parameter Lebenserwartung bei der Geburt zeigt z.B. für das Jahr 1925, vor allem in städtisch und industriell geprägten Regionen wie Frankfurt/M. (4,2 Jahre), Köln (3,0 Jahre), Hamburg (3,9 Jahre), Bremen (3,6 Jahre), Sachsen und Mittelfranken (3,1 Jahre), eine überdurchschnittlich hohe Differenz. Allerdings hatten auch stark agrarisch strukturierte Gebiete wie z.B. Oberfranken (3,5 Jahre), die Oberpfalz und auch Ostpreußen (3,2 Jahre) eine über dem Reichsdurchschnitt liegende höhere weibliche Lebenserwartung. Der geringste geschlechtsspezifische Unterschied herrschte in Hessen (1,5 Jahre), Württemberg (2,2 Jahre), Baden (2,3 Jahre) und in nahezu allen bayerischen Bezirken sowie in Thüringen (2,8 Jahre).

Reichsdurchschnitt bzw. dem Durchschnitt der Regionengruppe liegende Lebenserwartung bei Geburt verzeichneten, taten dies ausnahmslos sowohl für Männer als auch für Frauen. Das gleiche gilt für Regionen mit einer unterdurchschnittlichen Lebenserwartung. Eine höhere Lebenserwartung genossen die Männer und Frauen, die in den nord-nordwestlichen Regionen des Reiches und in den hessischen Gebieten lebten, während sie in den östlichen preußischen Provinzen und in den südlichen Bezirken bzw. Ländern, ausgenommen Württemberg, eine geringere Lebenserwartung hatten.

Auch wenn regionale Disparitäten mit der Größe einer Region variieren und höher sind, je kleiner die geographische Einheit ist, lässt sich festhalten, dass in der Zwischenkriegszeit der Ort, an dem man lebte, für den Lebensstandard in der Dimension „langes Leben" entscheidender war als das Geschlecht.

Eine in der Literatur häufig vertretende These ist, dass Frauen durch die durch Landflucht ausgelöste Überarbeitung – aufgrund der größeren Arbeitsmenge für die verbliebenen weiblichen Arbeitskräfte – Gesundheitsschäden erlitten.[778] Auf der hier gewählten Aggregationsebene lässt sich kein geringerer Überlebensvorteil von Frauen gegenüber Männern in primär agrarisch strukturierten Gebieten als beispielsweise in urbanen Zentren feststellen. Die Differenz in der Lebenserwartung von Männern und Frauen bezifferte sich z.B. im Jahr 1939 für den stark agrarisch geprägten bayerischen Regierungsbezirk Oberpfalz auf vier Jahre. Sie lag damit knapp über dem Reichsdurchschnitt und in der Größenordnung der meisten Städte. In Niederbayern war der weibliche Überlebensvorteil aber tatsächlich unterdurchschnittlich. Frauen in der Landwirtschaft erlitten also vermutlich durch die Arbeitsüberlastung gesundheitliche Schäden, aber keinen sofortigen Anstieg ihrer Sterblichkeit. Diese Schlussfolgerung legt der bayerische Bericht zum Gesundheitswesen für das Jahr 1939 nahe, in dem es heißt:

> „Die Arbeitsbelastung der Bevölkerung ist auf dem Lande noch stärker als in den Städten, wo die Einziehung vieler Männer zum Heeresdienst und der Dienstbotenmangel unverhältnismäßig viele Arbeit den Frauen aufbürden. Ein vorzeitiger Kräfteverbrauch und frühes Altern ist zu befürchten, so dass einige Berichte Fehl- und Frühgeburten auf Arbeitsüberlastung der Frauen zurückführen."[779]

Allerdings wird in dem Bericht insgesamt ein positives Urteil über den Gesundheitszustand der Landbevölkerung gefällt. So heißt es weiter: „Der Gesundheitszustand der Landbevölkerung ist dennoch im Allgemeinen recht gut, bei den Frauen etwas besser als bei den Männern."[780]

Wie in der Zwischenkriegszeit unterschied sich auch nach dem Krieg die regionale Verteilung der Lebenserwartung der Neugeborenen zwischen den Geschlechtern nicht.

---

778 Vgl. Mason 1977, S 173; zeitgenössische Berichte vgl. z.B. Völkischer Beobachter 13./14. Mai 1934 abgedruckt in Stephenson 2001, s. 152-153; vgl. Ausführungen bei Farquharson 1976, S. 188-189; Münkel 1996, S. 443-445.

779 Bericht über das Bayerische Gesundheitswesen für das Jahr 1939, S. 11.

780 Ebd.

Eine überdurchschnittliche Lebenserwartung hatten die Männer und Frauen in den Hansestädten, Schleswig-Holstein, Hessen, Niedersachen und Baden-Württemberg. Die Städte und NRW wiesen in den 1950er Jahren zumeist die höchste Differenz zwischen männlicher und weiblicher Lebenserwartung auf. Die geringste männliche Übersterblichkeit herrschte in Hessen, Niedersachsen und Schleswig-Holstein. Ein Zusammenhang zwischen der Höhe der Lebenserwartung in den Regionen und dem Ausmaß der geschlechtsspezifischen Sterblichkeitsdifferenz lässt sich nicht feststellen. Die Zunahme der Lebenserwartung war jedoch in der Regel stärker in den Regionen mit niedrigerer Lebenserwartung, wodurch es zur Angleichung der regionalen Unterschiede in den 1950er Jahren kam.

Für die hier verwendete Regionalstudie zeigt sich, dass der Unterschied zwischen höchster und niedrigster Lebenserwartung in den Regionen von 3,4 auf 2,8 (2,7 für Männer) sank. Der weibliche Überlebensvorteil erhöhte sich hingegen im Mittel dieser Regionen von 3,9 auf 5,7. Damit verlor nach dem Zweiten Weltkrieg die Region als Einflussfaktor der Überlebenswahrscheinlichkeiten gegenüber der Kategorie Geschlecht an Bedeutung. Die Reduktion der Wohlfahrt durch die Berücksichtigung der Geschlechterungleichheit lag durch die Erhöhung des weiblichen Überlebensvorteils in den 1950er Jahren in nahezu allen Regionen unter einem halben Prozent.

4.3 Zusammenfassung der Entwicklung in einem Maß: GDI

4.3.1 Entwicklungstendenzen des GDI in Deutschland zwischen 1920 und 1960

Die geschlechtsbezogene Entwicklung der drei Dimensionen des Lebensstandards lässt sich zusammenfassend anhand des GDI erörtern. Dabei werden verschiedene modifizierte GDIs angewandt und verglichen. Die geschlechtsspezifischen Indizes sind in Tabelle 4-25 dargestellt. Weil die Differenz zwischen HDI und GDI die Wohlfahrtsdifferenz durch die Berücksichtigung der Geschlechterungleichheit widerspiegelt, wird der GDI durchgängig mit dem HDI verglichen, weshalb dessen Werte im Weiteren ebenfalls immer in den Tabellen ausgewiesen sind.

Der GDI_{UNDP} liegt, aufgrund des unterschiedlichen Wohlfahrtsniveaus bei den einzelnen Bereichen für Männer und Frauen, durchgehend unter dem HDI_{UNDP}. Die Wohlfahrtsreduktion aufgrund von Ungleichheiten zwischen den Geschlechtern war aber äußerst gering und lag in jedem Stichjahr unter zwei Prozent (vgl. Tab. 4-27). Höhe und Veränderungen dieser Reduktion hängen in erster Linie von den geschlechtsspezifischen Differenzen beim Einkommen ab. Aufgrund der geringeren Erwerbsbeteiligung und Lohnhöhe von Frauen vermindert sich der Einkommensindex bei der Berücksichtigung der Geschlechtergleichheit markant. Die geschlechtsspezifischen Divergenzen im Bereich langes Leben und Bildung vermindern das Wohlfahrtsniveau in diesen Dimensionen kaum.

Der GDI_{UNDP} erhöhte sich ein wenig stärker als der HDI_{UNDP}. Damit ging eine geringfügige Abnahme der Ungleichheit zwischen den Geschlechtern einher (vgl. Tab. 4-26). Allerdings waren die Fortschritte minimal. Der maßgebliche Faktor, die unterschiedliche Erwerbsbeteiligung und Lohnhöhe zwischen Männern und Frauen, näherte sich in der Zwischenkriegszeit nur in Nuancen an, weshalb sich auch die Differenz zwischen HDI_{UNDP} und GDI_{UNDP} kaum verminderte. In den fünfziger Jahren waren die wirtschaftlichen Fortschritte beim Abbau der Geschlechterungleichheit etwas höher. Die Einkommensungleichheit verminderte sich in den 1950er Jahren durch die Annäherung der männlichen und weiblichen Tariflöhne und die zunehmende Erwerbsbeteiligung nach der Weltwirtschaftskrise. Festzuhalten ist aber, dass die Berücksichtigung der Geschlechtergerechtigkeit zu keiner signifikanten Änderung sowohl des Wohlfahrtsniveaus als auch dessen Entwicklung führt (vgl. Tab. 4-26). Dies trifft auch auf einzelne Dimension zu.

Wie bereits für den HDI_{UNDP} diskutiert, reagiert der von den Vereinten Nationen vorgeschlagene Bildungsindikator aufgrund des bereits erreichten hohen Niveaus unsensibel auf Veränderungen. Darüber hinaus erfasst er Unterschiede zwischen den Geschlechtern kaum, weshalb sich auf nationaler Ebene die Hochschulrate auch als geschlechtsbezogene Bildungskomponente anbietet (GDI_n). Der GDI_n weist ebenfalls in jedem Stichjahr einen niedrigeren Wert als der HDI_n auf (vgl. Tab. 4-28). Die Differenz zwischen diesen beiden Wohlfahrtsmaßen hat durch die stärkere Ungleichheit zwischen Männern und Frauen im Bereich Hochschulbildung deutlich zugenommen (vgl. Tab. 4-30). In der Zwischenkriegszeit vermindert sich die Wohlfahrtsreduktion durch die Berücksichtigung der Geschlechterunterschiede deutlich aufgrund des Rückganges der Ungleichheit in allen drei Wohlfahrtsbereichen, insbesondere aber im relativen Hochschulbesuch. Zwischen 1927 und 1932 erhöhte sich der Anteil der Studentinnen in der Altersgruppe der 20- bis 25jährigen stärker als der Prozentsatz der männlichen Studenten, so dass die geschlechtsspezifischen Unterschiede im Hochschulbesuch etwas sanken. In der Periode 1932 bis 1938 sank zwar der Hochschulbesuch der Frauen prozentual stärker als der der Männer. Von einem deutlich höheren Niveau der männlichen Hochschulfrequenz ausgehend verringerte sich der relative Hochschulbesuch der Männer in absolut höherem Maße als der der Frauen. In der Folge kam es zu einer Nivellierung der geschlechtsspezifischen Unterschiede (vgl. Tab. 4-30).[781]

Im Jahr 1950 sinkt im Vergleich zu 1938 das Wohlfahrtsniveau aufgrund von Geschlechterdifferenzen deutlich, und zwar in allen Dimensionen. Bei der Lebenserwar-

---

781 Zu beachten ist, dass der Indikator relativer Hochschulbesuch im Vergleich zu den beiden anderen Variablen sehr flexibel ist und sich damit Veränderungen stärker im Gesamtindex niederschlagen.

tung schneiden die Männer aufgrund von Kriegseinflüssen im Vergleich zu den Frauen besonders schlecht ab. Beim Hochschulbesuch weitete sich die Ungleichheit aus, weil nun mehrere Kohorten junger Männer, durch den Krieg verzögert, gleichzeitig ihr Studium aufnahmen. Der GDI_n erhöhte sich deshalb schwächer als der HDI_n. Im Lauf der 1950er Jahre beginnt sich die Schere erneut zu schließen. Bis 1960 halbiert sich die geschlechtsbedingte Wohlfahrtsreduktion. Die Zuwächse des GDI_n überschreiten deshalb in diesem Jahrzehnt diejenigen des HDI_n (vgl. Tab. 4-30).

Bardhan und Klasen kritisieren die Konstruktion des GDI aus verschiedensten Gründen (siehe Kap. 4.1).[782] Zur Verbesserung des GDI schlugen sie vor, den Aversionsfaktor gegen Ungleichheit (ε) in den einzelnen Dimension zu variieren. Sie empfahlen einen Faktor von 1,5 für geschlechtsspezifische Unterschiede in der Komponente Zugang zu Ressourcen. Gegenüber geschlechtsbezogenen Differenzen im Bereich Bildung und langes Leben sollte eine Aversion von (ε=3) bzw. (ε=6) zugrunde gelegt werden. Letztlich befürworten sie aufgrund zahlreicher methodischer und inhaltlicher Probleme der Komponente Einkommen des GDI, diese wegzulassen und sich auf die Errungenschaften in den beiden nicht-ökonomischen Elementen zu beschränken.[783]

Tab. 4-31 illustriert den Gender-related Development Index, der nur aus den Komponenten langes Leben und Bildung konstruiert wurde und im Folgenden als GDI* bezeichnet wird. Die Tabelle vergleicht den neu ermittelten GDI* mit dem HDI* sowie deren Entwicklung und die Höhe der Wohlfahrtsreduktion durch die Berücksichtigung der Geschlechterungleichheit für die bekannten Stichjahre. Der GDI* weist mit Ausnahme der vierziger Jahre eine günstigere Entwicklung als der HDI* auf. Entsprechend sank die Wohlfahrtsreduktion bis 1960. Nur 1950 hatten die Disparitäten zwischen den Geschlechtern aus den bereits dargelegten Gründen im Vergleich zum vorherigen Stichjahr zugenommen.

Wie verändern sich die Ergebnisse, wenn die von Bardhan und Klasen vorgeschlagenen Erhöhungen der Aversionsfaktoren vorgenommen werden? Tabellen 4-32 bis 4-34 zeigen die verschiedenen GDIs, deren Veränderungen in den einzelnen Teilperioden sowie die Höhe der Wohlfahrtsreduktion durch die Berücksichtigung der Geschlechtergerechtigkeit. Diese modifizierten Berechnungen ergeben, wie beabsichtigt, ein Absinken des GDI-Werts mit der entsprechenden Erhöhung des Abstandes zum jeweiligen HDI (vgl. Tab. 4-33). Damit können die bestehenden Ungleichheiten, die insbesondere in industrialisierten Ländern in den Bereichen Bildung und langes Leben schon stark reduziert sind, besser herausgearbeitet werden. Eine Veränderung sowohl der Wohlfahrtstrends als auch der Wohlfahrtsreduktion durch die Berücksichtigung der Geschlechtergerechtigkeit bleibt davon weitgehend unberührt.

---

782 Bardhan und Klasen 1999 und dies. 2000.

783 „Due to these serious limitations of the earned income component, we had suggested that the GDI (and a corresponding reduced HDI) should just concentrate on average achievements and gender gaps in longevity and education" (Klasen 2004, S. 19).

Stellt man die drei verschiedenen GDIs einander gegenüber, so zeigt sich, auch unter der Berücksichtigung der geschlechtsspezifischen Unterschiede, im Falle des GDI_{UNDP} wie auch des GDI_n eine durchgehend positive Wohlfahrtsentwicklung im Untersuchungszeitraum (vgl. Tab. 4-34). Die stärksten Zuwächse des Lebensstandards fanden gemäß aller drei GDIs in den fünfziger Jahren in der Bundesrepublik statt. Die Einschätzung der Wohlfahrtsentwicklung in der Zwischenkriegszeit variierte etwas zwischen den GDIs. Der GDI_{UNDP} signalisiert eine stärkere Verbesserung in der Periode 1932-38 als in der Vorperiode (1927-1932). Die Beurteilung der Zeit zwischen 1927 und 1932 fällt positiver aus gemäß den anderen beiden geschlechtsbezogenen Gesamtindizes (GDI_n und GDI*), weil sich die Hochschulfrequenz für beide Geschlechter stärker verbesserte als der allgemeine Schulbesuch (Bruttoschuleinschreiberate). Der Zuwachs war gemäß dem GDI* in diesem Zeitraum am höchsten, weil die in der Weimarer Republik stattgefundene positive Entwicklung im Wohlfahrtsbereich langes Leben im GDI* voll zur Geltung kommen und nicht vom Wirtschaftsabschwung Anfang der dreißiger Jahre abgebremst werden. Für den Zeitraum von 1932 bis 1938 kommt der GDI* im Gegensatz den beiden anderen GDIs zu einer anderen Einschätzung. Die Entwicklung in der NS-Zeit bis 1938 gestaltet sich aufgrund der sinkenden Bildungsbeteilung beiderlei Geschlechts im tertiären Bereich und des mageren Anstiegs der Lebenserwartung entsprechend ungünstig, wenn der nationalsozialistische Wirtschaftsaufschwung nicht eingeht. Die Wohlfahrtszunahme bis zum Jahr 1950 fällt sowohl nach dem GDI_n und GDI* etwas höher aus als gemäß dem GDI_{UNDP}, weil der Hochschulbesuch sich insgesamt, wenngleich für die Frauen weniger stark, markant ausweitete. Im Falle des GDI* erhöht sich der Wohlfahrtszuwachs zwischen 1938 und 1950 noch einmal, da die noch schwierige wirtschaftliche Situation Anfang der 1950er Jahre unberücksichtigt bleibt.

Zusammenfassend lässt sich festhalten, dass die GDIs eine sehr ähnliche Wohlfahrtsentwicklung wie die entsprechenden HDIs nahelegen. Im Falle des GDI_{UNDP} bestehen nahezu keine Unterschiede zur Verwendung des entsprechenden HDI. Bei den anderen GDIs kommt es zu geringen Veränderungen. Durch den Abbau von Geschlechterungleichheiten in der Zwischenkriegszeit und vor allem in den fünfziger Jahren ergibt sich eine etwas positivere Wohlfahrtseinschätzung. Auch wenn man den sogenannten Faktor der Aversion gegen Ungleichheit modifiziert, verändert sich die Beurteilung der Entwicklung des Lebensstandards im Untersuchungszeitraum nicht. Die Erhöhung des Aversionsfaktors ist sinnvoll, um die Geschlechterunterschiede in den einzelnen Wohlfahrtsbereichen besser darstellen zu können.

Den Einwendungen Bardhans und Klasen folgend wird deshalb im weiteren Kapitel der GDI* angewandt. Als Aversionsfaktor wird $\varepsilon=6$ im Bereich langes Leben und $\varepsilon=3$ für die Komponente Bildung verwendet, um die Ungleichheit insbesondere in der Dimension langes Leben stärker zum Vorschein zu bringen. Die geringere Variabilität der Lebenserwartung bei der Geburt im Vergleich zur Hochschulbesuchsquote rechtfertigt zudem die unterschiedliche Höhe des Aversionsfaktors.

Für den GDI* kann eine Untersuchung auf der Grundlage von Jahreswerten durchgeführt werden (vgl. Tab. 4-35 und Abb. 4-4). Sowohl der HDI* als auch der GDI* zeigen bis 1932 den bekannten positiven Verlauf, während sie anschließend bis 1938 tendenziell rückläufig waren. Ebenso erkennbar ist anhand der beiden Indizes die positive Entwicklung in den 1950er Jahren. Der GDI* erhöhte sich insgesamt in der Zwischenkriegszeit stärker als der HDI*, wodurch sich der Abstand zwischen den beiden Maßen zwischen 1920 und 1938 von 27% auf 12% mehr als halbierte. Der Abbau der Geschlechterdifferenzen erfolgte durch die Reduktion der Unterschiede der Hochschulbesuchsquote zwischen Frauen und Männern in der Zwischenkriegszeit. Die geschlechtsspezifischen Differenzen in der Dimension langes Leben verschwanden nahezu vollständig. Sie wiesen jedoch bereits 1920 ein sehr niedriges Niveau auf. Insbesondere in der ersten Hälfte der 1920er Jahre erhöhte sich der GDI* deutlich stärker als der HDI*. In der Folge reduzierte sich die geschlechtsbezogene Ungleichheit erkennbar, sowohl im Bereich der Hochschulbildung als auch der Lebenserwartung. Lag der GDI* 1920 27% unter dem HDI*, so betrug der Abstand 1925 nur mehr 17%. In der zweiten Hälfte der zwanziger Jahre unterschieden sich die Zuwächse der beiden Indizes kaum. In der ersten Hälfte der dreißiger Jahre erhöhte sich der GDI* wegen des Abbaus der Geschlechterunterschiede in beiden Bereichen des Lebensstandards etwas stärker, so dass der GDI* 1935 nur mehr 12% unter dem HDI* lag. Bis 1938 verringerte sich dann der Abstand zwischen den beiden Maßen nicht mehr.

Durch die Auswirkungen des Zweiten Weltkrieges glichen die Unterschiede zwischen den beiden Geschlechtern der Situation zu Beginn des Untersuchungszeitraumes, der Zeit nach dem Ersten Weltkrieg. Die Differenz zwischen GDI* und HDI* betrug 16%. Aufgrund des kriegsbedingt nachholenden Hochschulbesuchs und der erhöhten Sterblichkeit der Männer, kam es zu einer Steigerung der Ungleichheit zwischen den beiden Geschlechtern. In Laufe der 1950 Jahre reduzierte sich die Differenz zwischen GDI* und HDI* langsam wieder und erreichte 1961 prozentual das Niveau von 1937. Zu bedenken ist aber, dass zwar die Unterschiede zwischen Männern und Frauen in den fünfziger Jahren zunächst höher waren, der Lebensstandard sowohl von Männern als auch von Frauen sich jedoch gegenüber der Vorkriegszeit erheblich gebessert hatte. Zudem waren 1960 die Männer das benachteiligte Geschlecht bei der Wohlfahrtskomponente langes Leben. Insofern lässt sich festhalten, dass sich die Situation der Frauen nach dem Krieg im Vergleich zur Vorkriegszeit verbessert hatte.

4.3.2 Regionale Wohlfahrtsunterschiede zwischen den Geschlechtern in der Zwischenkriegszeit und in den 1950er Jahren in der Bundesrepublik

Wie veränderte sich der Lebensstandard in den Regionen unter Berücksichtigung der Geschlechterdifferenzen gemäß dem GDI_r*? Welche Komponenten waren für die Unterschiede zwischen den Geschlechtern verantwortlich? Wie sahen die Fortschritte in der Überwindung geschlechtlicher Ungleichheiten in den einzelnen Gebieten aus?

Aufgrund der Benachteiligung der Frauen vermindert die Berücksichtigung der Geschlechtergerechtigkeit das Wohlfahrtsniveau in allen Regionen in den Stichjahren 1925, 1933 und 1939 (vgl. Tab. 4-36 bis 4-38). Der Wert des GDI_r* lag überall unter dem des HDI_r*. Die Differenz zwischen den beiden Maßen war in allen Stichjahren und in allen Regionen gering. Im Reichsdurchschnitt befand sich der GDI_r* um 1,4 (1925), 1,1 (1933) bzw. 1,2 % (1929) unter dem des HDI_r*.[784] Im Jahr 1925 reduzierte sich die Wohlfahrt durch die Berücksichtigung der Ungleichheit zwischen Männern und Frauen am stärksten in der Mehrzahl der rechtsrheinischen bayerischen Gebiete (insbesondere in München) sowie in Sachsen mit mehr als 2% (vgl. Tab. 4-36). In den Hansestädten und in Köln lag der GDI* um weniger als ein Prozent unter dem HDI*. Weil sich die Disparitäten der mittleren Lebenserwartung zwischen Frauen und Männern bis Mitte der 1920er Jahre in den meisten Regionen stark vermindert hatten, machten die geschlechtsspezifischen Unterschiede in der sekundären Schulbesuchsquote zumeist mehr als zwei Drittel der Wohlfahrtsreduktion durch die Berücksichtigung der Geschlechterdifferenzen aus. Im Jahr 1939 bestimmte sich die Lücke zwischen GDI_r* und HDI_r* in den Regionen sogar nahezu ausschließlich durch die unterschiedliche Bildungsbeteiligung (vgl. Tab. 4-38). Ein Beitrag von mehr als 10% zur Wohlfahrtsreduktion aufgrund von Geschlechterungleichheiten wurde durch den Abzug im Bereich langes Leben nur in Bremen, Hessen, Niederbayern und Schwaben erreicht.

Das regionale Wohlfahrtsgefälle unter Berücksichtigung der Ungleichheit zwischen den beiden Geschlechtern veränderte sich kaum. Der Lebensstandard war auch gemäß dem GDI* in den Städten am weitesten fortgeschritten (vgl. Tab. 4-39). Das niedrigste Wohlfahrtsniveau herrschte hingegen auch nach diesem Wohlfahrtsmaß in den landwirtschaftlich dominierten Gebietseinheiten, weshalb sich im regionalen Vergleich die meisten bayerischen Regierungsbezirke (vor allem Niederbayern und die Oberpfalz) am Ende der Skala befanden. Dies wird auch deutlich, wenn man die Rangunterschiede zwischen HDI* und GDI* betrachtet. Ein Rangwechsel um mehr als eine Position fand kaum statt. Nur München wies im Stichjahr 1925 einen um fünf Plätze höheren HDI_r* als GDI_r* auf. Allerdings verringerte sich der Unterschied über die Stichjahre hinweg kontinuierlich, und die Ränge der beiden Wohlfahrtsmaße glichen sich an.

Insgesamt lässt sich festhalten, dass ein höherer Lebensstandard in einer Region einen höheren Lebensstandard für beide Geschlechter bedeutete und umgekehrt. Zudem wiesen die Gegenden mit besonders niedrigem allgemeinen Lebensstandard, wie die meisten bayerischen Regierungsbezirke, in den Stichjahren 1925 und 1939 eine höhere Ungleichheit auf, so dass sich der GDI_r* stärker reduzierte. Die Städte hingegen (außer

---

[784] Die Unterschiede zwischen HDI_r* und GDI_r* fallen in der Regionalstudie geringer aus als auf nationaler Ebene (HDI* bzw. GDI*), da die Disparitäten zwischen Frauen und Männern im sekundären Schulbesuch geringer waren als im tertiären Bereich.

München) hatten nicht nur ein im Regionalvergleich hohes Wohlfahrtsniveau in den nicht-ökonomischen Komponenten, sondern es hatten die Frauen meist auch etwas stärker Anteil daran.[785]

Zwischen 1925 und 1932 nahmen sowohl der HDI_r* als auch der GDI_r* im Deutschen Reich sowie in allen ausgewählten Regionen zu (vgl. Tab. 4-40). Die Fortschritte in den einzelnen Regionen waren für Männer und Frauen sehr ähnlich. In der Periode zwischen 1933 und 1939 verminderte sich hingegen sowohl der HDI_r* als auch der GDI_r* in den meisten Regionen. Die Veränderungen des GDI bewegten sich dabei in einem ähnlichen Umfang wie jene des HDI.

In Mittelfranken und in der Pfalz fiel die Entwicklung unter der Berücksichtigung der Geschlechterungleichheit etwas günstiger aus. Im Gegensatz zum HDI_r* verminderte sich der GDI_r* nicht. In Sachsen andererseits fiel der Wohlfahrtsanstieg gemäß dem HDI_r* positiver aus.

Der Lebensstandard erhöhte sich in der Zwischenkriegszeit in allen Regionen sowohl für Männer als auch für Frauen in einem ähnlichen Umfang (vgl. Tab. 4-40). Lediglich in der Stadt Köln kam es zu Rückschritten, wobei diese für die Frauen sogar etwas stärker ausfielen. Zu den Gewinnern der Wohlfahrtsentwicklung gemäß dem GDI_r* wie auch dem HDI_r* in der Zwischenkriegszeit gehören die Städte Frankfurt, München und Bremen sowie Sachsen, Württemberg und Bayern (insbesondere Oberbayern).

Weil sich die Lebensbedingungen gemäß GDI_r* und HDI_r* in einem ähnlichen Umfang veränderten, führt der GDI nicht zu anderen Ergebnissen als der HDI, d.h. die Regionen, die in den einzelnen Zeiträumen im interregionalen Vergleich besser oder schlechter abschnitten, taten dies, ob die Ungleichheit zwischen den Geschlechtern berücksichtigt wird oder nicht. Die Veränderungen des Lebensstandards in den Regionen betrafen beide Geschlechter und führten nicht zu einer bedeutenden zunehmenden Benachteiligung eines Geschlechtes. Dies zeigt sich auch daran, dass sich ein eindeutiger Trend in der Entwicklung der geschlechtsspezifischen Disparitäten auf regionaler Ebene nicht erkennen lässt (vgl. Tab. 4-36 bis 4-38 jeweils Spalte 4 und 5). In der Mehrzahl der bayerischen Gebiete, die 1925 eine höhere geschlechtsspezifische Ungleichheit als die meisten anderen Regionen aufwiesen, sank die Wohlfahrtsreduktion unter der Berücksichtigung der Geschlechterungleichheit ein wenig.

Auch in den 1950er Jahren gab es in Westdeutschland Ungleichheiten zwischen den Geschlechtern, so dass der GDI_r* in allen Gebietseinheiten und in jedem Stichjahr unter dem HDI_r* lag. Die Unterschiede waren aber nicht sehr bedeutend. Der GDI_r* lag im Bundesdurchschnitt etwa ein Prozent unter dem HDI_r*. Am größten war der Abstand zwischen GDI* und HDI* in Hamburg und München im Jahr 1955 mit 3%. Die Wohlfahrtsreduktion bei Berücksichtigung der Geschlechterdisparitäten wurde zunehmend

[785] Für das Stichjahr 1939 trifft dies so nicht zu. Aufgrund des stärkeren Rückganges des weiblichen Schulbesuchs in den Städten Berlin, Köln und Hamburg während des nationalsozialistischen Regimes sank der GDI_r* in diesen Großstädten stärker als der HDI_r*.

durch die Übersterblichkeit der Männer verursacht. Waren in der Zwischenkriegszeit vor allem die Unterschiede in der Bildungsbeteiligung in der Mehrzahl der Regionen für die Wohlfahrtsreduktion verantwortlich, wurde diese 1961 maßgeblich durch den Abschlag in der Komponente langes Leben verursacht. Nur in den Regionen, in denen sich auch 1961 eine sehr starke Benachteiligung der Mädchen in der sekundären Schulbildung feststellen lässt, wie in Bayern, Baden-Württemberg, Rheinland-Pfalz und Hessen, wurde die Wohlfahrtsreduktion durch diese Form der Benachteiligung bewirkt, nämlich zu 70%.

Die Ungleichheit des Lebensstandards zwischen den Geschlechtern blieb, auch auf regionaler Ebene, in 1950er Jahren weitgehend unverändert. GDI_r* und HDI_r* erhöhten sich in allen Regionen in einer ähnlichen Größenordnung, was ebenfalls auf die Stabilität der Geschlechterverhältnisse hinweist. Das allgemeine Wohlfahrtsniveau in einer Region galt sowohl für Männer als auch für Frauen. Der Lebensstandard beiderlei Geschlechts war in den 1950er Jahren in den Städten zumeist am höchsten. Frauen und Männer, die in Bayern und in Rheinland-Pfalz lebten, hatten das niedrigste Wohlfahrtsniveau. Zu den Gewinnern gehörten beide Geschlechter in Schleswig-Holstein, das im regionalen Vergleich in den 1950er Jahren in den nicht-ökonomischen Komponenten des Lebensstandards deutlich aufholen konnte. Im Gegensatz dazu verbesserte sich in Nordrhein-Westfalen die Situation in den Dimensionen langes Leben und Bildung für beide Geschlechter nur unterproportional. Die Verwendung des GDI* anstatt des HDI* als Wohlfahrtsmaß führt in der Regel zu keiner anderen Wohlfahrtseinschätzung, weder im regionalen Querschnitt noch im Zeitverlauf (vgl. Tab. 4-44). Zur Überprüfung der Gültigkeit der Ergebnisse wurden für die Stichjahre 1950 und 1960 die drei Wohlfahrtskomponenten Zugang zu Ressourcen, Bildung und langes Leben in Form des GDI_r zusammengefasst.[786] Bezieht man die Komponente Zugang zu Ressourcen in den GDI_r mit ein, erhöhte sich die Wohlfahrtsreduktion durch die Berücksichtigung der Ungleichheit zwischen den Geschlechtern aufgrund der Benachteiligung der Frauen auf dem Arbeitsmarkt (vgl. Tab. 4-46 und 4-47). Bedeutende Veränderungen in der Einschätzung der regionalen Wohlfahrtsverteilung ergeben sich dadurch nicht. Die Zunahme der Erwerbsbeteiligung der Frauen und die Verminderung der Lohndifferenzen in allen Regionen im Laufe der 1950er Jahre führt zu einer stärkeren Zunahme des GDI_r im Vergleich zum HDI_r zwischen 1950 und 1960 (vgl. Tab. 4-48). Damit nahm auch die Ungleichheit zwischen Männern und Frauen in diesem Zeitraum bedeutend ab. In den nicht-ökonomischen Bereichen kam es zu keiner wesentlichen Reduktion der Unterschiede zwischen den Geschlechtern. Abschließend illustriert Tab. 4-49 die Entwicklung des HDI* und GDI* für die ausgewählten Städte sowie für die Länder Bayern und Hessen im Zeitraum 1925-1961. Der Verlauf von HDI_r* und GDI_r* unterschied sich

---

[786] Als Aversion gegen Ungleichheit wurde ein Faktor von 1,5 bei der Komponente Zugang zu Ressourcen verwendet. Gegenüber geschlechtsbezogenen Differenzen im Bereich Bildung und langes Leben wurde eine Aversion von drei bzw. sechs zugrunde gelegt.

kaum, weshalb es – mit der Ausnahme von München – zu keiner bedeutenden Abnahme der Ungleichheit zwischen den Geschlechtern kam. Das Wohlfahrtsniveau in den nicht-ökonomischen Komponenten hatte sich jedoch für beide Geschlechter maßgeblich erhöht.

4.4 Zusammenfassung

Im vorhergehenden Kapitel wurde die Entwicklung des Lebensstandards und dessen regionalen Ausprägungen unter der Berücksichtigung der Ungleichheit zwischen den Geschlechtern untersucht. Zu diesem Zweck wurde der von den Vereinten Nationen vorgeschlagene GDI als Messinstrument angewandt, der die Errungenschaften in den gleichen Variablen wie der HDI misst, aber die Werte in jeder Dimension um den Grad der Ungleichheit zwischen Frauen und Männern korrigiert. Die am GDI geäußerte Kritik und die vorgeschlagenen Verbesserungen zur geschlechtsbezogenen Wohlfahrtsmessung wurden aufgriffen, weshalb unterschiedlich konstruierte GDIs verwendet und mit einander verglichen wurden.

Vor allem aufgrund der Benachteiligung der Frauen lag der GDI immer und überall unter dem entsprechenden HDI. Die geschlechtsspezifischen Unterschiede waren insbesondere in den Bereichen Zugang zu Ressourcen und Bildung hoch. Die Ergebnisse der Wohlfahrtsanalyse unterscheiden sich kaum – ungeachtet, ob HDI oder GDI als Messinstrument eingesetzt werden. Auf nationaler Ebene kam es zu einer leichten Reduktion der geschlechtsspezifschen Ungleichheit des Lebensstandards. Nachdem sich die Unterschiede 1950 gegenüber dem Vorkriegsstand etwas erhöht hatten, verminderten sie sich in den 1950er Jahren erneut.

Die Untersuchung der regionalen Disparitäten und der Entwicklung des Lebensstandards wurde anhand des geschlechtsbezogenen GDI_r* durchgeführt, der nur die nicht-ökonomischen Indikatoren sekundäre Schulbesuchsquote und Lebenserwartung bei der Geburt umfasst. Die Analyse ergab, dass die Berücksichtigung der Geschlechterungleichheit zu keinen anderen Ergebnissen führt als die Betrachtung des entsprechenden HDI_r* nahelegt. In Gebieten mit einem höheren Entwicklungsstand hatten beide Geschlechter ein höheres Wohlfahrtsniveau als in Gegenden mit niedrigerem Lebensstandard. Die Veränderungen der Wohlfahrt waren für beide Geschlechter bedeutender als Abmilderungen oder Verschärfungen der geschlechtsspezifischen Unterschiede. Ein fundamentaler Abbau von Geschlechterdifferenzen lässt sich in den nicht-ökonomischen Bereichen des Lebensstandards im Untersuchungszeitraum nicht feststellen. Allerdings ist auf das insgesamt höhere Wohlfahrtsniveau beider Geschlechter zu verweisen.

Bezieht man die Ungleichheit zwischen den Geschlechtern im ökonomischen Bereich mit in die Betrachtung ein, lässt sich für die Zwischenkriegszeit keine Verschärfung der Unterschiede zwischen Männern und Frauen feststellen. Allerdings ist fraglich, ob die Ausweitung der weiblichen Erwerbsarbeit tatsächlich für die Mehrheit der arbeitenden Frauen – angesichts der meist harten Arbeitsbedingungen und Doppelbelastungen von Ehefrauen – wohlfahrtserhöhend war. In den fünfziger Jahren trugen die Erhöhung der weiblichen Erwerbsarbeit und die Reduktion der Lohnunterschiede (vor allem zwischen 1950 und 1955) zu einem Abbau der geschlechtsspezifischen Wohlfahrtsunterschiede bei.

Abschließend ist zu betonen, dass geschlechtsspezifische Unterschiede nicht als unbedeutend zu gelten haben, weil HDI und GDI eine ähnliche Einschätzung der Wohlfahrtsentwicklung nahelegen. Die gesonderte Untersuchung der einzelnen Wohlfahrtsbereiche deutet darauf hin, dass sich das wirtschaftliche und politische Umfeld in der ersten Hälfte der 1930er Jahre auf die Frauen auf dem Arbeitsmarkt, in den Schulen und sogar auf ihre Überlebensschancen ungünstiger auswirkte als auf Männer. Der nationalsozialistische Rüstungsaufschwung und der Zweite Weltkrieg zeitigten in der Dimension langes Leben hingegen negativere Auswirkungen auf die Wohlfahrt der Männer als auf die der Frauen.

5 ZUSAMMENFASSUNG

Ziel der vorliegenden Studie war die quantitativ fundierte vergleichende Untersuchung des Lebensstandards in der Zwischenkriegszeit und den fünfziger Jahren in der Bundesrepublik. Zu diesem Zweck wurden erstmals die drei wichtigsten Dimensionen des Lebensstandards: Einkommen, Bildung und Gesundheit miteinander verbunden, regionale Disparitäten der Wohlfahrtsentwicklung herausgearbeitet und auch die Entwicklung der Ungleichheit zwischen Männern und Frauen in die Lebensstandardanalyse integriert. Die Veränderungen des Lebensstandards wurden anhand der Entwicklung verschiedener historisch angepasster HDIs und eines eigens für Deutschland konzipierten Development Indexes evaluiert. Zur geschlechtsspezifischen Untersuchung des Lebensstandards wurde ein historisch angepasster GDI angewandt. Nach einer Darstellung der verschiedenen Development Indizes als Wohlfahrtsmaße wurde der Entwicklung des Lebensstandards in nationaler, internationaler, regionaler und geschlechtsspezifischer Hinsicht in drei Abschnitten nachgegangen. Weil bereits am Ende eines jeden Abschnitts eine Zusammenfassung erfolgte, wird an dieser Stelle auf eine ausführliche Darstellung der Ergebnisse der Reihe nach verzichtet.

Die Untersuchung der Wohlfahrtsentwicklung in Deutschland zwischen 1920 und 1960 anhand der drei Development Indizes (HDI, HDI_n und DDI_n) zeigte, dass der Lebensstandard in der Zwischenkriegszeit nicht stagnierte und sich bereits zu Beginn des Untersuchungszeitraumes über dem Niveau vor dem Ersten Weltkrieg befand. Die Wohlfahrtszuwächse waren aber in den 1950er Jahren höher als in der Zeit zwischen den beiden Weltkriegen.

Der Sterblichkeitsrückgang leistete den wichtigsten Beitrag zur Erhöhung des Lebensstandards im Gesamtzeitraum. Die Bedeutung der verschiedenen Komponenten für die Veränderungen des Lebensstandards variierte in den einzelnen Jahrzehnten. Während in der Weimarer Republik die Verminderung der Mortalität am meisten zu den Wohlfahrtssteigerungen beitrug, war in der NS-Zeit bis 1938 das Wirtschaftswachstum der treibende Faktor. Die Ausweitung des Hochschulbesuchs wirkte in den 1950er Jahren zunehmend wohlfahrtsfördernd. Im westeuropäischen Vergleich zeigte sich, dass in Deutschland der Anstieg in der Lebenserwartung in den 1920er Jahren tatsächlich überdurchschnittlich war, während sich in den 1930er Jahren der wirtschaftliche Aufschwung als überdurchschnittlich herausstellte. Die Ausweitung der tertiären Bildung blieb in den fünfziger Jahren jedoch hinter den meisten anderen westeuropäischen Ländern zurück. Auch in den meisten westeuropäischen Ländern übertraf die Ausweitung des Lebensstandards gemäß dem HDI_n in den 1950er Jahren die Zuwächse der Zwischenkriegszeit.

Die Untersuchung der regional differenzierten Wohlfahrtsentwicklung anhand verschiedener Stichjahre bestätigt diese Befunde. Die Fortschritte des Lebensstandards gemäß den Development Indizes (HDI_r und DDI_r) fielen in den Regionen in den fünfziger Jahren deutlich höher aus als in der Zwischenkriegszeit. Ursächlich dafür waren die höheren Zuwächse in den Komponenten Zugang zu Ressourcen und Bildung. In der Dimension Gesundheit und teilweise auch bei der Lebenserwartung bei der Geburt waren die Fortschritte in der Zwischenkriegszeit, vor allem in der Periode von 1925 bis 1933, höher. Im Vergleich zu den 1950er Jahren zeigt sich die ungünstige Entwicklung in den nicht-ökonomischen Bereichen des Lebensstandards in der Vorkriegszeit des NS-Regimes bei gleichzeitig starkem Wirtschaftswachstum in allen Regionen. Die überdurchschnittlichen Wohlfahrtssteigerungen zwischen 1933 und 1939 gemäß dem DDI_r sind in erster Linie auf die Reduktion der extrem hohen Arbeitslosigkeit zurückzuführen. Bei einer etwas geringeren Gewichtung der Arbeitslosenrate sinken die Wohlfahrtsgewinne dieses Zeitraumes in den meisten Regionen unter die Werte der fünfziger Jahre.

Auch im Vergleich zur Weimarer Republik zeigt sich die ungünstige Entwicklung in den nicht-ökonomischen Bereichen des Lebensstandards während der NS-Zeit bis 1939. In der Weimarer Republik verbesserten sich die nicht-ökonomischen Komponenten des Lebensstandards: Gesundheit und Bildung in einem beachtlichen Maße. Die Einkommensverluste und insbesondere die enorm hohe Arbeitslosigkeit führten zu einem geringeren Wohlfahrtsniveau in den Jahren 1932/33 als Mitte der 1920er Jahre. In der Vorkriegszeit des NS-Regimes ergibt sich hingegen ein vollständig anderes Bild. Während es zu einem beachtlichen Wirtschaftsaufschwung kam, verbesserten sich die nichtökonomischen Komponenten des Lebensstandards nur unterproportional. Die Fortschritte in der Dimension Gesundheit lagen in allen Regionen unter der Vorperiode. In einigen Regionen kam es sogar zu Rückschritten. Die Bildungsbeteiligung sank ebenfalls.

Gemäß dem DDI, also unter Berücksichtigung der Arbeitslosigkeit, zeigt sich jedoch, dass der Lebensstandard im Jahr 1939 über dem Niveau von 1933 lag, auch wenn eine Stagnation des realen Pro-Kopf-Einkommens angenommen wird. Dieses Ergebnis stimmt mit der vielfach geäußerten Meinung von Zeitzeugen überein, die eine Verbesserung ihres Lebensstandards durch den Rückgang der Arbeitslosigkeit bis 1939 im Vergleich zur Weltwirtschaftskrise angeben. In einer retrospektiven Betrachtung unter Berücksichtigung nicht-ökonomischer Wohlfahrtskomponenten scheinen aber die Erfolge der NS-Wirtschaftspolitik, den Lebensstandard der Bevölkerung zu heben, eher gering gewesen zu sein.

Trotz der Gewichtungsprobleme der Lebensstandardkomponenten in den Gesamtindizes verweisen diese Ergebnisse auf die Notwendigkeit, Wohlfahrtsvergleiche um andere als einkommensbasierte Indikatoren zu ergänzen. Die Abweichungen des HDI von der Höhe des BSP in manchen Ländern und damit die Unzulänglichkeit des Einkommens als alleiniges Wohlfahrtsmaß wurde von den Autoren des Human Development Report immer wieder betont. Die Entwicklung in der Vorkriegszeit des NS-Regimes ist ein Beispiel dafür, dass wirtschaftliches Wachstum in einem Land kein Garant für eine allgemeine Erhöhung des Lebensstandards seiner Bürger ist. Der internationale Vergleich des deutschen Lebensstandards mit anderen westeuropäischen Ländern anhand des HDI_n verdeutlichte, dass das BSP pro Kopf das deutsche Wohlfahrtsniveau in der Zwischenkriegszeit überschätzt. Der deutsche Wirtschaftsaufschwung seit 1933 führte nicht zu adäquaten Verbesserungen in den fundamentalen nicht-ökonomischen Bereichen. Die verfügbaren und im Zuge des Aufschwungs vermehrt vorhandenen wirtschaftlichen Ressourcen wurden zunehmend in die Aufrüstung investiert und gerade nicht zu Investitionen in Ernährung, Gesundheit und Bildung genutzt, mit den entsprechenden dargestellten negativen Konsequenzen für den Lebensstandard der meisten Deutschen. Verschärft wurde diese Entwicklung dadurch, dass der Wirtschaftsaufschwung durch das Primat der Aufrüstung zu keinen substantiellen Erhöhungen der Kaufkraft führte und damit eine mögliche Erhöhung des Lebensstandards auch in den nicht-ökonomischen Bereichen über private Einkommenssteigerungen verhinderte. Zudem engten die Autarkiepolitik und die dadurch hervorgerufenen Versorgungsdefizite den Spielraum wohlfahrtsfördernder privater Einkommenssteigerungen ein.

Die Untersuchung der regionalen Disparitäten des Lebensstandards ergab, dass die regional unterschiedliche Wohlfahrtsverteilung ein hohes Maß an Kontinuität besaß. Sowohl in der Zwischenkriegszeit als auch in der ersten Dekade der Bundesrepublik standen die Städte an der Spitze der Wohlfahrtsskala. Bayern und insbesondere Niederbayern und die Oberpfalz befanden sich andererseits durchgängig im letzten Drittel, in den meisten Stichjahren sogar an letzter Stelle. In diesen Gegenden waren die Defizite in den einzelnen Dimension des Lebensstandards miteinander verwoben. Breite Bevölkerungsschichten hatten dort nur ein geringes reales Pro-Kopf-Einkommen, weniger Kinder als anderswo besuchten weiterführende Schulen, und die Menschen hatten eine niedrigere Lebenserwartung. Bis zum Ende des Untersuchungszeitraumes verringerte sich die regionale Ungleichheit und Bayern konnte aufholen. In Gebieten mit einem höheren Entwicklungsstand hatten beide Geschlechter ein höheres Wohlfahrtsniveau als in Gegenden mit niedrigerem Lebensstandard. Die Veränderungen der Wohlfahrt waren für beide Geschlechter bedeutender als Abmilderungen oder Verschärfungen der geschlechtsspezifischen Unterschiede.

6 Quellen- und Literaturverzeichnis

6.1 Unveröffentlichte Archivbestände

Bundesarchiv Koblenz (BAK)

BD 9/69 Amtsdruckschriften

B 149 Bundesministerium für Arbeit und Soziales
656, 658

B 142 Bundesgesundheitsministerium
3516

B 102 Bundeswirtschaftsministerium
4004

Bundesarchiv Berlin (BAB)

R 3102 Statistisches Reichsamt
3374

6.2 Amtliche und halbamtliche statistische Quellenwerke

Statistisches Reichsamt

Das deutsche Volkseinkommen vor und nach dem Kriege
(Einzelschriften zur Statistik des Deutschen Reichs Nr. 24), Berlin 1932

Statistisches Jahrbuch für das Deutsche Reich
41. Jg. 1920 – 59. Jg. 1941/42

Statistik des Deutschen Reichs

Bd. 307 (1924) – Bd. 601,2 (1944)

Vierteljahreshefte zur Statistik des Deutschen Reichs
29 (1920) – 52 (1943)

Wirtschaft und Statistik
1. Jg. 1921 – 24 (1944)

Statistisches Bundesamt/
(Statistisches Amt des Vereinigten Wirtschaftsgebietes)

Statistische Berichte Arb.Nr.: VIII/15/1

Statistisches Jahrbuch für die Bundesrepublik Deutschland 1952-1965

Statistik der Bundesrepublik
1 (1950) – 266 (1961)

Wirtschaft und Statistik
1. Jg. N.F. 1949 – 12. Jg. N.F. 1960

Fachserie A, Bevölkerung und Kultur, Reihe 2, Natürliche Bevölkerungsbewegung, Sonderbeitrag: Allgemeine Sterbetafel für die BRD 1960/62.

Fachserie A, Bevölkerung und Kultur, Volks- und Berufszählung vom 6. Juni 1961, Heft 4

Fachserie A, Bevölkerung und Kultur, Reihe 10 Bildungswesen I. Allgemeinbildende Schulen 1956-1961

Bevölkerung und Wirtschaft 1872-1972

Bundesminister für Gesundheitswesen

Gesundheitsstatistischer Bericht der Bundesrepublik Deutschland
Bd. 1 (1954) -Bd. 7 (1960).

Reichsstelle für Schulwesen

Wegweiser durch das mittlere Schulwesen des Deutschen Reichs, Schuljahr 1940, 2. Jg., Berlin und Leipzig 1942

Wegweiser durch das höhere Schulwesen des Deutschen Reichs, Schuljahr 1939, 5. Jg., Berlin 1940

Deutsches Zentralkomittee zur Bekämpfung der Tuberkulose

Tuberkulose-Jahrbuch 1950-51 (1952)

Institut für Konjunkturforschung/Deutsches Institut für Wirtschaftsforschung, Berlin

Vierteljahreshefte zur Konjunkturforschung, 10. Jg., Teil B, 1935/36

Reichsarbeitsverwaltung/Reichsarbeitsministerium

Reichsarbeitsblatt. Amtsblatt des Reichsarbeitsministeriums und der Reichsarbeitsverwaltung
5. Jg. 1925
N.F. 8. Jg. 1928 – 19. Jg. 1939

Reichsgesundheitsamt

Reichs-Gesundheitsblatt Statistische Sonderbeilage
1 Jg. 1926 – 20 Jg. 1945

Gesundheitsstatistisches Auskunftsbuch für das Deutsche Reich. Ausgabe 1936 (=Veröffentlichung auf dem Gebiete der Medizinalverwaltung Bd. XLVI, Heft 4, bearb. vom K. Pohlen), Berlin 1936.

Gemeinschaftsveröffentlichung der Statistischen Ämter

Das Bruttoinlandsprodukt der kreisfreien Städte und Landkreise in der Bundesrepublik Deutschland 1957 und 1961 (Sozialproduktsberechnung der Länder, Heft 1), 1964.

Statistisches Amt der Provinz Ostpreußen

Statistisches Handbuch für die Provinz Ostpreußen 1938. Ein Wegweiser durch Verwaltung, Bevölkerungs- und Wirtschaftsentwicklung seit der Machtübernahme 1933-1937, Schlossberg und Leipzig 1938.

Bayerisches Statistisches Landesamt/Bayerisches Landesamt für Statistik und Datenverarbeitung

Statistisches Jahrbuch für Bayern
Bd. 17 1926 – Bd. 22 1938
Bd. 23 1946 – Bd. 29 1969

Zeitschrift des Bayerischen Statistischen Landesamtes
Jg. 57 (1925) – 72 (1940)

Beiträge zur Statistik Bayerns 96 (1921) ff.

Bayern in Zahlen 1 (1947) ff.

Bayerisches Staatsministerium des Innern

Bericht über das Bayerische Gesundheitswesen für das Jahr ...
1925 Bd. 46 – 1961 Bd. 69

Bayerisches Staatsministerium für Unterricht und Kultus

Amtsblatt des Bayer. Staatsministeriums für Unterricht und Kultus
Jg. LX. 1925 – Jg. LXVIII. 1934

Statistisches Landesamt Sachsen

Zeitschrift des Sächsischen Statistischen Landesamtes,
Jg. 75/75 (1928/29) – 80/81 (1934/35)

Statistisches Jahrbuch für den Freistaat Sachsen
44 (1918/20) – 51 (1935/38)

Thüringisches Statistisches Landesamt

Vierteljahresberichte des Thüringisches Statistischen Landesamts
1926, Jg. 11 – 1932, Jg. 17

Hessisches Statistisches Landesamt

Statistisches Handbuch für den Volksstaat Hessen 1924, 1929

Statistisches Handbuch für das Land Hessen 1953-1964

Hessen im Wandel der letzten hundert Jahre 1960
(Hessenkunde des Hessischen Statistischen Landesamtes, Bd. III)

Hessen unter den Bundesländern 1963
(Hessenkunde des Hessischen Statistischen Landesamtes, Bd. IV)

Staat und Wirtschaft in Hessen. Statistische Mitteilungen 2 (1947)

Beiträge zur Statistik Hessens, N.F., Bd. 11: Natürliche Bevölkerungsbewegungen 1960 bis 1963;

Statistisches Landesamt Baden-Württemberg

Statistisches Handbuch Baden-Württemberg 1958

Statistische Monatshefte Württemberg-Baden Jg. 3, 1949

Statistische Berichte des Statistische Landesamtes Baden-Württemberg/ Reihe Bevölkerung und Kultur/ Die Natürliche Bevölkerungsbewegung im Jahr 1960

Statistik von Baden-Württemberg. Lange Reihen zur demographischen, wirtschaftlichen und gesellschaftlichen Entwicklung 1950 bis 1999 (CD-Rom)

Beiträge zur Statistik von Baden-Württemberg 1946-1950, Bd. 23

Statistisches Landesamt Schleswig-Holstein

Statistisches Jahrbuch Schleswig-Holstein 1952-1962

Beiträge zur historischen Statistik Schleswig-Holstein, Kiel 1967

Niedersächsisches Amt für Landesplanung und Statistik/Niedersächsische Landesverwaltungsamt, Statistik

Statistisches Jahrbuch für Niedersachsen 1952 – 16. Jg. 1962

Statistische Monatshefte für Niedersachsen,
15. Jg. (1961) – 16. Jg. (1962)

Statistik von Niedersachsen Bd. 71 (zugleich Statistischer Bericht PI1 – 1950 bis 1964): Das Bruttoinlandesprodukt Niedersachsens. Landeswerte 1950 bis 1964 – Regionalwerte 1957 und 1961 für Regierungs- und Verwaltungsbezirke, kreisfreie Städte und Landkreise, Hannover 1965.

Die Bevölkerungsentwicklung in Niedersachsen bis Anfang 1955. Ergebnisse der Bevölkerungsfortschreibung auf Grund der Volkszählung 1950.

Statistik von Niedersachsen: Die natürliche Bevölkerungsbewegung bis zum Jahre 1961.

Statistisches Landesamt Rheinland-Pfalz

Statistisches Jahrbuch für Rheinland-Pfalz 1962

Rheinland-Pfalz im Spiegel der Statistik 1968

Jahresergebnisse der Statistik in Rheinland-Pfalz
Jg. 3 (1950), Jg. 5 (1952/53); Jg. 6 (1953/54); Jg. 8 (1955)

Statistisches Landesamt Nordrhein-Westfalen

Statistisches Jahrbuch Nordrhein-Westfalen
1956, Jg. 6 – 1962, Jg. 9

Beiträge zur Statistik des Landes Nordrhein-Westfalen. Sonderreihe Volkszählung 1950, Heft 3; 27

Akademie für öffentliches Gesundheitswesen in Düsseldorf

Mütter- und Säuglingssterblichkeit in der Bundesrepublik Deutschland (Schriftenreihe der Akademie für Öffentliches Gesundheitswesen Bd. 14), Düsseldorf 1986.

Statistisches Landesamt Berlin

Berlin in Zahlen 1951

Statistisches Jahrbuch der Stadt Berlin
N.F. Jg. 2 (1926) – Jg. 12 (1938)

Statistisches Jahrbuch Berlin (West) 1952-1963

Zahlen zur Entwicklung der Wirtschaft in Berlin (West) 1950 bis 1975

Statistisches Landesamt Bremen

Statistisches Jahrbuch der Freien Hansestadt Bremen, 1929

Statistisches Handbuch der Freien Hansestadt Bremen 1937

Statistisches Handbuch für das Land Freie Hansestadt Bremen
1950 bis 1960 (1961)
1960 bis 1964 (1967)

Statistische Mitteilungen Bremen
Jg. 4 (1949) – Jg. 11 (1956)

Statistischer Bericht PI1: Die Entwicklung des Bruttoinlandsprodukts zu Marktpreisen (jeweilige Preise) von 1950 bis 1960 im Lande Bremen, Bremen 1962.

Statistisches Amt und Wahlamt der Stadt Frankfurt am Main/Der Magistrat, Bürgeramt, Statistik und Wahlen

Statistisches Handbuch der Stadt Frankfurt am Main, 2. Ausgabe, enthaltend die Statistik der Jahre 1906/07-1926/27, Frankfurt am Main 1928.

Statistische Jahresübersichten der Stadt Frankfurt am Main, Ausgabe für das Jahr 1932/33, Sechstes Ergänzungsheft zum Statistischen Handbuch der Stadt Frankfurt a.M., II. Ausgabe, Frankfurt am Main 1934.

Statistische Jahresübersichten der Stadt Frankfurt a.M., Ausgabe für das Jahr 1934/35, Achtes Ergänzungsheft zum Statistischen Handbuch der Stadt Frankfurt a.M, II. Ausgabe, Frankfurt am Main 1936.

Frankfurt am Main – Bevölkerung und Wirtschaft. Ergebnisse der Volks-, Berufs-und Arbeitsstättenzählung vom 6.6.1961 sowie der Landwirtschaftszählung vom 31.5.1960, Frankfurt am Main 1965.

Statistisches Jahrbuch Frankfurt am Main 1951-1965

Beiträge zur Statistik der Stadt Frankfurt a.M., Heft 13, Frankfurt a.M. 1926

Statistische Monatsberichte Frankfurt am Main 6. Jg., 1941

Statistisches Landesamt der Freien und Hansestadt Hamburg

Statistisches Jahrbuch für die Hansestadt Hamburg 1926/27-1936/37

Statistisches Handbuch für den Hamburgischen Staat 1937/38

Statistisches Jahrbuch für die Freie und Hansestadt Hamburg
1952, 1953/54, 1955-1962

Hamburg in Zahlen Jg. 1952 Heft Nr. 40: Die allgemeinbildenden Schulen in der Freien und Hansestadt Hamburg

Statistisches Amt der Stadt Köln

Statistisches Mitteilungen der Stadt Köln
1. Jg. 1946 – 15. Jg. 1960

Statistisches Mitteilungen der Stadt Köln
13. Jg. 1958 (= Kölner Statistisches Handbuch. Sonderausgabe der Statistischen Mitteilungen der Stadt Köln aus Anlaß des 75jährigen Bestehens des Statistischen Amtes)

Statistisches Jahrbuch der Stadt Köln
14. Jg. 1926 – 30. Jg. 1940
32. Jg. 1946 – 48. Jg. 1962

Statistisches Amt der Stadt München/Statistisches Amt der Landeshauptstadt München

Statistisches Handbuch der Landeshauptstadt München 1928, 1927/37 (1938), 1954, 1964, 1975.

6.3 Gedruckte Quellen (bis 1960)

Bandel, R., 1929. Zur Frage der Sterblichkeitsunterschiede der beiden Geschlechter und ihrer Ursachen in der Vor- und Nachkriegszeit. Erwiderung, in: Allgemeines Statistisches Archiv 19 (1929), S. 604-615.

Braunwarth, H., 1955. Die Spanne zwischen Männer- und Frauenlöhnen. Tatsächliche Entwicklung und kritische Erörterung ihrer Berechtigung, Köln 1955.

Burkhardt, J., 1928/29, Die neue Sterbetafel für die Gesamtbevölkerung Sachsens im Anschluß an die Volkszählung am 16. Juni 1925, in: Zeitschrift des Sächsischen Statistischen Landesamtes 74. und 75. Jg., S. 103-116.

Burkhardt, J., 1934/35, Die Sterbetafel 1932/34 für die Gesamtbevölkerung Sachsens im Anschluß an die Volkszählung am 16. Juni 1933, in: Zeitschrift des Sächsischen Statistischen Landesamtes 80. und 81. Jg., S. 84-88.

Fürnthaler, 1939. Die Entwicklung der wirtschaftlichen und sozialen Lage im Wirtschaftsgebiet Bayern seit 1933, in: Reichsarbeitsblatt, Teil II, 19,6 (1939), S. 73-75.

Goecke, H., 1964. Über die Ursachen der Müttersterblichkeit und Möglichkeiten zu ihrer Senkung, in: Die Therapiewoche 14 (1964), S. 1-14.

Goldstein, R., 1931, Neuere Forschungen auf dem Gebiete der Tuberkulosestatistik, in: Zeitschrift für Schulgesundheitspflege und soziale Hygiene Nr. 13, S. 349-355.

Griesbach, R., 1941, Die Tuberkulosebekämpfung. Grundlagen und Wege zu einer einheitlichen und erfolgreichen Durchführung, Leipzig 1941.

Grünig, F. und R. Krengel, 1952, Die Westberliner Wirtschaft 1949-1951 (Deutsches Institut für Wirtschaftsforschung, Sonderhefte, N.F. 15, Reihe A: Forschung), Berlin 1952.

Gruppe, D., 1957. Die Nahrungsmittelversorgung Deutschlands seit 1925, in: Agrarwirtschaft, Sonderheft ¾, Teil B, Hannover 1957.

Gumpert, M., 1940. Heil Hunger! Health under Hitler, London 1940.

Gundel, M. (Hg.), 1942. Die ansteckenden Krankheiten. Ihre Epidemiologie, Bekämpfung und spezifische Therapie, 2. verb. und erw. Auflage, Leipzig 1942, S. 85-100.

Härtling, E., 1941. Die Lage der erwerbstätigen Frau unter besonderer Berücksichtigung der gehobenen Berufe und der arbeitseinsatzpolitischen Fragen, staats- und wirtschaftswiss. Diss., Universität Heidelberg 1941.

Hemmer, W., 1935. Die „unsichtbaren" Arbeitslosen. Statistische Methoden – Soziale Tatsachen, Zeulenroda 1935.

Hemmer, W., 1936/37. Nochmals: Die Arbeitslosenstatistik, in: Allgemeines Statistisches Archiv 26 (1936/37), S. 418-425.

Ickert, F., 1952, Tuberkulose-Jahrbuch 1950/51, hrsg. vom Deutschen Zentralkomitee zur Bekämpfung der Tuberkulose, Berlin u.a. 1952.

Jacobs, A., 1940. Statistik der Preise und der Lebenshaltungskosten, in: Burgdörfer, F. (Hg.), Die Statistik in Deutschland nach ihrem heutigen Stand. Ehrengabe für Friedrich Zahn, Bd. II, Berlin 1940, S. 1157-1167.

Kinzelbach, 1935. Württembergs wirtschaftliche und soziale Lage, in: Reichsarbeitsblatt, Teil II, 21,15 (1935), S. 217-219.

Krug, J., 1939, Die Verbreitung und Bekämpfung der Tuberkulose in Bayern im Jahre 1937/38, in: Zeitschrift des Bayerischen Statistischen Landesamts, 71. Jg. 1939, S. 517-525.

Kruse, A., 1942/43. Zur Problematik des „Lebenshaltungskostenindex" im Kriege, in: Allgemeines Statistisches Archiv 31 (1942/43), S. 228-233.

Löffler, E., 1928. Das deutsche Schulwesen. Jahrbuch 1927, Berlin 1928.

Meier, E. und M. Baland, 1936. Die wichtigsten Ursachen der Säuglingssterblichkeit im Deutschen Reiche im Jahr 1933, in: Reichs-Gesundheitsblatt 45 (1936), S. 838-847.

Meier, E. und W. Berger, 1939. Die Bevölkerungsbewegung in den deutschen Großstädten im Jahre 1938, in: Reichs-Gesundheitsblatt 27 (1939), S. 559-567.

Oelrich, W., 1960. Die Entwicklung des Preisindex für die Lebenshaltung in Baden-Württemberg von 1948 bis 1959, in: Jahrbücher für Statistik und Landeskunde von Baden-Württemberg 5-2 (1960), S. 123-137.

Optiz, 1939. Die wirtschaftliche und soziale Lage Sachsens seit der Machtergreifung, in: Reichsarbeitsblatt, Teil II, 19,4 (1939), S. 41-51.

Phillip, E., 1942. Das Puerperalfieber, in: Gundel, M. (Hg.), 1942. Die ansteckenden Krankheiten. Ihre Epidemiologie, Bekämpfung und spezifische Therapie, 2. verb. und erw. Auflage, Leipzig 1942, S. 85-100.

Pohlen, K., 1936, Die Bewegung der häufigeren Infektionskrankheiten im Deutschen Reich, in: Statistische Sonderbeilage zum Reichs-Gesundheitsblatt Nr. 52, S. 197*-219*.

Prähler, H., 1957/58. Das Sozialprodukt Niedersachsens in den Jahren 1950–1957, in: Neues Archiv für Niedersachsen, Landeskunde/Statistik/Landesplanung, Band 9 (14), 1957/58, S. 323-341.

Priester, H., 1936. Das deutsche Wirtschaftswunder, Amsterdam 1936.

Prinzing, F., 1931. Handbuch der medizinischen Statistik, 2. überarb. Aufl., Jena 1931.

Reithinger, A., 1932. Stand und Ursachen der Arbeitslosigkeit in Deutschland (Vierteljahreshefte zur Konjunkturforschung, Sonderheft 29), Berlin 1932.

Rohrbach, J., 1955. Im Schatten des Hungers. Dokumentarisches zur Ernährungspolitik und Ernährungswirtschaft in den Jahren 1945-1949, Hamburg 1955.

Rott, F., 1926/27. Die drei Senkungsperioden der Säuglingssterblichkeit im Deutschen Reiche, in: Gesundheitsfürsorge für das Kindesalter 2 (1926/27), S. 491-508.

Rott, F., 1929. Der Rückgang der Säuglingssterblichkeit, in: Grotjahn, A. und L. Langstein (Hg.), Ergebnisse der Sozialen Hygiene und Gesundheitsfürsorge, Bd. 1, Leipzig 1929, S. 85-134.

Schmölders, G., 1929. Zur Frage der Sterblichkeitsunterschiede der beiden Geschlechter und ihrer Ursachen in der Vor- und Nachkriegszeit, in: Allgemeines Statistisches Archiv 19 (1929), S. 87-96.

Schwarz, K., 1954. Die Entwicklung der Sterblichkeit im Bundesgebiet in den ersten Jahren nach dem 2. Weltkrieg, Diss. (staatswiss.), Mainz 1954.

Syrup, F., 1936. Arbeitseinsatz und Arbeitslosenhilfe in Deutschland, Berlin 1936.

Wagner, G., 1935. Grundlagen der Mutterschaftsfürsorge, in: Der öffentliche Gesundheitsdienst 1,7 (1935), S. 145-157.

Wiesel, 1939. Die wirtschaftliche und soziale Entwicklung des Wirtschaftsgebietes Thüringen seit 1933, Teil II, 19,1 (1939), S. 12-15.

6.4 Editionen, Dokumentationen

Arbeitswissenschaftliches Institut der Deutschen Arbeitsfront 1936-1940/41. (Reprint Sozialstrategien der Deutschen Arbeitsfront, Teil A, hrsg. von d. Hamburger Stiftung für Sozialgeschichte des 20. Jahrhunderts, München u.a. 1986)

Behnken, K. (Hg.), 1980. Deutschland-Bericht der sozialdemokratischen Partei Deutschlands (SoPaDe) 1934-1940, 7 Bde., Frankfurt a.M. 1980.

Boberarch, H. (Hg.), 1984. Meldungen aus dem Reich 1938-1945. Die geheimen Lageberichte des Sicherheitsdienstes der SS, 17 Bde., Herrsching 1984.

Braune, G., 1996. Quellen zur Geschichte Thüringens. Erinnerungen an die Zeit zwischen 1930 und 1947, Erfurt 1996.

Broszat, M. u.a. (Hg.), 1977. Bayern in der NS-Zeit. Band 1. Soziale Lage und politisches Verhalten der Bevölkerung im Spiegel vertraulicher Berichte, München und Wien 1977.

Flora, P., 1987. State, Economy, and Society in Western Europe 1815-1975. A Data Handbook in two Volumes. Vol. II. The Growth of Industrial Societies and Capitalist Economies, Frankfurt u.a. 1987.

Gleitze, B., 1960. Wirtschafts- und Sozialstatistisches Handbuch, Köln 1960.

Herrmann, U.G. (Hrsg.), 2003. Datenhandbuch zur deutschen Bildungsgeschichte, Band 2, Teil 2: Regionale Differenzierung und gesamtstaatliche Systembildung. Preußen und seine Provinzen, Deutsches Reich und seine Staaten 1800-1945, Göttingen 2003.

Hoffmann, W.; Grumbach, F. und H. Hesse, 1965. Das Wachstum der deutschen Wirtschaft seit der Mitte des 19. Jahrhunderts, Berlin u.a. 1965.

Hohls, R. und H. Kaelble, 1989. Die regionale Erwerbsstruktur im Deutschen Reich und in der Bundesrepublik 1895 – 1970 (Quellen und Forschungen zur Historischen Statistik von Deutschland, Bd. 9), St. Katharinen 1989.

John, J., 1996. Quellen zur Geschichte Thüringens 1918-1945, Erfurt 1996.

Keyfitz N. und W. Flieger, 1968. World Population. An Analysis of Vital Data, Chicago und London 1968.

Klein, T. (Hg.), 1985. Die Lageberichte der Geheimen Staatspolizei über die Provinz Hessen-Nassau 1933-1936, Köln und Wien 1985.

Maddison, A., 1995. Monitoring the World Economy, 1820-1992, Paris 1995.

Mason, T.W., 1975. Arbeiterklasse und Volksgemeinschaft. Dokumente und Materialien zur deutschen Arbeiterpolitik 1936-1939, Opladen 1975.

McCusker, J.J., „Comparing the Purchasing Power of Money in the United States (or Colonies) from 1665 to Any Other Year Including the Present“ Economic History Services, 2001, [URL: http://www.eh.net/hmit/ppowerusd/, Zugriff am 10.08.2003].

Mitchell, B.R., 1995. International Historical Statistics: Europe 1750-1988, Basingstoke 1995.

Mlynek, K. (Hg.), 1986. Gestapo Hannover meldet ... : Polizei- und Regierungsberichte für das mittlere und südliche Niedersachsen zwischen 1933 und 1937, Hildesheim 1986.

Müller, D.K. (Hrsg.), 1987. Datenhandbuch zur deutschen Bildungsgeschichte, Bd. 2, Teil 1: Sozialgeschichte und Statistik des Schulsystems in den Staaten des Deutschen Reiches 1800-1945, Göttingen 1987.

OECD, 1977. Basic Disaggregations of Main Social Indicators, Paris 1977.

Officer, L. H., 2002 „Exchange rate between the United States dollar und forty other countries, 1913-1999.“ Economic History Services, EH.Net, 2002 [URL: http://www.eh.net/hmit/exchangerates/, (Zugriff am 10.08.2003)].

Petzina, D., W. Abelshauser und A. Faust, 1978. Sozialgeschichtliches Arbeitsbuch III. Materialien zur Statistik des Deutschen Reichs 1914-1945 (Statistische Arbeitsbücher zu neueren deutschen Geschichte), München 1978.

Preston, S., N. Keyfitz und R. Schoen, 1972. Causes of Death. Life Tables for National Populations, New York und London 1972.

Ritschl, A. und M. Spoerer, 1997. Das Bruttosozialprodukt in Deutschland nach den amtlichen Volkseinkommens- und Sozialproduktsstatistiken 1901-1995, in: Jahrbuch für Wirtschaftsgeschichte 2 (1997), S. 27-54.

Rytlewski, R. und M. Opp de Hipt, 1987. Die Bundesrepublik Deutschland in Zahlen 1945/49-1980. Ein sozialgeschichtliches Arbeitsbuch IV (Statistische Arbeitsbücher zur neueren deutschen Geschichte), München 1987.

Thévoz, R. u.a., 1974. Pommern 1934/35 im Spiegel von Gestapo-Lageberichten und Sachakten, 2 Bde., Köln und Berlin 1974.

Titze, H. (Hrsg.), 1987. Datenhandbuch zur deutschen Bildungsgeschichte, Band 1, Teil 1: Das Hochschulstudium in Preußen und Deutschland 1820-1944, Göttingen 1987.

Titze, H. (Hrsg.), 1995. Datenhandbuch zur deutschen Bildungsgeschichte, Bd. 1, Teil 2: Wachstum und Differenzierung der deutschen Universitäten 1830-1945, Göttingen 1995.

United Development Program (UNDP), 1990-2004. Human Development Report (HDR) New York 1990-2004.

Vollmer, B., 1957. Volksopposition im Polizeistaat. Gestapo- und Regierungsberichte 1934-1936, Stuttgart 1957.

6.5 Sonstige Literatur

Abelshauser, W., 1981. Verelendung der Handarbeiter? Zur sozialen Lage der deutschen Arbeiter in der großen Inflation der frühen zwanziger Jahre, in: Mommsen, H. und W. Schulze (Hg.): Vom Elend der Handarbeit. Probleme historischer Unterschichtenforschung, Stuttgart 1981, S. 445-476.

Abelshauser, W. 1983a. Wirtschaftsgeschichte der Bundesrepublik Deutschland (1945-1980), Frankfurt a. Main 1983.

Abelshauser, W. und A. Faust, 1983b. Eine nationalsozialistische Sozialrevolution? Fernstudientext, Tübingen 1983.

Abelshauser, W., 1987a. Die Weimarer Republik als Wohlfahrtsstaat?, in: ders. (Hg.), Die Weimarer Republik als Wohlfahrtsstaat. Zum Verhältnis von Wirtschafts- und Sozialpolitik in der Industriegesellschaft (Vierteljahrschrift für Sozial- und Wirtschaftsgeschichte, Beihefte, Nr. 81), Stuttgart 1987, S. 9-31.

Abelshauser, W., 1987b. Die Langen Fünfziger Jahre. Wirtschaft und Gesellschaft der Bundesrepublik Deutschland 1949 bis 1966, Düsseldorf 1987.

Abelshauser, W., 1999. Kriegswirtschaft und Wirtschaftswunder. Deutschlands wirtschaftliche Mobilisierung für den Zweiten Weltkrieg und die Folgen für die Nachkriegszeit, in: Vierteljahrshefte für Zeitgeschichte 47 (1999), S. 503-538.

Abelshauser, W., 2004. Deutsche Wirtschaftsgeschichte seit 1945 (Bundeszentrale für politische Bildung, Bd. 460), München 2004.

Alber, J., 1989a. Der Sozialstaat in der Bundesrepublik 1950-1983, Frankfurt/Main und New York 1989.

Alber, J., 1989b. Nationalsozialismus und Modernisierung, in: Kölner Zeitschrift für Soziologie und Sozialpsychologie 41 (1989), S. 346-365.

Aly, G., 2005. Hitlers Volksstaat. Raub, Rassenkrieg und nationaler Sozialstaat, Frankfurt a.M. 2005.

Anand, S. und A.K. Sen, 1995. Gender Inequality in Human Development: Theories and Measurement (Occasional Paper 19), Human Development Report Office, New York 1995.

Anand, S. und A.K. Sen, 1999. Alternative Formulations for the Income Component of the Human Development Index. Human Development Report Office, New York 1999.

Anand, S. und A.K. Sen, 2005. Gender Inequality in Human Development: Theories and Measurement, in: Fukuda-Parr, S. und A.K.S. Kumar (Hg.), Readings in Human Development: Concepts, Measures and Policies for a Development Paradigm, Oxford u.a. 2005, S. 210-227.

Anand, S. und M. Ravallion, 1993. Human Development in Poor Countries: On the Role of Private Incomes and Public Services, in: Journal of Economic Perspectives 7,1 (1993), S. 133-150.

Bähr, J. Rezension von: Götz Aly: Hitlers Volksstaat. Raub, Rassenkrieg und nationaler Sozialstaat, Frankfurt a.M.: S. Fischer 2005, in: sehepunkte 5 (2005), Nr. 7/8 [15.07.2005] URL: http://www.sehepunkte.historicum.net/2005/07/8192 (Zugriff am 17.07.2005).

Bajohr, S., 1979. Die Hälfte der Fabrik. Geschichte der Frauenarbeit in Deutschland 1914 bis 1945 (Schriftenreiheder Studiengesellschaft für Sozialgeschichte und Arbeiterbewegung, Bd. 17), Marburg

Balser, F., 1994. Frankfurt am Main in der Nachkriegszeit und bis 1989, in: Frankfurt am Main. Die Geschichte der Stadt in neun Beiträgen (Veröffentlichungen der Frankfurter Historischen Kommission XVII), Sigmaringen 1994, S. 521-574.

Bardhan, K. und S. Klasen, 1999. UNDP's Gender Related Indices: A Critical Review, in: World Development 27 (1999), S. 985-1010.

Bardhan, K. und S. Klasen, 2000. On UNDP's Revisions to the Gender-Related Development Index, in: Journal of Human Development 1,2 (2000), S. 191-195.

Barkai, A., 1988. Das Wirtschaftssystem des Nationalsozialismus. Ideologie, Theorie, Politik 1933-1945, Erw. Neuausg., Frankfurt a. M. 1988.

Baster, N., 1985. Social Indicator Research: Some Issues and Debates, in: Hilhorst, J.G.M. und M. Klatter (Hg.), Social Development in the Third World. Level of Living Indicators and Social Planning, London u.a. 1985, S. 23-46.

Baten, J., 1997. Anthropometrische Indikatoren, Ernährung, Gesundheit und Wohlfahrt in historischer Perspektive, in: Jahrbuch für Wirtschaftsgeschichte 1997/2, S. 220-227.

Baten, J, 2003. Anthropometrics, consumption and leisure: the standard of living, in S. Ogilvie und R. Overy (Hg.), Germany. A New Social and Economic History, Vol. III: Since 1800. London 2003, S.383-422.

Baten, J. und J. Komlos, 1998. Height and the Standard of Living, in: Journal of Economic History 58 (1998), S. 866-870.

Baten, J. und A. Wagner, 2003a. Autarky, market disintegration, and health: the mortality and nutritional crisis in Nazi Germany, 1933-1937, in: Economics and Human Biology 1 (2003), S. 1-28.

Baten, J. und A. Wagner, 2003b. Mangelernährung, Krankheit und Sterblichkeit im NS-Wirtschaftsaufschwung (1933-1937), in: Jahrbuch für Wirtschaftsgeschichte 1 (2003), S. 99-123.

Bauer, R., 2003. Geschichte Münchens. Vom Mittelalter bis zur Gegenwart, München 2003.

Beck, E., 1986. Under the Bombs. The German Homefront 1942-1945, Kentucky 1986.

Behrens, P. und Wolf, U., 1998. Frauen in der frühen Nachkriegszeit zwischen Arbeit, Familie und politischer Partizipation. Das Beispiel Neukölln, in: Schmiechen-Ackermann, D., U. Stiepani und C. Toelle (Hg.), Alltag und Politik in einem Berliner Arbeiterbezirk. Neukölln von 1945 bis 1989, Bielefeld 1998, S. 151-179.

Benz, U., 1996. Deutsche Frau und deutsche Mutter – die langen Wirkungen der Ideologisierung im Nationalsozialismus, in: Niethammer, O. (Hg.), Frauen und Nationalsozialismus. Historische und kulturgeschichtliche Positionen, Osnabrück 1996, S. 144-155.

Berger-Schmitt, R., 1999. Human Development Report 1998. Neuer Armutsindex und Indexentwicklung seit 1990, in: Informationsdienst Soziale Indikatoren 21 (1999), S.14-15.

Berghoff, H., 2001. Enticement and Deprivation: The Regulation of Consumption in Pre-War Nazi Germany, in: Daunton, M. und M. Hilton (Hg.), The Politics of Consumption. Material Culture and Citizenship in Europe and America, Oxford 2001, S. 165-184.

Berghoff, H., 2004. Rezension von Wolfgang König: Volkswagen, Volksempfänger, Volksgemeinschaft. „Volksprodukte" im Dritten Reich: Vom Scheitern einer nationalsozialistischen Konsumgesellschaft, Paderborn: Ferdinand Schöningh Verlag 2004, in: H-Soz-u-Kult, 03.11.2004, URL: geschichte.hu-berlin.de-/rezensionen/ (Zugriff am 03.11.2004).

Bergmann-Winberg, M.-L. von, 1987. Wohlfahrt, Lebensniveau und Lebensweise im deutsch-deutschen Vergleich, Helsingfors 1987.

Bergschmidt, H., 1964. Das Wachstum der bayrischen Wirtschaft seit 1950 im Vergleich zum Wirtschaftswachstum in der Bundesrepublik Deutschland, staatswiss. Diss., Universität München 1964.

Blaich, F., 1979. Die bayerische Industrie 1933-1939. Elemente von Gleichschaltung, Konformismus und Selbstbehauptung, in: Broszat, M. und E. Fröhlich (Hg.), Bayern in der NS-Zeit II: Herrschaft und Gesellschaft im Konflikt, Teil A, München und Wien 1979, S. 237-280.

Blaich, F., 1987. Wirtschaft und Rüstung im „Dritten Reich", Düsseldorf 1987

Blaich, F., 1990. Der Schwarze Freitag. Inflation und Weltwirtschaftskrise (Deutsche Geschichte der neuesten Zeit vom 19. Jahrhundert bis zur Gegenwart), 2. Aufl., München 1990.

Blasius, D., 1996. Tuberkulose: Signalkrankheit deutscher Geschichte, in: Geschichte in Wissenschaft und Unterricht 47 (1996), S. 320-332.

Bock, G., 2002. Der Nationalsozialismus und die Frauen, in: Sösemann (Hg.), Der Nationalsozialismus und die deutsche Gesellschaft. Einführung und Überblick, Stuttgart und München 2002, S. 188-209.

Boelcke, W.A., 1989a. Wirtschaftsgeschichte Baden-Württembergs von den Römern bis heute, Stuttgart 1987.

Boelcke, W.A., 1989b. Sozialgeschichte Baden-Württembergs 1800-1989. Politik, Gesellschaft, Wirtschaft (Schriften zur politischen Landeskunde Baden-Württemberg, Band 16), Stuttgart u.a. 1989.

Borchardt, K., 1966. Regionale Wachstumsdifferenzen in Deutschland im 19. Jahrhundert unter besonderer Berücksichtigung des West-Ost-Gefälles, in: Borchardt, K. u.a. (Hg.), Wirtschaft, Geschichte und Wirtschaftsgeschichte. Festschrift zum 65. Geburtstag von Friedrich Lütge, Stuttgart 1966, S. 325-339.

Borchardt, K., 1982. Wachstum, Krisen, Handlungsspielräume der Wirtschaftspolitik. Studien zur Wirtschaftsgeschichte des 19. und 20. Jahrhunderts, Göttingen 1982.

Borchardt, K., 1983. Die Bundesrepublik in den säkularen Trends der wirtschaftlichen Entwicklung, in: Conze, W. und M.R. Lepsius (Hg.), Sozialgeschichte der Bundesrepublik Deutschland. Beiträge zum Kontinuitätsproblem (Industrielle Welt, Bd. 34), Stuttgart 1983, S. 20-45.

Bosl, K., 1985. Die „geminderte" Industrialisierung in Bayern, in: Grimm, C. (Hg.), Aufbruch ins Industriezeitalter. Bd. 1: Linien der Entwicklungsgeschichte (Veröffentlichungen zur Bayerischen Geschichte und Kultur, Nr. 3/85), München 1985, S. 22-39.

Bramke, W. u.a., 1992. Sachsens Wirtschaft im Wechsel politischer Systeme im 20. Jahrhundert. Strukturelle Entwicklung und soziale Problemfelder vom Ausgang des Ersten Weltkrieges bis in die frühen 60er Jahre, Leipzig 1992.

Bridenthal, R. und C. Koonz, 1984. Beyond Kinder, Küche, Kirche: Weimar Women in Politics and Work, in: Bridenthal, R., A. Grossmann und M. Kaplan (Hg.), When Biology became Destiny. Women in Weimar and Nazi Germany, New York 1984, S. 33-65.

Brunn G. und J. Reulecke, 1996. Kleine Geschichte von Nordrhein-Westfalen 1946-1996 (Schriften zur politischen Landeskunde Nordrhein-Westfalens, Bd. 10), Köln 1996.

Bry, G., 1960. Wages in Germany, Princeton 1960.

Buchheim, C., 1997. Einführung in die Wirtschaftsgeschichte, München 1997.

Buchheim, C., 2000. „Wohlstand für Alle!". Die Realisierung einer Utopie, in: Fortschrittsglaube und Zukunftspessimismus (Stuttgarter Symposion, Bd. 8) Tübingen 2000, S. 195-209.

Buchheim, C., 2001. Die Wirtschaftsentwicklung im Dritten Reich – mehr Desaster als Wunder. Eine Erwiderung auf Werner Abelshauser, in: Vierteljahrshefte für Zeitgeschichte 49 (2001), S. 653-664.

Burchardt, L., 1974. Die Auswirkungen der Kriegswirtschaft auf die deutsche Zivilbevölkerung im Ersten und Zweiten Weltkrieg. In: Militärgeschichtliche Mitteilungen 15 (1974), S. 65-97.

Büsch, O. und G. Feldman (Hg.), 1978. Historische Prozesse der Inflation 1914 bis 1924. Ein Tagungsbericht (Einzelveröffentlichungen der historischen Kommision zu Berlin), Berlin 1978.

Büttner, U., 1982. Hamburg in der Staats- und Wirtschaftskrise 1928-1931 (Hamburger Beiträge zur Sozial- und Zeitgeschichte, Bd. XVI, Hamburg 1982.

Büttner, U., 2000. Hamburg in der ersten Hälfte des 20. Jahrhunderts, in: Landeszentrale für politische Bildung (Hg.), Hamburg im ersten Viertel des 20. Jahrhunderts: die Zeit des Politikers Otto Stolten. Sieben Abhandlungen (Hamburg in der ersten Hälfte des 20. Jahrhunderts, LZ-Sammelband I), Hamburg 2000, S. 9-28.

Caldwell, J.C. 1979. Education as a Factor in Mortality Decline. An Examination of Nigerian Data, in: Population Studies 33 (1979), S. 395-413.

Castellan, G, 1974. Zur sozialen Bilanz der Prosperität 1924-1929, in: Mommsen, H., D. Petzina und B. Weisbrod (Hg.), Industrielles System und politische Entwicklung in der Weimarer Republik (Verhandlungen des Internationalen Symposiums in Bochum vom 12.-17. Juni 1973), Düsseldorf 1974, S. 104-110.

Chakravarty, S., 2003. A Generalized Human Development Index, in: Review of Development Economics 7,1 (2003), S. 99-114.

Condrau, F., 2000. Lungenheilanstalt und Patientenschicksal. Sozialgeschichte der Tuberkulose in Deutschland und England im späten 19. und frühen 20. Jahrhundert (Kritische Studien zur Geschichtswissenschaft, Bd. 137), Göttingen 2000.

Corni, G. und H. Gies, 1997. Brot – Butter – Kanonen. Die Ernährungswirtschaft in Deutschland unter der Diktatur Hitlers, Berlin 1997.

Costa, D.L. und R.H. Steckel, 1997. Long-Term Trends in Health, Welfare, and Economic Growth in the United States, in: Steckel, R.H. und R. Floud (Hg.), Health and Welfare during Industrialization, Chicago und London 1997, S. 47-89.

Crafts, N.F.R., 1997a. Some dimensions of the 'quality of life' during the British industrial revolution, in: Economic History Review 50 (1997), S. 617-639.

Crafts, N.F.R., 1997b. The Human Development Index and changes in standards of living: Some historical comparisons, in: European Review of Economic History 1 (1997), S. 299-322.

Crafts, N.F.R., 2002. The Human Development Index, 1870-1999: Some Revised Estimates, in: Review of Economic History 6 (2002), S. 395-405.

Dammer, S. und C. Sachse, 1981. Nationalsozialistische Frauenpolitik und weibliche Arbeitskraft, in: Frauengeschichte. Beiträge 5 zur feministischen Theorie und Praxis, S. 108-117.

Dasgupta, P. und M. Weale, 1992. On Measuring the Quality of Life, in: World Development 20 (1992), S. 119-131.

Desai, S. and S. Alva, 1998. Maternal Education and Child Health: Is there a strong causal Relationship, in: Demography 35 (1998), S. 71-81.

Dinkel, R., 1984. Sterblichkeit in Perioden- und Kohortenbetrachtung – zugleich eine ansatzweise Berechnung der Kohortensterbetafel für Deutschland – , in: Zeitschrift für Bevölkerungswissenschaft 10, 4 (1984), S. 477-500.

Dinkel, R. und Marc Luy, 1999. Natur oder Verhalten? Ein Betrag zur Erklärung der männlichen Übersterblichkeit durch einen Vergleich von Kloster- und Allgemeinbevölkerung, in: Zeitschrift für Bevölkerungswissenschaft 24,2 (1999), S. 105-132.

Drescher, J., 1993. Wirtschaftsentwicklung, berufliche Fortbildung und sozialer Aufstieg: Eine Studie am Beispiel Hamburgs, in: Schildt, A. und A. Sywottek (Hg.), Modernisierung im Wiederaufbau. Die westdeutsche Gesellschaft der 50er Jahre (Politik- und Gesellschaftsgeschichte, Bd. 33), Bonn 1993, S. 242-265.

Drewek, P., 1984. Aspekte der Schulentwicklung zwischen 1945 und 1960, in: Zeitschrift für Sozialisationsforschung und Erziehungssoziologie 4,1 (1984), S. 65-77.

Drewek, P., 2001. Grenzen der Eigendynamik? Transformation des Schulsystems in Berlin und Brandenburg im 20. Jahrhundert, in: Drewek, P., Huschner, A. und R. Ejury (Hg.), Politische Transformation und Eigendynamik des Schulsystems im 20. Jahrhundert. Regionale Schulentwicklung in Berlin und Brandenburg 1890–1990 (Bibliothek für Bildungsforschung, Band 19), Weinheim 2001, S. 11-37.

Drohsel, P., 1986. Die Lohndiskriminierung der Frauen. Eine Studie über Lohn und Lohndiskriminierung von erwerbstätigen Frauen in der Bundesrepublik Deutschland, 1945-1984, Marburg 1986.

Dumke, R., 1991. Income inequality and industrialization in Germany, 1850-1913: the Kuznets hypothesis re-examined, in: Brenner, Y.S., M. Kaelble und M. Thomas (Hg.), Income distribution in historical perspective, Cambridge 1991, S. 117-148.

Easterlin, R.A., 1995. Will raising the incomes of all increase the happiness of all?, in: Journal of Economic Behaviour and Organization 27 (1995), S. 35-47.

Eckert, R., 1997. Arbeiter in der preußischen Provinz: Rheinprovinz, Schlesien und Pommern 1933 bis 1939 im Vergleich, Frankfurt a. M. u.a. 1997.

Edding, F. und R. von Carnap, 1962. Der relative Schulbesuch in den Ländern der Bundesrepublik 1952 – 1960. Frankfurt/M. 1962.

Ehmer, J., 2004. Bevölkerungsgeschichte und Historische Demographie 1800–2000 (Enzyklopädie Deutscher Geschichte, Bd. 71), München 2004.

Ehrich, K., 1996. Stationen der Mädchenschulreform. Ein Ländervergleich, in: Kleinau, E. und C. Opitz (Hg.), Geschichte der Mädchen- und Frauenbildung. Bd. 2 Vom Vormärz bis zur Gegenwart, Frankfurt und New York 1996, S. 129-148.

Eichborn, U., 1994. Ehestandsdarlehen. Dem Mann den Arbeitsplatz, der Frau Heim, Herd und Kinder, in: Kuhn, A. (Hg.), Frauenleben im NS-Alltag (Bonner Studien zur Frauengeschichte, Bd. 2), Paffenweiler 1994, S. 48-64.

Eichengreen, B. und T.J. Hatton, 1988. Interwar Unemployment in International Perspective: An Overview, in: Eichengreen, B. und T.J. Hatton (Hg.), Interwar Unemployment in International Perspective, Dordrecht u.a. 1988, S. 1-59.

Eilers, R., 1963. Die nationalsozialistische Schulpolitik. Eine Studie zur Funktion der Erziehung im totalitären Staat (Staat und Politik, Bd. 4), Köln und Opladen 1963.

Engeli, C. und W. Ribbe, 1987. Berlin in der NS-Zeit (1933-1945), in: Ribbe, W. (Hg.), Geschichte Berlins. Zweiter Band: Von der Märzrevolution bis zur Gegenwart, München 1987, S. 927-1026.

Engerman, S.L., 1997. The Standard of Living Debate in International Perspective: Measures and Indicators, in: Steckel, R.H. und R. Floud (Hg.), Health and Welfare during Industrialization, Chicago und London 1997, S. 17-46.

Erker, P., 1991. Keine Sehnsucht nach der Ruhr. Grundzüge der Industrialisierung in Bayern 1900-1970, in: Geschichte und Gesellschaft 17 (1991), S. 480-511.

Erker, P., 1996. Der lange Abschied vom Agrarland. Zur Sozialgeschichte der Bauern im Industrialisierungsprozeß, in: Frese, M. und M. Prinz (Hg.), Politische Zäsuren und gesellschaftlicher Wandel im 20. Jahrhundert. Regionale und vergleichende Perspektiven (Forschungen zur Regionalgeschichte, Bd. 18), Paderborn 1996, S. 327-360.

Erker, P., 1997. Industriewirtschaft und regionaler Wandel. Überlegungen zu einer Wirtschaftsgeschichte Bayerns 1945–1995, in: Lanzinner, M. und M. Henker (Hg.), Landesgeschichte und Zeitgeschichte. Forschungsperspektiven zur Geschichte Bayerns nach 1945, München 1997, S. 41-51.

Erlinghagen, K., 1965. Katholisches Bildungsdefizit in Deutschland. Freiburg u.a. 1965.

Esenwein-Rothe, I., 1982. Einführung in die Demographie. Bevölkerungsstruktur und Bevölkerungsprozeß aus der Sicht der Statistik (Statistische Studien, Band 10), Wiesenbaden 1982.

Farquharson, J.E., 1976. The Plough and the Swastika. The NSDAP and Agriculture in Germany 1928-45 (SAGE Studies in 20th Century, Bd. 5), London and Beverly Hills 1976.

Flierl, C. und K. Gschwendner, 1997. Oberpfalz, in: Liedtke, M. (Hg.), Handbuch der Geschichte des bayerischen Bildungswesens. Band 3. Geschichte der Schule in Bayern von 1918 bis 1990, Regensburg 1997, S. 99-107 und S. 263-276.

Flora, P., 1972. Historische Prozesse sozialer Mobilisierung. Urbanisierung und Alphabetisierung, 1850-1965, in: Zeitschrift für Soziologie 1 (1972), S. 84-117.

Floud, R. und B. Harris, 1997. Health, Height, and Welfare: Britain, 1700-1980, in: Steckel, R.H. und R. Floud (Hg.), Health and Welfare during Industrialization, Chicago und London 1997, S. 91-126.

Frank, H., 1994. Regionale Entwicklungsdisparitäten im deutschen Industrialisierungsprozeß 1849-1939. Eine empirisch-analytische Untersuchung (Münsteraner Beiträge zur Cliometrie und quantitativen Wirtschaftsgeschichte, Band 1), Münster 1994.

Frese, M., 1987. Zugeständnisse und Zwangsmaßnahmen. Neuere Studien zur nationalsozialistischen Sozial- und Arbeitspolitik, in: Neue Politische Literatur 32 (1987), S. 53-74.

Frevert, U., 1986. Frauen-Geschichte. Zwischen Bürgerlicher Verbesserung und Neuer Weiblichkeit, Frankfurt/M. 1986.

Frey, A., 2003. Die industrielle Entwicklung Bayerns von 1925 bis 1975. Eine vergleichende Untersuchung über die Rolle städtischer Agglomerationen im Industrialisierungsprozess (Schriften zur Wirtschafts- und Sozialgeschichte, Bd. 76), Berlin 2003.

Fritz, W., 2001. Historie der amtlichen Statistiken der Erwerbstätigkeit in Deutschland. Ein fragmentarischer Abriß: Darstellung, Quellen, Daten, Definitionen, Chronik. Historische Sozialforschung, Beiheft 13 (2001).

Führ, C., 1970. Zur Schulpolitik der Weimarer Republik. Die Zusammenarbeit von Reich und Ländern im Reichsschulausschuß (1919-1923) und im Ausschuß für das Unterrichtswesen (1924-1933). Darstellung und Quellen, Weinheim u.a. 1970.

Führer, K.C, 1990a. Arbeitslosigkeit und die Entstehung der Arbeitslosenversicherung in Deutschland 1902–1927 (Einzelveröffentlichungen der Historischen Kommission zu Berlin, Bd. 73: Beiträge zu Inflation und Wiederaufbau Deutschland und Europa 1914-1924), Berlin 1990.

Führer, K.C., 1990b. Für das Wirtschaftsleben ‚mehr oder weniger wertlose Personen'. Zur Lage der Invaliden- und Kleinrentnern in den Inflationsjahren 1918-1924, in: Archiv für Sozialgeschichte 30 (1990), S. 145-180.

Führer, K.C., 1991. Unterstützung und Lebensstandard der Arbeitslosen 1918-1927, in: Tenfelde, K. (Hg.): Arbeiter im 20. Jahrhundert, Stuttgart 1991, S. 275-298.

Führer, K.D., 1995. Mieter, Hausbesitzer, Staat und Wohnungsmarkt. Wohnungsmangel und Wohnungszwangswirtschaft in Deutschland 1914–1960 (Vierteljahrschrift für Sozial- und Wirtschaftsgeschichte, Beihefte Nr. 119), Stuttgart 1995.

Furck, C.-L., 1998. Das Schulsystem: Primarbereich – Hauptschule – Realschule – Gymnasium – Gesamtschule, in: Führ, C. und C.-L. Furck (Hg.), Handbuch der deutschen Bildungsgeschichte. Band VI: 1945 bis zur Gegenwart. Teilband 1: Bundesrepublik Deutschland, München 1998, S. 282-356.

Fürnrohr, W., 1997. Gesamtdarstellung, in: Liedtke, M. (Hg.), Handbuch der Geschichte des Bayerischen Bildungswesens. Band 3: Geschichte der Schule in Bayern. Von 1918 von 1990, Bad Heilbrunn 1997, S. 173-223.

Gatzweiler, H.-P. und G. Stiens, 1982. Regionale Mortalitätsunterschiede in der Bundesrepublik Deutschland, in: Jahrbuch für Regionalwissenschaft 3 (1982), S. 36-63.

Gerber, P., 1996. Erwerbsbeteiligung von deutschen und ausländischen Frauen 1933-1945 in Deutschland. Entwicklungslinien und Aspekte politischer Steuerung der Frauenerwerbstätigkeit im Nationalsozialismus, Frankfurt a. M. u.a. 1996.

Gernert, D., 1996. Mädchenerziehung im allgemeinen Volksschulwesen, in: Kleinau, E. und C. Opitz (Hg.), Geschichte der Mädchen- und Frauenbildung. Bd. 2: Vom Vormärz bis zur Gegenwart, Frankfurt und New York 1996, S. 85-98.

Gessner, D., 2002. Die Weimarer Republik (Kontroversen um die Geschichte), Darmstadt 2002.

Geyer, M.H., 1989. Soziale Sicherheit und wirtschaftlicher Fortschritt. Überlegungen zum Verhältnis von Arbeitsideologie und Sozialpolitik im „Dritten Reich", in: Geschichte und Gesellschaft 15 (1989), S. 382-406.

Gjonça, A., C. Tomassini und J.W. Vaupel, 1999. Male-female Differences in Mortality in the Developed World (MPIDR Working Paper 1999-009), Rostock 1999.

Groehler, O., 1990. Bombenkrieg gegen Deutschland, Berlin 1990.

Grüttner, M., 1995. Studenten im Dritten Reich (Sammlung Schöningh zur Geschichte und Gegenwart), Paderborn u.a. 1995.

Grumbach, F. und H. König, 1957. Beschäftigung und Löhne der deutschen Industriewirtschaft 1888-1954, in: Weltwirtschaftliches Archiv 79 (1957), S. 125-155.

Hachtmann, R., 1987. Arbeitsmarkt und Arbeitszeit in der deutschen Industrie 1929 bis 1939, in: Archiv für Sozialgeschichte 27 (1987), S. 177-227.

Hachtmann, R., 1988. Lebenshaltungskosten und Reallöhne während des Dritten Reichs, in: Vierteljahrschrift für Sozial- und Wirtschaftsgeschichte 75 (1988), S. 32-73.

Hachtmann, R., 1989. Industriearbeit im Dritten Reich. Untersuchungen zu den Lohn- und Arbeitsbedingungen in Deutschland 1933-1945 (Kritische Studien der Geschichtswissenschaft, Bd. 82), Göttingen 1989.

Hachtmann, R., 1993. Industriearbeiterinnen in der deutschen Kriegswirtschaft 1936 bis 1944/45, in: Geschichte und Gesellschaft 19 (1993), S. 332-361.

Hachtmann, R., 1996. „...artgemäßer Arbeitseinsatz der jetzigen und zukünftigen Mütter unseres Volkes" – industrielle Erwerbstätigkeit von Frauen 1933 bis 1945 im Spannungsfeld von Rassismus, Biologismus und Klasse in: Röhr, W. und B.

Berlekamp (Hg.), „Neuordnung Europas“ Vorträge vor der Berliner Gesellschaft für Faschismus- und Weltkriegsforschung 1992 – 1996, Berlin 1996, S. 231-250.

Hachtmann, R., 2005. Rezension von: Götz Aly: Hitlers Volksstaat. Raub, Rassenkrieg und nationaler Sozialstaat, Frankfurt a.M.: S. Fischer 2005, in: sehepunkte 5 (2005), Nr. 7/8 [15.07.2005] URL: http://www.sehepunkte.historicum.net/-2005/07/8191 (Zugriff am 17.07.2005).

Hagemann, K.., 1990. Frauenalltag und Männerpolitik. Alltagsleben und gesellschaftliches Handeln von Arbeiterfrauen in der Weimarer Republik, Bonn 1990.

Hahn, C., 1981. Der öffentliche Dienst und die Frauen – Beamtinnen in der Weimarer Republik, in: Mutterkreuz und Arbeitsbuch. Zur Geschichte der Frauen in der Weimarer Republik und im Nationalsozialismus, hg. von der Frauengruppe Faschismusforschung, Frankfurt a.M. 1981, S. 49-78.

Hähner-Rombach, S., 2000. Sozialgeschichte der Tuberkulose. Vom Kaiserreich bis zum Ende des Zweiten Weltkriegs unter besonderer Berücksichtigung Württembergs (Medizin, Gesellschaft und Geschichte, Beiheft 14), Stuttgart 2000.

Haines, M., 1994. Estimated life tables for the United States, 1850-1900 (NBER Working Paper series on Historical Factors in Long Run Growth No. 59), Cambridge/Mass. 1994.

Haines, M. und H. Kintner, 2000. The Mortality Transition in Germany, 1860-1935: Evidence by Region, in: Historical Methods 33 (2000), S. 83-102.

Haines, M. und J. Vögele, 1999. Infant and Child Mortality in Germany, 19th – 20th Centuries, unveröffentl. Manuskript, 1999.

Harlass-Neuking, W., 1965. Die Säuglingssterblichkeit in Niederbayern und der Oberpfalz von 1950 bis 1960 (Ein Vergleich mit den anderen Regierungsbezirken und Bayern), Diss. (med.), München 1965.

Harris, B., 1988. Unemployment, Insurance and Health in Interwar Britain, in: Eichengreen, B. und T.J. Hatton (Hg.), Interwar Unemployment in International Perspective, Dordrecht u.a. 1988, S. 1-59.

Hartewig, K., 1991. "Anarchie auf dem Warenmarkt". Die Lebenshaltung der Bergarbeiterfamilien im Ruhrgebiet zwischen Kriegswirtschaft und Inflation (1914-1923), in: Tenfelde, K. (Hg.): Arbeiter im 20. Jahrhundert, Stuttgart 1991, S. 241-271.

Heinemann, U., 1989. Krieg und Frieden an der „inneren Front“. Normalität und Zustimmung, Terror und Opposition im Dritten Reich, in: Kleßmann, C. (Hg.), Nicht nur Hitlers Krieg: der Zweite Weltkrieg und die Deutschen, Düsseldorf 1989, S. 25-49.

Henning, E., 1973. Thesen zur deutschen Sozial- und Wirtschaftsgeschichte 1933 bis 1938, Frankfurt/Main 1973.

Henning, F.-W., 1997. Wirtschafts- und Sozialgeschichte, Bd. 3: Das industrialisierte Deutschland 1914 bis 1992, 9. Aufl., Paderborn u.a. 1997.

Hentschel, V., 1983. Geschichte der deutschen Sozialpolitik (1880-1980). Soziale Sicherung und kollektives Arbeitsrecht, Frankfurt a. M. 1983.

Herbert, U., 1983. „Die guten und die schlechten Zeiten". Überlegungen zur diachronen Analyse lebensgeschichtlicher Interviews, in: Niethammer, L. (Hg.), „Die Jahre weiß man nicht, wo man die heute hinsetzen soll". Faschismuserfahrungen im Ruhrgebiet. Lebensgeschichte und Sozialkultur im Ruhrgebiet 1930 bis 1960, Bd. 1, Berlin und Bonn 1983, S. 67-96.

Herbert, U., 1985. Zur Entwicklung der Ruhrarbeiterschaft 1930 bis 1960 aus erfahrungsgeschichtlicher Perspektive, in: Niethammer, L. und A. von Plato (Hg.), „Wir kriegen jetzt andere Zeiten". Auf der Suche nach der Erfahrung des Volkes in nachfaschistischen Ländern. Lebensgeschichte und Sozialkultur im Ruhrgebiet 1930 bis 1960, Bd. 3, Berlin und Bonn 1985, S. 19-52.

Herbert, U., 1989. Arbeiterschaft im "Dritten Reich". Zwischenbilanz und offene Fragen. In: Geschichte und Gesellschaft 15 (1989), S. 320-360.

Herbst, L., 1996. Das nationalsozialistische Deutschland 1933-1945. Die Entfesselung der Gewalt: Rassismus und Krieg, Frankfurt/M. 1996.

Herbst, L, 2002. Nationalsozialistische Wirtschafts- und Beschäftigungspolitik, in: Sösemann, B. (Hg.), Der Nationalsozialismus und die deutsche Gesellschaft. Einführung und Überblick, Stuttgart und München 2002, S. 172-187.

Herrmann, V., 1992. Vom Arbeitsmarkt zum Arbeitseinsatz. Zur Geschichte der Reichsanstalt für Arbeitsvermittlung und Arbeitslosenversicherung 1929 bis 1939 (Europäische Hochschulschriften, Reihe III: Geschichte und ihre Hilfswissenschaften, Bd. 557), Frankfurt a. Main u.a. 1993.

Hess, U., 1995. Rüstungs- und Kriegswirtschaft in Sachsen (1935-1945), in: Bramke, W. und U. Heß, Sachsen und Mitteldeutschland. Politische, wirtschaftliche und soziale Wandlungen im 20. Jahrhundert, Weimar u.a. 1995, S. 73-91.

Heßler, M., 2001. „Elektrische Helfer" für Hausfrau, Volk und Vaterland. Ein technisches Konsumgut während des Nationalsozialismus, in: Technikgeschichte 68-3 (2001), S. 203-229.

Hildebrand, K., 1995. Das Dritte Reich, 5. Auflage, München 1995.

Hintze, S., 1993. „Die ungewöhnlich geduldigen Deutschen". Arbeiterleben 1934-1936 im Spiegel ausgewählte Gestapodokumente (Regierungsbezirk Potsdam), in: Eichholtz, D. (Hg.), Brandenburg in der NS-Zeit. Studien und Dokumente, Berlin 1993, S. 32-62.

Hinz, H.-J., 1991. Mieterschutz und Wohnungsbau am Beginn der Weltwirtschaftskrise. Zur staatlichen Wohnungspolitik der Weimarer Republik 1929/30, in: Zeitschrift für Geschichtswissenschaft 39 (1991), s. 231-249.

Hockerts, H.G., 1990. Metamorphosen des Wohlfahrtsstaates, in: Broszat, M.: Essays zur Periodisierung der deutschen Nachkriegsgeschichte, München 1990, S. 34-45.

Hoecker, B., 1998. Zwischen Macht und Ohnmacht: Politische Partizipation von Frauen in Deutschland, in: Hoecker, B. (Hg.), Handbuch Politische Partizipation von Frauen in Europa, Opladen 1998, S. 67-90.

Hohls, R., 1991. Arbeit und Verdienst. Entwicklung und Struktur der Arbeitseinkommen im Deutschen Reich und in der Bundesrepublik (1885-1985), Diss. Freie Universität Berlin 1991 (8 Mikrofiches).

Holtfrerich, C.-L., 1980. Die deutsche Inflation 1914-1923. Ursachen und Folgen in internationaler Perspektive, Berlin und New York 1980.

Homburg, H., 1985. Vom Arbeitslosen zum Zwangsarbeiter. Arbeitslosenpolitik und Fraktionierung der Arbeiterschaft in Deutschland 1930-1933 am Beispiel der Wohlfahrtserwerbslosen und der kommunalen Wohlfahrtshilfe, in: Archiv für Sozialgeschichte 25 (1985), S. 251-298.

Homburg, H., 1987. From Unemployment Insurance to Compulsory Labour, in: Evans, R.J. und D. Geary (Hg.), The German Unemployed. Experiences and Consequences of Mass Unemployment from the Weimar Republic to the Third Reich, London und Sydney 1987, S. 73-107.

Horiuchi, S., 1983. The long-term impact of war on mortality: Old-age mortality of the first world war survivors in the Federal Republic of Germany, in: Population Bulletin of the United Nations 15 (1983), S. 80-92.

Horstkemper, M. 1996. Koedukationsdebatte um die Jahrhundertwende, in: Kleinau, E. und C. Opitz (Hg.), Geschichte der Mädchen- und Frauenbildung. Band 2: Vom Vormärz bis zur Gegenwart, Frankfurt und New York 1996, S.203-218.

Huerkamp, C., 1996a. Bildungsbürgerinnen. Frauen im Studium und in akademischen Berufen 1900–1945 (Bürgertum. Beiträge zur europäischen Gesellschaftsgeschichte, Bd. 10), Göttingen 1996.

Huerkamp, C,, 1996b. Geschlechtsspezifischer Numerus Clausus – Verordnung und Realität, in: Kleinau, E. und Opitz (Hg.), Geschichte der Mädchen- und Frauenbildung, Bd. 2: Vom Vormärz bis zur Gegenwart, Frankfurt und New York 1996, S. 325-341.

Hüfer, K. und J. Naumann, 1977. Konjunkturen der Bildungspolitik in der Bundesrepublik Deutschland. Band I: Der Aufschwung (1960-1967), Stuttgart 1977, S.190-248.

Imhof, A.E., 1981. Women, Familiy and Death: Excess Mortality of Women in childbearing age in four communities in Nineteenth-century Germany, in: Evans, R.J. and W.R. Lee (Hg.), The German Family. Essays on the social history of the family in nineteenth- and twentieth-century Germany, London 1981, S. 148-174.

International Labour Office, 1976. Employment, Growth and Basic Needs: A One-World Problem, Genf 1976.

Jahoda, M., P. Lazarsfeld, H. Zeisel, 1975. Die Arbeitslosen von Marienthal. Ein soziographischer Versuch über die Wirkungen langandauernder Arbeitslosigkeit, Frankfurt/M. 1975 (Erstausgabe 1933).

Jarausch, K.H., 1984. Deutsche Studenten 1800-1970, Frankfurt am Main 1984.

Johansson, R.S., 1991. Welfare, mortality, and gender. Continuity and change in explanations for male/female mortality differences over three centuries, in: Continuity and Change 6,2 (1991), S. 135-177.

John, J., 1995. Wirtschaftsentwicklung und politische Umbrüche in Thüringen zwischen den beiden Weltkriegen, in: Bramke, W. und U. Heß, Sachsen und Mitteldeutschland. Politische, wirtschaftliche und soziale Wandlungen im 20. Jahrhundert, Weimar u.a. 1995, S. 93-120.

Kaelble, H., 1975. Chancenungleichheit und akademische Ausbildung in Deutschland 1910–1960, in: Geschichte und Gesellschaft 1 (1975), S. 121-149.

Kaelble, H. und R. Hohls, 1989. Regionale Disparitäten in der Erwerbsstruktur Deutschlands 1895-1970, in: Bergmann, J. u.a., Regionen im historischen Vergleich. Studien zu Deutschland im 19. und 20. Jahrhundert (Schriften des Zentralinstituts für sozialwissenschaftliche Forschung der Freien Universität Berlin, Band 55), Opladen 1989, S. 288-413.

Kater, M., 1972. Krisis des Frauenstudiums in der Weimarer Republik, in: Vierteljahrschrift für Sozial- und Wirtschaftsgeschichte 59 (1972), S. 207-255.

Kelley, A.C., 1991. The Human Development Index: Handle with Care, in: Population and Development Review 17 (1991), S. 315-327.

Kemnitz, H., H.-E. Tenorth und K.-P. Horn, 1998. Der Ort des Pädagogischen. Eine Sammelbesprechung bildungshistorischer Lokal- und Regionalstudien, in: Zeitschrift für Pädagogik 44-1 (1998), S. 127-147.

Kenkmann, A., 2000. Von der bundesdeutschen „Bildungsmisere" zur Bildungsreform in den 60er Jahren, in: Schildt, A., D. Siegfried und K.C. Lammers (Hg.), Dynamische Zeiten (Hamburger Beiträge zu Sozial- und Zeitgeschichte, Bd. 37), S. 402-423.

Kintner, H., 1985. Trends and regional differences in breastfeeding in Germany form 1871 to 1937, in: Journal of Family History 10 (1985), S. 163-182.

Kintner, H., 1987. The Impact of Breastfeeding Patterns on Regional Differences in Infant Mortality in Germany, 1910, in: European Journal of Population 3 (1987), S. 233-261.

Kirchhoff, H. G., 1986. Schulpolitik, in: Hüttenberger, P. (Hg.), Vierzig Jahre. Historische Entwicklungen und Perspektiven des Landes Nordrhein-Westfalen (Düsseldorfer Schriften zur Neueren Landesgeschichte und zur Geschichte Nordrhein-Westfalens, Bd. 17), Düsseldorf 1986, S. 129-148.

Kirk, T., 1996. Nazism and the working class in Austria. Industrial unrest and political dissent in the 'national community', Cambridge 1996.

Kitchen, M., 1982. Germany at War, New York 1995.

Kintner, H., 1982. The Determinants of Infant Mortality in Germany from 1871 to 1933, Diss., University of Michigan 1982 (Xerokopie).

Klasen, S., 1993. Human Development and Women's Lives in a Restructured Eastern Bloc: Lessons from the Developing World, in. Schipke, A. und A. M. Taylor (Hg.), The Economics of Transformation. Theory and Practice in the New Market Economies, Berlin u.a. 1993, S. 253-294.

Klasen, S., 2000. Measuring Poverty and Deprivation in South Africa, in: Income and Wealth 46 (2000), S. 33-58.

Klasen, S., 2004. Gender-related Indicators of Well-being (WIDER Discussion Paper No. 2004/05) [Online im Internet, URL: http://www.unu.edu/publications/-dps/dps2004; Zugriff am 28.8.2005].

Klein, T., 1993. Soziale Determinanten der Lebenserwartung, in: Kölner Zeitschrift für Soziologie und Sozialpsychologie, J. 45,4 (1993), S. 712-730.

Klemm, B. und G.J. Trittel, 1987. Vor dem "Wirtschaftswunder": Durchbruch zum Wachstum oder Lähmungskrise? Eine Auseinandersetzung mit Werner Abelshausers Interpretation der Wirtschaftsentwicklung 1945-1948, in: Vierteljahreshefte für Zeitgeschichte (1987), S. 571-624.

Kleßmann, C., 1991. Die doppelte Staatsgründung. Deutsche Geschichte 1945-1955 (Bundeszentrale für politische Bildung, Bd. 298), 5. überarb. und erw. Auflage, Kevelaer 1991.

Knapp, U., 1986. Frauenarbeit in Deutschland. Bd. 2: Hausarbeit und geschlechtsspezifischer Arbeitsmarkt im deutschen Industrialisierungsprozeß. Frauenpolitik und proletarischer Frauenalltag zwischen 1800 und 1933 (Minerva-Fachserie Wirtschafts- und Sozialwissenschaften), 2. Aufl., München 1986

Köhler, H., 1977. Quellen der Bildungsstatistik. Eine kommentierte Zusammenstellung statistischer Veröffentlichungen (Materialien aus der Bildungsforschung Nr. 8), Berlin 1977.

Köhler, H., 1978. Der relative Schul- und Hochschulbesuch in der Bundesrepublik Deutschland 1952 bis 1975. Ein Indikator für die Entwicklung des Bildungswesens (Materialien aus der Bildungsforschung, Nr. 13), Berlin 1978.

Kohler, W.F., 1991. Statistik des Gesundheitswesens 1815-1938, in: Fischer W. und A. Kunz (Hg.), Grundlagen der Historischen Statistik von Deutschland. Quellen, Methoden, Forschungsziele, Opladen 1991, S. 275-298.

Kolb, E., 2000. Die Weimarer Republik (Oldenbourg Grundriss der Geschichte, Bd. 16), 5. Aufl., München 2000.

Kolip, P., 1998. Frauen und Männer, in: Schwartz, F.W. u.a. (Hg.), Das Public Health Buch. Gesundheit und Gesundheitswesen, München u.a. 1998, S. 506-516.

Köllmann, W. 1983. Die Bevölkerungsentwicklung der Bundesrepublik, in: Conze, W. und M.R. Lepsius (Hg.), Sozialgeschichte der Bundesrepublik Deutschland. Beiträge zum Kontinuitätsproblem (Industrielle Welt, Bd. 34), Suttgart 1983, S. 66-114.

Komlos, J. und M. Baur, 2003. From the Tallest to (One of) the Fattest: The Enigmatic Fate of the American Population in the 20th Century (Discussion paper 2003-19), [Online im Internet, URL: http://epub.ub.uni-muenchen.de, Zugriff am 9.8.2005]

Komlos, J. und P. Kriwy, 2001. The Biological Standard of Living in the Two Germanies (CESifo Working Paper, Nr. 560), München 2001.

König, W., 2003. Das Scheitern einer nationalsozialistischen Konsumgesellschaft. „Volksprodukte“ in Politik, Propaganda und Gesellschaft des „Dritten Reichs“, in: Zeitschrift für Unternehmensgeschichte 2 (2003), S. 131-163.

König, W., 2004. Volkswagen, Volksempfänger, Volksgemeinschaft. „Volksprodukte“ im Dritten Reich: Vom Scheitern einer nationalsozialistischen Konsumgesellschaft, Paderborn 2004.

Könke, G., 1994. „Modernisierungsschub“ oder relative Stagnation? Einige Anmerkungen zum Verhältnis von Nationalsozialismus und Moderne, in: Geschichte und Gesellschaft 20 (1994), S. 584-608.

Koonz, C., 1991. Mütter im Vaterland. Frauen im Dritten Reich, Freiburg 1991.

Kranig, A., 1992. Arbeitnehmer, Arbeitsbeziehungen und Sozialpolitik unter dem Nationalsozialismus, in: Bracher, K.-D. u.a. (Hg.), Deutschland 1933-1945. Neue Studien zur nationalsozialistischen Herrschaft (Studien zur Geschichte und Politik, Bd. 314), Bonn 1992, S. 135-152.

Krause, M., 1997. Flucht vor dem Bombenkrieg. „Umquartierungen“ im Zweiten Weltkrieg und die Wiedereingliederung der Evakuierten in Deutschland 1943-1963, Düsseldorf 1997.

Kube, R. und R. Spree, 1991. Quellen zur Statistik des Gesundheitswesens der Bundesrepublik Deutschland, in: Fischer, W. und A. Kunz (Hg.), Grundlagen der Historischen Statistik von Deutschland. Quellen, Methoden, Forschungsziele, Opladen 1991, S. 299-314.

Kuczynski, J., 1963. Die Geschichte der Lage der Arbeiter unter dem Kapitalismus. Band 5: Darstellung der Lage der Arbeiter in Deutschland von 1917/18 bis 1932/33, Berlin (Ost) 1963.

Kuczynski, J., 1964. Die Geschichte der Lage der Arbeiter unter dem Kapitalismus. Band 6. Darstellung der Lage der Arbeiter in Deutschland von 1933 bis 1945, Berlin (Ost) 1964.

Kuedener, J. von (Hg.), 1990. Economic Crisis and Political Collapse. The Weimar Republic 1924-1933, New York u.a. 1990.

Kuhn, A. und V. Rothe, 1987. Frauen im deutschen Faschismus. Bd. 1: Frauenpolitik im NS-Staat. Eine Quellensammlung mit fachwissenschaftlichen und fachdidaktischen Kommentaren (Geschichtsdidaktik, Bd. 9, Reihe: Frauengeschichte), 3. Aufl., Düsseldorf 1987.

Kuller, C., 2002.“Stiefkind der Gesellschaft“ oder „Trägerin der Erneuerung“? Familien und Familienpolitik in Bayern 1945 bis 1974, in: Schlemmer, T. und H. Woller

(Hg.), Bayern im Bund. Band 2: Gesellschaft im Wandel 1949 bis 1963 (Quellen und Darstellungen zur Zeitgeschichte, Bd. 53), München 2002, S. 269-345.

Kundrus, B., 1997. Loyal, weil satt. Die innere Front im Zweiten Weltkrieg, in: Mittelweg 36 (1997), S. 80-93.

Kunz, A., 1987. Inflation als Verteilungskampf? Eine Bilanz der neueren Forschung, in: Abelshauser, W. (Hg.): Die Weimarer Republik als Wohlfahrtsstaat. Zum Verhältnis von Wirtschafts- und Sozialpolitik in der Industriegesellschaft, Stuttgart 1987, S. 171-184.

Lange, U. (Hg.), 2003. Geschichte Schleswig-Holsteins. Von den Anfängen bis zur Gegenwart, Neumünster 2001.

Lanzinner, M, 1996. Zwischen Sternenbanner und Bundesadler. Bayern im Wiederaufbau 1945–1958, Regensburg 1996.

Lepsius, M.R., 1983. Die Bundesrepublik Deutschland in der Kontinuität und Diskontinuität historischer Entwicklungen: Einige methodische Überlegungen, in: Conze, W. und M.R. Lepsius (Hg.), Sozialgeschichte der Bundesrepublik Deutschland. Beiträge zum Kontinuitätsproblem (Industrielle Welt, Bd. 34), Stuttgart 1983, S. 11-19.

Lewek, P., 1992. Arbeitslosigkeit und Arbeitslosenversicherung in der Weimarer Republik 1918-1927, Stuttgart 1992.

Lexikon der Volkswirtschaftslehre, 6. Auflage, Landsberg/Lech 1994.

Lindner, U., 2001. "Wir unterhalten uns ständig über den Milchpfennig, aber auf die Gesundheit wird sehr wenig geachtet". Gesundheitspolitik und medizinische Versorgung 1945 bis 1972, in: Schlemmer, T. und H. Woller (Hg.), Die Erschließung des Landes 1949-1973, Bayern im Bund, Bd. 1, München 2001, S. 205-272.

Lindner, U., 2004. Gesundheitspolitik in der Nachkriegszeit. Großbritannien und die Bundesrepublik Deutschland im Vergleich (Veröffentlichungen des Deutschen Historischen Instituts London, Bd. 7), München 2004.

Lippe, P. von der, 1995. Die Messung des Lebensstandards, in: Fischer, W. (Hg.), Lebensstandard und Wirtschaftssysteme, Frankfurt am Main 1995, S. 57-102.

Lippe, P. von der und M. Zwick, 1996. Lebensqualität von Gemeinden. Einige Anmerkungen zum Lebensqualität-Atlas von Korczak aus der Sicht der Statistik, Essen 1996.

Lohr, M., 1982. Langfristige Entwicklungstendenzen der Arbeitslosigkeit in Deutschland, in: Wiegand, E. und W. Zapf (Hg.), Wandel der Lebensbedingungen in Deutschland. Wohlfahrtsentwicklung seit der Industrialisierung, Frankfurt a. M. und New York 1982, S. 240-333.

Lopez, A.D., 1983. The sex mortality differential in developed countries, in: Lopez, A.D. und Ruzicka, L.T. (Hg.), Sex differentials in mortality. Trends, determinants and consequences, Canberra 1983, S. 53-120.

Loudon, I., 1992. Death in Childbirth. An International Study of Maternal Care and Maternal Mortality 1800-1950, Oxford 1992.

Lüdtke, A., 1987. Hunger in der Großen Depression. Hungererfahrung und Hungerpolitik am Ende der Weimarer Republik, in: Archiv für Sozialgeschichte XXVII (1987), S. 145-176.

Lundgreen, P., 1981. Sozialgeschichte der deutschen Schule im Überblick. Teil II: 1918–1980, Göttingen 1981.

Mai, G., 1987. "Wenn der Mensch Hunger hat, hört alles auf:" Wirtschaftliche und soziale Ausgangsbedingungen der Weimarer Republik (1914-1924, in: Abelshauser, W. (Hg.), Die Weimarer Republik als Wohlfahrtsstaat. Zum Verhältnis von Wirtschafts- und Sozialpolitik in der Industriegesellschaft (Vierteljahrschrift für Sozial- und Wirtschaftsgeschichte, Beihefte, Nr. 81), Stuttgart 1987, S. 33-62.

Maier, F., 1993. Zwischen Arbeitsmarkt und Familie – Frauenarbeit in den alten Bundesländern, in: Helwig. G. und Nickel, H.M. (Hg.), Frauen in Deutschland: 1945 – 1992, Berlin 1993, S. 257-279.

Markmann, H., 1964. Wandlungen der industriellen Lohnstruktur in Westdeutschland zwischen 1949 und 1961, in: Neumark, F. (Hg.), Strukturwandlungen einer wachsenden Wirtschaft (Schriften des Vereins für Sozialpolitik, NF Bd. 30/I), Berlin 1964, S. 441-454.

Marks, G. und N. Fleming, 1999. Influences and Consequences of Well-Being among Australian Young People: 1980-1995, in: Social Indicators Research 46 (1999), S. 301-323.

Marßolek, I., 1999. Bremen, in: Benz, W. (Hg.), Deutschland unter alliierter Besatzung 1945-1949/55. Ein Handbuch, Berlin 1999, S. 394-396.

Mason, T., 1976. Zur Lage der Frauen in Deutschland 1930 bis 1940: Wohlfahrt, Arbeit und Familie, in: Gesellschaft, Beiträge zur Marxschen Theorie 6, Frankfurt 1976, S. 118-193.

Mason, T., 1977. Sozialpolitik im Dritten Reich. Arbeiterklasse und Volksgemeinschaft, Opladen 1977.

Mayer-Ahuja, N, 1999. Massenerwerbslosigkeit, Reform der Sozialpolitik und die gesundheitlichen Folgen. Die Ärztebefragung des Reichstagsabgeordneten Dr. Julius Moses aus dem Krisenjahr 1931 (Neuere Medizin- und Wissenschaftsgeschichte Quellen und Studien, Bd. 10), Pfaffenweiler 1999.

Megerle, K., 1995. Industrialisierung. Württemberg und Sachsen im Vergleich, in: Bramke, W. und U. Heß, Sachsen und Mitteldeutschland. Politische, wirtschaftliche und soziale Wandlungen im 20. Jahrhundert, Weimar u.a. 1995, S. 139-145.

Meinert, R., 1965. Die Entwicklung der Arbeitszeit in der deutschen Industrie 1820-1956, Diss. Münster 1958, in: Hoffmann, W.G. u.a., Das Wachstum der deutschen Wirtschaft seit der Mitte des 19. Jahrhunderts, Berlin u.a. 1965, S. 213-214.

Meinzer, L., 1993. Von der Dauerkrise in die Staatskonjunktur. Die pfälzische Industrie in der Zwischenkriegszeit, in: Nestler, G. und H. Ziegler (Hg.), Die Pfalz unterm Hakenkreuz. Die deutsche Provinz während der nationalsozialistischen Terrorherrschaft, Landau 1993, S. 161-184.

Menges, G. und H. Kolbeck, 1958. Löhne und Gehälter nach den beiden Weltkriegen. Tabellen und Schaubilder auf Grund statistischer Untersuchungen, Meisenheim 1958.

Mertens, L., 1991. Vernachlässigte Töchter der Alma Mater. Ein sozialhistorischer und bildungssoziologischer Beitrag zur strukturellen Entwicklung des Frauenstudiums in Deutschland seit der Jahrhundertwende (Sozialwissenschaftliche Schriften, Heft 20), Berlin 1991.

Metz-Göckel, S., 1996. Die „deutsche Bildungskatastrophe" und Frauen als Bildungsreserve, in: Kleinau, E. und Opitz (Hg.), Geschichte der Mädchen- und Frauenbildung, Bd. 2: Vom Vormärz bis zur Gegenwart, Frankfurt und New York 1996, S. 373-385.

Metzler, G. 2003. Der deutsche Sozialstaat. Vom bismarckschen Erfolgsmodell zum Pflegefall, Stuttgart und München 2003.

Ministerium für Frauen, Jugend, Familie und Gesundheit des Landes Nordrhein-Westfalen (MFJFG), 2000. Gesundheit von Frauen und Männern in Nordrhein-Westfalen. Landesgesundheitsbericht 2000, Bielefeld 2000.

Möller, H. u.a., 1996. Nationalsozialismus in der Region. Beiträge zur regionalen und lokalen Forschung und zum internationalen Vergleich, München 1996.

Mooser, J. 1984. Arbeiterleben in Deutschland. 1900-1970. Klassenlagen, Kultur und Politik, Frankfurt a. M. 1984.

Mooser, J., 1993. Arbeiter, Angestellte und Frauen in der „nivellierten Mittelstandsgesellschaft". Thesen, in: Schildt, A. und A. Sywottek (Hg.), Modernisierung im Wiederaufbau. Die westdeutsche Gesellschaft der 50er Jahre (Politik- und Gesellschaftsgeschichte, Bd. 33), Bonn 1993, S. 362-376.

Mooser, J., 1998. Regionalisierung und Kontraste der Arbeitergeschichte der 50er Jahre. Niedersachsen in bundesrepublikanischer Perspektive, in: Weisbrod, B. (Hg.), Von der Währungsreform zum Wirtschaftswunder. Wiederaufbau in Niedersachsen (Veröffentlichungen der Historischen Kommission für Niedersachsen und Bremen, 38: Quellen und Untersuchungen zur Geschichte Niedersachsens nach 1945, Bd. 13), Hannover 1998, S. 197-205.

Morris, D.M., 1979. Measuring the Condition of the World's Poor. The Physical Quality of Life Index, New York u.a. 1979.

Morsch, G., 1993. Arbeit und Brot. Studien zur Lage, Stimmung, Einstellung und Verhalten der deutschen Arbeiterschaft 1933-1936/37 (Europäische Hochschulschriften. Reihe III: Geschichte und ihre Hilfswissenschaften, Bd. 546), Frankfurt/M. u.a. 1993.

Morsey, R., 2000. Die Bundesrepublik Deutschland. Entstehung und Entwicklung bis 1969 (Oldenbourg Grundriss der Geschichte, Bd. 19), 4. erw. und überarb. Aufl., München 2000.

Moser, J., 1995. Oberösterreichs Wirtschaft 1938 bis 1945 (Studien zur Wirtschaftsgeschichte und Wirtschaftspolitik Bd. 2), Wien u.a. 1995.

Müller, R.-D., 1997a. Die Konsequenzen der „Volksgemeinschaft“: Ernährung, Ausbeutung und Vernichtung, in: Michalka, W. (Hg.): Der Zweite Weltkrieg. Grundzüge, Analysen, Forschungsbilanz, 2. Auflage Weyarn 1997, S. 240-248.

Müller, R.-D., 1999. Albert Speer und die Rüstungspolitik im totalen Krieg, in: Das Deutsche Reich und der Zweite Weltkrieg, Bd. 5/II, Stuttgart 1999, S. 478-498.

Müller, W. und D. Haun, 1994. Bildungsungleichheit im sozialen Wandel, in: Kölner Zeitschrift für Soziologie und Sozialpsychologie 46 (1994), S. 1-42.

Müller, W., 1997b. Schule und Schulpolitik von 1950-1964, in: Liedtke, M. (Hg.), Handbuch der Geschichte des Bayerischen Bildungswesens. Band 3: Geschichte der Schule in Bayern. Von 1918 von 1990, Bad Heilbrunn 1997, S. 691-747.

Müller, W., I. Schröder und M. Mößlang, 2001. „Vor uns liegt ein Bildungszeitalter.“ Umbau und Expansion – das bayerische Bildungssystem 1950 bis 1975, in: Schlemmer, T. und H. Woller (Hg.), Bayern im Bund. Band 1: Die Erschließung des Landes 1949 bis 1973 (Quellen und Darstellungen zur Zeitgeschichte, Bd. 52), München 2001, S. 273-355.

Münkel, D., 1996. Nationalsozialistische Agrarpolitik und Bauernalltag (Campus Forschung, Bd. 735), Frankfurt und New York 1996.

Namboodiri, K. und C.M. Suchindran, 1987. Life Table Techniques and their Applications, New York 1987.

Naumann, J., 1980. Entwicklungstendenzen des Bildungswesens der Bundesrepublik Deutschland im Rahmen wirtschaftlicher und demographischer Veränderungen, in: Max-Planck-Bildungsforschung (Hg.), Bildung in der Bundesrepublik. Daten und Analysen. Band 1: Entwicklungen seit 1950, Stuttgart 1980, S. 21-102.

Niehuss, M., 1985. Arbeiterschaft in Krieg und Inflation. Soziale Sicherheit und Lage der Arbeiterschaft in Augsburg und Linz 1910 bis 1925, Berlin und New York 1985.

Niehuss, M., 2001. Familie, Frau und Gesellschaft. Studien zur Strukturgeschichte der Familie in Westdeutschland 1945-1960 (Schriftenreihe der Historischen Kommission bei der Bayerischen Akademie der Wissenschaften, Bd. 65), Göttingen 2001.

Niethammer, L. (Hg.), 1983. „Die Jahre weiß man nicht, wo man die heute hinsetzen soll“. Faschismuserfahrungen im Ruhrgebiet. Lebensgeschichte und Sozialkultur im Ruhrgebiet 1930 bis 1960, Bd. 1, Berlin und Bonn 1983.

Niethammer, L. und A. von Plato (Hg.), 1985. „Wir kriegen jetzt andere Zeiten“. Auf der Suche nach der Erfahrung des Volkes in nachfaschistischen Ländern. Lebensgeschichte und Sozialkultur im Ruhrgebiet 1930 bis 1960, Bd. 3, Berlin und Bonn 1985.

Nolan, M., 1997. Work, gender and everyday life: reflections on continuity, normality and agency in twentieth-century Germany, in: Kershaw, I. und M. Lewin (Hg.), Stalinism and Nazism: Dictatorships in Comparison, S. 311-342.

Nordhaus, W. und J. Tobin, 1973. Is Growth Obsolete?, in: Moss, M. (Hg.), The Measurement of Economic and Social Performance (Studies in Income and Wealth Nr. 38), New York 1973, S. 509-532.

Norfleet, W.R. und Serow, W.J., 1985. Introduction to Applied Demography. Data Sources and Estimation Techniques (Sage University Papers. Series: Quantitative Applications in the Social Sciences), Beverly Hills u.a. 1985.

Oppenheimer-Bluhm, H., 1965. The Standard of Living of German Labor under Nazi Rule, New York 1943. Reprint New York 1965.

Orsagh, T.J., 1968. The Probable Geographical Distribution of German Income, 1882-1963, in: Zeitschrift für die gesamte Staatswissenschaft 124 (1968), S. 280-311.

Ortmeyer, B., 2000. Schulzeit unterm Hitlerbild. Analysen, Berichte, Dokumente, Frankfurt a. Main 2000.

Osberg, L. und A. Sharpe, 1999. An Index of Economic Well-being for Canada and the United States (Paper presented at the annual meeting of the American Economic Association, Jan. 3-5 1999, New York).

Overy, R.J., 1988. „Blitzkriegswirtschaft“? Finanzpolitik, Lebensstandard und Arbeitseinsatz in Deutschland 1939-1942, in: Vierteljahreshefte für Zeitgeschichte 36 (1988), S. 379-435.

Overy, R.J., 1994. War and Economy in the Third Reich, Oxford 1994.

Paul, R., 1993. Flucht in die Fremde. Zur Emigration aus der Pfalz während der NS-Diktatur, in: Nestler, G. und H. Ziegler (Hg.), Die Pfalz unterm Hakenkreuz. Die deutsche Provinz während der nationalsozialistischen Terrorherrschaft, Landau 1993, S. 413-453.

Petzina, D., 1968. Autarkiepolitik im Dritten Reich. Der nationalsozialistische Vierjahresplan, Stuttgart 1968.

Petzina, D., 1976. Zum Problem des Verlaufs und der Überwindung der Weltwirtschaftskrise im regionalen Vergleich – Materialien und Interpretation, in: Henning, F.-W. (Hg.), Probleme der nationalsozialistischen Wirtschaftspolitik (Schriften des Vereins für Socialpolitik, N.F. Band 89), Berlin 1976, S. 9-42.

Petzina, D., 1977. Die deutsche Wirtschaft in der Zwischenkriegszeit, Wiesbaden 1977.

Petzina, D., 1981. Soziale Lage der deutschen Arbeiter und Probleme des Arbeitseinsatzes während des Zweiten Weltkrieges, in: Dlugoborski, W. (Hg.), Zweiter Weltkrieg und sozialer Wandel. Achsenmächte und besetzte Länder, Göttingen 1981, S. 65-86.

Petzina, D., 1986. Wirtschaft und Arbeit, in: Hüttenberger, P., Vierzig Jahre. Historische Entwicklungen und Perspektiven des Landes Nordrhein-Westfalen (Düsseldorfer Schriften zur Neueren Landesgeschichte und zur Geschichte Nordrhein-Westfalens, Bd. 17), S. 109-128.

Petzina, D., 1987. Arbeitslosigkeit in der Weimarer Republik, in: Abelshauser, W. (Hg.), Die Weimarer Republik als Wohlfahrtsstaat. Zum Verhältnis von Wirtschafts- und Sozialpolitik in der Industriegesellschaft (Vierteljahrschrift für Sozial- und Wirtschaftsgeschichte Beihefte Nr. 81), Stuttgart 1987.

Petzina, D., 1990. Wirtschaft und Arbeit im Ruhrgebiet 1945 bis 1985, in: Köllmann, W. u.a. (Hg.); Das Ruhrgebiet im Industriezeitalter. Geschichte und Entwicklung, Bd. 1, Düsseldorf 1990, S. 491-567.

Petzina, D., 1994. Standortverschiebungen und regionale Wirtschaftskraft in der Bundesrepublik Deutschland seit den fünfziger Jahren, in: Wysocki, J. (Hg.), Wirtschaftliche Integration und Wandel von Raumstrukturen im 19. und 20. Jahrhundert (Schriften des Vereins für Socialpolitik, N.F. Band 232), Berlin 1994, S. 101-127.

Peukert, D., 1982. Volksgenossen und Gemeinschaftsfremde. Anpassung, Ausmerze und Aufbegehren unter dem Nationalsozialismus, Köln 1982.

Peukert, D., 1987a. Die Weimarer Republik. Krisenjahre der Klassischen Moderne, Frankfurt a. M. 1987.

Peukert, D., 1987b. Jugend zwischen Krieg und Krise. Lebenswelten von Arbeiterjungen in der Weimarer Republik, Köln 1987.

Pfeil, E., 1961. Die Berufstätigkeit von Müttern. Eine empiririsch-soziologische Erhebung an 900 Müttern aus vollständigen Familien, Tübingen 1961.

Pierenkemper, T., 1987. The Standard of Living and Employment in Germany, 1850-1980: An Overview, in: Journal of European Economic History 16 (1987), S. 51-73.

Plumpe, W., 1999. Betriebliche Mitbestimmung in der Weimarer Republik. Fallstudien zum Ruhrbergbau und zur Chemischen Industrie (Quellen und Darstellungen zur Zeitgeschichte Bd. 45), München 1999.

Prinz, M. und R. Zitelmann (Hg.), 1994. Nationalsozialismus und Modernisierung, 2. Auflage, Darmstadt 1994.

Prinz, M., 1986. Vom neuen Mittelstand zum Volksgenossen. Die Entwicklung des sozialen Status der Angestellten von der Weimarer Republik bis zum Ende der NS-Zeit, München 1986.

Proctor, R.N., 1999. The Nazi War on Cancer, Princeton 1999.

Pross, H., 1969. Über die Bildungschancen von Mädchen in der Bundesrepublik, Frankfurt a. M. 1969.

Raupach, H., 1967. Der interregionale Wohlfahrtsausgleich als Problem der Politik des Deutschen Reichs, in: Conze, W. und H. Raupach (Hg.), Die Staats- und Wirtschaftskrise des Deutschen Reichs 1929/33 (Industrielle Welt, Bd. 8), Stuttgart 1967, S. 13-34.

Ravallion, M., 1997. Good and Bad Growth: The Human Development Reports, in: World Development 25,5 (1997), S. 631-638.

Rebentisch, D., 1994. Frankfurt am Main in der Weimarer Republik und im Dritten Reich 1918–1945, in: Frankfurt am Main. Die Geschichte der Stadt in neun Beiträgen (Veröffentlichungen der Frankfurter Historischen Kommission XVII), Sigmaringen 1994, S. 423-519.

Recker, M.-L., 1985. Nationalsozialistische Sozialpolitik im Zweiten Weltkrieg, München 1985.

Recker, M.-L., 1991. Zwischen sozialer Befriedung und materieller Ausbeutung. Lohn- und Arbeitsbedingungen im Zweiten Weltkrieg, in: Michalka, W. (Hg.), Der Zweite Weltkrieg. Grundzüge, Analysen, Forschungsbilanz, 2. Aufl., Weyarn 1997, S. 430-444.

Recker, M.-L., 1997. Sozialpolitik im Dritten Reich, in: Pohl, H.: Staatliche, städtische, betriebliche und kirchliche Sozialpolitik vom Mittelalter bis zur Gegenwart, Stuttgart 1991, S. 245-267.

Recker, M.-L., 2002. Geschichte der Bundesrepublik Deutschland, München 2002.

Riley, J.C., 1997. Sick, Not Dead. The Health of British Workingmen during the Mortality Decline, Baltimore und London 1997.

Riphan, R. und K.F. Zimmermann, 1997. The Transition's Mortality Crisis in East Germany (WIDER, Research for Action 42), Helsinki 1997.

Ritschl, A., 1985. Die Währungsreform von 1948 und der Wiederaufstieg der westdeutschen Industrie. Zu den Thesen von Mathias Manz und Werner Abelshauser über die Produktionswirkungen der Währungsreform, in: Vierteljahrshefte für Zeitgeschichte 33 (1985), S. 136-163.

Ritschl, A., 1990. Zu hohe Löhne in der Weimarer Republik? Eine Auseinandersetzung mit Holtfrerichs Berechnungen zur Lohnposition der Arbeiterschaft 1925-1932, in: Geschichte und Gesellschaft 16,3 (1990), S. 375-402.

Ritschl, A., 2002. Deutschlands Krise und Konjunktur 1924-1934. Binnenkonjunktur, Auslandsverschuldung und Reparationsproblem zwischen Dawes-Plan und Transfersperre (Jahrbuch für Wirtschaftsgeschichte, Beihefte 2), Berlin 2002.

Ritschl, A., 2004. Spurious growth in German output data, 1913-1938, in: European Review of Economic History 8 (2001), S. 201-223.

Rodax, K., 1989. Einleitung, in: Strukturwandel der Bildungsbeteiligung 1950–1985: eine Bestandsaufnahme im Spiegel der amtlichen Bildungsstatistik (Wege der Forschung, Bd. 645), Darmstadt 1989, S. 3-31.

Rothenbacher, F., 1982. Zur Entwicklung der Gesundheitsverhältnisse in Deutschland seit der Industrialisierung, in: Wiegand, E. und W. Zapf, Wandel der Lebensbedingungen in Deutschland. Wohlfahrtsentwicklung seit der Industrialisierung, Frankfurt a. M. und New York 1982, S. 335-424.

Rothenberger, K.-H., 1980. Die Hungerjahre nach dem Zweiten Weltkrieg. Ernährung und Landwirtschaft in Rheinland-Pfalz 1945-1950, Boppard 1980.

Rouette, S., 1993. Sozialpolitik als Geschlechterpolitik. Die Regulierung der Frauenarbeit nach dem Ersten Weltkrieg (Geschichte und Geschlechter, Bd. 6), Frankfurt/M. und New York 1993.

Ruck, M., 1987. Der Wohnungsbau – Schnittpunkt von Sozial- und Wirtschaftspolitik. Probleme der öffentlichen Wohnungspolitik in der Hauszinssteuerära (1924/25–1030/31), in: Abelshauser, W. (Hg.), Die Weimarer Republik als Wohlfahrtsstaat. Zum Verhältnis von Wirtschafts- und Sozialpolitik in der Industriegesellschaft (Vierteljahrschrift für Sozial- und Wirtschaftsgeschichte, Beihefte, Nr. 81), Stuttgart 1987, S. 91-123.

Rüther, M., 1990. Arbeiterschaft in Köln 1928-1945 (Kölner Schriften zu Geschichte und Kultur, Band 16), Köln 1990.

Sachße, C. und F. Tennstedt, 1988. Geschichte der Armenfürsorge in Deutschland. Band 2: Fürsorge und Wohlfahrtspflege 1871-1929, Stuttgart u.a. 1988.

Sachße, C. und F. Tennstedt, 1992. Der Wohlfahrtsstaat im Nationalsozialismus. Geschichte der Armenfürsorge in Deutschland, Bd. 3, Stuttgart u.a. 1992.

Sandberg, L.G. und R.H. Steckel, 1997. Was Industrialization Hazardous to Your Health? Not in Sweden, in: Steckel, R.H. und R. Floud (Hg.), Health and Welfare during Industrialization, Chicago und London 1997, S. 127-160.

Sauer, P., 1975. Württemberg in der Zeit des Nationalsozialismus (Kommission für geschichtliche Landeskunde in Baden-Württemberg), Ulm 1975.

Sauer, P., 2003. Das Land Württemberg-Baden 1945-1952, in: Schwarzmaier, H. u.a. (Hg.), Handbuch der Baden-Württembergischen Geschichte, Band 4: Die Länder seit 1918, Stuttgart 2003, S. 343-439.

Schevardo, J., (2006). Vom Wert des Notwendigen. Preispolitik und Lebensstandard in der DDR der fünfziger Jahre (Vierteljahrschrift für Sozial- und Wirtschaftsgeschichte, Beiheft 185), Stuttgart 2006.

Schildt, A., 1995. Moderne Zeiten: Freizeit, Massenmedien und „Zeitgeist" in der Bundesrepublik der 50er Jahre (Hamburger Beiträge zur Sozial- und Zeitgeschichte, Bd. 31), Hamburg 1995.

Schildt, A. und A. Sywottek (Hg.), 1993. Modernisierung im Wiederaufbau. Die westdeutsche Gesellschaft der 50er Jahre (Politik- und Gesellschaftsgeschichte, Bd. 33), Bonn 1993.

Schlemmer, T., 1997. Gesellschaft und Politik in Bayern 1949-1973. Ein neues Projekt des Instituts für Zeitgeschichte, in: Lanzinner, M. und M. Henker (Hg.), Landesgeschichte und Zeitgeschichte. Forschungsperspektiven zur Geschichte Bayerns nach 1945, München 1997, S.103-109.

Schmuhl, H.-W., 2003. Arbeitsmarktpolitik und Arbeitsmarktverwaltung in Deutschland 1871–2002. Zwischen Fürsorge, Hoheit und Markt (Beiträge zur Arbeitsmarkt- und Berufsforschung 270), Nürnberg 2003.

Schnabel, T., 1982. „Warum geht es in Schwaben besser?" Württemberg in der Weltwirtschaftskrise 1928-1933, in: Schnabel, T., Die Machtergreifung in Südwestdeutschland: das Ende der Weimarer Republik in Baden und Württemberg 1928-1933 (Schriften zur politischen Landeskunde Baden-Württembergs, Band 6), Stuttgart u.a. 1982, S. 184-218.

Schnabel, T., 1994. Die Stimmung in Baden, Württemberg und Hohenzollern während des Dritten Reichs, in: Schnabel, T. und Hauser-Hauswirth, A. (Hg.), Formen des Widerstandes im Südwesten 1933-1945: Scheitern und Nachwirken (Landeszentrale für politische Bildung Baden-Württemberg und Haus der Geschichte Baden-Württembergs), Ulm 1994, S. 180-204.

Schneider, R., 1982. Die Bildungsentwicklung in den westeuropäischen Staaten 1870-1875, in: Zeitschrift für Soziologie 11 (1982), S. 207-226.

Schneider, W., 2001. Frauen unterm Hakenkreuz, Hamburg 2001.

Schoenbaum, D., 1968. Die braune Revolution. Eine Sozialgeschichte des Dritten Reichs, Köln und Berlin 1968.

Scholz, R., 1988. Lohn und Beschäftigung als Indikatoren für die soziale Lage der Arbeiterschaft in der Inflation, in: Feldman, G. u.a. (Hg.): Die Anpassung an die Inflation (Veröffentlichungen der Historischen Kommission zu Berlin, Bd. 67: Beiträge zu Inflation und Wiederaufbau in Deutschland und Europa 1914-1924, Bd. 8), Berlin und New York 1988, S. 278-322.

Schultz, U. (Hg.), 1983. Die Geschichte Hessens, Stuttgart 1983.

Schultz. T.P., 1993. "Return of Women's Education", in: King, E.M. and M.A. Hill (Hg.), Women's Education in Developing Countries. Barriers, Benefits and Policies, Baltimore and London 1993, 51-99.

Schulz, G., 1998. Soziale Sicherung von Frauen und Familien, in: Hockerts, G. (Hg.), Drei Wege deutscher Sozialstaatlichkeit: NS-Diktatur, Bundesrepublik und DDR im Vergleich (Schriftenreihe der Vierteljahreshefte für Zeitgeschichte, Bd. 76), München 1998, S. 117-149.

Schumann, S., 2000. „Die Frau aus dem Erwerbsleben wieder herausnehmen". NS-Propaganda und Arbeitsmarktpolitik in Sachsen 1933-1939 (Hannah-Arendt-Institut für Totalitarismusforschung e.V. an der Technischen Universität Dresden, Berichte und Studien Nr. 27), Dresden 2000.

Schumann, S., 2002. Die soziale Lage der Bevölkerung und die NS-Sozialpolitik in Sachsen, in: Vollnhals, C. (Hg.), Sachsen in der NS-Zeit, Leipzig 2002, S. 57-71.

Sen, A.K., 1984. Resources, Values and Development, Oxford 1984.

Sen, A.K., 1987. The Standard of Living. The Tanner Lectures, Cambridge 1987.

Sen, A.K., 1990. Gender and Cooperative Conflicts, in: Tinker, I. (Hg.), Persistent Inequalities, New York 1990.

Sen, A.K., 1992. Inequality Reexamined, Cambridge 1992.

Sen, A.K., 1995. Demography and Welfare Economics, in: Empirica 22 (1995), S. 1-21.

Sen, A.K., 1998. Mortality as an indicator of economic success and failure, in: The Economic Journal 108 (1998), S. 1-25.

Shryock, H. S., J. S. Siegel u.a., 1973. The Methods and Materials of Demography, 2. überarb. Auflage, Washington D.C. 1973.

Siegel, T., 1982. Lohnpolitik im nationalsozialistischen Deutschland. In: Sachse, C. u.a., Angst, Belohnung, Zucht und Ordnung. Herrschaftsmechanismen im Nationalsozialismus (Schriften des Zentralinstituts für sozialwissenschaftliche Forschung der Freien Universität Berlin, Bd. 41), Opladen 1982, S. 54-139.

Silverman, D., 1988. National Socialist Economics: the *Wirtschaftswunder* Reconsidered, in: Eichengreen, B. und T. Hatton (Hg.), Interwar Unemployment in International Perspective, Dordrecht 1988, S. 185-220.

Silverman, D., 1998. Hitler's Economy. Nazi Work Creation Programs, 1933-1936, Cambridge 1998.

Skiba, R. und H. Adam, 1974. Das westdeutsche Lohnniveau zwischen den beiden Weltkriegen und nach der Währungsreform, Köln 1974.

Sons, H.-U., 1983. Gesundheitspolitik während der Besatzungszeit. Das öffentliche Gesundheitswesen in Nordrhein-Westfalen 1945-1949 (Düsseldorfer Schriften zur Neueren Landesgeschichte und zur Geschichte Nordrhein-Westfalens Bs. 7, Wuppertal 1983.

Spiekermann, U., 1997. Regionale Verzehrsunterschiede als Problem der Wirtschafts- und Sozialgeschichte. Räume und Strukturen im Deutschen Reich 1900-1940, in: Teuteberg, H.J. u.a. (Hg.), Essen und kulturelle Identität. Europäische Perspektiven, Berlin 1997, S. 247-282.

Spode, H., 1982. Arbeiterurlaub im Dritten Reich, in: Sachse, C. u.a., Angst, Belohnung, Zucht und Ordnung. Herrschaftsmechanismen im Nationalsozialismus, Opladen 1982, S. 275-328.

Spoerer, M., 1996. Von Scheingewinnen zum Rüstungsboom. Die Eigenkapitalrentabilität der deutschen Industrieaktiengesellschaften 1925–1941, Stuttgart 1996.

Spoerer, M., 1997. Weimar's Investment and Growth Record in Intertemporal and International Perspective, in: European Review of Economic History 1 (1997), S. 271-297.

Spoerer, M., 2005. Rezension von: Götz Aly: Hitlers Volksstaat. Raub, Rassenkrieg und nationaler Sozialstaat, Frankfurt a.M.: S. Fischer 2005, in: H-Soz-u-Kult, 26.05.2005, URL: geschichte.hu-berlin.de/rezensionen/2005-2-1-143 (Zugriff am 01.07.2005).

Spree, R. (Hg.), 1990. Informationssystem zur Medizinalstatistik der Bundesrepublik Deutschland. Band 1. Heilpersonal und Krankenhauswesen; Band 2. Sterblichkeit nach Geschlecht, Alter und Todesursachen, Universität Konstanz 1990 (vervielfältigtes, in mehreren Bibliotheken eingestelltes MS, u.a. UB Konstanz).

Spree, R., 1985. Modernisierung des Konsumverhaltens deutscher Mittel- und Unterschichten während der Zwischenkriegszeit, in: Zeitschrift für Soziologie 14 (1985), S. 400-410.

Spree, R., 1988. Health and Social Class in Imperial Germany. A Social History of Mortality, Morbidity and Inequality, Oxford u.a. 1988.

Spree, R., 1992. Der Rückzug des Todes. Der Epidemiologische Übergang in Deutschland während des 19. und 20. Jahrhunderts, Konstanz 1992 (= Konstanzer Universitätsreden, H. 186).

Spree, R., 1995. On Infant Mortality Change since the Early 19th Century (Münchner wirtschaftswissenschaftliche Beiträge 95-03), München 1995.

Spree, R., 1997a. Klassen- und Schichtbildung im Medium des privaten Konsums: Vom späten Kaiserreich in die Weimarer Republik, in: Historical Social Research 22 (1997), S. 29-80.

Spree, R., 1997b. Knappheit und differentieller Konsum während des ersten Drittels des 20. Jahrhunderts in Deutschland, in: Siegenthaler, H. (Hg.), Ressourcenverknappung als Problem der Wirtschaftsgeschichte, Berlin 1990, S. 171-221.

Spree, R., 2004. About the Relative Efficiency of the Nazi Work Creation Programs (Münchner Wirtschaftswissenschaftliche Beiträge 2004–15), [Online im Internet, URL: http://epub.ub.uni-muenchen.de; Zugriff am 9.8.2005]

Spree, R., J. Estermann und A. Triebel, 1985. Ökonomischer Zwang oder schichttypischer Lebensstil? Muster der Einkommensaufbringung und -verwendung vor und nach dem Ersten Weltkrieg, in: Thomas, H., und G. Elstermann (Hg.), Bildung und Beruf. Soziale und ökonomische Aspekte, Berlin u.a. 1985, S. 159-188.

Srinivasan, T.N., 1994. Human Development: A Paradigm or Reinvention of the Wheel?, in: American Economic Review 84 (1994), S. 238-242.

Steckel, R.H. und R. Floud (Hg.), Health and Welfare during Industrialization. Chicago und London 1997.

Steiner, A., 2002. Preispolitik im Vergleich: Nationalsozialismus, DDR und Bundesrepublik, in: Potsdamer Bulletin für Zeithistorische Studien 26/27 (2002), S. 20-33.

Steiner, A., 2003. Umrisse einer Geschichte der Verbraucherpreispolitik unter dem Nationalsozialismus der Vorkriegszeit, in: Abelshauser, W., Hesse, J.-O. und W. Plumpe (Hg.), Wirtschaftsordnung, Staat und Unternehmen. Neuere Forschungen zur Wirtschaftsgeschichte des Nationalsozialismus. Festschrift für Dietmar Petzina zum 65. Geburtstag, Essen 2003, S. 279-303.

Steiner, A., 2005. Zur Neuschätzung des Lebenshaltungskostenindex für die Vorkriegszeit des Nationalsozialismus, in: Jahrbuch für Wirtschaftsgeschichte 2005/2 (im Druck).

Steinisch, I., 1986. Arbeitszeitverkürzung und sozialer Wandel. Der Kampf um die Achtstundenschicht in der deutschen und amerikanischen Eisen- und Stahlindustrie 1880-1929 (Veröffentlichungen der Historischen Kommission zu Berlin, Bd. 65), Berlin und New York 1986.

Stephenson, J., 1975. Girls' Higher Education in Germany in the 1930s, in: Journal of Contemporary History 10,1 (1975), S. 41-69.

Stephenson, J., 2001. Women in Nazi Germany, Harlow u.a. 2001.

Stöckel, S., 1996. Säuglingsfürsorge zwischen sozialer Hygiene und Eugenik, Berlin und New York 1996.

Stüber, G., 1984. Der Kampf gegen den Hunger 1945-1950. Die Ernährungslage in der britischen Zone Deutschlands, insbesondere in Schleswig-Holstein und Hamburg, Neumünster 1984.

Süß, W. 2003. Der „Volkskörper" im Krieg. Gesundheitspolitik, Gesundheitsverhältnisse und Krankenmord im nationalsozialistischen Deutschland 1939-1945 (Studien zur Zeitgeschichte, Bd. 65), München 2003.

Süß, W., 2005. Rezension von: Götz Aly: Hitlers Volksstaat. Raub, Rassenkrieg und nationaler Sozialstaat, Frankfurt a.M.: S. Fischer 2005, in: sehepunkte 5 (2005), Nr. 7/8 [15.07.2005], URL: http://www.sehepunkte.historicum.net/2005/07/-7698 (Zugriff am 16.07.2005).

Sywottek, A., 1999. Hamburg, in: Benz, W. (Hg.), Deutschland unter alliierter Besatzung 1945-1949/55. Ein Handbuch, Berlin 1999, S. 394-396.

Szejnmann, C.-C., 2000. Vom Traum zum Alptraum. Sachsen in der Weimarer Republik (Sächsische Landeszentrale für politische Bildung), Leck 2000.

Tenfelde, K. (Hg.), 1991. Arbeiter im 20. Jahrhundert, Stuttgart 1991.

Teuteberg, H.-J., 1986. Der Verzehr von Nahrungsmitteln in Deutschland pro Kopf und Jahr seit Beginn der Industrialisierung (1850-1975). Versuch einer quantitativen Langzeitanalyse, in: Teuteberg, H.-J. und G. Wiegelmann: Unsere tägliche Kost. Münster 1986.

Tilly, R., 1983. Per Capita Income and Productivity as Indices of Development and Welfare. Some comments on Kuznetsian Economic History, in: Fremdling, R. und P.K. O'Brien (Hg.), Productivity in the economies of Europe (Historische Sozialwissenschaftliche Forschungen, Band 15), Stuttgart 1983, S. 30-56.

Titze, H., 1989. Hochschulen, in: Langewiesche, D. und H.-E. Tenorth (Hg.), Handbuch der deutschen Bildungsgeschichte. Bd. V: 1918-1945. Die Weimarer Republik und die nationalsozialistische Diktatur, München 1989, S. 209-240.

Titze, H., 2004. Bildungskrisen und sozialer Wandel 1780-2000, in: Geschichte und Gesellschaft 30 (2004), S. 339-372.

Trapp, J., 1994. Kölner Schulen in der NS-Zeit. Köln u.a. 1994.

Triebel, A., 1991. Zwei Klassen und die Vielfalt des Konsums. Haushaltsbudgetierung bei abhängig Erwerbstätigen in Deutschland im ersten Drittel des 20. Jahrhunderts, 2 Bde. (Materialien aus der Bildungsforschung Nr. 41), Berlin 1991.

Trittel, G.J., 1990. Hunger und Politik. Die Ernährungskrise in der Bizone (1945-1949), (Historische Studien, Bd. 3), Frankfurt/M. und New York 1990.

Tröger, A., 1981. Frau im wesensgemäßen Einsatz, in: Mutterkreuz und Arbeitsbuch. Zur Geschichte der Frauen in der Weimarer Republik und im Nationalsozialismus, hg. von der Frauengruppe Faschismusforschung, Frankfurt a.M. 1981, S. 246ff.

Twarog, S., 1997. Heights and Living Standards in Germany, 1850-1939: The Case of Württemberg, in: Steckel, R.H. und R. Floud (Hg.), Health and Welfare during Industrialization, Chicago und London 1997, S. 285-330.

UNDP 2000b. Analytical Tools for Human Development [Online im Internet: URL: http://www.undp.org/hdro/anatools.htm; Zugriff am 30.05.2000]

United Nations, 1954. Committee of Experts on International Definition and Measurement of Standards of Living, Report on international definition of measurement of standards and levels of living, New York 1954.

United Nations Secretariat, 1988. Sex differentials in life expectancy and mortality in developed countries: an analysis by age groups and causes of death from recent and historical data, in: Population Bulletin of the United Nations 25 (1988), S. 65-107.

Unterstell, R., 1989. Mittelstand in der Weimarer Republik. Die soziale Entwicklung und politische Orientierung von Handwerk, Kleinhandel und Hausbesitz 1919-1933. Ein Überblick, Frankfurt/M. 1989.

Usher, D., 1973. An Imputation to the Measure of Economic Growth for Changes in Life Expectancy, in: Moss: Measurement of Economic and Social Performance (Studies in Income and Wealth Nr. 38), New York 1973, S. 193-223.

Vallin, J., 1995. Can Sex Differentials in Mortality be Explained by Socio-economic Mortality Differentials? in: Lopez, A.D., G. Caselli und T. Valkonen (Hg.), Adult Mortality in Developed Countries: From Description to Explanation, Oxford 1995, S. 179-200.

van Riel, A. und A. Schram, 1993. Weimar Economic Decline, Nazi Economic Recovery, and the Stabilization of Political Dictatorship, in: Journal of Economic History 53 (1993), S. 71-105.

Verbrugge, L.M., 1985. Gender and Health: An Update on Hypotheses and Evidence, in: Journal of Health and Social Behavior 26 (1985), S. 156-182.

Vollnhals, C., 1996. IV. Jüdische Selbsthilfe bis 1938, in: Benz, W. (Hg.), Die Juden in Deutschland. 1933–1945. Leben unter nationalsozialistischer Herrschaft, 4. Aufl., München 1996, S. 314-411.

von Oertzen, C., 1999. Teilzeitarbeit und die Lust am Zuverdienen. Geschlechterpolitik und gesellschaftlicher Wandel in Westdeutschland 1948-1969 (Kritische Studien zur Geschichtswissenschaft, Bd. 132), Göttingen 1999.

Wagner, A., 2003. Ein Human Development Index für Deutschland: Die Entwicklung des Lebensstandards von 1920 bis 1960, in: Jahrbuch für Wirtschaftsgeschichte 2 (2003), S. 171-199.

Wagner, L., 1996. Nationalsozialistische Frauenansichten, Vorstellungen von Weiblichkeit und Politik führender Frauen im Nationalsozialismus, Frankfurt a. M. 1996.

Waldron, I., 1985. What do we know about causes of sex differeneces in mortality? A review of the literature, in: Population Bulletin of the United Nations 18 (1985), S. 59-76.

Waldron, I., 2000. Trends in gender differences in mortality: relationships to changing gender differences in behaviour and other causal factors, in: Annandale, E. und K. Hunt (Hg.), Gender inequalities in health, Buckingham 2000, S. 150-181.

Webster, C., 1985. Health, Welfare and Unemployment during the Depression, in: Past and Present 109 (1985), S. 204-229.

Wegehaupt-Schneider, I., 1985. Frauenindustriearbeit in Deutschland: Eine Konkurrenz für die männlichen Industriearbeiter auf dem Arbeitsmarkt. Zur Geschichte der sozialen, politischen und ökonomischen Bedingungen der Frauenindustriearbeit in Deutschland von der Industrialisierung bis zum Ende des Zweiten Weltkrieges, soz.wiss. Diss., Universität Göttingen 1985.

Wehler, H.-U, 2003. Deutsche Gesellschaftsgeschichte, Bd. 4: Vom Beginn des Ersten Weltkriegs bis zur Gründung der beiden deutschen Staaten 1914-1949, München 2003.

Weindling, P., 1989. Health, race and German politics between national unification and Nazism 1870-1945, Cambridge 1989.

Wellner, G, 1981. Industriearbeiterinnen in der Weimarer Republik: Arbeitsmarkt, Arbeit und Privatleben 1919–1933, in: Geschichte und Gesellschaft 7 (1981), S. 534-554.

Werner, W.F., 1983. Bleib übrig! Deutsche Arbeiter in der nationalsozialistischen Kriegswirtschaft, Düsseldorf 1983.

Wette, W., 1995. Aspekte des sozialen Wandels in Deutschland 1943-1948, in: Blätter für deutsche und internationale Politik (1995), S. 1123-1133.

Wiegand, E. und W. Zapf (Hg.), 1982. Wandel der Lebensbedingungen in Deutschland: Wohlfahrtsentwicklung seit der Industrialisierung (Schriftenreihe / Sonderforschungsbereich 3 Mikroanalytische Grundlagen der Gesellschaftspolitik der Universitäten Frankfurt und Mannheim, Bd. 10), Frankfurt/Main 1982.

Wiegand, E., 1982. Zur historischen Entwicklung der Löhne und Lebenshaltungskosten in Deutschland, in: Wiegand, E. und W. Zapf (Hg.), 1982. Wandel der Lebensbedingungen in Deutschland: Wohlfahrtsentwicklung seit der Industrialisierung (Schriftenreihe / Sonderforschungsbereich 3 Mikroanalytische Grundlagen der Gesellschaftspolitik der Universitäten Frankfurt und Mannheim, Bd. 10), Frankfurt/Main 1982, S. 65-153.

Wildt, M., 1986. Der Traum vom Sattwerden. Hunger und Protest. Schwarzmarkt und Selbsthilfe in Hamburg 1945-1948, Hamburg 1986.

Wildt, M., 1996. Vom kleinen Wohlstand. Eine Konsumgeschichte der fünfziger Jahre, Frankfurt/Main 1996.

Williamson, J.G., 1965. Regional Inequality and the Process of National Development: A Description of the Patterns, in: Economic Development and Cultural Change 8,4-2 (1965), S. 1-84.

Williamson, J.G., 1984. British Mortality and the Value of Life, in: Population Studies 38 (1984), S. 157-172.

Willms, A. 1980. Die Entwicklung der Frauenerwerbstätigkeit im Deutschen Reich. Eine historisch-soziologische Studie (Beiträge zur Arbeitsmarkt- und Berufsforschung 50), Nürnberg 1980.

Willms, A., 1983a. Grundzüge der Entwicklung der Frauenarbeit von 1880 bis 1980, in: Müller, W., A. Willms und J. Handl, Strukturwandel der Frauenarbeit 1880-1980, Frankfurt und New York 1983, S. 25-54.

Willms, A., 1983b. Segregation auf Dauer? Zur Entwicklung des Verhältnisses von Frauenarbeit und Männerarbeit in Deutschland, 1882-1980, in: Müller, W., A. Willms und J. Handl, Strukturwandel der Frauenarbeit 1880-1980, Frankfurt und New York 1983, S. 25-54.

Winkler, D., 1977a. Frauenarbeit versus Frauenideologie. Probleme der weiblichen Erwerbstätigkeit 1930–1945, in: Archiv für Sozialgeschichte VXII (1977), S. 99-126.

Winkler, D., 1977b. Frauenarbeit im Dritten Reich (Historische Perspektiven 9), Hamburg 1977.

Winkler, H.A., 1984. Von der Revolution zur Stabilisierung. Arbeiter und Arbeiterbewegung in der Weimarer Republik 1918 bis 1924, Berlin und Bonn 1984.

Winkler, H.A., 1987. Der Weg in die Katastrophe. Arbeiter und Arbeiterbewegung in der Weimarer Republik 1930 bis 1933, Berlin und Bonn 1987.

Winkler, H.A., 1988. Der Schein der Normalität. Arbeiter und Arbeiterbewegung in der Weimarer Republik 1924 bis 1930, Berlin und Bonn 1988.

Winter, J. und J. Cole, 1993. Fluctuations in Infant Mortality Rates in Berlin During and After the First World War, in: European Journal of Population 9 (1993), S. 235-263.

Winter, J., 1983. Unemployment, nutrition and infant mortality in Britain, 1920–50, in: Winter, J. (Hg.); The Working Class in Modern British History. Essays in Honour of Henry Pelling, Cambridge u.a. 1983.

Wippermann, W., 1998. Umstrittene Vergangenheit. Fakten und Kontroversen zum Nationalsozialismus, Berlin 1998.

Wirsching, A., 1996. Nationalsozialismus in der Region. Tendenzen der Forschung und methodische Probleme, in: Möller, H. u.a., Nationalsozialismus in der Region. Beiträge zur regionalen und lokalen Forschung und zum internationalen Vergleich, München 1996, S. 25-46.

Witt, P.-C., 1979. Inflation, Wohnungszwangswirtschaft und Hauszinssteuer. Zur Regelung von Wohnungsbau und Wohnungsmarkt in der Weimarer Republik, in: Niethammer, L. (Hg.): Wohnen im Wandel. Beiträge zur Geschichte des Alltags in der bürgerlichen Gesellschaft, Wuppertal 1979, S. 385-407.

Woelk, W. und J. Vögele, 2002. Einleitung, in: Woelk, W. und J. Vögele (Hg.), Geschichte der Gesundheitspolitik in Deutschland. Von der Weimarer Republik bis in die Frühgeschichte der „doppelten Staatsgründung" (Schriften zur Wirtschafts- und Sozialgeschichte, Bd. 73), Berlin 2002, S. 11-48.

Woelk, W., 2002. Zur Geschichte der Gesundheitspolitik in Nordrhein-Westfalen und in der Bundesrepublik Deutschland, in: Woelk, W. und J. Vögele (Hg.), Geschichte der Gesundheitspolitik in Deutschland. Von der Weimarer Republik bis in die Frühgeschichte der „doppelten Staatsgründung" (Schriften zur Wirtschafts- und Sozialgeschichte, Bd. 73), Berlin 2002, S. 285-312.

Wollenweber, H., 1980. Realschule, in: Wollenweber, H. (Hg.), Das gegliederte Schulwesen in der Bundesrepublik Deutschland (Neue Reihe Pädagogik), Paderborn 1980, S. 85-145.

Wunderlich, F., 1961. Farm Labor in Germany. 1810-1945. Its historical development within the framework of agricultural and social policy, Princeton 1961.

Zapf, W. (Hg.), 1978. Lebensbedingungen in der Bundesrepublik. Sozialer Wandel und Wohlfahrtsentwicklung, 2. Aufl., Frankfurt und New York 1978.

Zapf, W., 1983. Die Wohlfahrtsentwicklung in Deutschland seit der Mitte des 19. Jahrhunderts, in: Conze, W. und M.R. Lepsius (Hg.), Sozialgeschichte der Bundesrepublik Deutschland. Beiträge zum Kontinuitätsproblem (Industrielle Welt, Bd. 34), Stuttgart 1983, S. 46-65.

Zapf, W., 1987. Individualisierung und Sicherheit. Untersuchungen zur Lebensqualität in der Bundesrepublik Deutschland (Perspektiven und Orientierungen, Bd. 4), München 1987.

Zündorf, I., 2006. Der Preis der Markwirtschaft. Staatliche Preispolitik und Lebensstandard in Westdeutschland 1948 bis 1963. (Vierteljahrschrift für Sozial- und Wirtschaftsgeschichte, Beihefte 186),. Stuttgart 2006.

Zymek, B., 1987. Perspektive und Enttäuschung deutscher Gymnasiasten. Demographische, schulhistorische und arbeitsmarktpolitische Konstellationen während der ersten Jahrzehnte des 20. Jahrhunderts, in: Hermann, U. (Hg.), „Neue Erziehung", „Neue Menschen". Ansätze zur Erziehungs- und Bildungsreform in Deutschland zwischen Kaiserreich und Diktatur (Geschichte des Erziehungs- und Bildungswesens in Deutschland, Bd. 5), Weinheim und Basel 1987, S. 236-241.

Zymek, B., 1988. Der Strukturwandel des Mädchenschulwesens in Preußen, 1908–1941, in: Zeitschrift für Pädagogik 34 (1988), S. 191-203.

Zymek, B., 1989. Schulen, Hochschulen, Lehrer, in: Langewiesche, D. und H.-E. Tenorth (Hrg.), Handbuch der deutschen Bildungsgeschichte. Band V. 1918-1945.

Die Weimarer Republik und die nationalsozialistische Diktatur, München 1989, S. 155-208.

Zymek, B., 1995. Das „Gesetz gegen die Überfüllung der deutschen Schulen und Hochschulen“ und seine Umsetzung in Westfalen, 1933 – 1935, in: Drewek, P. u.a. (Hg.), Ambivalenzen der Pädagogik. Zur Bildungsgeschichte der Aufklärung und des 20. Jahrhunderts. Harald Scholtz zum 65. Geburtstag, Weinheim 1995, S. 205-225.

ANHANG I

Anhang I-A: Tabellen und Abbildungen zu Kapitel 2

Tabelle 2-1: Lebensstandardindikatoren für einige Stichjahre, Deutschland, 1922-1960

Jahre	BSP/Kopf (1990 PPP $)	Lebenserwartung (e_0)	Alphabetenrate (%)	Schuleinschreiberate (% der 5-20jährigen)	Bildung
1922	3288	53,1	99	56,4	84,8
1927	4235	58,2	99	48,0	82,0
1932	3267	61,4	99	56,5	84,8
1938	5126	62,6	99	55,4	84,5
1950	4281	66,7	99	65,0	87,7
1955	6431	68,4	99	54,7	84,2
1960	8463	69,3	99	59,5	85,8

Anm. und Quellen: siehe Anhang I-B.

Tabelle 2-2: Komponenten, Variablen und deren Maximum- und Minimumwerte des HDIs

Komponente	Indikator	Min.	Max.
Langes Leben	Lebenserwartung bei der Geburt	25 Jahre	85 Jahre
Bildung			
Gewichtung 2/3	Alphabetenrate (pro 100 der Bev.)	0%	100%
Gewichtung 1/3	Bruttoschuleinschreiberaten im primären, sekundären und tertiären Bildungssektor (pro 100 der Altersgruppe 5-20 Jahre)	0%	100%
Zugang zu Ressourcen	Logarithmiertes Bruttosozialprodukt pro Kopf (in PPP $)	100 $	40.000 $

Tabelle 2-3: Human Development Indizes für einige Stichjahre, Deutschland, 1922-1960

Jahre	Index BSP/Kopf	Index (e_0)	Index Alphab.	Index Schulbesuch	Index Bildung	HDI
1922	0,583	0,468	0,99	0,564	0,848	0,633
1927	0,625	0,554	0,99	0,480	0,820	0,666
1932	0,582	0,606	0,99	0,565	0,848	0,679
1938	0,658	0,627	0,99	0,554	0,845	0,710
1950	0,628	0,695	0,99	0,650	0,877	0,733
1955	0,695	0,724	0,99	0,547	0,842	0,754
1960	0,741	0,739	0,99	0,595	0,858	0,780

Quellen: berechnet nach Tab. 2-1.

Tabelle 2-4: Komponenten, Variablen und deren Maximum- und Minimumwerte des HDIn

Komponente	Indikator	Min.	Max.
Langes Leben (e_0)	Lebenserwartung bei der Geburt	25 Jahre	85 Jahre
Bildung (HSR)	Studierende an Hochschulen pro 1.000 der Altersgruppe 20-25 Jahre	0 ‰	100 ‰
Zugang zu Ressourcen (BSP/Kopf)	Logarithmiertes Bruttosozialprodukt pro Kopf (in 1990 Geary-Khamis Dollars)	100 $	40.000 $

Tabelle 2-5: Ausgewählte Indikatoren des Lebensstandards und Human Development Indizes, Deutschland, 1920-1938

Jahre	Ind. HSR	Ind. BSP/Kopf	Ind. e_0	Index BSP/Kopf	Index Bild.	Index e_0	HDI_n
1920	20	2986	51,1	0,567	0,205	0,435	0,402
1921	21	3288	53,1	0,583	0,206	0,468	0,419
1922	20	3558	53,0	0,596	0,203	0,467	0,422
1923	20	2937	53,2	0,564	0,205	0,471	0,413
1924	18	3417	56,8	0,589	0,177	0,529	0,432
1925	15	3772	57,5	0,606	0,152	0,542	0,434
1926	15	3592	58,2	0,598	0,154	0,554	0,435
1927	16	4235	58,2	0,625	0,163	0,554	0,447
1928	18	4308	59,2	0,628	0,177	0,569	0,458
1929	20	4335	57,8	0,629	0,198	0,547	0,458
1930	21	4049	60,3	0,618	0,211	0,588	0,473
1931	23	3618	60,6	0,599	0,225	0,593	0,472
1932	23	3267	61,4	0,582	0,227	0,606	0,472
1933	21	3591	61,3	0,598	0,212	0,605	0,471
1934	18	3846	62,3	0,609	0,183	0,622	0,471
1935	16	4165	61,4	0,622	0,157	0,606	0,462
1936	14	4571	61,6	0,638	0,143	0,610	0,464
1937	14	4809	62,1	0,646	0,142	0,618	0,469
1938	15	5126	62,6	0,657	0,150	0,627	0,478
1939	19	5549	61,9	0,670	0,190	0,615	0,492

Anm. und Quellen: siehe Anhang I-B.

Tabelle 2-6: Ausgewählte Indikatoren des Lebensstandards und Human Development Indizes, BRD, 1949-1960

Jahre	Ind. HSR	Ind. BSP	Ind. e_0	Index HSR	Index Eink.	Index Bild.	Index e_0	HDI_n
1949	30	3642	66,2	30	0,600	0,300	0,687	0,529
1950	31	4281	66,7	31	0,627	0,306	0,695	0,543
1951	34	4651	67,0	34	0,641	0,337	0,701	0,559
1952	35	5046	67,8	35	0,654	0,348	0,713	0,572
1953	36	5438	67,6	36	0,667	0,362	0,710	0,580
1954	37	5797	68,5	37	0,678	0,367	0,725	0,590
1955	37	6431	68,4	37	0,695	0,375	0,724	0,598
1956	38	6839	68,5	38	0,705	0,382	0,726	0,604
1957	41	7154	68,6	41	0,713	0,412	0,727	0,617
1958	42	7377	69,3	42	0,718	0,415	0,739	0,624
1959	44	7867	69,6	44	0,729	0,443	0,743	0,638
1960	48	8463	69,3	48	0,741	0,477	0,739	0,652

Anm. und Quellen: siehe Anhang I-B.

Abbildung 2-1: HDIn und die Indizes der einzelnen Komponenten: Lebenserwartung, Einkommen und Bildung, Deutschland, 1920-1960

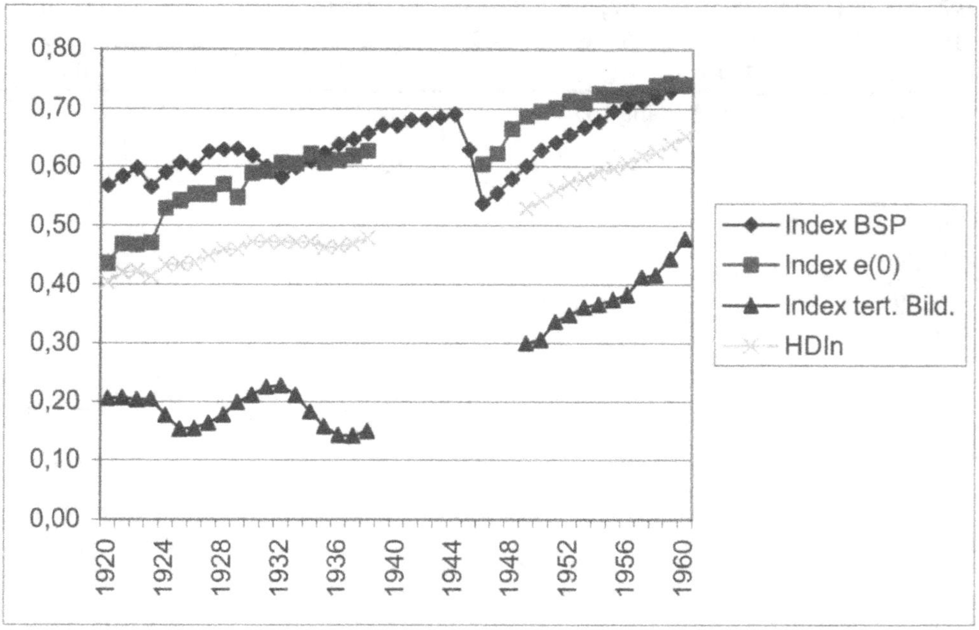

Quellen: erstellt nach Tab. 2-5 und 2-6.

Tabelle 2-7: Komponenten des HDI_n für ausgewählte westeuropäische Staaten, 1920

	BSP/Kopf (1990 PPP$)	Lebenserw. (e_0)	Hochschüler (‰ 20-24jähr.)	Index BSP	Index e_0	Index Bildung
Dänemark°	3840	61,7*	19	0,609	0,612	0,190
Deutschland	2986	51,1	19	0,567	0,435	0,190
Großbrit.°+	4651	58,0*	12	0,641	0,549	0,120
Frankreich	3196	51,6	17	0,578	0,443	0,170
Italien°	2531	50,0**	17	0,539	0,417	0,170
Niederlande°	4117	62,5***	14	0,621	0,625	0,140
Norwegen°	2529	59,2	12	0,539	0,570	0,120
Schweden	2802	58,8	15	0,556	0,563	0,150
Schweiz°	4255	56,0	20	0,626	0,517	0,200

Anm.: ° Lebenserwartung für beide Geschlechter entspricht dem ungewichteten Durchschnitt der Lebenserwartung von Männern und Frauen; + Lebenserwartung nur England und Wales. Lebenserwartungen beziehen sich auf die Jahre *1921; **1921/22; ***1921/30. Quellen: BSP/Kopf in 1990 Geary-Khamis-Dollar: Maddison 1995. Lebenserwartung bei der Geburt: Preston u.a. 1972, außer für Schweden und Frankreich siehe ULR: http://demog.berkeley.edu/wilmoth/mortality (Zugriff am 29.01.2001), für Italien siehe Flora 1987 und Keyfitz und Flieger 1968; für Deutschland siehe Anhang I-B. Hochschüler in 1000 der Altersgruppe 20-24: Schneider 1982.

Tabelle 2-8: Komponenten des HDI_n für ausgewählte westeuropäische Staaten, 1930

	BSP/Kopf (1990 PPP$)	Lebenserw. (e_0)	Hochschüler (‰ 20-24jähr.)	Index BSP	Index e_0	Index Bildung
Dänemark	5138	62,4	23	0,657	0,623	0,230
Deutschland	4049	60,3	20	0,618	0,588	0,200
Großbrit.	5195	60,2*	13	0,659	0,587	0,130
Frankreich	4489	56,9	25	0,635	0,531	0,250
Italien	2854	54,9*	12	0,559	0,498	0,120
Niederlande	5467	64,4*	17	0,668	0,656	0,170
Norwegen	3377	64,2	17	0,587	0,653	0,170
Schweden	3937	63,1	18	0,613	0,635	0,180
Schweiz	6160	61,2	16	0,688	0,604	0,160

Anm.: siehe Tab. 2-7 und Lebenserwartungen beziehen sich auf das Jahr *1931. Quellen: BSP/Kopf in 1990 Geary-Khamis-Dollar: siehe Tab. 2-7.Lebenserwartung bei der Geburt: siehe Tab. 2-7. Hochschüler in 1000 der Altersgruppe 20-24: siehe Tab. 2-7

Tabelle 2-9: Komponenten des HDI_n für ausgewählte westeuropäische Staaten, 1940

	BSP/Kopf (1990 PPP$)	Lebenserw. (e_0)	Hochschüler (‰ 20-24jähr.)	Index BSP	Index e_0	Index Bildung
Dänemark	4922	66,3	31	0,650	0,689	0,310
Deutschland	5545	61,9*	15*	0,670	0,615	0,150
Großbrit.	6546	61,6**	13	0,698	0,610	0,130
Frankreich	4004	49,8	41	0,616	0,413	0,410
Italien	3429	56,8***	27	0,590	0,531	0,270
Niederlande	4714	65,4	17	0,643	0,674	0,170
Norwegen	3718	69,7****	21	0,603	0,745	0,210
Schweden	4858	66,8	22	0,648	0,696	0,220
Schweiz	6309	64,9	32	0,692	0,665	0,320

Anm.: siehe Tab. 2-7 und Lebenserwartungen beziehen sich auf das Jahr *1939; **1941; ***1936: ****1946; Hochschulbesuch für das Jahr *1939. Quellen: BSP/Kopf in 1990 Geary-Khamis-Dollar: siehe Tab. 2-7. Lebenserwartung bei der Geburt: siehe Tab. 2-7. Hochschüler in 1000 der Altersgruppe 20-24: siehe Tab. 2-7.

Tabelle 2–10: Komponenten des HDI_n für ausgewählte westeuropäische Staaten, 1950

	BSP/Kopf (1990 PPP$)	Lebenserw. (e_0)	Hochschüler (‰ 20-24jähr.)	Index BSP	Index e_0	Index Bildung
Dänemark	6683	71,0	44	0,701	0,767	0,440
Deutschland	4281	66,7	31	0,627	0,695	0,310
Großbrit.	6847	69,0*	28	0,705	0,733	0,280
Frankreich	5221	66,4	47	0,660	0,690	0,470
Italien	3425	65,5**	35	0,590	0,675	0,350
Niederlande	5850	71,7	37	0,679	0,779	0,370
Norwegen	4969	72,6**	31	0,652	0,794	0,310
Schweden	6738	71,1	32	0,703	0,768	0,320
Schweiz	8939	68,6***	35	0,750	0,727	0,350

Anm.: siehe Tab. 2-7; Lebenserwartungen beziehen sich auf das Jahr *1950/52; **1950/53; *** 1951. Quellen: BSP/Kopf in 1990 Geary-Khamis-Dollar: siehe Tab. 2-7. Lebenserwartung bei der Geburt: siehe Tab. 2-7 außer Dänemark: siehe Crafts 1997b. Hochschüler in 1000 der Altersgruppe 20-24: siehe Tab. 2-7

Tabelle 2–11: Komponenten des HDI_n für ausgewählte westeuropäische Staaten, 1960

	BSP/Kopf (1990 PPP$)	Lebenserw. (e_0)	Hochschüler (‰ 20-24jähr.)	Index BSP	Index e_0	Index Bildung
Dänemark	8477	72,3	54	0,741	0,788	0,540
Deutschland	8463	69,3	46	0,741	0,739	0,460
Großbrit.	8571	71,0*	40	0,743	0,767	0,400
Frankreich	7472	70,4	79	0,720	0,756	0,790
Italien	5789	69,8*	49	0,677	0,746	0,490
Niederlande	8085	73,5	51	0,733	0,808	0,510
Norwegen	6549	73,6	42	0,698	0,809	0,420
Schweden	8688	73,0	70	0,745	0,800	0,700
Schweiz	12286	71,9	35	0,803	0,782	0,350

Anm.: siehe Tab. 2-7 und Lebenserwartungen beziehen sich auf das Jahr *1960/62. Quellen: BSP/Kopf in 1990 Geary-Khamis-Dollar: siehe Tab. 2-7. Lebenserwartung bei der Geburt: siehe Tab. 2-7. Hochschüler in 1000 der Altersgruppe 20-24: siehe Tab. 2-7.

Tabelle 2–12: Human Development Indizes (HDI_n) und Rangfolge, ausgewählte westeuropäische Staaten, 1920-1960

	1920	Rang	1930	Rang	1940	Rang	1950	Rang	1960	Rang
Dänemark	0,470	1	0,504	1	0,550	2	0,636	1	0,690	3
Deutschl.	0,397	7	0,469	7	0,478	8	0,544	7	0,647	5
Großbrit.	0,437	4	0,459	8	0,479	7	0,573	6	0,637	9
Frank.	0,397	7	0,472	5	0,480	6	0,607	3	0,755	1
Italien	0,375	8	0,392	9	0,464	9	0,538	8	0,638	8
Niederl.	0,462	2	0,498	2	0,496	5	0,609	2	0,684	4
Norwegen	0,410	6	0,470	6	0,520	4	0,585	5	0,642	7
Schweden	0,423	5	0,476	4	0,521	3	0,597	4	0,748	2
Schweiz	0,448	3	0,484	3	0,559	1	0,609	2	0,645	6
Durchschnitt (ungewichtet)	0,424		0,469		0,505		0,589		0,676	

Anm.: siehe Tab. 2-7 bis 2-11. Quellen: berechnet nach Tab. 2-7 bis 2-11.

Tabelle 2–13: BSP pro Kopf und Rangfolge, ausgewählte westeuropäische Staaten, 1920-1960

	1920	Rang	1930	Rang	1940	Rang	1950	Rang	1960	Rang
Dänemark	3840	4	5138	4	4922	4	6683	4	8477	4
Deutschland	2986	6	4049	6	5545	3	4281	8	8463	5
Großbritannien	4651	1	5195	3	6546	1	6847	2	8571	3
Frankreich	3196	5	4489	5	4004	7	5221	6	7472	7
Italien	2531	8	2854	9	3429	9	3425	9	5789	9
Niederlande	4117	3	5467	2	4714	6	5850	5	8085	6
Norwegen	2529	9	3377	8	3718	8	4969	7	6549	8
Schweden	2802	7	3937	7	4858	5	6738	3	8688	2
Schweiz	4255	2	6160	1	6309	2	8939	1	12286	1

Quellen: siehe Tab. 2-7.

Tabelle 2–14: Lebenserwartung bei der Geburt und Rangfolge der Indizes der Lebenserwartung, ausgewählte westeuropäische Staaten, 1920-1960

	1920	Rang	1930	Rang	1940	Rang	1950	Rang	1960	Rang
Dänemark	61,7	2	62,4	4	66,3	3	71,0	4	72,3	4
Deutschl.	51,1	8	60,3	6	61,9	6	66,7	7	69,3	9
Großbrit.	58,0	5	60,2	7	61,6	7	69,0	5	71,0	6
Frank.	51,6	7	56,9	8	49,8	9	66,4	8	70,4	7
Italien	50,0	9	54,9	9	56,8	8	65,5	9	69,8	8
Niederl.	62,5	1	64,4	1	65,4	4	71,7	2	73,5	2
Norwegen	59,2	3	64,2	2	69,7	1	72,6	1	73,6	1
Schweden	58,8	4	63,1	3	66,8	2	71,1	3	73,0	3
Schweiz	56,0	6	61,2	5	64,9	5	68,6	6	71,9	5

Anm. und Quellen: siehe Tab. 2-7 bis 2-11.

Tabelle 2–15: Bildung (Hochschüler in 1000 der Altersgruppe 20-24) und Rangfolge der Indizes, ausgewählte westeuropäische Staaten, 1920-1960

	1920	Rang	1930	Rang	1940	Rang	1950	Rang	1960	Rang
Dänemark	19	2	23	2	31	3	44	2	54	3
Deutschl.	19	2	20	3	15	8	31	7	46	6
Großbrit.	12	8	13	8	13	9	28	9	40	8
Frank.	17	4	25	1	41	1	47	1	79	1
Italien	17	4	12	9	27	4	35	4	49	5
Niederl.	14	7	17	5	17	7	37	3	51	4
Norwegen	12	8	17	5	21	6	31	7	42	7
Schweden	15	6	18	4	22	5	32	6	70	2
Schweiz	20	1	16	7	32	2	35	5	35	9

Anm. und Quellen: siehe Tab. 2-7 bis 2-11.

Tabelle 2–16: Absolute Zunahme der Human Development Indizes: HDI_n, Lebenserwartung bei der Geburt, reales BSP/Kopf u. Hochschulbildung, ausgewählte westeuropäische Länder, 1920-1960

	1920/30				1930/40				1940/50				1950/60			
	HDI_n	e_0	BSP	Bil.	HDI_n	e_0	BSP	Bil.	HDI_n	e_0	BSP	Bil.	HDI_n	e_0	BSP	Bil.
Dänemark	0,034	0,01	0,05	0,04	0,046	0,07	-0,01	0,08	0,086	0,08	0,05	0,13	0,054	0,02	0,04	0,10
Deutschland	0,072	0,15	0,05	0,01	0,009	0,03	0,05	-0,05	0,066	0,08	-0,04	0,16	0,103	0,04	0,11	0,15
Großbritannien	0,022	0,04	0,02	0,01	0,020	0,02	0,04	0,00	0,094	0,12	0,01	0,15	0,064	0,03	0,04	0,12
Frankreich	0,075	0,09	0,06	0,08	0,008	-0,12	-0,02	0,16	0,127	0,28	0,04	0,06	0,149	0,07	0,06	0,32
Italien	0,017	0,08	0,02	-0,05	0,068	0,03	0,03	0,15	0,078	0,15	0,00	0,08	0,100	0,07	0,09	0,14
Niederlande	0,038	0,04	0,05	0,03	-0,002	0,02	-0,02	0,00	0,114	0,10	0,04	0,20	0,074	0,03	0,05	0,14
Norwegen	0,060	0,08	0,05	0,05	0,050	0,09	0,02	0,00	0,065	0,05	0,05	0,14	0,057	0,02	0,05	0,11
Schweden	0,053	0,07	0,06	0,03	0,045	0,06	0,04	0,04	0,076	0,07	0,05	0,10	0,151	0,03	0,04	0,38
Schweiz	0,036	0,09	0,06	-0,04	0,072	0,06	0,00	0,16	0,053	0,06	0,06	0,03	0,036	0,05	0,05	0,00
Durchschnitt (ungewichtet)	0,045	0,07	0,05	0,02	0,036	0,03	0,01	0,06	0,084	0,11	0,03	0,012	0,088	0,04	0,06	0,16

Quellen: berechnet nach Tab. 2-12 bis 2-15.

Tabelle 2–17: Wechsel der Rangfolge durch veränderte Gewichtung der Komponenten im HDI_n, 1920-1960

	1920	1930	1940	1950	1960
Dänemark	0	0	0	0	0
Deutschland	2	0	1	0	-3
Großbritannien	0	0	4	0	2
Frankreich	0	-1	-1	0	-4
Italien	0	0	0	0	-1
Niederlande	-1	-1	-2	0	2
Norwegen	-3	0	-2	0	1
Schweden	0	-1	0	0	1
Schweiz	1	0	0	0	2

Anm.: zur Berechnung siehe Text. Quellen: berechnet nach Tab. 2-7 bis 2-10.

Tabelle 2–18: Beschreibung der Komponenten und deren Indikatoren des DDIn

Komponenten/ Indikatoren	Beschreibung des Indikators	Trans-formation	Min.-werte	Max.-werte
Bildung (Bild.)				
Hochschulbeteiligung (HSR)	Studierende an Hochschulen pro 1.000 der Altersgruppe 20-25 Jahre	linear	0	100
Zugang zu Ressourcen (Ress.)				
Einkommen (BSP/Kopf)	Reales BSP/BIP pro Kopf (in 1990 Geary-Khamis Dollars)	logarith.	100	40000
Arbeitslosenquote (ALQ)	Arbeitslose pro 100 abhängige Erwerbspersonen	linear	100	0
Langes Leben (Ges.)				
Säuglingssterblichkeit (IMR)	Anteil der innerhalb des ersten Lebensjahres gestorbenen Kinder eines Kalenderjahres pro 1.000 Lebendgeburten desselben Jahres	linear	280	0
Kindersterblichkeit (CMR)	Anteil der gestorbenen Kinder zwischen 1 und 5 Jahren pro 1.000 Lebende dieser Altersklasse	linear	28	0
Lebenserwartung (e_5)	Lebenserwartung ab dem 5. Lebensjahr	linear	45	75
Müttersterblichkeit (MMR)	Anteil der an Erkrankungen in Verbindung mit Schwangerschaft und Geburt verstorbenen Frauen eines Kalenderjahres pro 10.000 Geburten desselben Jahres	linear	100	0

Tabelle 2–19: Ausgewählte Indikatoren des Lebensstandards, Deutschland, 1920-1939

Jahre	IMR	CMR	e_5	MMR	BSP/Kopf	ALR	HSR
1920	131	13,9	56,8	47,6	2986	3,8	20
1921	134	11,6	58,9	47,7	3288	1,8	21
1922	130	10,7	58,3	48,6	3558	1,1	20
1923	132	11,1	58,8	50,3	2937	4,1	20
1924	109	7,4	60,4	51,1	3417	4,9	18
1925	105	7,4	61,1	48,0	3772	3,4	15
1926	102	6,5	61,4	47,6	3592	10	15
1927	97	6,5	61,0	50,7	4235	6,2	16
1928	89	5,7	61,3	53,5	4308	6,3	18
1929	96	6,5	60,5	53,6	4335	8,5	20
1930	85	5,4	62,2	52,0	4049	14	21
1931	83	4,6	62,1	49,4	3618	21,9	23
1932	79	4,5	62,8	51,3	3267	29,9	23
1933	77	4,6	62,3	53,0	3591	25,9	21
1934	66	4,7	62,7	48,7	3846	13,5	18
1935	69	5,0	61,9	47,3	4165	10,3	16
1936	66	5,0	62,1	46,3	4571	7,4	14
1937	64	4,7	62,4	41,4	4809	4,1	14
1938	60	4,6	62,5	35,8	5126	1,9	15
1939	63	4,7	62,1	39,0	5549	0,5	19

Anm. und Quellen: siehe Anhang I-B.

Tabelle 2–20: Ausgewählte Lebensstandardindikatoren, BRD, 1949-1960

Jahre	IMR	CMR	e_5	MMR	BSP/Kopf	ALR	HSR
1949	58	2,7	66,0	19,8	3642	10,3	30
1950	55	2,4	66,1	20,9	4281	11	31
1951	53	2,1	66,3	18,4	4651	10,4	34
1952	48	1,8	66,6	18,5	5046	9,5	35
1953	46	1,8	66,3	16,5	5438	8,4	36
1954	43	1,6	67,0	14,9	5797	7,6	37
1955	42	1,6	66,8	15,4	6431	5,6	37
1956	38	1,5	66,7	13,6	6839	4,4	38
1957	36	1,4	66,6	12,5	7154	3,7	41
1958	36	1,3	67,3	11,6	7377	3,7	42
1959	34	1,4	67,4	10,7	7867	2,6	44
1960	34	1,3	67,1	10,4	8463	1,3	48

Anm. und Quellen: siehe Anhang I-B.

Tabelle 2–21: Indizes eines „deutschlandspezifischen“ Development Index, Deutschland, 1920-1939

Jahre	Index BSP	Index HDR	Index ALR	Index IMR	Index MMR	Index CMR	Index e_5	Index Ges.	Index Ress.	Index Bild.	DDI_n
1920	0,567	0,205	0,962	0,532	0,524	0,505	0,394	0,489	0,764	0,205	0,486
1921	0,583	0,206	0,982	0,522	0,523	0,585	0,463	0,523	0,782	0,206	0,504
1922	0,596	0,203	0,989	0,537	0,514	0,618	0,445	0,528	0,793	0,203	0,508
1923	0,564	0,205	0,959	0,529	0,497	0,605	0,461	0,523	0,762	0,205	0,496
1924	0,589	0,177	0,951	0,612	0,489	0,736	0,513	0,588	0,770	0,177	0,512
1925	0,606	0,152	0,966	0,624	0,520	0,736	0,535	0,604	0,786	0,152	0,514
1926	0,598	0,154	0,900	0,637	0,524	0,767	0,545	0,618	0,749	0,154	0,507
1927	0,625	0,163	0,938	0,653	0,493	0,769	0,533	0,612	0,782	0,163	0,519
1928	0,628	0,177	0,937	0,681	0,465	0,796	0,544	0,621	0,783	0,177	0,527
1929	0,629	0,198	0,915	0,656	0,464	0,769	0,518	0,602	0,772	0,198	0,524
1930	0,618	0,211	0,860	0,698	0,480	0,808	0,572	0,639	0,739	0,211	0,530
1931	0,599	0,225	0,781	0,704	0,507	0,835	0,571	0,654	0,690	0,225	0,523
1932	0,582	0,227	0,701	0,717	0,487	0,839	0,592	0,659	0,641	0,227	0,509
1933	0,598	0,212	0,741	0,727	0,470	0,835	0,577	0,652	0,669	0,212	0,511
1934	0,609	0,183	0,865	0,765	0,513	0,832	0,590	0,675	0,737	0,183	0,532
1935	0,622	0,157	0,897	0,755	0,527	0,821	0,565	0,667	0,760	0,157	0,528
1936	0,638	0,143	0,926	0,764	0,537	0,821	0,571	0,673	0,782	0,143	0,533
1937	0,646	0,142	0,959	0,770	0,586	0,834	0,579	0,692	0,803	0,142	0,546
1938	0,657	0,150	0,981	0,786	0,643	0,838	0,585	0,713	0,819	0,150	0,560
1939	0,670	0,190	0,995	0,775	0,610	0,834	0,568	0,697	0,833	0,190	0,573

Anm. und Quellen: berechnet nach Tab. 2-19.

Tabelle 2–22: Indizes eines „deutschlandspezifischen" Development Index, BRD, 1949-1960

Jahre	Index BSP	Index HDR	Index ALR	Index IMR	Index MMR	Index CMR	Index e_5	Index Ges.	Index Ress.	Index Bild.	DDI_n
1949	0,600	0,300	0,897	0,791	0,802	0,902	0,700	0,799	0,749	0,300	0,616
1950	0,627	0,306	0,890	0,802	0,791	0,915	0,705	0,803	0,759	0,306	0,623
1951	0,641	0,337	0,896	0,809	0,816	0,926	0,710	0,815	0,768	0,337	0,640
1952	0,654	0,348	0,905	0,828	0,815	0,935	0,721	0,825	0,780	0,348	0,651
1953	0,667	0,362	0,916	0,835	0,835	0,935	0,710	0,829	0,791	0,362	0,661
1954	0,678	0,367	0,924	0,847	0,851	0,942	0,732	0,843	0,801	0,367	0,670
1955	0,695	0,375	0,944	0,852	0,846	0,943	0,725	0,842	0,819	0,375	0,679
1956	0,705	0,382	0,956	0,863	0,864	0,947	0,722	0,849	0,831	0,382	0,687
1957	0,713	0,412	0,963	0,870	0,875	0,949	0,719	0,853	0,838	0,412	0,701
1958	0,718	0,415	0,963	0,872	0,884	0,952	0,742	0,862	0,840	0,415	0,706
1959	0,729	0,443	0,974	0,878	0,893	0,950	0,746	0,867	0,851	0,443	0,720
1960	0,741	0,477	0,987	0,879	0,896	0,953	0,736	0,866	0,864	0,477	0,736

Quellen: berechnet nach Tab. 2-20.

Tabelle 2–23: Absolute Zunahme der „deutschlandspezifischen" Development Indizes, 1920-1960

Jahre	Index BSP/ Kopf	Index HDR	Index ALR	Index IMR	Index MMR	Index CMR	Index e_5	Index Ges.	Index Ress.	Index Bild.	DDI_n
1920/30	0,051	0,006	-0,102	0,166	-0,044	0,303	0,178	0,151	-0,026	0,006	0,044
1930/38	0,039	-0,062	0,121	0,089	0,163	0,030	0,012	0,073	0,080	-0,062	0,031
1938/50	-0,030	0,157	-0,091	0,015	0,149	0,077	0,120	0,090	-0,061	0,157	0,062
1950/60	0,114	0,171	0,097	0,078	0,105	0,038	0,031	0,063	0,105	0,171	0,113
1920/60	0,174	0,272	0,025	0,348	0,372	0,448	0,342	0,377	0,099	0,272	0,250

Quellen: berechnet nach Tabellen 2-17 und 2-18.

Abbildung 2–2: Vergleich der Entwicklung der Indizes von HDI, HDI_n, DDI_n und BSP, Deutschland, 1922-1960 (1922=100)

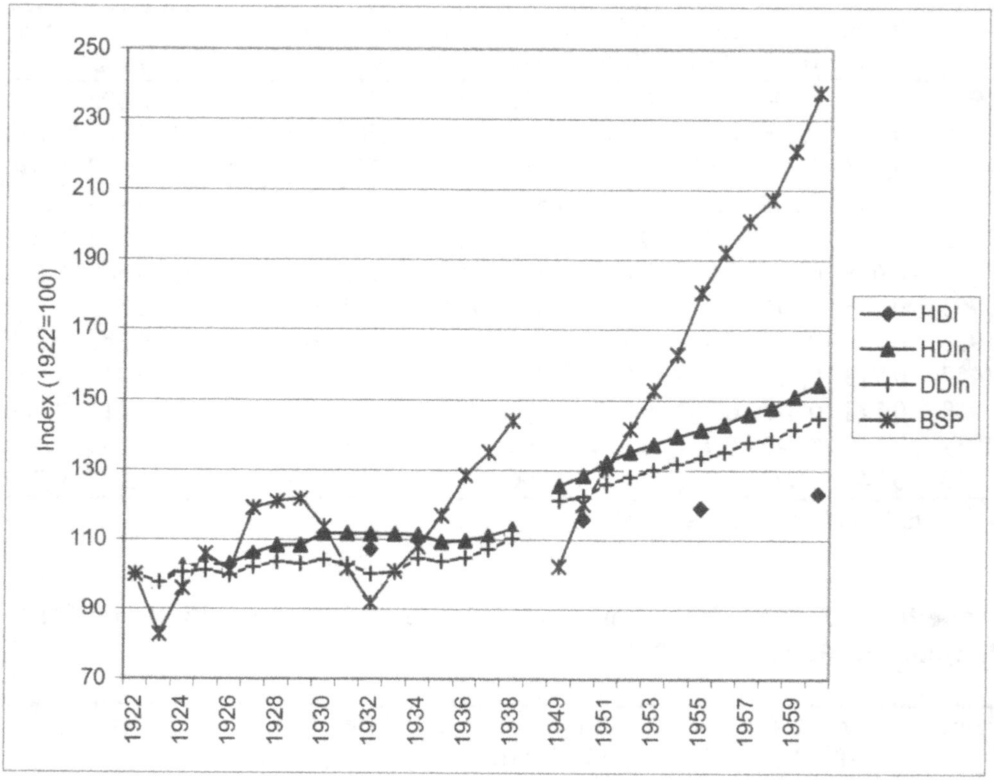

Quellen: berechnet nach Tab. 2-3, Abb. 2-1, Tab. 2-15 bis 2-18.

Tabelle 2–24: Vergleiche der verschiedenen Development Indizies und absolute Veränderungen, ausgewählte Stichjahre, Deutschland, 1922-1960

Jahre	HDI	HDI_n	DDI_n	Absolute Veränderungen			
1922	0,633	0,422	0,508		HDI	HDI_n	DDI_n
1927	0,666	0,447	0,519	1922/27	0,033	0,025	0,011
1932	0,679	0,472	0,509	1927/32	0,013	0,024	-0,010
1938	0,710	0,478	0,560	1932/38	0,031	0,006	0,051
1950	0,733	0,543	0,623	1938/50	0,023	0,065	0,062
1955	0,754	0,598	0,679	1950/55	0,021	0,055	0,056
1960	0,780	0,653	0,736	1955/60	0,026	0,055	0,057

Quellen: siehe Tab. 2-3, Abb. 2-1, Tab. 2-17 und 2-18.

Tabelle 2–25: Verschiedene Einkommensberechnungen und die jeweiligen Development Indizes (Index: 1924=100), Deutsches Reich, 1924-1939

	Index des realen BSP/Kopf (Maddison)	Index der realen Bruttoverdienste	Index der realen Nettoverdienste	HDI_n (Nettolöhne)	HDI_n (Bruttolöhne)	HDIn (Maddison)	DDI_n (Maddison)	DDI_n (Bruttolöhne)	DDI_n (Nettolöhne)
	1	2	3	4	5	6	7	8	9
1924	100	100	100	100	100	100	100	100	100
1925	103	109	109	103	103	100	100	102	102
1926	101	110	110	104	105	101	99	101	101
1927	106	113	113	106	107	104	101	103	102
1928	107	118	117	110	111	106	103	105	105
1929	107	119	117	110	111	106	102	104	104
1930	105	117	115	114	115	109	104	106	105
1931	102	115	113	115	115	109	102	105	104
1932	99	112	110	115	115	109	99	102	101
1933	101	112	110	113	114	109	100	102	101
1934	103	115	111	113	114	109	104	106	105
1935	106	116	111	109	111	107	103	105	104
1936	108	117	110	108	111	107	104	106	104
1937	110	119	112	109	112	109	107	108	107
1938	111	121	113	111	115	111	110	111	110
1939	114	122	114	114	117	114	112	113	112

Anm.: Spalte 1: berechnet nach Tab. 7; Spalte 2: Bruttowochenlöhne in Preisen von 1932 (amtlicher Lebenshaltunskostenindex); Spalte 3: Nettowochenlöhne berechnet nach Spalte 2 abzüglich gesetzliche und außergesetzliche Abzüge und deflationiert mit Lebenshaltungskostenindex nach Hachtmann 1988, Tab. 10, Schätzung c. Quellen: Berechnet nach Hohls 1990, A 3.1, S. 548; Hachtmann 1988, Tab. 10, S. 70; Tab. 4, S. 45, Bry 1960, Tab. 3, S. 59; Bevölkerung und Wirtschaft 1872-1972, S. 250 und Quellen siehe Anhang I-A.

Anhang I-B: Methoden, Anmerkungen und Quellen zu Tabellen in Anhang I-A

1. BSP pro Kopf

Die Angaben über das reale BSP pro Kopf stammen von Maddison.[787] Sie beruhen für Deutschland überwiegend auf Daten von Hoffmann[788] und wurden kürzlich von Ritschl und Spoerer stark kritisiert und neu berechnet. Ein Vergleich der beiden Schätzungen ergibt: Während der konjunkturelle Verlauf der beiden Berechnungen weitgehend übereinstimmt, überschätzen die Maddison-Daten klar die Höhe des Sozialprodukts pro Kopf in der Zwischenkriegszeit und während des Zweiten Weltkrieges. Nach 1946 unterscheiden sich die Daten kaum mehr.[789] Der Berechnung von Maddison wird dennoch der Vorzug gegeben, weil sie aufgrund der Purchasing-Power-Parity-Adjustment Methode internationale Kaufkraftvergleiche ermöglicht. Der Leser sollte aber bedenken, daß diese Sozialproduktsdaten die Entwicklung des Lebensstandards in der Zwischenkriegs- und Kriegszeit etwas überzeichnen. Die Daten für Deutschland beziehen sich für den gesamten Zeitraum auf das Gebiet der Bundesrepublik Deutschland.[790]

2. Bildungsdaten

Die zur Berechnung des Schul- und Hochschulbesuchs verwendete Kategorisierung der Bildungsinstitutionen ist in Tabelle 2-25 wiedergegeben.

Zur Berechnung der zusammengefassten Schuleinschreiberaten (Schüler im primären, sekundären und tertiären Bildungssektor pro 1.000 der Altersgruppe 5-20 Jahre)[791] sind für die ersten drei Stichjahre die reichsweiten schulstatistischen Erhebungen der Jahre 1921/22, 1926/27, 1931/32 und anschließend die seit 1936-1941 bzw. 1949-1960 zunehmend jährlich durchgeführten Erhebungen der einzelnen Schulgattungen benutzt worden. Die Anzahl der Schüler bezieht sich auf die Bevölkerung eines der beiden Kalenderjahre im Schuljahr. Beim Hochschulbesuch hingegen sind die Semesterdaten zu Jahresdaten nach dem Verfahren (SS+WS)/2 umgerechnet. Wenn nicht beide Semester-

---

787 Maddison 1995, S. 194-195, Tab. D-1a.

788 Hoffmann u.a. 1965.

789 Vgl. Ritschl und Spoerer 1997, S. 49; Ritschl 2002, Tab. im Anhang B.8; S. 289-299; Ritschl 2004.

790 Vgl. Anmerkungen zu den Gebietskorrekturen Maddison 1995, S. 131.

791 Nach dem UNDP berechnet sich die Bruttoschuleinschreiberate aus der Summe der Schüler und Studenten in den verschiedenen Bildungssektoren (unabhängig ihres Alters) pro 100 der Bevölkerung zwischen 6 und 23 Jahren. Aufgrund der Quellenlage wurden hier 5-Jahres-Altersklassen bevorzugt und deshalb die Summe der Schüler im primären, sekundären und tertiären Bildungssektor auf 100 der Bevölkerung zwischen 5 und 20 Jahren bezogen.

daten verfügbar waren, ist das jeweils vorhandene SS oder WS als Jahresdatum verwandt worden.[792] Dieses Verfahren ist auch eingesetzt worden, wenn für eine einzelne Hochschule nicht beide Semesterdaten angegeben waren.

Tabelle 2–26: Inhalt und Kategorisierung der Bildungsdaten

Bildungsinstitution
I. Primärschulen (Öffentliche und private Schulen; 1938 nur öffentliche Volksschulen)
1. Volksschulen (1921-1931 einschl. Aufbauklassen)
2. Hilfsschulen
3. Sonderschulen (nicht enthalten im Jahr 1938)
4. ab 1950 einschl. Schulen mit neu organisierten Schulaufbau
II Sekundarschulen (öffentliche und private Schulen)
Mittelschulen (ohne Vorschüler)
Höhere Schulen (1921-1931 einschl. Vorschulklassen und Frauenschulen)
III. Hochschulen/Tertiäre Bildung
1. Universitäten (1920-1925 Studierende, ab 1925 immatrikulierte Studenten, die Vorlesungen besucht haben einschl. Beurlaubte)
2. Technische Hochschulen (1920-1925 Studierende einschl. Hörer, ab 1925 immatrikulierte Studenten, die Vorlesungen besucht haben einschl. Beurlaubte)
3. Sonstige wissenschaftliche Hochschulen (1920-38 immatrikulierte Studenten, ab 1949 Studenten einschl. Beurlaubte)
a) Handelshochschulen
b) Tierärztliche Hochschulen
c) Phil.-theol. Hochschulen
d) Bergbau
e) Landwirtschaftliche und forstwirtschaftliche Hochschulen
f) ab 1923/24 einschl. Sporthochschulen
g) ab 1926 einschl. pädagogischer Hochschulen bzw. lehrerbildende Anstalten
h) ab 1950 einschl. Kunst- und Musikhochschulen

Quelle: Erstellt in Anlehnung an Schneider 1982 , S. 209, Übersicht 1.

Die Schülerzahlen der verschiedenen Schultypen entstammen der Statistik des Deutschen Reichs, Bd. 438: Das Schulwesen im Deutschen Reich. Schuljahr 1931/32; Vierteljahreshefte zur Statistik des Deutschen Reichs, 33 (1924), Ergänzungsheft III; 32 (1923) Ergänzungsheft IV; 39 (1930) Ergänzungsheft V; Wegweiser durch das höhere Schulwesen des Deutschen Reiches, Schuljahr 1939; Statistik des Deutschen Reichs,

---

[792] Zu dieser Vorgehensweise siehe auch Titze 1987, S. 65. Die hier berechneten Studentenzahlen weichen etwas von den Angaben im Datenhandbuch (1920-1938) ab. Die Abweichungen sind v.a. auf den Einschluss der Beurlaubten und Sporthochschulen sowie die teilweise divergierenden Angaben in den unterschiedlichen Quellen zum Hochschulbesuch zurückzuführen.

Bd. 532: Die Volksschulen im Deutschen Reich 1938; Statistisches Jahrbuch des Deutschen Reiches 1921/22-1939; Statistisches Jahrbuch für die Bundesrepublik Deutschland 1952-1963; Statistik der Bundesrepublik Deutschland Bd. 166, 196.

Altersspezifische Bevölkerung: Die Daten über die Altersgruppen (5-20jährige; 20-25jährige) beziehen sich auf die Bevölkerung in der Jahresmitte (1920-1934), auf den Jahresanfang (1937-38), im Jahresdurchschnitt (1946-50) und am Jahresende (1951-60). Für die Jahre 1935 und 1936 ist die Bevölkerung der beiden Altersgruppen anhand von Sterblichkeitsdaten geschätzt. Die Angaben beziehen sich 1920-1936 auf den jeweiligen Gebietsstand des Deutschen Reichs, 1937-38 auf das alte Reichsgebiet bzw. sog. Altreich, 1946-1960 den jeweiligen Gebietsstand der Bundesrepublik Deutschland (1946-57 ohne Saarland und Berlin-West, 1958-60 mit Saarland ohne Berlin-West). Die Bevölkerung der relevanten Altersgruppen ist berechnet nach Statistik des Deutschen Reichs, Bd. 307, 316, 360, 393, 423, 441, 495; Statistisches Jahrbuch für das Deutsche Reich 1936-1938; Statistik der Bundesrepublik Deutschland, Bd. 62; Statistisches Jahrbuch der Bundesrepublik Deutschland 1954-1962.

3. Sterblichkeitsindikatoren

Die *Lebenserwartungen* sind mit der Methode der Tabellenstandardisierung kalkuliert. Bei diesem Verfahren werden altersspezifische Sterberaten (zumeist 5-Altersjahrgruppen) mittels einer Verhältnisschätzung auf die altersspezifischen Sterbewahrscheinlichkeiten einer vollständigen zurückliegenden Sterbetafel zurückgeführt. Dabei wird angenommen, daß die Relation zwischen altersspezifischen Sterbeziffern des realen Beobachtungszeitraumes und den Sterbewahrscheinlichkeiten der zugrunde gelegten Sterbetafel stabil ist. Die exakt bestimmten Sterbewahrscheinlichkeiten der einjährigen Sterbetafeln werden folglich mit Hilfe der empirischen Sterberaten bis zur jeweils nächsten aktualisierten neuen Sterbetafel fortgeschrieben.[793] Die mit der Methode der Tabellenstandardisierung geschätzten Lebenserwartungen je Geschlecht wurden zur einer Lebenserwartung für beide Geschlechter zusammengefasst, indem der mit dem jeweiligen Bevölkerungsanteil der beiden Geschlechter gewichtete Durchschnitt gebildet wurde.

Als Referenzsterbetafeln wurde für die Jahre 1920-1932 die amtliche einjährige Sterbetafel für den Zeitraum 1924/26, für 1933-1939 die Sterbetafel von 1932/34 und für 1946-1960 die Sterbetafel 1949/51 verwendet. Die Sterbetafel von 1946/47 blieb unberücksichtigt, da sie stark von Kriegseinflüssen geprägt ist und sich deshalb nicht zur Fortschreibung über mehrere Jahre hinweg eignet.[794] Ferner umfasst sie nur das Vereinte Wirtschaftsgebiet. Die Verwendung der Sterbetafel von 1949/51 als Standard für den

---

[793] Esenwein-Rothe 1982, S. 255-257. Berechnungsverfahren ausführlich beschrieben in Syrock u.a. 1973, S. 445-446.

[794] Wirtschaft und Statistik 1, 1949, S. 38.

Zeitraum 1946-1949 ist jedoch auch nicht unproblematisch, da sie die Lebenserwartung etwas überschätzt und die unmitttelbaren Nachwirkungen des Krieges nicht adäquat erfaßt.

Die *altersspezifischen Sterbeziffern (einschließlich Säuglings-, Kinder- und Müttersterblichkeit)* sind entnommen bzw. berechnet nach Statistik des Deutschen Reichs Bd. 307, 316, 360, 393, 423, 441, 495, 517,3, 587,2, Statistisches Jahrbuch für das Deutsche Reich 1933-1939/40, Statistische Sonderbeilage Nr. 30 vom 26. Juli 1939 des Reichs-Gesundheitsblattes, Nr. 47 vom 20. November 1940 des Reichs-Gesundheitsblattes, Nr. 22 vom 28. Mai 1941 des Reichs-Gesundheitsblattes, Nr. 33 vom 19. August 1942 des Reichs-Gesundheitsblattes, Statistik der Bundesrepublik Deutschland, Bd. 61, 62, 174; Statistisches Jahrbuch der Bundesrepublik Deutschland 1952-1962; Bevölkerung und Wirtschaft. Die Angaben beziehen sich 1920-1936 auf den jeweiligen Gebietsstand des Deutschen Reichs, 1937-38 auf das alte Reichsgebiet bzw. sog. Altreich, 1946-1960 den jeweiligen Gebietsstand der Bundesrepublik Deutschland (1946-57 ohne Saarland und Berlin-West, 1958-60 mit Saarland, ohne Berlin-West).

Sterbetafeln: Statistik des Deutschen Reichs, Bd. 360, S. 176-177; Statistisches Jahrbuch für das Deutsche Reich 1936, S. 45-46; Statistisches Jahrbuch für die Bundesrepublik Deutschland 1954, S. 62-63.

4. Arbeitslosigkeit

Die Arbeitslosenrate errechnet sich aus der Anzahl der Arbeitslosen auf 100 der abhängigen Erwerbspersonen (Arbeitslose und Beschäftigte). Im Jahr 1920 sind die Arbeitslosen in % der Gewerkschaftsmitglieder ausgedrückt. Die Daten sind den Sozialgeschichtlichen Arbeitsbüchern III und IV entnommen.[795]

---

795 Petzina u.a. 1978, S. 119; Rytlewski 1987, S. 141.

ANHANG II

Anhang II-A: Tabellen zu Kapitel 3

Tabelle 3–1: Komponenten, Variablen und deren Maximum- und Minimumwerte des HDIregional (HDIr)

Komponente	Indikator	Min.	Max.
Langes Leben	Lebenserwartung bei der Geburt (Jahre)	25	85
Bildung	Schüler im sekundären Bildungssektor pro 100 der Altersgruppe 10-18 Jahre	0	100
Zugang zu Ressourcen	Logarithmiertes Volkseinkommen pro Kopf (in Werten von 1961)	100	40.000

Tabelle 3–2: Beschreibung der Komponenten und deren Indikatoren des $DDI_{regional}$ (DDI_r)

Komponenten/ Indikatoren	Beschreibung des Indikators	Trans-for-mation	Min.-werte	Max.-werte
Bildung (Bild.)				
Schulbeteiligung im sek. Bild.sektor (SRS)	Schüler im sekundären Bildungssektor pro 100 der Altersgruppe 10-18 Jahre	linear	0	100
Zugang zu Ressourcen (Ress.)				
Einkommen (VE/Kopf)	Volkseinkommen pro Kopf (in Werten von 1961)	logarith.	100	40.000
Arbeitslosenquote (ALR)	Arbeitslose pro 100 abhängige Erwerbspersonen	linear	100	0
Langes Leben (Ges.)				
Säuglingssterblichkeit (IMR)	Anteil der innerhalb des ersten Lebensjahres gestorbenen Kinder eines Kalenderjahres pro 1.000 Lebendgeburten desselben Jahres	linear	250	0
Kindersterblichkeit (CMR)	Anteil der gestorbenen Kinder zwischen 1 und 5 Jahren pro 1.000 Lebende dieser Altersklasse	linear	20	0
Lebenserwartung (e_5)	Lebenserwartung ab dem 5. Lebensjahr	linear	50	75
Müttersterblichkeit (MMR)	Anteil der an Erkrankungen in Verbindung mit Schwangerschaft und Geburt verstorbenen Frauen eines Kalenderjahres pro 10.000 Geburten desselben Jahres	linear	200	0
Morbidität an Tuberkulose (Tbmorb)	Anzahl der Neuerkrankungen an Lungentuberkulose pro 10.000 Einwohner	linear	70	0

Tabelle 3–3: Volkseinkommen pro Kopf in den deutschen Regionen, absolut (in den Preisen von 1928) und in % des Reichsdurchschnitts, 1913, 1928 und 1936

	1913		1928		1936		Anstieg 1913-36 (in %)
Region	abs.	in %	abs.	in %	abs.	in %	
Ost	1170	101	1210	102	1200	102	3
davon							
Berlin-Brandenburg	1605	138	1566	132	1600	136	0
Pommern	874	75	921	78	976	82	11
Ostpreußen	737	64	814	69	860	73	16
Posen/Westpreußen	716	62	837	71	781	66	9
Schlesien	915	79	993	84	891	76	-3
Mitte	1210	104	1280	108	1210	103	0
davon							
Königreich Sachsen	1361	117	1423	120	1270	108	-7
Provinz Sachsen	1062	91	1155	98	1161	99	9
Thüringen	1070	92	1095	92	1087	93	2
West	1210	104	1170	99	1120	96	-7
davon							
Westfalen	1115	96	1080	91	1045	89	-6
Rheinprovinz	1263	109	1218	103	1171	100	-7
Hessen	1220	105	1210	102	1150	98	-6
Nordwest	1280	110	1230	104	1260	107	-3
davon							
Hannover	1058	91	1069	90	1156	98	9
Schleswig-Holstein	1158	100	1164	8	1192	101	3
Hamburg	1993	172	1754	148	1746	148	-12
Sonstige	1150	99	1155	98	1155	98	0
Süd	1000	86	1090	92	1130	96	13
davon							
Bayern	950	82	1041	88	1049	90	11
Baden	1070	92	1135	96	1117	95	4
Württemberg	1020	88	1183	100	1348	115	32
Deutsches Reich	1160	100	1185	100	1173	100	1

Quelle: Aufstellung entnommen Petzina 1994, S. 105, Tabelle 1.

Tabelle 3–4: Volkseinkommen je Einwohner (in Werten von 1961), Indizes und deren absolute Veränderungen, ausgewählte deutsche Regionen, 1926-1939

	VE/Kopf 1926	VE/Kopf 1932	VE/Kopf 1939	Index 1926	Index 1932	Index 1939	Veränd. 1926-32	Veränd. 1932-39	Veränd. 1925-39
Berlin	*2667*	*2087*	*3610*	0,548	0,507	0,599	-0,041	0,091	0,051
Frankf./M.	*2479*	*2018*	*3425*	0,536	0,501	0,590	-0,034	0,088	0,054
Köln	*2241*	*1930*	*3314*	0,519	0,494	0,584	-0,025	0,090	0,065
München	*2567*	*2231*	*3485*	0,542	0,518	0,593	-0,023	0,074	0,051
Hamburg	2626	2077	*3593*	0,545	0,506	0,598	-0,039	0,092	0,052
Bremen	2386	2213	*3544*	0,529	0,517	0,595	-0,013	0,079	0,066
Preußen	1684	1384	*2424*	0,471	0,439	0,532	-0,033	0,094	0,061
Bayern	1494	1250	*2290*	0,451	0,421	0,523	-0,030	0,101	0,071
Sachsen	1975	1534	*2607*	0,498	0,456	0,544	-0,042	0,089	0,046
Württem.	1671	1616	*2775*	0,470	0,464	0,555	-0,006	0,090	0,085
Baden	1640	1368	*2401*	0,467	0,437	0,530	-0,030	0,094	0,064
Thüring.	1567	1248	*2318*	0,459	0,421	0,525	-0,038	0,103	0,065
Hessen	1592	1270	*2235*	0,462	0,424	0,519	-0,038	0,094	0,057
Ostpreuß.	1176	1071	*2074*	0,411	0,396	0,506	-0,016	0,110	0,095
Oberb.	*1833*	*1551*	*2972*	0,485	0,458	0,566	-0,028	0,109	0,081
Niederb.	*965*	*1102*	*1772*	0,378	0,400	0,480	0,022	0,079	0,101
Oberpfalz	*1088*	*1134*	*2016*	0,398	0,405	0,501	0,007	0,096	0,103
Pfalz	*1456*	*1186*	*2218*	0,447	0,413	0,517	-0,034	0,104	0,070
Oberfr.	*1371*	*1221*	*2125*	0,437	0,418	0,510	-0,019	0,093	0,073
Mittelfr.	*1689*	*1350*	*2539*	0,472	0,434	0,540	-0,037	0,105	0,068
Unterfr.	*1279*	*1272*	*2197*	0,425	0,424	0,516	-0,001	0,091	0,090
Schwaben	*1371*	*1371*	*2349*	0,437	0,437	0,527	0,000	0,090	0,090
Reichsgeb.[1]	1694	1394	2407	0,472	0,440	0,531	-0,033	0,091	0,059

Anm.: Kursiv angegebene Werte sind Schätzungen (vgl. Kap. 3.2.3). [1]Gebietsstand von 1926 und 1932 bezieht sich auf das jeweilige Reichsgebiet. Deutsches Reich umfasst 1939 das Gebiet vom 31.12.1937; Quellen: siehe Anhang II-B-1.

Tabelle 3–5: Volkseinkommen pro Kopf in den deutschen Regionen in % des Reichsdurchschnitts, 1925-1939

	VE/Kopf in % des Reichsdurchschnitts		
	1926	1932	1939
Berlin	157	150	150
Frankfurt/M.	146	145	142
Köln	132	138	138
München	152	160	145
Hamburg	155	149	149
Bremen	141	159	147
Preußen	99	99	101
Bayern	88	90	95
Sachsen	117	110	108
Württemberg	99	116	115
Baden	97	98	100
Thüringen	92	90	96
Hessen	94	91	93
Ostpreußen	69	77	86
Oberbayern	108	111	123
Niederbayern	57	79	74
Oberpfalz	64	81	84
Pfalz	86	85	92
Oberfranken	81	88	88
Mittelfranken	100	97	105
Unterfranken	75	91	91
Schwaben	81	98	98
Deutsches Reich	100	100	100

Anm. und Quellen siehe Tab. 3.4.

Tabelle 3–6: Arbeitslosenquote, Indizes und deren absolute Veränderungen, ausgewählte deutsche Regionen, 1925-1939

	ALR 1925	ALR 1933	ALR 1939	Index 1925	Index 1933	Index 1939	Veränd. 1925-33	Veränd. 1933-39	Veränd. 1925-39
Berlin	2,3	34,8	0,4	0,977	0,652	0,996	-0,324	0,344	0,020
Frankfurt/M.	3,2	30,6	0,8	0,968	0,694	0,992	-0,274	0,298	0,024
Köln	6,3	33,2	0,8	0,937	0,668	0,992	-0,269	0,324	0,055
München	3,0	27,7	0,1	0,970	0,723	0,999	-0,247	0,275	0,028
Hamburg	7,9	35,3	0,8	0,921	0,647	0,992	-0,275	0,346	0,071
Bremen	3,8	28,9	0,1	0,962	0,711	0,999	-0,251	0,289	0,037
Preußen	3,6	27,8	0,2	0,964	0,722	0,998	-0,242	0,276	0,034
Bayern	3,2	22,7	0,0[1]	0,968	0,773	1,000	-0,195	0,227	0,032
Sachsen	2,1	30,7	0,4[2]	0,979	0,693	0,996	-0,285	0,302	0,017
Württemberg	0,2	15,9	0,1[3]	0,998	0,841	0,999	-0,158	0,158	0,001
Baden	5,2	25,9	0,1[3]	0,948	0,741	0,999	-0,206	0,258	0,051
Thüringen	3,5	26,1	0,1[4]	0,965	0,739	0,999	-0,226	0,260	0,033
Hessen	5,0	29,3	0,3[5]	0,950	0,707	0,997	-0,243	0,290	0,047
Ostpreußen	1,9	18,2	0,1[6]	0,981	0,818	0,999	-0,163	0,181	0,018
Oberbayern	2,7	21,9	0,0	0,973	0,781	1,000	-0,192	0,219	0,027
Niederbayern	1,9	18,4	0,0	0,981	0,816	1,000	-0,165	0,184	0,019
Oberpfalz	4,5	22,6	0,0	0,955	0,774	1,000	-0,181	0,225	0,044
Pfalz	8,3	29,6	0,0	0,917	0,704	1,000	-0,213	0,295	0,082
Oberfranken	2,3	21,6	0,0	0,977	0,784	1,000	-0,193	0,215	0,023
Mittelfranken	3,4	27,4	0,1	0,966	0,726	0,999	-0,240	0,273	0,033
Unterfranken	1,1	20,5	0,0	0,989	0,795	1,000	-0,193	0,204	0,011
Schwaben	1,6	15,9	0,0	0,984	0,841	1,000	-0,143	0,158	0,016
Reichsgebiet	3,4	27,0	0,2	0,966	0,730	0,998	-0,236	0,268	0,032

Anm.: siehe Text in Kap. 3.2.3; [1]Landesarbeitsamtbezirk Bayern. [2]Landesarbeitsamtsbezirk Sachsen. [3]Landesarbeitsamtsbezirk Südwestdeutschland. [4]Landesarbeitsamtsbezirk Thüringen. [5]Landesarbeitsamtsbezirk Hessen. [6]Landesarbeitsamtsbezirk Ostpreußen. Quellen: siehe Anhang II-B-1.

Tabelle 3–7: Arbeitslosenquote berechnet nach Arbeitsnachweisstatistik und Statistik der Hauptunterstützungsempfänger (HUE) sowie Differenz der beiden Raten (in %) und deren regionale Rangordnungen, ausgewählte Regionen, Deutsches Reich, 1925

1	2	3	4	5	6
	Arbeitslosenquote berechnet nach			Rang	Rang
	Arbeitsnachweisstatistik	Statistik der HUE	Diff. in %	Spalte 2	Spalte 3
Ostpreußen	2,9	1,9	35,0	8	10
Berlin	4,4	2,3	47,3	4	8
Preußen	3,3	3,6	-10,8	7	5
Bayern	3,3	3,2	2,0	6	7
Sachsen	2,8	2,1	25,0	10	9
Württemberg[1]	2,9	0,2	94,2	9	11
Baden	5,1	5,2	-3,1	3	2
Thüringen	2,1	3,5	-68,2	11	6
Hessen	4,1	5,0	-22,1	5	3
Hamburg	5,7	7,9	-37,6	2	1
Bremen	7,3	3,8	47,6	1	4
Reichgeb.	3,4	3,4			

Anm.: siehe Text in Kap. 3.2.3; [1]einschl. Hohenzollern. Quellen: siehe Anhang II-B-1.

Tabelle 3–8: Arbeitslosenquote berechnet nach Angaben gemäß Berufszählung bzw. Reichsanstalt für Arbeit sowie Differenz der beiden Raten (in %) und deren regionale Rangordnungen, ausgewählte Regionen, Deutsches Reich, 1933

	Arbeitslosenquote ber. nach Angaben aus		Rang	Rang	Rang
	Berufszählung	Reichsanstalt für Arbeit	Diff. in %	Sp. 2	Sp. 3
Ostpreußen	18,2	10,0	82,2	10	11
Berlin	34,8	31,0	12,2	2	1
Preußen	27,8	23,1	20,6	6	5
Bayern	22,7	17,8	27,3	9	9
Sachsen	30,7	28,3	8,2	3	3
Württemberg	15,9	11,3	41,4	11	10
Baden	25,9	21,5	20,3	8	6
Thüringen	26,1	20,4	27,6	7	7
Hessen	29,3	19,9	47,4	4	8
Hamburg	35,3	29,9	18,0	1	2
Bremen	28,9	25,3	14,2	5	4

Anm.: siehe Text in Kap. 3.2.3. Quellen: siehe Anhang II-B-1.

Tabelle 3–9: Bruttoschuleinschreiberate im sekundären Bildungssektor, Indizes und deren absolute Veränderungen, ausgewählte deutsche Regionen, 1926-1939

	SRS 1926	SRS 1931	SRS 1939	Index 1926	Index 1931	Index 1939	Veränd. 1926-31	Veränd. 1931-39	Veränd. 1926-39
Berlin	21,1	29,0	23,8	0,211	0,290	0,238	0,079	-0,052	0,027
Frankfurt/M.	23,2	28,5	24,9	0,232	0,285	0,249	0,053	-0,036	0,017
Köln	19,4	19,1	16,1	0,194	0,191	0,161	-0,003	-0,030	-0,033
München	15,9	21,7	19,8	0,159	0,217	0,198	0,058	-0,019	0,039
Hamburg	15,9	18,3	17,6	0,159	0,183	0,176	0,024	-0,007	0,017
Bremen	16,9	22,3	19,6	0,169	0,223	0,196	0,054	-0,027	0,027
Preußen	*11,3*	*13,7*	11	0,113	0,137	0,110	0,024	-0,027	-0,003
Bayern	*7,1*	*9,0*	7,9	0,071	0,090	0,079	0,019	-0,011	0,008
Sachsen	*7,1*	*9,0*	8,9	0,071	0,090	0,089	0,019	-0,001	0,018
Württemberg	*9,8*	*13,2*	11,9	0,098	0,132	0,119	0,034	-0,013	0,021
Baden	*9,3*	*10,9*	8,4	0,093	0,109	0,084	0,016	-0,025	-0,009
Thüringen	*9,8*	*10,6*	8,6	0,098	0,106	0,086	0,008	-0,020	-0,012
Hessen	*9,4*	*11,8*	10,1	0,094	0,118	0,101	0,024	-0,017	0,007
Ostpreußen	*10*	*11,9*	10,1	0,1	0,119	0,101	0,019	-0,018	0,001
Oberbayern	*8,2*	*11,4*	10,1	0,082	0,114	0,101	0,032	-0,013	0,019
Niederbayern	*3,6*	*4,5*	4,4	0,036	0,045	0,044	0,009	-0,001	0,008
Oberpfalz	*5,7*	*7,2*	6,3	0,057	0,072	0,063	0,015	-0,009	0,006
Pfalz	*7,8*	*9,8*	8,6	0,078	0,098	0,086	0,020	-0,012	0,008
Oberfranken	*5,4*	*7,8*	6,6	0,054	0,078	0,066	0,024	-0,012	0,012
Mittelfranken	*8,1*	*10,4*	8,8	0,081	0,104	0,088	0,023	-0,016	0,007
Unterfranken	*8*	*10,3*	7,9	0,08	0,103	0,079	0,023	-0,024	-0,001
Schwaben	*6,6*	*9,0*	8,1	0,066	0,090	0,081	0,024	-0,009	0,015
Deutsches Reich	*10,5*	*12,7*	10,6	0,105	0,127	0,106	0,022	-0,021	0,001

Anm.: Bei kursiv angegebenen Werten wurde der Bevölkerungsaufbau geschätzt; siehe außerdem Text in Kap. 3.1.3. Quellen: siehe Anhang II-B-1.

Tabelle 3–10: Lebenserwartung bei der Geburt[1], Indizes und deren absolute Veränderungen, ausgewählte deutsche Regionen, 1924/26-1938

	e0 1924/26	e0 1933	e0 1938	Index 1924/26	Index 1933	Index 1938/39	Veränd. 1925-33	Veränd 1933-38	Veränd. 1925-38
Berlin	58,1	61,1	*61,7*[5]	0,552	0,602	0,612	0,050	0,010	0,060
Frank./M.	58,7[2]	62,2	64,3	0,562	0,620	0,655	0,058	0,035	0,093
Köln	56,7	61,1[4]	58,1[6]	0,528	0,602	0,552	0,073	-0,050	0,023
München	55,1[2]	60,7	61,2	0,502	0,595	0,603	0,093	0,008	0,102
Hamburg	58,9	62,6	63,0[6]	0,565	0,627	0,633	0,062	0,007	0,068
Bremen	58,5	62,5	63,6[5]	0,558	0,625	0,643	0,067	0,018	0,085
Preußen	57,4	61,0	*62,1*	0,540	0,600	0,618	0,060	0,018	0,078
Bayern	55,0[3]	59,3[3]	60,3[6]	0,500	0,572	0,588	0,072	0,017	0,088
Sachsen	59,5[3]	62,5[3]	*64,8*	0,575	0,625	0,663	0,050	0,038	0,088
Württemb.	58,7	63,0	*63,3*	0,562	0,633	0,638	0,072	0,005	0,077
Baden	57,3	61,7	*62,4*	0,538	0,612	0,623	0,073	0,012	0,085
Thüringen	58,8	62,1	*64,1*	0,563	0,618	0,652	0,055	0,033	0,088
Hessen	60,3	63,4	63,8[6]	0,588	0,640	0,647	0,052	0,007	0,058
Ostpreußen	56,6	60,4	*59,6*[7]	0,527	0,590	0,577	0,063	-0,013	0,050
Oberbayern	54,3[2]	59,4	60,4[6]	0,488	0,573	0,590	0,085	0,017	0,102
Niederbay.	49,8[2]	55,3	58,3[6]	0,413	0,505	0,555	0,092	0,050	0,142
Oberpfalz	50,9[2]	55,8	57,2[6]	0,432	0,513	0,537	0,082	0,023	0,105
Pfalz	57,8[2]	61,7	62,0[6]	0,547	0,612	0,617	0,065	0,005	0,070
Oberfrank.	56,0[2]	60,5	61,6[6]	0,517	0,592	0,610	0,075	0,018	0,093
Mittelfrank.	56,8[2]	60,8	61,5[6]	0,530	0,597	0,608	0,067	0,012	0,078
Unterfrank.	55,7[2]	60,7	61,1[6]	0,512	0,595	0,602	0,083	0,007	0,090
Schwaben	55,6[2]	60,5	60,9[6]	0,510	0,592	0,598	0,082	0,007	0,088
Reichsgeb.[8]	57,5	61,3	62,6	0,542	0,605	0,627	0,063	0,029	0,085

[1]Die geschätzten Lebenserwartungen von Männern und Frauen wurden zu einer Lebenserwartung für beide Geschlechter zusammengefaßt, indem der mit dem jeweiligen Bevölkerungsanteil der beiden Geschlechter gewichtete Durchschnitt gebildet wurde. Bei kursiv angegebenen Werten wurde der Bevölkerungsaufbau geschätzt. Siehe auch Text in Kap. 3.2.3. [2]1925. [3]Lebenserwartung gemäß amtlicher Sterbetafeln. [4]1932/33. [5]1937. [6]1939. [7]1936. [8]für das Deutsche Reich siehe Anmerkungen Anhang I-B. Quellen: siehe Anhang II-B-1.

Tabelle 3–11: Säuglingssterblichkeit, Indizes und deren absolute Veränderungen, ausgewählte deutsche Regionen, 1925-1938

	IMR 1925	IMR 1933	IMR 1938	Index 1925	Index 1933	Index 1938	Veränd. 1925-33	Veränd. 1933-38	Veränd. 1925-38
Berlin	91	68	51	0,636	0,729	0,795	0,093	0,066	0,159
Frankfurt/M.	70	42[1]	48[1]	0,718	0,833	0,807	0,115	-0,026	0,089
Köln	100	59[1]	65[1]	0,602	0,763	0,740	0,161	-0,023	0,138
München	104	47[1]	63[1]	0,582	0,814	0,748	0,231	-0,065	0,166
Hamburg	81	65	50	0,674	0,739	0,799	0,065	0,060	0,125
Bremen	75	60	43	0,698	0,762	0,828	0,063	0,066	0,130
Preußen	104	76	61	0,583	0,694	0,757	0,112	0,063	0,175
Bayern	136	98	73	0,456	0,608	0,710	0,152	0,101	0,254
Sachsen	90	63	45	0,641	0,746	0,820	0,105	0,074	0,179
Württemberg	85	61	52	0,658	0,756	0,791	0,098	0,035	0,133
Baden	97	66	55	0,612	0,736	0,779	0,125	0,043	0,167
Thüringen	100	72	50	0,599	0,711	0,798	0,112	0,087	0,199
Hessen	73	55	45	0,708	0,780	0,818	0,072	0,038	0,110
Ostpreußen	115	85	71	0,538	0,661	0,717	0,123	0,056	0,179
Oberbayern	132	95	71	0,470	0,621	0,715	0,151	0,094	0,245
Niederbayern	202	145	101	0,190	0,420	0,597	0,230	0,177	0,407
Oberpfalz	187	134	102	0,250	0,466	0,591	0,215	0,125	0,340
Pfalz	95	71	61	0,618	0,716	0,755	0,098	0,039	0,136
Oberfranken	122	85	61	0,510	0,661	0,754	0,151	0,093	0,244
Mittelfranken	112	80	54	0,551	0,678	0,782	0,127	0,104	0,231
Unterfranken	115	82	64	0,541	0,671	0,742	0,130	0,071	0,202
Schwaben	120	88	69	0,520	0,648	0,722	0,128	0,074	0,202
Reich[2]	105	77	60	0,580	0,692	0,760	0,112	0,068	0,180

[1]Lebendgeburten und Sterbefälle im ersten Lebensjahr nur von in der jeweiligen Stadt ansässigen Bevölkerung und siehe Text in Kap. 3.2.3. [2]Anm. siehe Anhang I-B. Quellen: siehe Anhang II-B-1.

Tabelle 3–12: Kindersterblichkeit, Indizes und deren absolute Veränderungen, ausgewählte deutsche Regionen, 1925-1938

	CMR 1924/26	CMR 1933	CMR 1938	Index 1925	Index 1933	Index 1938	Veränd. 1925-33	Veränd. 1933-38	Veränd. 1925-38
Berlin	5,8	4,7	*4,9*	0,712	0,763	0,756	0,051	-0,008	0,043
Frankfurt/M.	8,5	4,1	*4,0*	0,573	0,797	0,799	0,224	0,002	0,226
Köln	7,9	5,0	5,9	0,603	0,750	0,708	0,147	-0,043	0,104
München	9,2	*3,3*	5,1	0,542	0,833	0,745	0,292	-0,088	0,203
Hamburg	5,7	3,2	4,6	0,713	0,842	0,773	0,128	-0,069	0,059
Bremen	6,4	3,5	2,6	0,681	0,824	0,870	0,143	0,046	0,189
Preußen	7,4	4,9	*5,3*	0,633	0,756	0,737	0,124	-0,020	0,104
Bayern	8,0	5,4	5,7	0,603	0,728	0,715	0,125	-0,013	0,113
Sachsen	5,7	3,7	*3,6*	0,717	0,813	0,820	0,095	0,007	0,102
Württemberg	5,7	3,2	*3,9*	0,716	0,840	0,803	0,124	-0,037	0,087
Baden	7,0	4,8	*4,8*	0,649	0,762	0,758	0,113	-0,005	0,109
Thüringen	5,7	3,9	*4,3*	0,715	0,803	0,787	0,088	-0,016	0,071
Hessen	5,7	4,2	4,2	0,714	0,792	0,790	0,079	-0,002	0,077
Ostpreussen	8,4	4,8	*7,2*	0,580	0,758	0,638	0,178	-0,121	0,058
Oberbayern	7,9	*4,7*	5,2	0,603	0,766	0,738	0,163	-0,029	0,135
Niederbayern	10,2	*7,5*	6,9	0,491	0,624	0,655	0,133	0,031	0,164
Oberpfalz	10,9	*7,9*	8,0	0,454	0,603	0,601	0,149	-0,002	0,147
Pfalz	8,2	*5,4*	5,3	0,592	0,731	0,737	0,139	0,006	0,145
Oberfranken	9,4	*5,3*	5,0	0,529	0,737	0,748	0,208	0,011	0,218
Mittelfranken	7,4	*4,8*	5,2	0,630	0,761	0,741	0,130	-0,020	0,110
Unterfranken	10,0	*5,1*	6,0	0,498	0,744	0,699	0,246	-0,045	0,201
Schwaben	7,2	*3,7*	4,9	0,642	0,814	0,756	0,172	-0,058	0,114
Reichsgebiet[1]	7,1	4,6	4,5	0,645	0,769	0,772	0,125	0,003	0,128

Anm.: Bei kursiv angegebenen Werten wurde die Bevölkerung geschätzt; siehe Tab. 3-10 sowie Text in Kap. 3.2.3. [1]Siehe Anm. Anhang I-B. Quellen: siehe Anhang II-B-1.

Tabelle 3–13: Lebenserwartung ab dem fünften Lebensjahr, Indizes und deren absolute Veränderungen, ausgewählte deutsche Regionen, 1925-1938

	e_5 1924/25	e_5 1933	e_5 1938	Index 1924/25	Index 1933	Index 1938	Veränd. 1925-33	Veränd. 1933-38	Veränd. 1925-38
Berlin	60,1	61,5	*61,7*	0,403	0,459	0,469	0,056	0,010	0,066
Frankfurt/M.	60,3	62,0	63,4	0,414	0,481	0,535	0,067	0,054	0,122
Köln	59,7	62,1	59,1	0,387	0,486	0,363	0,099	-0,122	-0,024
München	58,6	61,5	61,3	0,343	0,459	0,452	0,116	-0,007	0,109
Hamburg	60,3	62,7	62,4	0,412	0,507	0,495	0,095	-0,013	0,083
Bremen	60,0	62,3	62,8	0,399	0,491	0,513	0,092	0,022	0,114
Preußen	60,8	62,2	*62,5*	0,431	0,487	0,498	0,057	0,011	0,068
Bayern	60,5	61,9	61,7	0,421	0,476	0,466	0,056	-0,010	0,046
Sachsen	62,0	63,3	*63,6*	0,481	0,530	0,545	0,049	0,015	0,064
Württem.	60,7	62,8	*62,7*	0,428	0,514	0,506	0,086	-0,007	0,079
Baden	59,9	62,2	*62,2*	0,396	0,487	0,487	0,091	0,000	0,091
Thüringen	61,8	62,9	*63,5*	0,471	0,517	0,539	0,045	0,022	0,067
Hessen	61,3	63,0	62,8	0,453	0,522	0,512	0,069	-0,009	0,059
Ostpreußen	61,3	62,2	*61,5*	0,452	0,488	0,460	0,036	-0,028	0,008
Oberb.	59,3	61,6	61,5	0,373	0,465	0,458	0,092	-0,007	0,086
Niederb.	59,7	61,5	61,3	0,387	0,459	0,450	0,072	-0,009	0,064
Oberpfalz	60,1	61,3	60,7	0,405	0,450	0,429	0,046	-0,021	0,024
Pfalz	60,9	62,8	62,3	0,434	0,510	0,493	0,076	-0,017	0,059
Oberfr.	60,9	62,4	62,4	0,438	0,495	0,495	0,057	0,000	0,057
Mittelfr.	60,6	62,2	61,5	0,423	0,488	0,460	0,065	-0,028	0,037
Unterfr.	60,2	62,3	62,1	0,410	0,493	0,483	0,083	-0,009	0,074
Schwaben	59,8	62,2	61,7	0,392	0,488	0,468	0,096	-0,019	0,076
Reich	60,8	62,3	62,5	0,432	0,492	0,500	0,060	0,007	0,068

Anm.: Bei kursiv angegebenen Werten wurde die Bevölkerung geschätzt; siehe Tab. 3-10 sowie Text in Kap. 3.2.3. Quellen: siehe Anhang II-B-1.

Tabelle 3–14: Müttersterblichkeit, Indizes und deren absolute Veränderungen, ausgewählte deutsche Regionen, 1925-1938

	MMR 1925	MMR 1933	MMR 1938	Index 1925	Index 1933	Index 1938	Veränd. 1925-33	Veränd. 1933-38	Veränd. 1925-38
Berlin	133	86	46	0,336	0,571	0,771	0,235	0,200	0,435
Frankfurt/M.	50	55	38	0,751	0,724	0,809	-0,027	0,085	0,058
Köln	60	66	45	0,698	0,671	0,775	-0,027	0,104	0,077
München	54	51	33	0,732	0,747	0,836	0,014	0,089	0,103
Hamburg	117	70	26	0,415	0,651	0,869	0,236	0,218	0,454
Bremen	86	87	37	0,569	0,567	0,813	-0,002	0,246	0,244
Preußen	54	59	50	0,730	0,704	0,752	-0,026	0,048	0,021
Bayern	36	45	38	0,818	0,777	0,808	-0,041	0,030	-0,010
Sachsen	51	64	34	0,746	0,682	0,832	-0,064	0,149	0,086
Württemberg	35	30	26	0,823	0,849	0,869	0,026	0,020	0,045
Baden	37	40	31	0,815	0,800	0,846	-0,016	0,046	0,031
Thüringen	42	48	23	0,790	0,761	0,886	-0,029	0,125	0,096
Hessen	36	43	34	0,820	0,787	0,831	-0,033	0,045	0,012
Ostpreußen	45	43	32	0,774	0,785	0,838	0,010	0,053	0,063
Oberbayern	43	50	42	0,786	0,749	0,792	-0,038	0,043	0,005
Niederbayern	39	48	39	0,803	0,759	0,803	-0,044	0,043	0,000
Oberpfalz	31	38	32	0,847	0,810	0,839	-0,037	0,029	-0,008
Pfalz	31	33	35	0,844	0,835	0,823	-0,009	-0,012	-0,021
Oberfranken	33	37	26	0,833	0,814	0,871	-0,020	0,058	0,038
Mittelfranken	43	55	46	0,784	0,725	0,772	-0,060	0,048	-0,012
Unterfranken	27	40	38	0,867	0,798	0,808	-0,068	0,009	-0,059
Schwaben	40	50	44	0,802	0,750	0,781	-0,053	0,031	-0,021
Deutsches Reich[1]	50	55	36	0,752	0,727	0,820	-0,024	0,093	0,068

Anm.: [1]Gebietsstand 1925 und 1933 jeweiliger Gebietsstand und 1939 Altreich; siehe Text in Kap. 3.2.3. Quellen: siehe Anhang II-B-1.

Tabelle 3–15: Tuberkulosemorbidität, Indizes und deren absolute Veränderungen, ausgewählte deutsche Regionen, 1925-1938

	Tbmorb. 1925	Tbmorb. 1933	Tbmorb. 1938	Index 1925	Index 1933	Index 1938	Veränd. 1925-33	Veränd. 1933-38	Veränd. 1925-38
Berlin	*18,6*	23,2	19,6	0,734	0,668	0,720	-0,066	0,051	-0,015
Frankfurt/M.	*14,1*	*9,9*	*7,4*	0,799	0,858	0,894	0,060	0,036	0,095
Köln	*16,8*	*12,0*	*10,5*	0,760	0,829	0,850	0,069	0,021	0,090
München	*17,4*	18,2	14,3	0,752	0,740	0,796	-0,011	0,056	0,044
Hamburg	*16,5*	12,1	10,9	0,764	0,827	0,844	0,064	0,017	0,080
Bremen	*17,2*	13,5	9,2	0,754	0,808	0,868	0,054	0,061	0,115
Preußen	*16,1*	11,9	10,3	0,770	0,829	0,852	0,059	0,023	0,082
Bayern	*15,0*	*11,1*	9,9	0,785	0,841	0,858	0,056	0,017	0,073
Sachsen	*13,9*	11,3	9,8	0,802	0,838	0,861	0,036	0,022	0,059
Württemb.	*14,7*	*10,5*	10,2	0,789	0,850	0,854	0,060	0,005	0,065
Baden	*16,8*	*10,8*	9,5	0,760	0,845	0,864	0,086	0,019	0,105
Thüringen	*13,8*	9,0	8,7	0,802	0,871	0,875	0,069	0,004	0,073
Hessen	*14,6*	9,1	7,5	0,792	0,870	0,893	0,078	0,024	0,101
Ostpreußen	*13,7*	9,6	8,9	0,804	0,862	0,872	0,058	0,010	0,068
Oberbayern	*14,9*	*10,8*	11,1	0,787	0,846	0,842	0,059	-0,004	0,055
Niederbay.	*16,2*	*10,9*	11,0	0,769	0,844	0,842	0,075	-0,002	0,073
Pfalz	*15,0*	*11,3*	8,0	0,786	0,839	0,886	0,054	0,047	0,101
Oberpfalz	*15,8*	*12,6*	9,8	0,774	0,820	0,860	0,046	0,040	0,086
Oberfranken	*15,4*	*13,1*	10,1	0,781	0,813	0,856	0,033	0,043	0,076
Mittelfrank.	*14,3*	*9,8*	9,6	0,796	0,860	0,863	0,063	0,003	0,067
Unterfrank.	*15,9*	*11,4*	9,4	0,773	0,837	0,865	0,064	0,028	0,092
Schwaben	*13,6*	*10,4*	9,5	0,806	0,852	0,864	0,046	0,012	0,058
Reich	*15,6*	*11,0*	9,7	0,777	0,843	0,862	0,066	0,019	0,085

Anm.: Kursiv angegebene Werte wurden geschätzt und siehe Text in Kap. 3.2.3. Quellen: siehe Anhang II-B-1.

Tabelle 3–16: Komponenten des HDIr für ausgewählte deutsche Regionen, 1925

	SRS 1926	e_0 1924/26	VE/Kopf 1926	Index SRS	Index e_0	Index VE/Kopf	HDI_r	Rang SRS	Rang e_0	Rang VE/Kopf	Rang HDI_r
Berlin	21,1	58,1	2667	0,211	0,552	0,548	0,437	2	11	1	2
Frankfurt/M.	23,2	58,7	2479	0,232	0,562	0,536	0,443	1	8	4	1
Köln	19,4	56,7	2241	0,194	0,528	0,519	0,414	3	20	6	5
München	15,9	55,1	2567	0,159	0,502	0,542	0,401	5	25	3	6
Hamburg	15,9	58,9	2626	0,159	0,565	0,545	0,423	5	6	2	3
Bremen	16,9	58,5	2386	0,169	0,559	0,529	0,419	4	10	5	4
Preußen	11,3	57,4	1684	0,113	0,54	0,471	0,375	9	14	13	14
Bayern	7,1	55,0	1494	0,071	0,501	0,451	0,341	25	26	21	24
Sachsen	7,1	59,5	1975	0,071	0,575	0,498	0,381	25	5	7	11
Württemberg	9,8	58,7	1671	0,098	0,562	0,470	0,377	15	8	14	13
Baden	9,3	57,3	1640	0,093	0,538	0,467	0,366	19	15	16	17
Thüringen	9,8	58,8	1567	0,098	0,564	0,459	0,374	15	7	19	15
Hessen	9,4	60,3	1592	0,094	0,588	0,462	0,381	18	2	17	10
Provinz Ostpreußen	10,0	56,6	1176	0,1	0,527	0,411	0,346	13	21	28	23
Provinz Pommern	9,9	56,8	1380	0,099	0,53	0,438	0,356	14	18	24	21
Schlesien	8,9	54,2	1423	0,089	0,487	0,443	0,340	20	28	23	25
Provinz Sachsen	11,3	57,3	1567	0,113	0,538	0,459	0,370	9	15	19	16
Provinz Westfalen	9,7	57,3	1584	0,097	0,538	0,461	0,365	17	15	18	18
Provinz Hannover	11,0	59,8	1647	0,11	0,581	0,468	0,386	12	3	15	9
Provinz Schleswig-Holstein	13,5	60,4	1734	0,135	0,591	0,476	0,401	7	1	9	7

Fortsetzung Tabelle 3–16: Komponenten des HDI_r für ausgewählte deutsche Regionen, 1925

	SRS 1926	e_0 1924/26	VE/Kopf 1926	Index SRS	Index e_0	Index VE/Kopf	HDI_r	Rang SRS	Rang e_0	Rang VE/Kopf	Rang HDI_r
Provinz Hessen-Nassau	12,3	59,8	1728	0,123	0,58	0,476	0,393	8	4	10	8
Rheinprovinz	11,3	57,8	1720	0,113	0,547	0,475	0,378	9	12	11	12
Oberbayern	8,2	54,3	1833	0,082	0,488	0,485	0,352	21	27	8	22
Niederbayern	3,6	49,8	965	0,036	0,413	0,378	0,276	30	30	30	30
Oberpfalz	5,7	50,9	1088	0,057	0,432	0,398	0,296	28	29	29	29
Pfalz	7,8	57,8	1456	0,078	0,547	0,447	0,357	24	12	22	20
Oberfranken	5,4	56,0	1371	0,054	0,516	0,437	0,336	29	22	25	28
Mittelfranken	8,1	56,8	1689	0,081	0,529	0,472	0,361	22	19	12	19
Unterfranken	8,0	55,7	1279	0,08	0,512	0,425	0,339	23	23	27	26
Schwaben	6,6	55,6	1371	0,066	0,51	0,437	0,338	27	24	26	27
Deutsches Reich	10,5	57,5	1694	0,105	0,542	0,472	0,373				

Anm. und Quellen: berechnet nach Tab. 3-4, 3-9 und 3-10.

Tabelle 3–17: Komponenten des HDI_r für ausgewählte deutsche Regionen, 1933

	SRS 1931	e_0 1933	reales VE/Kopf 1932	Index SRS	Index e_0	Index reales VE/Kopf	HDI_r	Rang SRS	Rang e_0	Rang reales VE/Kopf	Rang HDI_r
Berlin	29,0	61,1	2087	0,290	0,602	0,507	0,466	1	10	3	2
Frankfurt/M.	28,5	62,2	2018	0,285	0,620	0,502	0,469	2	6	5	1
Köln	19,1	61,1	1930	0,191	0,602	0,494	0,429	5	10	6	6
München	21,7	60,7	2231	0,217	0,595	0,518	0,443	4	14	1	4
Hamburg	18,3	62,6	2077	0,183	0,627	0,506	0,439	6	3	4	5
Bremen	22,3	62,5	2213	0,223	0,625	0,517	0,455	3	4	2	3
Preußen	13,7	61	1384	0,137	0,600	0,439	0,392	7	12	10	9
Bayern	9,0	59,3	1250	0,090	0,572	0,421	0,361	19	20	16	20
Sachsen	9,0	62,5	1534	0,090	0,625	0,456	0,390	18	4	9	10
Württemberg	13,2	63	1616	0,132	0,633	0,464	0,410	8	2	7	7
Baden	10,9	61,7	1368	0,109	0,612	0,437	0,386	12	8	12	11
Thüringen	10,6	62,1	1248	0,106	0,618	0,421	0,382	13	7	17	12
Hessen	11,8	63,4	1270	0,118	0,640	0,424	0,394	10	1	15	8
Ostpreußen	11,9	60,4	1071	0,119	0,590	0,396	0,368	9	18	22	18
Oberbayern	11,4	59,4	1551	0,114	0,573	0,458	0,382	11	19	8	13
Niederbayern	4,5	55,3	1102	0,045	0,505	0,400	0,317	22	22	21	22
Oberpfalz	7,2	55,8	1134	0,072	0,513	0,405	0,330	21	21	20	21
Pfalz	9,8	61,7	1186	0,098	0,612	0,413	0,374	16	8	19	15
Oberfranken	7,8	60,5	1221	0,078	0,592	0,418	0,362	20	16	18	19
Mittelfranken	10,4	60,8	1350	0,104	0,597	0,434	0,378	14	13	13	14
Unterfranken	10,3	60,7	1272	0,103	0,595	0,424	0,374	15	14	14	16
Schwaben	9,0	60,5	1371	0,090	0,592	0,437	0,373	17	16	11	17
Deutsches Reich	12,7	61,3	1394	0,127	0,605	0,440	0,391				

Anm. und Quellen: berechnet nach Tab. 3-4, 3-9 und 3-10.

Tabelle 3–18: Komponenten des HDI_r für ausgewählte deutsche Regionen, 1938

	SRS 1939	e_0 1938/39	reales VE/Kopf 1939	Index SRS	Index e_0	Index reales VE/Kopf	HDI_r	Rang SRS	Rang e_0	Rang reales VE/Kopf	Rang HDI_r
Berlin	23,8	61,7	3610	0,238	0,612	0,599	0,483	2	11	1	2
Frankfurt/M.	24,9	64,3	3425	0,249	0,655	0,590	0,498	1	2	5	1
Köln	16,1	58,1	3314	0,161	0,552	0,584	0,432	6	21	6	7
München	19,8	61,2	3485	0,198	0,603	0,593	0,465	3	14	4	5
Hamburg	17,6	63,0	3593	0,176	0,633	0,598	0,469	5	7	2	4
Bremen	19,6	63,6	3544	0,196	0,643	0,595	0,478	4	5	3	3
Preußen	11,0	62,1	2424	0,110	0,618	0,532	0,420	8	9	11	11
Bayern	7,9	60,3	2290	0,079	0,588	0,523	0,397	18	18	15	18
Sachsen	8,9	64,8	2607	0,089	0,663	0,544	0,432	12	1	9	8
Württemberg	11,9	63,3	2775	0,119	0,638	0,555	0,437	7	6	8	6
Baden	8,4	62,4	2401	0,084	0,623	0,530	0,413	16	8	12	13
Thüringen	8,6	64,1	2318	0,086	0,652	0,525	0,421	14	3	14	10
Hessen	10,1	63,8	2235	0,101	0,647	0,519	0,422	9	4	16	9
Ostpreußen	10,1	59,6	2074	0,101	0,577	0,506	0,395	9	19	20	20
Oberbayern	10,1	60,4	2972	0,101	0,590	0,566	0,419	9	17	7	12
Niederbayern	4,4	58,3	1772	0,044	0,555	0,480	0,360	22	20	22	22
Oberpfalz	6,3	57,2	2016	0,063	0,537	0,501	0,367	21	22	21	21
Pfalz	8,6	62,0	2218	0,086	0,617	0,517	0,407	14	10	17	15
Oberfranken	6,6	61,6	2125	0,066	0,610	0,510	0,395	20	12	19	19
Mittelfranken	8,8	61,5	2539	0,088	0,608	0,540	0,412	13	13	10	14
Unterfranken	7,9	61,1	2197	0,079	0,602	0,516	0,399	18	15	18	17
Schwaben	8,1	60,9	2349	0,081	0,598	0,527	0,402	17	16	13	16
Deutsches Reich	10,6	62,6	2407	0,106	0,627	0,531	0,421				

Anm. und Quellen: berechnet nach Tab. 3-4, 3-9 und 3-10.

Tabelle 3–19: Human Development Indizes (HID_r) und deren Veränderungen sowie Rangfolgen, ausgewählte deutsche Regionen, 1925-1939

	HDI_r 1925	HDI_r 1932	HDI_r 1939	Veränd 1925/33	Veränd 1933/39	Veränd 1925/39	Rang 1925	Rang 1933	Rang 1939
Berlin	0,437	0,466	0,483	0,029	0,016	0,046	2	2	2
Frankfurt/M.	0,443	0,469	0,498	0,026	0,029	0,055	1	1	1
Köln	0,414	0,429	0,432	0,015	0,004	0,019	5	6	7
München	0,401	0,443	0,465	0,042	0,021	0,064	6	4	5
Hamburg	0,423	0,439	0,469	0,016	0,030	0,046	3	5	4
Bremen	0,419	0,455	0,478	0,036	0,023	0,059	4	3	3
Preußen	0,375	0,392	0,420	0,017	0,028	0,045	10	9	11
Bayern	0,341	0,361	0,397	0,020	0,036	0,056	17	20	18
Sachsen	0,381	0,390	0,432	0,009	0,042	0,051	8	10	8
Württemberg	0,377	0,410	0,437	0,033	0,027	0,061	9	7	6
Baden	0,366	0,386	0,413	0,020	0,027	0,047	12	11	13
Thüringen	0,374	0,382	0,421	0,008	0,039	0,047	11	12	10
Hessen	0,381	0,394	0,422	0,013	0,028	0,041	7	8	9
Provinz Ostpreußen	0,346	0,368	0,395	0,022	0,026	0,048	16	18	20
Oberbayern	0,352	0,382	0,419	0,030	0,037	0,067	15	13	12
Niederbayern	0,276	0,317	0,360	0,041	0,043	0,084	22	22	22
Oberpfalz	0,296	0,330	0,367	0,034	0,037	0,071	21	21	21
Pfalz	0,357	0,374	0,407	0,017	0,032	0,049	14	15	15
Oberfranken	0,336	0,362	0,395	0,027	0,033	0,060	20	19	19
Mittelfranken	0,361	0,378	0,412	0,018	0,034	0,051	13	14	14
Unterfranken	0,339	0,374	0,399	0,035	0,025	0,060	18	16	17
Schwaben	0,338	0,373	0,402	0,035	0,029	0,064	19	17	16
Deutsches Reich	0,373	0,391	0,421	0,018	0,031	0,048			

Anm. und Quellen: erstellt nach Tab. 3-16 bis Tab. 3-18.

Tabelle 3–20: Absolute Zunahme der HDI_r und dessen Komponenten, ausgewählte deutsche Regionen, 1925-1939

	SRS 1925/33	SRS 1933/39	SRS 1925/39	e_0 1925/33	e_0 1933/39	e_0 1925/39	VE/Kopf 1925/33	VE/Kopf 1933/39	VE/Kopf 1925/39	HDI_r 1925/33	HDI_r 1933/39	HDI_r 1925/39
Stadt Berlin	0,079	-0,052	0,027	0,050	0,010	0,060	-0,041	0,091	0,051	0,029	0,016	0,046
Frankfurt/M.	0,053	-0,036	0,017	0,058	0,035	0,093	-0,034	0,088	0,054	0,026	0,029	0,055
Köln	-0,003	-0,030	-0,033	0,073	-0,050	0,023	-0,025	0,090	0,065	0,015	0,004	0,019
München	0,058	-0,019	0,039	0,093	0,008	0,102	-0,023	0,074	0,051	0,042	0,021	0,064
Hamburg	0,024	-0,007	0,017	0,062	0,007	0,068	-0,039	0,092	0,052	0,016	0,030	0,046
Bremen	0,054	-0,027	0,027	0,067	0,018	0,085	-0,013	0,079	0,066	0,036	0,023	0,059
Preußen	0,024	-0,027	-0,003	0,060	0,018	0,078	-0,033	0,094	0,061	0,017	0,028	0,045
Bayern	0,019	-0,011	0,008	0,072	0,017	0,088	-0,030	0,101	0,071	0,020	0,036	0,056
Sachsen	0,019	-0,001	0,018	0,050	0,038	0,088	-0,042	0,089	0,046	0,009	0,042	0,051
Württemberg	0,034	-0,013	0,021	0,072	0,005	0,077	-0,006	0,090	0,085	0,033	0,027	0,061
Baden	0,016	-0,025	-0,009	0,073	0,012	0,085	-0,030	0,094	0,064	0,020	0,027	0,047
Thüringen	0,008	-0,020	-0,012	0,055	0,033	0,088	-0,038	0,103	0,065	0,008	0,039	0,047
Hessen	0,024	-0,017	0,007	0,052	0,007	0,058	-0,038	0,094	0,057	0,013	0,028	0,041
Ostpreußen	0,019	-0,018	0,001	0,063	-0,013	0,050	-0,016	0,110	0,095	0,022	0,026	0,048
Oberbayern	0,032	-0,013	0,019	0,085	0,017	0,102	-0,028	0,109	0,081	0,030	0,037	0,067
Niederbayern	0,009	-0,001	0,008	0,092	0,050	0,142	0,022	0,079	0,101	0,041	0,043	0,084
Oberpfalz	0,015	-0,009	0,006	0,082	0,023	0,105	0,007	0,096	0,103	0,034	0,037	0,071
Pfalz	0,020	-0,012	0,008	0,065	0,005	0,070	-0,034	0,104	0,070	0,017	0,032	0,049
Oberfranken	0,024	-0,012	0,012	0,075	0,018	0,093	-0,019	0,093	0,073	0,027	0,033	0,060
Mittelfranken	0,023	-0,016	0,007	0,067	0,012	0,078	-0,037	0,105	0,068	0,018	0,034	0,051
Unterfranken	0,023	-0,024	-0,001	0,083	0,007	0,090	-0,001	0,091	0,090	0,035	0,025	0,060
Schwaben	0,024	-0,009	0,015	0,082	0,007	0,088	0,000	0,090	0,090	0,035	0,029	0,064
Reich	0,022	-0,021	0,001	0,063	0,022	0,085	-0,033	0,091	0,059	0,018	0,031	0,048

Anm. und Quellen: erstellt nach Tab. 3-16 bis Tab. 3-18.

Tabelle 3–21: Indizes eines „deutschlandspezifischen“ Development Index, ausgewählte deutsche Regionen, um 1925

	Index SRS	Index e5	Index CMR	Index IMR	Index MMR	Index Tb	Index VE	Index ALR	Index Bild	Index Ges.	Index Ress.	Index DDI_r	Rang SRS	Rang e5	Rang CMR	Rang IMR	Rang MMR	Rang Tb	Rang VE	Rang ALR	Rang Bild	Rang Ges.	Rang Ress.	Rang DDI_r
Berlin	0,211	0,403	0,712	0,636	0,336	0,734	0,548	0,977	0,211	0,564	0,762	0,513	2	15	6	7	22	22	1	8	2	20	1	2
Frankf.	0,232	0,414	0,573	0,718	0,751	0,799	0,536	0,968	0,232	0,651	0,752	0,545	1	11	17	1	15	5	4	11	1	6	3	1
Köln	0,194	0,387	0,603	0,602	0,698	0,760	0,519	0,937	0,194	0,610	0,728	0,511	3	19	12	10	19	18	6	20	3	16	9	4
München	0,159	0,343	0,542	0,582	0,732	0,752	0,542	0,970	0,159	0,590	0,756	0,502	5	22	18	13	17	21	3	10	5	19	2	6
Hamburg	0,159	0,412	0,713	0,674	0,415	0,764	0,545	0,921	0,159	0,596	0,733	0,496	5	12	5	4	21	17	2	21	5	18	7	8
Bremen	0,169	0,399	0,681	0,698	0,569	0,754	0,529	0,962	0,169	0,620	0,746	0,512	4	16	7	3	20	20	5	16	4	12	4	3
Preußen	0,113	0,431	0,633	0,583	0,730	0,770	0,471	0,964	0,113	0,629	0,718	0,487	7	7	10	12	18	15	10	15	7	11	11	11
Bayern	0,071	0,421	0,603	0,456	0,818	0,785	0,451	0,968	0,071	0,617	0,709	0,466	17	10	12	20	7	11	15	12	17	15	14	19
Sachsen	0,071	0,481	0,717	0,641	0,746	0,802	0,498	0,979	0,071	0,677	0,738	0,496	17	1	1	6	16	4	7	6	17	3	5	9
Württ.	0,098	0,428	0,716	0,658	0,823	0,789	0,470	0,998	0,098	0,683	0,734	0,505	9	8	2	5	5	8	11	1	9	2	6	5
Baden	0,093	0,396	0,649	0,612	0,815	0,760	0,467	0,948	0,093	0,646	0,707	0,482	12	17	8	9	8	19	12	19	12	7	15	12
Thüringen	0,098	0,471	0,715	0,599	0,790	0,802	0,459	0,965	0,098	0,676	0,712	0,495	9	2	3	11	11	3	14	14	9	4	12	10
Hessen	0,094	0,453	0,714	0,708	0,820	0,792	0,462	0,950	0,094	0,697	0,706	0,499	11	3	4	2	6	7	13	18	11	1	18	7
Ostpreu.	0,100	0,452	0,580	0,538	0,774	0,804	0,411	0,981	0,100	0,630	0,696	0,475	8	4	16	16	14	2	20	4	8	10	19	14
Oberb.	0,082	0,373	0,603	0,470	0,786	0,787	0,485	0,973	0,082	0,604	0,729	0,472	13	21	12	19	12	9	8	9	13	17	8	15
Niederb.	0,036	0,387	0,491	0,190	0,803	0,769	0,378	0,981	0,036	0,528	0,680	0,415	22	20	21	22	9	16	22	5	22	22	21	22
Oberpfalz	0,057	0,405	0,454	0,250	0,847	0,786	0,398	0,955	0,057	0,548	0,677	0,427	20	14	22	21	2	10	21	17	20	21	22	21
Pfalz	0,078	0,434	0,592	0,618	0,844	0,774	0,447	0,917	0,078	0,653	0,682	0,471	16	6	15	8	3	13	16	22	16	5	20	16
Oberfr.	0,054	0,438	0,529	0,510	0,833	0,781	0,437	0,977	0,054	0,618	0,707	0,460	21	5	19	18	4	12	17	7	21	13	17	20
Mittelfr.	0,081	0,423	0,630	0,551	0,784	0,796	0,472	0,966	0,081	0,637	0,719	0,479	14	9	11	14	13	6	9	13	14	8	10	13
Unterfr.	0,080	0,410	0,498	0,541	0,867	0,773	0,425	0,989	0,080	0,618	0,707	0,468	15	13	20	15	1	14	19	2	15	14	16	18
Schwaben	0,066	0,392	0,642	0,520	0,802	0,806	0,437	0,984	0,066	0,633	0,710	0,470	19	18	9	17	10	1	18	3	19	9	13	17
Reich	0,105	0,432	0,645	0,580	0,752	0,777	0,472	0,966	0,105	0,637	0,719	0,487												

Anm. und Quellen: berechnet nach Tab. 3-4, 3-6, 3-9 und 3-11 bis 3-15.

Tabelle 3–22: Indizes eines „deutschlandspezifischen“ Development Index, ausgewählte deutsche Regionen, um 1933

	Index SRS	Index e_5	Index CMR	Index IMR	Index MMR	Index Tb	Index VE	Index ALR	**Index Bild.**	**Index Ges.**	**Index Ress.**	**Index DDI_r**	Rang SRS	Rang e_5	Rang CMR	Rang IMR	Rang MMR	Rang Tb	Rang VE	Rang ALR	**Rang Bild.**	**Rang Ges.**	**Rang Ress.**	**Rang DDI_r**
Berlin	0,290	0,459	0,763	0,729	0,571	0,668	0,507	0,652	**0,290**	**0,638**	**0,580**	**0,503**	1	20	11	13	21	22	3	21	**1**	**21**	**18**	**5**
Frankf.	0,285	0,481	0,797	0,833	0,724	0,858	0,502	0,694	**0,285**	**0,739**	**0,598**	**0,541**	2	16	8	1	16	5	5	18	**2**	**3**	**10**	**1**
Köln	0,191	0,486	0,750	0,763	0,671	0,829	0,494	0,668	**0,191**	**0,700**	**0,581**	**0,491**	5	15	16	4	19	16	6	20	**5**	**15**	**14**	**7**
München	0,217	0,459	0,833	0,814	0,747	0,740	0,518	0,723	**0,217**	**0,719**	**0,621**	**0,519**	4	19	3	2	14	21	1	13	**4**	**8**	**3**	**2**
Hamburg	0,183	0,507	0,842	0,739	0,651	0,827	0,506	0,647	**0,183**	**0,713**	**0,576**	**0,491**	6	6	1	8	20	17	4	22	**6**	**9**	**19**	**6**
Bremen	0,223	0,491	0,824	0,762	0,567	0,808	0,517	0,711	**0,223**	**0,690**	**0,614**	**0,509**	3	9	4	5	22	20	2	15	**3**	**17**	**5**	**4**
Preußen	0,137	0,487	0,756	0,694	0,704	0,829	0,439	0,722	**0,137**	**0,694**	**0,580**	**0,471**	7	13	15	12	17	15	10	14	**7**	**16**	**17**	**15**
Bayern	0,090	0,476	0,728	0,608	0,777	0,841	0,421	0,773	**0,090**	**0,686**	**0,597**	**0,458**	19	17	20	20	9	11	16	9	**19**	**19**	**11**	**20**
Sachsen	0,090	0,530	0,813	0,746	0,682	0,838	0,456	0,693	**0,090**	**0,722**	**0,575**	**0,462**	18	1	6	7	18	13	9	19	**18**	**7**	**20**	**16**
Württ.	0,132	0,514	0,840	0,756	0,849	0,850	0,464	0,841	**0,132**	**0,762**	**0,653**	**0,516**	8	4	2	6	1	7	7	2	**8**	**1**	**1**	**3**
Baden	0,109	0,487	0,762	0,736	0,800	0,845	0,437	0,741	**0,109**	**0,726**	**0,589**	**0,475**	12	14	12	9	5	9	12	10	**12**	**5**	**13**	**11**
Thüringen	0,106	0,517	0,803	0,711	0,761	0,871	0,421	0,739	**0,106**	**0,732**	**0,580**	**0,473**	13	3	7	11	10	1	17	11	**13**	**4**	**15**	**14**
Hessen	0,118	0,522	0,792	0,780	0,787	0,870	0,424	0,707	**0,118**	**0,750**	**0,566**	**0,478**	10	2	9	3	7	2	15	16	**10**	**2**	**21**	**10**
Ostpreu.	0,119	0,488	0,758	0,661	0,785	0,862	0,396	0,818	**0,119**	**0,711**	**0,607**	**0,479**	9	11	14	17	8	3	22	3	**9**	**10**	**8**	**9**
Oberb.	0,114	0,465	0,766	0,621	0,749	0,846	0,458	0,781	**0,114**	**0,689**	**0,619**	**0,474**	11	18	10	19	13	8	8	7	**11**	**18**	**4**	**12**
Niederb.	0,045	0,459	0,624	0,420	0,759	0,844	0,400	0,816	**0,045**	**0,621**	**0,608**	**0,425**	22	21	21	22	11	10	21	4	**22**	**22**	**7**	**22**
Oberpfalz	0,072	0,450	0,603	0,466	0,810	0,839	0,405	0,774	**0,072**	**0,634**	**0,590**	**0,432**	21	22	22	21	4	12	20	8	**21**	**20**	**12**	**21**
Pfalz	0,098	0,510	0,731	0,716	0,835	0,820	0,413	0,704	**0,098**	**0,722**	**0,559**	**0,460**	16	5	19	10	2	18	19	17	**16**	**6**	**22**	**19**
Oberfr.	0,078	0,495	0,737	0,661	0,814	0,813	0,418	0,784	**0,078**	**0,704**	**0,601**	**0,461**	20	7	18	16	3	19	18	6	**20**	**13**	**9**	**18**
Mittelfr.	0,104	0,488	0,761	0,678	0,725	0,860	0,434	0,726	**0,104**	**0,702**	**0,580**	**0,462**	14	10	13	14	15	4	13	12	**14**	**14**	**16**	**17**
Unterfr.	0,103	0,493	0,744	0,671	0,798	0,837	0,424	0,795	**0,103**	**0,709**	**0,610**	**0,474**	15	8	17	15	6	14	14	5	**15**	**12**	**6**	**13**
Schwaben	0,090	0,488	0,814	0,648	0,750	0,852	0,437	0,841	**0,090**	**0,710**	**0,639**	**0,480**	17	12	5	18	12	6	11	1	**17**	**11**	**2**	**8**
Reich	0,127	0,492	0,769	0,692	0,727	0,843	0,440	0,730	**0,127**	**0,705**	**0,585**	**0,472**												

Anm. und Quellen: berechnet nach Tab. 3-4, 3-6, 3-9 und 3-11 bis 3-15.

Tabelle 3–23: Indizes eines „deutschlandspezifischen“ Development Index, ausgewählte deutsche Regionen, um 1939

	Index SRS	Index e_5	Index CMR	Index IMR	Index MMR	Index Tb	Index VE	Index ALR	**Index Bild.**	**Index Ges.**	**Index Ress.**	**Index DDI_r**	Rang SRS	Rang e_5	Rang CMR	Rang IMR	Rang MMR	Rang Tb	Rang VE	Rang ALR	**Rang Bild.**	**Rang Ges.**	**Rang Ress.**	**Rang DDI_r**
Berlin	0,238	0,469	0,756	0,795	0,771	0,720	0,599	0,996	**0,238**	**0,702**	**0,797**	**0,579**	2	13	9	7	21	22	1	18	**2**	**19**	**1**	**3**
Frankf.	0,249	0,535	0,799	0,807	0,809	0,894	0,590	0,992	**0,249**	**0,769**	**0,791**	**0,603**	1	3	4	4	13	1	5	21	**1**	**4**	**5**	**1**
Köln	0,161	0,363	0,708	0,740	0,775	0,850	0,584	0,992	**0,161**	**0,687**	**0,788**	**0,545**	6	22	18	16	19	17	6	22	**6**	**20**	**6**	**7**
München	0,198	0,452	0,745	0,748	0,836	0,796	0,593	0,999	**0,198**	**0,715**	**0,796**	**0,570**	3	19	12	14	8	21	4	15	**3**	**15**	**3**	**5**
Hamburg	0,176	0,495	0,773	0,799	0,869	0,844	0,598	0,992	**0,176**	**0,756**	**0,795**	**0,576**	5	8	7	5	4	18	2	20	**5**	**7**	**4**	**4**
Bremen	0,196	0,513	0,870	0,828	0,813	0,868	0,595	0,999	**0,196**	**0,778**	**0,797**	**0,591**	4	4	1	1	12	6	3	11	**4**	**1**	**2**	**2**
Preußen	0,110	0,498	0,737	0,757	0,752	0,852	0,532	0,998	**0,110**	**0,719**	**0,765**	**0,531**	8	7	15	11	22	16	11	16	**8**	**13**	**11**	**12**
Bayern	0,079	0,466	0,715	0,710	0,808	0,858	0,523	1,000	**0,079**	**0,711**	**0,761**	**0,517**	18	15	17	20	15	13	15	5	**18**	**16**	**15**	**20**
Sachsen	0,089	0,545	0,820	0,820	0,832	0,861	0,544	0,996	**0,089**	**0,775**	**0,770**	**0,545**	12	1	2	2	9	11	9	19	**12**	**3**	**9**	**8**
Württ.	0,119	0,506	0,803	0,791	0,869	0,854	0,555	0,999	**0,119**	**0,765**	**0,777**	**0,554**	7	6	3	8	3	15	8	12	**7**	**6**	**8**	**6**
Baden	0,084	0,487	0,758	0,779	0,846	0,864	0,530	0,999	**0,084**	**0,747**	**0,765**	**0,532**	16	11	8	10	5	8	12	13	**16**	**8**	**12**	**11**
Thüringen	0,086	0,539	0,787	0,798	0,886	0,875	0,525	0,999	**0,086**	**0,777**	**0,762**	**0,542**	14	2	6	6	1	4	14	14	**14**	**2**	**14**	**10**
Hessen	0,101	0,512	0,790	0,818	0,831	0,893	0,519	0,997	**0,101**	**0,769**	**0,758**	**0,543**	9	5	5	3	10	2	16	17	**9**	**5**	**17**	**9**
Ostpreu.	0,101	0,460	0,638	0,717	0,838	0,872	0,506	0,999	**0,101**	**0,705**	**0,753**	**0,520**	9	16	21	18	7	5	20	10	**9**	**18**	**20**	**18**
Oberb.	0,101	0,458	0,738	0,715	0,792	0,842	0,566	1,000	**0,101**	**0,709**	**0,783**	**0,531**	9	18	14	19	17	20	7	7	**9**	**17**	**7**	**13**
Niederb.	0,044	0,450	0,655	0,597	0,803	0,842	0,480	1,000	**0,044**	**0,669**	**0,740**	**0,484**	22	20	20	21	16	19	22	1	**22**	**21**	**22**	**22**
Oberpfalz	0,063	0,429	0,601	0,591	0,839	0,886	0,501	1,000	**0,063**	**0,669**	**0,751**	**0,494**	21	21	22	22	6	3	21	4	**21**	**22**	**21**	**21**
Pfalz	0,086	0,493	0,737	0,755	0,823	0,860	0,517	1,000	**0,086**	**0,734**	**0,758**	**0,526**	14	10	15	12	11	12	17	8	**14**	**10**	**16**	**15**
Oberfr.	0,066	0,495	0,748	0,754	0,871	0,856	0,510	1,000	**0,066**	**0,745**	**0,755**	**0,522**	20	9	11	13	2	14	19	6	**20**	**9**	**19**	**16**
Mittelfr.	0,088	0,460	0,741	0,782	0,772	0,863	0,540	0,999	**0,088**	**0,724**	**0,770**	**0,527**	13	17	13	9	20	10	10	9	**13**	**11**	**10**	**14**
Unterfr.	0,079	0,483	0,699	0,742	0,808	0,865	0,516	1,000	**0,079**	**0,720**	**0,758**	**0,519**	18	12	19	15	14	7	18	3	**18**	**12**	**18**	**19**
Schwaben	0,081	0,468	0,756	0,722	0,781	0,864	0,527	1,000	**0,081**	**0,718**	**0,763**	**0,521**	17	14	9	17	18	9	13	2	**17**	**14**	**13**	**17**
Reich	0,106	0,500	0,772	0,760	0,820	0,862	0,531	0,998	**0,106**	**0,743**	**0,764**	**0,538**												

Anm. und Quellen: berechnet nach Tab. 3-4, 3-6, 3-9 und 3-11 bis 3-15.

Tabelle 3–24: DDI_r u. deren Veränderungen sowie Rangfolgen, ausgewählte deutsche Regionen, 1925-1939

	1925 DDI_r	1933 DDI_r	1939 DDI_r	Veränd. 1925-33	Veränd. 1933-39	Veränd. 1925-39	Rang DDI 1925	Rang DDI 1933	Rang DDI 1939
Berlin	0,513	0,503	0,579	-0,010	0,077	0,067	2	5	3
Frankfurt/M.	0,545	0,541	0,603	-0,004	0,062	0,058	1	1	1
Köln	0,511	0,491	0,545	-0,020	0,055	0,035	4	7	7
München	0,502	0,519	0,570	0,017	0,051	0,068	6	2	5
Hamburg	0,496	0,491	0,576	-0,005	0,085	0,080	8	6	4
Bremen	0,512	0,509	0,591	-0,003	0,081	0,079	3	4	2
Preußen	0,487	0,471	0,531	-0,016	0,061	0,045	11	15	12
Bayern	0,466	0,458	0,517	-0,008	0,060	0,052	19	20	20
Sachsen	0,496	0,462	0,545	-0,033	0,083	0,049	9	16	8
Württemberg	0,505	0,516	0,554	0,011	0,038	0,049	5	3	6
Baden	0,482	0,475	0,532	-0,007	0,057	0,050	12	11	11
Thüringen	0,495	0,473	0,542	-0,022	0,069	0,046	10	14	10
Hessen	0,499	0,478	0,543	-0,021	0,065	0,043	7	10	9
Provinz Ostpreußen	0,475	0,479	0,520	0,004	0,041	0,044	14	9	18
Oberbayern	0,472	0,474	0,531	0,003	0,057	0,059	15	12	13
Niederbayern	0,415	0,425	0,484	0,010	0,060	0,070	22	22	22
Oberpfalz	0,427	0,432	0,494	0,004	0,063	0,067	21	21	21
Pfalz	0,471	0,460	0,526	-0,011	0,066	0,055	16	19	15
Oberfranken	0,460	0,461	0,522	0,001	0,061	0,062	20	18	16
Mittelfranken	0,479	0,462	0,527	-0,017	0,065	0,048	13	17	14
Unterfranken	0,468	0,474	0,519	0,006	0,045	0,051	18	13	19
Schwaben	0,470	0,480	0,521	0,010	0,041	0,051	17	8	17
Deutsches Reich	0,487	0,472	0,538	-0,015	0,065	0,051			

Anm. und Quellen: erstellt nach Tab. 3-21 bis Tab. 3-23.

Tabelle 3–25: Korrelationsmatrix (Spearman) des DDI_r, ausgewählte Regionen, um 1939

	e5	CMR	IMR	MMR	Tbmorb	VE/Kopf	ALR	Bild	Ges.	Ress.	DDI_r
e5	1,000										
CMR	0,796**	1,000									
IMR	0,845**	0,873**	1,000								
MMR	0,331	0,283	0,166	1,000							
Tbmorb	0,394	0,178	0,231	0,283	1,000						
VE/Kopf	0,194	0,553**	0,532*	-0,218	-0,383	1,000					
ALR	-0,361	-0,463*	-0,644**	0,089	0,028	-0,653**	1,000				
Bild	0,231	0,443*	0,515*	-0,189	-0,213	0,865**	-0,752**	1,000			
Ges.	0,917**	0,852**	0,858**	0,432	0,441*	0,251	-0,309	0,215	1,000		
Ress.	0,173	0,542*	0,512*	-0,232	-0,365	0,993**	-0,602**	0,853**	0,249	1,000	
DDI_r	0,477*	0,750**	0,758**	0,039	-0,125	0,895**	-0,768**	0,882**	0,514*	0,882**	1,000

Anm.:*Die Korrelation ist auf dem 0,05 Niveau signifikant zweiseitig); **Die Korrelation ist auf dem 0,01 Niveau signifikant zweiseitig). Quellen: berechnet nach Tab. 3-23.

Tabelle 3–26: Absolute Zunahme des DDI_r und dessen Komponenten, ausgewählte deutsche Regionen, 1925-1933

	DDI_r	Bild	Ges.	Ress.	e_5	CMR	IMR	MMR	Tbmorb	VE/Kopf	ALR
Berlin	-0,010	0,079	0,074	-0,183	0,056	0,051	0,093	0,235	-0,066	-0,041	-0,324
Frankfurt/M.	-0,004	0,053	0,088	-0,154	0,067	0,224	0,115	-0,027	0,060	-0,034	-0,274
Köln	-0,020	-0,003	0,090	-0,147	0,099	0,147	0,161	-0,027	0,069	-0,025	-0,269
München	0,017	0,058	0,128	-0,135	0,116	0,292	0,231	0,014	-0,011	-0,023	-0,247
Hamburg	-0,005	0,024	0,118	-0,157	0,095	0,128	0,065	0,236	0,064	-0,039	-0,275
Bremen	-0,003	0,054	0,070	-0,132	0,092	0,143	0,063	-0,002	0,054	-0,013	-0,251
Preußen	-0,016	0,024	0,065	-0,138	0,057	0,124	0,112	-0,026	0,059	-0,033	-0,242
Bayern	-0,008	0,019	0,070	-0,112	0,056	0,125	0,152	-0,041	0,056	-0,030	-0,195
Sachsen	-0,033	0,019	0,045	-0,164	0,049	0,095	0,105	-0,064	0,036	-0,042	-0,285
Württemberg	0,011	0,034	0,079	-0,082	0,086	0,124	0,098	0,026	0,060	-0,006	-0,158
Baden	-0,007	0,016	0,080	-0,118	0,091	0,113	0,125	-0,016	0,086	-0,030	-0,206
Thüringen	-0,022	0,008	0,057	-0,132	0,045	0,088	0,112	-0,029	0,069	-0,038	-0,226
Hessen	-0,021	0,024	0,053	-0,140	0,069	0,079	0,072	-0,033	0,078	-0,038	-0,243
Ostpreußen	0,004	0,019	0,081	-0,089	0,036	0,178	0,123	0,010	0,058	-0,016	-0,163
Oberbayern	0,003	0,032	0,085	-0,110	0,092	0,163	0,151	-0,038	0,059	-0,028	-0,192
Niederbayern	0,010	0,009	0,093	-0,071	0,072	0,133	0,230	-0,044	0,075	0,022	-0,165
Oberpfalz	0,004	0,015	0,085	-0,087	0,046	0,149	0,215	-0,037	0,054	0,007	-0,181
Pfalz	-0,011	0,020	0,070	-0,124	0,076	0,139	0,098	-0,009	0,046	-0,034	-0,213
Oberfranken	0,001	0,024	0,086	-0,106	0,057	0,208	0,151	-0,020	0,033	-0,019	-0,193
Mittelfranken	-0,017	0,023	0,065	-0,139	0,065	0,130	0,127	-0,060	0,063	-0,037	-0,240
Unterfranken	0,006	0,023	0,091	-0,097	0,083	0,246	0,130	-0,068	0,064	-0,001	-0,193
Schwaben	0,010	0,024	0,078	-0,071	0,096	0,172	0,128	-0,053	0,046	0,000	-0,143
Deutsches Reich	-0,015	0,022	0,067	-0,134	0,060	0,125	0,112	-0,024	0,066	-0,033	-0,236

Anm. und Quellen: berechnet nach Tab. 3-21 und 3-22.

Tabelle 3–27: Absol. Zunahme des DDI_r u. dessen Komponenten, ausgew. deutsche Regionen, 1933-1939

	DDI_r	Bild.	Ges.	Ress.	e_5	CMR	IMR	MMR	Tbmorb	VE/Kopf	ALR
Berlin	0,077	-0,052	0,064	0,218	0,010	-0,008	0,066	0,200	0,051	0,091	0,344
Frankfurt/M.	0,062	-0,036	0,030	0,193	0,054	0,002	-0,026	0,085	0,036	0,088	0,298
Köln	0,055	-0,030	-0,012	0,207	-0,122	-0,043	-0,023	0,104	0,021	0,090	0,324
München	0,051	-0,019	-0,003	0,175	-0,007	-0,088	-0,065	0,089	0,056	0,074	0,275
Hamburg	0,085	-0,007	0,043	0,219	-0,013	-0,069	0,060	0,218	0,017	0,092	0,346
Bremen	0,081	-0,027	0,088	0,184	0,022	0,046	0,066	0,246	0,061	0,079	0,289
Preußen	0,061	-0,027	0,025	0,185	0,011	-0,020	0,063	0,048	0,023	0,094	0,276
Bayern	0,060	-0,011	0,025	0,164	-0,010	-0,013	0,101	0,030	0,017	0,101	0,227
Sachsen	0,083	-0,001	0,053	0,195	0,015	0,007	0,074	0,149	0,022	0,089	0,302
Württemberg	0,038	-0,013	0,003	0,124	-0,007	-0,037	0,035	0,020	0,005	0,090	0,158
Baden	0,057	-0,025	0,021	0,176	0,000	-0,005	0,043	0,046	0,019	0,094	0,258
Thüringen	0,069	-0,020	0,044	0,182	0,022	-0,016	0,087	0,125	0,004	0,103	0,260
Hessen	0,065	-0,017	0,019	0,192	-0,009	-0,002	0,038	0,045	0,024	0,094	0,290
Ostpreußen	0,041	-0,018	-0,006	0,146	-0,028	-0,121	0,056	0,053	0,010	0,110	0,181
Oberbayern	0,057	-0,013	0,020	0,164	-0,007	-0,029	0,094	0,043	-0,004	0,109	0,219
Niederbayern	0,060	-0,001	0,048	0,132	-0,009	0,031	0,177	0,043	-0,002	0,079	0,184
Oberpfalz	0,063	-0,009	0,036	0,161	-0,021	-0,002	0,125	0,029	0,047	0,096	0,225
Pfalz	0,066	-0,012	0,011	0,200	-0,017	0,006	0,039	-0,012	0,040	0,104	0,295
Oberfranken	0,061	-0,012	0,041	0,154	0,000	0,011	0,093	0,058	0,043	0,093	0,215
Mittelfranken	0,065	-0,016	0,021	0,189	-0,028	-0,020	0,104	0,048	0,003	0,105	0,273
Unterfranken	0,045	-0,024	0,011	0,148	-0,009	-0,045	0,071	0,009	0,028	0,091	0,204
Schwaben	0,041	-0,009	0,008	0,124	-0,019	-0,058	0,074	0,031	0,012	0,090	0,158
Deutsches Reich	0,065	-0,021	0,038	0,180	0,007	0,003	0,068	0,093	0,019	0,091	0,268

Anm. und Quellen: berechnet nach Tab. 3-22 und 3-23.

Tabelle 3–28: Absol. Zunahme des DDI_r u. dessen Komponenten, ausgew. deutsche Regionen, 1925-1939

	DDI_r	SRS	Ges.	Ress.	e_5	CMR	IMR	MMR	Tbmorb	VE/Kopf	ALR
Berlin	0,067	0,027	0,138	0,035	0,066	0,044	0,159	0,435	-0,015	0,051	0,020
Frankfurt/M.	0,058	0,017	0,118	0,039	0,122	0,226	0,089	0,058	0,095	0,054	0,024
Köln	0,035	-0,033	0,077	0,060	-0,024	0,104	0,138	0,077	0,090	0,065	0,055
München	0,068	0,039	0,125	0,040	0,109	0,203	0,166	0,103	0,044	0,051	0,028
Hamburg	0,080	0,017	0,160	0,062	0,083	0,059	0,125	0,454	0,080	0,052	0,071
Bremen	0,079	0,027	0,158	0,052	0,114	0,189	0,130	0,244	0,115	0,066	0,037
Preußen	0,045	-0,003	0,090	0,047	0,068	0,104	0,175	0,021	0,082	0,061	0,034
Bayern	0,052	0,008	0,095	0,052	0,046	0,113	0,254	-0,010	0,073	0,071	0,032
Sachsen	0,049	0,018	0,098	0,032	0,064	0,102	0,179	0,086	0,059	0,046	0,017
Württemberg	0,049	0,021	0,082	0,043	0,079	0,087	0,133	0,045	0,065	0,085	0,001
Baden	0,050	-0,009	0,101	0,057	0,091	0,109	0,167	0,031	0,105	0,064	0,051
Thüringen	0,046	-0,012	0,101	0,049	0,067	0,071	0,199	0,096	0,073	0,065	0,033
Hessen	0,043	0,007	0,072	0,052	0,059	0,077	0,110	0,012	0,101	0,057	0,047
Ostpreußen	0,044	0,001	0,075	0,056	0,008	0,058	0,179	0,063	0,068	0,095	0,018
Oberbayern	0,059	0,019	0,105	0,054	0,086	0,135	0,245	0,005	0,055	0,081	0,027
Niederbayern	0,070	0,008	0,141	0,060	0,064	0,164	0,407	0,000	0,073	0,101	0,019
Oberpfalz	0,067	0,006	0,121	0,074	0,024	0,147	0,340	-0,008	0,101	0,103	0,044
Pfalz	0,055	0,008	0,081	0,076	0,059	0,145	0,136	-0,021	0,086	0,070	0,082
Oberfranken	0,062	0,012	0,127	0,048	0,057	0,218	0,244	0,038	0,076	0,073	0,023
Mittelfranken	0,048	0,007	0,087	0,051	0,037	0,110	0,231	-0,012	0,067	0,068	0,033
Unterfranken	0,051	-0,001	0,102	0,051	0,074	0,201	0,202	-0,059	0,092	0,090	0,011
Schwaben	0,051	0,015	0,086	0,053	0,076	0,114	0,202	-0,021	0,058	0,090	0,016
Deutsches Reich	0,051	0,001	0,106	0,045	0,068	0,127	0,180	0,068	0,085	0,059	0,032

Anm. und Quellen: berechnet nach Tab. 3-22 und 3-23.

Tabelle 3–29: Wechsel der Rangfolge durch Verwendung des HDI_r bzw. DDI_r anstatt des VE/Kopf, ausgewählte deutsche Regionen, 1925, 1933 und 1939.

	$Rang_{HDI}$-$Rang_{VE/Kopf}$			$Rang_{DDI}$-$Rang_{VE/Kopf}$		
	1925	1933	1939	1925	1933	1939
Berlin	1	-1	1	1	2	2
Frankfurt/M.	-3	-4	-4	-3	-4	-4
Köln	-1	0	1	-2	1	1
München	3	3	1	3	1	1
Hamburg	1	1	2	6	2	2
Bremen	-1	1	0	-2	2	-1
Preußen	0	-1	0	1	5	1
Bayern	2	4	3	4	4	5
Sachsen	1	1	-1	2	7	-1
Württem.	-2	0	-2	-6	-4	-2
Baden	0	-1	1	0	-1	-1
Thüringen	-3	-5	-4	-4	-3	-4
Hessen	-6	-7	-7	-6	-5	-7
Ostpreußen	-4	-4	0	-6	-13	-2
Oberbayern	7	5	5	7	4	6
Niederbayern	0	1	0	0	1	0
Oberpfalz	0	1	0	0	1	0
Pfalz	-2	-4	-2	0	0	-2
Oberfranken	3	1	0	3	0	-3
Mittelfranken	4	1	4	4	4	4
Unterfranken	-1	2	-1	-1	-1	1
Schwaben	1	6	3	-1	-3	4

Anm. und Quellen: berechnet nach Tab. 3-16 bis 3-18 und 3-21 bis 3-23.

Tabelle 3–30: Wechsel der Rangfolge durch Verwendung des DDI_r anstatt des HDI_r ($Rang_{DDI}$-$Rang_{HDI}$) und im Vergleich dazu Rangwechsel der beiden Indizes unter Ausschluß des Einflußes des Indikators Arbeitslosigkeit ($Rang_{DDIohneAbeitslosenquote}$-$Rang_{HDI}$), ausgewählte deutsche Regionen, 1925, 1933 und 1939

1	2 1925	3 1933	4 1939	5 1925*	6 1933*	7 1939*
Berlin	0	3	1	0	2	1
Frankfurt	0	0	0	0	0	0
Köln	-1	1	0	-2	0	0
München	0	-2	0	0	-2	0
Hamburg	5	1	0	2	0	0
Bremen	-1	1	-1	0	0	-1
Preußen	1	6	1	1	1	2
Bayern	2	0	2	0	0	1
Sachsen	1	6	0	1	1	0
Württemberg	-4	-4	0	-1	0	0
Baden	0	0	-2	0	-2	-1
Thüringen	-1	2	0	-1	1	0
Hessen	0	2	0	0	0	0
Ostpreußen	-2	-9	-2	0	0	0
Oberbayern	0	-1	1	0	-1	-1
Niederbayern	0	0	0	0	0	0
Oberpfalz	0	0	0	0	0	0
Pfalz	2	4	0	0	2	0
Oberfranken	0	-1	-3	0	0	-2
Mittelfranken	0	3	0	0	0	0
Unterfranken	0	-3	2	1	0	1
Schwaben	-2	-9	1	-1	-2	0

Anm: *($Rang_{DDIohneArbeitslosenquote}$-$Rang_{HDI}$). Quellen: berechnet nach 3-16 bis 3-18 und 3-21 bis 3-23.

Tabelle 3–31: Vergleiche der verschiedenen Development Indizes und absolute Veränderungen für ausgewählte deutsche Regionen zwischen den verschiedenen Stichjahren 1925, 1933 und 1939

	DDI_r 1925-33	HDI_r 1925-33	DDI_r 1933-39	HDI_r 1933-39	DDI_r 1925-39	HDI_r 1925-39
Berlin	-0,010	0,029	0,077	0,016	0,067	0,046
Frankfurt/M.	-0,004	0,026	0,062	0,029	0,058	0,055
Köln	-0,020	0,015	0,055	0,004	0,035	0,019
München	0,017	0,042	0,051	0,021	0,068	0,064
Hamburg	-0,005	0,016	0,085	0,030	0,080	0,046
Bremen	-0,003	0,036	0,081	0,023	0,079	0,059
Preußen	-0,016	0,017	0,061	0,028	0,045	0,045
Bayern	-0,008	0,020	0,060	0,036	0,052	0,056
Sachsen	-0,033	0,009	0,083	0,042	0,049	0,051
Württemberg	0,011	0,033	0,038	0,027	0,049	0,061
Baden	-0,007	0,020	0,057	0,027	0,050	0,047
Thüringen	-0,022	0,008	0,069	0,039	0,046	0,047
Hessen	-0,021	0,013	0,065	0,028	0,043	0,041
Ostpreußen	0,004	0,022	0,041	0,026	0,044	0,048
Oberbayern	0,003	0,030	0,057	0,037	0,059	0,067
Niederbayern	0,010	0,041	0,060	0,043	0,070	0,084
Oberpfalz	0,004	0,034	0,063	0,037	0,067	0,071
Pfalz	-0,011	0,017	0,066	0,032	0,055	0,049
Oberfranken	0,001	0,027	0,061	0,033	0,062	0,060
Mittelfranken	-0,017	0,018	0,065	0,034	0,048	0,051
Unterfranken	0,006	0,035	0,045	0,025	0,051	0,060
Schwaben	0,010	0,035	0,041	0,029	0,051	0,064
Deutsches Reich	-0,015	0,018	0,065	0,031	0,051	0,048

Anm. und Quellen: erstellt nach Tab. 3-19 und 3-24.

Tabelle 3–32: Wechsel der Rangfolge durch veränderte Gewichtung der Komponenten im HDI_r und DDI_r, ausgewählte deutsche Regionen, 1925, 1933 und 1939

1	2	3	4	5	6	7
	HDI_r 1925	HDI_r 1933	HDI_r 1939	DDI_r 1925	DDI_r 1933	DDI_r 1939
Berlin	0	0	-1	0	0	-1
Frankfurt/M.	0	0	0	0	0	-1
Köln	0	0	-1	-1	0	-10
München	0	-1	0	0	-1	2
Hamburg	0	1	0	-1	0	-2
Bremen	0	0	1	0	0	1
Preußen	0	-1	-1	0	0	-2
Bayern	0	0	-1	1	1	0
Sachsen	1	2	1	2	0	-3
Württemberg	0	0	0	1	1	1
Baden	0	0	0	-4	-3	1
Thüringen	0	0	1	2	1	3
Hessen	-1	-1	-1	-3	0	0
Ostpreußen	0	-1	0	2	-2	-1
Oberbayern	0	0	1	1	3	5
Niederbayern	0	0	0	0	0	0
Oberpfalz	0	0	0	0	0	0
Pfalz	0	-1	0	-4	-1	2
Oberfranken	0	1	1	1	0	1
Mittelfranken	0	0	0	0	0	2
Unterfranken	0	-1	0	1	1	1
Schwaben	0	2	0	2	0	1

Anm. und Quellen: berechnet nach Quellen siehe Tab. 3-16 bis 3-18 und 3-21 bis 3-23.

Tabelle 3–33: Die zugrunde gelegte Standardgewichtung sowie der Wechsel der Gewichtung der einzelnen Indikatoren des DDI$_r$ durch Annahme der jeweiligen Minima- und Maximawerte in den Stichjahren, ausgewählte deutsche Regionen, 1925, 1933 und 1939

	Erhöhung des Gesamtindex bei Verbesserung des jeweiligen Indikators um eine Einheit							
	SRS	VE/Kopf	ARL	SST	CMR	e_5	MMR	Tbmorb
Standardgewichtung	0,003	0,019	0,002	0,000	0,003	0,003	0,000	0,001
Gewichtung 1925	0,017	0,114	0,021	0,001	0,013	0,019	0,001	0,014
Gewichtung 1933	0,014	0,158	0,009	0,001	0,014	0,033	0,001	0,006
Gewichtung 1939	0,016	0,162	0,209	0,001	0,012	0,015	0,002	0,008

Anm. und Quellen: berechnet nach Quellen siehe Tab. 3-21 bis 3-23.

Tabelle 3–34: Wechsel der regionalen Rangfolgen des HDI_r und DDI_r durch Verdoppelung der Gewichtung der Komponente Bildung bzw. Gesundheit, ausgewählte Regionen, 1925-1939

	HDI_r-HDI+			DDI_r-DDI+			HDI_r-HDI'			DDI_r-DDI'		
	1925	1933	1939	1925	1933	1939	1925	1933	1939	1925	1933	1939
1	2	3	4	5	6	7	8	9	10	11	12	13
Berlin	0	0	0	2	2	1	0	0	-1	-4	-4	-1
Frankfurt/M.	0	0	0	0	0	0	0	0	0	0	0	0
Köln	2	0	1	-1	1	1	0	0	-5	-5	1	-4
München	0	0	1	1	-1	1	2	-1	0	-5	0	-1
Hamburg	-1	0	-1	2	1	-1	0	1	0	-2	1	1
Bremen	-1	0	0	-1	-1	-1	0	0	1	-3	-1	0
Preußen	2	1	2	1	2	1	1	-1	1	-1	-4	0
Bayern	-1	1	-1	0	1	0	1	0	-1	0	0	0
Sachsen	-3	-1	0	-1	-1	-1	-1	1	2	5	5	1
Württem.	0	0	-1	-2	-2	-1	0	0	-1	2	2	1
Baden	0	1	-1	0	-1	-2	0	0	2	3	-1	1
Thüringen	1	-1	-2	0	-2	0	-1	0	2	5	1	2
Hessen	0	-1	-1	-1	0	1	-1	0	0	5	1	0
Ostpreußen	1	2	3	2	1	2	-1	0	0	0	0	-1
Oberbayern	-1	1	1	0	0	1	1	-2	-1	-1	-4	-3
Niederb.	0	0	0	0	0	0	0	0	0	0	0	0
Oberpfalz	0	0	0	0	0	0	0	0	0	0	0	0
Pfalz	0	-2	0	-1	-1	0	-1	2	0	1	3	2
Oberfr.	0	-1	-1	0	-1	-3	-1	0	1	0	0	2
Mittelfr.	0	0	1	-1	2	0	1	0	0	-1	0	-1
Unterfr.	1	1	-1	1	1	1	-1	0	0	0	-1	1
Schwaben	0	-1	0	-1	-1	0	1	0	0	1	1	0

Anm.: HDI+ bzw. DDI+ = (2*Bildung + Gesundheit + Zugang zu Ressourcen)/4. HDI' bzw. DDI' = (Bildung + 2*Gesundheit + Zugang zu Ressourcen)/4. Quellen: berechnet nach Quellen siehe Tab. 3-16 bis 3-18 und 3-21 bis 3-23.

Tabelle 3–35: Absolute Veränderungen des HDI_r bzw. DDI_r unter der Annahme verschiedener Gewichtungen der Komponenten, ausgewählte Regionen, 1925-1939

1	2 HDI+ 1925-33	3 HDI+ 1933-38	4 HDI' 1925-33	5 HDI' 1933-38	6 DDI+ 1925-33	7 DDI+ 1933-38	8 DDI' 1925-33	9 DDI' 1933-38	10 DDI# 1925-33	11 DDI# 1933-39
Berlin	0,042	-0,001	0,034	0,015	0,010	0,046	0,007	0,078	0,023	0,041
Frankf./M.	0,032	0,013	0,034	0,031	0,010	0,038	0,019	0,054	0,026	0,028
Köln	0,010	-0,005	0,030	-0,010	-0,016	0,034	0,007	0,038	0,010	0,018
München	0,046	0,011	0,055	0,018	0,027	0,034	0,045	0,037	0,044	0,020
Hamburg	0,018	0,021	0,027	0,024	0,002	0,062	0,026	0,074	0,025	0,045
Bremen	0,041	0,011	0,043	0,022	0,012	0,054	0,016	0,083	0,025	0,049
Preußen	0,019	0,014	0,028	0,026	-0,006	0,039	0,004	0,052	0,011	0,030
Bayern	0,019	0,024	0,033	0,031	-0,001	0,042	0,011	0,051	0,014	0,034
Sachsen	0,011	0,031	0,019	0,041	-0,020	0,062	-0,014	0,075	-0,002	0,049
Württem.	0,034	0,017	0,043	0,022	0,017	0,025	0,028	0,029	0,028	0,020
Baden	0,019	0,014	0,033	0,023	-0,002	0,037	0,014	0,048	0,015	0,028
Thüringen	0,008	0,024	0,020	0,037	-0,015	0,046	-0,002	0,063	0,003	0,040
Hessen	0,016	0,017	0,023	0,023	-0,010	0,044	-0,003	0,053	0,006	0,032
Ostpreuß.	0,021	0,015	0,032	0,016	0,008	0,026	0,023	0,029	0,022	0,020
Oberbay.	0,031	0,025	0,044	0,032	0,010	0,039	0,023	0,047	0,024	0,032
Niederbay.	0,033	0,032	0,054	0,045	0,010	0,045	0,031	0,057	0,029	0,039
Oberpfalz	0,029	0,025	0,046	0,033	0,007	0,045	0,025	0,056	0,024	0,037
Pfalz	0,018	0,021	0,029	0,026	-0,003	0,047	0,009	0,053	0,012	0,033
Oberfr.	0,026	0,022	0,039	0,029	0,007	0,043	0,022	0,056	0,023	0,037
Mittelfr.	0,019	0,021	0,030	0,028	-0,007	0,045	0,004	0,054	0,010	0,035
Unterfr.	0,032	0,012	0,047	0,020	0,010	0,028	0,027	0,036	0,027	0,022
Schwaben	0,032	0,020	0,047	0,024	0,014	0,028	0,027	0,033	0,026	0,023

Anm.: HDI+ bzw. DDI+ = (2*Bildung + Gesundheit + Zugang zu Ressourcen)/4. HDI' bzw. DDI' = (Bildung + 2*Gesundheit + Zugang zu Ressourcen)/4. DDI# = berechnet mit dem Index der Arbeitslosenrate mit einen Maximumwert von 0 und einem Minimumwert von 300%. Quellen: erstellt nach Quellen siehe Tab. 3-16 bis 3-18 und 3-21 bis 3-23.

Tabelle 3–36: Standardabweichung der Lebensstandardindikatoren, ausgewählte Regionen, 1925-39

	Index VE	Index ALR	Index SRS	Index Tb	Index MMR	Index e_5	Index CMR	Index IMR	Index Ges.	Index Res.	Index Bild.	Index e_0
Berlin	0,046	0,193	0,040	0,035	0,218	0,035	0,027	0,080	0,069	0,117	0,040	0,042
Frankfurt/M	0,045	0,165	0,027	0,048	0,043	0,061	0,130	0,060	0,061	0,102	0,027	0,043
Köln	0,047	0,173	0,018	0,047	0,054	0,065	0,076	0,087	0,049	0,106	0,018	0,044
München	0,038	0,151	0,029	0,029	0,056	0,065	0,150	0,119	0,073	0,092	0,029	0,051
Hamburg	0,046	0,183	0,012	0,042	0,227	0,052	0,064	0,063	0,083	0,113	0,012	0,090
Bremen	0,042	0,157	0,027	0,057	0,142	0,060	0,099	0,065	0,079	0,095	0,027	0,091
Preußen	0,047	0,151	0,015	0,042	0,024	0,036	0,067	0,088	0,046	0,096	0,015	0,093
Bayern	0,052	0,123	0,009	0,038	0,021	0,030	0,068	0,128	0,049	0,084	0,009	0,095
Sachsen	0,044	0,170	0,011	0,030	0,075	0,033	0,057	0,090	0,049	0,105	0,011	0,098
Württemberg	0,051	0,091	0,017	0,036	0,023	0,048	0,064	0,069	0,046	0,063	0,017	0,099
Baden	0,048	0,136	0,013	0,056	0,024	0,052	0,064	0,087	0,053	0,090	0,013	0,101
Thüringen	0,052	0,141	0,010	0,041	0,066	0,034	0,047	0,100	0,051	0,094	0,010	0,101
Hessen	0,048	0,156	0,013	0,053	0,023	0,037	0,044	0,056	0,037	0,099	0,013	0,101
Ostpreußen	0,060	0,100	0,011	0,037	0,034	0,019	0,091	0,091	0,045	0,073	0,011	0,098
Oberbayern	0,056	0,119	0,016	0,033	0,023	0,051	0,087	0,123	0,056	0,083	0,016	0,099
Niederbayern	0,053	0,101	0,005	0,043	0,025	0,039	0,087	0,204	0,072	0,066	0,005	0,101
Oberpfalz	0,058	0,119	0,007	0,043	0,020	0,023	0,085	0,172	0,062	0,080	0,007	0,099
Pfalz	0,053	0,152	0,010	0,050	0,011	0,040	0,082	0,070	0,044	0,101	0,010	0,097
Oberfranken	0,049	0,118	0,012	0,038	0,029	0,033	0,123	0,123	0,065	0,079	0,012	0,098
Mittelfranken	0,053	0,149	0,012	0,038	0,032	0,033	0,070	0,116	0,045	0,098	0,012	0,099
Unterfranken	0,052	0,115	0,014	0,047	0,037	0,045	0,131	0,102	0,056	0,075	0,014	0,099
Schwaben	0,052	0,087	0,012	0,031	0,026	0,051	0,087	0,102	0,047	0,062	0,012	0,100
Reichsgeb.	0,046	0,146	0,013	0,044	0,048	0,037	0,073	0,091	0,053	0,093	0,013	0,102

Anm. und Quellen: berechnet nach Tab. 3-4, 3-6 und 3-9 bis 3-15 sowie 3- 21 bis 3-23.

Tabelle 3–37: Absolute Zunahme der Development Indizes zwischen 1933 und 1939 für ausgewählte deutsche Regionen unter der Annahme eines konstanten Pro-Kopf-Einkommens

1	2 HDI_r	3 DDI_r	4 HDI+	5 DDI+	6 HDI'	7 DDI'	8 DDI#
Stadt Berlin	-0,014	0,064	-0,024	0,033	-0,008	0,062	0,023
Frankfurt/M.	0,000	0,048	-0,009	0,027	0,009	0,043	0,015
Köln	-0,027	0,040	-0,027	0,023	-0,032	0,027	0,004
München	-0,003	0,039	-0,007	0,024	0,000	0,028	0,008
Hamburg	0,000	0,069	-0,002	0,050	0,002	0,063	0,031
Bremen	-0,003	0,068	-0,009	0,044	0,002	0,073	0,036
Preußen	-0,003	0,045	-0,009	0,027	0,002	0,040	0,015
Bayern	0,002	0,043	-0,001	0,029	0,006	0,038	0,017
Sachsen	0,012	0,068	0,009	0,051	0,019	0,064	0,034
Württemberg	-0,003	0,023	-0,005	0,014	-0,001	0,018	0,005
Baden	-0,005	0,041	-0,010	0,025	0,000	0,036	0,013
Thüringen	0,004	0,051	-0,002	0,033	0,012	0,050	0,022
Hessen	-0,004	0,049	-0,007	0,032	-0,001	0,041	0,017
Ostpreußen	-0,011	0,022	-0,012	0,012	-0,011	0,015	0,002
Oberbayern	0,001	0,039	-0,003	0,026	0,005	0,035	0,015
Niederbayern	0,016	0,046	0,012	0,035	0,025	0,048	0,027
Oberpfalz	0,005	0,047	0,001	0,033	0,009	0,045	0,022
Pfalz	-0,002	0,049	-0,005	0,034	-0,001	0,040	0,017
Oberfranken	0,002	0,046	-0,001	0,032	0,006	0,045	0,022
Mittelfranken	-0,001	0,047	-0,005	0,032	0,002	0,042	0,018
Unterfranken	-0,006	0,030	-0,010	0,017	-0,003	0,026	0,008
Schwaben	-0,001	0,026	-0,003	0,018	0,001	0,022	0,009
Deutsches Reich	0,000	0,050	-0,005	0,032	0,005	0,047	0,021

Anm.: HDI+ bzw. DDI+ = (2*Bildung + Gesundheit + Zugang zu Ressourcen)/4. HDI' bzw. DDI' = (Bildung + 2*Gesundheit + Zugang zu Ressourcen)/4. Anm. und Quellen: berechnet nach Tab. 3-16 bis 3-18 und 3-21 bis 3-23.

Tabelle 3–38: Lebenshaltungskostenindizes, ausgewählte Regionen, 1926-1939

	1926	1932	1939
Berlin	129,5	116,7	
Sachsen	142,3	120,1	123,5
Thüringen	147,4	121,7	
Hessen	142,3		
Frankfurt/M.	139,6	121,3	
München	136,5	131,4	126,3
Hamburg	143,6	120,7	128,3
Bremen	139,6	121,0	
Köln		117,5	129,3
Deutsches Reich	141,2	120,6	126,2

Anm. und Quellen: siehe Anhang II-B-1.

Tabelle 3–39: Vergleich der DDI_r mit regionalen Development Indizes (DDI_r^{ALR}), berechnet mit alternativen Arbeitslosenraten (1925: Arbeitsnachweise; 1933: gemeldete Arbeitslose), absolute Veränderungen und Rangwechsel ausgewählte Regionen, 1925-1939

	DDI_r^{ALR}	DDI_r^{ALR}	DDI_r	Veränderungen			Rangwechsel	
	1925	1933	1939	1925-33	1933-39	1925-39	1926	1933
Berlin	0,513	0,506	0,579	-0,006	0,073	0,067	0	-2
Hamburg	0,496	0,525	0,576	0,029	0,051	0,080	0	1
Bremen	0,512	0,536	0,591	0,025	0,054	0,079	0	1
Preußen	0,487	0,498	0,531	0,011	0,034	0,045	0	0
Bayern	0,466	0,481	0,517	0,015	0,037	0,052	0	0
Sachsen	0,496	0,490	0,545	-0,006	0,055	0,049	0	0
Württemberg	0,505	0,533	0,554	0,028	0,021	0,049	0	-1
Baden	0,482	0,500	0,532	0,018	0,032	0,050	0	0
Thüringen	0,495	0,499	0,542	0,004	0,042	0,046	0	0
Hessen	0,499	0,510	0,543	0,011	0,032	0,043	0	2
Ostpreußen	0,475	0,501	0,520	0,026	0,019	0,044	0	-1

Anm. und Quellen: berechnet nach Tab. 3-7 und 3-8 sowie 3-21 bis 3-23.

Tabelle 3–40: Bevölkerungsentwicklung (Bev. in 1000), Länder und ausgewählte Städte, Bundesrepublik, 1950-1960

	Bev. 1939	Bev. 1950	Bev. 1955	Bev. 1960	Veränd. in % 1939-50	Veränd. in % 1950-55	Veränd. in % 1950-60
Berlin-West	2750	2147	2203	2202	-21,9	2,6	0,0
Frankfurt/M.	549,0	532	640	670	-3,1	16,9	4,7
Köln	768,8	595	716	809[1]	-22,6	16,9	13,0
München	829,3	832	968	1085[1]	0,3	14,1	12,1
Hamburg	1712	1606	1782	1832	-6,2	9,9	2,9
Bremen	563	559	640	706	-0,8	12,7	10,4
Schleswig-Hol.	1589	2595	2277	2317	63,3	-13,9	1,8
Niedersachsen	4540	6797	6548	6641	49,7	-3,8	1,4
NRW	11945	13196	14856	15902	10,5	11,2	7,0
Hessen	3479	4324	4577	4814	24,3	5,5	5,2
Rheinl.-Pfalz	2960	3005	3305	3417	1,5	9,1	3,4
Bayern	7084	9184	9177	9516	29,7	-0,1	3,7
Baden-Würt.	5476	6430	7157	7759	17,4	10,2	8,4
Bundesgebiet[2]	43008	47696	50318	52905	10,9	5,2	5,1

Anm.: [1]1961; [2]Gebietsstand: ohne Westberlin und Saarland. Quellen: siehe Anhang II-B-2.

Tabelle 3–41: BIP/Kopf (in Werten von 1961), Indizes, absolute Veränderungen und Rangfolgen, Länder und ausgewählte Städte, Bundesrepublik, 1950-1961

	BIP/Kopf 1950	BIP/Kopf 1955	BIP/Kopf 1961	Indizes 1950	Indizes 1955	Indizes 1961	Veränd. 1950-1955	Veränd. 1955-1961	Veränd. 1950-1961	Rang 1950	Rang 1955	Rang 1961
Berlin-West	2227[1]	*3306*[3]	6031	0,518	0,584	0,684	0,066	0,100	0,166	9	12	8
Frankfurt/M.	4259[2]	5923[2]	11460	0,626	0,681	0,791	0,055	0,110	0,165	2	3	1
Köln	3852[3]	*6074*[3]	8724	0,609	0,685	0,746	0,076	0,060	0,136	4	2	4
München	2966	*5528*[3]	9164	0,566	0,670	0,754	0,104	0,084	0,188	6	5	3
Hamburg	4628	6748	9899	0,640	0,703	0,767	0,063	0,064	0,127	1	1	2
Bremen	3972	5742	7415	0,615	0,676	0,719	0,062	0,043	0,104	3	4	5
Schleswig-Holstein	1820	3080	4758	0,484	0,572	0,645	0,088	0,073	0,160	13	13	12
Niedersachsen	2037	3422	5072	0,503	0,590	0,655	0,087	0,066	0,152	12	10	11
Nordrhein-Westfalen	2988	4712	6257	0,567	0,643	0,690	0,076	0,047	0,123	5	6	6
Hessen	2470	3996	5911	0,535	0,616	0,681	0,080	0,065	0,146	8	8	9
Rheinland-Pfalz	2114	3334	4477	0,509	0,585	0,635	0,076	0,049	0,125	11	11	13
Baden-Württemberg	2564	4119	6066	0,541	0,621	0,685	0,079	0,065	0,144	7	7	7
Bayern	2156	3455	5171	0,513	0,591	0,659	0,079	0,067	0,146	10	9	10
Bundesgebiet[4]	2534	4077	5814	0,539	0,619	0,678	0,079	0,059	0,139			

Anm.: [1]BSP [2]NIP zu Faktorkosten; [3]geschätzt siehe Kap. 3.2.3; [4]Bundesgebiet: 1950 und 1955 ohne Saarland und West-Berlin; 1961 einschl. Saarland und West-Berlin. Quellen: siehe Anhang II-B-2.

Tabelle 3–42: Arbeitslosigkeit, Indizes, absolute Veränderungen und Rangfolgen, Länder und ausgewählte Städte, Bundesrepublik, 1950-1960

	Ind. 1950[1]	Ind. 1955[1]	Ind. 1960[2]	Indizes 1950	Indizes 1955	Indizes 1960	Veränd. 1950-55	Veränd. 1955-60	Veränd. 1950-60	Rang	Rang	Rang
Berlin-West	26,7[3]	12,3	3,6	0,733	0,877	0,964	0,144	0,087	0,231	13	13	13
Frankfurt/M.	3,6	1,7	0,3[1]	0,964	0,983	0,997	0,019	0,014	0,032	2	5	3
Köln	5,1	1,6	0,4[1]	0,949	0,984	0,996	0,036	0,012	0,047	4	3	4
München	7,8	3,8	0,3[4]	0,922	0,962	0,997	0,040	0,035	0,075	7	8	2
Hamburg	12,2	6,3	0,7	0,878	0,937	0,993	0,059	0,056	0,115	10	11	5
Bremen	10,1	4,9	1,5	0,899	0,951	0,985	0,052	0,034	0,086	8	10	9
Schleswig-Holstein	21,5	7,4	2,6	0,785	0,926	0,974	0,141	0,048	0,189	12	12	12
Niedersachsen	14,0	4,1	1,8	0,860	0,959	0,982	0,099	0,023	0,122	11	9	10
Nordrhein-Westfalen	3,8	1,6	0,8	0,962	0,984	0,992	0,022	0,008	0,030	3	4	7
Hessen	7,1	2,4	0,8	0,929	0,976	0,992	0,046	0,016	0,063	6	6	6
Rheinland-Pfalz	6,4	1,5	1,3	0,936	0,985	0,987	0,049	0,002	0,050	5	2	8
Baden-Württemberg	3,2	1,0	0,3	0,968	0,990	0,997	0,022	0,007	0,029	1	1	1
Bayern	10,8	3,5	2,0	0,892	0,965	0,980	0,072	0,015	0,087	9	7	11
Bundesgebiet[5]	8,2	3,2	1,3	0,918	0,968	0,987	0,050	0,019	0,069			

Anm.: [1]Stand September des jeweiligen Jahres; [2]Jahresdurchschnitt; [3]1952; [4]nach Berufszählung 1961; [5]Bundesgebiet 1950: ohne Saarland und ohne Berlin-West; 1955 und 1960 einschl. Berlin-West ohne Saarland. Quellen: siehe Anhang II-B-2.

Tabelle 3–43: Bruttoschuleinschreiberate im sekundären Bildungssektor*, Indizes, absolute Veränderungen und Rangfolgen, Länder und ausgewählte Städte, Bundesrepublik, 1950-1961

	Ind. 1950	Ind. 1955	Ind. 1961	Indizes 1950	Indizes 1955	Indizes 1961	Veränd. 1950/55	Veränd. 1955/61	Veränd. 1950/61	Rang 1950	Rang 1955	Rang 1961
Berlin	14,1[1]	28,9[2]	27,6[2]	0,141	0,289	0,276	0,147	-0,012	0,135	9	3	4
Frankfurt/M.	30,5	34,0[6]	31,0[6]	0,305	0,340	0,310	0,035	-0,031	0,004	1	1	2
Köln	21,6	26,7	28,5	0,216	0,267	0,285	0,051	0,018	0,069	3	4	3
München	25,3	31,2[5]	31,1	0,253	0,312	0,311	0,059	-0,001	0,058	2	2	1
Hamburg[3]	15,9[4]	21,5	22,0	0,159	0,215	0,220	0,056	0,006	0,062	5	8	8
Bremen[3]	18,8	23,9[5]	26,1	0,188	0,239	0,261	0,052	0,022	0,074	4	6	6
Schleswig-Holstein	11,1	25,8	27,5	0,111	0,258	0,275	0,147	0,017	0,164	11	5	5
Niedersachsen	14,2	19,9	23,1	0,142	0,199	0,231	0,057	0,032	0,089	8	10	7
NRW	15,0	20,1[5]	21,5	0,150	0,201	0,215	0,051	0,015	0,066	7	9	9
Hessen	15,4	21,9[5]	20,7	0,154	0,219	0,207	0,065	-0,012	0,053	6	7	10
Rheinl.-Pfalz	9,9	13,8	17,3	0,099	0,138	0,173	0,039	0,036	0,074	12	13	13
Baden-Württ.	12,6	18,2[5]	20,2	0,126	0,182	0,202	0,056	0,020	0,076	10	11	11
Bayern	9,6	15,3	19,2	0,096	0,153	0,192	0,057	0,039	0,096	13	12	12
Bundesgebiet[7]	13,0	18,8	21,3	0,130	0,188	0,213	0,058	0,026	0,084			

* Sekundärer Bildungssektor umfasst Mittel-/Realschulen und Gymnasien (ohne Aufbauzüge an Volksschulen). Anm.: [1]Auslaufende Realschulen (nur öffentliche Schulen) und Oberschulen (privat und öffentlich); [2]Oberschulen technischer und wissenschaftlicher Zweig und Schulen besonderer pädagogischer Prägung; [3]Oberschulen technischer und wissenschaftlicher Zweig; [4]1952; [5]Bevölkerung zwischen 10 und 18 Jahren interpoliert; [6]ohne Schüler der zwei privaten höheren Schulen; [7]1950: Bundesgebiet ohne Saarland und Hamburg, einschl. West-Berlin, 1955 und 1961: Bundesgebiet ohne Saarland einschl. West-Berlin.
Quelle: siehe Anhang II-B-2.

Tabelle 3–44: Lebenserwartung bei der Geburt, Indizes, absolute Veränderungen und Rangfolgen, Länder und ausgewählte Städte, Bundesrepublik, 1950-1960

	Ind. 1950	Ind. 1955	Ind. 1960/62	Index 1950	Index 1955	Index 1960/62	Veränd. 1950-55	Veränd. 1955-60	Veränd. 1950-60	Rang 1950	Rang 1955	Rang 1960
Berlin-West	66,4	67,8	69,4	0,690	0,714	0,739	0,024	0,025	0,050	9	11	11
Frankfurt/M.	66,6	69,1	69,5[3]	0,694	0,735	0,741	0,041	0,006	0,047	7	7	9
Köln	65,9[1]	68,7	69,5[4]	0,681	0,728	0,741	0,047	0,013	0,060	11	9	10
München	66,3	70,0[6]	70,8[5]	0,688	0,750	0,763	0,061	0,013	0,075	10	3	3
Hamburg	68,8[2]	70,2	70,9	0,731	0,754	0,765	0,023	0,011	0,034	1	1	2
Bremen	68,1	69,2	70,9	0,718	0,736	0,765	0,019	0,029	0,047	3	5	1
Schleswig-Holstein	68,4	70,0	70,6[3]	0,723	0,750	0,760	0,027	0,010	0,037	2	2	4
Niedersachsen	67,9	69,3	70,4	0,715	0,739	0,757	0,024	0,018	0,042	4	4	5
NRW	65,9	67,7	69,1	0,681	0,711	0,734	0,030	0,023	0,053	12	13	12
Hessen	67,6	69,1	69,9[3]	0,711	0,736	0,748	0,025	0,012	0,037	5	6	7
Rheinland-Pfalz	66,5	68,2	68,4[3]	0,692	0,719	0,724	0,028	0,004	0,032	8	10	13
Baden-Württemberg	66,9[1]	69,0	70,3	0,699	0,733	0,756	0,034	0,022	0,056	6	8	6
Bayern	65,6[1]	67,8	69,5	0,676	0,713	0,742	0,037	0,029	0,066	13	12	8
Bundesgebiet[7]	66,7	68,4	69,8	0,695	0,724	0,746	0,029	0,023	0,052			

Anm.: [1]1949/51; [2]1949/50; [3]1960; [4]1961; [5]1962; [6]Bevölkerungsaufbau linear interpoliert; [7]1950 und 1955 Gebietsstand ohne Saarland und West-Berlin, 1960 Gebietsstand einschl. Saarland und West-Berlin. Quelle: siehe Anhang II-B-2.

Tabelle 3–45: Säuglingssterblichkeit, Indizes, absolute Veränderungen und Rangfolgen, Länder und ausgewählte Städte, Bundesrepublik, 1950-1960

	Ind. 1950	Ind. 1955	Ind. 1960	Index 1950	Index 1955	Index 1960	Veränd. 1950-55	Veränd. 1955-60	Veränd. 1950-60	Rang 1950	Rang 1955	Rang 1960
Berlin-West	56,7	45,5	34,9	0,773	0,818	0,860	0,045	0,043	0,087	9	12	10
Frankfurt/M.	54,8	35,0	34,8	0,781	0,860	0,861	0,079	0,001	0,080	8	2	9
Köln	67,5	44,3	32,6	0,730	0,823	0,870	0,093	0,047	0,139	13	11	8
München	56,9	40,3	31,0	0,772	0,839	0,876	0,067	0,037	0,104	10	8	6
Hamburg	43,8	32,9	25,5	0,825	0,868	0,898	0,044	0,030	0,073	2	1	1
Bremen	41,9	36,9	27,8	0,832	0,852	0,889	0,020	0,036	0,056	1	5	2
Schleswig-Holstein	49,9	38,6	30,6	0,800	0,846	0,878	0,045	0,032	0,077	5	7	5
Niedersachsen	49,4	38,2	29,1	0,802	0,847	0,884	0,045	0,036	0,081	4	6	3
Nordrhein-Westfalen	61,7	46,7	37,1	0,753	0,813	0,852	0,060	0,039	0,098	11	13	13
Hessen	46,8	35,9	31,2	0,813	0,856	0,875	0,044	0,019	0,063	3	3	7
Rheinland-Pfalz	52,5	41,9	36,9	0,790	0,833	0,853	0,043	0,020	0,063	7	9	12
Baden-Württemberg	50,1[1]	36,8	30,3	0,800	0,853	0,879	0,053	0,026	0,079	6	4	4
Bayern	63,6	43,8	36,2	0,746	0,825	0,855	0,079	0,030	0,109	12	10	11
Bundesgebiet[2]	55,5	41,5	33,8	0,778	0,834	0,865	0,056	0,031	0,087			

Anm.: [1]Baden, Württemberg-Baden, Württemberg-Hohenzollern; [2]Gebietsstand: 1950-55 ohne Saarland und West-Berlin, 1960 einschl. Saarland und West-Berlin. Quellen: siehe Anhang II-B-2.

Tabelle 3–46: Kindersterblichkeit, Indizes, absolute Veränderungen und Rangfolgen, Länder und ausgewählte Städte, Bundesrepublik, 1950-1960

	Ind. 1950	Ind. 1955	Ind. 1960	Index 1950	Index 1955	Index 1960	Veränd. 1950-55	Veränd. 1955-60	Veränd. 1950-60	Rang 1950	Rang 1955	Rang 1960
Berlin-West	2,1	2,0	1,2[2]	0,897	0,899	0,942	0,002	0,043	0,045	3	12	7
Frankfurt/M.	2,3	1,2	1,2	0,886	0,942	0,939	0,056	-0,003	0,053	7	3	8
Köln	2,3[1]	2,3	1,0[2]	0,884	0,884	0,952	-0,001	0,069	0,068	8	13	3
München	2,4	0,8	1,0[3]	0,883	0,958	0,953	0,076	-0,006	0,070	10	1	2
Hamburg	1,6	1,0	1,0	0,923	0,950	0,950	0,028	0,000	0,028	1	2	4
Bremen	1,9	1,4	1,1	0,908	0,929	0,947	0,022	0,018	0,040	2	4	5
Schleswig-Holstein	2,3	1,5	1,3	0,883	0,926	0,937	0,042	0,012	0,054	9	5	10
Niedersachsen	2,3	1,6	1,5[2]	0,887	0,922	0,926	0,035	0,004	0,039	6	8	13
Nordrhein-Westfalen	2,7	1,7	1,4[2]	0,868	0,915	0,933	0,048	0,017	0,065	13	10	11
Hessen	2,2	1,7	1,2	0,893	0,917	0,942	0,025	0,025	0,050	4	9	6
Rheinland-Pfalz	2,5	1,6	1,3	0,878	0,923	0,938	0,045	0,015	0,060	11	7	9
Baden-Württemberg	2,3[1]	1,5	0,8	0,888	0,925	0,963	0,038	0,038	0,075	5	6	1
Bayern	2,6	1,7	1,4	0,869	0,914	0,929	0,045	0,015	0,060	12	11	12
Länder insgesamt	2,4	1,6	1,3	0,881	0,921	0,934	0,040	0,014	0,054			

Anm.: [1]1949/51; [2]1961; [3]1962. Quellen: siehe Anhang II-B-2.

Tabelle 3–47: Lebenserwartung ab dem 5. Lebensjahr, Indizes, absolute Veränderungen und Rangfolgen, Länder und ausgewählte Städte, Bundesrepublik, 1950-1960

	Ind. 1950	Ind. 1955	Ind. 1960/62	Indizes 1950	Indizes 1955	Indizes 1960/62	Veränd. 1950-55	Veränd. 1955-60	Veränd. 1950-60	Rang 1950	Rang 1955	Rang 1960/62
Berlin-West	65,5	66,2	66,6	0,621	0,649	0,665	0,028	0,017	0,044	13	13	12
Frankfurt/M.	65,9	66,8	67,0	0,637	0,671	0,682	0,034	0,010	0,045	7	8	10
Köln	65,8	66,7	67,3	0,631	0,666	0,691	0,035	0,025	0,060	8	9	7
München	65,7	68,0	68,3	0,629	0,718	0,732	0,089	0,014	0,103	9	2	1
Hamburg	67,2	67,7	67,7	0,688	0,708	0,710	0,020	0,002	0,022	2	3	4
Bremen	66,3	66,9	67,9	0,651	0,676	0,716	0,025	0,039	0,065	5	6	3
Schleswig-Holstein	67,5	68,0	68,0	0,698	0,722	0,721	0,023	-0,001	0,023	1	1	2
Niedersachsen	66,9	67,4	67,7	0,676	0,694	0,706	0,018	0,012	0,030	3	4	5
Nordrhein-Westfalen	65,7	66,3	66,8	0,629	0,653	0,672	0,024	0,020	0,044	10	11	11
Hessen	66,4	67,0	67,3	0,656	0,680	0,691	0,024	0,011	0,035	4	5	8
Rheinland-Pfalz	65,7	66,4	66,2	0,628	0,656	0,647	0,028	-0,009	0,020	11	10	13
Baden-Württemberg	66,0	66,9	67,6	0,640	0,675	0,703	0,035	0,028	0,063	6	7	6
Bayern	65,6	66,3	67,1	0,622	0,652	0,685	0,030	0,033	0,063	12	12	9
Bundesrepublik	66,1	66,8	67,2	0,646	0,670	0,688	0,025	0,018	0,042			

Quellen und Anm.: siehe Tab. 3-44.

Tabelle 3–48: Tuberkulosemorbidität, Indizes, absolute Veränderungen und Rangfolgen, Länder und ausgewählte Städte, Bundesrepublik, 1950-1960

	Ind. 1950	Ind. 1955	Ind. 1960	Index 1950	Index 1955	Index 1960	Veränd. 1950-55	Veränd. 1955-60	Veränd. 1950-60	Rang 1950	Rang 1955	Rang 1960
West-Berlin	15,7	9,5	6,2	0,776	0,864	0,912	0,088	0,048	0,136	13	13	11
Frankfurt/M.	13,3	9,4	7,6	0,810	0,866	0,892	0,055	0,026	0,081	11	12	13
Köln	12,1[2]	8,4[2]	6,5[2]	0,827	0,879	0,907	0,053	0,028	0,080	10	11	12
München	14,1	7,9[1]	5,7	0,799	0,887	0,918	0,088	0,031	0,119	12	10	10
Hamburg	9,4	6,5	4,9	0,865	0,907	0,930	0,041	0,023	0,065	9	9	9
Bremen	7,5	4,9	2,8	0,893	0,930	0,960	0,037	0,031	0,068	6	4	3
Schleswig-Holstein	9,3	5,7	4,3	0,867	0,919	0,939	0,052	0,020	0,072	8	8	8
Niedersachsen	8,9	4,6	3,1	0,872	0,934	0,956	0,062	0,022	0,084	7	3	4
Nordrhein-Westfalen	7,3	5,0	3,6	0,895	0,929	0,949	0,034	0,020	0,054	5	5	7
Hessen	5,9	3,9	2,8	0,916	0,945	0,960	0,029	0,016	0,044	1	1	2
Rheinland-Pfalz	7,3	5,2	3,4	0,895	0,926	0,952	0,031	0,026	0,057	4	6	6
Baden-Württemberg	7,0	3,9	2,6	0,900	0,944	0,963	0,045	0,018	0,063	3	2	1
Bayern	6,0	5,4	3,2	0,915	0,923	0,954	0,008	0,030	0,039	2	7	5
Bundesgebiet[3]	7,3	4,8	3,3	0,895	0,931	0,953	0,035	0,022	0,058			

Anm.: [1]1956; [2]vgl. Kap. 3.2.3; [3]Gebietsstand: 1950: Bundesgebiet einschl. West-Berlin, ohne Saarland und Lindau; 1955: Bundesgebiet einschl. West-Berlin, ohne Saarland und Wuppertal; 1960 Bundesgebiet einschl. West-Berlin, ohne Saarland. Quellen: siehe Anhang II-B-2.

Tabelle 3–49: Müttersterblichkeit, Indizes, absolute Veränderungen und Rangfolgen, Länder und ausgewählte Städte, Bundesrepublik, 1950-1960

	MMR 1950	MMR 1955	MMR 1960	Index 1950	Index 1955	Index 1960	Veränd. 1950/55	Veränd. 1955/60	Veränd. 1950/60	Rang 1950	Rang 1955	Rang 1960
Berlin-West	18,0	15,8	10,8	0,910	0,921	0,946	0,011	0,025	0,036	6	8	11
Frankfurt/M.	15,8	23,5	6,7	0,921	0,882	0,967	-0,038	0,084	0,046	3	12	3
Köln	20,0	12,2	7,3	0,900	0,939	0,964	0,039	0,024	0,064	10	4	4
München	27,6	25,2	6,5	0,862	0,874	0,968	0,012	0,093	0,106	13	13	2
Hamburg	17,3	9,7	3,7	0,914	0,952	0,981	0,038	0,030	0,068	5	1	1
Bremen	12,0	23,4	9,1	0,940	0,883	0,955	-0,057	0,071	0,015	1	11	7
Schleswig-Holstein	13,5	11,9	7,9	0,932	0,940	0,960	0,008	0,020	0,028	2	2	5
Niedersachsen	19,0	11,9	10,4	0,905	0,940	0,948	0,035	0,008	0,043	9	3	10
Nordrhein-Westfalen	23,4	19,7	12,8	0,883	0,901	0,936	0,018	0,035	0,053	11	10	13
Hessen	18,6	13,5	9,4	0,907	0,932	0,953	0,025	0,020	0,046	7	7	8
Rheinland-Pfalz	16,4	12,4	10,1	0,918	0,938	0,949	0,020	0,012	0,031	4	5	9
Baden-Württemberg	18,9[1]	13,2	8,9	0,906	0,934	0,956	0,028	0,022	0,050	8	6	6
Bayern	24,7	17,2	11,3	0,876	0,914	0,944	0,037	0,030	0,067	12	9	12
Bundesgebiet[2]	20,6	15,7	10,6	0,897	0,922	0,947	0,025	0,025	0,050			

Anm.: [1]Baden-Württemberg entspricht Baden, Württemberg-Baden, Württemberg-Hohenzollern; [2]Gebietsstand: 1950-55 Bundesgebiet ohne Saarland und West-Berlin, 1960 Bundesgebiet einschl. Saarland und West-Berlin. Quellen: siehe Anhang II-B-2.

Tabelle 3–50: Komponenten des HDI_r für Länder und ausgewählte Städte, Bundesrepublik, 1950

	Ind. BIP/Kopf	Ind. SRS	Ind e0	Index BIP/Kopf	Index SRS	Index e0	HDI_r	Rang BIP/Kopf	Rang SRS	Rang e0	Rang HDI_r
Berlin-West	2227	14,1	66,4	0,518	0,141	0,690	0,450	9	9	9	10
Frankfurt/M.	4259	30,5	66,6	0,626	0,305	0,694	0,542	2	1	7	1
Köln	3852	21,6	65,9	0,609	0,216	0,681	0,502	4	3	11	5
München	2966	25,3	66,3	0,566	0,253	0,688	0,502	6	2	10	4
Hamburg	4628	15,9	68,8	0,640	0,159	0,731	0,510	1	5	1	2
Bremen	3972	18,8	68,1	0,615	0,188	0,718	0,507	3	4	3	3
Schleswig-Holstein	1820	11,1	68,4	0,484	0,111	0,723	0,440	13	11	2	11
Niedersachsen	2037	14,2	67,9	0,503	0,142	0,715	0,453	12	8	4	9
Nordrhein-Westfalen	2988	15,0	65,9	0,567	0,150	0,681	0,466	5	7	12	7
Hessen	2470	15,4	67,6	0,535	0,154	0,711	0,467	8	6	5	6
Rheinland-Pfalz	2114	9,9	66,5	0,509	0,099	0,692	0,433	11	12	8	12
Baden-Württemberg	2564	12,6	66,9	0,541	0,126	0,699	0,456	7	10	6	8
Bayern	2156	9,6	65,6	0,513	0,096	0,676	0,428	10	13	13	13
Bundesgebiet	2534	13,0	66,7	0,539	0,130	0,695	0,455				

Quellen: berechnet nach Tab. 3-41, 3-43 und 3-44.

Tabelle 3–51: Komponenten des HDI_r für Länder und ausgewählte Städte, Bundesrepublik, 1955

	BIP/Kopf 1955	SRS 1955	e0 1955	Indizes BIP/Kopf	Indizes SRS	Indizes e0	HDI_r	Rang BIP/Kopf	Rang SRS	Rang e0	Rang HDI_r
Berlin-West	3306	28,9	67,8	0,584	0,289	0,714	0,529	12	3	11	6
Frankfurt/M.	5923	34,0	69,1	0,681	0,340	0,735	0,586	3	1	7	1
Köln	6074	26,7	68,7	0,685	0,267	0,728	0,560	2	4	9	3
München	5528	31,2	70,0	0,670	0,312	0,750	0,577	5	2	3	2
Hamburg	6748	21,5	70,2	0,703	0,215	0,754	0,557	1	8	1	4
Bremen	5742	23,9	69,2	0,676	0,239	0,736	0,551	4	6	5	5
Schleswig-Holstein	3080	25,8	70,0	0,572	0,258	0,750	0,527	13	5	2	7
Niedersachsen	3422	19,9	69,3	0,590	0,199	0,739	0,509	10	10	4	11
Nordrhein-Westfalen	4712	20,1	67,7	0,643	0,201	0,711	0,518	6	9	13	9
Hessen	3996	21,9	69,1	0,616	0,219	0,736	0,523	8	7	6	8
Rheinland-Pfalz	3334	13,8	68,2	0,585	0,138	0,719	0,481	11	13	10	13
Baden-Württemberg	4119	18,2	69,0	0,621	0,182	0,733	0,512	7	11	8	10
Bayern	3455	15,3	67,8	0,591	0,153	0,713	0,486	9	12	12	12
Bundesgebiet	4077	18,8	68,4	0,619	0,188	0,724	0,510				

Quellen: berechnet nach Tab. 3-41, 3-43 und 3-44.

Tabelle 3–52: Komponenten des HDI_r für Länder und ausgewählte Städte, Bundesrepublik, 1960

	BIP/Kopf 1961	SRS 1961	e0 1960/62	Indizes BIP/Kopf	Indizes SRS	Indizes e0	HDI_r	Rang BIP/Kopf	Rang SRS	Rang e0	Rang HDI_r
Berlin-West	6031	27,6	69,4	0,684	0,276	0,739	0,567	8	4	11	6
Frankfurt/M.	11460	31,0	69,5	0,791	0,310	0,741	0,614	1	2	9	1
Köln	8724	28,5	69,5	0,746	0,285	0,741	0,591	4	3	10	3
München	9164	31,1	70,8	0,754	0,311	0,763	0,609	3	1	3	2
Hamburg	9899	22,0	70,9	0,767	0,220	0,765	0,584	2	8	2	4
Bremen	7415	26,1	70,9	0,719	0,261	0,765	0,582	5	6	1	5
Schleswig-Holstein	4758	27,5	70,6	0,645	0,275	0,760	0,560	12	5	4	7
Niedersachsen	5072	23,1	70,4	0,655	0,231	0,757	0,548	11	7	5	9
Nordrhein-Westfalen	6257	21,5	69,1	0,690	0,215	0,734	0,547	6	9	12	10
Hessen	5911	20,7	69,9	0,681	0,207	0,748	0,545	9	10	7	11
Rheinland-Pfalz	4477	17,3	68,4	0,635	0,173	0,724	0,511	13	13	13	13
Baden-Württemberg	6066	20,2	70,3	0,685	0,202	0,756	0,548	7	11	6	8
Bayern	5171	19,2	69,5	0,659	0,192	0,742	0,531	10	12	8	12
Bundesgebiet	5814	21,3	69,8	0,678	0,213	0,746	0,546				

Quellen: berechnet nach Tab. 3-41, 3-43 und 3-44.

Tabelle 3–53: Human Development Indizes und deren Veränderungen sowie Rangfolgen, Länder und ausgewählte Städte, Bundesrepublik, 1950-1960

	HDI_r 1950	HDI_r 1955	HDI_r 1960	Veränd. 1950-55	Veränd. 1955-60	Veränd. 1950-60	Rang 1950	Rang 1955	Rang 1961
Berlin-West	0,450	0,529	0,567	0,079	0,038	0,117	10	6	6
Frankfurt/M.	0,542	0,586	0,614	0,044	0,028	0,072	1	1	1
Köln	0,502	0,560	0,591	0,058	0,031	0,089	5	3	3
München	0,502	0,577	0,609	0,075	0,032	0,107	4	2	2
Hamburg	0,510	0,558	0,584	0,048	0,026	0,074	2	4	4
Bremen	0,507	0,551	0,582	0,044	0,031	0,075	3	5	5
Schleswig-Holstein	0,440	0,527	0,560	0,087	0,033	0,120	11	7	7
Niedersachsen	0,453	0,509	0,548	0,056	0,039	0,094	9	11	9
Nordrhein-Westfalen	0,466	0,518	0,547	0,053	0,028	0,081	7	9	10
Hessen	0,467	0,523	0,545	0,057	0,022	0,079	6	8	11
Rheinland-Pfalz	0,433	0,481	0,511	0,047	0,030	0,077	12	13	13
Baden-Württemberg	0,456	0,512	0,548	0,056	0,036	0,092	8	10	8
Bayern	0,428	0,486	0,531	0,058	0,045	0,103	13	12	12
Bundesgebiet	0,455	0,510	0,546	0,055	0,036	0,091			

Quellen: berechnet nach Tab. 3-50 bis 3-51.

Tabelle 3–54: Absolute Zunahme des HDI_r und dessen Komponenten, Länder und ausgewählte Städte, Bundesrepublik, 1950-1960

	BIP/Kopf Veränd.	e_0 Veränd.	SRS Veränd.	HDI_r Veränd.	BIP/Kopf Veränd.	e_0 Veränd.	SRS Veränd.	HDI_r Veränd.	BIP/Kopf Veränd.	e_0 Veränd.	SRS Veränd.	HDI_r Veränd.
	1950-1955	1950-55	1950/55	1950-55	1955-1960	1955-60	1955-60	1955-60	1950-1960	1950-60	1950-60	1950-60
Berlin-West	0,066	0,024	0,147	0,079	0,100	0,025	-0,012	0,038	0,166	0,050	0,135	0,117
Frankfurt/M.	0,055	0,041	0,035	0,044	0,110	0,006	-0,031	0,028	0,165	0,047	0,004	0,072
Köln	0,076	0,047	0,051	0,058	0,060	0,013	0,018	0,031	0,136	0,060	0,069	0,089
München	0,104	0,061	0,059	0,075	0,084	0,013	-0,001	0,032	0,188	0,075	0,058	0,107
Hamburg	0,063	0,023	0,056	0,048	0,064	0,011	0,006	0,026	0,127	0,034	0,062	0,074
Bremen	0,062	0,019	0,052	0,044	0,043	0,029	0,022	0,031	0,104	0,047	0,074	0,075
Schleswig-Holstein	0,088	0,027	0,147	0,087	0,073	0,010	0,017	0,033	0,160	0,037	0,164	0,120
Niedersachsen	0,087	0,024	0,057	0,056	0,066	0,018	0,032	0,039	0,152	0,042	0,089	0,094
Nordrhein-Westfalen	0,076	0,030	0,051	0,053	0,047	0,023	0,015	0,028	0,123	0,053	0,066	0,081
Hessen	0,080	0,025	0,065	0,057	0,065	0,012	-0,012	0,022	0,146	0,037	0,053	0,079
Rheinland-Pfalz	0,076	0,028	0,039	0,047	0,049	0,004	0,036	0,030	0,125	0,032	0,074	0,077
Baden-Württemberg	0,079	0,034	0,056	0,056	0,065	0,022	0,020	0,036	0,144	0,056	0,076	0,092
Bayern	0,079	0,037	0,057	0,058	0,067	0,029	0,039	0,045	0,146	0,066	0,096	0,103
Bundesgebiet	0,079	0,029	0,058	0,055	0,059	0,023	0,026	0,036	0,139	0,052	0,084	0,091

Quellen: berechnet nach Tab. 3-50 bis 3-51.

Tabelle 3–55: Indizes eines „deutschlandspezifischen“ Development Indexes, Länder und ausgewählte Städte, Bundesrepublik, 1950

	Index BIP/Kopf	Index SRS	Index e5	Index CMR	Index IMR	Index MMR	Index Tbmorb.	Index ALR	Index Ress.	Index Bild.	Index Ges.	Index DDI_r	Rang BIP/Kopf	Rang SRS	Rang e5	Rang CMR	Rang IMR	Rang MMR	Rang Tbmorb.	Rang ALR	Rang Ress.	Rang Bild.	Rang Ges.	Rang DDI_r
Berlin-West	0,518	0,141	0,621	0,897	0,773	0,910	0,776	0,733	0,625	0,141	0,795	0,521	9	9	13	3	9	6	13	13	13	9	11	13
Frankfurt/M.	0,626	0,305	0,637	0,886	0,781	0,921	0,810	0,964	0,795	0,305	0,807	0,636	2	1	7	7	8	3	11	2	1	1	8	1
Köln	0,609	0,216	0,631	0,884	0,730	0,900	0,827	0,949	0,779	0,216	0,794	0,596	4	3	8	8	13	10	10	4	2	3	12	2
München	0,566	0,253	0,629	0,883	0,772	0,862	0,799	0,922	0,744	0,253	0,789	0,595	6	2	9	10	10	13	12	7	7	2	13	4
Hamburg	0,640	0,159	0,688	0,923	0,825	0,914	0,865	0,878	0,759	0,159	0,843	0,587	1	5	2	1	2	5	9	10	4	5	2	5
Bremen	0,615	0,188	0,651	0,908	0,832	0,940	0,893	0,899	0,757	0,188	0,845	0,596	3	4	5	2	1	1	6	8	5	4	1	3
Schles.-Hol.	0,484	0,111	0,698	0,883	0,800	0,932	0,867	0,785	0,635	0,111	0,836	0,527	13	11	1	9	5	2	8	12	12	11	4	12
Niedersachs.	0,503	0,142	0,676	0,887	0,802	0,905	0,872	0,860	0,682	0,142	0,829	0,551	12	8	3	6	4	9	7	11	11	8	5	9
NRW	0,567	0,150	0,629	0,868	0,753	0,883	0,895	0,962	0,765	0,150	0,806	0,573	5	7	10	13	11	11	5	3	3	7	10	7
Hessen	0,535	0,154	0,656	0,893	0,813	0,907	0,916	0,929	0,732	0,154	0,837	0,574	8	6	4	4	3	7	1	6	8	6	3	6
Rheinl.-Pfalz	0,509	0,099	0,628	0,878	0,790	0,918	0,895	0,936	0,723	0,099	0,822	0,548	11	12	11	11	7	4	4	5	9	12	7	10
Baden-Württ.	0,541	0,126	0,640	0,888	0,800	0,906	0,900	0,968	0,755	0,126	0,826	0,569	7	10	6	5	6	8	3	1	6	10	6	8
Bayern	0,513	0,096	0,622	0,869	0,746	0,876	0,915	0,892	0,702	0,096	0,806	0,535	10	13	12	12	12	12	2	9	10	13	9	11
Bundesgebiet	0,539	0,130	0,646	0,881	0,778	0,897	0,895	0,918	0,729	0,130	0,819	0,559												

Quellen: berechnet nach Tab. 3-41 bis 3-43 und 3-45 bis 3-49.

Tabelle 3–56: Indizes eines „deutschlandspezifischen“ Development Indexes, Länder und ausgewählte Städte, Bundesrepublik, 1955

	Index BIP/Kopf	Index SRS	Index e5	Index CMR	Index IMR	Index MMR	Index Tbmorb.	Index ALR	Index Ress.	Index Bild.	Index Ges.	Index DDI_r	Rang BIP/Kopf	Rang SRS	Rang e5	Rang CMR	Rang IMR	Rang MMR	Rang Tbmorb.	Rang ALR	Rang Ress.	Rang Bild.	Rang Ges.	Rang DDI_r
Berlin-West	0,584	0,289	0,649	0,899	0,818	0,921	0,864	0,877	0,730	0,289	0,830	0,616	12	3	13	12	12	8	13	13	13	3	13	10
Frankfurt/M.	0,681	0,340	0,671	0,942	0,860	0,882	0,866	0,983	0,832	0,340	0,844	0,672	3	1	8	3	2	12	12	5	2	1	10	1
Köln	0,685	0,267	0,666	0,884	0,823	0,939	0,879	0,984	0,835	0,267	0,838	0,647	2	4	9	13	11	4	11	3	1	4	12	3
München	0,670	0,312	0,718	0,958	0,839	0,874	0,887	0,962	0,816	0,312	0,855	0,661	5	2	2	1	8	13	10	8	4	2	6	2
Hamburg	0,703	0,215	0,708	0,950	0,868	0,952	0,907	0,937	0,820	0,215	0,877	0,637	1	8	3	2	1	1	9	11	3	8	1	4
Bremen	0,676	0,239	0,676	0,929	0,852	0,883	0,930	0,951	0,813	0,239	0,854	0,636	4	6	6	4	5	11	4	10	6	6	8	5
Schles.-Hol.	0,572	0,258	0,722	0,926	0,846	0,940	0,919	0,926	0,749	0,258	0,870	0,626	13	5	1	5	7	2	8	12	12	5	2	7
Niedersachs.	0,590	0,199	0,694	0,922	0,847	0,940	0,934	0,959	0,774	0,199	0,867	0,614	10	10	4	8	6	3	3	9	11	10	3	11
NRW	0,643	0,201	0,653	0,915	0,813	0,901	0,929	0,984	0,814	0,201	0,842	0,619	6	9	11	10	13	10	5	4	5	9	11	8
Hessen	0,616	0,219	0,680	0,917	0,856	0,932	0,945	0,976	0,796	0,219	0,866	0,627	8	7	5	9	3	7	1	6	8	7	4	6
Rheinl.-Pfalz	0,585	0,138	0,656	0,923	0,833	0,938	0,926	0,985	0,785	0,138	0,855	0,593	11	13	10	7	9	5	6	2	9	13	7	12
Baden-Württ.	0,621	0,182	0,675	0,925	0,853	0,934	0,944	0,990	0,805	0,182	0,866	0,618	7	11	7	6	4	6	2	1	7	11	5	9
Bayern	0,591	0,153	0,652	0,914	0,825	0,914	0,923	0,965	0,778	0,153	0,846	0,592	9	12	12	11	10	9	7	7	10	12	9	13
Bundesgebiet	0,619	0,188	0,670	0,921	0,834	0,922	0,931	0,968	0,794	0,188	0,855	0,612												

Quellen: berechnet nach Tab. 3-41 bis 3-43 und 3-45 bis 3-49.

Tabelle 3–57: Indizes eines „deutschlandspezifischen“ Development Indexes, Länder und ausgewählte Städte, Bundesrepublik, 1960

	Index BIP/Kopf	Index SRS	Index e5	Index CMR	Index IMR	Index MMR	Index Tbmorb.	Index ALR	Index Ress.	Index Bild.	Index Ges.	Index DDI_r	Rang BIP/Kopf	Rang SRS	Rang e5	Rang CMR	Rang IMR	Rang MMR	Rang Tbmorb.	Rang ALR	Rang Ress.	Rang Bild.	Rang Ges.	Rang DDI_r
Berlin-West	0,684	0,276	0,665	0,942	0,860	0,946	0,912	0,964	0,824	0,276	0,865	0,655	8	4	12	7	10	11	11	13	9	4	13	7
Frankfurt/M.	0,791	0,310	0,682	0,939	0,861	0,967	0,892	0,997	0,894	0,310	0,868	0,691	1	2	10	8	9	3	13	3	1	2	11	2
Köln	0,746	0,285	0,691	0,952	0,870	0,964	0,907	0,996	0,871	0,285	0,877	0,678	4	3	7	3	8	4	12	4	4	3	8	3
München	0,754	0,311	0,732	0,953	0,876	0,968	0,918	0,997	0,875	0,311	0,889	0,692	3	1	1	2	6	2	10	2	3	1	4	1
Hamburg	0,767	0,220	0,710	0,950	0,898	0,981	0,930	0,993	0,880	0,220	0,894	0,665	2	8	4	4	1	1	9	5	2	8	1	5
Bremen	0,719	0,261	0,716	0,947	0,889	0,955	0,960	0,985	0,852	0,261	0,893	0,669	5	6	3	5	2	7	3	9	5	6	2	4
Schles.-Hol.	0,645	0,275	0,721	0,937	0,878	0,960	0,939	0,974	0,809	0,275	0,887	0,657	12	5	2	10	5	5	8	12	13	5	5	6
Niedersachs.	0,655	0,231	0,706	0,926	0,884	0,948	0,956	0,982	0,819	0,231	0,884	0,645	11	7	5	13	3	10	4	10	11	7	7	9
NRW	0,690	0,215	0,672	0,933	0,852	0,936	0,949	0,992	0,841	0,215	0,868	0,642	6	9	11	11	13	13	7	7	7	9	10	11
Hessen	0,681	0,207	0,691	0,942	0,875	0,953	0,960	0,992	0,836	0,207	0,884	0,643	9	10	8	6	7	8	2	6	8	10	6	10
Rheinl.-Pfalz	0,635	0,173	0,647	0,938	0,853	0,949	0,952	0,987	0,811	0,173	0,868	0,617	13	13	13	9	12	9	6	8	12	13	12	13
Baden-Württ.	0,685	0,202	0,703	0,963	0,879	0,956	0,963	0,997	0,841	0,202	0,893	0,645	7	11	6	1	4	6	1	1	6	11	3	8
Bayern	0,659	0,192	0,685	0,929	0,855	0,944	0,954	0,980	0,819	0,192	0,873	0,628	10	12	9	12	11	12	5	11	10	12	9	12
Bundesgebiet	0,678	0,213	0,688	0,934	0,865	0,947	0,953	0,987	0,833	0,213	0,877	0,641												

Quellen: berechnet nach Tab. 3-41 bis 3-43 und 3-45 bis 3-49.

Tabelle 3–58: Korrelationsmatrix (Spearman) des DDI_r, ausgewählte Regionen der Bundesrepublik, 1950

	DDI_r	SRS	Ges.	Ress.	VE/Kopf	ALR	e_5	CMR	IMR	MMR	Tbmorb.
DDI_r	1,000										
SRS	0,900**	1,000									
Ges.	0,047	-0,099	1,000								
Res.	0,872**	0,703**	-0,047	1,000							
VE/Kopf	0,834**	0,755**	0,036	0,874**	1,000						
ALR	0,545*	0,297	-0,193	0,736**	0,434	1,000					
e_5	0,215	0,184	0,764**	0,083	0,184	-0,160	1,000				
CMR	0,231	0,322	0,551	0,300	0,322	-0,267	0,437	1,000			
IMR	0,088	0,041	0,928**	-0,110	0,041	-0,245	0,727**	0,709**	1,000		
MMR	0,047	0,011	0,669*	-0,022	0,011	-0,165	0,429	0,465*	0,644*	1,000	
Tbmorb	-0,212	-0,520	0,415	-0,077	-0,520	0,296	0,101	-0,204	0,212	-0,096	1,000

Anm.: *Die Korrelation ist auf dem 0,05 Niveau signifikant (zweiseitig). **Die Korrelation ist auf dem 0,01 Niveau signifikant (zweiseitig). Quellen: berechnet nach Tab. 3-55.

Tabelle 3–59: Korrelationsmatrix (Spearman) des DDI_r, ausgewählte Regionen der Bundesrepublik, 1960

	DDI_r	SRS	Ges.	Ress.	VE/Kopf	ALR	e_5	CMR	IMR	MMR	Tbmorb.
DDI_r	1,000										
SRS	0,902**	1,000									
Ges.	0,347	0,006	1,000								
Res.	0,712**	0,510	0,272	1,000							
VE/Kopf	0,743**	0,577*	0,238	0,986**	1,000						
ALR	0,440	0,213	0,291	0,770**	0,694*	1,000					
e_5	0,556*	0,366	0,864**	0,201	0,212	0,151	1,000				
CMR	0,559*	0,303	0,506	0,612*	0,580*	0,633*	0,343	1,000			
IMR	0,465	0,198	0,886*	0,256	0,231	0,127	0,817**	0,393	1,000		
MMR	0,787**	0,527	0,579*	0,636*	0,615*	0,622*	0,583*	0,657*	0,566*	1,000	
Tbmorb	-0,565*	-0,710**	0,405	-0,408	-0,484	-0,165	0,161	-0,092	0,283	-0,393	1,000

Anm.: *Die Korrelation ist auf dem 0,05 Niveau signifikant (zweiseitig). **Die Korrelation ist auf dem 0,01 Niveau signifikant (zweiseitig). Quellen: berechnet nach Tab. 3-57.

Tabelle 3–60: Deutschlandsspezifische Development Indizes und deren Veränderungen sowie Rangfolgen, Länder und ausgewählte Städte, Bundesrepublik, 1950-1960

	DDI_r 1950	DDI_r 1955	DDI_r 1960	Veränd. 1950-55	Veränd. 1955-60	Veränd. 1950-60	Rang 1950	Rang 1955	Rang 1961
Berlin-West	0,521	0,616	0,655	0,096	0,039	0,134	13	10	7
Frankfurt/M.	0,636	0,672	0,691	0,036	0,018	0,055	1	1	2
Köln	0,596	0,647	0,678	0,050	0,031	0,081	2	3	3
München	0,595	0,661	0,692	0,066	0,031	0,097	4	2	1
Hamburg	0,587	0,637	0,665	0,050	0,027	0,078	5	4	5
Bremen	0,596	0,636	0,669	0,039	0,033	0,072	3	5	4
Schleswig-Holstein	0,527	0,626	0,657	0,099	0,031	0,130	12	7	6
Niedersachsen	0,551	0,614	0,645	0,063	0,031	0,094	9	11	9
Nordrhein-Westfalen	0,573	0,619	0,642	0,046	0,023	0,068	7	8	11
Hessen	0,574	0,627	0,643	0,053	0,016	0,068	6	6	10
Rheinland-Pfalz	0,548	0,593	0,617	0,045	0,025	0,069	10	12	13
Baden-Württemberg	0,569	0,618	0,645	0,049	0,027	0,076	8	9	8
Bayern	0,535	0,592	0,628	0,058	0,036	0,093	11	13	12
Bundesgebiet	0,559	0,612	0,641	0,053	0,029	0,082			

Quellen: berechnet nach Tab. 3-55 bis 3-57.

Tabelle 3–61: Absolute Zunahme des DDI_r und dessen Komponenten, ausgewählte deutsche Regionen, 1950-1955

	DDI_r	Res.	BIP/Kopf	ALR	SRS	Ges.	e5	CMR	IMR	MMR	Tbmorb.
Berlin-West	0,096	0,105	0,066	0,144	0,147	0,035	0,028	0,002	0,045	0,011	0,088
Frankfurt/M.	0,036	0,037	0,055	0,019	0,035	0,037	0,034	0,056	0,079	-0,038	0,055
Köln	0,050	0,056	0,076	0,036	0,051	0,044	0,035	-0,001	0,093	0,039	0,053
München	0,066	0,072	0,104	0,040	0,059	0,066	0,089	0,076	0,067	0,012	0,088
Hamburg	0,050	0,061	0,063	0,059	0,056	0,034	0,020	0,028	0,044	0,038	0,041
Bremen	0,039	0,057	0,062	0,052	0,052	0,009	0,025	0,022	0,020	-0,057	0,037
Schleswig-Holstein	0,099	0,114	0,088	0,141	0,147	0,034	0,023	0,042	0,045	0,008	0,052
Niedersachsen	0,063	0,093	0,087	0,099	0,057	0,039	0,018	0,035	0,045	0,035	0,062
Nordrhein-Westfalen	0,046	0,049	0,076	0,022	0,051	0,037	0,024	0,048	0,060	0,018	0,034
Hessen	0,053	0,063	0,080	0,046	0,065	0,029	0,024	0,025	0,044	0,025	0,029
Rheinland-Pfalz	0,045	0,062	0,076	0,049	0,039	0,033	0,028	0,045	0,043	0,020	0,031
Baden-Württemberg	0,049	0,051	0,079	0,022	0,056	0,040	0,035	0,038	0,053	0,028	0,045
Bayern	0,058	0,076	0,079	0,072	0,057	0,040	0,030	0,045	0,079	0,037	0,008
Bundesgebiet	0,053	0,065	0,079	0,050	0,058	0,036	0,025	0,040	0,056	0,025	0,035

Quellen: berechnet nach Tab. 3-55 und 3-56.

Tabelle 3–62: Absolute Zunahme des DDI_r und dessen Komponenten, ausgewählte deutsche Regionen, 1955-1960

	DDI_r	Res.	BIP/Kopf	ARL	SRS	Ges.	e5	CMR	IMR	MMR	Tbmorb.
Berlin-West	0,039	0,094	0,100	0,087	-0,012	0,035	0,017	0,043	0,043	0,025	0,048
Frankfurt/M.	0,018	0,062	0,110	0,014	-0,031	0,024	0,010	-0,003	0,001	0,084	0,026
Köln	0,031	0,036	0,060	0,012	0,018	0,039	0,025	0,069	0,047	0,024	0,028
München	0,031	0,060	0,084	0,035	-0,001	0,034	0,014	-0,006	0,037	0,093	0,031
Hamburg	0,027	0,060	0,064	0,056	0,006	0,017	0,002	0,000	0,030	0,030	0,023
Bremen	0,033	0,038	0,043	0,034	0,022	0,039	0,039	0,018	0,036	0,071	0,031
Schleswig-Holstein	0,031	0,060	0,073	0,048	0,017	0,016	-0,001	0,012	0,032	0,020	0,020
Niedersachsen	0,031	0,045	0,066	0,023	0,032	0,016	0,012	0,004	0,036	0,008	0,022
Nordrhein-Westfalen	0,023	0,027	0,047	0,008	0,015	0,026	0,020	0,017	0,039	0,035	0,020
Hessen	0,016	0,041	0,065	0,016	-0,012	0,018	0,011	0,025	0,019	0,020	0,016
Rheinland-Pfalz	0,025	0,025	0,049	0,002	0,036	0,013	-0,009	0,015	0,020	0,012	0,026
Baden-Württemberg	0,027	0,036	0,065	0,007	0,020	0,026	0,028	0,038	0,026	0,022	0,018
Bayern	0,036	0,041	0,067	0,015	0,039	0,028	0,033	0,015	0,030	0,030	0,030
Bundesgebiet	0,029	0,039	0,059	0,019	0,026	0,022	0,018	0,014	0,031	0,025	0,022

Quellen: berechnet nach Tab. 3-56 und 3-57.

Tabelle 3–63: Absolute Zunahme des DDI_r und dessen Komponenten, ausgewählte deutsche Regionen, 1950-1960

	DDI_r	Res.	BIP/Kopf	ALR	SRS	Ges.	e5	CMR	IMR	MMR	Tbmorb
Berlin-West	0,134	0,199	0,166	0,231	0,135	0,070	0,044	0,045	0,087	0,036	0,136
Frankfurt/M.	0,055	0,099	0,165	0,032	0,004	0,061	0,045	0,053	0,080	0,046	0,081
Köln	0,081	0,092	0,136	0,047	0,069	0,082	0,060	0,068	0,139	0,064	0,080
München	0,097	0,132	0,188	0,075	0,058	0,100	0,103	0,070	0,104	0,106	0,119
Hamburg	0,078	0,121	0,127	0,115	0,062	0,051	0,022	0,028	0,073	0,068	0,065
Bremen	0,072	0,095	0,104	0,086	0,074	0,049	0,065	0,040	0,056	0,015	0,068
Schleswig-Holstein	0,130	0,175	0,160	0,189	0,164	0,051	0,023	0,054	0,077	0,028	0,072
Niedersachsen	0,094	0,137	0,152	0,122	0,089	0,055	0,030	0,039	0,081	0,043	0,084
Nordrhein-Westfalen	0,068	0,076	0,123	0,030	0,066	0,063	0,044	0,065	0,098	0,053	0,054
Hessen	0,068	0,104	0,146	0,063	0,053	0,047	0,035	0,050	0,063	0,046	0,044
Rheinland-Pfalz	0,069	0,088	0,125	0,050	0,074	0,046	0,020	0,060	0,063	0,031	0,057
Baden-Württemberg	0,076	0,086	0,144	0,029	0,076	0,061	0,063	0,075	0,079	0,050	0,063
Bayern	0,093	0,117	0,146	0,087	0,096	0,073	0,063	0,060	0,109	0,067	0,039
Bundesgebiet	0,082	0,104	0,139	0,069	0,084	0,058	0,042	0,054	0,087	0,050	0,058

Quellen: berechnet nach Tab. 3-55 und 3-57.

Tabelle 3–64: Absolute Zunahme des DDI_r und dessen Komponenten, Länder und ausgewählte Städte, Bundesrepublik, 1950-1960

	Res. 1950-1955	Ges. 1950-55	SRS 1950/55	DDI 1950-55	Res 1955-1960	Ges. 1955-60	SRS 1955-60	DDI_r 1955-60	Res. 1950-1960	Ges. 1950-60	SRS 1950-60	DDI_r 1950-60
Berlin-West	0,105	0,035	0,147	0,096	0,094	0,035	-0,012	0,039	0,199	0,070	0,135	0,134
Frankfurt/M.	0,037	0,037	0,035	0,036	0,062	0,024	-0,031	0,018	0,099	0,061	0,004	0,055
Köln	0,056	0,044	0,051	0,050	0,036	0,039	0,018	0,031	0,092	0,082	0,069	0,081
München	0,072	0,066	0,059	0,066	0,060	0,034	-0,001	0,031	0,132	0,100	0,058	0,097
Hamburg	0,061	0,034	0,056	0,050	0,060	0,017	0,006	0,027	0,121	0,051	0,062	0,078
Bremen	0,057	0,009	0,052	0,039	0,038	0,039	0,022	0,033	0,095	0,049	0,074	0,072
Schleswig-Holstein	0,114	0,034	0,147	0,099	0,060	0,016	0,017	0,031	0,175	0,051	0,164	0,130
Niedersachsen	0,093	0,039	0,057	0,063	0,045	0,016	0,032	0,031	0,137	0,055	0,089	0,094
Nordrhein-Westfalen	0,049	0,037	0,051	0,046	0,027	0,026	0,015	0,023	0,076	0,063	0,066	0,068
Hessen	0,063	0,029	0,065	0,053	0,041	0,018	-0,012	0,016	0,104	0,047	0,053	0,068
Rheinland-Pfalz	0,062	0,033	0,039	0,045	0,025	0,013	0,036	0,025	0,088	0,046	0,074	0,069
Baden-Württemberg	0,051	0,040	0,056	0,049	0,036	0,026	0,020	0,027	0,086	0,066	0,076	0,076
Bayern	0,076	0,040	0,057	0,058	0,041	0,028	0,039	0,036	0,117	0,068	0,096	0,093
Bundesgebiet	0,065	0,036	0,058	0,053	0,039	0,022	0,026	0,029	0,104	0,058	0,084	0,082

Quellen: berechnet nach Tab. 3-55 bis 3-57.

Tabelle 3–65: Wechsel der Rangfolge durch Verwendung des HDI_r bzw. DDI_r anstatt des BIP/Kopf ($Rang_{HDI\ bzw.\ DDI}$-$Rang_{VE/Kopf}$), ausgewählte deutsche Regionen, 1950, 1955 und 1960

	Rangwechsel HDI_r versus BIP/Kopf			Rangwechsel DDI_r versus BIP/Kopf		
	1950	1955	1960	1950	1955	1960
Berlin-West	1	-6	-2	4	-2	-1
Frankfurt/M.	-1	-2	0	-1	-2	1
Köln	1	1	-1	-2	1	-1
München	-2	-3	-1	-2	-3	-2
Hamburg	1	3	2	4	3	3
Bremen	0	1	0	0	1	-1
Schleswig-Holstein	**-2**	**-6**	**-5**	**-1**	**-6**	**-6**
Niedersachsen	-3	1	-2	-3	1	-2
Nordrhein-Westfalen	**2**	**3**	**4**	**2**	**2**	**5**
Hessen	-2	0	2	-2	-2	1
Rheinland-Pfalz	1	2	0	-1	1	0
Baden-Württemberg	1	3	1	1	2	1
Bayern	3	3	2	1	4	2

Quelle: berechnet nach Tab. 3-50 bis 3-52 und 3-55 bis 3-57.

Tabelle 3–66: Wechsel der Rangfolge durch Verwendung des DDIr anstatt des HDIr (RangDDI-RangHDI*) ausgewählte deutsche Regionen, 1950, 1955 und 1960

	Rang DDI_r – Rang HDI_r			Rang DDI_r (ohne ALR) – Rang HDI_r		
	1950	1955	1960	1950	1955	1960
1	2	3	4	5	6	7
Berlin-West	3	4	1	0	0	0
Frankfurt/M.	0	0	1	0	0	0
Köln	-3	0	0	-1	1	0
München	0	0	-1	1	0	0
Hamburg	3	0	1	1	-1	0
Bremen	0	0	-1	-1	0	0
Schleswig-Holstein	1	0	-1	0	0	0
Niedersachsen	0	-1	0	0	0	2
Nordrhein-Westfalen	0	-1	1	0	0	-1
Hessen	0	-2	-1	0	0	-1
Rheinland-Pfalz	-2	-1	0	0	0	0
Baden-Württemberg	0	-1	0	0	0	0
Bayern	-2	1	0	0	0	0

Quelle: berechnet nach Tab. 3-50 bis 3-52 und 3-55 bis 3-57.

Tabelle 3–67: Vergleiche der verschiedenen Development Indizes, absolute Veränderungen und Rangfolgen für ausgewählte deutsche Regionen zwischen den verschiedenen Stichjahren 1950, 1955 und 1960

	HDI_r Veränd. 1950-55	DDI_r Veränd. 1950-55	HDI_r Veränd. 1955-60	DDI_r Veränd. 1955-60	HDI_r Veränd. 1950-60	DDI_r Veränd. 1950-60
Berlin-West	0,079	0,096	0,038	0,039	0,117	0,134
Frankfurt/M.	0,044	0,036	0,028	0,018	0,072	0,055
Köln	0,058	0,050	0,031	0,031	0,089	0,081
München	0,075	0,066	0,032	0,031	0,107	0,097
Hamburg	0,048	0,050	0,026	0,027	0,074	0,078
Bremen	0,044	0,039	0,031	0,033	0,075	0,072
Schleswig-Holstein	0,087	0,099	0,033	0,031	0,120	0,130
Niedersachsen	0,056	0,063	0,039	0,031	0,094	0,094
Nordrhein-Westfalen	0,053	0,046	0,028	0,023	0,081	0,068
Hessen	0,057	0,053	0,022	0,016	0,079	0,068
Rheinland-Pfalz	0,047	0,045	0,030	0,025	0,077	0,069
Baden-Württemberg	0,056	0,049	0,036	0,027	0,092	0,076
Bayern	0,058	0,058	0,045	0,036	0,103	0,093
Bundesgebiet	0,055	0,053	0,036	0,029	0,091	0,082

Quelle: erstellt nach Tab. 3-50 bis 3-52 und 3-55 bis 3-57.

Tabelle 3–68: Wechsel der Rangfolge durch veränderte Gewichtung der Komponenten im HDI_r und DDI_r, ausgewählte deutsche Regionen, 1950, 1955 und 1960

	HDI_r-HDI#			DDI_r-DDI#			HDI_r-HDI+			HDI_r-HDI'			DDI_r-DDI+			DDI_r-DDI'		
	1950	1955	1960	1950	1955	1960	1950	1955	1960	1950	1955	1960	1950	1955	1960	1950	1955	1960
1	2	3	4	5	6	7	8	9	10	11	12	13	14	15	16	17	18	19
Berlin-West	-1	-4	-1	0	-2	-3	0	0	1	-1	-2	-1	**2**	**5**	**1**	0	-1	0
Frankfurt/M.	-1	-1	-1	0	0	0	0	0	0	0	0	-1	0	0	0	0	0	0
Köln	0	-1	-2	-2	-1	0	2	0	0	0	-1	-1	-1	0	0	-2	-1	0
München	0	1	1	-1	0	0	2	0	0	0	0	1	2	0	0	-1	0	0
Hamburg	1	1	0	2	1	1	**-3**	**-1**	**-2**	0	1	1	**0**	**-3**	**-2**	2	1	0
Bremen	0	0	2	1	0	-1	-1	1	1	0	0	0	-1	1	0	1	0	0
Schleswig-Holstein	3	1	1	1	-1	-1	0	0	0	1	1	1	-1	1	1	1	1	0
Niedersachsen	2	2	1	0	2	0	1	1	1	1	0	1	0	1	1	0	2	0
Nordrhein-Westfalen	-3	-2	-1	-1	-2	0	0	0	1	0	-1	-1	0	-1	2	-1	-2	0
Hessen	0	1	1	0	0	2	0	0	0	0	1	1	0	-2	-1	0	-1	0
Rheinland-Pfalz	0	1	0	0	1	0	0	0	0	0	0	0	0	-1	0	0	0	0
Baden-Württemberg	-1	2	-1	1	2	2	**-1**	**-1**	**-2**	-1	1	-1	**0**	**-2**	**-2**	1	1	0
Bayern	0	-1	0	-1	0	0	0	0	0	0	0	0	-1	1	0	-1	0	0

Anm.: HDI# bzw. DDI# = Gewichtung entsprechend den jeweiligen regionalen Maximal- und Minimalwerten; HDI+ bzw. DDI+ = (2*Bildung + Gesundheit + Zugang zu Ressourcen)/4; HDI' bzw. DDI' = (Bildung + 2*Gesundheit + Zugang zu Ressourcen)/4. Quellen: berechnet nach 3-50 bis 3-52 und 3-55 bis 3-57.

Tabelle 3–69: Absolute Veränderungen des HDI_r bzw. DDI_r unter der Annahme verschiedener Gewichtungen der Komponenten, ausgewählte Regionen, Bundesrepublik, 1950-1960

1	2	3	4	5	6	7
	HDI_r	HDI+	HDI'	DDI	DDI+	DDI'
Berlin-West	0,117	0,121	0,100	0,134	0,135	0,118
Frankfurt/M.	0,072	0,055	0,066	0,055	0,042	0,056
Köln	0,089	0,084	0,081	0,081	0,078	0,081
München	0,107	0,095	0,099	0,097	0,087	0,098
Hamburg	0,074	0,071	0,064	0,078	0,074	0,071
Bremen	0,075	0,075	0,068	0,072	0,073	0,066
Schleswig-Holstein	0,120	0,131	0,100	0,130	0,138	0,110
Niedersachsen	0,094	0,093	0,081	0,094	0,093	0,084
Nordrhein-Westfalen	0,081	0,077	0,074	0,068	0,068	0,067
Hessen	0,079	0,072	0,068	0,068	0,064	0,063
Rheinland-Pfalz	0,077	0,077	0,066	0,069	0,071	0,064
Baden-Württemberg	0,092	0,088	0,083	0,076	0,076	0,074
Bayern	0,103	0,101	0,094	0,093	0,094	0,087
Bundesgebiet	0,091	0,089	0,081	0,081	0,081	0,074

Anm.: HDI+ bzw. DDI+ = (2*Bildung + Gesundheit + Zugang zu Ressourcen)/4; HDI' bzw. DDI' = (Bildung + 2*Gesundheit + Zugang zu Ressourcen)/4. Quellen: berechnet nach 3-50 bis 3-52 und 3-55 bis 3-57.

Tabelle 3–70: Standardabweichung der Lebensstandardindikatoren, ausgewählte Regionen, Bundesrepublik, 1950-60

	Index VE	Index ALR	Index SRS	Index Tb	Index MMR	Index e_5	Index CMR	Index IMR	Index Ges.	Index Res.	Index Bild.	Index e_0
Berlin-West	0,084	0,117	0,082	0,069	0,019	0,022	0,025	0,044	0,035	0,099	0,082	0,025
Frankfurt/M.	0,084	0,016	0,019	0,041	0,042	0,023	0,032	0,046	0,031	0,050	0,019	0,026
Köln	0,068	0,025	0,036	0,041	0,032	0,030	0,039	0,071	0,041	0,046	0,036	0,032
München	0,094	0,038	0,034	0,062	0,058	0,056	0,042	0,052	0,051	0,066	0,034	0,040
Hamburg	0,063	0,057	0,034	0,033	0,034	0,012	0,016	0,037	0,026	0,060	0,034	0,017
Bremen	0,052	0,043	0,038	0,034	0,038	0,033	0,020	0,029	0,026	0,048	0,038	0,024
Schles.-Hol.	0,080	0,098	0,090	0,037	0,014	0,013	0,028	0,039	0,026	0,089	0,090	0,019
Niedersachsen	0,076	0,065	0,045	0,043	0,023	0,015	0,021	0,041	0,028	0,070	0,045	0,021
NRW	0,062	0,015	0,035	0,027	0,027	0,022	0,034	0,050	0,032	0,039	0,035	0,027
Hessen	0,073	0,033	0,035	0,023	0,023	0,018	0,025	0,032	0,024	0,052	0,035	0,019
Rheinl.-Pfalz	0,063	0,029	0,037	0,028	0,016	0,014	0,031	0,032	0,024	0,045	0,037	0,017
Baden-Württ.	0,072	0,015	0,040	0,032	0,025	0,032	0,038	0,040	0,031	0,043	0,040	0,028
Bayern	0,073	0,047	0,048	0,020	0,034	0,032	0,031	0,056	0,037	0,059	0,048	0,033
Bundesgebiet	0,070	0,036	0,043	0,029	0,025	0,021	0,028	0,044	0,029	0,052	0,043	0,026

Quellen: berechnet nach 3-41 bis 3-49.

Tabelle 3–71: Lebenshaltungskostenindizes (1938=100), ausgewählte Regionen, Bundesrepublik, 1950, 1955 und 1961

	1950	1955	1961
Frankfurt/M.	155	175	200
München	156	172	199
Hamburg	159	173	
Bremen	157	170	
Schleswig-Holstein		169	
Niedersachsen	154	169	195
Nordrhein-Westfalen	155	170	196
Hessen	156	169	
Rheinland-Pfalz		169	
Baden-Württemberg	156	170,8	192
Bayern	153		
Bundesgebiet	156	172	192

Anm. und Quellen: siehe Anhang II-B-1.

Tabelle 3–72: Absolute Veränderungen der Human Development Indizes pro Jahr, ausgewählte bundesrepublikanische Gebiete in verschiedenen Teilperioden zwischen 1925 und 1960

	1925-33	1933-39	**1925-39**	1938-50	1950-55	1955-60	**1950-60**
	SRS	SRS	**SRS**	SRS	SRS	SRS	**SRS**
Berlin	0,016	-0,007	**0,002**	-0,009	0,029	-0,002	**0,012**
Frankfurt/M.	0,011	-0,004	**0,001**	0,005	0,007	-0,005	**0,000**
Köln	-0,001	-0,004	**-0,003**	0,005	0,010	0,003	**0,006**
München	0,012	-0,002	**0,003**	0,005	0,012	0,000	**0,005**
Hamburg	0,005	-0,001	**0,001**	-0,002	0,011	0,001	**0,006**
Bremen	0,011	-0,003	**0,002**	-0,001	0,010	0,004	**0,007**
Bayern	0,004	-0,001	**0,001**	0,002	0,011	0,006	**0,009**
Hessen	0,005	-0,002	**0,001**	0,005	0,013	-0,002	**0,005**
	eo	eo	**eo**	eo	eo	eo	**eo**
Berlin	0,006	0,002	**0,004**	0,007	0,005	0,004	**0,005**
Frankfurt/M.	0,007	0,006	**0,007**	0,004	0,008	0,001	**0,005**
Köln	0,009	-0,008	**0,002**	0,012	0,009	0,002	**0,006**
München	0,012	0,001	**0,007**	0,008	0,012	0,002	**0,007**
Hamburg	0,008	0,001	**0,005**	0,009	0,005	0,002	**0,003**
Bremen	0,008	0,003	**0,006**	0,007	0,004	0,005	**0,005**
Bayern	0,009	0,003	**0,006**	0,008	0,007	0,005	**0,007**
Hessen	0,006	0,001	**0,004**	0,006	0,005	0,002	**0,004**
	BIP/Kopf	BIP/Kopf	**BIP/Kopf**	BIP/Kopf	BIP/Kopf	BIP/Kopf	**BIP/Kopf**
Berlin	-0,007	0,011	**0,004**	-0,007	0,013	0,020	**0,015**
Frankfurt/M.	-0,006	0,011	**0,004**	0,003	0,011	0,022	**0,015**
Köln	-0,004	0,011	**0,005**	0,002	0,015	0,012	**0,012**
München	-0,004	0,009	**0,004**	-0,002	0,021	0,017	**0,017**
Hamburg	-0,007	0,011	**0,004**	0,004	0,013	0,013	**0,012**
Bremen	-0,002	0,010	**0,005**	0,002	0,012	0,009	**0,009**
Bayern	-0,005	0,013	**0,005**	-0,001	0,016	0,013	**0,013**
Hessen	-0,006	0,012	**0,004**	0,002	0,016	0,013	**0,013**
	HDI_r	HDI_r	**HDI_r**	HDI_r	HDI_r	HDI_r	**HDI_r**
Berlin	0,004	0,003	**0,003**	-0,003	0,016	0,008	**0,012**
Frankfurt/M.	0,003	0,005	**0,004**	0,004	0,009	0,006	**0,007**
Köln	0,002	0,001	**0,001**	0,006	0,012	0,006	**0,009**
München	0,005	0,004	**0,005**	0,003	0,015	0,006	**0,011**
Hamburg	0,002	0,005	**0,003**	0,003	0,009	0,005	**0,007**
Bremen	0,005	0,004	**0,004**	0,002	0,009	0,006	**0,008**
Bayern	0,003	0,006	**0,004**	0,003	0,012	0,009	**0,010**
Hessen	0,002	0,005	**0,003**	0,004	0,011	0,004	**0,008**

Quellen: berechnet nach Tab. 3-16 bis 3-18 und 3-50 bis 3-52.

Tabelle 3–73: Absolute Veränderungen des DDI_r und dessen Komponenten, ausgewählte bundesrepublikanische Gebiete in verschiedenen Teilperioden zwischen 1925 und 1960

	1925-33	1933-39	**1925-39**	1939-50	1950-55	1955-60	**1950-60**
	Res.	Res.	**Res.**	Res.	Res.	Res.	**Res.**
Berlin	-0,023	0,036	**0,003**	-0,016	0,021	0,019	**0,020**
Frankfurt/M.	-0,019	0,032	**0,003**	0,000	0,007	0,012	**0,010**
Köln	-0,018	0,034	**0,004**	-0,001	0,011	0,007	**0,009**
München	-0,017	0,029	**0,003**	-0,005	0,014	0,012	**0,013**
Hamburg	-0,020	0,036	**0,004**	-0,003	0,012	0,012	**0,012**
Bremen	-0,016	0,031	**0,004**	-0,004	0,011	0,008	**0,009**
Bayern	-0,014	0,027	**0,004**	-0,005	0,015	0,008	**0,012**
Hessen	-0,018	0,032	**0,004**	-0,002	0,013	0,008	**0,010**
	SRS	SRS	**SRS**	SRS	SRS	SRS	**SRS**
Berlin	0,016	-0,007	**0,002**	-0,009	0,029	-0,002	**0,012**
Frankfurt/M.	0,011	-0,004	**0,001**	0,005	0,007	-0,005	**0,000**
Köln	-0,001	-0,004	**-0,003**	0,005	0,010	0,003	**0,006**
München	0,012	-0,002	**0,003**	0,005	0,012	0,000	**0,005**
Hamburg	0,005	-0,001	**0,001**	-0,002	0,011	0,001	**0,006**
Bremen	0,011	-0,003	**0,002**	-0,001	0,010	0,004	**0,007**
Bayern	0,004	-0,001	**0,001**	0,002	0,011	0,006	**0,009**
Hessen	0,005	-0,002	**0,001**	0,005	0,013	-0,002	**0,005**
	Ges.	Ges.	**Ges.**	Ges.	Ges.	Ges.	**Ges.**
Berlin	0,009	0,011	**0,010**	0,008	0,007	0,007	**0,007**
Frankfurt/M.	0,011	0,005	**0,008**	0,003	0,007	0,005	**0,006**
Köln	0,011	-0,002	**0,006**	0,010	0,009	0,008	**0,008**
München	0,016	-0,001	**0,009**	0,007	0,013	0,007	**0,010**
Hamburg	0,015	0,007	**0,011**	0,008	0,007	0,003	**0,005**
Bremen	0,009	0,015	**0,011**	0,006	0,002	0,008	**0,005**
Bayern	0,009	0,004	**0,007**	0,009	0,008	0,006	**0,007**
Hessen	0,007	0,003	**0,005**	0,006	0,006	0,004	**0,005**
	DDI	DDI	**DDI**	DDI	DDI	DDI	**DDI**
Berlin	-0,001	0,013	**0,005**	-0,005	0,019	0,008	**0,013**
Frankfurt/M.	-0,001	0,010	**0,004**	0,003	0,007	0,004	**0,005**
Köln	-0,003	0,009	**0,002**	0,005	0,010	0,006	**0,008**
München	0,002	0,008	**0,005**	0,002	0,013	0,006	**0,010**
Hamburg	-0,001	0,014	**0,006**	0,001	0,010	0,005	**0,008**
Bremen	0,000	0,014	**0,006**	0,001	0,008	0,007	**0,007**
Bayern	-0,001	0,010	**0,004**	0,002	0,012	0,007	**0,009**
Hessen	-0,003	0,011	**0,003**	0,003	0,011	0,003	**0,007**

Quellen: berechnet nach Tab. 3-21 bis 3-23 und 3-55 bis 3-57.

Tabelle 3–74: Vergleich von regionalem und nationalem HDI und deren Indikatoren und Komponenten, Deutsches Reich, verschiedene Stichjahre, 1925-1960

	$HDI_{regional}$							$HDI_{national}$					
	1925	1933	1938	1950	1955	1960		1925	1933	1938	1950	1955	1960
Indikat.							Indikat.						
SRS	10,5[1]	12,7[2]	10,6[3]	13,0	18,8	21,3[4]	HSR	15,2	21,2	19,0[3]	31	37	48
e_0	57,5[5]	61,3	62,6	66,7	68,4	69,8[6]	e_0	57,5	61,3	62,6	66,7	68,4	69,3
VE	1694[7]	1394[8]	2407[9]	2534	4077	5814[10]	BSP	3592[7]	3267[8]	5549	4281	6431	8463
Indizes							Indizes						
SRS	0,105	0,127	0,106	0,130	0,188	0,213	HSR	0,152	0,212	0,190	0,306	0,375	0,477
e_0	0,542	0,605	0,627	0,695	0,724	0,746	e_0	0,542	0,605	0,627	0,695	0,724	0,739
VE	0,473	0,440	0,531	0,540	0,619	0,679	BSP	0,598	0,582	0,671	0,627	0,695	0,741
HDI_r	0,373	0,391	0,421	0,455	0,510	0,546	HDI_n	0,431	0,466	0,496	0,543	0,598	0,653
Veränd.	1925-33	1933-38	1925-38	1950-55	1955-60	1950-60	Veränd.	1925-33	1933-38	1925-38	1950-55	1955-60	1950-60
Bild.	0,022	-0,021	0,001	0,058	0,025	0,083	Bild.	0,059	-0,022	0,038	0,068	0,103	0,171
Ges.	0,063	0,022	0,084	0,029	0,023	0,052	Ges.	0,063	0,022	0,084	0,029	0,015	0,044
Ress.	-0,033	0,091	0,059	0,079	0,059	0,139	Ress.	-0,016	0,088	0,073	0,068	0,046	0,114
HDI_r	0,018	0,030	0,048	0,055	0,036	0,091	HDI_n	0,035	0,029	0,065	0,055	0,055	0,110
HDI_{HSR}[11]	0,030	0,030	0,060	0,059	0,062	0,121							

Anm.: [1]Schuljahr 1926/27. [2]Schuljahr 1931/32. [3]1939. [4]1961. [5]1925/26. [6]1960/62. [7]1926. [8]1932. [9]1939. [10]1961. [11]Veränderungen des regionalen HDI berechnet mit Rate des relativen Hochschulbesuchs. Quellen: berechnet nach Tab. 2-5 bis 2-6, 3-16 bis 3-18; 3-50 bis 3-52.

Tabelle 3–75: Vergleich von reg. und nat. DDI und deren Indikatoren und Komponenten, 1925-1960

	$DDI_{regional}$							$DDI_{national}$					
	1925	1933	1938	1950	1955	1960		1925	1933	1938	1950	1955	1960
Indikatoren							Indikatoren						
SRS	10,5[1]	12,7[2]	10,6[3]	13,0	18,8	21,3	HSR	15,2	21,2	19,0[3]	30,6	37,5	47,7
e_5	60,8[4]	62,3	62,5	66,1	66,8	67,2	e_5	61,1	62,3	62,5	66,1	66,8	67,1
CMR	7,1[4]	4,6	4,5	2,4	1,6	1,3	CMR	7,4	4,6	4,5	2,4	1,6	1,3
IMR	105	77	60	55,5	41,5	33,8	IMR	105	77	60	55,5	41,5	33,8
MMR[5]	50	55	36	20,6	15,7	10,6	MMR[6]	48	53	36	20,9	15,4	10,4
Tbmorb.	15,6	11,0	9,7	7,3	4,8	3,3	Tbmorb.						
VE/Kopf$_{(Werte\ 1961)}$ (nach amtl. Statistik)	1694[6]	1394[7]	2407[8]	2534	4077	5814	BSP/Kopf$_{(PPP\$)}$ (nach Maddison)	3592[6]	3267[7]	5549	4281	6431	8463
ALR	3,4	27,0[9]	0,2[11]	8,2	3,2	1,3	ALR	3,4	25,9[10]	0,5[12]	11,0	5,6	1,3
Indizes							Indizes						
SRS	0,105	0,127	0,106	0,130	0,188	0,213	SRS	0,152	0,212	0,190	0,306	0,375	0,477
e_5	0,432	0,492	0,500	0,646	0,670	0,688	e_5	0,535	0,577	0,585	0,705	0,725	0,736
CMR	0,645	0,769	0,773	0,881	0,921	0,934	CMR	0,736	0,835	0,838	0,915	0,943	0,953
IMR	0,580	0,692	0,760	0,778	0,834	0,865	IMR	0,624	0,727	0,786	0,802	0,852	0,879
MMR	0,752	0,728	0,820	0,897	0,922	0,947	MMR	0,520	0,470	0,643	0,791	0,846	0,896
Tbmorb.	0,777	0,843	0,862	0,895	0,931	0,953	Tbmorb.						
VE/Kopf$_{(Werte\ 1961)}$ (nach amtlicher Statistik)	0,473	0,440	0,531	0,539	0,619	0,678	BSP/Kopf$_{(PPP\$)}$ (nach Maddison)	0,598	0,582	0,670	0,627	0,695	0,741
ALR	0,966	0,730	0,998	0,918	0,968	0,987	ALR	0,966	0,741	0,995	0,890	0,944	0,987
Bildung	0,105	0,127	0,106	0,130	0,188	0,213	Bildung	0,152	0,212	0,190	0,306	0,375	0,477
Gesundheit	0,637	0,705	0,743	0,819	0,855	0,877	Gesundheit	0,604	0,652	0,713	0,803	0,842	0,866
Ressourcen	0,719	0,585	0,765	0,729	0,794	0,833	Ressourcen	0,782	0,662	0,833	0,759	0,819	0,864
DDI	0,487	0,472	0,538	0,559	0,612	0,641	DDI	0,513	0,509	0,579	0,623	0,679	0,736
DDI_{HSR}[13]	0,503	0,500	0,566	0,618	0,675	0,729							

Fortsetzung: Tabelle 3-75: Vergleich von reg. und nat. DDI und deren Indikatoren und Komponenten, 1925-1960

	$DDI_{regional}$						$DDI_{national}$					
Veränd.	1925-33	1933-39	1925-39	1950-55	1955-60	1950-60	Veränd.	1925-33	1933-39	1925-39	1950-55	1955-60	1950-60
Bildung	0,022	-0,021	0,001	0,058	0,026	0,084	Bildung	0,059	-0,022	0,038	0,068	0,103	0,171
Gesundheit	0,068	0,038	0,106	0,036	0,022	0,058	Gesundheit	0,048	0,061	0,109	0,039	0,024	0,063
Ressourcen	-0,134	0,180	0,045	0,065	0,039	0,104	Ressourcen	-0,120	0,171	0,051	0,061	0,044	0,105
DDI	-0,015	0,065	0,051	0,053	0,029	0,082	DDI	-0,004	0,070	0,065	0,056	0,057	0,113
VE/Kopf	-0,033	0,091	0,059	0,079	0,059	0,139	BSP/Kopf	-0,016	0,088	0,073	0,068	0,046	0,114
DDI_{HSR}[13]	-0,003	0,065	0,063	0,056	0,055	0,111							

Anm.: [1]Schuljahr 1926/27. [2]Schuljahr 1931/32. [3]1939. [4]1925-26. [5]Müttersterbefälle je 10,000 Lebendgeburten. [6]Müttersterbefälle je 10,000 Geburten. [6]1926. [7]1932. [8]1939. [9]Arbeitslose gemäß Berufszählung pro 100 Erwerbspersonen. [10]Arbeitslose gemäß Arbeitslosenstatistik je 100 Beschäftigte. [11]Juni 1939. [12]Jahresdurchschnitt 1939. [13]Regionaler DDI berechnet mit Rate des relativen Hochschulbesuchs. Quellen: berechnet nach Tab. 2-19 bis 2-22, Tab. 3-10 bis 3-15, 3-21 bis 3-23, 3-41 bis 3-49 und 3-55 bis 3-56.

Anhang II-B-1: Quellen zu Kapitel 3 (Tabellen 3–1 bis 3-39)

Die *altersspezifischen Sterblichkeitsziffern bzw. Lebenserwartungen* wurden entnommen bzw. berechnet nach Statistik des Deutschen Reichs Bd. 360, S. 47; Bd. 451,2; Bd. 495; Bd. 401, Bd. 587,2; Statistisches Jahrbuch für Bayern 1936, S. 38; Zeitschrift des Sächsischen Statistischen Landesamtes Jg. 74/75 (1928/29), S. 115; Jg. 80/81 (1934/35), S. 87; Statistisches Jahrbuch der Stadt Berlin, Jg. 10, 14; Statistisches Handbuch für die Provinz Ostpreußen 1938, Bericht über das Bayerische Gesundheitswesen für das Jahr 1925, 1933 bzw. 1939, Bd. 46, 53, 58; Beiträge zur Statistik Bayerns Bd. 122, Zeitschrift des Bayerischen Statistischen Landesamtes Jg. 72,2 (1940), S. 18f.; Statistisches Handbuch der Landeshauptstadt München 1928, 1954, 1964; Statistische Mitteilungen der Stadt Köln 2. Jg. 1947, 8. Jg 1953.; Beiträge zur Statistik der Stadt Frankfurt Heft 13, 1926; Beiträge zur Statistik der Stadt Frankfurt a.M. 1937, Statistisches Jahrbuch für Frankfurt a.M. 1951, 1952; Statistischen Handbuch der Stadt Frankfurt am Main, 2. Ausgabe, 1928, 1936; Statistisches Jahrbuch der Freien und Hansestadt Hamburg 1952; Statistische Mitteilungen aus Bremen, 4. Jg., 1949; Staat und Wirtschaft in Hessen. Stat. Mitteilungen 2, 1947; zu den Lebenserwartungen für das Deutsche Reich in den Jahren 1933 und 1938 siehe Anhang I-B.

Die *Säuglingssterblichkeit* errechnete sich nach folgenden Quellen: Statistik des Deutschen Reichs Bd. 360, 495, 557,2; Statistische Sonderbeilage zur Nr. 6 vom 9. Feb. 1927 des Reichs-Gesundheitsblattes; Statistische Sonderbeilage zur Nr. 17 vom 25. April 1935 des Reichs-Gesundheitsblattes; Statistische Sonderbeilage zur Nr. 4 vom 22. Jan. 1941 des Reichs-Gesundheitsblattes.

Die *Müttersterblichkeit* wurde berechnet nach Statistik des Deutschen Reichs Bd. 360, 495, 557,2; Statistisches Jahrbuch für das Deutsche Reich 1927; Statistische Sonderbeilage zur Nr. 17 vom 25. April 1935 des Reichs-Gesundheitsblattes; Statistische Beilage zum Reichs-Gesundheitsblatt Nr. 35 vom 26. August 1936; Statistische Sonderbeilage zur Nr. 4 vom 22. Jan. 1941 des Reichs-Gesundheitsblattes; Statistische Beilage zum Reichs-Gesundheitsblatt Nr. 33 vom August 1942; Bericht über das Bayerische Gesundheitswesen für das Jahr 1925, 1933 bzw. 1939, Bd. 46, 53, 58; Statistisches Handbuch Frankfurt 1928; Statistisches Jahrbuch der Stadt Köln 1927.

Die *Schülerzahlen in den mittleren und höheren Schulen* stammen aus: Statistisches Jahrbuch für das Deutsche Reich 1930, S. 452; Vierteljahreshefte zur Statistik des Deutschen Reichs 39 (1930), Ergänzungsheft V, Statistik des Deutschen Reichs Bd. 438, Statistisches Jahrbuch für das Deutsche Reich 1939/40; Wegweiser durch das mittlere Schulwesen des Deutschen Reichs, 2. Jg. Schuljahr 1939, 5. Jg. Schuljahr 1940; Amtsblatt des Bayer. Staatsministeriums für Unterricht und Kultus 1925, Jg. LX, 1932, Jg. LXVI, Statistisches Handbuch der Landeshauptstadt München 1928, 1938, 1954; Statistisches Handbuch der Stadt Frankfurt a.M., 2. Ausgabe, 1928, 1934, 1936; Statistisches Jahrbuch Frankfurt am Main 1951; Statistisches Jahrbuch der Stadt Köln Jg. 15, 23, 28; für das Deutsche Reich siehe Anhang I-B.

Bevölkerung zwischen 10 und 18 Jahren: berechnet bzw. geschätzt anhand Statistik des Deutschen Reichs Bd. 401, 451,2, 552,2; Beiträge zur Statistik Bayerns Bd. 122; Zeitschrift des Bayerischen Statistischen Landesamtes 72,2 (1940); Statistisches Handbuch der Stadt Frankfurt am Main, 2. Ausgabe, 1928, 1936; Statistische Mitteilungen der Stadt Köln 1953.

Die Angaben zum *Volkseinkommen je Einwohner* in den Regionen entstammen Wirtschaft und Statistik 1937, S. 733 und für das Deutsche Reich 1939 aus Bevölkerung und Wirtschaft 1872-1972, S. 261. Der Gebietsstand bezieht sich in den Jahren 1926 und 1932 auf das jeweilige Reichsgebiet und 1939 auf den Gebietsstand von 31.12.1937.

Für die Regionen, für die keine veröffentlichten Sozialproduktsdaten zur Verfügung standen, wurde das Pro-Kopf-Einkommen mittels der Berufszählungen geschätzt. Die dafür notwendigen Informationen über die Zusammensetzung der Bevölkerung nach Sektoren (primär, sekundär, tertiär) wurden berechnet nach Statistik des Deutschen Reichs Bd. 403-406, 454, 455, 457, 557.

Der zur Deflation verwendete reichsweite Index der Lebenshaltungskosten ist Bevölkerung und Wirtschaft 1872-1972, S. 250 entnommen.

Quellen zur *Tuberkulosemorbidität:* Statistische Sonderbeilage zur Nr. 25 vom 22. Juni 1927 des Reichs-Gesundheitsblattes; Statistische Sonderbeilage zu Nr. 34 vom 21. 8. 1935 des Reichsgesundheitsblattes; Statistische Sonderbeilage zur Nr. 41 vom 8. Oktober 1941 des Reichs-Gesundheitsblattes; Statistik des Deutschen Reichs Bd. 360, 495; Statistische Sonderbeilage zur Nr. 33 vom 19. August 1942 des Reichs-Gesundheitsblattes; Bericht über das Bayerische Gesundheitswesen für das Jahr 1925, 1933 bzw. 1939, Bd. 46, 53, 58; Statistische Monatshefte Württemberg-Baden 3. Jg. 1949; Statistisches Handbuch der Landeshauptstadt München 1954; Statistisches Jahrbuch der Stadt Köln Jg. 15, 23, 28; Statistisches Handbuch der Stadt Frankfurt am Main, 2. Ausgabe, 1928, 1936.

Die *Zahl der Arbeitslosen* wurde berechnet bzw. entnommen Woytinsky 1935, S. 83 zitiert in: Lohr 1982, Tab. 4, S. 253; Reichsarbeitsblatt 5. Jg. N.F. 1925, 29/30, S. 474*-475*, 477*; Zeitschrift des bayerischen statistischen Landesamtes Jg. 57, 1925, S. 369; Statistik des Deutschen Reichs Bd. 455-457, Statistische Beilage zum Reichsarbeitsblatt 1939, 22, S. 5-6; Statistisches Jahrbuch für Bayern 22. Jg. 1938, S. 192.

Die *Erwerbspersonen* wurden berechnet nach Statistik des Deutschen Reichs Bd. 403-406, 455-457, 557.

Regionale Lebenshaltungskostenindizies: Statistisches Jahrbuch der Stadt Berlin, Jg. 4, 1928, S. 78; Jg. 9, 1933, S. 65; Statistisches Jahrbuch für den Freistaat Sachsen 1924/1926, S. 350; 1931/1934, S. 281; BAB R 3102/3374; Vierteljahresberichte des Thüringisches Statistischen Landesamts, S. 74, Tab. 11b und S. 232, Tab. 11; Jg. 11, 1932, S. 49, Tab. 11 und S. 137, Tab. 11; Statistisches Handbuch für den Volksstaat Hessen 1929, S. 61; Statistisches Handbuch der Stadt Frankfurt a.M. 1928, S. 445;

1934, S. 49.; Statistisches Jahrbuch der Stadt München 1938, S.95; 1954, S.197; Statistisches Jahrbuch der Freien und Hansestadt Hamburg 1926/27, S. 215; 1932/33, S. 141; 1952, S. 213; Statistisches Jahrbuch der Freien Hansestadt Bremen, 1929, S. 329; 1937, S. 184; Rüther 1990, Tab. XXVI, S. 465; Hansestadt Köln, Monatsbericht des Statistischen und Einwohneramtes, Jg. 26, Dez. 1939.

Anhang II-B-2: Quellen zu Kapitel 3 (Tabellen 3–40 bis 3–75)

Bevölkerung (Tabelle 3-40): Statistik der Bundesrepublik Deutschland Bd. 35, 166; Volks- und Berufszählung vom 6. Juni 1961, Heft 4: Bevölkerung nach Alter und Familienstand, (Fachserie A: Bevölkerung und Kultur); Rheinland-Pfalz im Spiegel der Statistik 1968; Statistisches Jahrbuch der Stadt Köln 1961; Statistisches Jahrbuch der Stadt Berlin 1957, 1962; Berlin in Zahlen 1951; Statistisches Handbuch der Stadt München 1954, 1964; Statistische Mitteilungen der Stadt Köln 1958; Statistisches Jahrbuch der Stadt Frankfurt 1961.

BIP je Einwohner: Statistisches Jahrbuch Schleswig-Holstein 1962, S. 177; Das Bruttoinlandsprodukt der kreisfreien Städte und Landkreise in der Bundesrepublik Deutschland 1957, 1961, 1964, Gemeinschaftsveröffentlichung der Statistischen Landesämter, 1966, S. 4-9; Statistisches Jahrbuch Frankfurt a.M. 1955/1956, S. 171; Statistisches Handbuch der Landeshauptstadt München 1964, S. 222; Grünig und Krengel 1952, S. 43.

Die *Arbeitslosenrate* wurde berechnet nach: Bundesminister für Arbeit, BAK B/149/658; Bundesminister für Arbeit, 17. 12. 1955 BAK B/149/656; Gleitze 1960, S.47; Statistisches Jahrbuch für Bayern 1961; Statistisches Jahrbuch der Stadt Köln, 46. Jg., 1960; Statistisches Jahrbuch Frankfurt am Main 1961; Statistisches Jahrbuch Berlin 1961, S. 129; Statistisches Handbuch der Landeshauptstadt München 1964.

Die *Schülerdaten für den sekundären Bildungssektor* (Schüler in öffentlichen und privaten Mittel- bzw. Realschulen sowie Gymnasien, ohne Aufbauzüge in den Volksschulen) wurden entnommen: Statistische Berichte Arb.Nr. VIII/15/1; Statistik der Bundesrepublik Deutschlandland Bd. 181; Hessen unter den Bundesländern 1963; Hamburg in Zahlen Jg. 1952; Berlin in Zahlen 1951, Statistisches Jahrbuch Berlin 1956, 1962; Statistisches Handbuch für das Land Freie Hansestadt Bremen 1960 bis 1964; Statistisches Jahrbuch Frankfurt am Main 1951, 1962; Statistisches Handbuch der Stadt München 1954, 1964; Statistisches Jahrbuch der Stadt Köln, Jg. 37, Berichtsjahr 1951; Statistisches Jahrbuch der Stadt Köln, Jg. 47, Berichtsjahr 1961; Statistisches Jahrbuch für Nordrhein-Westfalen 1956, S. 44-49.

Die *Bevölkerung von 10 bis 18 Jahren* wurde berechnet nach Statistik der Bundesrepublik Deutschlandland Bd. 35, 166; Fachserie A: Bevölkerung und Kultur, Heft 4

Volks- und Berufszählung vom 6. Juni 1961, S. 70-113. Jahresergebnisse der Statistik 1955 in Rheinland-Pfalz, Statistisches Jahrbuch für Niedersachsen 1956; Bericht über das Bayerische Gesundheitswesen für das Jahr 1960; Statistisches Jahrbuch 1956 Freie und Hansestadt Hamburg; Berlin in Zahlen 1951, Statistisches Jahrbuch Berlin 1957, 1963; Statistisches Jahrbuch Frankfurt am Main 1951, 1955/56; Frankfurt am Main – Bevölkerung und Wirtschaft; Statistisches Handbuch der Stadt München 1954, 1964; Statistisches Jahrbuch Freie und Hansestadt Hamburg 1953/54; Statistisches Jahrbuch Schleswig-Holstein 1956; Beiträge zur Statistik des Landes Nordrhein-Westfalen. Sonderreihe Volkszählung 1950. Heft 3; 27; Statistisches Jahrbuch Köln Jg. 43, 1956; 48. Jg. 1962.

Altersspezifische Mortalität/Lebenserwartung bei der Geburt errechneten sich bzw. stammen aus folgenden Publikationen: Fachserie A, Bevölkerung und Kultur, Reihe 2, Natürliche Bevölkerungsbewegung, Sonderbeitrag: Allgemeine Sterbetafel für die BRD 1960/62, S.22; Beiträge zur historischen Statistik Schleswig-Holsteins, S. 37, Statistisches Jahrbuch für Schleswig-Holstein 1952, 1956; Statistisches Jahrbuch Nordrhein-Westfalen 1956, 1962; Statistisches Handbuch für das Land Hessen 1953, 1958, 1964; Hessen im Wandel der letzten hundert Jahre 1960; Beiträge zur Statistik Hessens, N.F., Bd. 11: Natürliche Bevölkerungsbewegungen 1960 bis 1963; Statistisches Handbuch Baden-Württemberg 1958; Statistisches Jahrbuch für Niedersachsen 1952, 1956; Die Bevölkerungsentwicklung in Niedersachsen bis Anfang 1955, 1957, S. 102; Jahresergebnisse der Statistik 1953 in Rheinland-Pfalz; Statistisches Jahrbuch für Rheinland-Pfalz 1962; Berlin in Zahlen 1951; Statistisches Jahrbuch Berlin 1956; 1957; Hamburg in Zahlen 1952, S. 27; Statistisches Jahrbuch 1956, 1961, Freie und Hansestadt Hamburg; Statistisches Handbuch für das Land Freie Hansestadt Bremen 1950 bis 1960; Statistische Mitteilungen aus Bremen 11,3 (1956); Statistisches Jahrbuch Frankfurt am Main 1952, 1955/1956; 1961; Statistisches Jahrbuch der Stadt Köln 1956, 1961; Statistische Mitteilungen der Stadt Köln 1953, S. 21; Statistisches Handbuch der Stadt München 1964, S.43; 1949/51: Statistisches Jahrbuch für Bayern 1955, S.58 f.; Bericht über das Bayerische Gesundheitswesen für das Jahr 1960, S. 33; Bericht über das Bayerische Gesundheitswesen für die Jahre 1955, S. 36-37; Statistik der Bundesrepublik Deutschland, Bd. 35, 166; Fachserie A: Bevölkerung und Kultur, Volks- und Berufszählung vom 6. Juni 1961, Heft 4: Bevölkerung nach Alter und Familienstand.

Sterblichkeit der Kinder zwischen ein und fünf Jahren wurde errechnet nach oder entnommen aus: Beiträge zur historischen Statistik Schleswig-Holsteins 1967, S. 37, Statistisches Jahrbuch für Schleswig-Holstein 1952, 1956; Statistisches Jahrbuch Nordrhein-Westfalen 1956, 1962, S.21; Statistisches Jahrbuch Nordrhein-Westfalen 1956, S.26; Statistisches Handbuch für das Land Hessen 1953, S.52; 1958, S.39; 1964, S.33; Hessen im Wandel der letzten hundert Jahre 1960; Beiträge zur Statistik Hessens, N.F., Bd. 11: Natürliche Bevölkerungsbewegungen 1960 bis 1963; Statistisches Handbuch Baden-Württemberg 1958, S.47; Statistische Berichte des Statistischen Landesamtes Baden-Württemberg/ Reihe Bevölkerung und Kultur/ Die Natürliche Bevölkerungsbewegung im Jahr 1960, S.10; Statistisches Jahrbuch für Niedersachsen 1952, S. 16; Die Bevölkerungsentwicklung in Niedersachsen bis Anfang 1955, 1957, S. 102; Statistisches Jahrbuch für Niedersachsen 1964, S. 18 f.; Statistisches Jahrbuch für Niedersachsen 1952, 1956; Statistik von Niedersachsen: Die natürliche Bevölkerungsbewegung bis zum Jahre 1961; Jahresergebnisse der Statistik 1953 in Rheinland-Pfalz; Statistisches Jahrbuch für Rheinland-Pfalz 1962 Berlin in Zahlen 1951, S. 43; Statistisches Jahrbuch Berlin 1956; 1957, 1962, 1963; Statistisches Jahrbuch 1952, 1956, 1961, Freie und Hansestadt Hamburg; Statistisches Handbuch für das Land Freie Hansestadt Bremen 1950 bis 1960, S. 23; Statistische Mitteilungen aus Bremen 11 (1956), Heft 3, S. 8-9; Statistisches Jahrbuch Frankfurt am Main 1952, 1955/1956,. 1961, S. 35; Statistisches Jahrbuch der Stadt Köln 1956; Statistische Mitteilungen der Stadt Köln 1953, S. 21; Statistisches Handbuch der Stadt München 1964, S.43; Bericht über das Bayerische Gesundheitswesen für das Jahr 1950 und 1951, 1960, S. 33; Bericht über das Bayerische Gesundheitswesen für die Jahre 1955, S. 36-37.

Die *Zahl der Lebendgeburten* stammt aus: Statistik der Bundesrepublik Deutschland, Bd. 63; Bd. 173; Statistische Mitteilungen der Stadt Köln 1958, Statistisches Jahrbuch Frankfurt am Main 1955/1956; 1962; Bericht über das Bayerische Gesundheitswesen für die Jahre 1950 und 1951; für das Jahr 1955; für das Jahr 1960, Berlin in Zahlen 1951; Statistisches Jahrbuch Berlin 1956.

Quellen zur *Anzahl der Sterbefälle* in Zusammenhang mit Schwangerschaft und Geburt: Statistik der Bundesrepublik Deutschland, S. 58-59; Bd. 174, S. 108-109; Mütter- und Säuglingssterblichkeit in der Bundesrepublik Deutschlandland, S. 41; Statistisches Jahrbuch für Köln 1950, 1955, 1960, Statistisches Jahrbuch für Frankfurt am Main 1954, 1955/56, 1962; Bericht über das Bayerische Gesundheitswesen für die Jahre 1950 und 1951; für das Jahr 1955; für das Jahr 1960, Berlin in Zahlen 1951; Statistisches Jahrbuch Berlin 1956.

Die *Zahl der Lebendgeburten* stammt aus: Statistik der Bundesrepublik Deutschland, Bd. 63; Bd. 173; Statistische Mitteilungen der Stadt Köln 1958, Statistisches Jahrbuch Frankfurt am Main 1955/1956; 1962; Bericht über das Bayerische Gesundheitswesen für die Jahre 1950 und 1951; für das Jahr 1955; für das Jahr 1960, Berlin in Zahlen 1951; Statistisches Jahrbuch Berlin 1956.

Die *Säuglingssterblichkeit* wurde berechnet nach Statistik der Bundesrepublik Deutschland, Bd. 63, 173, Statistisches Jahrbuch für die Bundesrepublik Deutschland 1962, S. 56; Statistisches Handbuch der Stadt München 1964, 1975; Statistische Mitteilungen der Stadt Köln 1958, S.93; Statistisches Jahrbuch für die Stadt Köln 1955, 1960; Statistisches Jahrbuch Frankfurt am Main 1955/1956; 1962; Berlin in Zahlen 1951, S. 43; Statistisches Jahrbuch Berlin 1956, S. 41.

Die *Erkrankungshäufigkeit an Tuberkulose* wurde entnommen: *für das Jahr 1950* aus Tuberkulose-Jahrbuch 1950-51, S. 53; Statistisches Jahrbuch für Bayern 1955, S. 79; Statistisches Jahrbuch für Frankfurt am Main 1952, S. 187; Statistisches Jahrbuch der Stadt Köln, Jg, 37, 1951, S. 58; Statistisches Handbuch der Landeshauptstadt München

1964, S. 270; *für das Jahr 1955* aus Statistisches Jahrbuch für die Bundesrepublik Deutschland 1957, S. 73. Statistisches Handbuch der Landeshauptstadt München 1964, S. 270. Statistisches Jahrbuch der Stadt Köln, Jg, 41, 1955, S. 58; Statistisches Jahrbuch Berlin 1956, S. 236. Statistisches Jahrbuch Frankfurt am Main 1955/56, S. 146; *für das Jahr 1960* aus Statistisches Jahrbuch für die Bundesrepublik Deutschland 1962, S. 78; Statistisches Handbuch für das Land Freie Hansestadt Bremen 1960 bis 1964, S. 43; Statistisches Jahrbuch Frankfurt am Main 1962, S. 132; Statistisches Jahrbuch Berlin 1962, S. 73. Statistisches Jahrbuch der Stadt Köln, Jg, 47, 1961, S. 49.58. Statistisches Handbuch der Landeshauptstadt München 1964, S. 270.

Die *Bevölkerungszahlen* stammen aus: Statistik der Bundesrepublik Deutschland, Bd. 35; Berlin in Zahlen 1951, S. 22 ff.; Statistik der Bundesrepublik Deutschland, Bd. 166; Statistisches Jahrbuch Berlin 1957, S. 18 ff.; Statistisches Jahrbuch Frankfurt am Main 1961, S. 9; Statistisches Jahrbuch Berlin 1962, S. 28 ff.; Statistisches Jahrbuch der Stadt Köln, Berichtsjahr 1960, S. 11; Statistisches Jahrbuch für die Bundesrepublik Deutschland 1961, S. 39 ff.

Regionale Lebenshaltungskostenindizes (Tab. 3-71): Statistisches Jahrbuch Freie und Hansestadt Hamburg 1952; Stat. Jahrbuch für Niedersachsen 1956, 1964; Statistisches Handbuch Bremen 1950 bis 1960; Statistisches Jahrbuch der Stadt Köln 1955, S. 90; 1961, S. 68; Statistisches Handbuch für das Land Hessen 1964, S. 371; Statistik von Baden-Württemberg. Lange Reihen zur demographischen, wirtschaftlichen und gesellschaftlichen Entwicklung 1950 bis 1998, Tab. 197; Oelrich 1960, S. 127; Statistisches Handbuch der Landeshauptstadt München 1954, S. 197; 1964, S. 254; Statistisches Jahrbuch Frankfurt/M. (div. Jgg.); Statistisches Jahrbuch für die Bundesrepublik Deutschland 1962, S. 506.

ANHANG III

Anhang III-A: Tabellen und Abbildungen zu Kapitel 4

Tabelle 4–1: Geschlechtsspezifische Erwerbsquoten, Deutschland[3], 1925-1961

	Erwerbsquote v.H. d. Bev.			Von 100 Erwerbspers. waren		Erwerbsquote v.H. d. erwerbsfähigen Bev.			Erwerbsquote der verh. Frauen[2]
	weibl.	männl	Verh.[1]	weibl.	männl.	weibl.	männ.	Verh.[1]	
1925	35,6	67,9	52	35,9	64,1	48,9	95,3	51	29,1
1933	34,2	65,6	52	35,5	64,5	48,0	93,9	51	30,1
1939	36,1	66,4	54	35,8	64,2	49,8	95,6	52	33,8
1950	31,2	63,3	49	36,1	62,9	44,4	93,9	47	26,4
1961	33,4	62,8	53	37,2	63,8	48,9	93,5	52	36,5

Anm.: [1]Verhältnis der Erwerbsquote von Frauen zu Männern (männliche Erwerbsquote=100); [2]V. H. der verheirateten Frauen unter 60 Jahren. [3]1925-1939: Deutsches Reich; 1939 Gebietsstand von 31.12.1937; 1950: Bundesrepublik Gebietsstand ohne Berlin-West und ohne Saarland; 1961: ohne Berlin-West. Quellen: Nach Willms 1983a, Tab. 1, S. 35; Hohls 1991, S. 130, Tab. 3.3 (irrig Beschriftung in Spalten 6-8); geschlechtsspezifische Anteile an den Erwerbspersonen berechnet nach Anhang III-B.

Tabelle 4–2: Anteil der Frauen an den Erwerbspersonen (in %) und deren prozentuale Veränderungen sowie Rangfolgen, Deutsches Reich, 1925, 1933 und 1939

	Erwerbsquote			Rang			Veränderung in %		
	1925	1933	1939	1925	1933	1939	1933-25	1939-33	1925-39
Berlin	37	37	39	15	13	13	0,3	5,0	5,3
Frankfurt/M.	32	32	33	19	19	19	-1,7	4,6	3,0
Köln	29	31	32	21	20	20	3,8	5,3	8,9
München	37	39	40	14	10	11	4,5	1,8	6,3
Hamburg	31	31	32	20	21	21	-0,1	2,8	2,8
Bremen	28	29	28	22	22	22	1,0	-1,4	-0,4
Preußen	34	34	36	18	15	18	0,3	3,9	4,1
Bayern	39	40	41	9	7	9	1,1	3,5	4,6
Sachsen	38	36	38	11	14	14	-4,2	6,1	2,2
Württemberg	43	41	42	1	3	5	-7,0	3,0	-3,8
Baden	40	39	41	7	11	7	-3,3	6,4	3,3
Thüringen	37	34	39	12	17	12	-9,2	12,1	4,1
Hessen	36	34	37	16	16	17	-4,6	6,6	2,4
Ostpreußen	37	37	37	13	12	16	-0,8	0,6	-0,2
Oberbayern	38	40	40	10	4	10	5,4	-0,1	5,4
Niederbayern	41	42	44	5	1	1	3,4	4,5	7,7
Pfalz	34	34	37	17	18	15	-1,1	8,7	7,6
Oberpfalz	40	40	41	8	9	8	0,2	4,2	4,3
Oberfranken	41	40	43	4	8	2	-2,7	7,3	4,8
Mittelfranken	40	40	41	6	6	6	-0,5	3,6	3,1
Unterfranken	41	40	42	3	5	3	-2,0	4,7	2,8
Schwaben	42	42	42	2	2	4	0,9	0,2	1,1
Deutsches Reich	36	36	36				-0,9	0,8	0,0

Anm.: siehe Anm. Tab. 4-1; Quellen: berechnet nach Anhang III-B.

Tabelle 4–3: Anteil der Frauen an den Erwerbspersonen (in %), regionaler Vergleich und Veränderung, Bundesrepublik, 1925, 1933 und 1939

	Erwerbsquote		Rang		Veränd. in %
	1950	1961	1950	1961	1950-1961
Berlin-West	42	44	1	1	5,7
Frankfurt/M.[1]	36	38	7	5	7,5
Köln[1]	30	36	11	10	15,0
München	38	40	5	4	5,2
Hamburg	33	38	9	6	13,9
Bremen	29	34	13	12	14,6
Schleswig-Holstein	32	36	10	11	9,0
Niedersachsen	35	36	8	9	3,5
NRW	30	33	12	13	6,6
Hessen	37	37	6	8	2,1
Rheinland-Pfalz	39	38	4	7	-4,2
Baden-Württemberg	40	41	3	3	1,2
Bayern	41	42	2	2	2,7
Bundesgebiet	36	37			2,8

Anm.: [1]Anteil der Frauen an den Beschäftigten (einschl. Arbeitslose) und siehe Anm. Tab. 4-1. Quellen: berechnet nach Anhang III-B.

Tabelle 4–4: Löhne von Hilfsarbeiterinnen in % der Männerlöhne[1] (Tarifliche Stundenlöhne), Deutsches Reich bzw. Bundesrepublik, 1924-1960

	Frauenlohnanteil in %
1924	62[2]
1928	66[3]
1932	68[3]
1933	70[3]
1938	70[3]
1943	70[3]
1949	74[4]
1960	88[4]

Anm.: [1]Hilfsarbeiter. [2]Nur Kartonnagenindustrie (an 20 Hauptstandorten). [3]Gesamtdurchschnitt in der Industrie. [4]Im Durchschnitt von 12 Industrien. Quellen: berechnet nach Anhang III-B.

Tabelle 4–5: Frauenlohnanteil in % [Tarifliche Stundenlöhne (in Rpf) für Hilfsarbeiter], verschiedene Gewerbe, bayerische Regierungsbezirke, 1926, 1930 und für den Zeitraum 1934-1938

	Buchdruck Gewerbe	Holz-gewerbe	Metall-industrie	Säge-industrie	Schuh-industrie
			1. Jan. 1926		
München	57	67	67	71	75
Landshut	55	67	61	70	
Regensburg	54	67	61	70	75
Hof	54	67	61	70	75
Nürnberg	54	67	67	70	75
Schweinfurt	54	67	61	70	75
Augsburg	54	67	67	70	75
			30. Juni 1930		
München	57	64	68	70	75
Landshut	54	65	60	73	
Regensburg	54	65	61	72	75
Hof	54	65	60	72	75
Nürnberg	55	65	68	72	75
Schweinfurt	54	65	61	73	75
Augsburg	55	65	68	71	75
			Dez. 1934 bis Sept. 1938		
München	58	69	68	72	75
Landshut	56	69	61	71	
Regensburg	55	69	61	72	75
Hof	55	69	61	72	75
Nürnberg	56	69	68	72	75
Schweinfurt	55	69	61	72	75
Augsburg	56	69	68	72	75

Quellen: berechnet nach Statistisches Jahrbuch für Bayern 1938, Jg. 22, S. 228; 1930, Jg. 19, S. 237.

Tabelle 4–6: Frauenlohnanteil in %[1] (Bruttowochenverdienste in der Industrie[2]), regionaler Vergleich, Bundesrepublik, 1950, 1955 und 1961

	1950	1955	1961
Berlin (West)	63	64[4]	64
Frankfurt/M.[3]	66	66	64
Köln[5]	59	60	62
Hamburg	57	57	60
Bremen	61	61	63
Schleswig-Holstein	58	56	60
Niedersachsen	62	62	65
Nordrhein-Westfalen	58	55	60
Hessen	57	59	64
Rheinland-Pfalz	56	54	61
Baden-Württemberg	57	60	64
Bayern	64	62	67
Bundesrepublik	59	58	63

Anm.: [1]Durchschnittlicher Lohn von Facharbeiterinnen, angelernte Arbeiterinnen und Hilfsarbeiterinnen in % des Mittelwerts von Facharbeiter-, angelernte Arbeiter- und Hilfsarbeiterlöhnen. [2]Gesamte Industrie. 3Ausgewählte Industriezweige. [4]Bruttowochenverdienste gewerblicher Lohnempfänger. [5]Bruttostundenverdienste. Quellen: siehe Anhang III-B.

Tabelle 4–7: Ausgewählte Bildungsindikatoren, Deutschland bzw. BRD, Stichjahre, 1920-1960

	BSER Männer	BSER Frauen	Index	SSR Männer	SSR Frauen	Index	HSR Männer	HSR Frauen	Index
1926/27	48,8	46,2	95	12,5	8,4	67	28,5	3,1	11
1921/32	58,3	55	94	14,9	10,5	70	34,9	6,6	19
1938	56	53,8	96	13	8,2	63	24,6	4	16
1950	66,2	63,7	96	14,1	11,4	81	51,1	10,7	21
1961	61,3	57,7	94	23,4	19,1	82	68,3	26,2	38

Anm: BSER = Bruttoschuleinschreiberate in primären, sekundären und tertiären Bildungssektor je 100 der Altersgruppe 5–20 Jahre; SSR = Schulbesuch im sekundären Bildungssektor pro 100 der Altersstufe 10-18 Jahre; HSR = Studenten je 100 der 20 bis 25jährigen; Index = Index (Männer = 100), d.h. ein Wert unter 100 besagt, dass die Schulbesuchsrate der Frauen unter derjenigen der Männer lag. Quellen: siehe Anhang III-B.

Tabelle 4–8: Geschlechterunterschiede in der Dimension Bildung, ausgewählte Regionen, Deutsches Reich, 1926/27

	1	2	3	4	5	6	7	8
	Bild. weibl.	Bild. männl.	Index männl.=100	EDI Bild.	Index Bild.	Strafe absolut	Strafe in %	Rangwechsel Sp. 5-4
Stadt Berlin	18,1	24,2	75	0,204	0,211	0,007	3,1	0
Frankfurt/M.	19,6	26,9	73	0,224	0,232	0,009	3,69	0
Köln	17,9	20,8	86	0,192	0,194	0,002	0,81	0
München	8,4	23,6	36	0,111	0,159	0,047	29,8	0
Hamburg	14,7	17,1	86	0,158	0,159	0,001	0,84	0
Bremen	15,0	18,7	80	0,166	0,169	0,003	1,81	0
Preußen	*9,7*	*13,0*	74	0,110	0,113	0,004	3,17	0
Bayern	*5,1*	*9,1*	56	0,063	0,071	0,008	11,3	-1
Sachsen	*4,4*	*9,9*	44	0,057	0,071	0,015	20,6	-1
Württemberg	*7,4*	*12,2*	61	0,090	0,098	0,008	8,52	0
Baden	*7,1*	*11,5*	61	0,085	0,093	0,008	8,46	1
Thüringen	*7,4*	*12,2*	61	0,089	0,098	0,009	8,73	0
Hessen	*6,8*	*11,8*	58	0,084	0,094	0,010	10,4	-1
Ostpreußen	*9,3*	*10,7*	87	0,099	0,100	0,001	1,00	0
Oberbayern	*5,6*	*10,9*	51	0,070	0,082	0,012	14,6	-1
Niederbayern	*2,4*	*4,9*	50	0,031	0,036	0,006	15,6	0
Oberpfalz	*3,3*	*8,3*	40	0,043	0,057	0,015	25,4	0
Pfalz	*5,8*	*9,8*	59	0,071	0,078	0,008	9,62	3
Oberfranken	*2,7*	*8,2*	33	0,036	0,054	0,018	33,1	0
Mittelfranken	*5,1*	*11,2*	45	0,065	0,081	0,016	19,7	-2
Unterfranken	*5,2*	*10,7*	48	0,066	0,080	0,014	17,2	0
Schwaben	*5,7*	*7,4*	76	0,064	0,066	0,002	2,73	2
Deutsches Reich	8,4	12,5	67	0,099	0,105	0,006	5,68	

Anm.: Bild. = Schulbesuch im sekundären Bildungssektor je 100 der 10 bis 18jährigen; EDI = Index der Gleichverteilung = um geschlechtsspezifische Ungleichheit korrigierter Development Index; Index = gewogenes Mittel des weiblichen und männlichen Bildungsindexes; Strafe = Reduktion des Development Indexes bei der Komponente Bildung durch die Benachteiligung der Frauen. Bei kursiv angegebenen Werten wurde der Bevölkerungsaufbau geschätzt; siehe außerdem Text in Kap. 3.2.3. Quellen: siehe Anhang III-B.

Tabelle 4–9: Geschlechterunterschiede in der Dimension Bildung, ausgewählte Regionen, Deutsches Reich, 1931

Spalte	1	2	3	4	5	6	7	8
	Bild. weibl.	Bild. männl.	Index männl.=100	EDI Bild.	Index Bild.	Strafe absolut.	Strafe in %	Rangwechsel Sp. 5-4
Stadt Berlin	26,3	31,7	83	0,287	0,290	0,004	1,3	0
Frankfurt/M.	23,8	33,1	72	0,274	0,285	0,011	3,9	0
Köln	16,8	21,3	79	0,187	0,191	0,004	2,0	0
München	15,0	28,3	53	0,187	0,217	0,029	13,5	0
Hamburg	16,7	19,9	84	0,181	0,183	0,002	1,9	0
Bremen	20,7	24,0	86	0,222	0,223	0,002	0,8	0
Preußen	*11,9*	*15,5*	76	0,134	0,137	0,004	2,7	0
Bayern	*6,4*	*11,4*	56	0,079	0,090	0,010	11,3	1
Sachsen	*5,6*	*12,3*	45	0,072	0,090	0,018	19,6	-1
Württemberg	*10,7*	*15,7*	69	0,126	0,132	0,007	5,1	0
Baden	*7,9*	*13,9*	57	0,097	0,109	0,012	10,8	0
Thüringen	*7,7*	*13,5*	57	0,095	0,106	0,012	10,9	0
Hessen	*8,5*	*15,0*	57	0,105	0,118	0,013	11,0	0
Ostpreußen	*11,1*	*12,7*	88	0,119	0,119	0,001	0,8	0
Oberbayern	*8,2*	*14,6*	56	0,102	0,114	0,013	11,2	0
Niederbayern	*3,1*	*5,9*	52	0,039	0,045	0,006	13,9	0
Oberpfalz	*5,0*	*9,3*	54	0,063	0,072	0,009	12,7	0
Pfalz	*7,5*	*12,1*	62	0,090	0,098	0,008	8,0	1
Oberfranken	*4,9*	*10,5*	47	0,063	0,078	0,014	18,5	0
Mittelfranken	*7,4*	*13,3*	56	0,092	0,104	0,012	11,7	0
Unterfranken	*7,2*	*13,3*	54	0,090	0,103	0,013	12,6	-1
Schwaben	*7,2*	*10,8*	66	0,085	0,090	0,005	6,1	0
Reichsgebiet	10,5	14,9	70	0,122	0,127	0,006	4,4	

Anm.: siehe Tab. 4-8. Quellen: siehe Anhang III-B.

Tabelle 4–10: Geschlechterunterschiede in der Dimension Bildung, ausgewählte Regionen, Deutsches Reich, 1939

Spalte	1	2	3	4	5	6	7	8
	Bild. weibl.	Bild. männl.	Index männl.=100	EDI Bild.	Index Bild.	Strafe abs.	Strafe in %	Rangwechsel Sp. 5-4
Stadt Berlin	19,9	28,0	71	0,228	0,238	0,010	4,2	0
Frankfurt/M.	20,6	29,2	70	0,237	0,249	0,011	4,5	0
Köln	13,0	19,2	68	0,152	0,161	0,009	5,4	0
München	15,4	24,3	63	0,183	0,198	0,015	7,3	-1
Hamburg	15,3	19,8	78	0,172	0,176	0,004	2,3	0
Bremen	18,4	20,6	89	0,195	0,196	0,001	0,5	1
Preußen	9,1	13,0	70	0,105	0,110	0,005	4,6	0
Bayern	5,7	10,1	56	0,070	0,079	0,009	11,2	2
Sachsen	6,7	11,1	61	0,081	0,089	0,008	8,6	-1
Württemberg	9,4	14,4	65	0,112	0,119	0,008	6,5	0
Baden	5,4	11,3	48	0,069	0,084	0,015	17,7	-2
Thüringen	5,5	11,7	47	0,071	0,086	0,016	18,3	-2
Hessen	7,3	12,9	56	0,090	0,101	0,011	11,2	-2
Ostpreußen	9,0	11,1	81	0,099	0,101	0,002	2,0	1
Oberbayern	7,6	12,6	60	0,092	0,101	0,009	9,1	1
Niederbayern	2,9	5,8	50	0,037	0,044	0,007	15,4	0
Oberpfalz	3,9	8,6	45	0,050	0,063	0,013	20,1	0
Pfalz	7,1	10,1	70	0,082	0,086	0,004	4,6	3
Oberfranken	4,0	9,1	44	0,052	0,066	0,014	21,1	0
Mittelfranken	6,6	11,0	60	0,080	0,088	0,008	9,2	-1
Unterfranken	5,3	10,5	50	0,067	0,079	0,012	15,6	-1
Schwaben	6,2	10,1	61	0,075	0,081	0,007	8,4	2
Reichsgebiet	8,2	13,0	63	0,098	0,106	0,008	7,4	

Anm.: siehe Tab. 4-8. Quellen: siehe Anhang III-B.

Tabelle 4–11: Prozentuale Veränderung[1] der sekundären Schulbesuchsquoten nach Geschlecht, ausgewählte Regionen, 1926-31, 1931-39 und 1926-39.

	1926-31 Frauen	1926-31 Männer	1931-39 Frauen	1931-39 Männer	1926-39 Frauen	1926-39 Männer
Stadt Berlin	31	24	-33	-13	9	13
Frankfurt/M.	18	19	-16	-13	5	8
Köln	-7	2	-28	-11	-38	-8
München	44	17	3	-16	45	3
Hamburg	12	14	-9	-1	4	13
Bremen	27	22	-12	-16	19	9
Preußen	18	16	-31	-20	-7	0
Bayern	20	20	-13	-14	10	9
Sachsen	22	20	17	-11	35	11
Württemberg	31	22	-14	-9	21	16
Baden	11	17	-47	-22	-31	-2
Thüringen	4	10	-40	-15	-35	-4
Hessen	20	21	-17	-16	6	9
Oberbayern	32	25	-9	-16	26	14
Niederbayern	21	17	-5	-1	17	16
Oberpfalz	35	11	-30	-7	16	4
Pfalz	23	19	-6	-20	18	2
Oberfranken	45	23	-23	-16	32	10
Mittelfranken	31	16	-13	-22	23	-2
Unterfranken	28	19	-36	-26	2	-2
Schwaben	21	31	-16	-7	8	26
Deutsches Reich	20	16	-28	-15	-2	3

Anm.: [1]Veränderung z.B. zwischen 1931 und 1926 in Prozent von 1931, d.h. ein positiver Wert signalisiert Ausweitung der Bildungsbeteiligung. Quellen: berechnet nach Tab. 4-8 bis 4-10.

Tabelle 4–12: Geschlechterunterschiede in der Dimension Bildung*, ausgewählte Regionen, Bundesrepublik, 1950

Spalte	1	2	3	4	5	6	7	8
	Bild. weibl.	Bild. männl.	Index männl.=100	EDI Bildung	Index Bildung	Strafe abs.	Strafe in %	Rang-wechsel Sp. 5-4
West-Berlin	13,9[1]	14,4[1]	97	0,141	0,141	0,000	0,0	1
Frankfurt/M.	28,2	32,9	86	0,303	0,305	0,003	0,9	0
Köln	19,3	23,9	81	0,212	0,216	0,004	1,6	0
München	20,6	29,9	69	0,240	0,253	0,013	5,0	0
Hamburg[3]	14,9[2]	16,7[2]	89	0,158	0,159	0,001	0,5	0
Bremen[3]	16,7[4]	19,8[4]	84	0,181	0,188	0,007	3,5	0
Schleswig-Holstein	10,5	11,7	90	0,111	0,111	0,000	0,4	0
Niedersachsen	13,3	15,0	89	0,141	0,142	0,001	0,5	-1
NRW	13,8	16,1	86	0,148	0,150	0,001	0,9	0
Hessen	13,4	17,3	78	0,150	0,154	0,004	2,3	0
Rheinland-Pfalz	8,5	11,3	75	0,096	0,099	0,003	3,0	0
Baden-Württemberg	10,7	14,5	74	0,122	0,126	0,004	3,3	0
Bayern	7,9	11,2	70	0,091	0,096	0,004	4,6	0
Bundesrepublik[5]	11,4	14,1	81	0,126	0,130	0,004	3,0	

Anm.: siehe Tab. 4-8 sowie * Sekundärer Bildungssektor umfasst Mittel-/Realschulen und Gymnasien (ohne Aufbauzüge an Volksschulen). [1]Auslaufende Realschulen (nur öffentliche Schulen) und Oberschulen (privat und öffentlich); [2]1952; [3]Oberschulen technischer und wissenschaftlicher Zweig; [4]linear interpoliert; [5]1950: Bundesgebiet ohne Saarland und Hamburg, einschl. West-Berlin. Quellen: siehe Anhang III-B.

Tabelle 4–13: Geschlechterunterschiede in der Dimension Bildung*, ausgewählte Regionen, Bundesrepublik, 1955

Spalte	1	2	3	4	5	6	7	8
	Bild. weibl.	Bild. männl.	Index männl.=100	EDI Bildung	Index Bildung	Strafe abs.	Strafe in %	Rang-wechsel Sp. 5-4
West-Berlin	28,3[1]	29,4[1]	96	0,288	0,289	0,000	0,1	0
Frankfurt/M.	31,0[2]	37,0[2]	84	0,337	0,340	0,004	1,1	0
Köln	24,1	29,2	82	0,263	0,267	0,004	1,4	0
München	25,7	36,6	70	0,298	0,312	0,014	4,5	0
Hamburg[3]	*17,6*	*26,7*	66	0,202	0,215	0,013	5,9	0
Bremen[3]	23,3	24,6	95	0,239	0,239	0,000	0,1	0
Schleswig-Holstein	25,3	26,3	96	0,258	0,258	0,000	0,1	0
Niedersachsen	*18,6*	*21,1*	88	0,198	0,199	0,001	0,6	0
NRW	*18,4*	*21,7*	85	0,199	0,201	0,002	1,0	0
Hessen	*19,4*	*24,2*	80	0,215	0,219	0,004	1,9	0
Rheinland-Pfalz	12,2	15,3	79	0,135	0,138	0,003	2,0	0
Baden-Württemberg	*15,6*	*20,7*	75	0,177	0,182	0,005	2,9	0
Bayern	*13,1*	*17,5*	75	0,151	0,153	0,002	1,5	0
Bundesrepublik[4]	17,9	20,8	86	0,192	0,194	0,002	0,9	

Anm.: siehe Tab. 4-8. [1]Oberschulen technischer und wissenschaftlicher Zweig und Schulen besonderer pädagogischer Prägung; [2]ohne Schüler der zwei privaten höheren Schulen; [3]Oberschulen technischer und wissenschaftlicher Zweig. Bei kursiv angegebenen Werten wurde der Bevölkerungsaufbau geschätzt; [4]1955 und 1961: Bundesgebiet ohne Saarland einschl. West-Berlin. Quellen: siehe Anhang III-B.

Tabelle 4–14: Geschlechterunterschiede in der Dimension Bildung*, ausgewählte Regionen, Bundesrepublik, 1961

Spalte	1	2	3	4	5	6	7	8
	Bild. weibl.	Bild. männl.	Index männl.=100	EDI Bildung	Index Bildung	Strafe abs.	Strafe in %	Rang-wechsel Sp. 5-4
West-Berlin	27,3[1]	27,9[1]	98	0,276	0,276	0,000	0,0	0
Frankfurt/M.	27,2[2]	34,7[2]	78	0,303	0,310	0,007	2,2	0
Köln	26,3	30,8	85	0,283	0,285	0,003	0,9	0
München	29,6	36,2	82	0,325	0,329	0,005	1,5	0
Hamburg[3]	20,9	23,1	91	0,219	0,220	0,001	0,5	0
Bremen[3]	25,0	27,2	92	0,260	0,261	0,001	0,3	0
Schleswig-Holstein	26,5	28,5	93	0,275	0,275	0,001	0,2	0
Niedersachsen	21,8	24,4	89	0,230	0,231	0,001	0,5	0
NRW	19,7	23,3	84	0,213	0,215	0,002	1,1	0
Hessen	17,7	23,6	75	0,201	0,207	0,006	3,1	0
Rheinland-Pfalz	15,0	19,5	77	0,169	0,173	0,004	2,5	0
Baden-Württemberg	17,3	23,1	75	0,196	0,202	0,006	3,1	0
Bayern	16,2	22,1	73	0,185	0,192	0,007	3,6	0
Bundesrepublik	19,1	23,4	82	0,210	0,213	0,003	1,5	

Anm.: siehe Tab. 4-8 und 4-13. Quellen: siehe Anhang III-B.

Tabelle 4–15: Prozentuale Veränderung[1] der sekundären Schulbesuchsquoten nach Geschlecht, ausgewählte Regionen, 1950-1961.

	männlich	weiblich
Berlin (West)	48,5	49,1
Frankfurt	5,4	-4,0
Köln	22,4	26,5
München	17,4	30,6
Hamburg	27,4	28,6
Bremen	27,2	33,0
Schleswig-Holstein	59,0	60,2
Niedersachsen	38,3	38,7
Nordrhein-Westfalen	30,9	30,0
Hessen	26,9	23,9
Rheinland-Pfalz	42,3	43,7
Baden-Württemberg	37,4	37,9
Bayern	49,1	51,3
Bundesgebiet	39,9	40,2

Anm.: [1]Veränderung z.B. zwischen 1950 und 1960 in Prozent von 1961, d.h. ein positiver Wert signalisiert Ausweitung der Bildungsbeteiligung. Quellen: berechnet nach Tab. 4-12 und 4-14.

Tabelle 4–16: Relativer Hochschulbesuch von Männern und Frauen, Deutsches Reich bzw. Bundesrepublik, 1920-1939 und 1950 -1960

	Studenten	Studentinnen	Index
	je 1.000 der 20 bis 25jährigen		(männlich = 100)
1920	41,2	2,8	7
1921	40,5	2,9	7
1922	39,1	2,9	7
1923	38,8	3,1	8
1924	32,7	2,9	9
1925	27,6	2,4	9
1926	27,4	2,6	9
1927	28,5	3,1	11
1928	30,4	3,8	12
1929	32,6	4,7	14
1930	34,2	5,6	16
1931	35,4	6,5	18
1932	34,9	6,6	19
1933	32,5	6,1	19
1934	28,5	4,7	17
1935	23,8	3,8	16
1936	23,8	3,7	16
1937	23,3	3,7	16
1938	24,6	4,0	16
1939	31,6	5,6	18
1940-1949			
1950	51,1	10,7	21
1951	53,7	13,3	25
1952	54,4	14,2	26
1953	56,6	14,8	26
1954	56,8	15,6	27
1955	57,2	16,7	29
1956	57,8	17,6	30
1957	62,3	19,6	31
1958	61,9	20,4	33
1959	64,7	23,0	36
1960	68,3	26,2	38

Quellen: siehe Anhang III-B.

Abbildung 4–1: Mittlere Lebenserwartung von Männern und Frauen und der geschlechtsspezifischer Abstand der Lebenserwartungen,

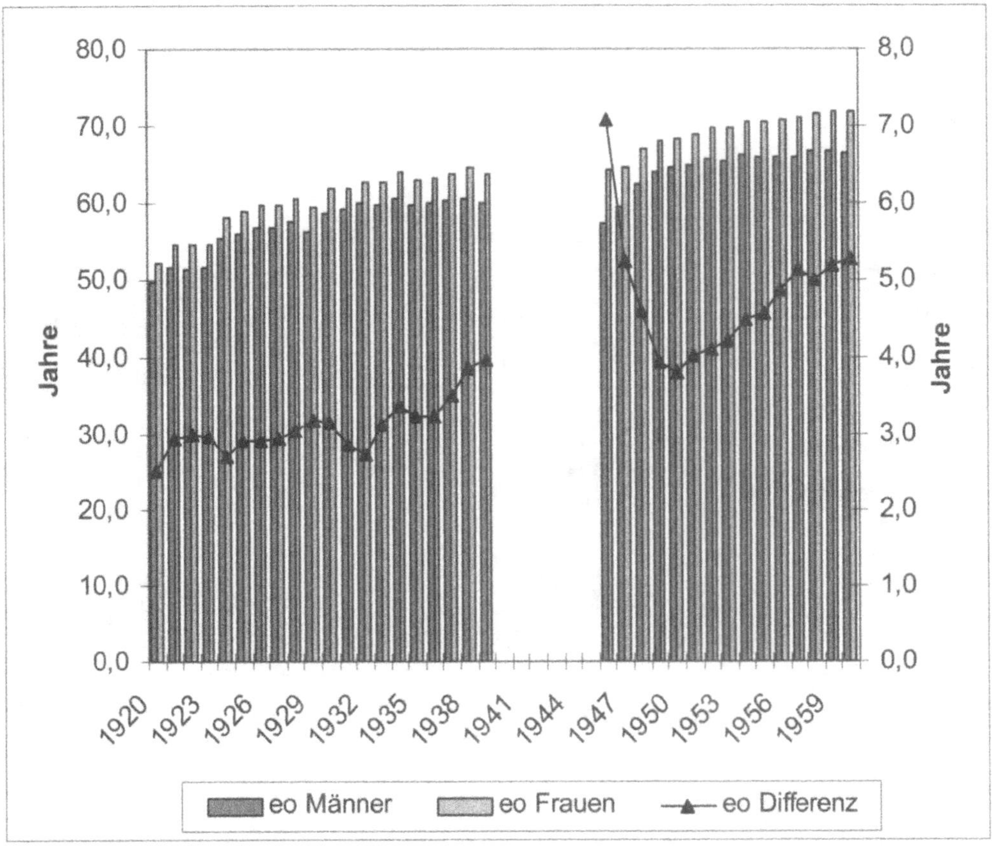

Deutschland, 1920-1960

Quellen: siehe Anhang III-B.

Abbildung 4–2: Übersterblichkeit der Männer für ausgewählte Altersgruppen, Deutschland, 1920-1960 (weibliche Sterberate = 100)

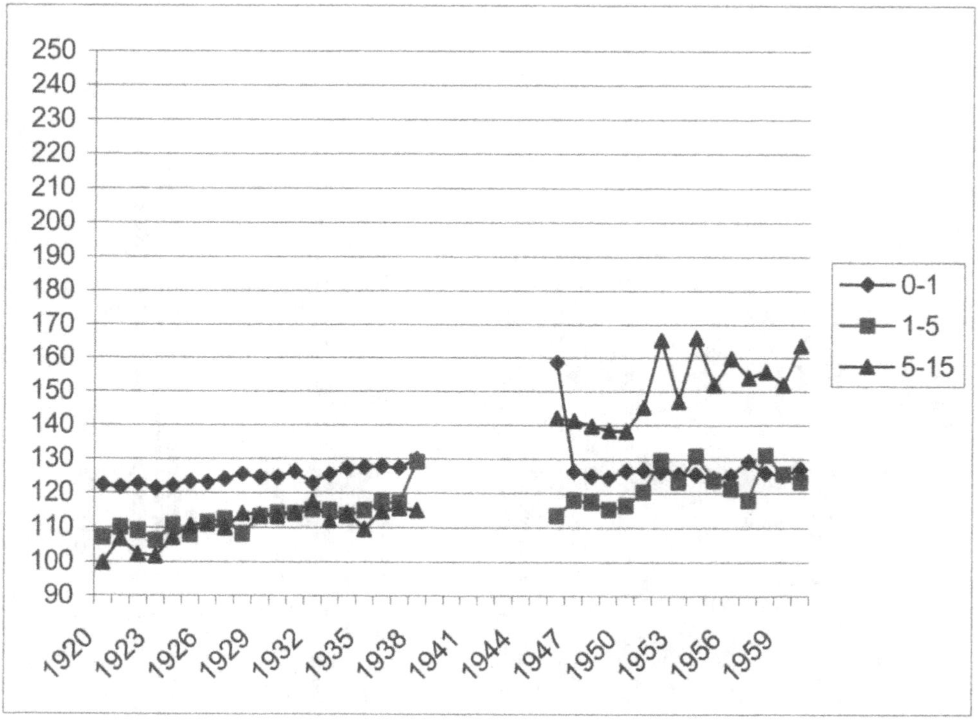

Quellen: siehe Quellen Anhang III-B.

Abbildung 4–3: Übersterblichkeit der Männer für ausgewählte Altersgruppen, Deutschland, 1920-1960 (weibliche Sterblichkeitsrate=100)

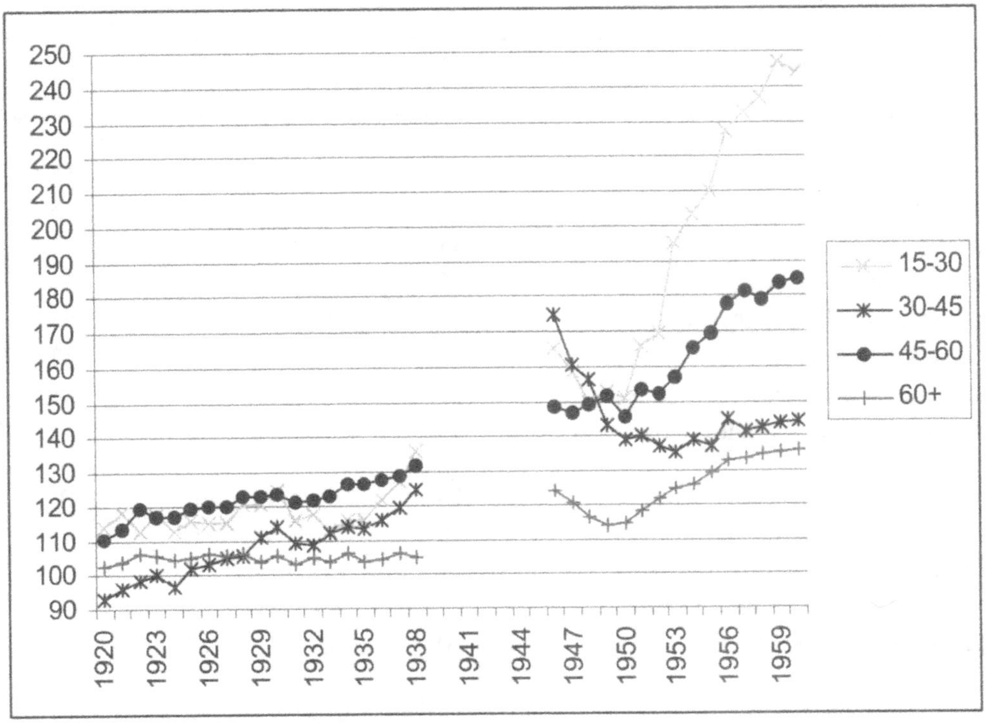

Quellen: siehe Quellen Anhang III-B.

Tabelle 4–17: Geschlechtsspezifischer Mortalitätsrückgang[1], ausgewählte Altersklassen und Perioden, Deutschland, 1920-1960

Altersstufen	Männer 1920-30	Männer 1930-33	Männer 1933-38	Männer 1950-60	Frauen 1920-30	Frauen 1930-33	Frauen 1933-38	Frauen 1950-60
0-1[2]	-54	-10	-26	-64	-56	-11	-31	-65
1-5	-150	-16	4	-77	-167	-17	-8	-87
5-15	-53	-15	5	-46	-74	-14	3	-72
15-30	-92	-18	6	-13	-111	-7	-13	-82
30-45	-45	-7	2	-36	-77	-5	-10	-41
45-60	-17	0	1	7	-31	0	-7	-18
60+	-19	4	0	15	-22	6	-1	-1

[1]Veränderung der altersspezifischen Sterblichkeitsrate (pro 1.000 Lebende) zwischen 1960 und 1950 in Prozent der Sterblichkeit von 1960. Negatives Vorzeichen bedeutet Sterblichkeitsrückgang. [2]Gestorbene pro 1.000 Lebendgeburten. Quellen: siehe Quellen Anhang III-B.

Tabelle 4–18: Mortalitätsrückgang (in %)[1] nach Geschlecht in den Teilperioden 1930-33 und 1933-38, ausgewählte Todesursachen, Deutschland

Todesursachenkategorien[2]	Männer 1930-33	Frauen 1930-33	Männer 1933-38	Frauen 1933-38
Kh. der Schwangerschaft/ Entb./Wochenbett		-4		-18
Infektionserkr.	-9	-6	-22	-25
davon Grippe	66	72	-172	-302
davon Tuberkulose insg.	-11	-10	-24	-24
davon andere akute Infektionskr.	-68	-55	17	0
Erkr. der Atmungsorgane	-4	3	17	-22
davon Lungenentzündung	-2	7	21	-29
Erkr. der Kreislauforgane	-59	-50	-8	-23
Gehirnschlag/ Erkr. des Zentralnervensystems	-16	-15	7	-3
Erkr. der Verdauungsorgane	-10	-13	3	7
Erkr. des uro-genitalen Bereichs	-13	-32	3	1
Krebs und andere Neubildungen	0	-3	12	14
Äußere Einwirkungen	-20	-5	23	-6
davon Selbstmord	-3	-3	-8	-22
davon Verunglückungen/Gewalt	-39	-14	38	17
Gestorbene insg.	-18	-7	6	-13

Anm.: [1]Veränderung der altersspezifischen Sterblichkeitsrate (pro 1.000 Lebende) zwischen 1933 und 1930 in Prozent der Sterblichkeit von 1933. Negatives Vorzeichen signalisiert Sterblichkeitsrückgang. [2]Todesursachenkategorien siehe Baten und Wagner 2003b, S. 115, Tab. 8. Quellen: Berechnet nach Statistisches Sonderbeilage zur Nr. 33 vom 19. August 1942 des Reichs-Gesundheitsblattes, S. 13*-28*; Statistische Sonderbeilage zur Nr. 35 vom 26. August 1936 des Reichs-Gesundheitsblattes, S. 111*-127*; Statistische Sonderbeilage zur Nr. 37 vom 14. September 1932 des Reichs-Gesundheitsblattes, S. 46**-51**.

Tabelle 4–19: Geschlechterunterschiede in der Dimension „langes Leben", ausgewählte Regionen, um 1925

1	2	3	4	5	6	7	8	9
	e_0 weibl.	e_0 männl.	Diff. in Jahren	EDI e_0	Index e_0	Strafe absolut	Strafe in %	Rangwechsel Sp. 6-5
Berlin	59,8	56,2	3,6	0,548	0,552	0,004	0,7	0
Frankfurt/M.	60,5	56,8	3,7	0,559	0,562	0,003	0,5	0
Köln	58,1	55,1	3,0	0,524	0,528	0,003	0,6	0
München	56,2	53,8	2,4	0,497	0,502	0,005	1,2	-1
Hamburg	60,8	56,8	4,0	0,562	0,565	0,002	0,4	0
Bremen	60,3	56,7	3,6	0,557	0,559	0,002	0,3	0
Preußen	58,8	55,9	2,9	0,537	0,540	0,003	0,5	0
Bayern	56,4	53,6	2,8	0,497	0,501	0,004	0,7	1
Sachsen	61,0	57,9	3,1	0,572	0,575	0,003	0,6	0
Württemberg	59,8	57,6	2,2	0,558	0,562	0,004	0,8	0
Baden	58,4	56,1	2,3	0,534	0,538	0,004	0,8	0
Thüringen	60,2	57,3	2,9	0,560	0,564	0,003	0,6	0
Hessen	61,0	59,5	1,5	0,582	0,588	0,005	0,9	0
Ostpreussen	58,1	55,0	3,1	0,524	0,527	0,003	0,5	0
Oberbayern	55,6	52,9	2,7	0,484	0,488	0,004	0,8	0
Niederbayern	51,0	48,4	2,6	0,408	0,413	0,004	1,1	0
Oberpfalz	52,4	49,3	3,1	0,429	0,432	0,003	0,7	0
Pfalz	59,2	56,4	2,8	0,544	0,547	0,003	0,5	0
Oberfranken	57,7	54,1	3,6	0,514	0,516	0,003	0,5	0
Mittelfranken	58,2	55,1	3,1	0,526	0,529	0,003	0,6	0
Unterfranken	56,9	54,4	2,5	0,508	0,512	0,004	0,8	0
Schwaben	56,9	54,3	2,6	0,506	0,510	0,004	0,7	0
Reichsgebiet	58,8	56,0	2,8	0,538	0,541	0,003	0,6	

Anm.: siehe Tab. 4-8. Quellen: siehe Anhang III-B.

Tabelle 4–20: Geschlechterunterschiede in der Dimension „langes Leben", ausgewählte Regionen, um 1933

1	2	3	4	5	6	7	8	9
	e_0 weibl.	e_0 männl.	Diff. Jahren e_0	EDI	Index e_0	Strafe absolut	Strafe in %	Rang-wechsel Sp. 6-5
Berlin	63,1	58,8	4,3	0,598	0,601	0,003	0,6	1
Frankfurt/M.	63,8	60,5	3,3	0,617	0,621	0,003	0,6	0
Köln	62,3	59,8	2,5	0,598	0,602	0,004	0,7	-1
München	62,1	59,0	3,1	0,590	0,594	0,004	0,7	-1
Hamburg	64,2	60,9	3,3	0,624	0,627	0,003	0,4	0
Bremen	63,8	61,1	2,7	0,622	0,625	0,003	0,5	0
Preußen	62,4	59,5	2,9	0,597	0,600	0,002	0,4	0
Bayern	60,7	57,8	2,9	0,568	0,571	0,003	0,5	0
Sachsen	64,1	60,8	3,3	0,622	0,625	0,003	0,4	0
Württemberg	64,4	61,5	2,9	0,631	0,634	0,003	0,4	0
Baden	63,1	60,2	2,9	0,609	0,612	0,003	0,5	1
Thüringen	63,1	61,1	2,0	0,615	0,619	0,004	0,7	0
Hessen	64,5	62,2	2,3	0,636	0,639	0,003	0,5	0
Oberbayern	60,9	57,8	3,1	0,570	0,573	0,003	0,5	0
Niederbayern	56,4	54,2	2,2	0,501	0,505	0,004	0,8	0
Oberpfalz	57,3	54,2	3,1	0,511	0,514	0,002	0,5	0
Pfalz	62,8	60,6	2,2	0,609	0,612	0,003	0,6	-1
Oberfranken	62,0	59,0	3,0	0,589	0,592	0,003	0,5	0
Mittelfranken	62,1	59,3	2,8	0,593	0,596	0,003	0,6	0
Unterfranken	61,7	59,6	2,1	0,591	0,594	0,004	0,6	1
Schwaben	61,6	59,3	2,3	0,588	0,592	0,004	0,6	0
Deutsches Reich	62,8	59,7	3,1	0,603	0,605	0,002	0,4	

Anm.: siehe Tab. 4-8. Quellen: siehe Anhang III-B.

Tabelle 4–21: Geschlechterunterschiede in der Dimension „langes Leben", ausgewählte Regionen, um 1939

1	2	3	4	5	6	7	8	9
	e_0 weibl.	e_0 männl.	Diff. Jahre	EDI e_0	Index e_0	Strafe absolut	Strafe in %	Rang-wechsel Sp. 6-5
Berlin	63,6	59,4	4,2	0,608	0,612	0,004	0,7	0
Frankfurt/M.	66,2	62,0	4,2	0,651	0,655	0,004	0,5	0
Köln	59,9	55,9	4,0	0,548	0,551	0,003	0,6	0
München	63,5	58,5	5,0	0,600	0,603	0,003	0,6	1
Hamburg	65,0	60,7	4,3	0,630	0,633	0,002	0,4	0
Bremen	65,6	61,7	3,9	0,644	0,644	0,001	0,1	1
Preußen	63,9	60,1	3,8	0,616	0,618	0,002	0,3	0
Bayern	62,3	58,1	4,2	0,586	0,588	0,002	0,3	0
Sachsen	66,4	62,9	3,5	0,660	0,663	0,003	0,5	0
Württemberg	65,1	61,4	3,7	0,636	0,638	0,002	0,4	0
Baden	63,9	60,8	3,1	0,621	0,624	0,003	0,5	0
Thüringen	65,8	62,3	3,5	0,649	0,651	0,002	0,3	0
Hessen	65,0	62,5	2,5	0,644	0,646	0,004	0,5	-1
Oberbayern	62,6	58,2	4,4	0,590	0,591	0,001	0,2	0
Niederbayern	60,0	56,5	3,5	0,553	0,554	0,002	0,3	0
Oberpfalz	59,1	55,1	4,0	0,535	0,536	0,001	0,1	0
Pfalz	64,1	60,0	4,1	0,617	0,617	0,000	0,1	0
Oberfranken	63,8	59,3	4,5	0,608	0,610	0,002	0,3	0
Mittelfranken	63,4	59,4	4,0	0,606	0,608	0,002	0,3	0
Unterfranken	62,8	59,3	3,5	0,600	0,601	0,001	0,2	-1
Schwaben	62,3	59,4	2,9	0,597	0,598	0,002	0,3	0
Reichsgebiet	64,5	60,6	3,9	0,626	0,627	0,001	0,2	

Anm.: siehe Tab. 4-8. Quellen: siehe Anhang III-B.

Tabelle 4–22: Geschlechterunterschiede in der Dimension „langes Leben", ausgewählte Regionen, um 1950

1	2	3	4	5	6	7	8	9
	e_0 weibl.	e_0 männl.	Diff.[1]	EDI e0	Index e0	Strafe abs.	Strafe in %	Rangwechsel Sp. 6-5
Berlin-West	68,2	63,9	4,3	0,683	0,690	0,006	0,9	-1
Frankfurt	68,5	64,5	4,0	0,691	0,694	0,003	0,5	0
Köln	68,1	63,2	4,9	0,678	0,681	0,003	0,4	-1
München	68,2	64,1	4,1	0,685	0,688	0,003	0,5	1
Hamburg	70,8	66,6	4,2	0,728	0,731	0,003	0,4	0
Bremen	69,7	66,2	3,5	0,715	0,718	0,003	0,4	0
Schleswig-Holstein	70,2	66,3	3,9	0,720	0,723	0,003	0,4	0
Niedersachsen	69,5	66,1	3,4	0,712	0,715	0,003	0,4	0
NRW	67,8	63,7	4,1	0,679	0,681	0,002	0,4	1
Hessen	69,1	66,0	3,1	0,707	0,711	0,004	0,5	0
Rheinland-Pfalz	68,2	64,5	3,7	0,688	0,692	0,003	0,5	0
Baden-Württem.	68,7	64,9	3,8	0,696	0,699	0,003	0,5	0
Bayern	67,4	63,4	4,0	0,673	0,676	0,003	0,5	0
Bundesgebiet	68,5	64,6	3,9	0,691	0,695	0,003	0,4	

Anm.: Tab. 4-8; [1]Differenz in Jahren. Quellen: siehe Anhang III-B.

Tabelle 4–23: Geschlechterunterschiede in der Dimension „langes Leben", ausgewählte Regionen, um 1955

1	2	3	4	5	6	7	8	9
	e_0 weibl.	e_0 männlich	Diff[1].	EDI e0	Index e0	Strafe abs.	Strafe in %	Rang-wechsel Sp. 6-5
Berlin-West	69,8	65,2	4,6	0,708	0,714	0,006	0,9	-2
Frankfurt	71,2	66,8	4,4	0,733	0,735	0,003	0,3	0
Köln	71,4	65,6	5,8	0,725	0,728	0,003	0,4	0
München	72,1	67,6	4,5	0,747	0,750	0,003	0,4	0
Hamburg	72,5	67,6	4,9	0,751	0,754	0,003	0,4	0
Bremen	71,2	66,9	4,3	0,734	0,736	0,002	0,3	0
Schleswig-Hol.	72,0	67,7	4,3	0,747	0,750	0,003	0,4	0
Niedersachsen	71,2	67,1	4,1	0,736	0,739	0,003	0,3	0
NRW	70,0	65,1	4,9	0,710	0,711	0,002	0,3	1
Hessen	71,1	66,9	4,2	0,733	0,736	0,003	0,3	0
Rheinland-Pfalz	70,3	65,8	4,5	0,717	0,719	0,002	0,3	0
Baden-Württem.	71,1	66,6	4,5	0,731	0,733	0,003	0,3	0
Bayern	70,0	65,2	4,8	0,710	0,713	0,003	0,4	1
Bundesgebiet	70,6	66,0	4,6	0,721	0,724	0,002	0,3	

Anm.: Tab. 4-8.; [1]Differenz in Jahren; Quellen: siehe Anhang III-B.

Tabelle 4–24: Geschlechterunterschiede in der Dimension „langes Leben", ausgewählte Regionen, um 1960

1	2	3	4	5	6	7	8	9
	e_0 weibl.	e_o männlich	Diff.[1]	EDI e0	Index e0	Strafe abs.	Strafe in %	Rangwechsel Sp. 6-5
Berlin-West	71,9	66,0	5,9	0,733	0,739	0,007	0,9	0
Frankfurt	72,2	66,3	5,9	0,738	0,741	0,003	0,4	0
Köln	72,9	65,6	7,3	0,737	0,741	0,004	0,6	0
München	73,9	67,6	6,3	0,763	0,767	0,004	0,5	0
Hamburg	73,5	67,8	5,7	0,761	0,765	0,003	0,4	0
Bremen	73,3	68,2	5,1	0,763	0,765	0,002	0,3	0
Schleswig-Hol.	73,0	68,0	5	0,758	0,760	0,002	0,3	0
Niedersachsen	72,8	67,7	5,1	0,754	0,757	0,002	0,3	0
NRW	71,8	66,0	5,8	0,732	0,734	0,002	0,3	0
Hessen	72,2	67,3	4,9	0,746	0,748	0,002	0,3	0
Rheinland-Pfalz	71,1	65,4	5,7	0,721	0,724	0,002	0,3	0
Baden-Württem.	72,8	67,6	5,2	0,753	0,756	0,002	0,3	0
Bayern	72,1	66,6	5,5	0,739	0,742	0,003	0,4	0
Bundesgebiet	72,4	66,9	5,5	0,744	0,746	0,002	0,3	

Anm.: Tab. 4-8.; [1]Differenz in Jahren. Quellen: siehe Anhang II-B-2.

Tabelle 4–25: Gender Development Indizes (GDI_{UNDP}) im Vergleich zum HDI_{UNDP}, Deutschland, Stichjahre, 1927-1960, (ε=2)

	Indizes der Gleichverteilung						
	Eink.	BSER	Alph.rate	Bild.	Lebenserw.	GDI_{UNDP}	HDI_{UNDP}
1927	0,590	0,475	0,990	0,818	0,552	**0,653**	**0,666**
1932	0,547	0,566	0,990	0,849	0,605	**0,667**	**0,679**
1938	0,627	0,549	0,990	0,843	0,626	**0,698**	**0,709**
1950	0,596	0,650	0,990	0,877	0,692	**0,721**	**0,733**
1960	0,723	0,595	0,990	0,858	0,737	**0,773**	**0,779**

Anm. und Quellen: berechnet nach Quellen Anhang III-B.

Tabelle 4–26: Absolute Veränderungen der Gender Development Indizes im Vergleich zum HDI für einige Stichjahre, Deutschland, 1927-1960; (ε=2)

	Indizes der Gleichverteilung						
	Eink.	BSER	Alph.rate	Bild.	Lebenserw.	GDI_{UNDP}	HDI_{UNDP}
1927-1932	-0,043	0,092	0,000	0,031	0,053	**0,014**	**0,013**
1932-1938	0,080	-0,017	0,000	-0,006	0,021	**0,032**	**0,030**
1938-1950	-0,031	0,101	0,000	0,034	0,066	**0,023**	**0,024**
1950-1960	0,128	-0,055	0,000	-0,018	0,045	**0,051**	**0,047**

Anm. und Quellen: berechnet nach Tab. 4-25.

Tabelle 4–27: Wohlfahrtsreduktion aufgrund Geschlechterungleichheit (Strafe) des Gesamtindexes und der einzelnen Komponenten, Deutschland, ausgewählte Stichjahre, 1920-1960, (ε=2)

	Strafe[1]						
	Eink. abs.	Lebenserw. abs.	Alpha.rate abs.	BSER abs.	Bild. abs.	Index absolut	Index in %[2]
1927	0,036	0,002	0,000	0,000	0,000	0,012	1,9
1932	0,035	0,002	0,000	0,000	0,000	0,012	1,8
1938	0,030	0,001	0,000	0,000	0,000	0,011	1,5
1950	0,031	0,003	0,000	0,000	0,000	0,011	1,6
1960	0,017	0,002	0,000	0,001	0,000	0,007	0,9

Anm.: [1]Differenzen zwischen EDI bzw. GDI und HDIs und der Komponenten; [2](GDI-HDI)/HDI in %. Quellen: berechnet nach Quellen Anhang III-B.

Tabelle 4–28: Nationale Gender Development Indizes (GDI_n), Deutschland, ausgewählte Stichjahre, 1920-1960, (ε=2)

	Indizes der Gleichverteilung				
	Eink.	HSR	Lebenserw.	**GDI_n**	**HDI_n**
1927	0,590	0,055	0,552	**0,399**	**0,445**
1932	0,547	0,111	0,605	**0,421**	**0,465**
1938	0,627	0,069	0,626	**0,440**	**0,476**
1950	0,596	0,176	0,692	**0,488**	**0,543**
1960	0,723	0,383	0,737	**0,614**	**0,652**

Anm. und Quellen: berechnet nach Quellen Anhang III-B.

Tabelle 4–29: Absolute Veränderungen der Gender Development Indizes im Vergleich zum HDI_n, Deutschland, Stichjahre, 1920-1960, (ε=2)

	Indizes der Gleichverteilung				
	Eink.	HSR	Lebenserw.	**GDI_n**	**HDI_n**
1927-1932	-0,043	0,056	0,053	**0,022**	**0,020**
1932-1938	0,080	-0,042	0,021	**0,019**	**0,011**
1938-1950	-0,031	0,107	0,066	**0,047**	**0,067**
1950-1960	0,128	0,207	0,045	**0,127**	**0,110**

Quellen: berechnet nach Tab. 4-28.

Tabelle 4–30: Wohlfahrtsreduktion aufgrund Geschlechterungleichheit des Gesamtindexes und der Komponenten, Deutschland, ausgewählte Stichjahre, 1920-1960, (ε=2)

	Strafe[1] Eink. abs.	Lebenserw. abs.	HSR abs.	**$Index_n$ abs.**	**$Index_n$[2] in %**
1927	0,036	0,002	0,102	**0,047**	**10,4**
1932	0,035	0,002	0,096	**0,044**	**9,5**
1938	0,030	0,001	0,075	**0,035**	**7,4**
1950	0,031	0,003	0,131	**0,055**	**10,1**
1960	0,017	0,002	0,095	**0,038**	**5,8**

Anm.: [1]Differenzen zwischen EDI bzw. GDI und HDIs und der Komponenten; [2](GDI-HDI)/HDI in %. Anm. und Quellen: berechnet nach Quellen Anhang III-B.

Tabelle 4–31: GDI* im Vergleich mit HDI*, Deutschland, ausgewählte Stichjahre, 1920-1960, (ε=2)

	EDI Leb.erw.	EDI HSR	GDI*	HDI*	Strafe[1] abs.	Strafe[1] in %[2]	Index[3] GDI*	Index[3] HDI*
1927	0,552	0,055	0,304	0,355	0,052	14,6	100	100
1932	0,605	0,111	0,358	0,407	0,049	12,0	118	115
1938	0,626	0,069	0,347	0,385	0,038	9,8	114	108
1950	0,692	0,176	0,434	0,500	0,067	13,3	143	141
1960	0,737	0,383	0,560	0,608	0,048	8,0	184	171

Anm.: [1]Differenzen zwischen EDI bzw. GDI und HDIs und der Komponenten; [2](GDI-HDI)/HDI in %. Anm. und Quellen: berechnet nach Quellen Anhang III-B; [3] 1927 = 100.

Tabelle 4–32: Vergleich modifizierter GDIs, Deutschland, ausgewählte Stichjahre, 1920-1960

	GDI_{UNDP} ε=2	GDI_{UNDP} ε_Y=1,5; ε_e=6; ε_B=3	GDI_n ε=2	GDI_n ε_Y=1,5; ε_e=6; ε_B=3	GDI* ε=2	GDI* ε_Y=1,5; ε_e=6; ε_B=3
1927	0,653	0,654	0,399	0,396	0,304	0,297
1932	0,667	0,667	0,421	0,415	0,358	0,348
1938	0,698	0,699	0,440	0,437	0,347	0,341
1950	0,721	0,722	0,488	0,479	0,434	0,420
1960	0,773	0,772	0,614	0,603	0,560	0,543

Anm.: GDI_{UNDP} (ε=2): Gesamtindex berechnet aus den Indizes der Gleichverteilung des Pro-Kopf-Einkommens, der Lebenserwartung bei der Geburt, Alphabetenrate und kombinierten Schuleinschreiberate im primären, sekundären und tertiären Sektor nach Geschlecht. Als Aversionsfaktor gegen Ungleichheit wurde für alle Komponenten eine moderater Faktor von 2 verwendet. GDI_{UNDP} (ε_Y=1,5; ε_e=6; ε_B=3): Siehe oben. Als Aversionsfaktor gegen Ungleichheit wurde für die Einkommenskomponente (ε_Y) 1,5, für die Bildungskomponenten (ε_B) 3 und für den Bereich langes Leben (ε_e) 6 angenommen. GDI_n (ε=2): Gesamtindex kalkuliert aus den Indizes der Gleichverteilung des Pro-Kopf-Einkommens, der Lebenserwartung bei der Geburt und der Hochschulbesuchsquote nach Geschlecht. Als Aversionsfaktor gegen Ungleichheit wurde für alle Komponenten eine moderater Faktor von 2 verwendet. GDI_n (ε_Y=1,5; ε_e=6; ε_B=3): Siehe oben. Als Aversionsfaktor gegen Ungleichheit wurde für die Einkommenskomponente (ε_Y) 1,5, für die Bildungskomponenten (ε_B) 3 und für den Bereich langes Leben (ε_e) 6 angenommen. GDI* (ε=2): Gesamtindex bestehend aus den Indizes der Gleichverteilung der Lebenserwartung bei der Geburt und Hochschulbesuchsquote nach Geschlecht. Als Aversionsfaktor gegen Ungleichheit wurde für alle Komponenten ein moderater Faktor von 2 verwendet. GDI* (ε_Y=1,5; ε_e=6; ε_B=3): Siehe oben. Als Aversionsfaktor gegen Ungleichheit wurde für die Einkommenskomponente (ε_Y) 1,5, für die Bildungskomponenten (ε_B) 3 und für den Bereich langes Leben (ε_e) 6 unterstellt. Quellen: berechnet nach Anhang III-B.

Tabelle 4–33: Vergleich der Differenzen zwischen modifizierten GDIs und jeweiligen HDIs (in %), Deutschland, ausgewählte Stichjahre, 1920-1960

	GDI_{UNDP}	GDI_{UNDP}	GDI_n	GDI_n	GDI*	GDI*
	$\varepsilon=2$	$\varepsilon_Y=1,5$; $\varepsilon_e=6$; $\varepsilon_B=3$	$\varepsilon=2$	$\varepsilon_Y=1,5$; $\varepsilon_e=6$; $\varepsilon_B=3$	$\varepsilon=2$	$\varepsilon_Y=1,5$; $\varepsilon_e=6$; $\varepsilon_B=3$
1927	1,9	1,9	10,4	11,6	14,6	17,1
1932	1,8	1,7	9,5	12,0	12	16,5
1938	1,5	1,5	7,4	8,6	9,8	12,2
1950	1,6	1,5	10,1	11,7	13,3	16,2
1960	0,9	0,8	5,8	7,5	8	10,7

Anm. und Quellen: siehe Tabelle 4-21.

Tabelle 4–34: Vergleich der Veränderungen der modifizierten GDIs, Deutschland (in %), ausgewählte Stichjahre, 1920-1960

	GDI_{UNDP}	GDI_{UNDP}	GDI_n	GDI_n	GDI*	GDI*
	$\varepsilon=2$	$\varepsilon_Y=1,5$; $\varepsilon_e=6$; $\varepsilon_B=3$	$\varepsilon=2$	$\varepsilon_Y=1,5$; $\varepsilon_e=6$; $\varepsilon_B=3$	$\varepsilon=2$	$\varepsilon_Y=1,5$; $\varepsilon_e=6$; $\varepsilon_B=3$
1927-32	2	2	5,3	4,8	15,2	14,6
1932-38	4,5	4,5	4,4	4,9	-3,1	-2,1
1938-50	3,2	3,2	9,7	8,8	19,9	18,8
1950-60	6,7	6,6	20,6	20,6	22,5	22,7

Anm.: berechnet nach Tab. 4-21.

Tabelle 4–35: Geschlechterungleichheit: ein Vergleich von GDI_r* und HDI_r*, Deutsches Reich bzw. Bundesrepublik, 1920-1960

	GDI_r*	HDI_r*	Strafe Gesamtindex		Strafe (abs.) Komponenten	
			abs.	in %	HSR	Lebenserw.
1920	0,234	0,320	0,086	27	0,167	0,005
1921	0,252	0,337	0,085	25	0,167	0,003
1922	0,252	0,335	0,083	25	0,163	0,003
1923	0,255	0,338	0,083	24	0,162	0,003
1924	0,283	0,353	0,070	20	0,136	0,004
1925	0,287	0,346	0,059	17	0,115	0,003
1926	0,294	0,352	0,058	17	0,113	0,003
1927	0,297	0,355	0,059	16	0,114	0,003
1928	0,310	0,370	0,060	16	0,118	0,003
1929	0,305	0,367	0,062	17	0,121	0,002
1930	0,332	0,394	0,062	16	0,121	0,002
1931	0,340	0,401	0,061	15	0,119	0,003
1932	0,348	0,407	0,059	15	0,116	0,003
1933	0,344	0,399	0,055	14	0,109	0,002
1934	0,343	0,394	0,051	13	0,101	0,002
1935	0,329	0,373	0,044	12	0,085	0,002
1936	0,330	0,374	0,044	12	0,086	0,002
1937	0,334	0,377	0,043	11	0,083	0,002
1938	0,341	0,385	0,045	12	0,088	0,001
1939-50						
1950	0,420	0,500	0,081	16	0,159	0,003
1951	0,441	0,519	0,078	15	0,153	0,003
1952	0,453	0,530	0,077	15	0,151	0,003
1953	0,456	0,536	0,080	15	0,158	0,003
1954	0,469	0,546	0,077	14	0,152	0,003
1955	0,475	0,549	0,074	13	0,145	0,002
1956	0,482	0,554	0,072	13	0,141	0,003
1957	0,495	0,570	0,074	13	0,146	0,003
1958	0,506	0,577	0,071	12	0,139	0,002
1959	0,525	0,593	0,068	11	0,134	0,002
1960	0,543	0,608	0,065	11	0,128	0,002

Anm.: GDI_r*(ε_e=6; ε_B=3) bestehend aus den nicht-ökonomischen EDIs. Als Aversionsfaktor gegen Ungleichheit wurde für die Bildungskomponente (ε_B) 3 und für den Bereich langes Leben (ε_e) 6 unterstellt. HDI_r* entsprechend reduzierter Human Development Index. Quellen: berechnet nach Quellen Anhang III-B.

Abbildung 4–4: HDI_r* und GDI_r*, Deutschland bzw. Bundesrepublik, 1920-1960

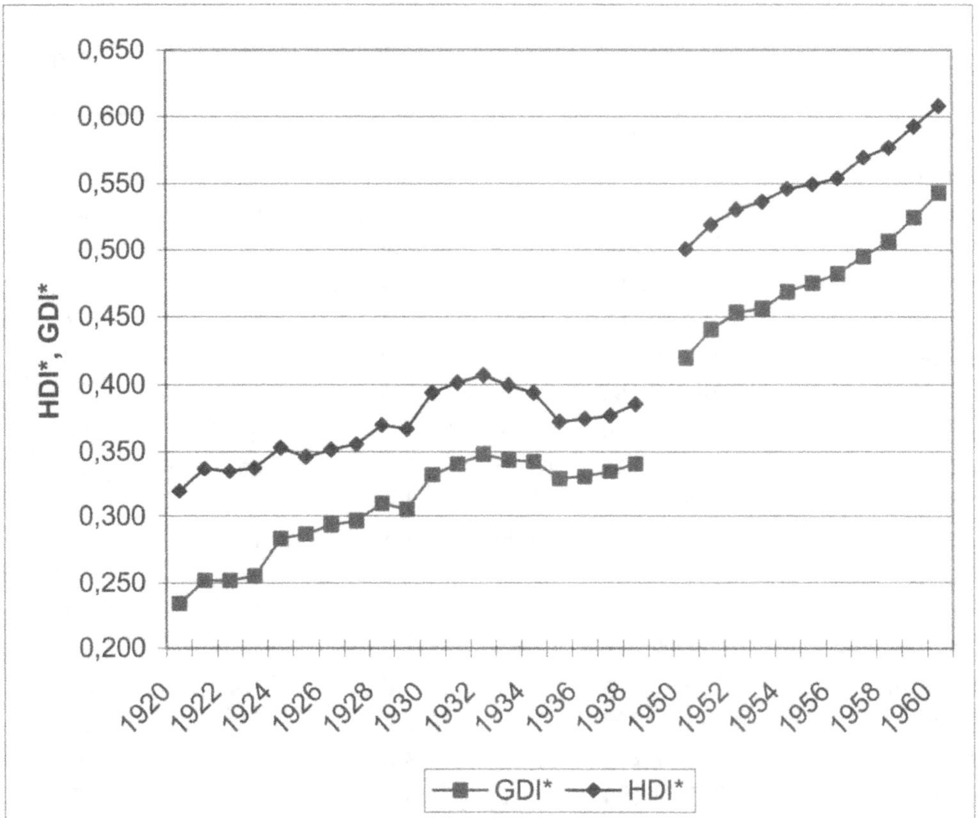

Anm.: GDI_r*(ε_e=6; ε_B=3) bestehend aus den nicht-ökonomischen EDIs. Als Aversionsfaktor gegen Ungleichheit wurde für die Bildungskomponente (ε_B) 3 und für den Bereich langes Leben (ε_e) 6 unterstellt. HDI_r* entsprechend reduzierter Human Development Index. Quellen: siehe Tab. 4-35.

Tabelle 4–36: Geschlechterunterschiede, ausgewählte Regionen, um 1925

	HDI_r*	GDI_r*	Strafe		Anteil an Strafe von	
			abs.	in %	e0 in %	Bild in %
Berlin	0,382	**0,376**	0,005	1,4	9	91
Frankfurt/M.	0,397	**0,392**	0,006	1,5	7	93
Köln	0,361	**0,358**	0,002	0,7	49	51
München	0,330	**0,304**	0,026	8,0	5	95
Hamburg	0,362	**0,360**	0,002	0,5	24	76
Bremen	0,364	**0,361**	0,002	0,7	19	81
Preußen	0,327	**0,324**	0,003	1,0	31	69
Bayern	0,286	**0,280**	0,006	2,0	21	79
Sachsen	0,323	**0,314**	0,009	2,8	8	92
Württemberg	0,330	**0,324**	0,006	1,9	25	75
Baden	0,316	**0,309**	0,006	1,9	26	74
Thüringen	0,331	**0,325**	0,006	1,8	17	83
Hessen	0,341	**0,333**	0,008	2,2	31	69
Oberbayern	0,285	**0,277**	0,008	2,8	16	84
Niederbayern	0,224	**0,219**	0,005	2,2	33	67
Oberpfalz	0,245	**0,236**	0,009	3,6	10	90
Pfalz	0,313	**0,308**	0,005	1,7	21	79
Oberfranken	0,285	**0,275**	0,010	3,6	4	96
Mittelfranken	0,305	**0,296**	0,010	3,2	8	92
Unterfranken	0,296	**0,287**	0,009	3,0	16	84
Schwaben	0,288	**0,285**	0,003	1,0	57	43
Deutsches Reich	0,323	**0,318**	0,005	1,4	9	91

Anm. und Quellen: siehe Anhang III-B.

Tabelle 4–37: Geschlechterunterschiede, ausgewählte Regionen, um 1933

	HDI_r*	GDI_r*	Strafe abs.	Strafe in %	Anteil der Strafe e0 in %	Anteil der Strafe Bild in %
Berlin	0,446	**0,442**	0,004	0,8	48	52
Frankfurt/M.	0,453	**0,446**	0,007	1,6	24	76
Köln	0,396	**0,392**	0,004	1,1	52	48
München	0,406	**0,389**	0,017	4,1	13	87
Hamburg	0,405	**0,403**	0,002	0,6	56	44
Bremen	0,424	**0,422**	0,002	0,5	61	39
Preußen	0,369	**0,366**	0,003	0,8	40	60
Bayern	0,330	**0,324**	0,007	2,0	22	78
Sachsen	0,357	**0,347**	0,010	2,8	13	87
Württemberg	0,383	**0,378**	0,005	1,2	28	72
Baden	0,361	**0,353**	0,007	2,0	19	81
Thüringen	0,363	**0,355**	0,008	2,2	26	74
Hessen	0,379	**0,371**	0,008	2,2	21	79
Oberbayern	0,344	**0,336**	0,008	2,3	19	81
Niederbayern	0,275	**0,270**	0,005	1,9	41	59
Oberpfalz	0,293	**0,287**	0,006	2,0	21	79
Pfalz	0,355	**0,349**	0,006	1,6	30	70
Oberfranken	0,335	**0,326**	0,009	2,6	16	84
Mittelfranken	0,350	**0,342**	0,008	2,2	22	78
Unterfranken	0,349	**0,340**	0,008	2,4	22	78
Schwaben	0,341	**0,336**	0,005	1,3	40	60
Deutsches Reich	0,366	**0,362**	0,004	1,1	30	70

Anm. und Quellen: siehe Anhang III-B.

Tabelle 4–38: Geschlechterunterschiede, ausgewählte Regionen, um 1939

					Anteile der Strafe	
			Strafe		e0	Bild
	HDI_r*	**GDI_r***	abs.	in %	in %	in %
Berlin	0,425	**0,418**	0,007	1,6	2	98
Frankfurt/M.	0,452	**0,444**	0,007	1,6	2	98
Köln	0,356	**0,350**	0,006	1,6	5	95
München	0,401	**0,392**	0,009	2,2	0	100
Hamburg	0,404	**0,401**	0,003	0,8	5	95
Bremen	0,420	**0,419**	0,001	0,1	28	72
Preußen	0,364	**0,361**	0,003	0,9	10	90
Bayern	0,333	**0,328**	0,005	1,6	2	98
Sachsen	0,385	**0,371**	0,014	3,7	9	91
Württemberg	0,379	**0,374**	0,005	1,3	7	93
Baden	0,354	**0,345**	0,009	2,4	8	92
Thüringen	0,369	**0,360**	0,009	2,3	4	96
Hessen	0,374	**0,367**	0,007	1,8	15	85
Oberbayern	0,346	**0,341**	0,005	1,5	2	98
Niederbayern	0,299	**0,295**	0,004	1,3	11	89
Oberpfalz	0,299	**0,293**	0,007	2,2	3	97
Pfalz	0,352	**0,350**	0,002	0,6	7	93
Oberfranken	0,338	**0,330**	0,008	2,3	1	99
Mittelfranken	0,348	**0,343**	0,005	1,4	4	96
Unterfranken	0,340	**0,334**	0,007	1,9	5	95
Schwaben	0,340	**0,336**	0,004	1,1	18	82
Deutsches Reich	0,366	**0,362**	0,004	1,2	5	95

Anm. und Quellen: siehe Anhang III-B.

Tabelle 4–39: Ranking und Rangwechsel durch Verwendung des GDI_r* anstatt des HDI_r* ($Rang_{HDI*}$-$Rang_{GDI*}$), ausgewählte Regionen, 1925-1939

	Rang HDI_r* 1925	Rang GDI_r 1925	Rang HDI_r* 1933	Rang GDI_r 1933	Rang HDI_r* 1939	Rang GDI_r 1939	Rangwechsel 1925	1933	1939
1	2	3	4	5	6	7	8	9	10
Berlin	2	2	2	2	2	3	0	0	-1
Frankfurt/M.	1	1	1	1	1	1	0	0	0
Köln	5	5	6	5	11	11	0	1	0
München	8	13	4	6	5	5	-5	-2	0
Hamburg	4	4	5	4	4	4	0	1	0
Bremen	3	3	3	3	3	2	0	0	1
Preußen	10	9	9	9	10	9	1	0	1
Bayern	17	17	19	19	19	19	0	0	0
Sachsen	11	10	12	13	6	7	1	-1	-1
Württemberg	9	8	7	7	7	6	1	0	1
Baden	12	11	11	11	12	13	1	0	-1
Thüringen	7	7	10	10	9	10	0	0	-1
Hessen	6	6	8	8	8	8	0	0	0
Oberbayern	19	18	16	17	15	15	1	-1	0
Niederbayern	21	21	21	21	21	20	0	0	1
Oberpfalz	20	20	20	20	20	21	0	0	-1
Pfalz	13	12	13	12	13	12	1	1	1
Oberfranken	18	19	18	18	18	18	-1	0	0
Mittelfranken	14	14	14	14	14	14	0	0	0
Unterfranken	15	15	15	15	16	17	0	0	-1
Schwaben	16	16	17	16	17	16	0	1	1

Quellen: berechnet nach Tab. 4-36 bis 4-38.

Tabelle 4–40: Entwicklung des Lebensstandards: HDI_{r*} und GDI_r* im Vergleich, ausgewählte Regionen, 1925-1939

	Veränd. HDI_r* 1925-33	Veränd. GDI_r* 1925-33	Veränderung HDI_r* 1933-39	Veränderung GDI_r* 1933-39	Veränderung HDI_r* 1939-25	Veränderung GDI_r* 1939-25
Berlin	0,064	0,066	-0,021	-0,024	0,043	0,042
Frankfurt/M.	0,056	0,054	-0,001	-0,001	0,054	0,053
Köln	0,036	0,034	-0,041	-0,042	-0,005	-0,008
München	0,075	0,085	-0,005	0,003	0,070	0,088
Hamburg	0,043	0,042	-0,001	-0,002	0,042	0,041
Bremen	0,060	0,061	-0,004	-0,003	0,056	0,058
Preußen	0,042	0,042	-0,005	-0,005	0,037	0,037
Bayern	0,045	0,044	0,003	0,004	0,048	0,048
Sachsen	0,034	0,033	0,028	0,023	0,062	0,057
Württemberg	0,053	0,054	-0,004	-0,004	0,049	0,050
Baden	0,045	0,044	-0,007	-0,008	0,038	0,036
Thüringen	0,032	0,030	0,006	0,005	0,038	0,035
Hessen	0,038	0,037	-0,005	-0,004	0,033	0,034
Oberbayern	0,059	0,059	0,002	0,005	0,061	0,064
Niederbayern	0,051	0,050	0,024	0,025	0,074	0,076
Oberpfalz	0,048	0,051	0,007	0,006	0,055	0,057
Pfalz	0,042	0,042	-0,003	0,000	0,039	0,042
Oberfranken	0,049	0,051	0,003	0,004	0,052	0,055
Mittelfranken	0,045	0,047	-0,002	0,001	0,043	0,047
Unterfranken	0,053	0,053	-0,008	-0,007	0,045	0,047
Schwaben	0,053	0,051	-0,001	-0,001	0,052	0,051
Deutsches Reich	0,044	0,044	0,000	0,000	0,044	0,044

Quellen: berechnet nach Tab. 4-36 bis 4-38.

Tabelle 4–41: Geschlechterunterschiede, ausgewählte Regionen, 1950

	GDI_r*	HDI_r*	Strafe abs.	Strafe in %	Strafe e0 in %	Strafe Bild in %
Berlin	0,412	0,415	0,003	0,8	99	1
Frankfurt	0,497	0,5	0,003	0,6	55	45
Köln	0,445	0,449	0,003	0,7	44	56
München	0,463	0,471	0,008	1,7	21	79
Hamburg	0,443	0,445	0,002	0,4	78	22
Bremen	0,448	0,453	0,005	1,0	30	70
Schles.-Holstein	0,415	0,417	0,002	0,4	87	13
Niedersachsen	0,427	0,429	0,002	0,5	80	20
NRW	0,413	0,415	0,002	0,4	64	36
Hessen	0,429	0,432	0,004	0,8	51	49
Rheinland-Pfalz	0,392	0,395	0,003	0,8	53	47
Baden-Württemberg	0,409	0,413	0,004	0,9	46	54
Bayern	0,382	0,386	0,004	1,0	43	57
Bundesrepublik	0,409	0,412	0,003	0,8	44	56

Anm. und Quellen: berechnet nach Anhang III-B.

Tabelle 4–42: Geschlechterunterschiede, ausgewählte Regionen, 1955

	GDI_r*	HDI_r*	Strafe abs.	Strafe in %	Strafe e0 in %	Strafe Bild in %
Berlin	0,498	0,501	0,003	1,3	98	2
Frankfurt	0,535	0,538	0,003	1,2	39	61
Köln	0,494	0,497	0,003	1,3	41	59
München	0,523	0,531	0,008	3,2	17	83
Hamburg	0,476	0,484	0,008	3,2	19	81
Bremen	0,486	0,488	0,001	0,5	89	11
Schles.-Holstein	0,503	0,504	0,002	0,6	96	4
Niedersachsen	0,467	0,469	0,002	0,8	68	32
NRW	0,454	0,456	0,002	0,8	47	53
Hessen	0,474	0,477	0,003	1,4	38	62
Rheinland-Pfalz	0,426	0,429	0,003	1,2	46	54
Baden-Württemberg	0,454	0,458	0,004	1,7	32	68
Bayern	0,431	0,433	0,002	0,8	89	11
Bundesrepublik	0,457	0,459	0,002	0,9	59	41

Anm. und Quellen: berechnet nach Anhang III-B.

Tabelle 4–43: Geschlechterunterschiede, ausgewählte Regionen, 1961

	GDI_r*	HDI_r*	Strafe abs.	Strafe in %	Strafe e0 in %	Strafe Bild in %
Berlin	0,504	0,508	0,003	1,3	99	1
Frankfurt	0,520	0,526	0,005	1,9	32	68
Köln	0,510	0,513	0,003	1,3	61	39
München	0,544	0,548	0,004	1,5	43	57
Hamburg	0,490	0,492	0,002	0,9	74	26
Bremen	0,511	0,513	0,002	0,6	77	23
Schles.-Holstein	0,516	0,518	0,001	0,6	80	20
Niedersachsen	0,492	0,494	0,002	0,7	67	33
NRW	0,472	0,475	0,002	1,0	50	50
Hessen	0,473	0,478	0,004	1,8	27	73
Rheinland-Pfalz	0,445	0,449	0,003	1,5	36	64
Baden-Württemberg	0,475	0,479	0,004	1,8	26	74
Bayern	0,462	0,467	0,005	2,1	29	71
Bundesrepublik	0,477	0,48	0,003	1,2	43	57

Anm. und Quellen: berechnet nach Anhang III-B.

Tabelle 4–44: Veränderungen des GDI_r* und HDI_r*, ausgewählte Regionen, BRD, 1950 – 1960

	HDI_r* abs.	GDI_r* abs.	HDI_r* in %	GDI_r* in %
Berlin	0,092	0,092	18	18
Frankfurt	0,026	0,024	5	5
Köln	0,065	0,064	13	13
München	0,078	0,081	14	15
Hamburg	0,048	0,047	10	10
Bremen	0,061	0,064	12	12
Schleswig-Holstein	0,100	0,101	19	20
Niedersachsen	0,065	0,066	13	13
NRW	0,060	0,059	13	13
Hessen	0,045	0,045	9	9
Rheinland-Pfalz	0,053	0,053	12	12
Baden-Württem.	0,066	0,066	14	14
Bayern	0,081	0,080	17	17
Summe	0,068	0,068	14	14

Quellen: berechnet nach Tab. 4-41 und 4-43.

Tabelle 4–45: Rangfolgen des HDI_r* und GDI_r* sowie Wechsel der Rangfolgen bei Verwendung des GDI_r* anstatt des HDI_r* ($Rang_{HDIr*}$-$Rang_{GDI}$), ausgewählte Regionen, 1950-1961

	Rang HDI_r* 1950	Rang GDI_r* 1950	Rang HDI_r* 1955	Rang GDI_r* 1955	Rang HDI_r* 1961	Rang GDI_r* 961	Rang-wechsel 1950	Rang-wechsel 1955	Rang-wechsel 1960
1	2	3	4	5	6	7	8	9	10
Berlin	10	9	4	4	6	6	-1	0	0
Frankfurt	1	1	1	1	2	2	0	0	0
Köln	4	4	5	5	5	4	0	0	-1
München	2	2	2	2	1	1	0	0	0
Hamburg	5	5	7	7	8	8	0	0	0
Bremen	3	3	6	6	4	5	0	0	1
Schles.-Holstein	8	8	3	3	3	3	0	0	0
Niedersachsen	7	7	9	9	7	7	0	0	0
NRW	9	10	10	11	11	11	1	1	0
Hessen	6	6	8	8	10	10	0	0	0
Rheinland-Pfalz	12	12	13	13	13	13	0	0	0
Baden-Württem.	11	11	11	10	9	9	0	-1	0
Bayern	13	13	12	12	12	12	0	0	0

Quellen: berechnet nach Tab. 4-41 bis 4-43.

Tabelle 4–46: GDIr und HDIr, ausgewählte Regionen, Bundesrepublik, 1950

	GDI_r	HDI_r	Strafe abs.	Rangwechsel
Berlin (West)	0,435	0,450	0,014	0
Frankfurt	0,527	0,542	0,015	0
Köln	0,479	0,502	0,023	0
Hamburg	0,489	0,510	0,021	0
Bremen	0,482	0,507	0,025	0
Schles.-Hol.	0,418	0,440	0,022	-1
Niedersachsen	0,437	0,453	0,016	0
NRW	0,443	0,466	0,022	0
Hessen	0,449	0,467	0,017	0
Rheinl.-Pfalz	0,418	0,433	0,015	1
Bad.-Württ.	0,442	0,456	0,014	0
Bayern	0,416	0,428	0,012	0
Bundesgebiet	0,437	0,455	0,017	

Anm.: GDI_r (ε_Y=1,5; ε_e=6; ε_B=3) bestehend aus den drei gleichverteilten Indizes (EDI) des Einkommens, des sekundären relativen Schulbesuchs und der Lebenserwartung. Als Aversionsfaktor gegen Ungleichheit wurde für das reale Pro-Kopf-Einkommen (ε_Y) 1,5, für die Bildungskomponente (ε_B) 3 und für den Bereich langes Leben (ε_e) 6 unterstellt.
Quellen: berechnet nach Anhang III-B.

Tabelle 4–47: GDI_r und HDI_r, ausgewählte Regionen, Bundesrepublik, 1960

	GDI_r	HDI_r	Strafe abs.	Rangwechsel
Berlin (West)	0,555	0,567	0,011	0
Frankfurt	0,601	0,614	0,013	0
Köln	0,576	0,591	0,015	0
Hamburg	0,570	0,584	0,014	0
Bremen	0,567	0,582	0,015	0
Schles.-Hol.	0,545	0,560	0,015	0
Niedersachsen	0,535	0,548	0,012	0
NRW	0,529	0,547	0,018	1
Hessen	0,532	0,545	0,014	-1
Rheinl.-Pfalz	0,497	0,511	0,014	0
Bad.-Württ.	0,537	0,548	0,011	0
Bayern	0,521	0,531	0,010	0
Bundesgebiet	0,533	0,546	0,013	

Anm.: GDI_r (ε_Y=1,5; ε_e=6; ε_B=3) bestehend aus den drei gleichverteilten Indizes (EDI) des Einkommens, des sekundären relativen Schulbesuchs und der Lebenserwartung. Als Aversionsfaktor gegen Ungleichheit wurde für das reale Pro-Kopf-Einkommen (ε_Y) 1,5, für die Bildungskomponente (ε_B) 3 und für den Bereich langes Leben (ε_e) 6 unterstellt.
Quellen: berechnet nach Anhang III-B.

Tabelle 4–48: Absolute Veränderungen des GDI_r und HDI_r, Bundesrepublik, 1950-1960

	GDI_r	HDI_r
Berlin (West)	0,120	0,117
Frankfurt	0,074	0,072
Köln	0,097	0,089
Hamburg	0,081	0,074
Bremen	0,085	0,075
Schleswig-Holstein	0,127	0,120
Niedersachsen	0,098	0,094
Nordrhein-Westfalen	0,085	0,081
Hessen	0,082	0,079
Rheinland-Pfalz	0,078	0,077
Baden-Württemberg	0,095	0,092
Bayern	0,104	0,103
Bundesgebiet	0,095	0,091

Anm.: GDI_r*(ε_e=6; ε_B=3) bestehend aus den nicht-ökonomischen EDIs. Als Aversionsfaktor gegen Ungleichheit wurde für die Bildungskomponente (ε_B) 3 und für den Bereich langes Leben (ε_e) 6 unterstellt. HDI_r* entsprechend reduzierter Human Development Index. Quellen: berechnet nach Tab. 4-46 und 4-47.

Tabelle 4-49: Vergleich von GDI* und HDI*, ausgewählte Regionen und Stichjahre, Deutschland, 1925-1960 (1925=100)

	1925	1933	1939	1950	1960
			HDI*		
Berlin	100	117	111	109	133
Frankfurt	100	114	114	126	132
Köln	100	110	99	124	142
München	100	123	121	142	166
Hamburg	100	112	112	123	136
Bremen	100	117	115	124	141
Bayern	100	116	117	135	163
Hessen	100	111	110	127	140
			GDI*		
Berlin	100	118	111	110	134
Frankfurt	100	114	113	127	133
Köln	100	109	98	124	142
München	100	128	129	152	179
Hamburg	100	112	111	123	136
Bremen	100	117	116	124	142
Bayern	100	116	117	136	165
Hessen	100	111	110	129	142

Quellen: berechnet nach Tab. 4-36 bis 4-38 und 4-41 bis 4-43.

Anhang III-B: Quellen zu Tabellen und Abbildungen Kapitel 4

Der *Anteil der erwerbstätigen Frauen bzw. Männer an allen Erwerbspersonen (Tab. 4-2 und 4-3)* wurde berechnet nach bzw. entnommen der Statistik des Deutschen Reichs, Bd. 456; 557; Hohls und Kaelble 1989, Tab. 3.3, S. 228; Tab. 1.2, 1.5, 1.6,1.7,1.8, 1.17, 1.24, 1.29, 1.35, 1.40, S. 103-141; Hessen unter den Bundesländern 1963, S. 66; Kölner Statistisches Handbuch, S. 125; Statistisches Jahrbuch der Stadt Köln, Jg. 47, Berichtsjahr 1961, S. 54 u. 59; Statistische Monatsberichte (Stadt Frankfurt/M.) 6. Jg., Heft 7-9, 1941; Statistisches Jahresübersichten der Stadt Frankfurt, Ausgabe für das Jahr 1933/34, S. 7; Statistik des deutschen Reichs 406; Statistisches Jahrbuch Frankfurt am Main 1962, S. 51; Statistisches Handbuch der Stadt München 1928, S. 7; 1938.

Tarifliche Frauenlöhne in % der Männerlöhne (Tab. 4-4) entnommen bzw. berechnet nach Petzina u.a. 1978, S. Tab. 18c, S. 99; Markmann 1964, 2a und 2c, S. 425, 427.

Der Frauenlohnanteil in den ausgewählten Regionen der Bundesrepublik (Tab. 4-6) wurde berechnet nach Statistisches Jahrbuch für die Bundesrepublik Deutschland 1952, S. 413-416; 1956, S. 480; 1962, S. 519; Statistisches Jahrbuch Frankfurt am Main 1962, S. 75 f.; Statistisches Jahrbuch Frankfurt am Main 1955/1956, S. 90; Statistisches Jahrbuch Berlin 1956, S. 74 f.; Jahresergebnisse der Statistik in Rheinland-Pfalz 1950, S. 5; Statistische Mitteilungen der Stadt Köln 15 (1960); Zahlen zur Entwicklung der Wirtschaft in Berlin (West) 1950 bis 1975, S. 344.

Für Anmerkungen und Quellen zu den *verschiedenen Schuleinschreiberaten* siehe Anhang I-B. Die Hochschüler und Hochschülerinnen beinhalten im Gegensatz zu Anhang I-B nicht die beurlaubten Studenten und Studentinnen, weil die Beurlaubten nur unvollständig nach Geschlecht differenziert, erfasst wurden.

Für die Quellen zu den Angaben zur *weiblichen und männlichen Bevölkerung* in den ausgewählten Regionen des *Deutschen Reichs* siehe Anhang II-B-1.

Quellen zur Berechnung der *sekundären Schulbesuchsquote nach Geschlecht im Deutschen Reich* für die Schuljahre 1926/27, 1931/32 und 1939 siehe Anhang I-B.

Für die Quellen zu den Angaben zur *weiblichen und männlichen Bevölkerung* in den ausgewählten Regionen der *Bundesrepublik* siehe Anhang II-B-2.

Quellen zur Berechnung der *sekundären Schulbesuchsquote nach Geschlecht in der Bundesrepublik* für die Jahre 1950, 1955 und 1961 siehe Anhang I-B und Fachserie A, Bevölkerung und Kultur, Reihe 10 Bildungswesen I. Allgemeinbildende Schulen 1956-1961, S. 82, 121, 168.

Altersspezifische Sterblichkeitsraten und Lebenserwartungen bei der Geburt für Deutschland bzw. Bundesrepublik siehe Anhang I-B.

Regional differenzierte Lebenserwartungen für das Deutsche Reich bzw. Bundesrepublik: siehe Anhang II-B-1 und II-B-2.

Reales Pro-Kopf-Einkommen siehe Anhang I-B und zusätzlich Maddison: Tab. C-16a; A-3a sowie in regionaler Differenzierung für die Bundesrepublik Anhang II-B-2.

www.ingramcontent.com/pod-product-compliance
Lightning Source LLC
LaVergne TN
LVHW081359011026
849161LV00013BA/2855